英検®赤本シリーズ

2024年度版

# 英検® 準1級 過去問集

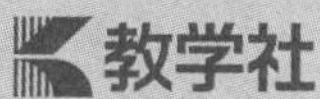

# CONTENTS



## 解答編

問題編は別冊



執筆協力：長島 恵理，矢野 悟
録音スタジオ：一般財団法人　英語教育協議会（ELEC）

※本書の内容は，2024年1月時点の情報に基づいています。

竹岡広信先生に聞く！

# 英検®のススメ

## 竹岡先生の紹介

**竹岡広信**（たけおか・ひろのぶ）

駿台予備学校講師，学研プライムゼミ特任講師，竹岡塾主宰。
英語教育に並々ならぬ情熱を注ぐカリスマ講師。
英検指導歴30年以上。英検の問題に惚れ込み，試験が実施されるたびに，「解答・解説速報」を自主的に作成したり，高校生で1級合格を目指す生徒をサポートしたりするなど，教鞭をとる学校や塾で積極的に指導。その根底には「英語を好きになってほしい」「英語教育をよくしたい」という熱い思いがこもっている。
教学社より自身初の英検参考書「竹岡の英検マスター」を刊行中。

（イラスト：はしの ちづこ）

### 英検って何ですか？

正式名称は「実用英語技能検定」と言い，公益財団法人 日本英語検定協会により実施されている英語検定試験の略称です。「技能検定」なんてカッコいいと思いませんか？　職人になった気分になりますね。記念すべき第1回の検定試験は，1963年（昭和38年：竹岡が2歳の可愛い盛りのとき）に行われました。日本では，当時の東京オリンピックに向け，高速道路が整備され，東海道新幹線が着々と建設されていた時期ですね。それから約60年が経過し，今では年間で420万人※もの志願者数を有する国内最大規模の試験となりました。竹岡が中学生の頃は，準2級や準1級など存在せず，中学1年生で4級，2年生で3級，高校で2級に挑戦するのが普通でした。今では受験者層も低年齢化して，2級を取得している小学生も珍しくなくなり，全体での1級取得者もかなりいるようです。

※2022年度 英検テストファミリー（実用英語技能検定，英検IBA，英検Jr. 合算値）志願者数。

## TOEICなどの試験とどのように違いますか？

一番大きな違いは，試験が級別になっていることです。現在は5級，4級，3級，準2級，2級，準1級，1級があります。これは日本の他の文化，「柔道」「剣道」「碁」「将棋」「華道」などにならったものと思われます。「受かった」「落ちた」という白黒をはっきりさせるところが日本人の気質にぴったり合ったわけですね。

「級別」には大きな利点があります。それは，級別の試験を作ることで，それぞれの実力に見合った試験を受けることができる点です。世界で行われているTOEICやTOEFLなどの試験は，点数表示が普通です。つまり「できない人」も「非常によくできる人」も同じ試験を受けるわけです。まだattitude「態度」という単語すら知らない人が，最上級の人と同じ試験を受けなければならないのです。ですから，英検ならそれぞれの級に見合った過去問を解くことが最高の対策になりますが，TOEICなどの試験では，初級者は過去問をやるのは得策ではないということになります。

また，点数表示のTOEICなどは，点数を向上させるために何度も何度も受験する人がほとんどですが，「級別」の英検の場合は，受かってしまえば「おしまい」ということになります。しかし最近では，英検も技能ごとにスコアが表示されるようになりました。今後は，スコアを上げるために何度も受験する人が増えるかもしれませんね。

## 英検の良さってなんですか？

問題が素晴らしいところです。漏れ聞こえてくる話によると，相当多くの英語圏の人々が作問に関わっているようです。年々質が向上しているような気さえします。語彙・文法問題1つにしても本当によく練られています。たった3～4行の英文で，その単語が使われる典型的な状況を設定し，作問されています。つまり，その単語を覚えるための例文として最適なものなのです。よくもまあ，こんないい例文が出てくるものだなと，本当に感心しています。

私は，そうした問題に惚れ込んで，単語の問題集を作った際に東京の神楽坂にある英検の本社ビルまでお願いに行きました。「是非，単語集のすべての問題に英検の問題を使わせてください。私の本の印税は要りません。頼むから使わせてください」とお願いしたのです。残念ながら規定の例外は認められないということで，数年分しか使えませんでした。これぐらい，惚れているわけです。

高校の非常勤講師になった時には，「英検委員会委員長」を名乗り（委員会のメンバーは竹岡と田平先生という先輩の計 2 名のみ)，英検が学校で実施されるたびに「解答・解説速報」を作成し，それを大慌てで生徒が帰る前に印刷して配るということをボランティアでやっていました。若気の至りで，解答を間違ってしまったことがあり，その時は大恥をかきました。

読解問題は小説が出題されないのが残念ですが，評論もなかなか面白い話が多いですね。一体，どこからあんなネタを探してくるのか，非常に興味深いですね。きっと作る方はご苦労が多いのだと思います。

## 過去問ってどう使ったらいいですか？

これはどの検定試験にも言えることなのですが，「問題を解く勘所」や「正解のにおい」というのがあります。うまく口に出して言えませんが，過去問を解いて解いて解きまくると，その「勘所」や「正解のにおい」というのがわかってきます。たとえば英検準 1 級の語彙問題なら，英検準 1 級レベルの語彙より上の語彙が正解の場合には，他の 3 つの選択肢が英検準 1 級レベルの語彙になっていて消去法で解けるとか，1 級のリスニングでは，難しい熟語の入った箇所は特に重要ではないが，その前後に注意する必要があるとかが「なんとなく」わかってきます。読解問題の選択肢も「正解が見えてくる」レベルになれば大したものです。テレビゲームでも同じですね。「自然に身体が反応する」というレベルになるまで解いてください。

ちなみに，竹岡は，英検の過去問題はすべて欲しいと思いました。こつこつと集め，今では英検 1 級，準 1 級はリスニング音源も含めほぼ集め尽くしました。最近の英検のリスニング問題の中に，10 年ぐらい前に出題されたものを見つけた時には，幸せ一杯になります。マニア冥利に尽きますね。

竹岡のようにマニアでなかったとしても，受験を決めたなら，過去問はとにかくできるだけやりたいですね。1 回でも多く。ですから「1 回でもたくさんの問題が入っている過去問題集」をお薦めします。そして，何度も何度も解いてみてください。「一度終わったからもういいや」ではなくて，同じ問題でもひたすらしみじみ解いてください。

## 過去問にチャレンジしましたがまったく歯が立ちません。どうすればいいですか？

「歯が立ちません」のレベルによって対応は変わると思います。まず，①「10 問中 2 問ぐらいしか合いません」「解説を読んでもわかりません」「解くのも苦痛です」というレベルの場合は，受験級そのものを見直した方がいいと思います。準 2

級の問題がさっぱりわからない場合でも，３級だと「サクサク解けるので楽しい」ということにもなります。そして３級で90%以上得点できるようになってから準２級に進むとよいでしょう。

②「歯が立ちませんが，解説を読めばなんとかわかります」というレベルの場合は，最初は，試験時間を気にせず，辞書や単語集を使ってもいいことにして80%を目指します。リスニングは「聞き取れるまで何度も何度も聞き返す」という勉強が効果的です。

また，少しでも上の級を目指すことは大切です。たとえば英検３級のリスニングの得点率が８割の人が継続して３級の勉強だけをしてもなかなか伸びないものですが，準２級のリスニングの勉強に着手すると３級でコンスタントに満点近くとれるようになります。とはいえ，自分の実力とかけ離れた級に手を出して「英語が嫌いになってしまった」というのは避けたいですね。自分のレベルを冷静に見極めることも重要です。

過去問を何度も解きました。
次はどうすればいいですか？

過去問の勉強を続けてください。たとえば，「３級のリスニングなんてもう簡単だよ」と言うなら，リスニングの問題文をすべて書き取る訓練をしてみてください。意外と難しく感じるでしょう。でも，それによってリスニング力が飛躍的に向上することは間違いありません。短文の空所補充問題は，解答の日本文を見て，文全体を元の英文に復元できるか挑戦してみてください。これはライティングやスピーキングの訓練にもなります。読解問題は，本当にすべての語彙を理解し，さらに英文の意味もすべて理解しているか確認してみてください。こうした使い方こそが，「真の実力を向上させる」方法なのです。

英検の問題はどの級でも，そのレベルに応じた素晴らしい問題です。ですから，「合格」したけれど得点がそれほど高くなかったという人も，上記のようなやり方で，その級の過去問の学習を継続してもらいたいです。

つまり「過去問集」は「合格するまでの，受験対策のための過去問題集」ではなくて，「力を伸ばすための問題集」だと認識してもらいたいと思います。

ある人が次のように言っておられました。
「私は失敗しない。成功するまで繰り返すからだ」
皆さんも，「なにくそ！　負けるものか！」という気持ちでがんばってください。

## これが合格の秘訣！
# 受験体験記

英検受験経験者に，攻略法や合格の秘訣を聞きました。実体験に基づく貴重なアドバイスを参考に，あなたも自分なりの攻略ポイントを見つけ出してください！

### Q 効果的な学習方法や対策を教えてください。

#### リーディング編

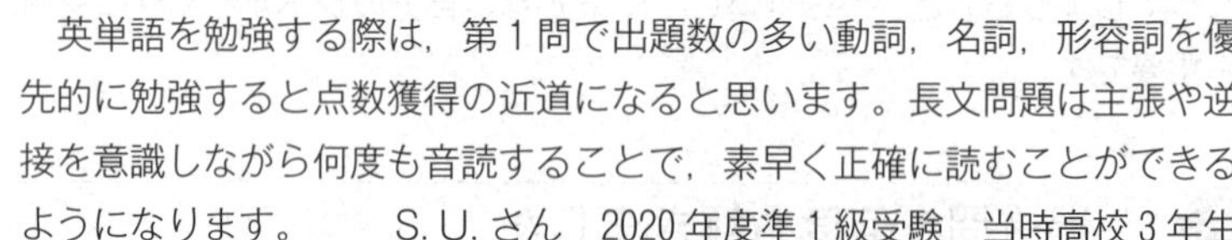

英単語を勉強する際は，第 1 問で出題数の多い動詞，名詞，形容詞を優先的に勉強すると点数獲得の近道になると思います。長文問題は主張や逆接を意識しながら何度も音読することで，素早く正確に読むことができるようになります。　S. U. さん　2020 年度準 1 級受験　当時高校 3 年生

自分のレベルにあったペーパーバックを数多く読むことをお薦めします。わからない単語や熟語を調べながら，1 冊あたり 3 回読むと効果抜群です。
T. K. さん　2023 年度準 1 級受験　社会人

#### ライティング編

1 回目は翻訳サイトを使いながら，とりあえず書いてみました。2 回目以降は模範解答を参考にしながら，そこに 1 回目で書いた自分の意見も織り交ぜていく。ある程度構文をパターン化して，文字数を稼ぐための表現も考えました。　Y. E. さん　2023 年度準 1 級受験　社会人

とにかく問題に触れることを心がけました。まず自分で答案を書き，模範解答を見て「この表現使いたいな」という箇所をマークして，2 回目に解く時にその表現を使いました。30 回くらい解くと自分に合った段落構成が必ず見つかります。本番では自分なりの表現を使い 12 分で書ききることができました。　戸塚悠太さん　2020 年度準 1 級受験　当時高校 3 年生

## ✔ リスニング編

リスニングはすごくスピードが速いです。まずはスピードに慣れて頭の中を整理することが大事だと感じ，音声サイトの倍速再生をフル活用して練習しました。最初はかなり大変でしたが徐々に慣れていき，本番と同じスピードで聞いた際の正答率が格段に上がりました。

S. S. さん　2021 年度準 1 級受験　当時高校 1 年生

## ✔ スピーキング編

初めての受験では，４コマのイラストを一言も説明することができず，不合格でした。この苦い経験を踏まえ，今回は過去問 9 回分と予想問題集 1 冊をそれぞれ 7 周して本番に臨みました。場面を説明するのに必要な英語表現を調べておき，問題を見るたびにその表現が自然と出てくるように何度も口に出して練習しました。

オススメ参考書　『14 日でできる！ 英検準 1 級 二次試験・面接 完全予想問題』（旺文社）

T. K. さん　2023 年度準 1 級受験　社会人

## Q 失敗談があれば教えてください。

NHK の語学講座のラジオ番組を毎日 2 つ，よりクリアな音声で聞くためにイヤホンで聞いていました。ところが，試験本番は席位置が悪かったのか，音がこもってうまく聞き取れず，点数に結びつきませんでした。イヤホン無しで本番と同じ環境で聞くのも大事だと思いました。

Y. E. さん　2023 年度準 1 級受験　社会人

面接の際に，言い表したい事象の英語表現が思いつかず，沈黙を作ってしまったことです。面接室は自分と面接官しかいないので，表現に悩んで黙り込んでしまうと重苦しい空気感になります。たとえ適切な表現が思いつかなかったとしても，知ってる限りの表現で相手に伝える姿勢が大事だと思います。

金子直弘さん　2021 年度準 1 級受験　社会人

## Q 本書の使い方を教えてください。

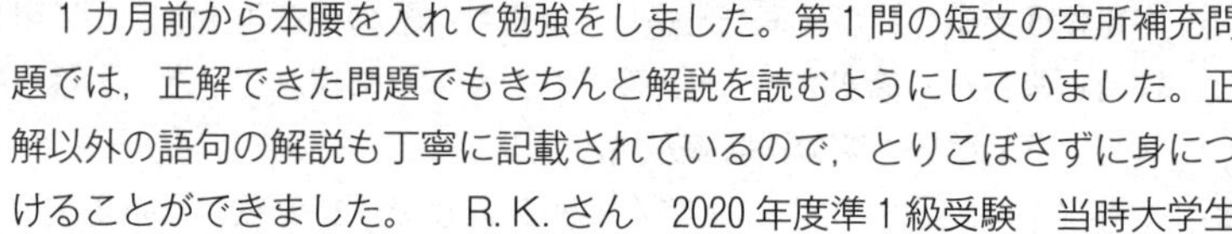

1カ月前から本腰を入れて勉強をしました。第1問の短文の空所補充問題では，正解できた問題でもきちんと解説を読むようにしていました。正解以外の語句の解説も丁寧に記載されているので，とりこぼさずに身につけることができました。　R. K. さん　2020年度準1級受験　当時大学生

## Q 今後受験される方へのアドバイスや応援メッセージをお願いします。

単語や表現は短期間で身につくものではなく，地道に学習することでいつのまにか身につき，それがアドバンテージになります。前まで苦痛に感じていた共通テストレベルの文章量の多い問題であってもスラスラ解けるようになり，英検で身につけた力がいろいろな部分で表れてきます。ぜひ楽しんで英語を勉強して，英検にトライしてください。心から応援しております。　S. S. さん　2021年度準1級受験　当時高校1年生

## 受験体験記 募集

英検準1級・2級・準2級・3級の受験体験記を募集します。お寄せいただいた体験記は，編集部で選考の上，本シリーズまたはウェブサイトに掲載いたします。

採用された方には3,000円分の図書カードを進呈！　ふるってご応募ください。

**応募方法**　下記QRコードまたは教学社の英検® 対策書特設サイトからご応募ください。

教学社の英検® 対策書特設サイト
http://akahon.net/eiken/

**募集対象**　2022年度以降に受験された方

# 受験案内

最新の試験情報や詳細については，必ず英検ウェブサイト（www.eiken.or.jp/eiken/）や英検サービスセンター（03-3266-8311）でご確認ください。

2024年1月現在

## 英検®（従来型）

3級以上は，一次試験（Reading・Writing・Listening）と二次試験（Speaking）に分かれています。二次試験は一次試験に合格した人のみが受験できます。

4・5級は，一次試験（Reading・Listening）のみですが，希望者のみ別途スピーキングテストを無料で受けることができます。

| | |
|---|---|
| 試験日程 | 年3回（第1回：6月頃，第2回：10月頃，第3回：翌年1月頃）<br>※二次試験は一次試験の翌月に実施されることが多い。 |
| 検定料<br>（個人申込） | 1級：12,500円　準1級：10,500円　2級：9,100円<br>準2級：8,500円　3級：6,900円　4級：4,700円　5級：4,100円 |

## 英検 S-CBT

コンピュータを使用して受験する方式で，4技能を1日で受験できます。準1級・2級・準2級・3級で実施され，**出題内容・難易度・採点基準は英検（従来型）と変わりません。**合否は従来型と同様に判定されますが，合否にかかわらず4技能の英検CSEスコアを取得できます。

ご自身の都合に合わせて受験日や会場を選択できます。英検（従来型）の日程ではご都合が合わない方，従来型と合わせて併願したい方におすすめです。

| | | |
|---|---|---|
| 試験日程 | 原則毎週土日，一部エリアは平日も実施<br>（第1回：4～7月，第2回：8～11月，第3回：12～3月）<br>※同じ級を受験できるのは検定回ごとに2回まで。 | |
| 検定料 | 準1級：10,600円　2級：9,700円　準2級：9,100円　3級：7,800円 | |
| 実施方式 | Speaking | コンピュータへの吹込み |
| | Listening<br>Reading | コンピュータ画面上でのマウス操作 |
| | Writing | キーボードによる**タイピング型**か，手書きによる**筆記型**かを申込時に選択できる。 |

# 準1級　概要

## 推奨目安　　大学中級程度

準1級では，「社会生活で求められる英語を十分理解し，また使用することができる」ことが求められています。

## 問題形式

2023年度の問題形式は以下の通りです。2024年度からの一次試験では，ライティングに「要約」問題が加わるなど，問題形式が一部リニューアルされることが，公益財団法人 日本英語検定協会より発表されています。詳しくは，P. 30を参照してください。

● 一次試験

<table>
<tr><th>測定技能</th><th>問題</th><th colspan="2">形　式</th><th>問題数</th><th>解答形式</th><th>試験時間</th><th>満点スコア</th></tr>
<tr><td rowspan="3">リーディング</td><td>1</td><td colspan="2">短文の語句空所補充</td><td>25</td><td rowspan="3">4肢選択</td><td rowspan="4">90分</td><td rowspan="3">750点</td></tr>
<tr><td>2</td><td colspan="2">長文の語句空所補充</td><td>6</td></tr>
<tr><td>3</td><td colspan="2">長文の内容一致選択</td><td>10</td></tr>
<tr><td>ライティング</td><td>4</td><td colspan="2">英作文</td><td>1</td><td>記述式</td><td>750点</td></tr>
<tr><td rowspan="3">リスニング</td><td>Part 1</td><td>会話の内容一致選択</td><td rowspan="3">放送は1回のみ</td><td>12</td><td rowspan="3">4肢選択</td><td rowspan="3">約30分</td><td rowspan="3">750点</td></tr>
<tr><td>Part 2</td><td>文の内容一致選択</td><td>12</td></tr>
<tr><td>Part 3</td><td>Real-Life形式の内容一致選択</td><td>5</td></tr>
</table>

● 二次試験

<table>
<tr><th>測定技能</th><th>問題</th><th>形　式</th><th>試験時間</th><th>満点スコア</th></tr>
<tr><td rowspan="6">スピーキング</td><td>自由会話</td><td>面接委員と簡単な日常会話を行う</td><td rowspan="6">約8分</td><td rowspan="6">750点</td></tr>
<tr><td>ナレーション</td><td>4コマのイラストの展開を説明する（2分間）</td></tr>
<tr><td>No. 1</td><td>イラストに関連した質問に答える</td></tr>
<tr><td>No. 2</td><td rowspan="2">カードのトピックに関連した内容についての質問に答える</td></tr>
<tr><td>No. 3</td></tr>
<tr><td>No. 4</td><td>カードのトピックにやや関連した，社会性のある内容についての質問に答える</td></tr>
</table>

※公益財団法人 日本英語検定協会のウェブサイトより。
最新の問題形式は上記ウェブサイトにてご確認ください。

## 合格基準スコア　　一次試験：1792　　二次試験：512

一次試験の合否はリーディング・リスニング・ライティングの技能別に算出されたCSEスコアの合計で判定され，二次試験は，スピーキングのスコアのみで判定されます。各技能の問題数は異なりますが，いずれも750点満点と均等に配分されています。かつては，特定の技能の点数が低い場合でも，ほかの技能の点数が高ければ合格する可能性がありましたが，現在の合否判定方法では，各技能でバランスよく得点することが求められています。日本英語検定協会によると，2016年度第1回一次試験では，準1級以上は各技能7割程度の正答率の受験者の多くが合格しているとのことです。

● 一次試験　成績表の例

| 英検CSEスコア　※（　）内は満点スコア | | | | |
|---|---|---|---|---|
| Reading | Listening | Writing | 一次合計 | 合格基準 |
| 604（750） | 596（750） | 599（750） | 1799（2250） | 1792 |

### 英検CSEスコアについて

級ごとにそれぞれ技能別の満点が設定され，英語4技能（リーディング・リスニング・ライティング・スピーキング）の各スコアとトータルスコアが表示されます。このスコアは語学力のレベルを示す国際標準規格CEFR（セファール）にも対応しています。

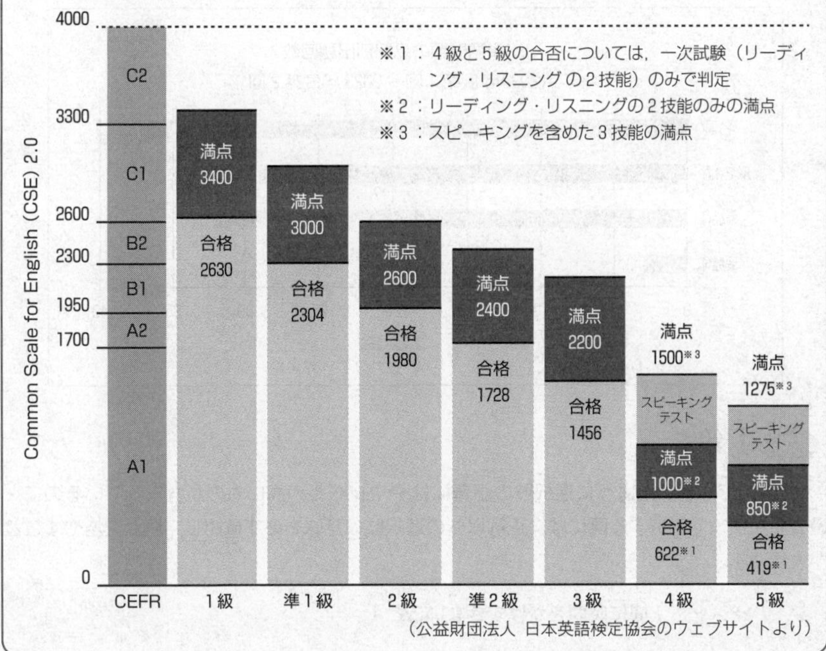

（公益財団法人 日本英語検定協会のウェブサイトより）

# 準1級　傾向分析

問題番号や設問数等は2023年度のものです。2024年度以降は問題形式が一部リニューアルされるため，記載内容とは異なる場合があります。

## 一次試験　筆記（リーディング・ライティング）

### 1　短文の語句空所補充

設問数 25問　解答時間の目安 15分

短文の空所に文脈に合う適切な語句を補う問題です。問題文は短文のほか，会話文の場合もあります。

#### 特 徴

- 単語問題21問（84％），熟語問題4問（16％）の割合で出題されることが多い。
- 単語問題で問われる品詞は，毎回多少の差はあるが，名詞，形容詞，動詞がバランスよく出題されている。副詞の出題は少ない。
- 熟語問題では，句動詞が問われる。
- 問題文の語彙は標準的なものが多いが，選択肢の語彙にはややレベルの高いものが含まれている。

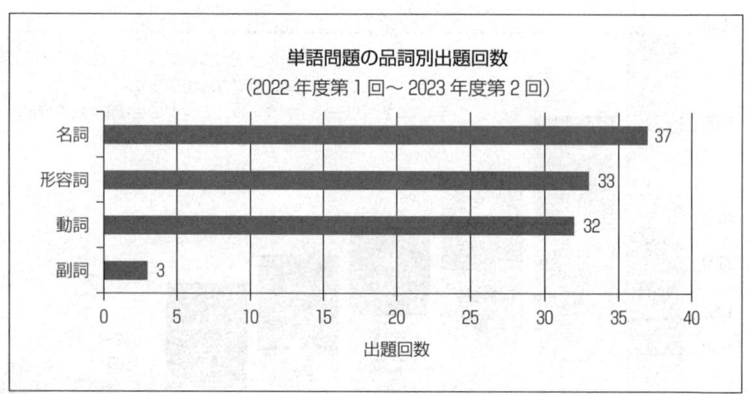

#### 対 策

〈特徴〉でも述べたように選択肢の語彙にはややレベルの高いものが含まれているので，過去問を使って学習する際には，正解以外の選択肢の意味も必ず確認し，語彙を増やすことが大切です。

アドバイス　**1問に時間をかけすぎないこと！**

## 2　長文の語句空所補充

設問数 6問　解答時間の目安 15分

英文の空所に文脈に合う適切な語句を補う問題です。250語程度の英文が2つ出題され，それぞれに空所が3カ所ずつあります。

 特徴

●英文のテーマは，1つは社会や教育に関するもの，もう1つは環境や生物に関するものであることが多い。
●英文は3段落のものが多く，原則として各段落に1カ所空所が設けられている。

 対策

空所の前後に有効なヒントがあることが多く，指示代名詞が指すものを明らかにする，「肯定的な意見」対「否定的な意見」のパターンを見抜く，といったことが解答の手がかりになります。ただし，空所の前後だけでは正解が導けない問題もあるので，英文全体の内容・文脈を正確に把握することが大切になります。速読と精読を上手に組み合わせた読み方を日頃から練習しておきましょう。

アドバイス　空所の前後はスピードを落として読むこと！

## 3　長文の内容一致選択

設問数 10問　解答時間の目安 35分

英文の内容に一致する選択肢を選ぶ問題です。英文は合計3つ出題されます。英文の内容に関する英語の質問に対して正しい答えを選ぶ問題や，内容に一致するように与えられた出だしに続けるべき内容を選ぶ問題が出題されます。3つの英文は，約300語，約400語，約500語であることが多く，先の2つの英文には設問が3つ，最後の英文には設問が4つあります。

特徴

●英文のテーマは，文化・歴史・教育・科学・環境・健康など，さまざまである。新しく提唱された説などが取り上げられることも多い。
●英文の段落構成は3段落か4段落がほとんどで，1つの段落に対して設問が1つ出題されていることが多いが，設問が全くない段落もある。

 対策

設問の順序は長文の流れに沿っているので，解答に関連する箇所を見つけることは難しくないでしょう。まず設問に目を通し，設問に関係しそうな部分を丁寧に読み解いていくと時間の節約になります。関連する箇所は2，3文のことが多いとはいえ，段落全体に及ぶこともあるので注意が必要です。解答の根拠を明確にした上で，本文と選択肢の言い換えに注意

して解答することが重要になります。論旨を押さえるには速読が有効ですが，選択肢と本文を照らし合わせるときには精読が必要になります。2（長文の語句空所補充）と同様，速読と精読を組み合わせた読み方の訓練が必要です。また，さまざまなジャンルや新しい話題に触れることも大切なので，普段から英字新聞などを読む習慣をつけるとよいでしょう。学習者向けの英字新聞は，語句の訳や解説が出ている記事もあり，無理なく取り組めるのでぜひ利用してください。

アドバイス　**解答の根拠を明確にし，言い換えに注意して解答すること！**

## 4　英作文

設問数 1問　解答時間の目安 25分

指定されたトピックについて，与えられた4つのポイントのうち2つを用いて，120～150語のエッセイを書く問題です。

- **Write an essay on the given TOPIC.**
- **Use TWO of the POINTS below to support your answer.**
- **Structure : introduction, main body, and conclusion**
- **Suggested length : 120–150 words**
- **Write your essay in the space provided on Side B of your answer sheet. Any writing outside the space will not be graded.**

**TOPIC**

***Should businesses provide more online services?***

**POINTS**

- ***Convenience***
- ***Cost***
- ***Jobs***
- ***The environment***

（2023年度第1回問題4より　解答例は2023年度第1回P. 24～25参照）

### 特 徴

- 序論→本論→結論という構成で書くことが指定されている。
- 主張の裏付けとして4つのポイントのうち2つを使うことが指定されている。
- テーマは，教育や雇用，経済，観光など，公共性のある話題や時事的なものが多い。
- ある事柄や問題に対して，Agree or disagree「賛成か反対か」や，Should ～「～すべきか」という問われ方が多い。

 対策

## ✔ 4つの観点

まずは，英検の英作文がどのような観点で採点されるのかを知っておきましょう。

(1) 内容　課題で求められている内容（意見とそれに沿った理由）が含まれているかどうか
(2) 構成　英文の構成や流れがわかりやすく論理的であるか
(3) 語彙　課題に相応しい語彙を正しく使えているか
(4) 文法　文構造のバリエーションやそれらを正しく使えているか

（公益財団法人 日本英語検定協会のウェブサイトより）

上記の点について注意しながら解答を作成します。自分で作成した解答について，先生に添削をしてもらう前に，この4つの観点から自己採点するとよいでしょう。身近な社会問題について意見を問う問題なので，こういった問題について自分ならどう思うかと考える癖をつけておくと取り組みやすくなります。なお，以下に基本的な解答作成手順を示しておくので，まずはこの型に慣れましょう。

## ✔ 解答作成の手順

### 1．方針を決める

まず，トピックを正しく把握することが重要です。さらに，ポイントに目を通し，どのように論じることができるかを考えながら，賛成か反対かなどの立場を決めます。

### 2．【序論】自分の主張を述べる

エッセイの冒頭で自分の主張を明確に述べます。序論は，トピックを導入する役割があるので，I agree with it.「私はそれに賛成だ」のような書き方ではなく，I agree with the statement that＋トピックの文「私は～という意見に賛成だ」のように表現します。主張に続けて，そのように考える理由について簡単に触れて，次の段落へとつなげます。

[使える表現]

●I agree〔disagree〕with the idea that S V
●I think〔don't think〕that S V
●In my opinion, S V

### 3．【本論】自分の主張に対する理由・根拠を述べる

設問に挙げられたポイントのうち2つの観点から具体的な理由や例を挙げる，比較する，などしながら自分の主張を裏付けます。

[使える語句]

〈列挙〉first / firstly「第一に」　first of all / to begin with「まず第一に」
second / secondly「第二に」　last / lastly / finally「最後に」

〈付加〉also / as well / too「～もまた」

besides / furthermore / moreover / in addition / what is more「さらに」
〈例示〉 for example / for instance / say「例えば」　such as / like「〜のような」
〈対比〉 on one hand 〜, on the other hand …「一方では〜，他方では…」
in contrast / by contrast「対照的に」　while「〜の一方で」

### 4．【結論】自分の主張を繰り返す

最後にもう一度自分の主張を繰り返しますが，序論の表現をそのまま使うのではなく，序論の内容を別の表現で言い換えます。本論の内容を盛り込んでまとめる，あるいは，将来の展望を示すなどができれば，より引き締まった英文になります。

[使える語句]

●in conclusion / to conclude / as a conclusion「結論として」
●therefore / consequently「それゆえ，したがって」
●in summary / to sum up / to put it briefly「要約すると」

## 竹岡先生の特別授業

● **Write an essay on the given TOPIC.**
● **Use TWO of the POINTS below to support your answer.**
● **Structure : introduction, main body, and conclusion**
● **Suggested length : 120-150 words**
● **Write your essay in the space provided on Side B of your answer sheet. Any writing outside the space will not be graded.**

TOPIC
***Agree or disagree : Japan should host more major events like the Olympic Games.***

POINTS
● ***Costs***
● ***Economic benefits***
● ***Public Safety***
● ***Effect on the country***

解答例および解説は，竹岡広信先生による講義動画を参照！
➡https://akahon.net/eiken/kougi/
※配信は予告なく終了する場合がございます。

# 一次試験　リスニング

## Part 1　会話の内容一致選択

設問数 12 問　解答時間 1 問あたり 10 秒

会話の内容に関する質問に答える問題です。会話，質問とも放送回数は 1 回のみです。選択肢は 4 つで，すべて問題冊子に印刷されています。

### 特徴

- 男女 2 人の会話が流れ，その後に質問が読み上げられる。質問は放送のみで，問題冊子に印刷されていない。
- 会話の種類は，家族・友人との会話，職場・学校・店などでの会話など多岐にわたっている。
- 質問では，「会話の後の行動」「話者の提案」「話者の人物像」「話者の意思決定」「原因・理由」などについて問われることが多い。

### 対策

質問が印刷されていないので，ポイントを絞って聞き取ることはできません。話者が置かれた状況を把握し，会話に盛り込まれた情報をすべて理解する必要があります。質問のパターンはある程度限られているので，過去問を解いて，どのような問われ方をするのか把握しておくことが非常に有効です。会話を聞く前に選択肢に目を通し，どのような内容かを予測することも効果的です。

## Part 2　文の内容一致選択

設問数 12 問　解答時間 1 問あたり 10 秒

パッセージの内容に関する質問に答える問題です。パッセージ，質問とも放送回数は 1 回のみです。選択肢は 4 つで，すべて問題冊子に印刷されています。パッセージは(A)～(F)の 6 つあり，各パッセージに 2 問ずつ設問が設けられています。

### 特徴

- パッセージは 150 語前後。テーマは科学技術，健康，動物，自然，文化などさまざまで，内容や使用される語彙は高度である。
- パッセージのほとんどは前半と後半の 2 つに分かれており，その場合，1 つ目の質問は前半，2 つ目の質問は後半に関するものになっている。
- 質問では，「～についてわかることの 1 つは何か」「～の研究でわかったことは何か」といった具体的な事実や，「なぜ～か」「どのように～か」といった因果関係が問われることが多い。

 対 策

Part 2においても質問は印刷されていません。選択肢を先読みし，ある程度内容を予測しておくこと，さらに，本文の前に読み上げられるタイトルをしっかり聞き取り，何についての話なのかを把握することが重要です。また，話の展開を示すディスコースマーカーに注意して聞いていくことも理解の助けになります。パッセージにはたくさんの情報が含まれているので，普段から頭の中で情報を整理しながら英語を聞く習慣を身につける必要があります。

アドバイス　**複数の情報を整理しながら聞き取ること！**

## Part 3　Real-Life 形式の内容一致選択

設問数 5問　解答時間 1問あたり10秒

Real-Life 形式の放送内容に関する質問に答える問題です。放送回数は1回のみです。問題冊子に印刷された状況（*Situation*）と質問を読む時間が10秒与えられています。その上で実生活を想定した音声を聞き，質問の答えを選択肢から選びます。選択肢は4つで，すべて問題冊子に印刷されています。

### 特 徴

- 質問は「あなたは何をするべきか」という適切な行動を問うものがほとんどである。
- 問題冊子に印刷された状況（*Situation*）を読んで，現在置かれている状況（時間や場所などを含むこともある），何を希望しているか，制約や条件は何か，などを把握する必要がある。
- 放送される内容は，ボイスメールのメッセージ，学校の授業のガイダンス，施設のアナウンス，業務連絡，イベントの案内など，さまざまである。

 対 策

質問が問題冊子に印刷されているので，必要な情報だけにポイントを絞って聞き取ることができます。まずは，与えられた状況を正確に読み取り，前提条件などを明確にしておくことが重要です。適切な行動を問う設問では，通常，音声では複数の行動が提示されますが，特に，「あなたはまず何をするべきか」（What should you do first?）という質問に対しては，それぞれの行動はいつ取るべきものなのかに注意を払って聞き取る必要があります。

アドバイス　**状況を正確に読み取り，必要な情報を絞り込むこと！**

# 二次試験　面接（スピーキング）

指示文と４コマのイラストが印刷された問題カードが１枚渡されます。４コマのイラストについてのナレーションと４つの質問に答えることが求められます。

受験者用問題カードA

You have **one minute** to prepare.

This is a story about a university student who lived with his family.
You have **two minutes** to narrate the story.

Your story should begin with the following sentence:
**One day, a university student was watching TV with his mother and grandfather.**

※実際の問題カードはカラーで印刷されています。

**Questions**

No. 1　Please look at the fourth picture. If you were the university student, what would you be thinking?

No. 2　Do you think parents should be stricter with their children?

No. 3　Can people trust the news that they see on TV these days?

No. 4　Will more people choose to work past retirement age in the future?

※質問英文は問題カードには印刷されていません。

（2023年度第１回より　解答例は2023年度第１回 P. 56～58参照）

# 面接の流れ

## ❶ 入室・着席

係員の指示に従って面接室に入ります。面接委員に面接カードを手渡し，面接委員の指示で着席します。

やりとりの例

＝Examiner「面接委員」　＝Examinee「受験者」

【ドアをノックして入室する】（***Knock-knock.***）Hello.
（コンコン〈ノックする音〉）こんにちは。

Hello. May I have your card, please?
こんにちは。カードをいただいてもいいですか？

Here you are.　これです。お願いします。

Thank you. Please have a seat.
ありがとうございます。どうぞおかけになってください。

Thank you.　ありがとうございます。

## ❷ 氏名・受験級の確認と挨拶・日常会話

面接委員と受験者がお互いの氏名を伝え合います。その後，面接委員が受験級の確認を含め簡単な質問をします。

My name is Taro Yamada. May I have your name, please?　私の名前は山田太郎です。お名前をお伺いしてもよろしいですか？

Sure, It's Keiko Tanaka.
もちろんです，田中けいこです。

All right, Ms. Tanaka. This is the Grade Pre-1 test. OK?　わかりました，田中さん。これは英検準１級の試験です。間違いないですか？

Yes.　大丈夫です。

So, Ms. Tanaka, could you tell me a little bit about yourself?
それでは田中さん，簡単な自己紹介をお願いします。

Yes. I'm a high school student. I belong to a tennis club.
はい。私は高校生です。テニス部に所属しています。

What do you usually do on holidays?
休日はたいてい何をしますか？

I listen to music.　音楽を聴きます。

What kind of music?　どんな音楽ですか？

I like Japanese pop music.
日本のポップミュージックが好きです。

All right. Let's start.
わかりました。では始めましょう。

## ❸ 問題カードの黙読とナレーション

面接委員から問題カードが手渡され，問題カードの指示文を黙読し，ナレーションの内容を考えるように指示されます。考える時間は1分です。メモを取ることはできません。その後，指示に従いナレーションを始めます。

Here's your card.　問題カードです。

Thank you.　ありがとうございます。

You have one minute to prepare before you start your narration.　ナレーションを考える時間は1分です。

【1分経過】

All right, please begin your narration. You have two minutes.
はい，ではナレーションを始めてください。時間は2分です。

【ナレーション開始】

## ❹ 4つの質問

ナレーションが終わると質問のやりとりが始まります。面接委員からの4つの質問があります。No. 1を答える際には問題カードを見ても構いません。

No. 1の質問が終わると，問題カードを裏向きにするように指示があります。そして，No. 2～No. 4に移ります。

Now, I'm going to ask you four questions. Are you ready?
では，4つの質問をします。準備はいいですか？

Yes. はい。

No. 1. … 質問1です。…

【質問に答える】

Now, Ms. Tanaka, please turn over the card and put it down. No. 2. … では田中さん，カードを裏向きにして下に置いてください。質問2です。…

【質問に答える】

No. 3. … 質問3です。…

【質問に答える】

【No. 4も同様に進む】

## ❺ 問題カードの返却と退室

面接委員から試験が終了したことが告げられます。指示に従って問題カードを返却し，挨拶をして退出します。

（イラスト：山本 篤）

Well, that's all, Ms. Tanaka. Could I have the card back, please? では田中さん，以上で終わりです。カードを返していただけますか？

Sure. Here you are. もちろんです。お返しします。

Thank you. You may go now.
ありがとうございます。もう退出して構いませんよ。

Thank you. Good-bye.
ありがとうございます。失礼します。

Good-bye. さようなら。

## アティチュードについて

面接試験の評価項目の中に，アティチュード（attitude）というものがあります。これは「積極的にコミュニケーションを図ろうとする意欲や態度」のことです。英検では，質問に正しく答えることや発音はもちろん大切ですが，面接委員の目を見て，時には身振りや手振りを交えて，自分の意思や意見をしっかりと面接委員に伝えようとする積極性が評価されるのです。適切な大きさの声で明瞭に発音すること，面接委員から質問された後にスムーズに応答することも大切なポイントです。さらに，英語での表現がわからない場合でも諦めることなく，意味の近い語で代用したり言い換えをしたりして，相手に理解してもらおうとする態度も重要です。

## ナレーション

（2023 年度第 1 回 問題カードＡより）

面接委員

You have one minute to prepare before you start your narration.

（1 分後）All right, please begin your narration. You have two minutes.

訳　ナレーションを考える時間は 1 分です。

（1 分後）はい，ではナレーションを始めてください。時間は 2 分です。

###  ナレーションを組み立てる際のポイント

● 4 コマのストーリーは大半が

1 コマ目：問題発生（場面設定）

2 コマ目：問題解決のための行動（中心人物が行動を起こす）

3 コマ目：問題解決（行動の成果が出る）

4 コマ目：別問題発生

というパターンですが，「2 コマ目：中心人物が行動を思いつく→ 3 コマ目：行動を起こす→ 4 コマ目：問題発生」や「2 コマ目：中心人物が行動を起こす→ 3 コマ目：問題発生→ 4 コマ目：問題未解決」というパターンもあります。いずれにせよ 4 コマ目では困った状況になっています。

- 「問題カード」に印刷されている，This is a story about … の文（下線が引かれている）から，誰が中心人物で，どんな背景があるかを把握します。
- 「問題カード」に印刷されている言い出しの文（太字で下線が引かれている）は，1コマ目の描写になっており，この文によって，登場人物，時，場所，状況などの設定がなされています。
- イラストに目を通し，全体の流れを把握します。ストーリーには社会的なテーマがありますので，それが何かをつかみます。
- ストーリーの展開を把握したら，もう一度イラストに目を通します。今度は，イラストの背景の絵（時間，場所，看板，標識，小道具など）や，登場人物の表情にも注目し，ナレーションに含めるべきものを確認しておきます。
- ナレーション描写は，1コマにつき2，3文程度が目安になりますが，4つのコマそれぞれに同じ時間をかける必要はありません。
- イラストの中の英文は引用して構いません。背景にある時間の流れを表す語句は，つなぎの言葉として活用できます。

## ナレーションのポイント

- ナレーションの言い出しは「問題カード」に印刷されていますから，必ずその文を使って，ナレーションを始めましょう。
- 各コマについて，背景や状況（どこで何が起きているか）を説明し，登場人物の行動・感情（誰が何をして，どう感じているか）などを描写します。
- ナレーションを展開していく際には，つなぎの言葉を使い，スムーズな流れになるようにします。つなぎの言葉としては，背景にある時間の流れを表す語句の他，after / then / finally / in the end / as a result などの時の流れや結果を導く表現，however / though / because などの論理のつながりを表す表現，to *one's* surprise「驚いたことに」/ against *one's* expectations「期待に反して」など登場人物の感情に関わる表現などを上手に活用します。
- ナレーションをする時には，文の区切りに注意します。意味のまとまりで区切りを入れることで，文の意味をはっきりさせるのに役立ちます。音声専用サイト（本書のCONTENTSの前にある袋とじ参照）で聞けるナレーション例（モデルナレーション）を参考にしてください。
- ナレーションの時間は2分です。2分を過ぎると途中でも中止させられますので注意しましょう。

# No. 1 イラストに関連した質問に答える

**面接委員**

No. 1. Please look at the fourth picture. If you were the university student, what would you be thinking?

訳　4コマ目のイラストを見てください。あなたがこの大学生だとしたら，何を考えているでしょうか？

## 特 徴

●イラスト中の登場人物の心情について，「自分がその人物ならどう思うか」ということが問われる。

●たいていの場合，イラストの4コマ目に関する質問になっている。

## 解答のポイント

●質問をよく聞き，質問の一部を，応答する時の出だしに使います。質問が，"If …, what would you be thinking?" であれば，I would be thinking で始めます。

●質問の答え方は，直接話法でも間接話法でも構いません。一般に，直接話法の方が文法の誤りを抑えることができるでしょう。

●1文で答えるのではなく，2，3文で答えるようにしましょう。

●登場人物の立場になって考え，「なぜそう考えるか」「次にどうしたいか」などを付け加えていくことが大切です。

# No. 2・3　カードのトピックに関連した内容についての質問に答える

No. 2 と No. 3 は，問題カードを裏返しにしてから始まります。

**面接委員**

No. 2. Do you think parents should be stricter with their children?

訳　親は子どもにもっと厳しくするべきだと思いますか？

No. 3. Can people trust the news that they see on TV these days?

訳　最近テレビで見るニュースは信頼できるものでしょうか？

## 特 徴

- No. 2，No. 3 とも，カードのトピックや内容から派生した質問。
- あるテーマについての意見が求められているが，意見の中身が評価されるのではなく，自分の意見を相手にわかるように表現できるかどうかが評価される。

## 解答のポイント

- 質問文は，Do you think (that) …? の他，Should …? / Is〔Are〕…? / Does〔Do〕…? / Can …?/ Will …? などで始まるものがあります。いずれの場合も，まずは Yes. / No. や I think so. / I don't think so. で返答し，自分の意見を明確に表します。
- 賛成か反対かに続けて，自分の考えや意見を述べます。さらに，なぜそう考えるのかという理由づけが必要です。面接委員から求められなくても，根拠や具体例を述べましょう。
- 賛成か反対かを答えづらいものについては，It depends.「時と場合による」と返答して，2通りの立場で述べてもよいでしょう。

## No. 4　カードのトピックにやや関連した，社会性のある内容についての質問に答える

**面接委員**

No. 4. Will more people choose to work past retirement age in the future?

訳　将来，より多くの人々が定年を過ぎても働くことを選ぶでしょうか？

### 特 徴

●質問のテーマは身近な社会問題で，過去には増税，虚偽・誇大広告，メディアの影響力，在宅勤務，レストランでの喫煙，チャイルドシート，住民運動，キャッチセールス，護身術などが取り上げられている。

### 解答のポイント

●質問の形式や求められていることは，No. 2 や No. 3 と同じです。まずは，賛成か反対かを答え，そのあと自分の意見とそれを裏づける根拠を述べます。

●No. 2 や No. 3 と同様に，It depends.「時と場合による」と返答して，2 通りの立場で述べてもよいでしょう。

●No. 2～No. 4 に通じることですが，日頃から，英字新聞を読む，英語でニュースを聞くなどして，社会で問題になっていることについて英語で意見を述べる練習を積むことが不可欠です。

アドバイス　**質問が聞き取れなかったら，質問を繰り返してもらおう！**

（例）Excuse me, I beg your pardon?

「すみませんが，もう一度繰り返していただけませんか？」

**ただし，不自然に繰り返し聞き返したり，不自然な間があきすぎたりすると，減点の対象となりますから，注意してください。質問に関して，ゆっくり話してほしいなどのお願いや，その内容や文の意味の確認などをすることはできません。**

# 問題形式リニューアルに向けて

公益財団法人 日本英語検定協会より，2024 年度第 1 回検定以降の試験の問題形式が一部リニューアルされることが公表されています。ここでは，問題形式がどう変わるのか，どのような対策が必要なのかを見ていきましょう。

## リニューアル後の問題形式

● 一次試験

| 測定技能 | 問題 | 形式 | | | 問題数 | 解答形式 | 試験時間 | 満点スコア |
|---|---|---|---|---|---|---|---|---|
| リーディング | 1 | 短文の語句空所補充 | | | 25⇨18 | 4 肢選択 | 90 分 | 750 点 |
| | 2 | 長文の語句空所補充 | | | 6 | | | |
| | 3 | 長文の内容一致選択 | | | 10⇨ 7 | | | |
| ライティング | New! | 英作文 | 要約 | | 1 | 記述式 | | 750 点 |
| | 4 | | 意見論述 | | 1 | | | |
| リスニング | Part 1 | 会話の内容一致選択 | | 放送は 1 回のみ | 12 | 4 肢選択 | 約 30 分 | 750 点 |
| | Part 2 | 文の内容一致選択 | | | 12 | | | |
| | Part 3 | Real-Life 形式の内容一致選択 | | | 5 | | | |

● 二次試験

| 測定技能 | 問題 | 形式 | 試験時間 | 満点スコア |
|---|---|---|---|---|
| スピーキング | 自由会話 | 面接委員と簡単な日常会話を行う | 約 8 分 | 750 点 |
| | ナレーション | 4 コマのイラストの展開を説明する（2 分間） | | |
| | No. 1 | イラストに関連した質問に答える | | |
| | No. 2 | カードのトピックに関連した内容についての質問に答える | | |
| | No. 3 | カードのトピックに関連した内容についての質問に答える | | |
| | No. 4 | カードのトピックにやや関連した，社会性のある内容についての質問に答える⇨話題導入文を追加 | | |

※公益財団法人 日本英語検定協会のウェブサイトより。
リニューアルの時期・内容については，今後変更が生じる場合があります。最新の情報は上記ウェブサイトにてご確認ください。

## どう変わる？

**✔ 変更点①**

一次試験では，ライティングの出題が１題から２題へと増加します。既存の「意見論述」問題に加え，「要約」問題が新たに出題されます。試験時間（90 分）に変更はありませんが，試験時間の調整のため，語彙問題・長文問題の設問数が少なくなると発表されています。

大問１：短文の語句空所補充⇨７問削除（単語問題）

大問３：長文の内容一致選択⇨３問削除（設問 No. 32-34）

**✔ 変更点②**

二次試験では，No. 4 の受験者自身の意見を問う質問で，話題導入文が追加されます。質問文に入る前に，質問に関連する話題が面接委員から話されます。

## 要約問題の出題例

解答時間の目安 20 分

以下は，英検協会から発表されている要約問題の出題例（サンプル問題）です。３段落からなる約 190 語の英文を読んで，その内容を 60～70 語の英語に要約する問題です。

- **Instructions: Read the article below and summarize it in your own words as far as possible in English.**
- **Suggested length: 60-70 words**
- **Write your summary in the space provided on your answer sheet. Any writing outside the space will not be graded.**

From the 1980s to the early 2000s, many national museums in Britain were charging their visitors entrance fees. The newly elected government, however, was supportive of the arts. It introduced a landmark policy to provide financial aid to museums so that they would drop their entrance fees. As a result, entrance to many national museums, including the Natural History Museum, became free of charge.

Supporters of the policy said that as it would widen access to national museums, it would have significant benefits. People, regardless of their education or income, would have the opportunity to experience the large collections of artworks in museums and learn about the country's cultural history.

Although surveys indicated that visitors to national museums that became free increased by an average of 70 percent after the policy's introduction, critics claimed the policy was not completely successful. This increase, they say, mostly consisted of the same people visiting museums many times. Additionally, some independent museums with entrance fees said the policy negatively affected them. Their visitor numbers decreased because people were visiting national museums to avoid paying fees, causing the independent museums to struggle financially.

（公益財団法人 日本英語検定協会のウェブサイトより）

## 対策

### ✔ 4つの観点

ライティングの採点に関する観点は以下の4つです。この観点は，意見論述問題でも要約問題でも同じです（P. 17参照）。

> ⑴ **内容**　課題で求められている内容が含まれているかどうか
> ⑵ **構成**　英文の構成や流れがわかりやすく論理的であるか
> ⑶ **語彙**　課題に相応しい語彙を正しく使えているか
> ⑷ **文法**　文構造のバリエーションやそれらを正しく使えているか
>
> （公益財団法人 日本英語検定協会のウェブサイトより）

採点では観点ごとに0～4点の5段階で評価され，得点の満点は16点となります。これらの観点に注意しながら，要約を作成していきましょう。

#### ⑴ 内容に関して

オリジナルの英文を読まなくても，その文章の概要を理解できるものが要約です。文章のトピック（主題），メインアイディア（主張），メインアイディアをサポートする情報が含まれる英文を作成します。サポートする情報には，調査や実験の結果，エピソードなどの具体例が含まれていることが多いですが，要約を作成するときには，数値や具体例ではなく，そこから導くことができる一般論や筆者の考えを盛り込みます。意見論述ではないので，自分の意見や感想を書いてはいけません。

#### ⑵ 構成に関して

意見論述と異なり，要約問題では構成が指定されていません。わかりやすく論理的な英文になるように，トピックとメインアイディアを述べたあと，メインアイディアをサポートする情報を述べます。基本的には，オリジナルの英文の展開に沿って要約を作成すればよいでしょう。必要な場合には，情報を整理し直して論理的な構成になるようにします。

#### ⑶ 語彙に関して

問題の指示文に「可能な限り自分の言葉で」と書かれているので，オリジナルの英文から文や節単位で抜き出すことは避けましょう。同義語などを用いて語句単位での書き換えをする他に，文構造を変えるといった書き換えも可能です。語数が限られているので，あくまでも簡潔な表現になるようにします。さらに重要なのは，具体例をより抽象度の高い概念に書き換えるということです。一方で，キーワードや専門用語などはオリジナルの英文と同じものを使うことでより適切な要約になります。すべての語句を書き換える必要はありません。

#### ⑷ 文法に関して

時制に注意して作文しましょう。オリジナルの英文と違う時制を使ってしまうと，表す内容が異なったものになってしまいます。接続詞や関係詞を使って単文の羅列を避け，文構造にバリエーションをつけることも大切です。

## ✔ 解答作成の手順

### 1．英文を一読する

各段落の概要を把握しながら，英文を一読します。英語の文章の基本的な構成として，各段落には1つのトピックが存在します。各段落のキーワードに下線を引き，必要があれば各段落の要点をメモしておくとよいでしょう。各段落の第1文がキーセンテンスになっているとは限りません。丁寧に読み進めます。

### 2．トピック，メインアイディアを特定する

全体の内容が把握できたら，英文のトピック（主題）とメインアイディア（主張）を特定します。トピックとメインアイディアが特定できれば，それらを提示している段落とサポートする情報を提示している段落が明らかになります。各段落が英文全体の中でどのような役割になっているかを確認しましょう。

出題例（サンプル問題）を使って説明します。

第1段落　トピックとメインアイディアの提示
トピック：イギリスの博物館の入場料
メインアイディア：イギリスの国立博物館では入場料が無料化された
第2段落　メインアイディアに対する情報①
無料化政策による利点
第3段落　メインアイディアに対する情報②
無料化政策がもたらした結果（利益と不利益の両面）

意見論述型の英文に多く見られるような，序論→本論→結論のような段落構成ではないことがわかります。

### 3．要約に含める情報を整理する

要約文に含めるべき，各段落の要点を絞り込みます。要約に盛り込むべき重要な情報は何かを見極め，要約に含める必要のない周辺情報は省きます。

### 4．要約文の構成を考えて，英文を作成する

語数の目安が60～70語ですから，5文程度で要約を完成させます。

第1文では，トピックとメインアイディアを明示します。「可能な限り自分の言葉で」という指示がありますが，トピックやメインアイディアを表すキーワードは，オリジナルの英文と同じ語句を用いても問題ありません。

第2文以降で，メインアイディアをサポートする情報をまとめていきます。具体的な説明は抽象度の高い総括的なものに書き換えて簡潔にまとめます。例えば，具体的な数値などは適切な形容詞を用いるなどして書き換えます。さらに，適切な接続詞を用いて，論理的でわかりやすい英文になるように注意します。P. 17～18の ✔ **解答作成の手順**の3に掲載の **［使える語句］**中の〈付加〉や〈対比〉の表現が活用できます。

英文が書けたら読み直して，意味が通るか，語数は適切かなどを確認しましょう。

## ✔ 出題例の全訳

訳　1980年代から2000年代の初めまで，イギリスの国立博物館の多くは来館者に入場料を課していた。しかし，新しく選ばれた政府は芸術を支援した。政府は，入場料を値下げできるように博物館に財政援助をするという画期的な政策を導入した。結果として，自然史博物館を含め，多くの国立博物館の入場が無料になった。

この政策を支持する人たちは，それは国立博物館の利用機会を拡大することになるので，大きな利益があると述べた。人々は，学識や収入に関係なく，博物館に収蔵されている大量の芸術品に接したり，その国の文化的歴史について学んだりする機会を得ることになる。

政策導入後，無料になった国立博物館の来館者は平均70パーセント増加したことが調査で示されたが，批判している人たちは，政策は完全な成功というわけではないと主張した。この増加のほとんどは同じ人たちが何度も博物館を訪れることによるものだと彼らは述べている。さらに，入場料を取っている民間博物館のいくつかは，この政策が彼らに悪影響を与えていると述べた。人々が入場料の支払いを避けて国立博物館を訪れているので，民間博物館の入館者数が減少し，財政的に苦しむ結果となった。

語句・構文

□ entrance fee「入場料」　□ supportive「支持する，支える」
□ landmark「画期的な，重要な」　□ financial aid「財政援助」
□ widen「～を広げる」　□ significant「かなりの，重要な」
□ regardless of ～「～に関係なく」　□ survey「調査」　□ critic「批判する人」
□ negatively「否定的に，悪い方へ」　□ affect「～に影響する」
□ struggle「苦闘する」

## ✔ 解答例

**In the 2000s, British governmental policy led to the introduction of free admission to many national museums. This initiative aimed to provide the general public with increased access to learn about arts and cultural history. When they saw a significant increase in attendance, critics said it was due to repeat visits. Concurrently, independent museums with admission fees faced challenges such as declining attendance and financial difficulties.（66語）**

## 竹岡先生の特別授業

要約問題の出題例（P. 31参照）を竹岡広信先生が動画で解説！
竹岡先生オリジナルの模範解答をチェックしよう！！

➡https://akahon.net/akahon/eikentaisaku/

※配信は予告なく終了する場合がございます。

# 面接 No. 4 の出題例

以下は，リニューアル後の面接の出題例です。

You have **one minute** to prepare.

This is a story about a couple who was interested in nature.
You have **two minutes** to narrate the story.

Your story should begin with the following sentence:
**One day, a couple was at home.**

1 2 3 4

---

**Questions**

No. 1 Please look at the fourth picture. If you were the woman, what would you be thinking?

No. 2 Do zoos play an important role in the protection of animals?

No. 3 Do you think that marriage is losing its importance in society?

**No. 4 The wealth gap between rich countries and poor countries often becomes a topic for discussion. Should rich countries do more to help poor countries develop?**

No. 4 の質問で，話題導入文（下線）を追加

（公益財団法人 日本英語検定協会のウェブサイトより）

## 特 徴

●No. 4は,「カードのトピックにやや関連した，社会性のある内容についての質問」が出されるという点は変更されていない（P. 30 参照）。過去には，個人情報保護，地球温暖化，ワークライフバランス，高齢化社会，奨学金などが取り上げられている。
●質問は「カードのトピックにやや関連した」とされているが，カードのトピックからは全く予想できないような質問が出される場合もある。質問文の前に話題導入文が追加されることで，質問の背景がわかりやすくなると期待される。

## 解答のポイント

●賛成か反対かを答えたあと，話題導入文の内容と関連させながら自分の意見を述べるようにします。
●解答で求められていることは，変更後も同じです。P. 29 を参照してください。

# 2023年度 第2回

Grade Pre-1

## 一次試験 解答一覧

● 筆記

| | | | | | | | | | | | | |
|---|---|---|---|---|---|---|---|---|---|---|---|---|
| 1 | (1) | (2) | (3) | (4) | (5) | (6) | (7) | (8) | (9) | (10) | (11) | (12) |
| | 3 | 2 | 3 | 1 | 2 | 3 | 4 | 4 | 2 | 4 | 2 | 2 |
| | (13) | (14) | (15) | (16) | (17) | (18) | (19) | (20) | (21) | (22) | (23) | (24) |
| | 4 | 4 | 3 | 1 | 2 | 1 | 2 | 1 | 3 | 1 | 1 | 1 |
| | (25) | | | | | | | | | | | |
| | 2 | | | | | | | | | | | |

| | | | | | | |
|---|---|---|---|---|---|---|
| 2 | (26) | (27) | (28) | (29) | (30) | (31) |
| | 3 | 4 | 2 | 3 | 2 | 4 |

| | | | | | | | | | | |
|---|---|---|---|---|---|---|---|---|---|---|
| 3 | (32) | (33) | (34) | (35) | (36) | (37) | (38) | (39) | (40) | (41) |
| | 4 | 4 | 2 | 4 | 1 | 3 | 4 | 2 | 3 | 1 |

4（英作文）の解答例は P. 20 を参照。

● リスニング

| | | | | | | | | | | | | |
|---|---|---|---|---|---|---|---|---|---|---|---|---|
| Part 1 | No. 1 | No. 2 | No. 3 | No. 4 | No. 5 | No. 6 | No. 7 | No. 8 | No. 9 | No. 10 | No. 11 | No. 12 |
| | 4 | 3 | 1 | 1 | 3 | 2 | 4 | 1 | 3 | 4 | 4 | 2 |

| | | | | | | | | | | | | |
|---|---|---|---|---|---|---|---|---|---|---|---|---|
| Part 2 | A | | B | | C | | D | | E | | F | |
| | No. 13 | No. 14 | No. 15 | No. 16 | No. 17 | No. 18 | No. 19 | No. 20 | No. 21 | No. 22 | No. 23 | No. 24 |
| | 2 | 4 | 1 | 1 | 2 | 3 | 2 | 4 | 1 | 3 | 3 | 2 |

| | | | | | |
|---|---|---|---|---|---|
| Part 3 | G | H | I | J | K |
| | No. 25 | No. 26 | No. 27 | No. 28 | No. 29 |
| | 3 | 4 | 3 | 2 | 2 |

# 一次試験　筆記　1

**(1)　解答　3**

訳　レイラは，上級クラスのトレーニングが激しすぎると思ったので，もっと楽なクラスに変更することにした。

コンマ以下の後半部が so「そういうわけで」で始まっていることに着目する。「上級クラスのトレーニング」がどのようなものであれば，「もっと楽なクラスへの変更を決意」するかを考える。**3** **strenuous**「激しい」を選べば，文意が通る。**1** subtle「微妙な」 **2** contrary「反対の」 **4** cautious「注意深い」

**(2)　解答　2**

訳　税理士は女性にこの1年間のすべての財務記録をまとめるよう求めた。彼は彼女の納税申告書類の準備を始める前にそれらを見る必要があった。

第1文の主語は The tax accountant「税理士」，空所に入る動詞の目的語は all her financial records「彼女の全財務記録」で，第2文の主語 He は「税理士」，目的語 them は「彼女の全財務記録」を指している。税理士が見られるように，「財務記録をまとめるよう求めた」と考えるのが自然。よって，**2** **compile** が入る。**1** punctuate「～に句読点を付ける」 **3** bleach「～を漂白する」 **4** obsess「〈考えなどが〉（人）につきまとう」

**(3)　解答　3**

訳　エミリオは自宅の水道管の1つに小さな漏れを見つけた。彼は念のため，問題が何なのかがはっきりするまでバルブを締めて水道を止めた。

第1文で「水道管に小さな漏れを見つけた」とあり，第2文の空所の直後には「水道を止めるために」とある。空所の前の turn off は「（栓など）を締める」の意味。**3** **valve**「バルブ，弁」を選べば文意が通る。**1** depot「鉄道駅，バス発着所」 **2** canal「運河」 **4** panel「パネル，羽目板，（専門家の）一団」

**(4)　解答　1**

訳　A：ビル，あなたとリンダはいつからの知り合いですか？
B：ああ，私たちは知り合ってから少なくとも10年，もしかするとそれ以上になります。

Bが「少なくとも10年はお互いに知っている」と答えていることから，Aは「どのくらいの間（いつから）付き合いをしているのか」のような質問をしたと推測できる。よって，**1** **acquainted**「知り合いで，面識があって」が選べる。動詞 acquaint は，acquaint *A* with *B* で「*A*（人）に *B*（人）を紹介する，知り合わせる」の意味の他，「*A*（人）に *B*（事柄）を知らせる，精通させる」の意味もある。他の選択肢はそれぞれ，**2** discharge「〈義務・束縛などから〉（人）を解放する，〈船・飛行機などから〉（積み荷・乗客など）を降ろす」，**3** emphasize「～を強調する」，**4** subdue「〈軍隊などが〉～を制圧する，〈人が〉（感情など）を抑える」の過去分詞形。

(5) **解答** 2

訳 私たちの地元のコミュニティセンターは通常，主要な部屋が１つだが，必要な時には，仕切りを閉めて小さな２つの部屋を作ることができる。

前半部で「通常は主要な部屋が１つある」と述べたあと，but 以下の後半部で最後に「小さな２つの部屋を作れる」と述べている。１つの部屋を２つにする手順を考えれば，**2 partition**「仕切り」が選べる。**1** estimation「評価，見積もり」 **3** assumption「想定」 **4** notion「観念，見解」

(6) **解答** 3

訳 海外で両替をすると高くつくことが多いので，父親はタイラーに，休暇の前に地元の銀行で外国の通貨を得るように勧めた。

空所に入るものは地元の銀行で得られるものであること，because 以下で「海外での両替」について言及されていることから，**3 currency**「通貨」が選べる。**1** tactic「方策」 **2** bait「えさ」 **4** menace「脅威」

(7) **解答** 4

訳 その国の豊富な天然資源のおかげで，金属，石炭，天然ガスなどの輸出品を通して，多額の金を稼ぐことができる。

最後に列挙されている metals, coal, and natural gas は，exports「輸出品」の具体例であるが，空所直後の natural resources「天然資源」はそれらの総称とも言える。輸出品を通して多額の金を稼ぐことができると述べているのだから，その国には天然資源が豊富にあると考えるのが自然。よって，**4 abundant**「豊富な」が適切である。**1** unjust「不公平な」 **2** insubstantial「実体のない」 **3** elastic「弾性のある」

(8) **解答** 4

訳 エンツォは初め，履歴書に前の仕事６つをすべて記入した。しかし，書類を１ページに短縮するために，そのうちの２つを除かなければならなかった。

第２文の them は，第１文の six of his previous jobs を指している。in order to 以下には，何のために履歴書に書く内容を減らしたかが続くと考えるのが自然。**4 condense**「～を短縮する」を入れれば文意が通る。**1** dispute「～を議論する」 **2** mumble「ぶつぶつ言う」 **3** mistrust「～を信頼しない」

(9) **解答** 2

訳 ほとんどの国では，適切なビザを持たずに働いている外国人は，見つけられれば強制送還される。しかし，彼らを母国へ送るには多額の費用がかかり得る。

第１文 if 節の主語 they は foreigners working without a proper visa を指し，発見されればどうなるかが空所に入る。続く第２文の them も同じものを指しており，sending them home は，第１文の foreigners から空所までの内容を言い換えている。よって，「強制送還される」の意味になるように，**2 deported** を入れる。他はそれぞれ，**1** mend「～を修理する」，**3** perceive「～を知覚する」，**4** distribute「～を分配する」の過去分詞形。

**(10)** **解答** **4**

訳　ティムは自分があまりに多くの時間スマートフォンを使っていることを心配している。彼は数分おきにeメールをチェックしたいという強い衝動を感じている。

第1文の「スマートフォンの使い過ぎを心配している」という内容から，第2文の内容を推測する。**4** **compulsion**「衝動」を入れれば，具体的な心配事を表す文になる。**1** suspension「つるすこと，一時的停止」 **2** extension「拡張」 **3** seclusion「隔離」

**(11)** **解答** **2**

訳 A：セリーナ，今年の新年の決意をした？
B：ええ，食事の間にお菓子を食べる代わりに，健康によいおやつを食べることにしたの。でも，チョコレートやキャンディーを食べないようにするのは難しいわ。

Bが「～し始めることに決めた」と答えていることから，Aが「新年の決意をしたか」と質問したと考えるのが自然。**2** **resolution** が正解。a New Year's resolution「新年の誓い，抱負」 **1** astonishment「驚き」 **3** vulnerability「脆弱性」 **4** repression「制止」

**(12)** **解答** **2**

訳　ミランダは預金口座の金額がだんだん減少していることに気づき，毎月の支出を少なくすることに決めた。

後半部（so 以下）の「毎月の支出を少なくすることにした」から前半部の内容を推測する。「預金口座の金額がだんだん減少している」とすれば文意が通るので，**2** **dwindling** が正解。他の選択肢はそれぞれ，**1** graze「〈牛・羊などが〉生草を食べる」，**3** browse「（本など）を拾い読みする」，**4** rebound「〈ボールなどが〉はね返る」の現在分詞形。

**(13)** **解答** **4**

訳　少女は高い場所が怖かったので，父親の手を握った。彼女は塔のてっぺんから窓の外を見る時，それをきつく握りしめた。

高い場所を怖がっている少女であれば，父親の手をどうするのかを推測する。また，第2文のitは第1文のher father's handを指すのだから，第2文の内容にも矛盾しないようにする。「父親の手を握った」の意味になるように，**4** **gripped** が選べる。他はそれぞれ，**1** harass「〈やっかいなこと・嫌がらせなどで〉（人）を困らせる」，**2** breach「（規則など）を破る」，**3** drain「～の排水をする」の過去形。

**(14)** **解答** **4**

訳　アキコは同僚たちが小さな声で会話をしているのを見て，詮索せずにはいられなかった。彼女は彼らが話していることを聞こうと近くへ寄った。

第2文の内容から判断できる，アキコの状態を表す形容詞を選ぶ。他人のひそひそ話を聞こうとしているのだから，**4** **nosy**「知りたがって，詮索好きな」が適切である。nosyは「他人のことに興味を持って鼻を突っ込むこと」を意味し，noseyのスペルも用いられる。cannot help but *do* は「～せずにはいられない」の意味で，cannot help *doing*，cannot but *do* でも表せる。**1** obedient「従順な」 **2** flexible「柔軟な」 **3** sinful「罪深い」

**(15) 解答　3**

訳　吹雪のために，登山者たちは山の頂上に到達できなかった。彼らは頂上からわずか数百メートルのところで引き返さなければならなかった。

第2文は，第1文の内容を具体的に説明していると考えられる。よって，第2文の top と同意である，**3 summit**「頂上」が選べる。summit には「首脳級，首脳会談」の意味もある。**1** subsidy「補助金」 **2** mirage「蜃気楼」 **4** crutch「松葉づえ」

**(16) 解答　1**

訳　ジョナサンは自分の会社で働き始めた時，1日中仕事をしていないことがよくあった。しかし数カ月後には，より多くの仕事を引き受け，現在は，暇な時間はほとんどない。

第2文が However「しかしながら」で始まっていることから，空所には，第2文の内容とは対照的な意味を表す形容詞が入ると考えられる。よって，**1 idle**「仕事をしていない，暇な」が適切。idle には他に「怠惰な」の意味もある。**2** agile「機敏な」 **3** sane「正気の」 **4** needy「貧乏な」

**(17) 解答　2**

訳　A：ねえ，聞いてくれる？　私，あの，テレビアナウンサーの面接を受けたのよ！
B：それはすばらしいけれど，まだ楽観はできないよ。その仕事にはたくさんの競争相手がいるだろうからね。

空所は，but に続く部分であるから，great「すばらしい」とは対照的な内容が続くと考えられる。B は発言の第2文で「たくさんの競争相手がいるだろう」と述べて，面接を受けただけで喜ぶ A をたしなめていると考えられる。したがって，**2 optimistic**「楽観的な」を入れれば会話が成立する。**1** courteous「礼儀正しい」 **3** suspicious「疑い深い」 **4** flustered「混乱した」

**(18) 解答　1**

訳　通勤中，ジョシーは電車の隣の乗客のイヤホンから漏れる音があまりにうるさかったので，別の席に移ることにした。

主節の文構造は，find O C「O が C だと思う〔わかる〕」で，the noise から her までが目的語，空所に入る形容詞は目的格補語になる。また，文全体は so ~ that …「非常に~なので…」の構文になっている。「音」を修飾する形容詞で，「別の席に移ることにした」という文脈に合うものとして，**1 bothersome**「うるさい，煩わしい」が適切。**2** compelling「強制的な」 **3** flattering「お世辞の」 **4** daring「大胆な」

**(19) 解答　2**

訳　A：今年の夏のパレードの混雑ぶりは信じられなかったよ。
B：そうそう！　道路にあまりにも大勢の見物人がいたから，ほとんど動けなかった。

A はパレードが混雑していたと述べ，B はそれに同意している。道路にいたのはパレードの「見物人」だと考えるのが自然であり，**2 spectators** が選べる。本問では，so ~ that …「非常に~なので…」の構文の that が省略されている。他の選択肢はそれぞれ，**1** patriot

「愛国者」, **3** mimic「模倣者，模造品」, **4** executive「幹部，取締役」の複数形。

⒇ **解答** **1**

訳　ジョゼフは職場から家までのタクシー料金を払えるかどうか自信がなかったが，財布を確認すると，乗車に十分な金があることがわかった。

前半部ではタクシー代を払えるかどうかわからないと述べ，コンマ以下の後半部で財布の中身を確認してわかったことが述べられるという流れになっている。後半部をつなぐために接続詞 but が用いられていることから，実際にはお金があったという文意になるように，**1** **ample**「十分な」を選ぶ。**2** regal「王の，堂々たる」 **3** vain「虚栄心の強い，無駄な」 **4** crafty「悪賢い」

(21) **解答** **3**

訳　親の関与が生徒の学業成績を向上させることが明らかになっている。その１つの例は，家庭で子どもの宿題を手伝うことだ。

第２文の内容が第１文の具体例になるように，空所の語を選ぶ。家庭で子どもの宿題を手伝うことは，「親の関与」の一例だと考えられるから，**3** **Parental** が正解。**1** Obsolete「すたれた，時代遅れの」 **2** Numb「麻痺している，しびれた」 **4** Infamous「悪名高い」

(22) **解答** **1**

訳　過去数十年間で，多くの種が汚染のために絶滅しそうになっている。しかしながら，最近の保護活動はその中のいくつかの回復に役立っている。

第２文の「保護活動によって回復している」という内容が逆接を示す However で導かれているのだから，第１文が「絶滅しそうになっている」の意味になるように，**1** **wiped out** を入れる。wipe *A* out〔out *A*〕「*A* を絶滅させる，一掃する」の受動態になる。他の選択肢はそれぞれ，**2** break up「～をばらばらにする」, **3** fix up「～を整える，修理する」, **4** turn down「（音量など）を下げる，（提案など）を却下する」の過去分詞形。

(23) **解答** **1**

訳　デイブは近所の人から新鮮な野菜を一かごもらってうれしかったが，帰宅して，どうやってそれらの調理に取りかかってよいかわからないことに気づいた。

文末の them は fresh vegetables を指す。空所の部分を取り除き，how to cook them としても，「新鮮な野菜をもらって帰宅したあと，それらの調理の仕方がわからないことに気づいた」という文意が成り立つのだから，文意を大きく変えることのない動詞句が入ると推測できる。**1** **go about**「（～すること）に取りかかる」が正解。**2** pull out「～を引き抜く」 **3** take in「～を取り入れる」 **4** bring down「～を倒す」

(24) **解答** **1**

訳　A：私どもの会社では，プロとしてふさわしくない格好でない限り，従業員は楽な服装をすることが許されています。

B：それは初耳です。前職では，カジュアルな服装は認められていませんでした。

Bの発言第1文のThatは，Aの発言内容を指している。Bの発言中のcasual clothesはAの発言中のcomfortable clothesとほぼ同義なので，Bは，前職ではそのような服装が許されなかったはずである。よって，「カジュアルな服装は認められていなかった」の意味になるように，**1 frowned upon**を入れる。frown upon「～にまゆをひそめる，～を認めない」の受動態になる。他の選択肢はそれぞれ，**2** carry on「～を続ける」，**3** enter into「～に入る，～を始める」，**4** cross off「（名前など）を線を引いて消す」の過去分詞形。

(25) **解答 2**

訳　地域担当マネージャーは先週小さな支店を訪問し，運営状況を観察するためにいくつかの会議に出席した。

空所の動詞句の目的語はa few meetingsである。「会議に出席した」と考えるのが自然。よって，**2** sat in onが正解。sit in on「〈参観人や傍聴人として〉（会議など）に参加する」他の選択肢はそれぞれ，**1** go back on「（約束など）を破る」，**3** speak down to「見下した態度で～に話す」，**4** look up to「～を尊敬する」の過去形。

## 一次試験　筆記　2

訳

ドキュメンタリーブーム

近年，テレビのストリーミングサービスの成長によって，ドキュメンタリーには巨大な新しい市場が作り出された。制作されるドキュメンタリーの数は急上昇し，制作者にはうれしい新たな機会を与えているが，負の側面もある。1つの問題は，多くの制作者が内容に対するコントロールを失っていると感じていることだ。ドキュメンタリーの中には大勢の視聴者を引きつけ，巨額の収益をもたらすものもあり，ストリーミングサービスを運営する企業は，制作の予算を惜しまなくなった。それほど多額の金が絡んでいるので，強烈な圧力のために，制作者は自分たちの伝える話を，商業上の魅力が増すように作り変えざるを得ないと感じさせられることが多い。

これは，ドキュメンタリーの社会的価値の低下に関する懸念を引き起こしている。ドキュメンタリーはかつて調査報道の1つと考えられていたが，その主題には顕著な変化が生じている。実際にあった犯罪などのジャンルの人気が高まるにつれて，事実情報と娯楽の境界線がはっきりしなくなった。かつては視聴者に社会の問題を提供し，そのことに対する関心を高めることに専念していたドキュメンタリーは，あまりにも頻繁に，視聴者を驚かせ，興奮させることを主眼として作られた，扇情的な娯楽になっている。

制作者にとって憂慮すべきもう1つの傾向は，有名人のドキュメンタリーが増加していることだ。これまで制作者は一般に，ドキュメンタリーに取り上げられる一般人には金を支払わないというジャーナリズムの伝統に従っていたが，それは，そうすることで人々が誇張したりあからさまなうそを言ったりするのを助長するのを恐れたからだ。しかし，ミュージシャンなどの有名人は現在，彼らの話に数百万ドルが支払われている――そのようなスターは，視聴者を引きつけることが保証されている，という理由であることが多い。当然のことながら，有名人でない人々も報酬を要求し始めており，そのことが制作者にとって道徳的ジレンマをもたらしている。

## 語句・構文

（第１段）□ skyrocket「急上昇する」　□ welcome「うれしい，ありがたい」
□ tremendous「巨大な」　□ return「収益，収入」
□ generous「気前のよい，金離れのよい」　□ budget「予算」
□ intense「強烈な」　□ have no choice but to *do*「～せざるを得ない」
□ alter「～を変える，改める」

（第２段）□ concern「関心事，不安」　□ regarding「～に関して」
□ investigative「調査の」　□ journalism「ジャーナリズム，報道業（界）」
□ noticeable「顕著な，注目すべき」　□ genre「ジャンル，部類」
□ factual「事実の」　□ blurred「ぼやけた」
□ devote *A* to *B*「*B* に *A* を充てる，向ける」
□ sensationalist「扇情主義的な」

（第３段）□ celebrity「（芸能界などの）有名人」　□ journalistic「ジャーナリズムの」
□ for fear that SV「S が V することを恐れて，S が V しないように」
□ exaggerate「誇張する」　□ outright「全くの，あからさまな」
□ compensation「報酬，補償」　□ dilemma「ジレンマ，板ばさみ」

**各段落の要旨**

第１段　近年，ストリーミングサービスの成長によってドキュメンタリーの制作数が増加しているが，制作者側は視聴者を引きつけて，収益を上げるような内容のものを作らざるを得なくなりつつある。

第２段　かつてドキュメンタリーは社会問題に対する人々の関心を高めるものであったが，現在は視聴者に驚きと興奮をもたらす娯楽であることが多く，その社会的価値の低下が懸念されている。

第３段　有名人のドキュメンタリーが増加するにつれ，一般の人たちも有名人と同様に報酬を求め始め，制作者側には道徳的なジレンマが生じている。

### (26)　解答　3

**選択肢の訳**　1　依然として無視されて　　2　支払いが不十分で
3　内容に対するコントロールを失って　　4　多額の予算を必要として

空所を含む文の主語 One issue「１つの問題」は，直前の文（The number of …）の but 以下の「負の側面もある」という内容を受けたものである。「問題」の具体的な説明は，第１段最終２文（Some documentaries have … greater commercial appeal.）で述べられる。最終文の「強烈な圧力によって話を商業上の魅力が増すように作り変えざるを得ないように感じている」という内容から，**3 losing control over content** が正解となる。

### (27)　解答　4

**選択肢の訳**　1　を人々が解釈する方法　　2　に現れる人々
3　の制作費の増大　　4　の社会的価値の低下

空所を含む文は「これがドキュメンタリー（　　　）に関する懸念を招いている」という意

味。第2段第2文（While documentaries used …）では「かつては調査報道と考えられていたドキュメンタリーの主題が変化した」，続く第3文（As the popularity …）では「事実情報と娯楽の境界線がはっきりしなくなった」，同段最終文（Documentaries, …）では「かつては視聴者に社会の問題についての情報を提供し，そのことに対する関心を高めていたドキュメンタリーが，あまりに頻繁に扇情的な娯楽になっている」と述べられている。これらの事象は，すべてドキュメンタリーの質の低下に関することだから，**4 decreasing social value of** が適切。ドキュメンタリーに対する人々の解釈については言及されていないので，**1** は不適切。

(28) **解答** **2**

**選択肢の訳**
**1** Above all「中でも」
**2** Understandably「もっともなことだが」
**3** In contrast「対照的に」
**4** Nevertheless「それにもかかわらず」

空所の直前の文（Famous people, …）で「有名人には彼らの話に数百万ドルが支払われている」と述べられ，空所の文では「有名人でない人々も報酬を要求し始めている」と述べられている。消去法で考えると，この2つの文をつなぐ表現としては，**2 Understandably** が適切である。

訳

アンティング

動物行動学の分野は，その行動を理解するために，自然の生息地における動物たちを研究することが必要だ。しかしながら，動物の行動の背後にある理由について結論を引き出すのは，必ずしも容易ではない。例えば，ある種の鳥は，「アンティング」という行動を示す。これは一般的に，鳥がくちばしでアリを拾い上げ，羽毛にこすりつけるものだ。同じように，鳥がアリ塚の上に羽を広げてとまり，アリたちに体中をはわせているのが見られる。広範囲に及ぶ観察にもかかわらず，動物行動学者たちは鳥がなぜこの行動を取るのか，わからないままだ。

あるよく知られた説は，その行動は鳥の健康に役立つというものだ。アリは生来，細菌や菌類から身を守る，蟻酸という物質を分泌するが，その物質は他の昆虫にも有毒である。この物質が鳥の羽毛にこすりつけられれば，病気を抑制し，有害な虫を阻止するのに役立つかもしれない。鳥は通常アリを使うが，代わりに甲虫類やヤスデ類を拾い上げる姿が見られる鳥もいる。これらの生物も害虫を遠ざける化学物質を出すという事実が，この説の裏づけとなる。

提唱されている別の考えは，鳥の羽毛にアリをこすりつけるのはアリを食べる準備であるというものだ。実験で，科学者が蟻酸を取り除いたアリを，その化学物質を持ち続けているアリよりも多く食べる傾向がある鳥もいることを，科学者は発見した。蟻酸は，栄養物が豊富なアリの腹部の隣にある袋状の部分に蓄えられている。アンティングによって，鳥はくちばしを使って袋を取り除くことなく，アリに蟻酸を放出させているのかもしれない，と考える科学者もいる——アリの体の一部を傷つけ，アリを魅力的な食事にする方法なのかもしれない。

### 語句・構文

(第1段) □ ethology「動物行動学」 □ involve「～を必然的に含む，意味する」
□ habitat「生息地」 □ beak「くちばし」 □ rub「～をこする」
□ feather「羽毛」 □ anthill「アリ塚」 □ crawl「はう」
□ extensive「広範囲に及ぶ」 □ ethologist「動物行動学者」
□ engage in ～「～に携わる」

(第2段) □ formic acid「蟻酸」 □ bacteria「バクテリア，細菌」
□ fungi は fungus「菌類」の複数形。 □ toxic「有毒な」
□ inhibit「～を抑制する」 □ deter「～を阻止する」 □ pest「害虫」
□ beetle「甲虫」 □ millipede「ヤスデ」 □ organism「生き物」

(第3段) □ retain「～を持ち続ける」 □ sac「袋状の部分，嚢（のう）」
□ nutrient「栄養物」 □ abdomen「腹部」 □ snack「軽食，食事」

**各段落の要旨**

第1段 鳥が羽毛にアリをこすりつけたり，体にはわせたりする行動は「アンティング」といって，研究が進められているが，その理由はいまだにわかっていない。

第2段 アリが出す化学物質（蟻酸）を羽毛にこすりつけることによって，鳥は病気を防ぎ，害虫から身を守っているという説がよく知られている。

第3段 蟻酸が取り除かれたアリの方をより多く食べる鳥もいるという実験の結果から，アリを羽毛にこすりつけることで蟻酸を取り除き，栄養豊富なアリの腹部を食べる準備をしているという説もある。

**(29) 解答 3**

**選択肢の訳**
1 In other words「言い換えると」 2 For one thing「1つには」
3 Similarly「同じように」 4 Consequently「その結果」

空所の直前の文（This usually involves …）と空所の文は2つとも「アンティング」という行動について説明している文だが，異なる「アンティング」のやり方を説明したものである。よって，共通点のある内容を比較するときに用いられる，**3 Similarly** が適切である。

**(30) 解答 2**

**選択肢の訳**
1 アリは鳥に害を及ぼす生物を食べる
2 その行動は鳥の健康に役立つ
3 その行動はアリの個体数の抑制に役立つ
4 鳥は他の昆虫を引きつけようとしている

第2段第2・3文（Ants naturally produce … deter harmful pests.）で，「蟻酸を羽毛にこすりつけることで，病気を抑制し，有害な虫を阻止するのに役立つ可能性がある」と述べられていることから，**2 the behavior contributes to birds' health** が適切。contribute to ～ は「～に貢献する」の意味。同段最終文（The fact that …）で，「これらの生物も害虫を遠ざける化学物質を作るという事実が，この説の裏づけとなる」と述べられていることにも矛盾しない。

**(31) 解答　4**

**選択肢の訳**
1　傷ついた羽毛を取り除くのに役立つ
2　栄養物をアリに移す
3　鳥の食欲を増進させる
4　アリを食べる準備をする

第3段第2文（In an experiment, …）では「一部の鳥は蟻酸が取り除かれた方のアリをより多く食べることが実験でわかった」と述べられ，同段最終2文（The formic acid … an appealing snack.）では，「アンティングによって，蟻酸が入った袋をくちばしで取り除くことなく蟻酸を放出させることができ，袋の隣にある栄養豊富なアリの腹部を食べることが可能になるのかもしれない」と述べられている。したがって，**4 prepares the ants to be eaten** が正解。



## 一次試験　筆記　3

訳

**アメリカにおける大学の発展**

土地を売るのは，富を増やすためのよくある方法であるが，19世紀アメリカの田舎の地主にとって，これは必ずしも簡単ではなかった。当時の田舎の人口は少なかったので，地主は購入者を引きつける方法が必要だった。1つの方法は価格を低く抑えることだが，地主たちは，別な方策もとった。すなわち，大学を建てたのである。大学は文化と学びの中心であるから，こうすることでその地域の土地は，より買うに値するものになった。大学は信じられないほど速いペースで建設され，1880年までには，アメリカにはヨーロッパの5倍の数の大学があった。

いくつかの歴史の古いエリート校を除いて，ほとんどのアメリカの大学では，学生も教員の数も少なかった。学部の教員たちは，学者というよりはむしろ，当時アメリカに存在していた，キリスト教の諸宗派を代表する宗教家であることが多かった。経営者たちは，このことが，これらの宗派の学生を引きつけるのに役立つであろうことを理解していた。一般に，入学許可を得るのは，学生が授業料を支払うことができさえすれば難しくなく，学生募集の激しい競争の結果，授業料は低く抑えられていた。残念なことに，学生数が少ないために多くの大学が閉鎖を余儀なくされることになり，生き延びた大学は，常に資金集めをすることで，やっと運営を続けることができた。

しかし，大学教育に対する需要は20世紀のアメリカの人口増加と共に増え続けた。残っていた大学は，土地，建物，図書館を含め，確立された施設を有していたので，この需要に応えるのにちょうどよい立場にあった。さらに，それらの大学が生き残った方法の1つは学生の要求に敏感になることだったので，たいていの場合，質の高い教育とスポーツやレジャーの立派な施設を提供していた。大学の将来を確かなものにするもう1つの方法は，卒業生と緊密な関係を維持したことで，卒業生から多額の寄付をもらっていた。これらのすべての要因に助けられて，アメリカの大学システムは，世界で最も成功した大学システムの1つに変貌を遂げた。

### 語句・構文

(第1段) □ rural「田舎の，田園の」　□ strategy「方策，戦略」

(第2段) □ institution「機構，組織」　□ faculty「(大学の) 学部，教員」

□ branch「枝分かれしたもの」　□ administrator「管理者」

□ the tuition, which, as a result of a fierce competition to recruit students, was kept low　which は the tuition を先行詞とする非制限用法の主格の関係代名詞で，was kept low が述部。as a result of … は挿入句である。

□ fierce「激しい」　□ recruit「～を新入生として入れる」

□ fundraising「資金集め」

(第3段) □ well-established「確立した，ゆるぎのない」

□ accommodate「(要求など) を受け入れる」

□ sensitive to ～「～に敏感な」　□ ensure「～を保証する」

□ tie「〈通例複数形で〉つながり」　□ generous「気前のよい，寛大な」

□ transform *A* into *B*「*A* を *B* に変える」

**各段落の要旨**

第1段　19世紀のアメリカでは大学を建設して田舎の土地に付加価値をつける動きが広がり，1880年までにはアメリカの大学の数はヨーロッパの5倍になった。

第2段　当時の大学教員はキリスト教の諸宗派の宗教家が多く，それぞれの宗派に属する学生を集めていた。学生募集の競争は激しく，学費を低く抑えざるを得ず，学生数が少なかったために，多くの大学は閉鎖を余儀なくされた。

第3段　20世紀には大学教育に対する需要が増え続けた。存続していた大学はその需要に応え，また，卒業生からの多額の寄付を受ける仕組みにも助けられ，アメリカの大学システムは世界的に成功している。

**(32)　解答　4**

**質問の訳**　19世紀にアメリカでそれほど多くの大学が建てられたのはなぜか？

**選択肢の訳**

1　田舎の地域の富のレベルが上がり，より多くの家庭が子どもに大学教育を受けさせたいと望むようになった。

2　裕福な地主は，彼らの世間的なイメージを向上させ，彼らの死後も記憶されるようにする方法として，大学を建設した。

3　アメリカに住むヨーロッパ系の人々は，母国で受けられるのと同じレベルの教育を提供するような大学を望んだ。

4　大学を建設することは，田舎で土地を所有する人々にとって，土地の価値を高めて，より多くの購入者を引きつける1つの方法だった。

第1段第2・3文 (Rural populations … strategy: building colleges.) で「田舎の地主は購入者を引きつけるために，大学を建てるという方策をとった」，第4文 (Doing this made …) で「大学は文化と学びの中心であるから，こうすることで土地を買うに値するものにした」と述べられている。Doing this は，直前の building colleges を指している。よって，4が正解。本文の made the land in their area more desirable が，選択肢では

increase the value of their land に言い換えられている。

**(33) 解答 4**

**質問の訳** 19 世紀のアメリカの大学の，学部の教員の多くについてあてはまるのはどれか？

**選択肢の訳**
1 彼らは劣悪な環境のもとで働くことを余儀なくされたため，短期間で仕事を辞めた。
2 通常，彼らの給与は大学そのものによってではなく，宗教団体によって支払われた。
3 大学内で最もよい地位を得るために，彼らの間では厳しい競争があった。
4 彼らの宗教的背景が，学生を自校に入学させる効果的な方法である傾向があった。

第 2 段第 2 文（Rather than being …）で「学部の教員たちは…キリスト教の諸宗派を代表する宗教家であることが多かった」と述べられている。続く第 3 文（Administrators knew this …）では「これがこれらの宗派の学生を引きつけるのに役立つ」と述べられているが，this「これ」は第 2 文の内容を受けたものである。よって，**4** が正解。本文の attract students が，選択肢では get students to enroll at their colleges に言い換えられている。get *A* to *do* で「*A* に～させる」の意，enroll は「入学する」の意味。

**(34) 解答 2**

**質問の訳** 20 世紀にアメリカの大学が成功した理由の 1 つは，それらが（　　）

**選択肢の訳**
1 体育プログラムの質を向上させるために，地元のスポーツチームと協力関係を結んだことだった。
2 卒業生と長く続く関係を作ることによって，経済的な安定を高められたことだった。
3 主に地元出身の学生の募集に注力したことで，他の大学との競争を減らしたことだった。
4 自分たちの施設を建てる代わりに，地域社会で利用できる既存の施設を利用することで，費用を低く抑えたことだった。

20 世紀に起きたことについて述べている第 3 段第 4 文（Another way …）で「将来を確かなものにするもう 1 つの方法として，卒業生と緊密な関係を維持し，卒業生から多額の寄付をもらっていた」と述べられ，続く最終文（All of these …）で，「これらのすべての要因に助けられて，アメリカの大学システムは世界で最も成功したものの 1 つになった」と述べられている。多額の寄付を得れば，経済的な安定を高めることになるから，**2** が正解。本文の maintaining close ties が選択肢では creating lasting relationships に，their graduates が their former students に言い換えられている。

**訳**

**機械，それとも人間？**

2004 年，NASA の宇宙探査機オポチュニティが火星に着陸した。ゴルフカート程度の大きさで，「オッピィ」という愛称で呼ばれた探査機は，火星を調査し，その地表の画像を撮るために送られた。オッピィの任務は 90 日間続くはずだったが，探査機はその後15年間，画像とデータを地球へ送り続けた。その間，オッピィは大衆の想像力を引きつけた。実際，人々はオッピィに大変愛着を感じるようになり，それが機能しなくなると，故人に送るのと似たような哀悼の言葉を，ソーシャルメディア上で送った。

人間でないものに人間の特性を与える行為は，擬人観として知られ，幼い時でさえ，人間が自然に行うことだ。例えば，あらゆる年代の人にとって，玩具，車，家などの物に愛着心を形成するのは珍しいことではない。技術者でさえ，オッピィを頻繁に「彼女」と呼んだり，それを子どもと見なしたりすることがあったのだから，この傾向と無縁ではなかった。非生物に人間の性質を投影する結果の１つとして，それを守りたいと感じさせたり，それの幸福を気遣う気持ちを引き出したりすることがあるようだ。NASAは，意図的にオッピィをより人間らしい外見にして，この現象をうまく利用したようだ。胴体から伸びる頭のような構造物に，目のようなカメラレンズのついた設計にしたのである。オポチュニティの任務より前に，広く公表された失敗によって，NASAに対する国民の信頼は低下しており，その財源は削減されていた。オッピィに人間的な特徴を与えることは，大衆を味方に引き入れ，さらにはNASAのミッションに対して追加の資金を集めるための，効果的な戦略だったのではないかと言われている。

オッピィを人間として考えることは害がないように思われる一方で，物の擬人化は不幸な結果に終わることがある。例えば，AIが人間の脳と同じように働くと想定すると，その能力に非現実的な期待を抱くことになるかもしれず，その結果，大きな利益をもたらすことができない状況で使われてしまうかもしれない。擬人観はまた，AIや機械が人間に対する反乱を起こすといった，悪夢のようなシナリオで人々を恐れさせるということもあり得る。機械を脅威と見なすこのような考えは，機械が人間と同じように思考する，という誤解から生じている。しかし，人間は擬人化をやめられないようだ。ジャーナリストのスコット・サイモンが書いているように，「あなたが機械と多くの時間を過ごせば――それに話しかけ，それの返事を待ち，それを心配するならば――科学者でさえも機械の中に人格を見るようになるのだ」。

**語句・構文**

（第１段）
- □ exploration「探査，探検」　□ rover「探査機」
- □ nickname「～という愛称で呼ばれる」
- □ capture「～を記録する，（人の心）を引きつける」
- □ beam *A* to *B*「*B* に *A*（ラジオ波，テレビ信号など）を送る」
- □ (be) attached to ～「～に愛着を感じている」
- □ cease to *do*「～しなくなる」　□ condolence「哀悼の意，お悔やみ」
- □ deceased「亡くなった」

（第２段）
- □ trait「特性」　□ anthropomorphism「擬人観」
- □ attachment「愛着」　□ refer to *A* as *B*「*A* を *B* と呼ぶ」
- □ immune to ～「～に影響されない」
- □ project *A* onto *B*「*A*（感情・観念など）を *B*（他の対象）に投影する」
- □ feel protective of ～「～を守りたいと感じる」
- □ bring out ～「～を引き出す」　□ well-being「幸福」
- □ utilize「～を利用する」　□ deliberately「意図的に」

□ prior to ～「～より先に」　□ well-publicized「広く公表された」
□ agency「(政府の) 機関, 局」　□ win over ～「～を味方に引き入れる」
(第3段) □ consequence「結果」　□ anthropomorphize「～を擬人化する」
□ (be) apprehensive of ～「～を恐れる」　□ nightmare「悪夢のような」
□ rebellion「反乱」　□ threat「脅威」　□ arise「生じる」
□ reason「思考する」

段落の要旨

第1段 NASAの火星探査機オポチュニティ（愛称オッピィ）は，15年間画像とデータを地球に送り続けて人々に愛された。

第2段 NASAは擬人化の効果を期待して，オッピィを設計したと考えられる。大衆を味方にして資金集めに役立てたいと考えたようだ。

第3段 擬人化は，AIや機械が人間の脳と同じように機能し，思考するという誤解を生じさせることにもつながり，それらに非現実的な期待を抱いたり，脅威と見なしたりすることもある。



**(35) 解答 4**

**質問の訳** **オッピィに対する人々の反応についてわかることは何か？**

**選択肢の訳**
**1** 人々は火星についての新しい発見は何でも興味を持ったので，すぐにオッピィを支援した。
**2** その任務の重要性について，人々に知らせるための努力がほとんどなされなかったので，人々はオッピィにつながりを感じるのは難しかった。
**3** オッピィが地球へ送る情報は，専門的すぎて科学者でない人たちには理解できなかったので，人々はオッピィの任務に対する興味をすぐに失った。
**4** 人々はオッピィに強い感情的なつながりを感じたので，オッピイが機能を停止するとそれを思いやる気持ちを示した。

第1段最終文（In fact, people …）に「人々はオッピィに愛着を感じるようになり，それが機能しなくなると，ソーシャルメディアを通じて哀悼の言葉を送った」とある。よって，**4**が正解。本文のbecame so attached to Oppyが選択肢ではfelt such an emotional connection to Oppyに，ceased to functionがstopped operatingに，sent messages of condolenceがexpressed sympathyに言い換えられている。**1**については，人々が火星についての発見は何でも興味を持ったという記述はないので不適切。

**(36) 解答 1**

**質問の訳** **第2段落によると，オッピィの外見を人間らしくしたことはおそらく（　　）**

**選択肢の訳**
**1** NASAの活動に対する支援全般を増やし，より多くの金を受ける助けになるように意図された戦略だった。
**2** 子どもたちが人間のように見えるロボットに対してより高い関心を示した，という実験を基にしていた。
**3** その戦略によって，技術者が期限内に仕事を完成するためにより熱心に働くことになるだろう，と心理学者が提案したために行われた。

**4** 玩具として使われる可能性が高くなるようなデザインにするように，政府がNASAに圧力をかけた結果だった。

第2段最終文（It has been …）に「オッピィに人間的な特徴を与えることは，大衆を味方に引き入れ，NASAのミッションに対して追加の資金を集めるための戦略だったのではないかと言われている」とある。よって，**1**が正解。本文のwin over the publicが選択肢ではincrease overall supportに，attract additional fundingがhelp it receive more moneyに言い換えられている。

**(37) 解答　3**

**質問の訳**　**本文によると，擬人観に関する潜在的な問題は何か？**

**選択肢の訳**

**1** 人間自身が行うよりも安くできるような業務の遂行のために，人間が機械を頼りにする可能性がある。

**2** AIや機械は業務を正しく遂行するための指導を必要としないという誤った思い込みを，人間がする可能性がある。

**3** AIや機械が人間と似たように行動すると考えることは，人々に，それらができることを誤解させる可能性がある。

**4** 科学者がAIと築く関係性によって，人間が必要としていることよりも，AIの発達を科学者に優先させる結果を招く可能性がある。

擬人化の結果起こり得る問題について述べている第3段を参照する。第3文（Anthropomorphism can also …）で，「擬人観は，AIや機械が人間に対する反乱を起こすといった，悪夢のようなシナリオで人々を恐れさせることもある」と述べられ，第4文（This idea of …）では第3文の内容を受けて，「機械を脅威と見なすこのような考えは，機械が人間と同じように思考する，という誤解から生じている」と述べている。したがって，**3**が正解。

訳

**マリウスの改革**

紀元前2世紀の終わり頃，共和政ローマは西ヨーロッパの部族民による侵略の脅威に直面し，アフリカでは屈辱的な一連の敗戦を喫した。ローマの軍隊が，急速に拡大した共和政の要求にもはや応えることができないとわかり，ローマの指導者ガイウス・マリウスは全面的な改革の実行に着手した。これらはマリウスの改革として知られるようになったが，ローマ軍は，古代においてほぼ間違いなく最大の実動兵員を持った，とどまることを知らない強力な軍事組織に変容した。従来，ローマ軍兵士の入隊は一時的なものだったので，常に補充兵の募集が必要で，必然的に戦闘経験の全くない新兵を頻繁に入れていた。さらに，入隊には資産を所有している必要があったが，共和政ローマ内での貧困が増していたため，この要件を満たす潜在的な新兵要員は大幅に減少していた。

マリウスの改革は，資産の要件と，新兵が武器と武具を準備する必要の両方を廃止するなど，いくつかの方策から構成されていた。これによって，最も貧しい市民でも入隊が可能になり，軍隊は使用される武器と武具を標準化し改良することが可能になったので，十分な装備を整えた兵士たちとなった。軍隊の兵士たちは「軍団兵」として知られるようになり，彼らは軍事戦略の訓練を受けた。おそらく最も重要なことは，改革が入隊に対する決定的な動機を与えたことだ──16 年間兵役に就いた者は誰でも，小さな農地と完全なローマ市民権が報酬として与えられた。共和政ローマが急速に拡大したせいで，貧しい生活を送る非市民の住人が多数存在し，彼らにとってはその境遇から逃れる機会は大いに魅力的だった。

よく訓練され，強く動機づけられたローマ軍の兵士たちは，ローマの拡大に貢献する，重要な軍事的勝利を達成した。一般的に，軍団兵だった人々が受け取った土地は新しく征服した属州だったので，これらの元兵士はローマの文化を広める役割を果たした。また，彼らの存在によって，ローマの支配に対する現地の抵抗を制圧するのが容易になり，共和政ローマへの統合の過程を促進した。彼らは反乱を阻止し，侵略に抵抗する助けになったので，元兵士が存在するだけで，新しい領土に大きな安全をもたらした。

マリウスの改革はローマ軍を大いに向上させた一方で，予期せぬ影響もローマの社会に与え，結局は共和政の没落につながった。軍隊が，裕福な市民が主体となって必要に応じて構成されていた時には，軍隊はローマの政治にほとんど影響を与えなかった。しかし，マリウスの改革を受けて，軍団兵は非常に統制がとれたものになり，自分たちの将軍に対して強い忠誠心を持つようになった。その結果，将軍たちは，共和政ローマの防御と拡大を確保するためではなく，自分の政治的影響力を得るために，軍隊を自分の指揮下で使いたいという気持ちを抑えることが難しくなった。この結果内戦となり，最終的には，ユリウス・カエサルが軍隊をうまく利用して選挙で選ばれた政府を転覆させ，自分をローマの指導者であると宣言した。これによって，比較的民主的だった共和政ローマは終わりを告げ，全権を有する皇帝が支配する，独裁政権の誕生へ道を開いた。

**語句・構文**

(表題) □ Marian「マリウス（＝Gaius Marius）の」 □ reform「改革」

(第 1 段) □ the Roman Republic「共和政ローマ」 □ humiliating「屈辱的な」
□ set about ～「～に取りかかる」 □ implement「～を実行させる」
□ sweeping「全面的な」 □ unstoppable「制止できない」
□ machine「組織，機構」 □ arguably「ほぼ間違いなく」
□ enlistment「入隊」 □ on a temporary basis「一時的に」
□ necessitate「～を必要とする」 □ recruitment「新兵〔補充兵〕募集」
□ inevitably「必然的に」 □ recruit「新兵」 □ property「資産」
□ pool「要員」

(第 2 段) □ removal「除去」 □ armor「甲冑」 □ enlist「（志願して）入隊する」
□ equipped「装備の整った」 □ standardize「～を標準化する」
□ legionary「（古代ローマの）軍団兵」 □ crucial「決定的な，重要な」
□ incentive「動機」 □ compensate *A* with *B*「*A*（人）に *B* で報いる」
□ plot「小地所」

(第 3 段) □ triumph「勝利」 □ conquer「～を征服する」
□ province「州，（古代のローマの）属州」 □ veteran「退役軍人」
□ instrumental「役立つ」 □ facilitate「～を円滑にする，促進する」
□ integration「統合すること」 □ territory「領土」

（第4段）□ downfall「没落，滅亡」　□ as-needed「必要に応じた」
□ disciplined「訓練された，統制のとれた」　□ general「将軍」
□ temptation「誘惑」　□ under *one's* command「～の指揮下に」
□ civil war「内乱，内戦」　□ overthrow「(政府など) を転覆させる」
□ pave the way for ～「～への道を開く」　□ dictatorship「独裁政権」
□ all-powerful「全権を有する，全能の」

**各段落の要旨**

第1段　紀元前2世紀の終わり頃，ローマ軍は拡大した国土の防衛に対応しきれなくなっていたため，ローマの指導者マリウスは軍への入隊制度を全面的に改革し，その強化に成功した。

第2段　改革によって資産要件が撤廃されるなどしたため，無産市民の入隊が可能になった。さらに，16年間の兵役で農地とローマの市民権が与えられるようになったことは，市民権を持たない住民にとって魅力的な条件だった。

第3段　よく訓練され，強く動機づけられた兵士たちは，戦いで勝利を収め，ローマの拡大に貢献した。新しく征服した土地は元兵士たちに与えられることが多く，彼らが新領地にいることはローマの支配を確立するのに役立った。

第4段　マリウスの改革は軍の向上に大きく貢献した一方で，兵士が将軍の私兵と化し，将軍たちが自分の政治的影響力を得るために軍を使用することを可能にした。最終的には内戦が起き，カエサルが共和政ローマを転覆させ，皇帝が支配する独裁政権が生まれることになった。

**(38)　解答　4**

**質問の訳**　**マリウスの改革が行われた理由の1つは何か？**

**選択肢の訳**

**1**　共和政ローマ内の財政的な問題によって，ローマの指導者は軍隊への資金提供を減らさざるを得なくなった。

**2**　軍の兵士の数が増えるにつれて，共和政ローマを守るために軍隊を西ヨーロッパやアフリカに輸送するのが難しくなった。

**3**　兵士たちは軍に何年間もとどまることを強要され，兵役に対する給料が安かったので，彼らの間から不満が起きた。

**4**　ローマの指導者が，共和政ローマがその軍事的目標を達成するのに必要とされる，人手と技術を軍が持っていないことを懸念した。

第1段第3文の主語 These「これら」は，直前の同段第2文（Realizing that … implementing sweeping reforms.）の「急速に拡大した共和政ローマの防衛には軍隊の力が十分でないとわかり，ローマの指導者マリウスは全面的な改革の実行に取りかかった」という内容を指す。さらに同段最終2文（Traditionally, … meet this requirement.）では，「従来は，戦闘経験の全くない兵士を雇わざるを得なかったこと，潜在的な新兵要員が大幅に減少していたこと」が述べられている。これらの内容から，**4** が正解となる。**1** については，同段最終文（Furthermore, …）に「共和政ローマ内での貧困が増していた」という内容があるが，軍隊への資金提供を減らしたとは述べていないから不適切。**2** については，同段第1文（Around the end …）に「西ヨーロッパの部族民による侵略の脅威と向き合い，アフリカで屈辱的な一連の敗戦を経験した」とあるが，増加した軍の兵士の輸送に問題があったとは述べられていないから不適切。**3**については，同段第4文（Traditionally, …）に「ローマ軍兵士の入隊は一時的なものだった」とありfor many yearsが不適。また給与が低かったとは述べられていないことからも不適切。

**(39) 解答 2**

**質問の訳** マリウスの改革によって起きた重要な変化は何か？

**選択肢の訳**
**1** ローマ市民だけがローマ軍に加わることができるという規則が導入され，より多くの人々がローマの市民権を得ようとするようになった。
**2** ローマ軍で兵役に就くことが共和政ローマに住む人々にとって生活を向上させる方法だったので，兵役はより魅力的なものになった。
**3** ローマ軍は軍隊経験のある者しか受け入れなかったので，十分な新兵を見つけるために悪戦苦闘した。
**4** ローマ軍での兵役に課される年数が減らされたので，兵士の平均年齢が下がった。

第2段第4文（Perhaps …）で，「おそらく最も重要なことは，改革によって，16年間兵役に就いた者には小さな農地と完全なローマ市民権が与えられるようになり，これが入隊の決定的な動機になった」と述べられている。加えて，同段最終文（The rapid expansion …）では，「貧しい生活を送る非市民にとってはその境遇から逃れる機会は大いに魅力的だった」と述べられている。したがって，**2**が正解。本文のescape their situationが，選択肢ではimprove their livesに言い換えられている。

**(40) 解答 3**

**質問の訳** 第3段落によると，ローマ軍が新しい領土を引き継いだあと，（　　）

**選択肢の訳**
**1** ローマ軍は周辺地域を攻撃し共和政ローマの拡大を続けられるよう，新領土に派遣する兵士の数を大幅に増やすことだろう。
**2** 現地の人々は，ローマの言葉と文化を学ぶためにローマの首都に招かれたので，彼らはすぐにローマの社会に慣れた。
**3** 元兵士がそこに土地を与えられたことで，現地の人々を支配し，その地域をさまざまな脅威から守ることがはるかに容易になった。
**4** 軍隊がそこで起こった多数の反乱を阻止することができなかったので，その地域をすぐに再び失うことが多かった。

第3段第2文（The land that …）に「軍団兵だった人々が受け取った土地は新しく征服した属州だった」とあり，続く2文（Their presence also … and resisting invasions.）に「彼らの存在によって，ローマの支配に対する現地の抵抗を制圧するのが容易になった」こと，「彼らは反乱を阻止し，侵略に抵抗する助けとなった」ことが述べられている。これらの内容から，**3**が適切である。「元兵士」は，本文ではformer legionariesやveteransで表されているが，選択肢ではex-soldiersに言い換えられている。

**(41) 解答 1**

**質問の訳** マリウスの改革はローマの社会にどんな影響を与えたか？

**選択肢の訳**
1 軍隊が政治的手段として用いられ，市民によって選ばれるのではなく，武力によって指導者が地位を得るシステムを作り出した。
2 軍で兵役に就くことを拒否した人々の富と社会的地位が低下し，元軍団兵が政府で高い地位を得ることが多かった。
3 ローマ軍が大きくなりすぎたので，それを維持するための費用が共和政ローマの崩壊の主な原因になった。
4 軍団兵間の規律が欠如していたことで，ローマ市民と軍隊の間で緊張が高まり，最終的には内戦が起きた。

第4段第1文に「共和政の没落につながった予期せぬ影響をローマの社会に与えた」とあり，それ以降で具体的な説明をしている。同段第4文（In consequence, …）には「将軍たちは…軍隊を自分の指揮下で使うようになった」とあり，第5文（This resulted in …）には「ユリウス・カエサルが軍隊をうまく利用し，選挙で選ばれた政府を転覆させ，自分をローマの指導者であると宣言した」とある。続く最終文（This marked …）では，第5文の内容を受けて，「これによって比較的民主的だった共和政ローマは終わりを告げ，皇帝が支配する独裁政権の誕生へ道を開いた」と述べている。これらの内容から，1が正解になる。本文では，共和政ローマの体制をrelatively democraticと表現しているが，選択肢ではchosen by the peopleと表している。

## 一次試験　筆記　4

**解答例** **Companies should be required to produce goods that are easy to recycle. This opinion is based on the following reasons: customer demand and pollution.**

**First, goods that are simple to recycle significantly reduce pollution. They not only lower the carbon footprint of factories but also lead to fewer products thrown away in landfills, where they often release harmful gases. Therefore, producing such goods is a key part of companies' environmental responsibility.**

**Second, customer demand for sustainable products has been growing rapidly. Consumers are increasingly aware of the impact of their purchasing decisions, and many are actively seeking out eco-friendly products. If companies do not produce goods that are easily recyclable, they will fail to fulfill the needs of this growing market of environmentally conscious consumers.**

**In conclusion, producing goods that can be easily recycled should be required for companies, as this helps meet new consumer demands and protect the environment.（120～150語）**

訳　企業はリサイクルしやすい製品の生産を要求されるべきである。この意見は次の理由，すなわち，顧客の需要と汚染に基づいている。

第一に，リサイクルしやすい製品は汚染を大幅に減らす。リサイクルしやすい製品は工場のカーボンフットプリントを削減するだけでなく，埋め立て地に廃棄される製品を減らすことにもつながるのだが，埋め立て地ではそれらが有害なガスをしばしば発生させている。したがって，そのような製品を作ることは，企業が負うべき環境責任の重要な一部である。

第二に，持続可能な製品に対する顧客の需要は急速に拡大している。顧客は自分たちの購買決定が与える影響をますます意識するようになっており，多くの人が環境に優しい製品を積極的に求めている。企業は，リサイクルが容易な製品を生産しなければ，環境意識の高い消費者の増大する市場のニーズに応えることはできないだろう。

結論として，容易にリサイクルできる製品を生産することは，新しい顧客の需要に応え，環境を守るのに役立つのだから，企業に求められるべきだ。



●与えられたトピックについて作文を書きなさい。
●以下のポイントのうち2つを使って自分の解答を補強しなさい。
●構成：序論，本論，結論　　　●長さの目安：120～150 語
●文章は解答用紙のＢ面の与えられたスペースに書きなさい。スペースの外に書かれたものは採点されません。

**トピックの訳**　企業に対しリサイクルしやすい製品の生産を要求するべきか？

**ポイントの訳**　●企業の利益　●顧客の需要　●汚染　●製品の品質

▶〔解答例〕の段落構成は，「主張→1つ目の理由→2つ目の理由→結論」となっている。

▶第1段では，トピックに対する自分の考えを明らかにする。〔解答例〕では，企業はリサイクルしやすい製品を生産するよう求められるべきだという考えを示し，その理由は，①「顧客の需要」と②「汚染」に基づいていると述べている。第2段では，リサイクルしやすい製品の生産は企業が負うべき環境責任の一部だと説明している。第3段では，企業は持続可能な製品を求める顧客の需要に応える必要があると説明している。最終段では，第1段の主張を，表現を変えて繰り返している。

▶その他のポイントを使って〔解答例〕と同じ立場の考えを主張するのであれば，例えば，「企業の利益」に関しては，Companies need to consider the benefit of society as a whole, not just their own profits.「企業は自分の利益だけでなく，社会全体の利益を考える必要がある」などが理由にできる。「製品の品質」に関しては，In order to build a sustainable society, ease of recycling should be a mandatory product quality criterion.「持続可能な社会を構築するためには，製品の必須の品質基準として，リサイクルのしやすさという観点が設けられるべきだ」などが挙げられるだろう。

▶〔解答例〕とは反対の立場の考えを主張するのであれば，「企業はリサイクルのしやすさとは異なる製品の品質を独自に追求することがあってもよい」，「企業には生産コストを低く抑えられるような製品を作る自由があってもよい」などの理由が考えられるだろう。

# 一次試験　リスニング　Part 1

**No. 1**　解答　**4**

★＝男性　☆＝女性　（以下同）

☆ Why are you reading that paperback book, Dad? I just gave you an e-reader for your birthday!

★ I already finished the book you downloaded for me.

☆ There's more where that came from. And there are a lot of free e-books on the Internet.

★ Yeah, I know. But downloading them is the problem.

☆ I'm always happy to help, Dad.

★ That would be great. And while you're at it, can you show me how to make the letters bigger on the reader?

☆ Of course.

**Question：What is the man's problem?**

Script

訳
☆お父さん，どうしてペーパーバックの本を読んでいるの？　お誕生日に電子書籍リーダーをあげたばかりなのに！

★君がダウンロードしてくれた本はもう読み終わった。

☆その本のダウンロード元にはもっとたくさんの本があるわよ。それにインターネット上には無料の電子書籍がたくさんあるのに。

★ああ，知っている。でもそれをダウンロードするのが問題でね。

☆お父さん，いつでも喜んで手伝うわよ。

★それは助かる。ついでに，リーダー上で字を大きくする方法を教えてくれないか？

☆もちろん。

語句・構文

□ paperback「ペーパーバック，紙表紙本」　□ e-reader「電子書籍リーダー」

□ be at it「（仕事などに）従事している」 it は文脈からそれとわかる事柄を指す。

質問の訳　男性の問題は何か？

選択肢の訳
**1**　電子書籍リーダーが見つからない。
**2**　電子書籍を買いたくない。
**3**　電子書籍リーダーを壊してしまった。
**4**　電子書籍をダウンロードするのが難しいと思っている。

男性は2番目の発言の第2文で「それをダウンロードするのが問題だ」と述べている。them は，直前の女性の発言中の e-books を指しているから，**4**「電子書籍をダウンロードするのが難しいと思っている」が正解。

**No. 2　解答　3**

☆ It's nice to see you coming to yoga class more regularly, José.
★ Yeah, I've been getting into it a little more lately. Still, the poses don't seem to get any easier.
☆ Be patient with yourself; change happens gradually.
★ Sometimes I feel embarrassed because the other students are so much more flexible.
☆ Don't worry about comparing yourself with anyone. Yoga is a holistic mind-and-body practice, not a competition.
★ I'll try to keep that in mind next time I fall over in class.

**Question：What will the man probably do?**

Script

訳
☆ヨガクラスに前より定期的に来てくれるようになってよかったわ，ホセ。
★ええ，最近，少し慣れてきました。それでも，ポーズは少しも楽にならないみたいです。
☆あせらないで。変化は徐々に起きるものですから。
★他の生徒さんははるかに柔軟なので，恥ずかしくなる時もあります。
☆自分を誰かと比べて悩まないでね。ヨガは全体的な心身の修練で，競争ではありません。
★次にクラスで転んだ時には，それを思い出すようにします。

**語句・構文**

☐ get into ～「～になじむ，慣れる」　☐ embarrassed「当惑した，きまりの悪い」
☐ flexible「しなやかな」　☐ holistic「全体論の，ホリスティックな」
☐ keep *A* in mind「*A* を心に留めておく」
☐ fall over「（バランスを失って）倒れる」

**質問の訳**　**男性はおそらく何をするか？**

**選択肢の訳**
**1**　ヨガの個人レッスンを受ける。
**2**　違う活動を見つける。
**3**　現在のクラスを続ける。
**4**　別のヨガグループに参加する。

男性は最初の発言で「最近，（ヨガに）慣れてきたが，ポーズは少しも楽にならない」と述べている。it は女性の最初の発言中の yoga を指している。男性は，2番目の発言では「（他の生徒と自分を比べると）恥ずかしくなる時がある」と述べている。しかし，女性の最後の発言を受けて，最後の発言では「次にクラスで転んだ時には，それを思い出すようにする」と述べていることから，**3**「現在のクラスを続ける」が適切である。

## No. 3 解答 1

★ Have you met the new boss?
☆ I have. We discovered we're from the same hometown. We even went to the same high school, though she was a few years ahead of me.
★ Small world! What did you think of her?
☆ She's very knowledgeable about the publishing business. She has some interesting plans, and that's what our division needs.
★ Well, that's exciting. We need a supportive leader.

**Question : What is one thing we learn about the new boss?**

Script

訳 ★新しいボスに会った？
☆ええ。お互い同郷者だとわかったの。高校も一緒。彼女の方が少し先輩だけど。
★世間は狭いね！　彼女のことどう思った？
☆彼女は出版業界のことをよく知っているわ。いくつか面白い企画を持っていて，それこそが私たちの部が必要としているものよ。
★そう，それはワクワクするね。僕たちには支援してくれるリーダーが必要だ。

語句・構文

□ knowledgeable about ～「～に精通している」　□ supportive「支援する」

**質問の訳**　新しいボスについてわかることの１つは何か？

**選択肢の訳**
**1**　彼女は部のためにいくつか新しいアイデアを持っている。
**2**　彼女は出版についてほとんど知らない。
**3**　彼女は優秀な学生だった。
**4**　彼女はスタッフの給与を上げたがっている。

女性の２番目の発言の第２文「彼女はいくつか面白い企画を持っていて，それこそが私たちの部が必要としているものだ」より，**1**「彼女は部のためにいくつか新しいアイデアを持っている」が正解となる。**2**は，女性の２番目の発言の第１文に合致しない。

## No. 4 解答 1

★ Why are all of your clothes piled up on the bed?
☆ I'm sorting through them to see which items I want to donate.
★ Didn't you do that about a month ago for a school fund-raiser? It's not like your size has changed since then.
☆ No, but the community center is gathering clothes for a family who just had a house fire. They lost everything.
★ That's terrible. Do they need men's clothes? I could part with a few items myself.

**Question : Why is the woman giving away her clothes?**

Script

訳 ★どうして君の洋服がベッドの上に山積みになっているんだい？

☆そこから寄付したいものを選んでいるの。

★1カ月くらい前に学校の資金集めの行事でそれをやらなかった？　あれから君のサイズは変わってないみたいだけど。

☆そうだけど，コミュニティセンターで家が火事になった家族のために服を集めているの。彼らはすべてを失ってしまったから。

★それは大変だ。男物は必要だろうか？　僕も手放せる物が何枚かあるかもしれない。

語句・構文

☐ pile「（物）を山積みにする」　☐ sort「～を分類する，えり分ける」

☐ donate「～を寄付する」　☐ fund-raiser「資金集めの行事」

☐ part with ～「（物）を手放す」

質問の訳　女性が自分の洋服を譲ろうとしているのはなぜか？

選択肢の訳　**1**　彼女は困っている家族を助けたい。

**2**　それらはもう彼女には合わない。

**3**　学校で行事がある。

**4**　彼女にはそれらを収納するスペースがない。

女性が2番目の発言で「コミュニティセンターで家が火事になった家族のために服を集めている。彼らはすべてを失ってしまった」と述べているから，**1**「彼女は困っている家族を助けたい」が正解。火事ですべてを失った家族のことを，選択肢では a family in need と言い換えている。**2**については，男性が2番目の発言の第2文で「サイズが変わったわけではないだろう」と述べたのに対して，女性は No と答えているので，体格が変わったためではないとわかる。**3**については，男性の2番目の発言の第1文から，学校で行事があったのは約1カ月前だとわかる。**4**については言及されていない。

## No. 5　解答　3

★ Did you see the latest newsletter? It seems our merger with Evan's Real Estate is now official.

☆ I'm dreading moving our offices, but I admit it makes sense.

★ I agree. We've been working with their agents for years. This will just reduce our operating expenses and strengthen our market position.

☆ Yeah. But I've heard that some of our staff have decided to leave to work on their own.

★ I think the merger is just convenient timing for them. They've wanted to become independent for a while.

☆ Well, I'll still be sad to see them go.

**Question : What is one thing the man says about the merger?**

Script

訳 ★最新の社報を見た？　エバンズ不動産との合併が正式なものになったようだ。

☆オフィスの移転がものすごく心配だけど，賢明だと認めるわ。

★同感だ。我々は長い間彼らの代理店と仕事をしてきた。これによって，営業経費は削減され，我々の市場における地位は強化されるだろうね。

☆そうね。でも，スタッフの中には辞めて独立することにした人もいると聞いたわ。

★彼らにとって合併はちょうどいいタイミングなんだろう。彼らは以前から独立したがっていたんだ。

☆そう，それでも彼らがいなくなるのはさびしいわ。

**語句・構文**

☐ newsletter「(団体組織などが発行する) 社報，会報」

☐ merger「(会社などの) 合併」　☐ real estate「不動産」

☐ official「公式の，正式の」　☐ dread *doing*「～するのをひどく心配する」

☐ admit (that) ～「～ということを（事実であると）認める」

☐ make sense「道理にかなっている，賢明である」　☐ agent「代理店」

☐ operating expenses「営業経費」　☐ on *one's* own「自分で，独力で」

**質問の訳**　男性が合併に関して述べていることの１つは何か？

**選択肢の訳**
**1**　それは彼の仕事量を減らす助けになる。
**2**　それによって独立した代理店との仕事が増えることになる。
**3**　それによって会社はもっとうまくいく。
**4**　それによってたくさんのスタッフが解雇されることになる。

男性が２番目の発言の第３文で，「これによって，営業経費は削減され，我々の市場における地位は強化されるだろう」と述べている。よって，**3**「それによって会社はもっとうまくいく」が正解。**4**については，職場を去るスタッフについて，女性の２番目の発言と男性の最後の発言で言及されているが，自発的に職場を去ると述べられているので不適切。

## No. 6　解答　2

☆ What do you think about installing solar panels on our roof? The initial costs are a little high, but we'd save a lot on energy bills.

★ Well, panels *are* becoming more efficient, and they're eco-friendly. But I don't think they'd be a good match for us.

☆ Why not?

★ It would take something like 15 years to make our money back on the investment, but we won't be living in this house that long.

☆ But wouldn't solar panels make the place worth more when we sell it?

★ Not by much. By then, our panels would be outdated.

**Question : What does the man say about solar panels?**

Script

訳 ☆うちの屋根にソーラーパネルを設置するのはどうかしら？　初期費用は少し高いけど，光熱費をずいぶん節約できそうよ。

★そうだね，実際，パネルの効率は上がっているし，環境に優しい。でも，僕たちには合わないと思うよ。

☆どうして？

★投資したお金を取り戻すのに 15 年程度かかるけど，僕たちはこの家にそんなに長く住まないだろう。

☆でも，売る時に，ソーラーパネルがあれば建物の価値が上がるんじゃない？

★たいしたことはないね。その頃には，うちのソーラーパネルは時代遅れになっているだろうから。

**語句・構文**

☐ install「～を設置する」　☐ initial cost「初期費用」　☐ match「適切なこと」

☐ something like ～「約～」　☐ investment「投資」　☐ outdated「時代遅れの」

**質問の訳**　**男性はソーラーパネルについて何と言っているか？**

**選択肢の訳**　**1**　今後，それはもっと値段が安くなる。

**2**　それによって夫婦がお金を節約することはないだろう。

**3**　数年後にはそれを交換する必要がある。

**4**　それが大きな環境的な利益をもたらすことはない。

女性が最初の発言で「ソーラーパネルを設置すれば，光熱費の節約になるだろう」と提案すると，男性は最初の発言の第 2 文で「僕たちに合わないと思う」と述べ，2 番目の発言で「投資したお金を取り戻すのに 15 年程度かかるが，僕たちはこの家にそんなに長く住み続けないだろう」とその理由を説明している。よって，**2**「それによって夫婦がお金を節約することはないだろう」が適切。**4** については，男性は最初の発言の第 1 文で「パネルは環境に優しい」と述べているので不適切。**1** と **3** については，男性は言及していない。

## No 7　解答　4

☆ Could you have a look at this translation, Jared?

★ Sure. Is it the one that Miki did for LTR Chemicals?

☆ Yes. Please give it extra attention because they're very particular about accuracy. We can't afford to lose them as a client.

★ OK. Is the deadline urgent?

☆ No, we're ahead of schedule and still have a few days until it's due. Miki has a tendency to rush to get things back to me quickly, even though I ask her to take her time.

★ OK, I'll give it a thorough check.

**Question : What does the woman imply?**

訳 ☆ジャレド，この翻訳を見てもらえるかしら？

★いいとも。これはミキがLTR化学のためにやったものかな？

☆ええ。彼らは正確さにこだわるから，特に注意してね。彼らを顧客として失うことはできないわ。

★わかった。締切りは迫っている？

☆いいえ，予定よりも早く進んでいて，期限までまだ数日あるわ。ミキは，時間をかけてやってと頼んでも，すぐに返そうと急ぐ傾向があるの。

★わかった。徹底的にチェックするよ。

語句・構文

☐ particular「口やかましい，気難しい」 ☐ accuracy「正確さ」

☐ client「顧客」 ☐ deadline「〈原稿・支払いなどの〉締切り」

☐ ahead of ～「～より早く」 ☐ due「〈提出物などが〉提出期限がきた」

☐ thorough「徹底的な」

質問の訳 女性は何をほのめかしているか？

選択肢の訳 **1** ミキは彼女の翻訳の仕事を終えていない。

**2** 締切りが変更されそうだ。

**3** 顧客がたくさんのミスをした。

**4** ミキは仕事に十分な注意を払わないことが多い。

女性は最後の発言の第2文で「彼女に時間をかけてと頼んでも，ミキはすぐに私に返そうと急ぐ傾向がある」と述べ，男性は「徹底的にチェックする」と応じている。これらのやりとりから，**4**「ミキは仕事に十分な注意を払わないことが多い」が正解。**1**については，女性と男性の最初のやりとりから，ミキの翻訳は完了したことがわかるので不適切。**2**については，女性の最後の発言の第1文で締切りについて言及しているが，変更がありそうだとは述べていない。なお，scheduleは「シェジュール」のように発音されている。

## No. 8 解答 1

☆ Honey, the travel agent just called. He said the cruise is nearly sold out, so we have to decide soon.

★ Actually, I've been having second thoughts. I was looking at reviews on several websites, and there seem to be a lot of dissatisfied customers.

☆ Really? A few of the ones I saw were very positive. Well, we don't have to go. I just think you should get some kind of reward for working so hard lately.

★ How about increasing our budget a bit and booking a cruise with a better reputation?

☆ OK. I'll talk to the agent.

**Question：Why is the man worried about their holiday?**

Script

訳 ☆ねえ，あなた，旅行代理店からたった今電話があったわ。クルーズが売り切れ間近だから，すぐに決める必要があるそうよ。

★実を言うと，考え直しているところなんだ。いくつかのウェブサイトでレビューを見ていたら，不満を持った客がたくさんいるようでね。

☆本当？　私が見た中のいくつかはとても肯定的だったけど。まあ，無理に行く必要はないわね。あなたが最近頑張って働いていたから，そのご褒美みたいなものがあってもいいかしらと思っただけなんだから。

★予算を少し増やして，もっと評判のいいクルーズを予約するのはどうだろう？

☆いいわ。代理店に話してみる。

語句・構文

□ cruise「クルーズ，周遊船旅行」

□ have second thoughts「考え直す，決心がつかない」　□ review「批評」

□ dissatisfied「不満を示す」　□ reward「褒美」　□ reputation「評判」

質問の訳　男性が休日について心配しているのはなぜか？

選択肢の訳　**1**　彼はオンラインでたくさんの不満を見つけた。

**2**　クルーズの費用が上がった。

**3**　彼は仕事の休みがとれない。

**4**　彼は別のクルーズを予約することができない。

質問文中に出てくる their holiday という表現は，会話中の cruise「クルーズ」を言い換えたものと解釈する。男性は「クルーズについて」，最初の発言の第1文で「考え直している」と述べ，続く第2文では「いくつかのウェブサイトでレビューを見ていたら，不満を持った客がたくさんいるようだ」と述べている。よって，**1**「彼はオンラインでたくさんの不満を見つけた」が正解。**2**と**3**については，男性は最後の発言で「予算を少し増やして，もっと評判のいいクルーズを予約してはどうか」と述べているので不適切。**4**については，女性の最後の発言で「（別のクルーズの予約について）代理店に話してみる」と述べているのだから不適切。

## No. 9　解答　3

★ Did you watch the season finale of *Shield Force* last night?

☆ Of course! I thought that was the best episode of the entire season.

★ What did you think of the scene where Agent Martinez was revealed to be the traitor?

☆ That was such a shocker. I was so sure it was going to be Agent Turner, but the way they explained it made perfect sense.

★ Totally. The writing on that show is just fantastic.

☆ I can't wait to see what happens next season.

**Question : What do the speakers imply about *Shield Force*?**

Script

訳 ★昨夜，『シールドフォース』のシーズン最終回を見た？

☆もちろん！　全シーズンを通して最高の回だったと思う。

★工作員マルチネスが裏切り者だとわかった場面はどう思った？

☆あれは本当にショックだったわ。間違いなく工作員ターナーだろうと思っていたけど，あの説明は完全に筋が通っていたわね。

★全くだ。あの番組の脚本は実にすばらしい。

☆次のシーズンで何が起こるか待ちきれないわ。

**語句・構文**

□ finale「フィナーレ，終局」　□ episode「（放送番組などで，連続ものの）1回分」

□ reveal *A* to be *B*「*A* が *B* であることを明らかにする」　□ traitor「裏切り者」

□ shocker「ショックを与える人〔もの〕」　□ Totally.「（強い同意を表して）全くだ」

**質問の訳**　話し手たちは『シールドフォース』について何をほのめかしているか？

**選択肢の訳**

**1**　独特な登場人物がたくさんいる。

**2**　番組の脚本はすばらしく向上した。

**3**　筋を予測するのは難しかった。

**4**　次のシーズンの再開はないかもしれない。

会話中に聞き慣れないドラマのタイトルや登場人物の名前が出てきてまごつくかもしれない。先に選択肢に目を通し，character，show，plot といった単語から，劇に関係があるかもしれないと予測しておくことが大切。男性が2番目の発言で裏切り者がわかった場面についての感想を女性に求めると，「本当にショックだった。間違いなく工作員ターナーだろうと思ったが…」と女性は答え，男性は「全くだ」と同意している。このやりとりから，2人にとってドラマの展開が予想外だったことが推測できる。したがって，**3**「筋を予測するのは難しかった」が適切。**1** については，言及されていない。**2** については，男性の最後の発言に「あの番組の脚本は実にすばらしい」とあるが，「向上した」とは述べていないので不適切。**4** については，女性の最後の発言に合致しない。なお，女性の2番目の発言の第2文の sure は「ショー」のように発音されている。

## No. 10　解答　4

★ I've been thinking about assigning Mark to manage the new software project.

☆ Do you think he can handle it? I know he's bright, but he's only been with the firm for 18 months.

★ Well, I was originally considering Genevieve, but she's really got her hands full these days. That leaves either Mark or Yasuhiro.

☆ In that case, I guess we have no choice but to give it to Mark. The last time we put Yasuhiro in charge of a project, things quickly went off the rails.

**Question：What does the woman imply about Mark?**

Script

訳 ★マークに新しいソフトウェアプロジェクトの管理をさせようと考えているんだ。
☆彼がそれをこなせると思いますか？ 頭がいいのは知っていますが，会社に入ってたった 18 カ月ですよ。
★実は，初めはジュヌビエーブを考えていたんだが，彼女はここのところ本当に手がふさがっているからね。そうすると，マークかヤスヒロということになる。
☆それなら，マークにやってもらうしかないでしょうね。この前ヤスヒロにプロジェクトを任せた時には，すぐに事態は破綻しましたから。

**語句・構文**

☐ assign *A* to *do*「*A*（人）を～する仕事に就かせる」 ☐ handle「～を処理する」
☐ bright「聡明な」 ☐ have no choice but to *do*「～するより仕方ない」
☐ put *A* in charge of *B*「*A*（人）に *B* を任せる」
☐ go off the rails「〈計画などが〉狂う」

**質問の訳** 女性はマークについて何をほのめかしているか？

**選択肢の訳** **1** 彼はヤスヒロより忙しい。
**2** 彼はジュヌビエーブと仲がよくない。
**3** 彼は判断ミスをすることが多い。
**4** 彼には十分な経験がないかもしれない。

男性が最初の発言で「マークを新しいソフトウェアプロジェクトの管理担当にしようと考えている」と述べると，女性は「彼（＝マーク）がそれをこなせると思うか」と疑問を呈し，その理由として「彼（＝マーク）は会社に入ってたった 18 カ月である」と述べている。よって，**4**「彼には十分な経験がないかもしれない」が適切。女性が最後の発言で「事態が破綻した」と述べているのはヤスヒロについてなので，**3** は不適切。

## No. 11 解答 4

☆ Hey, did you take Professor Ritter's Politics 302 class last semester?
★ Yeah. Some of the lectures were interesting, but I wouldn't really recommend it.
☆ Oh. I heard it involves a lot of reading. Was that the problem?
★ Actually, the workload seemed reasonable to me. My issue was that when she was marking papers, Professor Ritter seemed to favor students who share her political views.
☆ Oh, really?
★ If I were you, I'd sign up for Professor Tamura's or Professor Wilson's class instead.

**Question : What is the man's opinion of Professor Ritter?**

Script

訳 ☆ねえ，あなた先学期，リッター教授の政治学 302 の授業を受けた？
★うん。面白い講義もあったけど，あまり勧めないね。

☆あら。読む物がたくさんあると聞いたけど。それが問題だったの？
★実際のところ，教材の量は妥当に思えた。僕にとっての問題は，リッター教授は採点の時，自分と同じ政治的意見を持っている学生を特別扱いしたようだってことだ。
☆まあ，本当？
★僕だったら，代わりにタムラ教授かウィルソン教授の授業を受講登録するだろうね。

語句・構文

□ workload「(一定期間内に行う) 仕事量」 □ mark「(答案など) に点をつける」
□ favor「～をひいきする」 □ sign up for ～「(講義などの) 受講登録をする」

質問の訳 リッター教授に関する男性の意見は何か？

選択肢の訳 **1** 彼女の講義は長い傾向がある。 **2** 彼女は与える宿題が多すぎる。
**3** 彼女の政治的意見は極端である。 **4** 彼女は公平な採点をしない。

男性が2番目の発言の第2文で「リッター教授は採点の時，自分と同じ政治的意見を持っている学生を特別扱いしたようだ」と述べているので，**4**「彼女は公平な採点をしない」が正解。「採点する」という表現は，放送文ではmarkで，選択肢ではgradeが用いられている。**2**については，女性が2番目の発言で「読む物の量が多いことが問題だったのか」と尋ねたのに対して，男性は「妥当な量だったと思う」と答えているから不適切。**3**については，男性の2番目の発言の第2文に「教授の政治的意見」という表現があるが，それが極端なものだとは述べていないので不適切。

## No. 12 解答 2

☆ We need to do something about the dogs. Their barking is becoming a real problem.
★ I don't know. Most dogs bark at strangers, no?
☆ Yes, but ours bark every time someone goes past the house. We'll get complaints from the neighbors if this keeps up.
★ Well, we've already tried every training method we could find online. I'm not sure what else we can do.
☆ I think we should hire a proper dog trainer. I know it'll be expensive, but it'll be worth it for some peace and quiet.
★ I guess you're right.

**Question : What will the man and woman probably do?**

Script

訳
☆犬のことを何とかしなくちゃ。うちの犬が吠えることは大問題になりつつあるわ。
★どうかな。たいていの犬は知らない人に向かって吠える，そうじゃない？
☆ええ，でもうちの犬たちは誰かが家の前を通るたびに吠えている。これが続いたら，ご近所から苦情が来るわよ。
★でも，僕たちはオンラインで見つけられる訓練法はどれももう試した。他に何ができるか僕にはわからない。

☆きちんとした犬の訓練士を雇うべきだと思うの。費用がかかることはわかっているけれど，平穏と静けさのためにはそれだけの価値があるでしょう。
★君の言う通りかもしれないね。

語句・構文

□ go past ～「～を通り過ぎる」　□ complaint「不満，苦情」
□ worth it「それだけの価値がある」

質問の訳　男性と女性はおそらく何をするか？

選択肢の訳　**1**　オンラインで解決策を探す。　**2**　専門家の手を借りる。
**3**　近所の人にアドバイスを求める。　**4**　もっと静かな地区に引っ越す。

女性が最後の発言で「きちんとした犬の訓練士を雇うべきだ。費用がかかってもその価値はある」という内容のことを述べると，男性は「君の言う通りかもしれない」と応じている。よって，**2**「専門家の手を借りる」が正解。放送文の a proper dog trainer を，選択肢では a professional と言い換えている。**1** については，男性が 2 番目の発言で「オンラインで見つけられる訓練法はどれももう試した。他に何ができるかわからない」と述べているのだから不適切。



## 一次試験　リスニング　Part 2

(A)　**No. 13**　解答　**2**　　**No. 14**　解答　**4**

(A)*Sukkoth*

Sukkoth is a religious holiday celebrated by Jewish people around the world. It originated thousands of years ago as a harvest festival. During the festival, people demonstrated their appreciation to their god for the year's crops. Later, the holiday became connected with the time immediately after the ancient Jewish people had escaped from slavery in Egypt. According to tradition, the Jewish people wandered in the desert and had to live in fragile shelters called sukkahs that protected them from the heat of the sun.

Today, Jewish people celebrate the holiday by building a sukkah in their backyards or on balconies. Sukkahs generally have three walls, and the roof is made with leaves and has openings so that the stars are visible above. During the festival's seven days, people consume their meals in the sukkah, and if they live in a warm climate, they sleep in it as well.

**Questions**
**No. 13　Why did people originally celebrate Sukkoth?**
**No. 14　What is one thing we learn about modern sukkah buildings?**

Script

訳

### (A)スコス（仮庵の祭り）

スコス（仮庵の祭り）は世界中のユダヤ人が祝う宗教的な祭日である。それは数千年前に収穫祭として始まった。祭りの間，人々はその年の作物に対する神への感謝を表した。のちに，祭日は，古代ユダヤ人がエジプトでの隷属から逃れた直後の時期と関連づけられた。伝承によると，ユダヤ人たちは砂漠をさまよい，太陽の熱から身を守るための，スッカー（仮庵）という壊れやすい小屋で暮らさなければならなかった。

今日，ユダヤの人々は裏庭やバルコニーに仮庵を建てて祭日を祝う。仮庵は普通，三方が壁で，屋根は葉で作られていて隙間があり，上方に星を見ることができる。祭りの7日間，人々は仮庵で食事をし，温暖な気候の所だと，そこで眠りもする。

**語句・構文**

（第1段）☐ originate「始まる」　☐ demonstrate「～を（行動によって）示す」
☐ appreciation「感謝」　☐ crop「作物」　☐ slavery「奴隷の身分」
☐ wander「放浪する」　☐ fragile「壊れやすい」
☐ shelter「小屋，避難所」　☐ sukkah「仮庵」
（第2段）☐ backyard「裏庭」　☐ consume「～を食べ〔飲み〕尽くす」

**No. 13**　**質問の訳**　**もともとは，人々がスコスを祝ったのはなぜか？**

**選択肢の訳**
**1**　作物の質を向上させるため。
**2**　育てた食べ物に感謝するため。
**3**　砂漠を去ることができるように祈るため。
**4**　エジプトでの時を祝うため。

第1段第2・3文（It originated thousands … the year's crops.）で「数千年前に収穫祭として始まり，祭りの間，人々はその年の作物に対する神への感謝を表した」という内容が述べられていることから，**2**「育てた食べ物に感謝するため」が正解。「作物」という表現に，放送文ではthe year's cropsが使われ，選択肢ではthe food they grewに言い換えられている。**4**については，同段第4文（Later, the holiday …）で「のちに，エジプトでの隷属から逃れた直後の時期と関連づけられた」という内容が述べられているので不適切。

**No. 14**　**質問の訳**　**現代のスッカー（仮庵）の建物についてわかることの1つは何か？**

**選択肢の訳**
**1**　それらの壁には砂漠の画像がある。
**2**　それらは涼しさを保つように覆われている。
**3**　食事はその中で調理されなければならない。
**4**　人々はその中から空を見ることができる。

第2段第2文（Sukkahs generally have …）で「屋根は葉で作られていて隙間があり，上方に星を見ることができる」と述べられているから，**4**「人々はその中から空を見ることができる」が正解となる。**3**については，同段最終文（During the festival's …）に「そこで食事をする」とあるが，「調理しなければいけない」とは述べていないので不適切。

⑻ **No. 15　解答　1　　No. 16　解答　1**

⑻ ***Vultures***

Vultures are birds well-known for their diet, which consists of the remains of dead animals. This association has given many people a negative impression of the birds, but we in fact owe much gratitude to vultures. By eating dead animals, the birds prevent disease-causing germs from entering the environment, including water sources. And because the strong acid in their stomachs is so good at killing germs, vultures are unlikely to pass on diseases to humans.

The bodies of dead animals do more than spread disease — they also release $CO_2$ and other greenhouse gases as they decay on the ground. When vultures feed, they prevent this from happening. However, in many parts of the world today, vulture populations have declined significantly, resulting in millions of tons of extra greenhouse-gas emissions entering the atmosphere. Ensuring vulture populations remain healthy is therefore an important step in combating climate change.

**Questions**
**No. 15　What does the speaker say about disease-causing germs?**
**No. 16　What is suggested about climate change?**

Script

訳

⑻ハゲワシ

ハゲワシはその食べ物で有名な鳥だが，彼らは動物の死骸を食べる。この連想から多くの人たちはハゲワシに否定的な印象を持つが，実際には，私たちはハゲワシに大いに感謝しなければならない。死んだ動物を食べることで，その鳥は病気を引き起こす細菌が水源などの周囲の環境に侵入するのを防いでいる。そして，彼らの強力な胃酸は細菌を殺すことができるので，ハゲワシが病気を人間にうつす可能性は低い。

動物の死体は，病気を広げるだけではない——地面で腐敗する時には，二酸化炭素などの温室効果ガスも放出する。ハゲワシが食べて，これが起こるのを防いでいる。しかし，今日，世界の多くの地域でハゲワシの生息数は著しく減少し，これによって数百万トンもの余分な温室効果ガスが大気中に放出される結果となっている。したがって，ハゲワシを健全に生息させることは，気候変動と闘う重要なステップである。

**語句・構文**

(表題) □ vulture「ハゲワシ」
(第１段) □ diet「常食」　□ consist of ～「～から成り立つ」
□ remain「遺体，残骸」　□ association「連想」
□ owe *A* to *B*「*A* を *B* に対して負っている」　□ gratitude「感謝」
□ germ「細菌，病原菌」　□ acid「酸」
(第２段) □ decay「腐敗する」　□ feed「〈動物が〉物を食う」
□ ensure (that) ～「確実に～するようにする」　□ combat「～と闘う」

**No. 15** 質問の訳 話者は病気を引き起こす細菌について何を述べているか？

選択肢の訳 **1** ハゲワシはそれらが人間に感染するのを防ぐのに役立っている。

**2** ハゲワシはそれらを他の動物に広げることが多い。

**3** それらはハゲワシを死に至らしめることがある。

**4** それらはハゲワシの胃の中で生き残る。

第1段第3文（By eating dead …）で，「死んだ動物を食べることで，その鳥は病気を引き起こす細菌が水源などの周囲の環境に侵入するのを防いでいる」と述べられている。主語のthe birds は vultures を言い換えたものである。また，同段最終文（And because the …）では，「彼らの強力な胃酸は細菌を殺すことができるので，ハゲワシが病気を人間にうつす可能性は低い」と述べられている。これらの内容から，**2**・**3**・**4** は不適切で，**1**「ハゲワシはそれらが人間に感染するのを防ぐのに役立っている」が正解となる。

**No. 16** 質問の訳 気候変動に関して何が示唆されているか？

選択肢の訳 **1** ハゲワシの食習慣がその影響を減らすのに役立っている。

**2** それは世界中でハゲワシの個体数を増やしている。

**3** それによってハゲワシの食物源が変化している。

**4** それによってハゲワシは新しい生息地を見つけざるを得なくなっている。

第2段第1・2文（The bodies of … this from happening.）で，「ハゲワシが動物の死体を食べることで，二酸化炭素やその他の温室効果ガスが放出されるのを防いでいる」と述べられている。したがって，**1**「ハゲワシの食習慣がその影響を減らすのに役立っている」が正解。放送文の When vultures feed「ハゲワシが食べる時」を，選択肢では Vultures' feeding habits に言い換えている。

## (C) No. 17 解答 2 No. 18 解答 3

### (C)*Praising Employees*

Everyone knows that praise is important for motivating employees and increasing their satisfaction. Surprisingly, however, according to researchers, praise can improve employee performance even when the employee does not earn the praise. When researchers gave praise to random workers, the quality of the workers' output increased dramatically compared to those who were not praised.

Another study suggests that some kinds of praise are more effective than others. The study identifies two kinds of mindsets. Those with a so-called fixed mindset think they are born with a certain level of ability and that they are unlikely to get better at things. On the other hand, those with a so-called growth mindset feel that they have the capability to acquire new skills and talents. It seems that praising *effort* rather than *results* may have a positive effect because it encourages a growth mindset in unhappy employees who would otherwise be frustrated with their jobs.

**Questions**

**No. 17　What is one thing research found about praising employees?**

**No. 18　What does the speaker suggest about unhappy employees?**

訳

(C)従業員をほめること

ほめることは従業員にやる気を持たせ，彼らの満足度を高めるのに重要であることは，誰でも知っている。しかし驚いたことに，研究者によると，従業員がほめられるようなことをしていない時でさえ，ほめることで従業員の仕事ぶりが向上する可能性があるのだ。研究者がでたらめに労働者をほめた時，その労働者たちの生産活動の質は，ほめられなかった人たちと比べて劇的に向上した。

別の研究では，ある種の称賛は他のものよりも効果的であることを示唆されている。その研究によって，２種類の考え方が特定された。いわゆる固定思考を持つ人たちは，自分にはあるレベルの能力が生まれつき備わっていて，それ以上になる可能性は低いと考えている。一方で，いわゆる成長思考を持つ人たちは，新しい技術や才能を獲得する能力を自分が持っていると考える。「結果」ではなく「努力」をほめることはプラスの効果があるようだ。それは，そうでなければ仕事に不満を感じるであろう，不幸な従業員の成長思考を強めるからである。

**語句・構文**

(第１段) □ earn「(感謝など) を得るに値する」　□ random「でたらめの」
□ output「生産活動」　□ dramatically「劇的に，著しく」
(第２段) □ identify「～を識別する」　□ mindset「心的態度，考え方」
□ fixed「固定した」　□ capability「能力」
□ frustrated「失望した，いらいらした」

**No. 17**　質問の訳　従業員をほめることについて調査でわかったことの１つは何か？

選択肢の訳
**1**　労働者は自分が称賛に値しないと考えることが多い。
**2**　でたらめにほめることで仕事ぶりが向上する可能性がある。
**3**　ほめすぎると仕事ぶりが悪くなる可能性がある。
**4**　ほとんどの上司は十分な称賛を与えない。

第１段最終文（When researchers gave …）で「研究者がでたらめに労働者をほめた時，その労働者たちの生産活動の質は，ほめられなかった人たちと比べて劇的に向上した」と述べられている。よって，**2**「でたらめにほめることで仕事ぶりが向上する可能性がある」が正解。

**No. 18**　質問の訳　話者は不幸な従業員に関して何を示唆しているか？

選択肢の訳
**1**　彼らは称賛に対して否定的に反応する傾向がある。
**2**　彼らは自分たちの仕事について心配しすぎる。
**3**　成長思考を持つことは彼らのためになるかもしれない。
**4**　彼らは自分の周りの労働者の思考に影響を与える。

第２段最終文（It seems that …）で「『結果』ではなく『努力』をほめることは好影響を与

える可能性があるようだ」という内容が述べられている。because 節の主語 it は praising *effort* rather than *results* を指している。otherwise は「もしそうでなければ」の意味で，「成長思考でなければ仕事に不満を感じるであろう，不幸な従業員」の意。つまり，成長思考であれば仕事に不満を感じることはないということであり，よって，3「成長思考を持つことは彼らのためになるかもしれない」が正解。

## (D) No. 19 解答 2　No. 20 解答 4

(D)***Manod Mine***

During World War II, there was great fear that Britain would be invaded by Nazi Germany. In this environment, it was decided that paintings from the National Gallery in London should be moved somewhere safer. At first, it was suggested that they be shipped to Canada, but British leaders worried about the threat from the German submarines that were sinking thousands of ships. Eventually, the art treasures were stored in an old mine in a remote area of Wales called Manod.

Transporting the art was extremely difficult as many of the works were large and had to be moved carefully through the small mine entrance. Furthermore, there was great concern that moisture and cold temperatures would damage the paintings, so special air-conditioned structures were built in the mine to contain them. Thanks to the project at Manod, the paintings survived the war, and much was learned about preserving art.

**Questions**

**No. 19 Why did British leaders reject the original plan?**

**No. 20 What was learned from the experience at Manod?**

Script

訳

(D)マノド坑道

第二次世界大戦中，イギリスはナチスドイツに侵攻される大きな恐れがあった。このような状況下，ロンドンにあるナショナルギャラリーの絵画をどこか安全なところへ移動させることが決まった。当初，それらをカナダへ船で運ぶことが提案されたが，イギリスの指導者たちは，何千もの船を沈めているドイツの潜水艦の脅威を心配していた。最終的には，貴重な美術品は，マノドと呼ばれるウェールズの人里離れた場所にある，古い坑道に貯蔵された。

多くの作品は大きく，小さな坑道の入り口を通って搬入するには細心の注意が必要だったので，美術品の輸送は困難を極めた。その上，湿気と低温が絵画にダメージを与える懸念が非常にあったので，それらを収容するために空調管理された特別な構造物が坑道内に作られた。マノドでのプロジェクトのおかげで，絵画は戦争を耐え抜き，美術品の保存について多くのことがわかった。

語句・構文

(表題) □ mine「坑道，採掘坑」

(第1段) □ National Gallery「ナショナルギャラリー：英国国立美術館」

□ ship「～を船で運ぶ」 □ submarine「潜水艦」 □ treasure「重要品」

□ remote「遠く離れた」

(第2段) □ moisture「湿気」 □ air-conditioned「空気調節を施した」

**No. 19** 質問の訳 イギリスの指導者たちが最初の計画を拒否したのはなぜか？

選択肢の訳 **1** 侵攻は起こらないと考えたから。

**2** 美術品が破壊されることを心配したから。

**3** カナダは侵攻される可能性が高いと考えたから。

**4** ドイツ人が美術品を盗めるようになるのを恐れたから。

第1段第3文（At first, it …）で「当初，それら（＝ナショナルギャラリーの絵画）をカナダへ船で運ぶことが提案されたが，イギリスの指導者たちは，何千もの船を沈めているドイツの潜水艦の脅威を心配していた」と述べられているので，イギリスの指導者たちは絵画を運んでいる船が潜水艦によって沈められることを懸念したことがわかる。よって，**2**「美術品が破壊されることを心配したから」が正解。

**No. 20** 質問の訳 マノドの経験から学んだことは何か？

選択肢の訳 **1** 戦時中の芸術の重要性。

**2** 大きな坑道を作る方法。

**3** 低温が絵画に与える影響。

**4** よい状態で美術品を保管する方法。

第2段最終文（Thanks to the …）で「マノドでのプロジェクトのおかげで，美術品の保存について多くのことがわかった」と述べられている。よって，**4**「よい状態で美術品を保管する方法」が正解。**3**については，同段第2文（Furthermore, there was …）で「湿気と低温が絵画にダメージを与える懸念があったので，空調管理された構造物が坑道内に建てられた」とあるが，低温の影響について学んだとは述べられていないので不適切。

## (E) No. 21 解答 1 No. 22 解答 3

(E)***The Midnight Ride of Sybil Ludington***

On the night of April 26, 1777, during the American Revolution, a messenger arrived at American commander Henry Ludington's house. The messenger warned of a coming British attack, but Ludington's soldiers were scattered around the region. The commander's daughter, Sybil, bravely volunteered to alert them. Though just 16 years old, Sybil rode on horseback for over 65 kilometers in stormy weather. Thanks to her night ride, the troops assembled and drove away the British. After the war, however, Sybil was forgotten for many years.

Some historians question whether Sybil's ride ever really happened. While documents show that the British attack occurred, there are no official records of Sybil's journey. It appeared in a history book published in the 1800s, but the book failed to give sources to confirm it. Nevertheless, the story has been widely accepted, and Sybil has become a symbol of the role of women in the American Revolution.

**Questions**

**No. 21 What was the purpose of Sybil Ludington's ride?**

**No. 22 What is one reason some historians doubt Sybil's ride?**

Script

訳

(E)シビル・ルディントンの真夜中の騎乗

アメリカ独立革命中の1777年4月26日の夜，アメリカの指揮官ヘンリー・ルディントンの家に使者が到着した。使者は来たるイギリスの攻撃について警告したが，ルディントンの兵士たちは地域周辺に散らばっていた。指揮官の娘シビルは，勇敢にも彼らへの通報を買って出た。まだ16歳だったが，シビルは暴風雨の中，65キロ以上馬を走らせた。彼女が夜に馬を走らせたおかげで，部隊は集結し，イギリス軍を退散させた。しかし，戦いのあと，シビルのことは長い間忘れられていた。

歴史家の中には，シビルの騎乗が果たして本当に起きたのか，疑問視する人たちもいる。記録にはイギリスの攻撃があったことが示されているが，シビルの遠乗りについて公式の記録はない。1800年代に出版された歴史の本でそれが取り上げられたが，それを裏づける情報源は示されなかった。それにもかかわらず，その話は広く受け入れられ，シビルはアメリカ独立革命における，女性が果たした役割の象徴になっている。

**語句・構文**

(第1段) □ messenger「使者」 □ commander「指揮官」
□ warn of ～「～の警告を与える」 □ scatter「～をまき散らす」
□ alert「～に通報する，注意を呼びかける」 □ troop「部隊」
□ assemble「集まる」 □ drive away ～「～を退散させる」

**No. 21** 質問の訳 シビル・ルディントンの騎乗の目的は何か？

選択肢の訳 **1** 攻撃について警告するのを手伝うため。
**2** イギリスの兵士の位置を確認するため。
**3** アメリカの部隊への補給品を集めるため。
**4** 彼女の父親を危険から遠ざけるため。

第1段第2文（The messenger warned …）で「使者は来るイギリスの攻撃について警告したが，ルディントンの兵士たちは地域周辺に散らばっていた」と述べられ，同段第3・4文（The commander's daughter, … in stormy weather.）で「指揮官の娘シビルは，彼らへの通報を買って出た」こと，「彼女は65キロ以上馬を走らせた」ことが述べられている。第3文のalert themのthemは，第2文のLudington's soldiersを指している。これらの内容から，**1**「攻撃について警告するのを手伝うため」が正解。

**No. 22** **質問の訳** 歴史家たちがシビルの騎乗を疑う理由の１つは何か？

**選択肢の訳** **1** その夜，別の女性が馬に乗った証拠がある。
**2** イギリス軍による攻撃の記録が１つもない。
**3** それは公式に記録されなかった。
**4** ある歴史書がそれは起きなかったと主張している。

第２段第２文（While documents show …）の後半部（there 以下）で「シビルの遠乗りについて公式の記録はない」とあり，続く第３文（It appeared in …）の but 以下では「それについて記述がある歴史書にもそれを裏づける情報源は示されなかった」と述べられている。第３文の it は，第２文の Sybil's journey を指し，Sybil's journey とは，第１文（Some historians question …）の Sybil's ride を言い換えたものである。よって，**3**「それは公式に記録されなかった」が適切である。**2** については，第２文の前半部の記述に反している。



(F) **No. 23** **解答** **3** **No. 24** **解答** **2**

(F)***Banff Sunshine Village***

During the economic boom of the 1950s in the US and Canada, interest in recreational activities increased dramatically. One activity that grew in popularity was skiing. However, many ski resorts found that they needed more snow on their mountains to meet customer demand. Machines were developed to create snow artificially using water and compressed air, enabling ski resorts to operate even without a lot of natural snowfall.

However, snowmaking requires significant energy consumption as well as water from reservoirs and lakes. A Canadian ski resort known as Banff Sunshine Village relies instead on a method called snow farming. The resort takes advantage of the area's windy conditions by putting up fences at high altitudes to catch snow that blows in from surrounding mountains. Later, the snow is transported down to slopes that need it. This allows the resort to maximize snow cover in an environmentally sustainable and energy-efficient way.

**Questions**

**No. 23** **What does the speaker say about many ski resorts in the 1950s?**

**No. 24** **What is true about Banff Sunshine Village?**

Script

訳

(F)バンフ・サンシャイン・ビレッジ

1950年代アメリカとカナダでは，好景気中に，レクリエーション活動への関心が大きく高まった。人気が高まった活動の１つがスキーだった。しかし，多くのスキーリゾート地では，顧客の満足に応えるには山にもっと多くの雪が必要だった。水と圧縮空気を使って人工的に雪を作る機械が開発され，スキーリゾート地は自然の降雪が少なくても営業できるようになった。

しかし，雪を作るには，貯水池や湖からの水に加えて，相当なエネルギーが必要だ。バンフ・サンシャイン・ビレッジとして知られるカナダのスキーリゾート地では，その代わりに，スノーファーミングという手法に頼っている。当地では，風が強い環境を利用し，高所にフェンスを建てて，周囲の山々から吹き込む雪を受け止めている。そのあと，雪は必要としているゲレンデへと運び下ろされる。これによって，当リゾート地では，環境的に持続可能でエネルギー効率のよい方法で積雪を最大限に利用している。

**語句・構文**

（第1段）□ boom「（経済の）急成長」
□ recreational「娯楽の，レクリエーションの」　□ artificially「人工的に」
□ compressed「圧縮された」

（第2段）□ significant「かなりの」　□ reservoir「貯水池」
□ put up ～「～を建てる」　□ altitude「標高，高度」
□ transport「～を運ぶ」　□ slope「（スキーの）ゲレンデ，坂」
□ maximize「～を最大限に利用する」
□ energy-efficient「エネルギー効率のよい」

**No. 23** **質問の訳**　話者は1950年代の多くのスキーリゾート地について何を述べているか？

**選択肢の訳**
**1**　もっと人口の多い地域へ移転せざるを得なかった。
**2**　不満を持つ客のせいで廃業せざるを得なかった。
**3**　十分に雪がなかった。
**4**　人工雪を使うことに反対した。

第1段第3文（However, many ski …）に「多くのスキーリゾート地では，顧客の満足に応えるには山にもっと多くの雪が必要なことがわかった」と述べられている。放送文のthey needed more snowを言い換えた，**3**「十分に雪がなかった」が正解。**4**については，同段最終文（Machines were developed …）で「人工雪」に言及しているが，反対したとは述べられていないので不適切。

**No. 24** **質問の訳**　バンフ・サンシャイン・ビレッジについて当てはまるのはどれか？

**選択肢の訳**
**1**　人工雪の使用がその事業に悪影響を及ぼしている。
**2**　運営に役立てるために風を利用している。
**3**　地元の地域にある他のスキーリゾート地に雪を提供している。
**4**　そのゲレンデは非常に高い場所にある。

第2段第3文（The resort takes …）で「そのリゾート地では，風が強い環境を利用し，高所にフェンスを建てて，周囲の山々から吹き込む雪を受け止めている」と述べられている。第3文の主語The resortは，その前の第2文（A Canadian ski …）中のBanff Sunshine Villageを言い換えたものだから，**2**「運営に役立てるために風を利用している」が正解。「～を利用する」という表現に，放送文ではtake advantage of ～を，選択肢ではmake use of ～を用いている。**1**については，同段第1文（However, …）で人工雪のマイナス点について触れているが，バンフ・サンシャイン・ビレッジの事業に悪影響を及ぼしているとは述べられていない。**3**については，同段第4文（Later, the snow …）に「そのあと，雪は必要としているゲレンデへと運び下ろされる」とあるが，他のスキーリゾート地へ提供しているとは述べられていない。**4**については，同段第3文から「フェンスが高所に建てられている」ことがわかるが，ゲレンデが高所にあるとは述べていない。

## 一次試験　リスニング　Part 3

(G)　**No. 25　解答　3**

Script

We're near the harbor, so there are a lot of good seafood options. Kingsley's is a very popular lobster restaurant and bar, but it doesn't open until eight. Shrimp Lover is a seafood restaurant that just opened one month ago. It's about 45 minutes away by train. Randy's is a unique Mexican restaurant just a block away. They only have counter seats, but I'm sure you can be seated right away, even at dinner time. Then, there's Boca here in the hotel, but it's very difficult to get a table if you haven't booked at least a day in advance.

訳　港の近くですから，たくさんのおいしいシーフードの選択肢があります。キングズリーズは非常に人気のあるロブスターのレストランバーですが，開店は8時です。シュリンプラバーは1カ月前に開店したばかりのシーフードレストランです。電車で45分くらいのところにあります。ランディーズは珍しいメキシコ料理レストランで，ほんの1ブロック先です。カウンター席しかありませんが，夕食時でも，すぐに座れるはずです。それから，ボカがこのホテル内にありますが，少なくとも前日までに予約をしておかなければ，席を取るのは大変難しいです。

**語句・構文**

□ option「選択肢」　□ in advance「前もって」

**状況の訳**　あなたはホテルに滞在している。今，午後6時30分で，あなたは午後7時頃に近くのレストランで夕食をとりたい。コンシェルジュがあなたに次のように言う。

**質問の訳**　あなたはどのレストランを選ぶべきか？

**選択肢の訳**　**1**　キングズリーズ。　**2**　シュリンプラバー。
**3**　ランディーズ。　**4**　ボカ。

時刻と場所に注意して，説明される順に確認するとよい。第2文（Kingsley's is …）に「キングズリーズは8時に開店する」とあるので，**1**は不適切。第3・4文（Shrimp Lover is … away by train.）では「シュリンプラバーは約45分かかる」と述べられるので**2**も不適切。第5・6文（Randy's is a … at dinner time.）では「ランディーズはほんの1ブロックのところにあり，夕食時でもすぐに座れる」と述べられ，条件に合うとわかる。**4**については，最終文（Then, …）で「ボカは少なくとも前日までに予約をしておかないと席を取るのは難しい」と述べられるので不適切。よって，**3**「ランディーズ」が正解。

(H) **No. 26** **解答** **4**

Welcome to CD Masters. This holiday season, don't miss out on our "CD Surprise" boxes with 30 random CDs inside. Additionally, to sell up to 99 CDs, any registered member can log into their account on our website and start the sales procedure. If you don't have an account, you can register today just by filling out the form on our website. If you would prefer to register over the phone, press 1. If you are looking to sell 100 or more CDs at once, press 2. A representative will speak with you to schedule a home visit to assess your CD collection.

Script

訳　CD マスターズにようこそ。このホリデーシーズンは，ランダムに選ばれた 30 枚の CD が入った『CD サプライズ』をお見逃しなく。さらに，CD の販売が 99 枚までであれば，登録済みのメンバーならどなたでも，ウェブサイト上のアカウントにログインして販売の手続きを開始できます。アカウントをお持ちでなければ，ウェブサイト上のフォームに入力するだけで本日登録できます。電話での登録をご希望でしたら，1 を押してください。いっぺんに 100 枚以上の CD を売ろうとしているのでしたら，2 を押してください。担当者が，あなたの CD コレクションを査定するためにお宅に伺う予定についてお話しします。

語句・構文

□ miss out on ～「～を逸する，逃す」　□ registered「登録された」
□ log into ～「～にログインする」　□ procedure「手続き」
□ at once「同時に」　□ representative「販売員」　□ assess「～を査定する」

**状況の訳**　あなたは 500 枚ある音楽 CD のコレクションのうち半分を売ることに決めた。中古 CD を売買する店に電話をして，次のような録音メッセージを聞く。

**質問の訳**　**あなたは何をするべきか？**

**選択肢の訳**
**1**　オンラインで販売の手続きを始める。
**2**　CD の箱詰めを始める。
**3**　ウェブサイトからフォームをダウンロードする。
**4**　査定のための約束をする。

250 枚の CD を売るためにすべきことを聞き取る。第 3 ～ 5 文（Additionally, … phone, press 1.）は，99 枚までの CD を売る人への手続きの説明であるから，**1** は不適切。最終 2 文（If you are … your CD collection.）が，100 枚以上の CD を売る人への手続きの説明なのでこれに該当する。最終文で「担当者が，コレクションを査定するためにお宅に伺う予定についてお話しします」と述べられているので，**4**「査定のための約束をする」が正解。

(I) **No. 27** **解答** **3**

In History 103, students can learn about European history in the eighteenth and nineteenth centuries. This class has no group projects, and there is an option available to take it online. Next, Philosophy 105 is for those who want to grasp the gist of Western philosophy, including that of ancient Greece and Rome. Students are expected to take part in spirited team debates in each class. History 202 is a lecture-based class and is non-interactive. It focuses primarily on ancient Egyptian, Greek, and Roman history. Finally, Latin 102 focuses exclusively on ancient Rome. In that class, you'll learn Latin by reading ancient Roman plays.

Script

**訳** 歴史 103 では，学生は 18・19 世紀のヨーロッパの歴史について学ぶことができます。この授業ではグループ研究はなく，オンラインで授業を受けることもできます。次に，哲学 105 は，古代ギリシア・ローマの哲学など，西洋哲学の要点を理解したい人向けです。学生は毎時間活発なチーム討論に参加することが求められます。歴史 202 は講義が中心の授業で，対話型ではありません。主に古代エジプト，ギリシア，ローマの歴史を中心に扱います。最後に，ラテン語 102 は古代ローマにのみ焦点を当てます。授業では，古代ローマの劇を読むことでラテン語が学べます。

**語句・構文**

□ grasp「～を理解する」　□ gist「要点」　□ spirited「活発な」
□ debate「討論」　□ non-interactive「対話的でない」
□ exclusively「もっぱら，排他的に」　□ Latin「ラテン語」

**状況の訳** あなたは大学生である。あなたは古代のギリシア人とローマ人について学びたいが，グループワークは好きではない。あなたは履修指導員の説明を聞いている。

**質問の訳** あなたはどのクラスを取るべきか？

**選択肢の訳**
**1** 歴史 103。　**2** 哲学 105。
**3** 歴史 202。　**4** ラテン語 102。

学びたい内容と，グループワークの有無に注意しながら，説明される順に確認していくとよい。第 1・2 文（In History 103, … take it online.）は **1** の説明で，学びたい内容が一致しないので不適切。第 3・4 文（Next, Philosophy 105 … in each class.）は **2** の説明で，内容はよいが，チーム討論への参加が必要なので，不適切。第 5・6 文（History 202 is … and Roman history.）は **3** の説明で，「講義中心の授業で，対話型ではない。主に古代エジプト，ギリシア，ローマの歴史を扱う」ということなので，条件に合う。最終 2 文（Finally, Latin 102 … ancient Roman plays.）は **4** の説明で，学びたい内容が一致しないので不適切。よって，**3**「歴史 202」が正解となる。

(J) **No. 28** **解答** **2**

Thank you for calling the TSS Electronics help desk. For corporate customers who have questions regarding the details of their contracts, press 1. For technical support or to request a replacement for any of our products currently under warranty, press 2. To arrange for a repair or check the repair status of a product outside of warranty, press 3. For information about the different tablet models and data plans that we provide, press 4. For all other inquiries, please remain on the line until a representative becomes available.

Script

**訳** お電話ありがとうございます。TSS エレクトロニクスのヘルプデスクです。法人のお客様で契約書の詳細に関する質問の方は，1を押してください。技術サポート，または，当社の全製品で現在保証期間中の製品について交換をご希望の場合は，2を押してください。修理の手配，あるいは保証期間外の製品の修理状況の確認は，3を押してください。私どもが提供しておりますその他のタブレットモデルやデータプランの情報につきましては，4を押してください。他のすべてのお問い合わせについては，担当者が応対できるようになるまでそのままお待ちください。

**語句・構文**

□ corporate「法人組織の」　□ regarding「～に関して」　□ contract「契約書」
□ replacement「交換」　□ currently「現在」　□ warranty「保証」
□ status「状況」　□ inquiry「質問，問い合わせ」

**状況の訳** あなたが娘のために2週間前に買ったタブレットが壊れた。それには1年間の保証期間がある。あなたは製品のメーカーに電話をして，次の録音メッセージを聞く。

**質問の訳** あなたは何をするべきか？

**選択肢の訳**
**1**　1を押す。　**2**　2を押す。
**3**　3を押す。　**4**　4を押す。

2週間前に買ったタブレットが壊れ，保証期間内であることを頭に入れて聞く。第2文（For corporate customers …）は法人客に対してなので，**1**は不適切。第3文（For technical support …）は保証期間内の製品に関するものなので，**2**が適切。第4文（To arrange for …）は保証期間外の製品に関するものなので，**3**は不適切。第5文（For information about …）はタブレットの故障とは無関係なので，**4**は不適切。よって，**2**「2を押す」が正解となる。

(K) **No. 29** **解答** **2**

Several tours will be starting shortly. First, *Spark of Genius* is an hour-long tour about electricity that includes an exciting 30-minute 3D movie. We also have *The Age of Dinos*, which is a tour that explores the fascinating period when dinosaurs ruled the earth. It takes half an hour. *Deep into the Sea* is a 40-minute tour that looks at amazing deep-sea creatures. It can be a little scary, so this tour is not recommended for children under the age of 10. Finally, don't forget you can make reservations for our *Museum after Dark* overnight tour to experience an unforgettable night among our amazing exhibits.

**訳** いくつかのツアーはまもなく始まります。まず，「天才のひらめき」は，電気についての1時間のツアーで，30分のわくわくする3D映画が含まれています。「恐竜の時代」というツアーもあります。そこでは，恐竜が地球を支配していたころの魅力的な時代を探検します。30分かかります。「深海へ」は，驚くべき深海の生物を見る40分のツアーです。少し怖い可能性があるので，このツアーは10歳未満のお子様にはお勧めしません。最後に，驚くべき展示品に囲まれて忘れられない夜を経験できる夜間ツアー「夜の博物館」を予約できることをお忘れなく。

**語句・構文**

□ spark「(才気などの) ひらめき」　□ dino＝dinosaur「恐竜」

□ fascinating「興味をそそる，うっとりさせる」　□ overnight「一泊の，夜通しの」

□ exhibit「展示品」

**状況の訳** あなたとあなたの7歳の息子は科学博物館にいる。あなたはツアーに参加したい。あなたは45分後に博物館を出なければならない。あなたは次の放送を聞く。

**質問の訳** あなたはどのツアーを選ぶべきか？

**選択肢の訳** **1** 「天才のひらめき」　**2** 「恐竜の時代」

**3** 「深海へ」　**4** 「夜の博物館」

「7歳の息子がいる」，「45分後に博物館を出る」という2つの条件に合うものを選ぶ。**1**は，第2文（First, *Spark of* …）から「1時間のツアー」とわかり不適切。**2**は第3・4文（We also have … half an hour.）で紹介され，「30分かかる」と述べられているので候補になる。**3**は第5・6文（*Deep into the* … age of 10.）で紹介され，「10歳未満の子どもには勧めない」と述べられているので不適切。**4**は，最終文（Finally, don't forget …）から「夜間ツアー」とわかり不適切。よって，**2**「恐竜の時代」が正解となる。

## 二次試験　面接　問題カードA

**解答例** **<u>One day, a couple was talking at a café.</u> The man was telling the woman that he was able to take a week off for summer vacation, and she looked excited. That weekend, the couple was at home making plans for the holiday. The woman was showing him a "Guided Group Tours" brochure, but the man had no interest in it and told her that he would plan their trip himself. A few weeks later, the couple was visiting a tourist site with a traditional tower. There were many tourists. The man was looking at a popular restaurant on his phone and suggested that they go there next. One hour later, the couple arrived at the restaurant. A tour group had arrived before them and was going inside the restaurant. A waiter from the restaurant apologized and told them that the restaurant was fully booked.**

訳 ある日，男女二人は喫茶店で話していた。男性は女性に1週間の夏休みが取れると話し，女性はわくわくしているようだった。その週末，二人は家で休暇の計画を立てていた。女性は彼に『ガイド付き団体旅行』のパンフレットを見せていたが，男性はそれに興味がなく，自分で旅行の計画を立てると女性に言った。数週間後，二人は伝統的な塔のある観光地を訪れていた。多くの観光客がいた。男性は自分のスマートフォンで人気のあるレストランを見ていて，次にそこへ行こうと提案した。1時間後，二人はそのレストランに到着した。団体旅行客が彼らより前に到着していて，レストランの中へ入っていくところだった。レストランのウェイターが謝罪して，レストランは予約でいっぱいであることを彼らに告げた。

▶ナレーションに含めたいポイントは以下の通り。①男性が1週間夏休みを取ることを女性に話し，女性はうれしそうな表情を見せている。②その週末，女性がガイド付き団体旅行のパンフレットを男性に見せると，男性は自分で旅行のプランを立てると言う。③数週間後，夫婦は観光に来ている。男性はスマートフォンでレストランを調べ，次にそこへ行こうと女性に言う。④1時間後，夫婦がレストランに着くと，団体旅行客が入店するところで，レストランのスタッフは予約で満席だと二人に言う。2コマ目のナレーションでは，女性が指さしながらパンフレットを示していることに注目して，The woman found a perfect guided group tour for them, and showed the brochure to the man.「女性は自分たちにぴったりのガイド付き団体旅行を見つけ，男性にそのパンフレットを見せていた」のように述べることもできる。4コマ目のナレーションには，男性が驚いた表情を見せているので，The man was surprised because he had not expected it at all.「男性は全く予想していなかったので驚いた」のように加えてもよいだろう。なお，〔解答例〕のように間接話法を使う場合は，時制や代名詞を適切に変える必要があるので注意すること。

**質問の訳**

No. 1　4番目の絵を見てください。もしあなたがその女性ならば，何を考えているでしょうか？

No. 2　日本は将来，人気のある観光目的地であり続けるでしょうか？
No. 3　サービス業の従業員は，雇用主から十分な待遇を受けていると思いますか？
No. 4　最近の人々の生活の質は過去よりも向上していますか？

**No. 1　解答例　I'd be thinking, "I had a feeling something like this would happen. Tour agencies reserve popular restaurants in advance. I should have insisted that we take the group tour."**

訳　私ならば，「このようなことが起こる気がしていた。旅行会社は人気のあるレストランを前もって予約している。団体旅行にするよう主張するべきだった」と考えているだろう。

仮定法で質問されているので，I'd be thinking …のように仮定法で答える。指定された4コマ目で，女性は男性のように困惑したような表情を浮かべていないことから，〔解答例〕のような心情が思いつくだろう。他には，「天気がいいのだから，売店で何か買って，公園で食べるのも楽しいだろう」といったような答えも考えられる。

**No. 2　解答例　Absolutely. Japan is known all over the world for its safety, hospitality, and good food. Thanks to social media, that information will continue to spread. The number of international visitors continues to increase yearly.**

訳　もちろんである。日本は安全とおもてなしと美味しい食事で世界中に知られている。ソーシャルメディアのおかげで，そうした情報は広がり続けるだろう。外国人観光客の数は毎年増加し続けている。

〔解答例〕と同じくYesの立場で，「日本には海外の観光客を引きつける観光地が数多くあり，繰り返し訪れる観光客も期待できる。実際に，何度も来日している外国人の話はよく耳にする」のような答えも考えられる。Noの立場で解答するならば，「日本を訪れるほとんどの観光客は航空機を利用せざるを得ないため，燃料価格の高騰の影響を受ける」，「国際的な政治情勢の悪化などの影響は避けられず，日本を観光目的地にする外国人が減る要因となり得る」などが理由になるだろう。

**No. 3　解答例　No. It's common for employees in the service industry to quit their jobs after a short period. This indicates they aren't satisfied with their working conditions. It's the employers' responsibility to keep their employees happy.**

訳　いいえ。サービス業の従業員が短期間で仕事を辞めてしまうのはよくあることだ。このことは，彼らが労働条件に満足していないことを示している。従業員を満足させ続けることは，雇用主の責任である。

〔解答例〕と同じくNoの立場で，「サービス業では人手不足が慢性化しているので，従業員は過剰労働を強いられている。加えて，好景気とは言えない状況が続いているために，労働に見合った給与が支払われているとは言えない」のような理由も可能だろう。Yesの立場で解答するならば，「多様な働き方が認められ，さまざまな雇用形態を導入する企業が増えている」，「人手不足が労働者側には追い風となり，有利な労働条件で働くことが可能になっている」などが考えられる。

**No. 4** 解答例 **Definitely. Advancements in technology have made people's lives more comfortable and convenient. For example, household appliances have reduced people's workload at home, so they have more time to do things they enjoy.**

訳 もちろんである。技術の進歩によって，人々の生活はより快適で便利になっている。例えば，家電製品によって家事の負担は減り，楽しいことをする時間が増えている。

〔解答例〕と同様にYesの立場で，「生活習慣の変化や医療の進歩のおかげで，健康的な生活を送ることができている」といった理由も考えられる。Noの立場で答えるならば，「地球温暖化が進んだことで，自然環境が悪化している」，「最近では，SNSの影響で他人との比較が容易になり，自分の生活や自分自身に不満を持つ人々が増加していることが報告されている」などの答えが考えられる。

## 二次試験　面接　問題カードD

解答例 **One day, a family was at home. The mother had been scolding their son, and the father came to see what was happening. The son seemed to have broken a vase by kicking a soccer ball in the house. He was crying as the mother explained to the father that their son's behavior was terrible. That weekend, the couple was out walking and saw a sign for a soccer school for kids in front of the ABC Culture Center. This gave the father an idea. A few months later, the son was proudly showing a trophy and a certificate for "best player" to his parents. They looked proud of him. At a parent-teacher meeting, the father and son were called in by the elementary school teacher. She was showing them the son's report card and said that he only did well in P.E. The son looked embarrassed.**

訳 ある日，家族は家にいた。母親が息子を叱っていると，父親が，何が起きているか見にきた。息子は家の中でサッカーボールを蹴り，花びんを壊したようだった。母親が息子の行動がひどいと父親に説明している間，彼は泣いていた。その週末，夫婦が外を歩いていると，ABCカルチャーセンターの前で子どものためのサッカー教室の看板があった。これを見て父親にある考えが浮かんだ。数カ月後，息子は誇らしげにトロフィーと「優秀選手」の賞状を両親に見せていた。彼らは息子を誇らしく思っているようだった。保護者面談で，父親と息子は小学校の先生に呼び出された。彼女は彼らに成績表を見せて，成績がよいのは体育だけだと言った。息子はきまりが悪そうな様子だった。

▶ナレーションに含めたいポイントは以下の通り。①息子がサッカーボールで花びんを壊し，母親は父親に息子の行動がひどいと言う。②その週末，夫婦は子どものためのサッカー教室の看板を目にし，父親にある考えが浮かぶ。③数カ月後，息子は両親にトロフィーと「優秀選手」の賞状を見せ，両親は喜んでいる。④保護者面談で，息子と父親は成績がいいのは体育だけだと先生に言われる。家の中でサッカーボールで遊んでいた息子を教室に通わせた結果，サッカーが上達して家族みんなで喜んだが，学校の勉強をしていないことが明らかになったという流れを押さえる。2コマ目では，父親の考えを，He thought his son loved soccer and would do well if he went to soccer school.「息子はサッカーが大好きなのだから，サッカー教室へ行けばきっとうまくなるだろうと思った」などのように具体的に述べることもできる。3コマ目では，a trophy with a soccer ball on it「サッカーボールがついたトロフィー」のように描写してもよいだろう。



質問の訳

No. 1　4番目の絵を見てください。もしあなたがその父親ならば，何を考えているでしょうか？

No. 2　ビデオゲームをすることはスポーツとみなされるべきですか？

No. 3　親は家族の重要な問題を子どもと一緒に話し合うべきだと思いますか？

No. 4　政府は学生のために大学の奨学金をもっと与えるべきですか？

**No. 1　解答例　I'd be thinking, "My son is still young and full of energy. There's nothing wrong with only doing well in P.E. for now. Eventually, he'll settle down and start doing better in other subjects."**

訳　私ならば，「息子はまだ幼くて元気いっぱいだ。今のところは，成績がいいのが体育だけでも何の問題もない。そのうちに，息子は落ち着いてきて，他の教科の成績もよくなるだろう」と考えているだろう。

〔解答例〕のような答えの他には，I need to tell my son to do his best not only in P.E. but also in other subjects.「体育だけでなく他の教科もがんばるように息子に言って聞かせる必要がある」，「これからは家で，サッカーの話ばかりではなく，勉強の様子も聞くようにしよう」のような答えも考えられる。

**No. 2　解答例　Definitely not. Sports are characterized by physical exercise that makes your body fit. Most video games involve just sitting. In fact, I think playing video games for a long time can be harmful to one's physical health.**

訳　絶対にそうではない。スポーツの特徴は体を健康にする身体的運動である，ということだ。ほとんどのビデオゲームはただ座っているだけである。実際，長時間ビデオゲームをすることは身体的健康に害を及ぼす可能性があると思う。

〔解答例〕と同じNoの立場でも，「指や手を動かしてはいるが，運動を伴うとは言えないからスポーツではない」などの理由を挙げることもできる。Yesの立場で答えるならば，「チェスと同じように，ビデオゲームも頭脳スポーツである」，「座っているだけのように見えるが，長時間の集中を要するので，体力作りが欠かせない」などの理由が考えられる。

**No. 3** 解答例 **Yes. Important family decisions usually involve the children. They'll have an opinion on something that will affect their future. Furthermore, discussing issues will strengthen the relationships between family members.**

訳 はい。たいていの場合，重要な家族の決定には子どもが関係している。彼らには，自分の将来に影響を及ぼす事柄について意見があるだろう。さらに，問題について話し合うことで家族間の関係が強まるだろう。

〔解答例〕と同じYesの立場でも，「家族間で隠し事はするべきではない。重要な問題であればなおさらである」のような答えも考えられる。Noの立場で答えるならば，「重要な決定の責任を子どもにも負わせるべきではない」，「家庭環境を整えるのは親の責任であって，そこに子どもを巻き込むべきではない」などが考えられる。あるいは，It depends. で始めて，「子どもの年齢による」，「子どもにとって負担が大きい問題かどうかによって，子どもを話し合いに加えるか否かを決めるべきだ」のような答えも可能だろう。

**No. 4** 解答例 **Yes. Education, including higher education, is a basic human right. Governments should provide equality to their citizens, so they should support more students from all economic backgrounds.**

訳 はい。教育は，高等教育を含めて，基本的な人権である。政府というものは国民に平等を与えるべきであり，だからあらゆる経済的背景を持つより多くの学生を支援するべきである。

〔解答例〕と同じくYesの立場で，「大学教育の充実は，社会・経済・文化の発展にとって不可欠であるから，奨学金を増やして人材の育成を後押しするべきだ」といった答えも考えられる。Noの立場としては，「教育は社会全体で支えるという観点から，政府は，奨学金を増やすことよりも，大学教育の無償化を検討するべきだ」のような答えが可能だろう。

# 2023年度 第1回

Grade Pre-1

## 一次試験　解答一覧

● 筆記

| | (1) | (2) | (3) | (4) | (5) | (6) | (7) | (8) | (9) | (10) | (11) | (12) |
|---|---|---|---|---|---|---|---|---|---|---|---|---|
| 1 | 3 | 1 | 1 | 1 | 2 | 3 | 2 | 1 | 4 | 4 | 2 | 4 |
| | (13) | (14) | (15) | (16) | (17) | (18) | (19) | (20) | (21) | (22) | (23) | (24) |
| | 1 | 1 | 1 | 3 | 3 | 2 | 4 | 1 | 1 | 4 | 4 | 2 |
| | (25) | | | | | | | | | | | |
| | 3 | | | | | | | | | | | |

| | (26) | (27) | (28) | (29) | (30) | (31) |
|---|---|---|---|---|---|---|
| 2 | 3 | 4 | 2 | 3 | 2 | 1 |

| | (32) | (33) | (34) | (35) | (36) | (37) | (38) | (39) | (40) | (41) |
|---|---|---|---|---|---|---|---|---|---|---|
| 3 | 1 | 2 | 3 | 2 | 3 | 1 | 3 | 4 | 2 | 2 |

4（英作文）の解答例はP. 24を参照。

● リスニング

| | No. 1 | No. 2 | No. 3 | No. 4 | No. 5 | No. 6 | No. 7 | No. 8 | No. 9 | No. 10 | No. 11 | No. 12 |
|---|---|---|---|---|---|---|---|---|---|---|---|---|
| Part 1 | 2 | 3 | 1 | 4 | 3 | 2 | 4 | 3 | 3 | 1 | 4 | 2 |

| | A | | B | | C | | D | | E | | F | |
|---|---|---|---|---|---|---|---|---|---|---|---|---|
| Part 2 | No. 13 | No. 14 | No. 15 | No. 16 | No. 17 | No. 18 | No. 19 | No. 20 | No. 21 | No. 22 | No. 23 | No. 24 |
| | 1 | 4 | 2 | 1 | 3 | 4 | 4 | 2 | 1 | 4 | 2 | 1 |

| | G | H | I | J | K |
|---|---|---|---|---|---|
| Part 3 | No. 25 | No. 26 | No. 27 | No. 28 | No. 29 |
| | 2 | 2 | 3 | 3 | 1 |

# 一次試験　筆記　1

**(1)　解答　3**

訳　初めは，ミックは海外で一人暮らしをするという考えにおじけづいていた。しかし，ひとたびそれを始めると，彼が危惧していたほど難しくはなかった。

第1文が At first「初めは」で始まっているので，状況の変化が予測できる。第2文の it は「海外で一人で暮らすこと」を指し，「それは彼が危惧していたよりも難しくなかった」と述べられていることから，「当初は海外で一人で暮らすことを難しいと考えていた」という文脈だと考えられる。**3 daunted** を入れれば，「～におじけづいていた」の意味になり文脈に合う。daunt は「(人) をひるませる，(人) の気力をくじく」の意味で，本文のようにしばしば受動態で使われる。それぞれ，**1** pacify「～をなだめる」，**2** restore「～を回復させる」，**4** tackle「～に取り組む」の過去分詞形。

**(2)　解答　1**

訳　学生は，試験の直前に詰め込み勉強をするのではなく，学期を通して勉強のペースを調整するように勧められる。

空所の直前に instead of ～「～ではなく」があることから，「学期を通して勉強のペースを調整する」とは対照的な勉強の仕方が述べられていると考えるのが自然。さらに，「試験の直前に」という副詞句も手がかりになり，**1 cramming**「詰め込み勉強をする」が選べる。それぞれ，**2** detain「留置する」，**3** swell「膨れる」，**4** embrace「抱擁する」の動名詞。

**(3)　解答　1**

訳　大統領選の討論会中に，2人の候補者の怒りは爆発した。彼らは一晩中，怒りをあらわにして諸問題に対する相手の立場を攻撃した。

第2文の主語 They は「2人の候補者」を指し，第2文は第1文の状況を具体的に説明している。第2文の angrily attacked という表現がヒントになる。**1 flared** を選べば，「2人の候補者の怒りが爆発した」の意味になり文脈に合う。flare は「(火) がぱっと燃え上がる，(激しい感情が) ほとばしり出る，(人が) かっとなる」の意味。なお，temper には「怒りっぽい気質」の他に，「機嫌，平静な気分」の意味もある。それぞれ，**2** digest「消化する」，**3** profess「公言する」，**4** tumble「転ぶ」の過去形。

**(4)　解答　1**

訳　多くの銀行が，株式市場の暴落後に事業を継続するために政府の介入を必要とした。支援のほとんどは多額の融資という形でもたらされた。

第1文の to 不定詞は目的を表し，第1文は「銀行が政府の（　　）を必要とした」が文の中心になる。第2文は，came in the form of ～「～の形でもたらされた」からわかるように，第1文の「政府の（　　）」を具体的に述べたものになっている。銀行への支援がなされたということは，「政府の介入」がなされたということなので，**1 intervention** が正解。**2** appreciation「感謝」　**3** accumulation「蓄積」　**4** starvation「飢餓」

**(5) 解答 2**

訳 警察は，証拠が損なわれたり変更されたりすることが決してないように，犯罪現場では厳格な手順に従わなければならない。

to 不定詞は目的を表している。make sure ～は「確実に～する」，in any way は「（否定文で）決して～ない」の意味。空所に入る語は follow の目的語で，**2 protocols** を入れれば，「厳格な手順に従う」の意味になり，文意が通る。protocol には「儀礼上のしきたり，条約議定書」の意味もある。それぞれ，**1** tribute「賛辞」，**3** reservoir「貯水場」，**4** portion「部分」の複数形。

**(6) 解答 3**

訳 審判は2人の選手を乱闘を理由に退場させた。彼らはその試合の残りをプレーすることを許されなかった。

第2文の主語 They は the two players を指し，第1文を補足説明している。選手たちはプレーの続行を許されなかったと述べられているから，**3 ejected** を入れて，「審判が選手を退場させた」とすれば文意が通る。eject には「（人）を追い出す」の他に，「〈機器から〉（CD など）を取り出す」の意味もある。それぞれ，**1** slaughter「（多数の人）を虐殺する，（動物）を屠殺する」，**2** administer「～を管理する」，**4** conceive「（考え）を心に抱く」の過去形。

**(7) 解答 2**

訳 ネコは自分の子を守ることで知られている。子ネコの脅威になると考える他の動物を彼らが襲うことはよくある。

第1文の be protective of ～は「～を守る」の意味。第2文の that は，other animals を先行詞とする主格の関係代名詞で，直後に they think が挿入されている。they は，第1文の Cats を指す。第2文の主旨は「ネコは子ネコの脅威になる動物を襲う」ということだから，空所には第2文の kittens の上位概念である **2 offspring**「子，子孫」を入れればよい。**1** prey「えじき」 **3** ritual「儀式」の複数形。**4** remains「遺物」

**(8) 解答 1**

訳 グリーンビル・ユナイテッドのファンたちは，シーズンを通してチームの成績が振るわずAリーグからBリーグへ降格することになって落胆した。

空所は lead to「～を引き起こす」に続いているから，チームの成績不振によって引き起こされることは何かを考える。「チームのファンが落胆した」と述べられていること，空所の直後に「AリーグからBリーグへ」と述べられていることも手がかりにして，**1 demotion**「降格」が選べる。**2** craving「切望」 **3** aggravation「悪化」 **4** hassle「やっかい事」

**(9) 解答 4**

訳 ビビはハイキングとスポーツをすることが大好きなので，あまりにすぐにすり切れることのない服が必要だ。買い物に行くと，彼女はたいてい丈夫な衣類を買う。

第1文で「すぐにはすり切れない服が必要だ」と述べているのだから，「丈夫な衣類を買う」と考えるのが自然である。**4 durable** が正解。wear out は「(衣服などが) すり切れる」の意味。**1** swift「動きの速い」 **2** aloof「離れて，無関心で」 **3** shallow「浅い」

**(10) 解答 4**

訳 消費者は銀行を名のる電話にいかなる個人情報も明らかにするべきではない。そのような電話は犯罪者からかかってくることがあるからだ。

後半部の as 節は理由を表し，「犯罪者からの電話」の可能性を理由として述べているのだから，「個人情報を提供するべきではない」という文意になると考えるのが自然。よって，**4 disclose**「～を明らかにする」が選べる。claim は「～だと主張する」の意味で，callers claiming to be ～は「～であると名のる電話のかけ手」ということ。**1** sway「～を揺り動かす」 **2** detest「～をひどく嫌う」 **3** contemplate「～を熟考する」

**(11) 解答 2**

訳 そのテニスチャンピオンは他の選手たちに冷たく，自分は史上最強の選手だと断言するので，しばしばその傲慢さを非難される。

be criticized for ～は「～を非難される」の意味。前半部の Because 節の内容から，テニスチャンピオンがなぜ非難されるのかを考えると，**2 arrogance**「傲慢さ」が適切と言える。claim (that) ～は「～だと断言する」の意味。**1** commodity「商品」 **3** neutrality「中立」 **4** specimen「見本，実例」

**(12) 解答 4**

訳 多くの読者はその著者の小説が理解できないと思った。彼は，明確な意味を持たない，長くて紛らわしい文を書くことで知られていた。

第 1 文は find O C「O が C だとわかる」の文構造になっており，小説を説明する形容詞を選ぶことになる。第 2 文の主語 He は the author を指し，著者がどのような文章を書くことで知られているかが述べられている。その内容から判断して，**4 incomprehensible**「理解できない」を選べば文脈に合う。incomprehensible は，comprehensible「理解できる」に否定を意味する接頭辞 in- がついたもの。**1** genuine「本物の」 **2** impending「切迫した」 **3** subdued「(人が) 元気のない，(光・色・音などが) 控えめの」

**(13) 解答 1**

訳 「クラスの皆さん，私はあなた方全員に非常に注意深く聞いてほしいのです」と先生は言った。「私が今から話すことの多くは教科書に載っていませんが，試験には出ます」

第 2 文の発言は，教師が話すことが生徒たちにとって非常に重要になることを強調したものである。したがって，第 1 文では，教師が生徒に向かって「注意深く聞いてほしい」と述べたと考えるのが自然。**1 attentively** が正解。**2** consecutively「連続して」 **3** wearily「疲れて」 **4** eloquently「雄弁に」

⒁ **解答　1**

訳　その学校は教育の最前線にあることで知られている。教員たちは教室で最新の教授法と最新技術を用いている。

第2文で，その学校の教員が教室で用いている教授法と技術がどちらも「最新」であると述べていることから判断して，**1 forefront** を入れて，「教育の最前線にある」とする。forefront は通例 the をつけて用いる。**2** lapse「過失，時の経過」 **3** doctrine「(宗教上の) 教義，学説」 **4** myth「神話」

⒂ **解答　1**

訳　市長は，公共交通機関に関する彼の計画に市民が賛同することが極めて重要だと考えたので，スピーチで説得力のある言葉を使った。

because 以下から，市長は自分の計画に市民の賛同を得ることをスピーチの主眼にしていたとわかる。そのような場合にどのような言葉が用いられるかを考える。**1 forceful**「説得力のある」が正解。**2** merciful「慈悲深い」 **3** futile「むだな」 **4** tranquil「落ち着いた」

⒃ **解答　3**

訳　その流行歌手が亡くなった時，彼女は自分のお気に入りの慈善団体に1千万ドルを超える遺産を残した。「私たちは彼女の寛大さに非常に感謝している」と慈善団体の広報担当者は述べた。

第1文の When 節に「流行歌手が亡くなった時」とあることから，人の死に関係していることがわかる。また，空所の語は「1千万ドル超の」で修飾されているので，金に関係していることもわかる。さらに，第2文で「彼女の寛大さに感謝する」と述べられていることから，「慈善団体に遺産を残した」となるように，**3 legacy** が選べる。**1** rhyme「韻」 **2** justice「正義」 **4** majority「大多数」

⒄ **解答　3**

訳　山頂に近づくと，ハイカーのうちの数名は，高地で酸素レベルが低いことが原因で気分が悪くなり始めた。

文頭に「山頂に近づくと」とあることに加えて，「低酸素レベルで気分が悪くなり始めた」という内容が手がかりになる。**3 altitude**「高度，標高」を入れれば文意が通る。**1** apparatus「器具」 **2** equation「均等化，等式」 **4** mileage「総マイル数」

⒅ **解答　2**

訳　テッドはささやかな収入で暮らしている。彼は小さなアパートに住み，請求書を支払い，たまに夕食を外食する程度の金を稼いでいる。

空所には income「収入」を修飾する語が入る。第2文では，その収入がどの程度のものかを説明している。afford は「(物) を持てる余裕がある」の意味だが，a small apartment が続き，金持ちではないことを暗に示している。bills はここでは，水道・電気・ガス代などの「請求書」のことだと解釈できる。「外食」に関しては，occasionally「たまに」がキーワードになる。これらから，裕福な生活を送ってはいないことがわかり，そのような収入を説明する形容詞として，**2 modest**「ささやかな」が選べる。modest には「謙遜な，慎み深い」の意味もある。**1** blissful「幸福に満ちた」 **3** showy「人目を引く」 **4** sturdy「頑丈な」

⒆ **解答** 4

**訳** 大工はテーブルのために均一な木材を慎重に選んだ。どの部分も同じ厚さを持っていなければ，問題が生じることになるからだ。

第２文は仮定法過去が用いられており，なぜ大工が第１文のような行動をとったのかを述べていると推測できる。問題が生じないようにするためには，同じ厚さを持つものを選ぶはずだから，**4 uniform**「均一な」が適切である。**1** reckless「むこうみずな」 **2** gaping「(傷口・穴などが) 大きく開いた」 **3** dreary「わびしい」

⒇ **解答** 1

**訳** ピーターは子どもたちへの愛情をめったに示さない，独りを好む静かな人だったが，子どもたちは彼が心から彼らを愛していることをわかっていた。

空所は逆接を表す接続詞 Although で始まっている節中にあることに注意する。主節の内容からすると予想外の内容になると考えられる。加えて，先行詞が private「一人を好む，社交的でない」，quiet「静かな」で修飾されていることも手がかりになる。**1 affection**「愛情」を選べば文意が通る。**2** circulation「循環」 **3** oppression「圧迫」 **4** coalition「連合」

(21) **解答** 1

**訳** スピーカーから奇妙なブンブンうなるような音が聞こえたので，アントンはケーブルがすべて正しく接続されているかどうか調べた。

空所の語は heard の目的語で，スピーカーから発せられていると述べられているのだから，音を表す語が入ると推測できる。後半の so 以下で，ケーブルの接続を調べたという記述があることからも，機械の不具合で生じる音を表す，**1 buzz**「(ハチ・機械などの) ブンブンうなるような音」が選べる。**2** peck「コツコツつつく音」 **3** thorn「とげ」 **4** core「核心」

(22) **解答** 4

**訳** 昨夜遅く，コンビニエンスストアで強盗をしようとして男が捕まった。警察は男に武器を捨てさせ，逮捕した。

第２文から，男が武器を持っていたことと警察に逮捕されたことがわかる。したがって，男が犯罪行為を試みたと考えるのが自然。空所の後ろに「コンビニエンスストア」が続いているから，**4 hold up**「〈銃を突きつけて〉(銀行・店など) で強盗をする」を入れれば文意が通る。**1** shrug off「(肩をすくめて) 受け流す」 **2** sit out「(ダンス・競技など) に加わらない」 **3** run against「～と衝突する」

**(23) 解答 4**

訳 ジルはずっとフランスを愛していたので，会社のパリ事務所で働く機会があった時，彼女はそれに飛びついた。実際，彼女は最初に応募した人物だった。

第1文は，接続詞に so「だから」が用いられているので，前半部「フランスを愛していた」から導き出される結果が続くと推測できる。また，In fact「実際」で始まる第2文は，第1文の内容を補足することになる。第2文の「(その仕事に) 応募した」と同様の意味内容を表すように，**4 jumped at**「(申し出・機会など) に飛びついた」を入れれば，文脈に合う。それぞれ，**1** plow through「(進路) を苦労して進む」，**2** pull on「(衣類) を引っ張って着る」，**3** throw off「～を脱ぎ捨てる」の過去形。

**(24) 解答 2**

訳 A：受講登録をした授業は仕事のスケジュールとうまく合いそうですか？
B：オンラインですから，自分のペースで勉強できます。仕事が終わって帰宅してから資料を読むことができるので，きっと大丈夫です。

空所に入る句動詞の主語は the class「授業」で，you signed up for の前に関係代名詞を補って考える。sign up for ～で「(講義などの) 受講登録をする」の意味。Bが「オンラインなので自分のペースで勉強できる」と答えていることから，**2 fit in** を入れて，Aの質問を「仕事のスケジュールとうまく合いそうか」とすれば，会話が成り立つ。fit in with ～で「～と調和する」の意味。**1** get over「(障害・困難) を乗り越える」 **3** hold onto「～を離さない」 **4** take after「～に似ている」

**(25) 解答 3**

訳 ベティは新しい部門に異動する前に，今後彼女の仕事をすることになる人物へ，現在手がけているすべてのプロジェクトを引き継ぐつもりだ。

「新しい部門に異動する前に」で始まっていて，空所の後には，「彼女の現在のプロジェクトを彼女の後任の人物へ」という内容が続いているので，**3 hand over**「～を引き継ぐ」が選べる。**1** beef up「～を増加する」 **2** bank on「～を当てにする」 **4** slip by「滑るように行き過ぎる」

# 一次試験　筆記　2

訳

**世間話の域を超えて**

研究によると，人との関わりはその人の幸福に影響を与えることが示されている。良好な関係はさらなる幸福につながるだけでなく，身体の健康にも有益な効果がある。これまでのところ，ほとんどの研究は，家族や友人などの親しい人との関係に注目していた。問題を抱えている時や考えや意見を共有したい時に，私たちはそうした人たちと話す可能性が高いので，これはもっともなことだ。対照的に，最近の研究の中には，私たちが見知らぬ人とどのように交流するかを調査したものがあり，その結果は少々意外なものだった。

ある研究では，被験者はそれまで一度も会ったことがない人とペアを組まされ，それぞれのペアは，天気などの軽い会話の話題と，個人目標などのより中身のある話題を見つけるよう求められた。研究の開始時には，ほとんどの被験者が気軽な会話をより楽しむだろうと考えた。1つの会話が終わるたびに，被験者は楽しさとパートナーとの一体感に基づいて会話を評価するように求められた。結果は，被験者の予想は誤っていたことを示した。つまり，ほとんどの被験者は，真剣な話題について話し合った後に，全体的により有意義な体験をしたと報告した。

この研究結果は，人は見知らぬ人とより深いレベルで交流することから恩恵を受けることを示唆している。実際に，この研究の被験者は概して，生活において知らない人と意味のある会話をもっと頻繁に交わしたいと述べた。しかし，彼らはまた，他の人たちはこの願望を共有しないとも考えた。研究者たちは，この憶測は間違いで，たいていは，知らない人たちも気楽な会話を超えることに興味を持っていると考えている。

**語句・構文**

(表題)　□ small talk「世間話，雑談」

(第1段)　□ well-being「幸福」　□ beneficial「有益な」　□ effect「効果」
□ make sense「道理にかなう」

(第2段)　□ subject「被験者」　□ be paired up with ～「～と2人1組にさせる」
□ come up with ～「(考えなど) を思いつく，見つける」
□ substantial「本質的な，内容のある」　□ rate「～を評価する」
□ enjoyment「楽しむこと」　□ overall「全体として」

(第3段)　□ assumption「前提，憶測」　□ for the most part「たいていは」
□ go beyond ～「～の範囲を超える」

**各段落の要旨**

第1段　良好な人間関係は幸福や健康の増進につながることがわかっているが，研究のほとんどは身近な人との関係に注目していた。最近，知らない人との交流に関する研究で，意外な結果が示された。

第2段　見知らぬ人とペアを組み，軽い話題と中身のある話題について会話をさせたところ，被験者は真剣な話題の方が有意義な体験ができたと報告した。

第3段　この結果は，知らない人と深く交流することは有益であると示している。被験者はもっと頻繁にそのような機会を持ちたいと述べたが，研究者たちはその傾向は一般的なものだと考えている。

**(26)　解答　3**

選択肢の訳　**1**　In exchange「引き換えに」　**2**　For instance「例えば」
**3**　In contrast「対照的に」　**4**　In short「要するに」

つなぎの言葉を選ぶ問題。空所の前後の内容を確認する。第1段第3文（So far, …）では「ほとんどの研究は身近な人との関係に注目していた」と述べられ，続く第4文（This makes sense, …）は「これはもっともなことだ」と受けている。一方，空所の直後では，「最近の研究では見知らぬ人とどのように交流するかが調査され，意外な結果が得られた」とある。よって，対照的な内容を列挙する時に用いられる，**3 In contrast** が適切である。

**(27)　解答　4**

選択肢の訳　**1**　話題が被験者を神経質にした
**2**　被験者の評価は常に一致するとは限らない
**3**　話題の選択が多様すぎた
**4**　被験者の予想は誤っていた

空所を含む文は「結果は（　　）ということを示した」の意味だから，第2段（In one study, …）で述べられている研究の結果が答えになる。空所直後の文が，前言をより正確に述べたり例を挙げたりする時に用いられる，That is「つまり」で始まっていることに着目する。That is 以下の内容「ほとんどの被験者は真剣な話題についての会話の方が有意義な体験だったと報告した」は，空所部分を明確化したものになるはずだ。第2段第2文（At the beginning …）に「研究の開始時には，ほとんどの被験者が気軽な会話をより楽しむだろうと考えた」とあるので，結果は被験者の予想と違っていたと言うことができる。したがって，**4 subjects' expectations had been wrong** が正解。

**(28)　解答　2**

選択肢の訳　**1**　明瞭に意思疎通することは難しいだろう
**2**　他の人たちはこの願望を共有しない
**3**　彼らの家族は同意しないだろう
**4**　彼らのプライバシーが何よりも優先されるべきだ

空所を含む文は「しかし，彼らはまた，（　　）とも考えた」の意味。they「彼ら」は，直前の文（In fact, the …）の主語 the subjects in the study「研究の被験者たち」を指す。文が However で始まっていることから，直前の文（In fact, the …）の「生活において知らない人と意味のある会話をもっと頻繁に交わしたい」とは対照的な考えが示されていると推測できる。一方，空所直後の文（The researchers believe …）の this assumption「この憶測」は，空所の部分を指し，「この憶測は間違いで，知らない人たちも気楽な会話を超えることに興味を持っている」と述べられている。「この憶測」の部分に当てはまるのは，**2 other people did not share this desire** である。this desire は，空所の直前の文（In fact, the …）の内容を指す。

訳

**物体**

チリの博物館の棚で 10 年近くを過ごした後，「物体」として知られている謎の化石の正体がついに明らかになった。現在，研究者たちは，それは 6,600 万年前の軟殻卵で，おそらく，恐竜とほぼ同時期に存在していた巨大な水生爬虫類のモササウルスが入っていたと考えている。以前の化石の証拠は，モササウルスは卵を産まなかったことを示唆していた。ところが，研究者たちの発見はこの考えに異議を唱えるもので，化石の大きさとそれがモササウルスの化石が見つかった地域で発見されたという事実が彼らの結論を裏付けていると研究者たちは述べている。

研究者たちは物体の正体を明らかにしたことで興奮しているが，それによって新しい議論が始まっている。ある学説は，モササウルスは開（放）水域で産卵し，ほぼ直後に卵がかえっていたかもしれないことを示唆している。一方で，モササウルスは，現代の爬虫類のいくつかが行っているのとほぼ同じように，浜辺で卵を産んで，それらを埋めていただろうと考える科学者もいる。さらなる研究によってこれらのどれが正しいのかが明らかになることが望まれる。

アメリカの研究者たちから成る別のグループは，過去に発見された生まれたばかりの恐竜の化石をより詳しく調べた後に，先史時代の生き物の卵についてさらなる解明をした。恐竜は硬い殻の卵を産むと信じられていたが，この想定のもとになった化石は限られた数の恐竜の種を代表している。分析を通して，アメリカの研究者たちは，初期の恐竜の卵は実際には殻が柔らかかったことを示す証拠を発見した。事実であれば，これによって恐竜の卵がほとんど発見されていない理由が説明される。柔らかい物質は分解されやすいので，化石の記録に保存される可能性ははるかに低い。

**語句・構文**

(第 1 段)
- ☐ fossil「化石」　☐ identify「～がだれ〔何〕であるかわかる」
- ☐ soft-shelled「殻の柔らかい」　☐ mosasaur「モササウルス」
- ☐ aquatic「水生の」　☐ reptile「爬虫類」
- ☐ challenge「～に異議を唱える」

(第 2 段)
- ☐ theory「学説」
- ☐ would have laid their eggs「卵を産んでいたかもしれない」 would have *done* で，過去の事柄についての推量を表している。
- ☐ hatch「(卵が）かえる」

(第 3 段)
- ☐ shed light on ～「～を解明する，説明する」
- ☐ prehistoric「先史時代の」　☐ assumption「(証拠のない）想定」
- ☐ analysis「分析」

**各段落の要旨**

第 1 段　チリの博物館で 10 年近く「物体」と呼ばれていた化石が，恐竜と同時期に存在していた爬虫類のモササウルスだと明らかにされ，モササウルスは卵を産まないという考えを覆した。

第 2 段　モササウルスがどこで産卵したのか，卵はどのように孵化したのかについては謎のままで，議論が交わされている。

第3段 アメリカの別の研究によって，初期の恐竜の卵は殻が柔らかかったことが明らかにされ，発見される恐竜の卵が少ない理由を裏付けている。

**(29) 解答 3**

選択肢の訳
**1** おそらく恐竜に捕らえられた
**2** 卵を餌にした
**3** 卵を産まなかった
**4** 恐竜とともに存在しなかったかもしれない

空所を含む文は「以前の化石の証拠は，モササウルスは（　　）ことを示唆していた」の意味。直後の文（The researchers' findings …）中の this idea は空所を含む文の that 節以下の内容を指し，「研究者たちの発見はこの考えに異議を唱える」と述べられている。第1段第2文（Researchers now believe …）から，研究者たちは「物体はモササウルスの卵である」ことを発見したとわかるので，**3 did not lay eggs** が選べる。lay は「(卵）を産む」の意味。

**(30) 解答 2**

選択肢の訳
**1** Likewise「同様に」　**2** On the other hand「一方で」
**3** As a result「その結果」　**4** For example「例えば」

つなぎの言葉を選ぶ問題。空所の直前の文（One theory suggests …）では「ある学説は，モササウルスは開（放）水域で産卵し，直後に孵化したかもしれないと示唆している」とある。一方，空所を含む文では，「モササウルスは浜辺で卵を産んで，それらを埋めていただろうと考える科学者もいる」と述べて異なる説を紹介している。よって，**2 On the other hand** が適切。

**(31) 解答 1**

選択肢の訳
**1** 恐竜の卵がほとんど見つけられていない
**2** 恐竜の種類がより多くない
**3** 卵を産むことができない恐竜もいた
**4** 生まれたばかりの恐竜は生き残れないことが多かった

空所を含む文中の this は，空所の直前の文（Through their analysis, …）の「初期の恐竜の卵の殻は柔らかだった」という内容を指している。空所には，これが理由になる事象が入る。一方，空所の直後の文（Since softer materials …）の「柔らかいものは化石になりにくい」という内容は，空所を含む文を説明したものと言える。化石が少なければ，発見される化石も当然少ないはずだから，**1 few dinosaur eggs have been found** が正解。

## 一次試験　筆記　3

訳

**チキン・オブ・トゥモロー**

1940年代以前，アメリカの鶏のほとんどは家族経営の農場で育てられ，肉を得ることよりも卵の生産に重点が置かれていた。当時は貧困と食糧不足は普通のことだったので，人々は自分たちの鶏を犠牲にすることなく，定期的なタンパク質源を維持したいと考えた。加えて，極めて多くの種類の鶏が育てられていたのだが，それは，農場経営者は通常，品種を選ぶ時に，その品種がその土地の条件にどれだけうまく適応できるか——例えば，乾燥した，あるいは，多湿の気候に適しているかどうか——を基準にしたからだ。

しかし，第二次世界大戦後，豚や牛などの肉が出回る量が増えたので，卵はタンパク質源として競争できなくなった。そこで，米国農務省は，経済的な方法で育てることができ，より多くの肉を生産する鶏の種類を見つけるために，チキン・オブ・トゥモローコンテストというイベントを企画した。総合優勝したのは，多様な品種を組み合わせたもので，他の品種よりも速く大きく成長し，さまざまな気候に順応できた。コンテストに触発されて，繁殖を手がける企業は，同様の好ましい特徴を持つ鶏の安定供給を保証するために，複数の鶏の種類を複雑に混ぜたものを作り始めた。そのような遺伝子の組み合わせを作ることは難しいので，ほとんどの農家は自分たちで繁殖させるのではなく，それらの会社から幼鶏を購入する以外に選択の余地がなかった——（これは）その産業を一変させた進展だった。

コンテストは，鶏肉の消費を普及させるのに役立ったが，この動向には負の側面もあった。鶏を小さなおりに閉じ込める大規模施設で大量の鶏を育てることがより経済的になった。これによって，数多くの小さな農場が廃業に追い込まれただけでなく，動物保護活動家によれば，鶏にストレスを与え，病気になる確率を高める状況も作り出した。コンテストは鶏を一般的な食べ物にした一方で，それだけの価値があったかどうか疑問を投げかける人たちもいた。

**語句・構文**

(第1段) □ poverty「貧困」　□ protein「タンパク質」
□ sacrifice「～を犠牲にする」
□ tremendous「(数量・程度・強さなどが) とてつもない」
□ breed「(動植物の) 品種」　□ adapt *A* to *B*「*A* を *B* に適応させる」
□ be suited to ～「～に適している」

(第2段) □ availability「(利用・入手の) 可能性」
□ The US Department of Agriculture「米国農務省」
□ set up ～「～を企画する」　□ economically「経済的に，節約して」
□ overall「総合的な，全体の」　□ adapt to ～「～に順応する」
□ inspire「～に影響を与える」　□ breeding「繁殖」　□ variety「種類」
□ guarantee「～を保証する」　□ consistent「一貫した，安定した」
□ genetic「遺伝子の」

□ have no choice but to *do*「～する以外に選択の余地がない」
□ development「(状況に影響を及ぼす) 進展, 出来事」
(第 3 段) □ popularize「～を普及させる」 □ economical「経済的な」
□ massive「巨大な, 大量の」 □ facility「施設」
□ confine *A* in *B*「*A* を *B* (場所) に閉じ込める」 □ cage「おり」
□ numerous「数多くの」 □ out of business「廃業して」
□ activist「活動家」
□ cause *A B*「*A* に *B* (苦痛・損害など) をもたらす, 与える」

**各段落の要旨**

第 1 段 1940 年代以前のアメリカでは, 鶏はタンパク質源となる卵の生産を目的として家族経営の農場で育てられていた。さらに, 土地の条件に適した品種が選ばれていたために, 極めて多品種の鶏が育てられていた。

第 2 段 第二次世界大戦後, 経済的に肉を生産できる鶏の種類を見つけるために, 米国農務省がチキン・オブ・トゥモローというコンテストを開催したことが契機となり, 農場は複数の品種を交配した幼鶏を企業から買うようになった。

第 3 段 コンテストによって鶏肉の消費は一般化したが, 鶏を小さなおりに閉じ込めて飼う大規模農場が主流になり, 小規模農場や動物愛護の立場から見ると負の側面を作り出す結果となった。

**(32) 解答 1**

**質問の訳** 1940 年代以前のアメリカの養鶏産業についてわかることの 1 つは何か?

**選択肢の訳**
**1** 通常, それぞれの農場で育てられている鶏の種類は, 農場がある地域の気候によって決まった。
**2** 環境条件に突然の変化がある場合には, それぞれの農場は複数の種類の鶏を育てていた。
**3** 鶏は通常, 非常に貧しい人たちか, 食糧不足が起きた時にだけ食べられていた。
**4** 国中に養鶏農場が非常に多く存在していたので, 生産された卵の多くがむだになった。

第 1 段を参照する。最終文 (Additionally, there were …) の as 以下で,「農場経営者は通常, その品種がその土地の条件——例えば, 気候——にうまく適応できるかを基準にして品種を選んでいた」と述べられていることから, **1 The type of chicken raised on each farm usually depended on the climate in the area where the farm was located.** が正解。本文では「農場経営者」が主語になっているが, 選択肢では「鶏の種類」が主語の文に言い換えられている。また, 本文では「品種」を表すのに breed を用いているが, 選択肢では type が用いられている。**2** は,「突然の変化」については本文で述べられていない。**3** は, 第 2 文 (Poverty and food …) の記述に合致しない。**4** のような内容は本文中で述べられていない。

⑶3 解答 2

**質問の訳** 米国農務省がチキン・オブ・トゥモローコンテストを組織したのは，（　　）からだ。

**選択肢の訳**
1 豚肉や牛肉などの他の種類の肉の値段が上がったので，米国民は安い代替品を欲した
2 養鶏農場のほとんどが卵の生産に重点を置いていたことから，肉の生産により適した鶏を作る必要が生まれた
3 アメリカの養鶏農場の多数が廃業し，入手できる鶏肉がひどく減少した
4 米国民は長期にわたって同じ種類の卵を食べるのに飽きたので，生産者は異なる種類の鶏を欲した

第2段第2文（The US Department …）に，米国農務省がチキン・オブ・トゥモローコンテストを計画した目的として，「より多くの肉を生産する鶏の種類を見つけるため」と述べられている。また，第1段第1文（Before the 1940s, …）には，「1940年代以前のアメリカでは，鶏の肉よりも卵の生産に重点が置かれていた」とある。この2点をまとめた，**2 most chicken farms were focused on egg production, which led to a need to create a chicken that was more suitable for producing meat.** が正解である。選択肢の中の which は非制限用法の関係代名詞で，前の節の内容が先行詞になっている。**1**は，豚肉と牛肉について言及している第2段第1文（After World War …）に合致していない。**3**は，第3段第3文（Not only did …）に小規模な農場が廃業を余儀なくされたという記述があるが，チキン・オブ・トゥモローコンテストを計画した理由とは無関係である。**4**のような内容は本文中で述べられていない。

⑶4 解答 3

**質問の訳** コンテストが養鶏産業に及ぼした影響の1つはどんなものか？

**選択肢の訳**
1 農場経営者は数種類の鶏を組み合わせることは比較的容易だと知り，新しい種類を育てる気になった。
2 アメリカ各地で小規模な養鶏場の数が増加したが，これらの多くは経営状態が悪く，設備が粗末なことが多かった。
3 それは，鶏の苦痛を増やし，不健康にする環境で鶏を飼育する方法を始動させた。
4 畜産の方法を改善することは，味のいい肉をより多く作り出す鶏を育てるのに役立つと農場経営者は理解した。

第3段第3文（Not only did …）の but 以下で，「それは，鶏にストレスを与え，病気になる確率を高める状況も作り出した」と述べているから，**3 It started a move toward keeping chickens in conditions that increased the birds' suffering and made them less healthy.** が正解。主語の It は，同段第1文（The contest helped …）の主語 The contest を指している。本文の created conditions が選択肢では started a move に，caused the chickens stress が increased the birds' suffering に，led to higher levels of sickness が made them less healthy に言い換えられている。**1**は，第2段最終文（Since producing such …）の内容に合致しない。**2**は，第3段第3文（Not only did …）の前半部に「数多

くの小さな農場が廃業に追い込まれた」とあるので誤り。**4**は，肉の味については本文中で述べられていない。

訳

## アメリカの学校の規律

何十年もの間，アメリカの学校で用いられるしつけのやり方は，賞罰の仕組みが人間の行動を改善するのに最も効果的な方法だと考えた，心理学者B. F. スキナーの理論が基になってきた。通例，規則を破った生徒は，1日かそれ以上の間授業に出席することを禁じられたり，学校が終わった後に居残りをさせられたりなどの罰が与えられる。これらは，教師の指示に従い，クラスメートに敬意を払うよう生徒に教えることを目的としている。ところが，最近の心理学の研究によって，罰は教室に一時的に平和をもたらすには効果的であるが，長期間にわたって継続的に用いられると，正そうとしているまさにその行動を強化しうることが突き止められた。

現在では多くの専門家が，子どもたちが適切な行動の仕方を学ぶためには，自制心を育てることが必要不可欠だと考えている。規則に従わせるために罰せられる時，生徒は外部の圧力によって好ましい行動を取ることを強制されている。一方，自制心は，内発的動機，自信，他者に寛容である能力から生まれ，これらのものの代わりとして罰を用いることは，実際にこれらの発達を遅れさせたり妨げたりする。同様に，ステッカーのような褒美を用いることは，一生を通じて生徒の役に立つであろう知識や社会的技能を得る重要性を生徒が理解するのではなく，生徒が教師を喜ばせようとする結果になるだけだ。

近年では，こうした考えを裏付ける研究が増えている。前頭前皮質として知られている脳の部位は，私たちが課題に集中するのを助け，自己修練と自分の行動の結果を考える責任を負っている。研究では，問題行動のある生徒に関して前頭前皮質が未発達であることを示唆している。しかし，幸いなことに，繰り返し訓練すれば脳の構造を変えることができるという証拠があり，このことは，前頭前皮質の発達に影響を及ぼすことも可能なことを示唆している。小児行動の専門家であるロス・グリーンは，教育者が態度を変えて，悪い行動についての生徒の気持ちを実際に聞き，直面している問題に対する解決策を生徒が見つけるように促せれば，前頭前皮質に物理的な影響を与えることができると考えている。グリーンは，多くの学校で問題行動を大幅に減らすのに大成功したプログラムを考案し，近年，彼の考えがマスコミに大きく報道された結果，それを採用する教育者がますます増加している。

**語句・構文**

(表題) □ discipline「規律，しつけ」

(第1段) □ theory「理論」 □ psychologist「心理学者」

□ reward and punishment「賞罰」 □ effective「効果的な」

□ commonly「一般に」

□ prohibit *A* from *doing*「*A* が～するのを禁止する」

□ instruction「指示，命令」 □ psychological「心理学の」

□ determine (that) ～「～（ということ）を突き止める」

□ as ～ as S V「Sは～であるが」 ～ as S Vと同じく，譲歩を表す。～の部分には，程度などを示す形容詞・副詞がくる。as ～ as S V は主に米用法。
□ bring peace to ～「～に平和をもたらす」
□ temporarily「一時的に」　□ intensify「～を強くする」
□ continually「継続的に」
（第 2 段）□ self-control「自制心」　□ adopt「～を採用する，取り入れる」
□ external「外の，外部からの」　□ internal「内部の」
□ self-confidence「自信」　□ be tolerant of ～「～に寛容である」
□ a substitute for ～「～の代理品（物）」　□ delay「～を遅らせる」
□ sticker「ステッカー，シール」
□ lead to *A* ***doing***「*A*（人）が～することになる」　□ merely「単に」
□ throughout「～の間中ずっと」
（第 3 段）□ back up ～「～を裏付ける，実証する」　□ region「（人体の）部位」
□ prefrontal「前頭葉前部の」　□ cortex「皮質」
□ self-discipline「自己修養」　□ consequence「結果，成り行き」
□ come up with ～「～を見つける」　□ issue「問題（点）」
□ extensive「広範囲な，大規模な」
□ media coverage「マスコミ報道」 the extensive media coverage の後ろには関係代名詞の省略がある。receive coverage で「報道される」の意味。

**各段落の要旨**

第 1 段　アメリカの学校ではしつけの方法として賞罰が長年用いられてきたが，最近の研究によって，罰は一時的な効果はあるが，長期間用いられると，正そうとしている行動を強化してしまうことがわかった。

第 2 段　現在では，子どもが適切な行動を学ぶには，外からの圧力ではなく，自制心を育てることが必要だと考えられている。罰は自制心の成長に悪影響を与え，同様に褒美を与えることも生徒自身の利益につながらない。

第 3 段　問題行動は脳の前頭前皮質が未発達なことと関係があることが示されているが，その発達を助けるような教育方法が大成功を収めており，それを採用する教育者が増加している。

⑶5) **解答** 2

**質問の訳** 学校で罰が用いられることについて心理学の研究が示したことは何か？

**選択肢の訳**
**1** 否定的影響を減らすために褒美と一緒に用いられる場合に限って効果が見込まれる。
**2** 行動の改善を短期間もたらすのに成功するかもしれないが，実際には長期的には害になる可能性がある。
**3** 体罰よりもはるかに効果的なさまざまな新しい種類の罰がある。
**4** 何らかの形の罰を用いることは，教師に従わせたりクラスメートを敬わせたりするためには必要だ。

第1段最終文（Recent psychological studies, …）に「最近の心理学の研究によって，罰は教室に一時的に平和をもたらすのには効果的だが，長期間にわたって用いられると，正そうとしている行動を強化しうることが突き止められた」とある。「教室に平和をもたらす」とは「問題行動の改善」を意味し，「正そうとしている行動を強化」されれば「有害」であるから，**2 Though it may succeed in producing better behavior in the short term, it can actually be harmful in the long term.** が正解となる。本文の temporarily が選択肢では in the short term に，over an extended period of time が in the long term に言い換えられている。**1** は，同段第1文（For decades, methods …）で systems of reward and punishment「賞罰の仕組み」について言及されているが，スキナーの理論の説明に過ぎない。**4** は，同段第3文（These are designed …）中の罰の目的については一致するが，罰が必要だとは述べられていない。**3** は，体罰との比較は本文中で述べられていない。

⑶6) **解答** 3

**質問の訳** この文章によると，褒美を用いることが生徒に与える影響の1つは何か？

**選択肢の訳**
**1** 彼らに勤勉の利点を教え，学業の目標にうまく集中できるようにする可能性がある。
**2** 彼らに物質的なものが欲しいと思わせ，他者を喜ばせるような行動の必要性を認識させないようにする可能性がある。
**3** 以後の人生で彼らの役に立つであろう重要な技能の発達を妨げる可能性がある。
**4** 教師にやれと言われたことをただするのではなく，彼らが自分自身の目標を決めることの重要性を理解するのに役立つ可能性がある。

第2段最終文（Similarly, the use …）に，「褒美を用いることは，一生を通じて生徒の役に立つ知識や社会的技能を得る重要性を生徒が理解するのではなく，生徒が教師を喜ばせようとする結果になるだけだ」と述べられている。この文の rather than「～ではなく」以下の内容に合致する，**3 It can prevent them from developing important skills that would be beneficial to them later in life.** が正解。本文の help them が選択肢では be beneficial to them に，throughout their lives が later in life に言い換えられている。**1**・**2**・**4** のような内容は本文中で述べられていない。

(37) **解答　1**

**質問の訳**　ロス・グリーンが子どもの脳に関して考えていることは何か？

**選択肢の訳**　1　子どもたちが自分自身の問題を解決する手助けをすることは，行動を抑制する脳の一部の発達を促しうる。

2　幼い子どもの脳は年長の子どもの脳とは異なった働き方をするので，行動の問題に対処するさまざまな方法が必要である。

3　前頭前皮質として知られている脳の部位は，一部の科学者たちが考えているほどには子どもの行動抑制に重要ではないかもしれない。

4　悪い行動は子どもの学業成績に悪影響を与えるだけでなく，脳の正常な発達を永久に妨げる。

第3段を参照する。第5文（Child-behavior expert Ross …）に「ロス・グリーンは，教育者が悪い行動についての生徒の気持ちを実際に聞き，直面している問題に対する解決策を生徒が見つけるように促せれば，前頭前皮質に物理的な影響を与えることができると考えている」とある。第2文（A region of …）で「脳の一部位である前頭前皮質が行動を抑制している」と述べているので，**1 Helping children solve their own problems can promote the development of the part of the brain that controls behavior.** が正解。本文の encourage them to come up with solutions to the issues they face が，選択肢では Helping children solve their own problems に，本文の have a physical effect on …が，選択肢では promote the development of …に言い換えられている。

訳

## ロバート・ザ・ブルースとアーブロース宣言

1286年，スコットランド王アレクサンダー3世の突然の死によって，多くの貴族の間で権力争いが起き，内戦が起こりそうになった。問題を解決するために，イングランド王エドワード1世は競争者たちの中から新しい支配者を選ぶよう頼まれた。エドワードは，最終的には彼自身がスコットランドを支配しようという野心を持っていたので，新しいリーダーが彼に忠誠を誓うことを条件に同意した。彼は，ジョン・ベイリオルという名の貴族を新しい王に選んだが，イングランドがスコットランドの問題に繰り返し権力を行使したので，すぐに憤りが高まった。エドワードがスコットランドに対して，イングランド対フランスの争いに軍事的援助を強要しようとした時，転換期が到来した。ベイリオルが代わりに自国をフランスと同盟させると，エドワードはスコットランドに侵入し，ベイリオルを破って，王座を奪った。

これが，スコットランドの貴族ロバート・ザ・ブルースがスコットランドをイングランドの支配から自由にしようと試みた時，直面していた状況だった。父親がかつてベイリオルと王座を争った競争者の一人であったロバートは，政治的優越を得て，反乱を指揮し，イングランド軍をスコットランドから追い払った。ロバートは1306年にスコットランドの王位につき，国内では非常に大きな支持を受けていたが，ローマカトリック教会の指導者である教皇を怒らせていた。彼は，イングランドと和睦するようにという教会の要求を無視しただけでなく，王になる前に王位を最も激しく争っていた競争者の命を礼拝所で奪っていた。

スコットランドの指導者は，教会の承認がなければ，国は国際的に孤立して脆弱なままであるとわかっていた。もしスコットランドがイングランドのような強大な国のすぐ近くで存在するとしたら――イングランドは退却したにもかかわらず，依然としてロバートをスコットランド王として公に認めていなかった――，その独立が国際的に認められることはとりわけ重要である。そういうわけで，1320年にスコットランドの最も有力な貴族たちが集まり，今日ではアーブロース宣言として知られる文書を作成した。それは，スコットランドの独立を宣言し，ローマ教皇がロバートをその国の支配者として認めることを要求した。しかし，その年の後半に貴族たちが受け取った答えは，当初，宣言に効果がなかったことを示していた。教皇は，イングランドに対してスコットランドとの関係に平和的な解決を追求するように強く迫りはしたが，スコットランドの要求を拒否しただけでなく，スコットランドの自称する独立の承認もしなかった。しかし，数年後，宣言の影響力が現れ，和平協定によってスコットランドがイングランドの脅威からついに解放された後，教皇はロバートと彼の王国を認めた。

今日，アーブロース宣言はスコットランドの歴史で最も有名な文書の1つになっている。はっきりとした証拠は不足しているが，アメリカの独立宣言に着想を与えたとさえ主張する歴史家たちもいる。しかし，学者たちはおおむね，アーブロース宣言をそれほど歴史的に有名にしているのは，王はスコットランド国民の承認を得た場合にのみ支配できるという主張にあるということで意見が一致している。具体的に言えば，貴族たちはこの文書を利用して，彼らを裏切る支配者を退ける権利をはっきりと主張した。この意味では，この文書は国の支配者と国民が結んだ約定の先駆的な例で，支配者は国民が自由な社会で暮らせるようにする責任を負っていた。

## 語句・構文

(表題) □ declaration「宣言」

(第１段) □ power struggle「権力争い」 □ noble「貴族」

□ bring *A* to *B*「*A* を *B* に至らせる」 □ civil war「内戦，内乱」

□ settle「(問題など) を解決する」 □ rival「競争相手」

□ ambition「野心」 □ ultimately「最終的に」

□ on the condition that ～「～という条件で，もし～ならば」

□ pledge *A* to *B*「*A* を *B*（人）に誓う」 □ loyalty「忠誠」

□ resentment「憤り，恨み」 □ exert *one's* authority「権力を行使する」

□ ally *A* with *B*「*A* を *B* と同盟させる」 □ invade「～に侵入する」

□ defeat「～を負かす」 □ throne「王座」

(第２段) □ free「～を解放する」 □ dominance「優位」 □ rebellion「反乱」

□ drive「～を追い払う」 □ crown「～を王にする」

□ enjoy「～を享受する」 □ tremendous「とても大きい」

□ domestically「国内で」 □ anger「～を怒らせる」

□ the Pope「(ローマ) 教皇」

□ Roman Catholic「ローマカトリック教の」

□ make peace with ～「～と和睦する」 主語 he に続けて原形の make が用いられているのは，requests「要求」の同格節中だから。

□ worship「礼拝」

(第３段) □ vulnerable「脆弱な」 □ recognition「承認」

□ if the country were to exist「もしその国（＝スコットランド）が存在するとしたら」 仮定法〈if S were to *do*〉が用いられている。

□ in the shadow of ～「～のすぐ近くに」 □ mighty「強大な」

□ acknowledge *A* as *B*「*A* を *B* だと認める」 □ retreat「退却する」

□ proclaim「～を（公式に）宣言する」 □ initially「当初」

□ self-proclaimed「自称の」

□ urge *A* to *do*「*A*（人）を～するように強く迫る」 □ resolution「解決」

□ dealing「交渉，関係」 □ contribute to ～「～に貢献する」

□ treaty「条約」

(第４段) □ celebrated「名高い，有名な」 □ proof「(はっきりとした) 証拠」

□ historic「歴史上重要な〔有名な〕」 □ assertion「主張，断言」

□ specifically「つまり，具体的に言うと」

□ boldly「大胆に，はっきりと」

□ insist on ～「～を強く主張する，断言する」

□ remove「(人) を辞めさせる」 □ betray「～を裏切る」

□ pioneering「先駆的な」

**各段落の要旨**

第1段 スコットランドでは，1286年にアレクサンダー3世が死んだ後，権力争いが起きた。調停を引き受けたイングランド王エドワード1世は，ベイリオルを新国王に選んだが，ベイリオルがフランスと同盟を結んだのを機に王座を奪った。

第2段 スコットランドの有力貴族ロバートが反乱を指揮してイングランドを破り，1306年に王位についた。彼は国内では大きな支持を得ていたが，ローマ教皇の怒りを買っていた。

第3段 スコットランドが独立を保つためには国際的な承認が必要だったので，1320年にアーブロース宣言を作成し，ローマ教皇の承認を求めた。当初は不首尾であったものの，最終的にはイングランドと和平協定を結び，教皇の承認を得ることができた。

第4段 アーブロース宣言の歴史上の意味は，王の統治には国民の承認が必要で，国の支配者は国民が自由な社会で暮らせるようにする責任を負うことが示されていた点にあると一般的に考えられている。

(38) **解答** **3**

**質問の訳** **スコットランド王アレクサンダー3世の死に続いて起きたことは何か？**

**選択肢の訳**

**1** スコットランドは，エドワード1世の利益にならなかったにもかかわらず，彼を言葉巧みに操ってジョン・ベイリオルを選ばせることに成功した。

**2** エドワード1世は，ジョン・ベイリオルの王になろうとする試みを支持しなかったスコットランド貴族たちの忠誠心に疑問を持ち始めた。

**3** エドワード1世は，スコットランドでの彼の権力を強めるためにその状況をうまく利用しようと試みた。

**4** スコットランドはフランスの軍事力に大変な脅威を感じたので，両国の外交関係は悪化した。

第1段を参照する。第2文（To settle the …）に「問題を解決するために，イングランド王エドワード1世は新しい支配者を選ぶよう頼まれた」とあり，第3文（Edward, who himself …）に「最終的には彼自身がスコットランドを支配しようという野心を持っていたので，新しいリーダーが彼に忠誠を誓うことを条件に同意した」とある。第2文の the matter「問題」とは，第1文（In 1286, the …）で示されている，「アレクサンダー3世の死後に起こった貴族間の権力争い」のことだから，**3 King Edward I attempted to use the situation to his advantage in order to increase his power over Scotland.** が正解となる。選択肢の the situation は，第1・2文で示されている内容を言い換えたもの。選択肢の use ~ to advantage は「～をうまく利用する」の意味。**1** については，第4文（He chose a …）に「彼（＝エドワード1世）はジョン・ベイリオルを王として選んだ」とあるが，スコットランドがそうさせたとは述べられていないので誤り。**4** については，最終文（When Balliol allied …）に「ベイリオルが自国をフランスと同盟させた」とあるので誤り。**2** のような内容は本文中で述べられていない。

(39) 解答　4

質問の訳　ロバート・ザ・ブルースはスコットランド王になった後，どんな問題に直面したか？

選択肢の訳　**1**　彼は偉大な軍事指導者だったが，政治的手腕が欠如していたためにイングランドと好ましくない協定の交渉を行う結果になった。

**2**　宗教をめぐる競争者との不和のせいで，多くのスコットランド人が彼を支持するのをやめた。

**3**　スコットランドとイングランドの宗教上の違いによって，スコットランドが再び攻撃される可能性が高められた。

**4**　権力を得るために彼が行ったことが理由で，スコットランドは自国をイングランドから守るために必要な支援を受けることができなかった。

第2段第3文（Robert was crowned …）後半部 he had angered 以下に「ロバートはローマ教皇を怒らせていた」とあり，続く同段最終文（Not only had …）に「教会の要求を無視しただけでなく，王になる前に彼の競争者の命を礼拝所で奪っていた」と述べられている。さらに，第3段第1文（Scotland's leadership knew …）には「教会の承認がなければ，その国（＝スコットランド）は国際的に孤立して脆弱なままである」と述べられ，続く第2文（International acceptance of …）では「スコットランドがイングランドのような強大な国のすぐ近くで存在するには，その独立が国際的に認められることはとりわけ重要だ」とある。これら第3段第1・2文の内容から，ローマ教皇の承認を得ることは，スコットランドをイングランドから守るために必要だったとわかる。よって，**4 Because of the things he had done to gain power, Scotland could not get the support it needed to be safe from England.** が適切である。**2** は，ベイリオルが競争者と宗教をめぐって争ったという記述はないし，第2段第3文（Robert was crowned …）の後半部 although 以下の内容にも合致しない。**1**・**3** のような内容は本文中で述べられていない。

(40) 解答　2

質問の訳　アーブロース宣言が書かれた年に，（　　）

選択肢の訳　**1**　スコットランドの国としての独立を認めることは優先事項だとローマ教皇が考えていたことが明らかになった。

**2**　ローマ教皇は，ロバートも彼の国のどちらも承認しなかったにもかかわらず，イングランドとスコットランド間の和平を促そうと試みた。

**3**　イングランドとスコットランドの和平の約束は，スコットランドがローマ教皇から助けを得ようとしたことで危機にさらされた。

**4**　スコットランドは，ロバートが国の真の王であるということをローマ教皇に認めさせるのに十分な国際的な認知を得ることができた。

第3段第5文（The response the …）に「その年の後半に受け取った答えは，当初，宣言に効果がなかったことを示していた」とあり，続く第6文（The Pope not …）に「教皇は，イングランドに対してスコットランドとの関係に平和的な解決を追求するように強く迫ったが，スコットランドの要求を拒否しただけでなく，独立の承認もしなかった」と述べられている。「スコットランドの要求」とは，同段第4文（It proclaimed Scotland's …）の

requested 以下の「ローマ教皇がロバートを国の支配者として認めることを要求した」ことを指している。これらの内容から，**2 the Pope attempted to encourage peace between England and Scotland despite not acknowledging either Robert or his country.** が正解。第3段第6文後半の he did urge England to pursue a peaceful resolution in its dealings with the nation が，選択肢では the Pope attempted to encourage peace between England and Scotland に言い換えられている。

(41) **解答　2**

**質問の訳**　アーブロース宣言についての一般的な解釈の１つは何か？

**選択肢の訳**
**1**　ロバートは実際には，人々が当初考えていたよりもはるかに優れた指導者であったことを明示している。
**2**　国の支配者が統治する国民に対して負うべき義務について新しい見方をもたらした。
**3**　当時のスコットランドの支配者と貴族の間には，学者たちが以前に考えていたよりもはるかに大きな対立があったことを明らかにしている。
**4**　王や女王が国を支配するのでは有益な政治体制は可能でなかったことを示唆している。

第4段を参照する。第3文（Scholars generally agree, …）で，「学者たちはおおむね，アーブロース宣言をそれほど歴史的に有名にしているのは，王はスコットランド国民の承認を得た場合にのみ支配できるという主張にあるということで意見が一致している」とある。さらに続く最終文（In this sense, …）では，「この意味では，この文書は国の支配者と国民が結んだ約定の先駆的な例だった」と述べて，「契約の中で，支配者は国民が自由な社会で暮らせるようにする責任を負っていた」と説明を加えている。この最終部分の内容を，「国の支配者が統治する国民に対して負うべき義務」と言い換えた，**2 It brought a new way of looking at the duty that a country's ruler had to the people he or she was governing.** が正解になる。本文では a pioneering example「先駆的な例」と述べているが，選択肢では a new way「新しい見方」と表現している。

# 一次試験　筆記　4

**解答例** **In today's fast-paced digital world, I believe businesses should provide more online services. The benefits of doing so are related to convenience and cost.**

**Firstly, providing more online services leads to increased convenience. For instance, online customer support provides people with the means to contact businesses whenever they have queries. This can be particularly beneficial for busy people or international customers who live in different time zones.**

**Additionally, online services can be cost-effective for businesses. With the rise of e-commerce, moving to online digital platforms can reduce expenses and streamline operations. Selling products online, for example, can help businesses cut utility bills. Companies can also reach a wider audience and increase profits without constructing more physical stores.**

**In conclusion, businesses should provide more online services, as this will not only allow them to enhance customers' experiences but also reduce operating costs. (120～150 語)**

訳　現代のペースの速いデジタル世界では，企業はより多くのオンラインサービスを提供するべきだと私は思う。そうすることの利点は，利便性と費用に関係している。

まず，より多くのオンラインサービスを提供することは利便性の向上につながる。例えば，オンライン顧客サポートは，質問があるときにはいつでも企業と接触する手段を人々に提供している。これは，忙しい人々や異なるタイムゾーンに住んでいる海外の顧客にはとりわけ好都合といえる。

さらに，オンラインサービスは企業にとって費用対効果が高いといえる。電子商取引が増加する中，オンラインデジタルプラットフォームへ移行することで，支出を減らし，業務を合理化できる。例えば，製品をオンラインで販売すれば，企業は水道光熱費を削減することができる。企業が実店舗を建てることなく，より多くの人に接触して利益を増やすことも可能になる。

結論として，オンラインサービスは顧客の体験を充実したものにするだけでなく，業務経費を削減することも可能にするのだから，企業はより多くのオンラインサービスを提供するべきである。

- ●与えられたトピックについて作文を書きなさい。
- ●以下のポイントのうち２つを使って自分の解答を補強しなさい。
- ●構成：序論，本論，結論
- ●長さの目安：120～150 語
- ●文章は解答用紙のＢ面の与えられたスペースに書きなさい。スペースの外に書かれたものは採点されません。

**トピックの訳**　企業はより多くのオンラインサービスを提供するべきか？

**ポイントの訳**　●利便性　●費用　●仕事　●環境

▶〔解答例〕の英文の段落構成は，「主張→1つ目の理由→2つ目の理由→結論」となっている。

▶第1段では，トピックに対する自分の考えを明らかにする。〔解答例〕では，企業はより多くのオンラインサービスを提供するべきだという考えを示し，2つの観点（①利便性，②費用）で利点があると述べている。第2段では，①利便性について，サービスを利用する顧客にとって有益であることを説明している。第3段では，②費用について，サービスを提供する企業の費用対効果を高められると説明している。最終段では，利便性を顧客の体験と言い換え，費用を業務経費と言い換えて，企業はより多くのオンラインサービスを提供するべきだという第1段の主張を繰り返している。

▶その他のポイントを使って「企業はより多くのオンラインサービスを提供するべきだ」と主張するのであれば，例えば，「仕事」に関しては，Online services, which can be provided anywhere at any time, will help businesses create jobs.「オンラインサービスはいつどこからでも提供できるので，企業の雇用創出を後押しする」などが考えられる。「環境」に関しては，例えば，The use of online advertising not only eliminates the need for paper, plastic, and other resources but also reduces the impact of these resources on the environment, as they are not discarded.「オンライン広告を用いれば，紙やビニールなどの資源が不要になるばかりでなく，それらが廃棄されることもないので，環境への負荷を減らすことができる」ことが利点として挙げられるだろう。

▶「企業はより多くのオンラインサービスを提供するべきではない」と主張するのであれば，There is a concern that more online services may lead to some people losing their jobs.「オンラインサービスが増えることによって仕事を失う人が現れる懸念がある」，Businesses should consider the convenience of both Internet users and non-users.「企業はインターネット利用者と非利用者の両方の利便性を考慮するべきだ」などの理由が考えられるだろう。

# 一次試験　リスニング　Part 1

**No. 1　解答　2**

★＝男性　☆＝女性　（以下同）

☆ Hi, Professor. Can I talk to you about my assignment?

★ Sure. I was surprised when you didn't turn it in at the start of class. That's never happened before.

☆ My brother was in an accident, and I was at the hospital with him.

★ I'm sorry to hear that. Is he OK?

☆ Yes, he's home now, but I didn't have time to get my assignment done.

★ Well, I can let you turn it in tomorrow. How would that be?

☆ Great. Thank you!

**Question：What will the woman probably do tomorrow?**

Script

訳

☆こんにちは，教授。課題のことでお話しできますか？

★もちろん。授業の始めに君が課題を提出しなかったので驚いた。そんなことは今まで一度もなかったからね。

☆弟が事故にあって，病院で付き添っていたんです。

★それはお気の毒に。弟さんは大丈夫？

☆はい，今は家にいます。ただ，課題を終わらせる時間がなかったんです。

★そうか，明日それを提出するのを認めよう。それでどうかな？

☆すばらしい。ありがとうございます！

**語句・構文**

□ turn *A* in〔in *A*〕「*A*（宿題・仕事など）を提出する」

□ get *A* *done*「〈完了を表して〉*A* を～（の状態）にする」

**質問の訳**　女性はおそらく明日何をするか？

**選択肢の訳**

**1**　病院の弟を見舞う。

**2**　課題を提出する。

**3**　弟に助けを求める。

**4**　新しい課題のテーマを選ぶ。

男性が最後の発言で「明日それを提出するのを認める」と述べ，女性は「すばらしい」と答えている。it は，女性の発言中の assignment「課題」を指しているのだから，**2**「課題を提出する」が正解。「提出する」という表現が，放送文では turn it in で，選択肢では submit に言い換えられている。**1** は，女性が 3 番目の発言で「弟は家にいる」と述べているから，不適切。

**No. 2　解答　3**

☆ I can't believe the government wants to raise taxes again.
★ They say it's necessary to pay for the new education plan.
☆ Well, it seems like there are a lot of areas in the budget that could be reduced instead. Spending on highways, for one.
★ That's for sure. I read a news report just yesterday saying that few drivers are using the new highways, even though they cost billions.
☆ Right. I'd write a letter to the government if I thought it'd do any good.

**Question：What do these people think?**

Script

訳
☆政府がまた税金を引き上げたいなんて信じられない。
★新しい教育計画の財源として必要だと言っている。
☆なるほど，それよりも，予算を削ることができそうな分野がたくさんあるように思えるけど。例えば，道路への支出とか。
★確かに。何十億もかけて作ったのに，新しい道路を使っているドライバーがほとんどいないというニュース報道を昨日読んだばかりだ。
☆そのとおり。それが役に立つなら，政府に手紙を書くところよ。

語句・構文

□ budget「予算」　□ spending「(政府・組織などの) 支出」
□ highway「幹線道路，主要道路」　□ for one「例えば，一つには」
□ I'd write a …の文は仮定法過去の文。現実には，「手紙が役に立つとは思わないので，手紙を書くことはしない」ということ。good は名詞で「利益，効果」の意味。

質問の訳　この人たちは何を考えているか？

選択肢の訳
**1**　教育に多くの金が使われ過ぎている。
**2**　予算はもうすぐ縮小されそうだ。
**3**　政府は金の無駄遣いをしている。
**4**　マスコミは政府に対して不公平である。

2人の会話は政府の税金の引き上げから始まり，女性は2番目の発言で，予算を削減できる分野があると述べて，例として道路を挙げている。この発言を受けて男性は，多額の金をかけて作った道路が使われていないという報道を読んだと言っているのだから，**3**「政府は金の無駄遣いをしている」が適切である。教育への支出に対する意見は述べられていないので，**1**は不適切。

**No. 3　解答　1**

★ Thanks for inviting me to lunch.
☆ Sure. I wanted to celebrate your promotion. It's too bad I won't see you as often, though, since you'll be moving to the fourth floor.
★ Well, we'll still have meetings together. And maybe we could have a weekly lunch or something.
☆ Great idea. But you'll probably be eating at your desk a lot more often.
★ That's true. I guess my workload is going to be pretty heavy.
☆ Yes, at least until you get used to your new position.

**Question : What is one thing we learn from the conversation?**

Script

訳
★昼ご飯に誘ってくれてありがとう。
☆どういたしまして。昇進のお祝いをしたかったの。4階へ移動してしまうと，頻繁に会えなくなるのは残念だけど。
★まあ，一緒の会議はまだある。それに，週1度の昼ご飯くらいなら行けるかもしれない。
☆すごくいい考え。でも，おそらくあなたは，自分の机で食事をすることが増えるのでしょうね。
★そのとおり。仕事量はかなり多くなると思う。
☆ええ，少なくとも新しい地位に慣れるまでは。

**語句・構文**
☐ promotion「昇進」　☐ though「〈文中・文尾で〉でも，けれど」
☐ workload「仕事量」

**質問の訳**　会話からわかることの1つは何か？

**選択肢の訳**　**1**　男性はずっと忙しくなるだろう。
**2**　女性はより多くの会議に出席する必要があるだろう。
**3**　女性は4階にいる人たちが嫌いだ。
**4**　男性は新しい地位を望んでいなかった。

女性は2番目の発言の第2文で，「あなた（＝男性）はもっと頻繁に机で食事をすることになるだろう」と述べると，男性はそれを認めて，「仕事量はかなり多くなると思う」と述べている。したがって，**1**「男性はずっと忙しくなるだろう」が適切。**2**については，男性の2番目の発言の第1文で会議についての言及があるが，女性が出席する会議が増えるとは述べていないので不適切。

**No. 4　解答　4**

☆ I'm going next door to see Carol. I'll be back in an hour.
★ Sure. By the way, how is she doing after her surgery?
☆ She's doing much better, but she still has trouble moving around. Today, I'm going to do a little cleaning and prepare some food for her that she can just heat up.
★ I'm sure she appreciates your help.
☆ I think she does. The other day, she got me a gift certificate to a spa so I can get a massage.

**Question : Why is the woman visiting her neighbor?**

Script

訳 ☆キャロルに会いにお隣へ行ってくる。1時間で戻ります。
★わかった。ところで，手術後，彼女の様子はどうなの？
☆ずいぶんよくなってはいるけれど，まだ動き回るのは大変なの。今日は，少し掃除をして，温めるだけで食べられる物を用意してくるつもり。
★彼女は君の助けをきっと感謝しているだろうね。
☆そう思う。この前，私がマッサージを受けられるようにと，スパのギフト券をくれたもの。

**語句・構文**

□ surgery「手術」　□ gift certificate「ギフト券，商品券」

**質問の訳**　**女性が隣人を訪ねているのはなぜか？**

**選択肢の訳**　**1**　彼女にマッサージをするため。
**2**　食べ物を受け取るため。
**3**　彼女にギフト券を与えるため。
**4**　家事をするため。

女性の2番目の発言の第2文で「少し掃除をして，温めるだけで食べられる物を用意してくるつもりだ」と述べていることから，**4**「家事をするため」が正解とわかる。**1**・**2**・**3**で用いられている単語が会話中で使われているが，女性が訪ねる理由とは関係ない。女性の最後の発言で出てくる，a gift certificate，spa，a massage などの語に，戸惑うかもしれないが，主語と動詞（she got me… や I can get…）を押さえて，誰が何をするのかを正しく聞き取ることが重要だ。

## No. 5 解答 3

☆ Alan, the printer is giving me that error message again.
★ Are you sure the paper is the right size?
☆ Of course. I've checked it several times.
★ This is ridiculous. We just bought that printer two weeks ago. I'll call the computer shop and ask them to replace it.
☆ I think we should try to get a refund instead. I've seen reviews saying this brand's printers frequently need to be repaired.
★ OK, I'll look into it. We can use our old one until we decide which model we want to buy.

**Question : What will the man probably do first?**

Script

訳 ☆アラン，プリンターにあのエラーメッセージがまた出ているんだけど。
★間違いなく用紙は正しいサイズになっている？
☆もちろん。何度か確認したもの。
★とんでもない話だ。2週間前にあのプリンターを買ったばかりなのに。コンピュータショップに電話をして，取り替えてもらうように頼もう。
☆それよりも，払い戻してもらうべきだと思うんだけど。このブランドのプリンターは頻繁に修理が必要だと書いてあるレビューを見たの。
★わかった，調べてみるよ。どのモデルを買うか決めるまでは，古いものが使える。

**語句・構文**

□ ridiculous「ばかげた，とんでもない」　□ replace「～を取り替える」
□ refund「払い戻し」　□ review「（商品・作品などの）批評，レビュー」
□ look into ～「～を調べる」

**質問の訳** 男性はおそらく最初に何をするか？

**選択肢の訳**
1 店にプリンターの取り替えを頼む。
2 古いプリンターを修理してもらう。
3 店から返金してもらうようにする。
4 他のモデルを調べるために店を訪れる。

男性は2番目の発言の最終文で「取り替えてもらうように頼む」と言っているが，その直後に女性が「払い戻してもらうべきだと思う」と言って，使っているプリンターは頻繁に修理が必要だという評判があるという趣旨のことを述べると，男性はその意見に同意している。よって，**1**は不適切で，**3**「店から返金してもらうようにする」が正解となる。「払い戻しを受ける」という表現が，放送文では get a refund で，選択肢では get money back に言い換えられている。**2**は，男性が最後の発言の最終文で「古いもの（＝プリンター）が使える」と述べていることから，（不具合のあるプリンターとは別の）古いプリンターは修理が不要なので不適切。**4**のような内容は述べられていない。男性は「調べてみるよ」と最終発言で言っているが，それは払い戻しについてのことで，他のモデルを調べると言っているわけではない。

## No. 6　解答　2

☆ How was your business trip to Tokyo last week?
★ It was a disaster.
☆ What happened? Did the client back out of the deal?
★ No, but their lawyer objected to the wording of the contract, and there was a big delay while we modified the text. Then, before we could finalize the deal, we had an emergency at headquarters, and I had to return immediately.
☆ That's awful.
★ Yes. I'm going to have to go back to Tokyo in a couple of weeks.

**Question : What was one problem the man had during his trip?**

Script

訳
☆先週の東京出張はどうだった？
★さんざんだった。
☆何があったの？　顧客が取引を破棄したの？
★いや，だが先方の弁護士が契約書の言葉遣いに異議を唱えて，文章の修正をしている間に大きな遅れが出た。その後，取引をまとめる前に，本社で緊急事態が発生してね，すぐに戻らなければならなくなったのさ。
☆それはひどい。
★ああ。数週間後にはまた東京に行かなければならないだろう。

**語句・構文**
□ disaster「災害，ひどいもの」　□ client「顧客，（弁護士などへの）依頼人」
□ back out of ～「（契約・約束など）を破棄する，取り消す」
□ deal「取引，契約」　□ object to ～「～に異議を唱える」
□ wording「言葉遣い」　□ modify「～を修正する」
□ finalize「（計画・取り決めなど）を完結させる」　□ emergency「緊急事態」
□ headquarters「本社」

**質問の訳**　**出張中，男性に起こった問題の１つは何か？**

**選択肢の訳**　**1**　顧客が取引を取り消した。
**2**　契約書の修正が必要だった。
**3**　弁護士が深刻な間違いをおかした。
**4**　彼は重要な会議に遅刻した。

男性が２番目の発言の第１文で「弁護士が契約書の言葉遣いに異議を唱えて，文章の修正をしている間に大きな遅れが出た」と述べていることから，**2**「契約書の修正が必要だった」が正解。「修正する」という表現が，放送文では modify で，選択肢では revise に言い換えられている。**1** については，女性の２番目の発言第２文で「顧客が取引を破棄したのか」と尋ねたのに対して，男性は否定しているので不適切。

## No. 7 解答 4

☆ Hi, Nick. How's your new job going?
★ Well, it's taking me a while to adjust.
☆ Are your responsibilities very different from your last job?
★ No, but my boss is. She always says she's going to do things but then forgets about them! I'm constantly having to remind her about deadlines.
☆ That sounds frustrating.
★ It sure is. Still, at least she isn't bothering me about my work.
☆ I guess things could be worse.

**Question : What does the man say about his new job?**

Script

訳
☆こんにちは，ニック。新しい仕事はどう？
★そうだね，慣れるのに時間がかかっている。
☆あなたの責任は前の仕事とはだいぶ違うの？
★いや，でも上司がね。彼女はいつも，やるつもりだと言っては忘れている！ 僕はしょっちゅう彼女に締切りを思い出させなければいけないんだ。
☆それはイライラするでしょうね。
★そのとおり。でも，少なくとも彼女は僕の仕事のことに口出しはしない。
☆それならまだいいわね。

**語句・構文**

□ adjust「順応する，適応する」　□ deadline「締切り期限」
□ frustrating「いらだたしい」　□ bother「～を悩ます，迷惑をかける」
□ things could be worse は仮定法の文で，直訳すると「状況はこれ以上悪化することがありうる」の意で，現状は「悪くない」ということになるので，「まあまあだ」，「たいしたことはない」などの意味で用いられる。似ている表現で，否定文の Things couldn't be worse. は，直訳すると「状況がこれ以上悪化することはありえない」で，「最悪だ」の意味で用いられる。

**質問の訳** 男性は新しい仕事について何と言っているか？

**選択肢の訳**
**1** 彼の上司は彼を信頼していない。
**2** 彼は非常に厳しい締切りに追われている。
**3** 彼には必要とされる技能が不足している。
**4** 彼の上司は仕事を手際よく処理できない。

男性が2番目の発言の第2・3文で，自分の上司について「いつも，やるつもりだと言っては忘れている。しょっちゅう締切りを思い出させなければいけない」と述べていることから，**4**「彼の上司は仕事を手際よく処理できない」が適切。選択肢中の organized には「(人が) 几帳面な，きちんと仕事をこなせる」の意味がある。**2**については，男性の2番目の発言の最終文で「締切り」の話があるが，男性が締切りに追われているのではないから不適切。

## No. 8　解答　3

★I'm thinking we should replace the sofa soon. It's getting pretty worn out.
☆Do you want to check out that new furniture store down the road?
★Nah, I was thinking of just getting one online. That's usually much cheaper.
☆Really? I'd rather we try a sofa out before actually buying it.
★I suppose you're right. Our budget isn't very large, though, so we'll probably have to put off the purchase until the store offers some discounts.
☆Let's look around some other stores, too. They might have some good deals on.

**Question : What will the couple probably do?**

Script

訳
★そろそろソファを取り替えた方がいいと思っている。かなりすり切れてきたね。
☆道の先の新しい家具店を見に行きたいの？
★いいや，オンラインで買おうかと思っていた。たいていその方が安いからね。
☆本当？　実際に買う前にソファの座り心地を試せたらいいと思うけど。
★まあ，そのとおりだろうね。でも，予算があまりないから，その店が値引きをするまでは買うのを遅らせなければならないだろう。
☆他のお店も見て回りましょう。お買い得品があるかもしれない。

**語句・構文**

□ wear *A* out〔out *A*〕「〈継続使用で〉*A*（物）をすり減らす」
□ nah＝no　くだけた表現。
□ would rather (that) S V「むしろ～であればよいのだが」
□ put *A* off〔off *A*〕「*A* を遅らせる」　□ purchase「購入」

**質問の訳**　**夫婦はおそらく何をするか？**

**選択肢の訳**　**1**　すぐに新しいソファを買う。
**2**　オンラインでソファを買う。
**3**　セールでソファを探す。
**4**　現在のソファを修理する。

男性が最後の発言の第2文で「その店が値引きするのを待つ必要がある」と述べたのに対し，女性は「他の店でもお買い得品があるかもしれないから見て回ろう」という趣旨の発言をしているので，**3**「セールでソファを探す」が正解。上記と同じ箇所から判断して，**1**は不適切。**2**については，男性が2番目の発言で「オンラインで買う」ことを提案したのに対して，女性は「買う前に試したい」と述べ，男性は最後の発言の第1文で女性に同意していることから不適切。**4**については，男性の最初の発言第2文で現在のソファについて言及があるが，修理するとは言っていないので不適切。

**No. 9　解答　3**

☆It's so warm today! Hard to believe it's February. I could even go for some ice cream.

★Today is lovely, but the weather report says we may get a big snowstorm this weekend.

☆Are you kidding? That would be a temperature drop of nearly 20 degrees.

★We'd better check how much food and water we have and go to the grocery store if necessary.

☆Good idea. After getting snowed in at our cabin last year, I want to make sure we're stocked up just in case.

Script

**Question：What does the man suggest?**

訳

☆今日はとても暑い！　2月なんて信じられない。アイスクリームを買いに行きたいくらい。

★今日はいい天気だが，天気予報によると，今週末は大吹雪かもしれないそうだ。

☆冗談でしょ？　それじゃ，気温が20度近く下がることになるわ。

★食料や水がどのくらいあるか確認して，必要ならば食料品店へ行った方がいいだろう。

☆いい考えね。昨年雪で山小屋に閉じ込められてから，万が一に備えて，確実に十分な蓄えをしておきたいと思っているの。

**語句・構文**

□ go for ～「～を取り〔買い〕に行く」　□ snowstorm「吹雪」

□ grocery store「食料雑貨店」　□ get snowed in「雪で閉じ込められる」

□ cabin「(山) 小屋」　□ stock up「蓄える」

**質問の訳**　男性は何を提案しているか？

**選択肢の訳**　**1**　天気予報を確認すること。

**2**　今週末，山小屋へ出かけること。

**3**　非常用の食料を準備すること。

**4**　アイスクリームを買いに出かけること。

男性は最初の発言で「今週末は大吹雪かもしれない」と述べ，2番目の発言では「食料や水を確認して，必要があれば買いに行くべきだ」という考えを述べている。よって，**3**「非常用の食料を準備すること」が正解とわかる。男性の提案に賛同した女性の発言中の，we're stocked up just in case「万が一に備えて，十分な蓄えをする」も手がかりになる。

## No. 10 解答 1

★ Good morning, Ms. Redfield. I just got a call from Irene. She says she needs to take a half day off this morning.

☆ Again? That's the second time this week.

★ Yes. I'm a bit worried. She's also been late quite a few times in the last couple of months.

☆ She's quite skilled with computers, though, and the clients seem very satisfied with her. I *am* concerned about her motivation, however. It might be best to have a talk with her, in case she's considering leaving the company.

★ I'll set up a meeting.

**Question : What does the woman imply about Irene?**

Script

訳 ★おはようございます，レッドフィールドさん。たった今アイリーンから電話がありました。今日の午前中，半日休暇を取る必要があると言っています。

☆また？　今週は2回目ね。

★はい。少し心配ですね。それに彼女はここ数カ月で何回も遅刻しています。

☆でも，彼女はコンピュータの技術はかなり優れているし，顧客は彼女にとても満足しているようね。それでも，私は彼女のやる気が心配です。会社を辞めようとしているといけないから，彼女と話し合いをした方がいいわね。

★面談の準備をします。

**語句・構文**

☐ a half day off「半休，半日休暇」　☐ quite a few ～「かなりの～，相当数の～」

☐ in case ～「～だといけないから」

**質問の訳** 女性はアイリーンについて何をほのめかしているか？

**選択肢の訳**
**1** 彼女は仕事に対する熱意を欠いている。
**2** 彼女は解雇される予定だ。
**3** 彼女は顧客の評判が悪い。
**4** 彼女はコンピュータの技術を高める必要がある。

女性は2番目の発言の第2文で「彼女のやる気が心配だ」と述べている。よって，**1**「彼女は仕事に対する熱意を欠いている」が適切。「やる気」という表現が，放送文ではmotivationで，選択肢ではenthusiasmに言い換えられている。**2**については，女性の2番目の発言の最終文で「彼女が会社を辞めようとしているといけないから」と述べているが，「解雇される」とは言っていないので不適切。**3**・**4**については，女性の2番目の発言第1文の内容に合致しない。

**No. 11　解答　4**

☆ Hey, Jack! How was your trip to the Yucatán?
★ Great. Check out these paintings I picked up.
☆ Wow! They're gorgeous! Did you find them at a local gallery?
★ No, I got them from artists at local markets, and they were unbelievably cheap.
☆ Well, you should get better frames for them before you put them on the wall.
★ Actually, I looked into that today. They cost 10 times what the paintings did, so I'm hesitant.
☆ I really think they deserve better than these cheap frames, don't you?

**Question : What does the woman say about the paintings?**

Script

訳
☆こんにちは，ジャック！　ユカタン半島の旅はどうだった？
★すばらしかった。買ってきた絵を見てよ。
☆わあ！　とてもきれい！　現地の画廊で見つけたの？
★いや，現地のマーケットで画家から買ったから，信じられないくらい安かった。
☆そうね，壁に掛ける前にもっといい額を買わなくては。
★実は，今日，それを調べたんだけどね。絵の値段の 10 倍もするから，躊躇しているところさ。
☆本当に，絵にはこの安い額以上の価値があると思うけど，あなたはそう思わないの？

語句・構文

□ gorgeous「非常に美しい，豪華な」　□ gallery「画廊，美術館」
□ frame「額」　□ hesitant「ためらって」　□ deserve「～に値する」

**質問の訳**　**女性は絵について何と言っているか？**

**選択肢の訳**
**1**　男性はそれらを営利目的で売ろうとするべきだ。
**2**　それらは美術館に掛けられるべきだ。
**3**　男性はそれらにどれだけの価値があるか明らかにするべきだ。
**4**　それらは適切に飾られるべきだ。

女性は 3 番目の発言で「壁に掛ける前にもっといい額を買うべき」と述べている。男性がその直後の発言で「額の値段が絵の 10 倍で，買うのを躊躇している」と言うと，「絵にはこの安い額以上の価値があると思う」と重ねて述べている。つまり，女性が言いたいのは，「絵にふさわしい額に入れて壁に掛けるべきだ」ということだから，**4**「それらは適切に飾られるべきだ」が正解となる。「壁に掛ける」という表現が，放送文では you put them on the wall で，選択肢では They should be displayed に言い換えられている。「額」は日本語では「フレーム」とも言うが，frame は「フレイム」と発音し，特に m の音は日本語の「ム」のようにはっきりとは聞こえないので注意が必要。**3** については，絵の具体的な価値については言及していないので不適切。

## No. 12 解答 2

☆ Hey, Joseph? There's no water coming from the faucet.
★ Oh, right, they're inspecting the pipes down the street.
☆ What? That's news to me.
★ Sorry, I forgot to tell you. There won't be any water until 7 p.m. We got a couple of notices about it while you were out of town.
☆ Why didn't you tell me earlier? I wanted to wash some clothes tonight for work tomorrow.
★ I'm sorry. I did prepare some bottles of water, so we have enough for cooking and drinking.
☆ That's something, at least.

**Question : Why does the man apologize to the woman?**

Script

訳
☆ちょっと，ジョゼフ？　蛇口から水が出ないのよ。
★ああ，そうだ，この先の道路で管の点検をしているんだ。
☆何ですって？　それは初耳よ。
★すまない，君に言うのを忘れてた。午後７時まで水は出ない。君が町を離れていた時にそれについていくつか知らせがあったんだ。
☆どうしてもっと早く言ってくれなかったの？　明日の仕事用に今晩洗濯をしたかったのに。
★ごめん。水を何本か用意しておいたから，料理や飲むためには十分だ。
☆少なくとも，そうしてくれてよかった。

語句・構文
□ faucet「蛇口」　□ inspect「～を点検する」
□ That's something.「それはよかった，それは不幸中の幸いである」

質問の訳　男性が女性に謝っているのはなぜか？

選択肢の訳
1　彼は水のボトルをいっぱいにするのを忘れた。
2　彼は水道が止まることを彼女に言わなかった。
3　彼は水道管点検のお知らせをなくした。
4　彼は水道管を損傷させた。

男性は２番目の発言第１文で「すまない，君に言うのを忘れていた」と謝罪している。男性は最後の発言でも謝罪しているが，こちらは女性が「なぜもっと早く言ってくれなかったのか」と言ったことに対するもの。男性が女性に伝えるべきだったのは，男性の最初の発言中の「水道管の点検がある（ので断水する）こと」だから，**2**「彼は水道が止まることを彼女に言わなかった」が正解。

# 一次試験　リスニング　Part 2

(A)　**No.13　解答　1　　No. 14　解答　4**

(A)***The Three Sisters***

For centuries, Native Americans all over North America grew corn, beans, and squash, which were often called the Three Sisters. The Three Sisters were planted together because of the strong benefits that the combination brings. When beans are grown with corn, the corn provides support for the beans as they climb up to get more sunlight. Additionally, squash keeps weeds away, and beans increase the amount of the beneficial chemical nitrogen in the soil. To make the combination work, however, planting each crop at the time when it will most help the others is essential.

In the distant past, Native American farmers were even able to grow the Three Sisters in the desert areas of the American southwest, but, unfortunately, most of this knowledge has been lost. Some Native Americans are currently working to rediscover the techniques that would allow them to grow the vegetables in very dry conditions.

**Questions**

**No. 13　What is one thing that we learn about growing the Three Sisters?**

**No. 14　What are some Native Americans trying to do now?**

Script

訳

(A)スリー・シスターズ

数百年間，北アメリカ一帯のアメリカ先住民はトウモロコシ，豆，カボチャを育てたが，それらはしばしばスリー・シスターズと呼ばれていた。スリー・シスターズは，その組み合わせによって強力な利点がもたらされたので，一緒に植えられていた。豆はトウモロコシと一緒に育てられると，より多くの日光を得ようとして豆が伸びる時にトウモロコシはその支えになる。加えて，カボチャは雑草が生えないようにし，豆は土壌中で有益な化学物質である窒素の量を増加させる。しかし，この組み合わせを機能させるには，それぞれが他の穀物にとって最も役立つ時に植えられることが必要不可欠である。

はるか昔，アメリカ先住民の農耕人はアメリカ南西部の砂漠地帯でもスリー・シスターズを栽培することができたが，残念なことに，この知識の大部分は失われてしまった。現在，アメリカ先住民の中には，非常に乾燥した気候でそれらの野菜を育てることを可能にする技術の再発見に取り組んでいる人たちもいる。

**語句・構文**

（第１段）□ squash「カボチャ」　□ keep *A* away「*A* を遠ざけておく」

□ nitrogen「窒素」

（第２段）□ rediscover「再発見する」

**No. 13** 質問の訳　スリー・シスターズの栽培に関してわかることの１つは何か？

選択肢の訳　**1**　それぞれの作物をいつ植えるかが重要である。

**2**　それらは北アメリカの狭い地域でしか育たない。

**3**　それらは雑草と競争するのが困難である。

**4**　植物の間に間隔を取ることが必要である。

第１段最終文（To make the …）で「それぞれが他の穀物にとって最も役立つ時に植えられることが必要不可欠である」と述べられていることから，**1**「それぞれの作物をいつ植えるかが重要である」が正解。**2** については，同段第１文（For centuries, Native …）に all over North America「北アメリカ一帯の」とあるので不適切。**3** については，同段第４文（Additionally, squash keeps …）にある「カボチャは雑草を生えないようにする」という内容と合致しない。**4** のような内容は述べられていない。

**No. 14** 質問の訳　アメリカ先住民の一部は現在何をしようとしているか？

選択肢の訳　**1**　より現代的な栽培技術を使う。

**2**　砂漠で栽培が可能な新しい植物を見つける。

**3**　スリー・シスターズの育て方を他者に教える。

**4**　忘れられた栽培方法を再発見する。

第２段第１文（In the distant …）で「かつてスリー・シスターズは砂漠地帯でも栽培されていたが，その知識のほとんどが失われてしまった」と述べ，続く文（Some Native Americans …）で「アメリカ先住民の中には，非常に乾燥した気候でそれらの野菜を育てる技術を再発見しようとしている人たちがいる」と述べている。したがって，**4**「忘れられた栽培方法を再発見する」が正解となる。「知識」と「技術」という表現に，放送文では knowledge と techniques が用いられているが，選択肢では methods に言い換えられている。

(B) **No. 15** 解答 2　**No. 16** 解答 1

### (B)*Children in Cities*

In previous generations, children generally had more freedom to explore their surroundings. These days, parents commonly prohibit children from taking walks, crossing streets, or even playing at playgrounds unsupervised. Author Tim Gill argues children today would benefit from being allowed to do things on their own. However, he acknowledges that since modern cities have become increasingly dangerous places, it is difficult for parents to avoid setting strict rules for children.

Gill believes design is the key to making cities child friendly. Cities are currently designed to allow people to travel easily by car, but cars are one of the greatest threats to children's safety. Rather than simply building more playground spaces, Gill wants to make cities safer for children to move through. While completely rebuilding cities is not realistic in the short term, Gill suggests that easier measures such as turning streets into car-free zones for a short time each week could have immediate benefits.

**Questions**

**No. 15　What does Tim Gill imply about modern parents?**

**No. 16　What is one thing Gill suggests that cities do?**

Script

訳

### (B)都市の子どもたち

これまでの世代では，子どもたちは普通，もっと自由に自分たちの周囲を探索することができた。最近の親たちは一般に，子どもが散歩したり，道路を渡ったり，見守りがいなければ遊び場で遊ぶことすら禁じている。作家のティム・ギルは，一人で何かするのを許すことは現代の子どものためになると主張している。しかし一方で，彼は，現代の都市はますます危険な場所になっているので，親が子どものために厳しい規則を設けずにいるのは難しいと認めている。

ギルは，デザインが子どもに優しい都市を作るカギだと考えている。都市は現在，人々が車で簡単に移動できるようにデザインされているが，車は子どもの安全にとって最も大きな脅威の１つである。より多くの遊び場をただ作るのではなく，都市を子どもが移動するのにもっと安全なものにしようとギルは考えている。都市をすっかり改造するのは短期的には現実的でないが，毎週短時間，道路を自動車通行禁止区域にするなどのもっと簡単な手段であれば，すぐに効果が得られるだろうとギルは提案している。

**語句・構文**

(第１段) □ unsupervised「監督されていない」　□ on *one's* own「一人で，独力で」

(第２段) □ rebuild「～を再建する，改造する」

**No. 15** 質問の訳 ティム・ギルは現代の親について何をほのめかしているか？

選択肢の訳 **1** 彼らは子どもたちの安全について十分に考えていない。

**2** 彼らは子どもたちのために厳格な規則を設けざるを得ないことが多い。

**3** 彼らは子どもたちと一緒にもっと多くの時間を過ごすべきだ。

**4** 彼らは子どもたちにさまざまな体験を与えている。

第1段最終文（However, he acknowledges …）で「彼は親が子どものために厳しい規則を設けずにいるのは難しいと認めている」とある。he は直前の文（Author Tim Gill …）中の Tim Gill を指す。よって，**2**「彼らは子どもたちのために厳格な規則を設けざるを得ないことが多い」が正解。放送文では it is difficult for parents to avoid setting …という表現が，選択肢では They are often forced to set …に言い換えられている。

**No. 16** 質問の訳 ギルが都市が行うべきだと提案していることの1つは何か？

選択肢の訳 **1** 道路が自動車通行止めになる時間を設ける。

**2** 遊び場から駐車場を取り除く。

**3** 都市の中心部の外側に新しい道路を建設する。

**4** 車の設計を変えることで，車をより安全にする。

第2段最終文（While completely rebuilding …）の Gill suggests 以下で，「毎週短時間，道路を自動車通行禁止区域にするなどの手段であれば，すぐに効果が得られるとギルは提案している」とあるから，**1**「道路が自動車通行止めになる時間を設ける」が正解になる。「道路を自動車通行禁止区域にする」という表現が，放送文では turning streets into car-free zones で，選択肢では streets are closed to cars に言い換えられていることに注意する。close *A* to *B* で「*A*（場所など）を *B* に対して通行止めにする」の意味。同段第1文（Gill believes design …）で，「ギルはデザインが子どもに優しい都市を作るカギだ考えている」と述べているが，**2**・**3**・**4**のような内容は述べられていない。

(C) **No. 17 解答 3 No. 18 解答 4**

(C)***Art in the Amazon***

An enormous collection of primitive paintings discovered in the Amazon jungle is causing debate among scientists. Thousands of images have been discovered on rock walls, and the team of researchers who discovered them believe that they include representations of extinct creatures that disappeared after the Ice Age ended. If so, the artists may have been the first humans ever to reach the Amazon region, arriving before it was covered in rain forest. Many of the larger animals appear to be surrounded by men with their hands raised in the air, and it is suspected the animals were being worshipped.

Other scientists, however, have expressed doubts regarding the age of the paintings. Since the images are extremely well-preserved, these critics believe it is likely they were painted centuries rather than millennia ago. Furthermore, since the images lack detail, the scientists argue that they might represent creatures brought to the Americas by Europeans.

**Questions**

**No. 17 What does the team of researchers believe about the paintings?**

**No. 18 What do some other scientists think about the paintings?**

Script

訳

(C)アマゾンの芸術

アマゾンのジャングルで発見された膨大な数の原始的な絵画が，科学者の間で論争を引き起こしている。何千もの像が石の壁で発見され，それらを発見した研究者のチームは氷河時代が終わった後に消滅した絶滅生物の描写が含まれていると考えている。もしそうならば，描いた人たちは，アマゾン地域に最初に到達した人類で，そこが熱帯雨林で覆われる前に着いたのかもしれない。たくさんの大型動物が，両手を宙に上げた人間に囲まれているように見えるので，動物があがめられていたと考えられている。

その一方で，他の科学者たちは絵画の年代について疑問を呈している。像の保存状態が極めてよいので，批判をしている人たちは，それらは数千年前ではなく，数百年前に描かれた可能性が高いと考えている。さらに，像には細部が欠けていることから，それらはヨーロッパの人たちによって南北アメリカに持ち込まれた生物を描いたものかもしれないと科学者たちは主張している。

**語句・構文**

(第1段) □ primitive「原始の，太古の」 □ representation「描写」
□ extinct「絶滅した」 □ the Ice Age「氷河時代」
□ men with their hands raised in the air「両手を宙に上げた人間」 with 以下は付帯状況を表し，直前の名詞 men を修飾している。

(第2段) □ millennia millennium「千年間」の複数形。
□ represent「(絵などが) ～を描いてある」

**No. 17** **質問の訳** 研究者のチームが絵画について考えていることは何か？

**選択肢の訳** **1** それらは熱帯雨林がどのようにして作られたかを説明している。

**2** それらは初期の人間がどんな様子だったかを示している。

**3** それらは絶滅した生物を含んでいる。

**4** それらは宗教儀式で使われた。

第1段第2文（Thousands of images …）の後半部 and the team 以下に「研究者のチームは氷河時代が終わった後に消滅した絶滅生物の描写が含まれていると考えている」と述べられているので，**3**「それらは絶滅した生物を含んでいる」が正解。「絶滅した」という表現が，放送文では extinct で，選択肢では died out に言い換えられている。**4** については，同段最終文（Many of the …）で動物が崇拝の対象になっていた可能性について言及されているが，絵画が宗教儀式で使われたとは述べられていないので不適切。

**No. 18** **質問の訳** 他の一部の科学者が絵画について考えていることは何か？

**選択肢の訳** **1** それらは保存される必要はない。

**2** それらはおそらくヨーロッパ人によって作られた。

**3** それらはかつて，はるかに詳しく説明されていた。

**4** それらは数千年前のものではない。

第2段第2文（Since the images …）で「批判をしている人たちは，それらは数千年前ではなく，数百年前に描かれた可能性が高いと考えている」と述べられている。この文の主語 these critics は，同段第1文（Other scientists, however,…）の Other scientists を言い換えたものである。したがって，**4**「それらは数千年前のものではない」が正解。**2** については，同段最終文（Furthermore, since the …）に「描かれている生物がヨーロッパ人によって持ち込まれた可能性」について言及しているが，ヨーロッパ人が絵を描いたとは述べていないので不適切。また，同文の since の節に「像には細部が欠けている」とあるが，**3** のような内容は述べられていない。

(D) **No. 19** 解答 4 **No. 20** 解答 2

**(D)*Milton Berle***

Milton Berle was one of America's most famous comedians. He was successful on stage and in films, and in the 1940s, he began hosting one of the world's first television programs. Berle's variety show was known for its silly comedy and wide range of guest performers. Televisions were rare luxury items when it began, but the program was such an incredible hit that it became a driving reason behind the huge increase in TV ownership.

As well as his pioneering work as an entertainer, Berle also fought for civil rights, famously helping to break down barriers against Black performers appearing on TV. When an advertiser tried to prevent a Black dance group from appearing on his show, Berle refused to perform until the advertiser gave in and the dancers were allowed on. Berle also set a record for appearing in more charity performances than any other performer.

**Questions**

**No. 19 What is one thing that we learn about Milton Berle's TV show?**

**No. 20 What is one thing Berle was known for?**

Script

訳

(D)ミルトン・バール

ミルトン・バールはアメリカで最も有名なコメディアンの一人だった。彼は舞台や映画で成功し，1940 年代には世界初のテレビ番組の 1 つで司会を始めた。バールのバラエティショーは，ばかばかしいコメディと幅広いゲスト出演者で知られていた。テレビはそれが始まった頃には珍しいぜいたく品だったが，その番組が信じられないほど大成功し，テレビ所有者数を大幅に増加させる推進力になった。

エンターテイナーとしての先駆的な仕事に加えて，バールは公民権のためにも闘い，よく知られているように，黒人のテレビ出演に反対する壁を取り除くのを助けた。広告主が黒人のダンスグループが彼のショーに出るのを阻止しようとした時には，広告主が屈してダンサーたちの出演が許されるまで，バールは出演を拒否した。バールはまた，他のどの役者よりも多くの慈善興行に出演した記録も作った。

語句・構文

(第 1 段) □ host「〈テレビなどで〉(番組) を司会する」 □ driving「推進させる」

(第 2 段) □ fight for ～「～のために戦う」 □ civil rights「公民権，市民権」

□ break down ～「～ (障害など) を取り除く」 □ barrier「障害，障壁」

□ advertiser「広告主」 □ give in「降参する，屈する」

**No. 19** **質問の訳** ミルトン・バールのテレビショーについてわかることの１つは何か？

**選択肢の訳** **1** 人気映画を基にしていた。

**2** 多くのぜいたく品を配った。

**3** 毎週喜劇の競技会があった。

**4** 多くの人々にテレビを買う気にさせた。

第１段最終文（Televisions were rare …）の後半部 but 以下で，「その番組が信じられないほど大成功し，テレビ所有者数を大幅に増加させる推進力になった」とある。the program「その番組」とは，同段第２・３文（He was successful … of guest performers.）で述べられている，「世界初のテレビ番組の１つであったバールのバラエティショー」を指している。the huge increase in TV ownership「テレビ所有者数の大幅な増加」とは，たくさんの人がテレビを買ったことを意味しているのだから，**4**「多くの人々にテレビを買う気にさせた」が正解。

**No. 20** **質問の訳** バールは何で知られていたか？

**選択肢の訳** **1** 黒人の出演者を支援するための慈善活動を始めたこと。

**2** テレビ業界における人種差別と闘ったこと。

**3** 彼が作った独特な広告。

**4** 彼の驚くべきダンスの才能。

第２段第１文（As well as …）の Berle also 以下に「バールはよく知られているように，黒人のテレビ出演に反対する壁を取り除くのを助けた」とあり，直後の文（When an advertiser …）では，黒人に差別的な広告主と闘ったことが述べられている。よって，**2**「テレビ業界における人種差別と闘ったこと」が正解。**1** については，同段最終文（Berle also set …）に「慈善興行の出演数で記録を作った」とあるが，慈善興行の目的は述べられていないし，彼が始めたとは述べられていないので不適切。**4** については，バールが喜劇役者やテレビ番組の司会者として成功したことは第１段第１・２文（Milton Berle was … first television programs.）からわかるが，ダンスについては言及されていないので不適切。**3** のような内容は述べられていない。

(E) **No. 21** 解答 1　　**No. 22** 解答 4

(E) ***Déjà Vu***

The term "déjà vu" refers to a person's feeling that they have already experienced the situation they are currently in. While causes for déjà vu have been proposed since the nineteenth century, little research was done on it until the 2000s, when the scientist Alan Brown studied the phenomenon. He found that people experience it less as they age and that it is usually triggered by a location or setting.

More recently, researchers used virtual reality to study déjà vu. They had subjects enter virtual environments, such as bowling alleys or subway stations. Some of these spaces were laid out similarly—for example, pieces of furniture with similar shapes but different appearances were arranged in the same positions. The researchers found subjects were more likely to feel déjà vu when entering new spaces that were organized like spaces they had previously entered. Still, they say this is likely just one of many factors that cause déjà vu.

**Questions**

**No. 21　What was one of Alan Brown's findings about déjà vu?**

**No. 22　In the virtual reality study, what led some subjects to experience déjà vu?**

Script

訳

(E)デジャヴュ

「デジャヴュ」という語は，現在置かれている状況をすでに経験したことがあるという感覚のことを指す。デジャヴュの原因は19世紀から提唱されてきたが，2000年代に科学者アラン・ブラウンがこの現象を研究するまでほとんど研究がなされていなかった。彼は，人は年をとるにつれてそれを経験することが減ること，たいていの場合，場所や設定によって引き起こされることを見つけた。

さらに最近になって，研究者たちはデジャヴュを研究するためにバーチャルリアリティを使った。彼らは被験者に，ボウリング場や地下鉄駅などの仮想環境に入ってもらった。これらのうちのいくつかは似たようにレイアウトされていた――例えば，似たような形だが外観の異なる数点の家具が同じ場所に配置された。研究者たちは，前に入ったことがある空間と同じような構成の新しい空間に入ると，被験者がデジャヴュを感じる可能性が高いことを発見した。しかし，彼らは，おそらくこれはデジャヴュを引き起こす多くの要因のうちの1つにすぎないだろうと述べている。

**語句・構文**

(表題)　☐ Déjà vu「既視感，デジャヴュ」

(第1段)　☐ age「年をとる」　☐ trigger「～を引き起こす，誘発する」

☐ setting「(場面・舞台・時代) 設定，環境」

（第２段）☐ virtual reality「バーチャルリアリティ，仮想現実」
☐ bowling alley「ボウリング場」
☐ lay *A* out〔out *A*〕「*A* の配置計画をする」

**No. 21** 質問の訳　デジャヴュについてアラン・ブラウンが発見したことの１つは何か？

選択肢の訳　**1**　それは人々が若いときにより頻繁に起こる。
**2**　それについての過去の研究は，主に男性の被験者を参加させていた。
**3**　それは 19 世紀以降，より一般的になった。
**4**　人々はそれを他の感情と間違えることが多い。

第１段最終文（He found that …）の主語 He は前文（While causes for …）中の Alan Brown を指し，彼が発見したことが２つ述べられている。１つ目の that 節に「人は年をとるにつれてそれを経験することが減る」とあり，it は前文末尾の the phenomenon, すなわち déjà vu を指している。この内容を言い換えた，**1**「それは人々が若いときにより頻繁に起こる」が正解となる。

**No. 22** 質問の訳　バーチャルリアリティによる研究で，被験者にデジャヴュを経験させたのは何か？

選択肢の訳　**1**　広い公共の場所を探索すること。
**2**　全く同じ家具がある空間を見ること。
**3**　違う空間で同じ活動を行うこと。
**4**　なじみのあるレイアウトの空間に入ること。

バーチャルリアリティによる研究について述べている第２段を参照する。第４文（The researchers found …）で「前に入ったことがある空間と同じように構成されている新しい空間に入ると，被験者がデジャヴュを感じる可能性が高い」とある。new spaces that were organized like spaces they had previously entered については，第２・３文（They had subjects … the same positions.）で「被験者が入った仮想環境のうちのいくつかは似たようにレイアウトされていた」と説明されている。これらの情報から，**4**「なじみのあるレイアウトの空間に入ること」が正解となる。**2** については，家具について述べた第３文の内容に合致しない。

(F) **No. 23** **解答** **2** **No. 24** **解答** **1**

(F)***The English Longbow***

During medieval times, one of the deadliest weapons used by English armies was the longbow. About two meters in length, this powerful weapon allowed an archer to fire extremely rapidly, shooting up to six arrows per minute. A variety of arrows were used, such as the bodkin and the broadhead. The bodkin arrow was the most common, and its narrow tip could pass through most kinds of armor. The larger broadheads, on the other hand, caused more-devastating wounds to lightly armored enemies.

Though highly effective, the longbow required years of practice to master. Since it was an essential tool for English armies, King Henry VIII even passed a law requiring that all healthy males train regularly in its use. Examinations of the skeletons of longbowmen have found that this training actually altered them physically. Bones in their arms became thickened, and their spines became twisted through constant use of the bow.

**Questions**

**No. 23 What is one thing that we learn about bodkin arrows?**

**No. 24 What does the speaker say about King Henry VIII?**

Script

訳

(F)イングランドのロングボウ

中世において，イングランド軍が用いた最も殺傷能力の高い武器の１つはロングボウだった。長さ約２メートルのこの強力な武器を使うと射手は極めて速く発射することができ，１分間に６本の矢まで放つことが可能だった。ボドキンやブロードヘッドなどのさまざまな種類の矢が用いられた。ボドキン矢は最も一般的で，その細長い先端はほとんどの種類の甲冑を貫通することができた。一方，それより大きいブロードヘッドは軽装甲の敵により大きな傷を負わせた。

極めて効果的だったが，ロングボウは習得するのに何年間も練習する必要があった。イングランド軍にとって必須の道具であったため，ヘンリー８世は健康な男性全員が定期的にその使い方を訓練することを求める法律を作った。ロングボウの射手の骸骨を調査した結果，実際にこの訓練によって肉体的な変化があったことがわかった。彼らの腕の骨は太くなり，その弓を使い続けたことで背骨は曲がってしまった。

**語句・構文**

(表題) □ longbow「大弓，長弓」

(第１段) □ medieval「中世の」 □ deadly「死を招くような，致命的な」
□ archer「弓の射手」 □ fire「発射する」 □ arrow「矢」
□ bodkin「千枚通し」 □ broadhead「(平たい頭の) 鉄矢じり」
□ armor「甲冑」 □ devastating「破壊的な」

（第 2 段） □ pass「（法案などを）可決する」　□ skeleton「骨格，骸骨」
□ thicken「厚くなる，太くなる」　□ spine「背骨」

**No. 23**　**質問の訳**　ボドキン矢についてわかることの 1 つは何か？

**選択肢の訳**　**1**　他の矢よりも速く飛んだ。
**2**　甲冑に対して有効だった。
**3**　最も長い種類の矢だった。
**4**　普通，鋼鉄で作られた。

第 1 段第 4 文（The bodkin arrow …）の後半部 and 以下で「細長い先端はほとんどの種類の甲冑を貫通することができた」と述べられているから，**2**「甲冑に対して有効だった」が正解。放送文の pass through most kinds of armor は，武器として有効であるということから，選択肢では effective against armor に言い換えられていることに注意する。放送文では，材料についての言及はないので **4** は不適切。**1**・**3** は，ロングボウについて述べている同段第 2 文（About two meters …）中の単語に関連付けた選択肢。本問は聞き慣れない単語が多いが，先に選択肢に目を通しておき，矢に関する内容であることを把握しておくと理解の助けとなるだろう。

**No. 24**　**質問の訳**　話し手がヘンリー 8 世について述べていることは何か？

**選択肢の訳**　**1**　彼は男性にロングボウを使う練習をさせた。
**2**　彼はロングボウを射る達人だった。
**3**　彼はロングボウの攻撃で重傷を負った。
**4**　彼はロングボウを外国の軍隊に売った。

第 2 段第 2 文（Since it was …）で「ヘンリー 8 世は健康な男性全員が定期的にその使い方を訓練することを求める法律を作った」と述べられている。its は第 2 段第 1 文（Though highly effective, …）中の longbow を指しているから，**1**「彼は男性にロングボウを使う練習をさせた」が正解。「男性」という表現が，放送文では males で，選択肢では men に，「その（＝ロングボウの）使い方を訓練する」という表現が，放送文では train regularly in its use で，選択肢では practice using longbows に言い換えられている。

# 一次試験　リスニング　Part 3

(G)　**No. 25　解答　2**

OK, the Western is an all-leather backpack. It converts to a briefcase, so it's great for business environments. It's a bit heavy, though, so I wouldn't use it on long walks. The Dangerfield is a waxed canvas backpack that's water-resistant, so it's great for outdoor activities. It's also handsome enough for the office. The Spartan is also made of waxed canvas. It's very functional but a bit too sporty for professional contexts. The Winfield is a similar bag, but it's made of water-resistant leather. The thin strap can make it uncomfortable to carry for extended periods of time, though.

Script

訳　さて，ウェスタンは総革製のバックパックです。それは書類かばんに形が変わりますので，ビジネスの環境に最適です。でも，少し重いので，私だったら，長時間歩く時には使いませんね。デインジャーフィールドはワックス加工されたキャンバス生地でできた耐水性のあるバックパックですから，屋外の活動に最適です。それは，オフィスでも十分に通用する外観です。スパルタンもワックス加工されたキャンバス生地でできています。とても実用的ですが，仕事の場面では少しスポーティーすぎます。ウィンフィールドは似たようなかばんですが，耐水性のある皮でできています。肩紐が細いので長時間背負うと不快に感じる可能性がありますが。

**語句・構文**

□ backpack「リュックサック，バックパック」　□ convert to ～「～に変形する」
□ briefcase「(革製の) 書類かばん」　□ wax「～に蠟を引く〔塗る〕」
□ canvas「キャンバス生地，帆布」　□ water-resistant「耐水性の」
□ handsome「見た目がよい」　□ functional「実用的な」
□ professional「職業上の」　□ context「背景，状況」　□ strap「肩紐」
□ extended「長い，長期にわたる」

**状況の訳**　あなたは今度の出張で使うかばんを必要としている。休暇にはそのかばんを使ってハイキングへも行くつもりだ。店員はあなたに次のように言う。

**質問の訳**　あなたはどのかばんを買うべきか？

**選択肢の訳**　**1**　ウェスタン。　**2**　デインジャーフィールド。
**3**　スパルタン。　**4**　ウィンフィールド。

出張とハイキングの両方で使用できるかばんがどれかを聞き取る。第4・5文（The Dangerfield is … for the office.）は，**2**のかばんについてで，第4文のso以下で「屋外の活動に最適」と述べられ，第5文でhandsome enough for the office「オフィスでも十分に通用する外観」と述べられるから，**2**「デインジャーフィールド」が適切とわかる。**1**については，第3文（It's a bit …）の説明からハイキングに向かない。**3**については，第7文（It's very functional …）のbut以下の説明から仕事に向かない。**4**については，最終文

(The thin strap …) からハイキングに向かない。

## (H) No. 26 解答 2

Nearest to the airport are SKM Budget Parking and the Vanier Plaza Hotel. They both offer covered parking lots that feature security patrols. SKM Budget Parking is the better deal at $13 per day. It only offers short-term parking, though, for up to a week max. If your trip is longer than that, you could pay a $17 rate at the Vanier Plaza Hotel. If an open, non-patrolled parking lot is acceptable, then Nelson Street Skypark offers parking for $9 per day. Another option would be the Econolodge, which is $19 per day. It's indoors and quite safe, though it's a little far.

Script

訳　空港に最も近いのは，SKM バジェットパーキングとバニエ・プラザホテルだね。両方とも屋根付きの駐車場があり，警備員の巡回を売りにしている。SKM バジェットパーキングの方がお得で 1 日 13 ドル。でも，短期間の駐車だけで，最長 1 週間までだ。もし旅行がそれより長ければ，バニエ・プラザホテルで 17 ドルの料金を支払うことになるね。もし，屋根がなく，巡回もない駐車場でもよければ，ネルソンストリートスカイパークが 1 日 9 ドルで駐車場を提供しているよ。別の選択肢はエコノロッジで，1 日 19 ドル。少し遠いけど，屋内で，非常に安全だ。

**語句・構文**

- ☐ covered「覆い〔屋根〕のある」　☐ parking lot「駐車場」
- ☐ feature「～を特色にする」　☐ security「警備」　☐ patrol「巡回」
- ☐ up to ～「(最高) ～まで」　☐ max「最大限で」
- ☐ rate「(単位当たりの) 料金」　☐ acceptable「受け入れられる」

**状況の訳**　あなたは空港の近くで 16 日間駐車する必要がある。最適価格にしたいが，車が損傷を受けることを心配している。友人が選択できるものについてあなたに話す。

**質問の訳**　**あなたはどの駐車場を使うべきか？**

**選択肢の訳**　**1**　SKM バジェットパーキング。　**2**　バニエ・プラザホテル。
**3**　ネルソンストリートスカイパーク。　**4**　エコノロッジ。

「空港の近くで 16 日間」，「最適価格が望ましいが，車が損傷を受けない場所」という条件を頭に入れておく。価格に関してはメモを取るといいだろう。第 1・2 文 (Nearest to the … feature security patrols.) から，**1** と **2** は空港からの近さと安全面に問題がないことがわかる。第 3・4 文 (SKM Budget Parking … a week max.) から，**1** は期間の条件に合わないことがわかる。第 5 文 (If your trip …) からは，**2** の料金が 17 ドルだとわかる。第 6 文 (If an open, …) は，**3** についてで，安全面の条件に合わない。第 7・8 文 (Another option would … a little far.) から，**4** は安全面での条件に合うが，1 日 19 ドルで空港から少し遠いと述べられる。したがって，**2** と **4** が候補になるが，料金と近さの点から考えて，**2**「バニエ・プラザホテル」が適切とわかる。

## (I) No. 27 解答 3

Please look at the display. If the green light is blinking, this means it needs to be cleaned. To do this, simply remove the filter and clean it carefully. You can find a tutorial video on our website. If the blue light is flashing, the air conditioner may be overheating. In such a case, you can speed up cooling by leaving the panel open. Be sure to unplug the air conditioner before touching the unit. If this does not solve the problem, and you would like to schedule a service call by a technician, press 1.

Script

**訳** 表示部を見てください。緑色のランプが明滅しているならば，掃除が必要なことを意味しています。これには，フィルターを取り外して，それを丁寧に掃除していただくだけで結構です。ウェブサイトに説明動画があります。青いランプが点滅しているならば，エアコンがオーバーヒートしている可能性があります。その場合は，パネルを開けた状態にしておくことで，冷却速度を上げることができます。パネルに触れる前に，必ずエアコンのプラグを抜いてください。これで問題が解決せず，技術者による修理サービスの予約をご希望であれば，1を押してください。

**語句・構文**

□ display「表示部」　□ blink「(明かり・星などが) 明滅する」
□ tutorial video「(商品・サービスなどの) 説明動画」　□ flash「点滅する」
□ overheat「オーバーヒートする，過熱する」　□ cooling「冷却」
□ unplug「(電気器具の) プラグを抜く」　□ unit「(特定の用途を持つ) 装置」
□ call「(短い) 訪問」　□ technician「技術者」

**状況の訳** あなたのエアコンが突然止まり，青いランプが点滅している。あなたはカスタマーサポートに電話をし，次の録音されたメッセージを聞く。

**質問の訳** **あなたは最初に何をするべきか？**

**選択肢の訳**
**1** エアコンのフィルターを取り外す。
**2** エアコンのパネルを開ける。
**3** エアコンの電源を切る。
**4** サービスの予約をする。

「青いランプが点滅している」ことを頭に入れておく。第5～7文（If the blue … touching the unit.）が，関連する情報である。第7文で「その装置に触れる前に，必ずエアコンのプラグを抜く」ように注意される。the unit「その装置」とは，第6文（In such a …）中の the panel「パネル」を指している。したがって，**2** ではなく，**3**「エアコンの電源を切る」が正解となる。解答らしき情報があっても，放送文を最後まで聞く必要がある。「プラグを抜いて～の電源を切る」という表現が，放送文では unplug で，選択肢では disconnect に言い換えられている。

(J) **No. 28 解答 3**

I understand you've only read the September issue. I'll explain the others briefly. The July issue has an overview of the latest advancements in physics, centering on last year's breakthrough in the field of particle physics. The next issue focuses on recent genetic discoveries and various ongoing experiments with DNA and RNA, but unfortunately, this one is out of print. The October issue is also centered around research in genetics, especially its potential medical applications. Finally, if you'd like to deepen your understanding of modern geology, the November issue would be perfect. It thoroughly explains the current mainstream theories on volcano formation.

Script

訳 9月号だけお読みになったのですね。他の号について簡単に説明します。7月号は物理学の最新の進歩の概説で，素粒子物理学の分野における昨年の飛躍的な前進が中心になっています。その次の号は，最近の遺伝学的発見とDNAとRNAを用いたさまざまな進行中の実験に焦点を当てていますが，残念ながら，この号は絶版です。10月号も遺伝学の研究が中心で，特に医学的応用の可能性について取り上げています。最後に，現代の地質学の理解を深めたいのでしたら，11月号が完璧でしょう。それは，火山形成に関する最新の主流派理論を余すところなく説明しています。

**語句・構文**

□ issue「(定期刊行物の) 号」 □ overview「概説，概要」 □ physics「物理学」
□ center on ～「～を中心とする」 □ breakthrough「飛躍的な前進」
□ particle「素粒子」 □ genetic「遺伝 (学) の」 □ ongoing「進行している」
□ out of print「(本が) 絶版になって」
□ potential「潜在的な，発達の可能性がある」
□ medical「医学の，医療の」 □ application「応用」 □ deepen「～を深める」
□ geology「地質学」 □ thoroughly「徹底的に」 □ mainstream「主流」
□ volcano「火山」 □ formation「形成」

**状況の訳** あなたは月刊科学雑誌の既刊号を注文したい。あなたは遺伝学に興味がある。あなたは雑誌の出版社に電話をし，次のように言われる。

**質問の訳** **あなたはどの号を注文するべきか？**

**選択肢の訳**
**1** 7月号。 **2** 8月号。
**3** 10月号。 **4** 11月号。

「遺伝学に興味がある」ということを頭に入れて聞く。第3文 (The July issue …) から，7月号は物理学の概説だとわかるので，**1**は不適切。第4文 (The next issue …) から，その次の号 (＝8月号) は遺伝学の特集だが絶版だとわかるので，**2**は不適切。第5文 (The October issue …) で「10月号も遺伝学の研究が中心」と述べられるので，**3**「10月号」が正解となる。**4**については，第6文 (Finally, if you'd …) で，地質学の特集だと述べているので不適切。

## (K) No. 29 解答 1

Bentham Foods is recalling all cans of its tuna sold from May 15 to July 1 because of suspected health risks. Customers who have consumed tuna from these cans are advised to call our recall hotline. For unopened cans, if you have one or more cases of 24 cans, please visit our website for instructions on how to arrange a pickup and a full refund. Customers with less than one case may exchange the cans or return them for a full refund at the store where they were purchased. The cans don't pose any risk while unopened, but please avoid consuming tuna from any cans bought during the affected dates.

Script

訳 ベンサムフードは，健康上のリスクの疑いがあるために，5月15日から7月1日に販売されたすべてのツナ缶を回収しています。これらの缶詰からツナを食べたお客様は私たちのリコールホットラインに電話してください。開けていない缶については，24缶入りの箱を1つ以上持っている場合には，私たちのウェブサイトを訪れて，集荷と全額払い戻しの手配の仕方について指示をご覧ください。1箱に満たないお客様は，購入された店で缶の交換あるいは返品して全額払い戻しが可能です。開けていない状態で缶詰がリスクを引き起こすことはありませんが，影響がある期間に購入した缶詰からツナを食べることは避けてください。

語句・構文

☐ recall「（不良品など）を回収する」 ☐ tuna「（缶詰などの）マグロの肉，ツナ」
☐ suspected「～と疑われる」 ☐ consume「～を消費する」
☐ hotline「ホットライン，直接電話回線」 ☐ pickup「（荷物などの）集荷」
☐ refund「払い戻し」 ☐ pose「（危険など）を引き起こす」
☐ affected「影響を受けた」

**状況の訳** あなたは，ベンサムフードのツナを5缶，スーパーマーケットで5月30日に買った。あなたは次の放送をテレビで聞く。あなたはそのツナを1つも食べていない。

**質問の訳** あなたは何をするべきか？

**選択肢の訳**
**1** 買った店へ缶詰を持って行く。
**2** ベンサムフードのリコールホットラインに電話する。
**3** 缶詰を引き取ってもらうよう手配する。
**4** ベンサムフードのウェブサイトを訪れて指示を見る。

「ツナ5缶を5月30日に購入した」，「1つも食べていない」という2点を頭に入れておく。第3文（For unopened cans, …）で，開けていない缶詰についての指示があるが，「24缶入りの箱を1つ以上持っているならば」という条件に合わないので，**3**と**4**は不適切とわかる。第4文（Customers with less …）の「1箱に満たないお客様」に該当するので，**1**「買った店へ缶詰を持って行く」が正解となる。**2**については，第2文（Customers who have …）から，ツナを食べた客が対象だとわかり，不適切である。放送文では，状況では提示されていない「24缶入りの箱」という単位が用いられている。また，選択肢の順番が，放送文で出てくる順になっていないことにも注意が必要。

# 二次試験　面接　問題カードA

**解答例**　**<u>One day, a university student was watching TV with his mother and grandfather.</u> The TV program was explaining that many elderly drivers were involved in traffic accidents. The grandfather looked concerned by this news and said that he should stop driving. The other family members agreed. The next week, the student was walking outside of ABC Driving School. He was holding a registration form for the school as he had decided to get a driver's license. A few months later, the grandfather and the mother were sitting at home. The student was proudly holding his driver's license and said to his grandfather that now he could drive him anytime. The grandfather seemed delighted to hear this. That weekend, the grandfather was looking at his calendar. He seemed pleased to have made many plans. The mother told her son that his grandfather had plans every weekend.**

訳　ある日，大学生は母親と祖父と一緒にテレビを見ていた。テレビ番組では，多くの高齢ドライバーが交通事故に関係していると説明していた。祖父はこのニュースに心配している様子で，自分は運転をやめるべきだと言った。他の家族たちは同意した。その翌週，学生はABC自動車学校の外を歩いていた。彼は運転免許を取ろうと決めて，学校の登録用紙を手に持っていた。数カ月後，祖父と母親は家で座っていた。学生は誇らしげに免許証を手に持ち，祖父に向かって，これからはいつでも彼を車に乗せることができると言った。祖父はこれを聞いて喜んでいるようだった。その週末，祖父は自分のカレンダーを見ていた。彼はたくさんの予定を立てて満足そうだった。母親は息子に，祖父が毎週予定を入れていると言った。

▶ナレーションに含めたいポイントは以下の通り。①高齢ドライバーが関係する交通事故の報道を見て，祖父が自分は運転をやめるべきだと言い，大学生と母親が同意する。②その翌週，大学生は自動車学校に通うことにする。③数カ月後，大学生は免許を取り，祖父に向かって，いつでも車に乗せることができると言う。④その週末，祖父は毎週末に予定を入れ，母親がそのことを息子に話している。1コマ目のナレーションでは，テレビ画面のグラフに注目して，The number of traffic accidents involving elderly drivers is on the rise.「高齢ドライバーが関係する交通事故が増加している」のように報道の内容を述べることもできる。4コマ目のナレーションには，母親の困った表情をwith a perplexed lookのように加えてもよいだろう。なお，〔解答例〕のように間接話法を使う場合は，時制や代名詞を適切に変える必要があるので注意すること。

**質問の訳**

No. 1　4番目の絵を見てください。もしあなたが大学生ならば，何を考えているでしょうか？

No. 2　親は子どもにもっと厳しくするべきだと思いますか？

No. 3　最近テレビで見るニュースは信頼できるものでしょうか？

No.4　将来，より多くの人々が定年を過ぎても働くことを選ぶでしょうか？

**No. 1** 解答例 **I'd be thinking that I'll need to talk to my grandfather about his plans. I want to help him get around and enjoy himself, but I also need to be able to make my own plans on the weekends sometimes.**

訳 私ならば，祖父と予定について話す必要があると考えているだろう。彼があちらこちらへ出かけて楽しむのを手伝いたいが，私も時々は週末に自分の予定を立てられるようにする必要がある。

仮定法で質問されているので，I'd be thinking …のように仮定法で答える。指定された4コマ目の絵の大学生の表情は，3コマ目のような笑顔ではない。〔解答例〕のように「祖父を助けたいが，自分の予定も入れたい」という複雑な心境だと答えてもよいし，On days when I have plans, my grandfather could use some other means of transportation, such as taxis and trains.「自分の予定がある日は，祖父にタクシーや電車などの他の交通手段を使ってもらえばよい」などの答えも考えられる。あるいは，「いつでも乗せてあげるなどと祖父に言わなければよかったと後悔している」といった答えも考えられる。

**No. 2** 解答例 **I don't think so. Children need to have some freedom in their lives. Having too many rules prevents children from expressing themselves. Also, children need to learn how to make their own decisions.**

訳 私はそうは思わない。子どもの生活には自由が必要だ。あまりにも規則が多ければ，子どもが自分の気持ちを表現するのを妨げてしまう。また，子どもは自分で決断することを学ぶ必要がある。

〔解答例〕と同じくNoの立場で，Suppressing children's behavior with harsh words or attitudes does not benefit them.「厳しい言葉や態度で子どもの行動を抑えても，子どものためにならない」のような答えも考えられる。Yesの立場で解答するならば，「公共の場で他人に迷惑を掛けている子どもが増えている」，「何が他人の迷惑になるのかわからない子どもには，親が厳しくしつけるべきだ」などが理由になるだろう。

**No. 3** 解答例 **I don't think so. There is tough competition between TV stations to get more viewers. This means that they often exaggerate news stories. Unfortunately, this is also true for many newspapers and news websites these days.**

訳 私はそうは思わない。テレビ局間にはより多くの視聴者を得るために厳しい競争がある。これは，彼らがしばしばニュース記事を誇張しているということを意味している。残念ながら，このことは最近の多くの新聞やニュースウェブサイトにもあてはまる。

〔解答例〕と同じく，信頼できないという立場で，「テレビ局のニュース制作者が，視聴者の好みに合うようにニュースを編集している可能性がある」のような理由も可能だろう。Yesの立場で解答するならば，「テレビ放送は，インターネットのニュースサイトなどと比較すると高い公共性が求められているので，相対的には信頼できる」といった答えが考えられる。

**No. 4** 解答例 **Yes. People will receive less money from the national pension system in the future, so they'll have to continue working for several years. Otherwise, they'll be unable to live comfortably after they retire.**

訳 はい。将来，国民年金制度で受け取れる金額が減少するので，人々は数年間働き続ける必要があるだろう。そうしなければ，退職後に快適に暮らすことはできないだろう。

〔解答例〕と同様にYesの立場では，「日本では労働力が不足しているので，定年退職者の再雇用が促進され，多くの人が働く結果になるだろう」といった理由も考えられる。Noの立場で答えるならば，「現在でも，仕事を辞めて，余暇やボランティア活動で充実した人生を送ろうとしている人が多い」などの答えが考えられる。

## 二次試験 面接 問題カードD

解答例 **One day, a woman was working at the reception desk of a dentist's office. There were many patients in the waiting room, including children. The children looked very unhappy to be at the dentist and were crying. The woman was concerned to see this. A few days later, the woman was speaking with the dentist. She suggested that the dentist's office should provide toys for children to play with while they wait. The dentist thought it would be a good idea and agreed. The next week, there was a play area with some toys in the waiting room. Some children were playing with the toys, and they looked happy to be at the dentist. The woman was glad to see this. Later that day, the woman was looking at the toys with the dentist. The toys seemed to be badly damaged, and the dentist said that they already needed new toys.**

訳 ある日，女性は歯科医院の受付で働いていた。待合室には子どもを含めてたくさんの患者がいた。子どもたちは歯科医院にいるのがとてもいやな様子で，泣いていた。女性はこれを見て心配した。数日後，女性は歯科医と話していた。彼女は，子どもたちが待っている間に遊べるおもちゃを歯科医院が用意することを提案した。歯科医はいい考えだと思い，同意した。その翌週，待合室にはおもちゃのある遊び場があった。何人かの子どもがおもちゃで遊んでおり，歯科医院にいて楽しそうだった。女性はこれを見てうれしかった。その日遅く，女性は歯科医と一緒におもちゃを見ていた。おもちゃはひどく損傷している様子で，歯科医はもう新しいおもちゃが必要だと言った。

▶ナレーションに含めたいポイントは以下の通り。①歯科医院の待合室では何人かの子どもが泣いている。②数日後，女性は歯科医におもちゃを置くことを提案し，歯科医も同意する。③その翌週，待合室には子どもがおもちゃで遊べる場所ができていて，子どもたちが楽しそうにしている。④その日遅く，女性と歯科医は壊れてしまったおもちゃを見て，歯科医はもう新しいおもちゃが必要だと言う。歯科医院の待合室におもちゃを用意するというアイディアはうまくいったが，１日でおもちゃが壊れてしまったという流れを押さえる。

１コマ目では，子どもたちの親や他の患者たちの様子も描写して，The parents of the

crying children were troubled, and the other patients seemed worried about them.「泣いている子どもたちの親は困っていて，他の患者たちは心配そうだった」と述べることができる。3コマ目では，歯科医の表情から，Seeing the happy children in the waiting room, the dentist was relieved.「うれしそうに待合室にいる子どもたちを見て，歯科医は安心した」のように加えてもいいだろう。

**質問の訳**

No. 1　4番目の絵を見てください。もしあなたが女性ならば，何を考えているでしょうか？
No. 2　今は，昔よりも子育てが難しくなっていると思いますか？
No. 3　企業は自分たちの製品を安くすることに集中しすぎていると思いますか？
No. 4　政府は日本の高齢化社会の要求に応えることができるでしょうか？

**No. 1　解答例　I'd be thinking that we should buy more durable toys this time. Many children play with the toys, so it's not surprising that the first ones got damaged quickly.**

訳　私ならば，次はもっと丈夫なおもちゃを買うべきだと思っているだろう。たくさんの子どもがおもちゃで遊ぶのだから，最初のおもちゃがすぐに壊れてしまったのは驚きではない。

〔解答例〕のような答えの他には，We should put up a sign asking the children to take care of the toys.「おもちゃを大切にするように張り紙をするべきだ」，We should think of other ways to make the children happy.「子どもを喜ばせる別の方法を考えるべきだ」のような答えも考えられる。

**No. 2　解答例　I don't think so. Technology makes it easy for parents to keep their children safe, as parents can use smartphones to contact their children easily or check their locations. Also, there's a lot of free advice for parents available online.**

訳　私はそうは思わない。科学技術のおかげで，スマートフォンを使って簡単に子どもと連絡を取ったり，子どものいる場所を確認したりすることができ，親が子どもの安全を保つのは容易になっている。また，親がオンラインで利用できる無料相談が数多くある。

〔解答例〕と同じNoの立場でも，Parents can receive necessary support through parenting support services provided by local governments and businesses.「自治体や企業の子育て支援サービスによって，親は必要なサポートを受けることができる」などの例をあげることもできる。Yesの立場で答えるならば，「昔は同居する祖父母が子育ての手伝いをしてくれたり，困ったときには隣人に助けを求めたりすることができた」などの答えが考えられる。

**No. 3　解答例　Not at all. I don't think that efforts by companies to make products cheaper are enough; they should be more focused. These days,**

**saving money is the first priority for most people. That means people will prefer to buy cheaper products, and companies that make cheap products will survive in the long run.**

訳 全くそんなことはない。私は，企業が製品を安くする努力を十分行っているとは思わないし，その努力をもっと集中してやるべきだ。この頃，貯蓄はほとんどの人の最優先事項になっている。したがって，人々は安い製品を買うのを好み，安い製品を作る企業が生き残るだろう。

〔解答例〕は，企業が生き残るには安い製品を作る必要があり，現状ではまだまだ集中しすぎているとは言えないという立場である。同じ No の立場でも，「企業は高機能な製品や消費者の多様なニーズを満たす製品の生産にも積極的に取り組んでいる」のような答えも考えられる。Yes の立場で答えるならば，「企業は安い製品を大量に売ることを最優先し，労働環境の改善に取り組もうとしていない」,「企業は価格よりも環境に優しい製品の製造を優先するべきだ」などが考えられる。

**No. 4** 解答例 **Yes. Recently, there have been major advancements in medical technology. This includes robots that can take care of elderly patients. Also, the government is working to increase the number of medical facilities.**

訳 はい。近年，医療技術は大きく進歩した。これには高齢の患者を世話するロボットも含まれる。また，政府は医療機関の数を増やすことにも取り組んでいる。

〔解答例〕と同じく Yes の立場で，「政府は以前から，労働力の規模拡大，社会保障制度の強化など，人口高齢化の問題に対処するための政策を打ち出している」といった答えも考えられる。No の立場としては，「医療，介護，年金などの社会保障制度を充実させるには増税が必要となるだろうが，世代間の不平等を訴える声も多く，解決は難しいだろう」のような答えが可能だろう。

# 2022年度　第3回

Grade Pre-1

## 一次試験　解答一覧

● 筆記

| | (1) | (2) | (3) | (4) | (5) | (6) | (7) | (8) | (9) | (10) | (11) | (12) |
|---|---|---|---|---|---|---|---|---|---|---|---|---|
| 1 | 4 | 4 | 2 | 4 | 3 | 3 | 2 | 4 | 2 | 2 | 2 | 3 |
| | (13) | (14) | (15) | (16) | (17) | (18) | (19) | (20) | (21) | (22) | (23) | (24) |
| | 1 | 2 | 1 | 1 | 4 | 2 | 3 | 1 | 1 | 1 | 2 | 1 |
| | (25) | | | | | | | | | | | |
| | 3 | | | | | | | | | | | |

| | (26) | (27) | (28) | (29) | (30) | (31) |
|---|---|---|---|---|---|---|
| 2 | 1 | 3 | 4 | 4 | 3 | 1 |

| | (32) | (33) | (34) | (35) | (36) | (37) | (38) | (39) | (40) | (41) |
|---|---|---|---|---|---|---|---|---|---|---|
| 3 | 4 | 2 | 2 | 3 | 4 | 3 | 4 | 1 | 2 | 3 |

4（英作文）の解答例はP. 21を参照。

● リスニング

| | No. 1 | No. 2 | No. 3 | No. 4 | No. 5 | No. 6 | No. 7 | No. 8 | No. 9 | No. 10 | No. 11 | No. 12 |
|---|---|---|---|---|---|---|---|---|---|---|---|---|
| Part 1 | 4 | 1 | 4 | 1 | 2 | 3 | 3 | 1 | 4 | 3 | 1 | 2 |

| | A | | B | | C | | D | | E | | F | |
|---|---|---|---|---|---|---|---|---|---|---|---|---|
| Part 2 | No. 13 | No. 14 | No. 15 | No. 16 | No. 17 | No. 18 | No. 19 | No. 20 | No. 21 | No. 22 | No. 23 | No. 24 |
| | 3 | 1 | 3 | 2 | 4 | 2 | 3 | 4 | 1 | 3 | 2 | 1 |

| | G | H | I | J | K |
|---|---|---|---|---|---|
| Part 3 | No. 25 | No. 26 | No. 27 | No. 28 | No. 29 |
| | 2 | 4 | 4 | 2 | 1 |

## 一次試験　筆記　1

**(1)**　**解答**　**4**

**訳**　フェルナンドは会社の成功に重要な役割を果たしていたので，彼が来月辞めた後どうなるかみんなが心配している。

後半に「彼が辞めた後どうなるか心配している」という内容があることから，フェルナンドの存在は会社の成功にとってプラスになっていたと考えることができる。したがって，**4** **instrumental**「重要な役割を果たす」が正解となる。 **1** desperate「絶望的な，必死の」 **2** philosophical「哲学的な，思索的な」 **3** inadequate「不適切な，不十分な」

**(2)**　**解答**　**4**

**訳**　その映画は過小評価されていると感じる人もいる。それはどんな賞も取らなかったが，それが偉大な芸術作品だったと信じる人もいる。

第2文に「どんな賞も取らなかったが，それが偉大な芸術作品だと信じる人もいる」とあることから，人々がその映画がどのようなものだと感じていたかを考える。**4** **underrated**「過小評価された」が最も適している。 **1**はovertake「～を追い越す」，**2**はoverride「～を覆す」，**3**はunderfeed「～に十分な食料を与えない」の過去分詞形。

**(3)**　**解答**　**2**

**訳**　第二次世界大戦中に5,000万人以上の人々が死亡した。それは歴史上，他のどの戦争よりも多い死者数だ。

第2文にmore deathsとあることがヒント。それにつながるのは**2** **perished**「死亡した」である。 **1**はworship「～を崇拝する」，**3**はhaunt「～を悩ませる」，**4**はjeer「～をあざける」の過去形。

**(4)**　**解答**　**4**

**訳**　ウォルトのレストランは，田舎の貧しい人々が伝統的に食べていた料理を提供している。彼は，小作農たちは安い食材からおいしい料理を作るのに長けていた，と言っている。

選択肢の中で「田舎に住む貧しい人々」と言えば**4** **peasants**「小作農，小百姓」である。 **1** correspondent「通信員，特派員」 **2** janitor「清掃員，用務員」 **3** captive「捕虜，囚人」

**(5)**　**解答**　**3**

**訳**　新しい建物の設計図に深刻な欠陥が見つかったことが，建設を数カ月遅らせる原因となった。

後半に「建設が数カ月遅れる」という内容が書かれており，その原因として最も適切なものを選ぶ。**3** **flaw**「欠陥」が正解。 **1** clog「詰まり」 **2** boom「ブーム，急増」 **4** dump「投棄，ごみ捨て場」

**(6)** **解答** **3**

訳　自分の発表時間が回ってきたとき，レイチェルは自分が恐怖で動けなくなってしまった。彼女は話すことができないまま，ただみんなの前に立ちつくした。

with fear がヒント。レイチェルが恐怖でどのような状態になっているのかを考える。**3 paralyzed**「麻痺した」が正解。**1** は trim「～を整える」，**2** は tease「～をからかう」，**4** は acquire「～を獲得する」の過去分詞形。

**(7)** **解答** **2**

訳　その2つの国は，かつては戦争で互いに戦ったにもかかわらず，今では友好関係にあり，実際には同盟国である。

文頭の Despite は逆接を導くことに注目する。「かつては戦争で戦った」とあり，最後に allies「同盟国」とあることから，両国の関係が現在では良好であるという内容の選択肢を選ぶ。**2 amicable** は「友好的な」という意になるので，これが正解。**1** alleged「疑わしい」 **3** abusive「暴力的な」 **4** adhesive「接着性の」

**(8)** **解答** **4**

訳　ティナの新しい目標は健康になることだ。食事にもっと野菜を含めることに加えて，彼女は毎日のルーティンに運動プログラムを組み込むことにした。

ティナが運動プログラムをどうすることにしたのかを考え，適当な選択肢を選ぶ。**4 incorporate**「～を組み込む」が正解。**1** commemorate「～を記念する」 **2** alienate「～を遠ざける」 **3** liberate「～を解放する」

**(9)** **解答** **2**

訳　一部の歴史家は犬の飼育は1万年以上前に始まったと考えている。それ以来，犬はペットとして飼われたり，農場で働くために使われたりしてきた。

第2文に「ペットとして飼われたり，農場で働くために使われたりしてきた」とあることから，**2 domestication**「飼育」を選ぶのが最も適当である。**1** elevation「高度，昇進」 **3** deception「詐欺」 **4** verification「検証，確認」

**(10)** **解答** **2**

訳　オスカーは友好的な性格とマナーの良さでよく知られている。毎朝，彼はデスクに向かう途中でオフィスのみんなに丁寧に挨拶をする。

第1文に「友好的な性格とマナーの良さ」とあることから，オスカーがどんな挨拶をしているという文脈にすればいいかを考える。**2 courteously**「丁寧に」が正解。**1** scarcely「ほとんど～ない」 **3** tediously「うんざりするほど」 **4** obnoxiously「不快に，無礼に」

**(11)** **解答** **2**

訳　新しい図書館の計画は資金不足のために保留となった。しかし数年後，計画は再開され，建設作業が始まった。

第1文に図書館の計画が「保留された」という表現があるのに対して，第2文の最後で「建設作業が始まった」とあることに注目。保留されていた計画が始まったということなので，**2 revived**「再開された」が正解。**1** は deprive「～を奪う」，**3** は obstruct「～を邪魔する」，**4** は agitate「～を扇動する」の過去分詞形。

**(12) 解答 3**

訳　マギーの祖母は，最近とても体が弱くなってしまった。彼女は今では歩くのに助けが必要で，自力で階段を上ることができない。

第 2 文に書かれているマギーの祖母の様子を読むと，「歩くのに助けが必要」，「自力で階段を上れない」とあることから，祖母がどういう状態になったかを考えるとよい。**3 frail**「体が弱い」が正解。**1** poetic「詩的な」 **2** savage「野蛮な」 **4** rash「無謀な」

**(13) 解答 1**

訳　その小説家は独りで仕事をするのが好きだ。人が周りにいない地域にある自分の別荘にいるときだけ，よく書けるのだと彼女は言う。

第 2 文を見ると，「彼女は自分の別荘にいるときだけ上手に書ける」とあり，さらに関係代名詞 which 以下を見ると「(その家は) 人が周りにいない地域に位置している」とある。このことから，**1 solitude**「一人でいること，孤独」を選ぶのが適切である。**2** corruption「堕落，不正」 **3** excess「過剰」 **4** consent「同意」

**(14) 解答 2**

訳　考古学者たちは，古代の埋葬地を発掘している間に，宝石や陶器の一部を含む多くの遺物を発見した。これらは地元の歴史博物館に寄贈されることになる。

digging at the ancient burial ground「古代の埋葬地を掘る」がヒント。遺跡を掘って出てきたものが宝石や陶器ということなので，**2 artifacts**「遺物」が正解。**1** は setback「挫折」，**3** は pledge「誓約」，**4** は salute「敬礼，挨拶」の複数形。

**(15) 解答 1**

訳　より高速なインターネット接続とより高性能のコンピュータを使用することで，今まで以上に高速でより多くの情報を送信することができる。

**1 transmitted** は「～を送信する」の過去分詞形。これを入れれば，「より多くの情報を高速で送信できる」の意となり，文意が通る。**2** は rejoice「浮かれる」，**3** は nauseate「吐き気を催させる，気持ち悪くさせる」，**4** は offend「(感情・気分) を害する」の過去分詞形。

**(16) 解答 1**

訳　弟がすべてのお金をギャンブルで失ったことを知って，マリアは彼を非難し情けない子だと言った。

ギャンブルでお金を失った人に対する評価として，ふさわしい語を選ぶ。**1 pathetic**「哀れな，情けない」が正解。**2** analytical「分析的な」 **3** dedicated「献身的な」 **4** ceaseless「絶え間ない」

⒄ **解答** 4

訳 その建築家は現代的なスタイルの建物の設計で有名だった。彼は自身の設計が，現在の社会・文化的トレンドを反映することを望んでいた。

第2文の後半にある current social and cultural trends「現在の社会的かつ文化的トレンド」がヒント。これを自分のデザインに反映したいという内容なので，**4 contemporary**「現代的な」を選び，「現代的なスタイルの建物」とするのが最も適切である。current の言い換えであることに気づくと解きやすい。**1** preceding「前の，先行する」 **2** simultaneous「同時の」 **3** plentiful「豊富な」

⒅ **解答** 2

訳 メディアの報道が不足していたため，町の人々は化学物質の流出について知らされないままであった。その流出が制御不能になったときに初めて，メディアはその事件について報道し始めた。

町の人々が化学物質の流出について知らないという事態が起こる場合，メディアに不足しているものは何かを考えるとよい。**2 coverage**「報道」が正解。 **1** enrollment「登録，入会」 **3** assortment「寄せ集め」 **4** leverage「影響力」

⒆ **解答** 3

訳 何年もの間，税金収入より多くのお金を使ってきた政府は，今や何兆ドルもの赤字を抱えている。

前半にある「もたらされる税金よりも多いお金を使うこと」がヒント。その状況が長年続いた場合，政府が抱えるのは**3 deficit**「赤字」である。 **1** fatigue「疲労」 **2** petition「請願」 **4** conspiracy「共謀」

⒇ **解答** 1

訳 その芸術家は石から緻密な像を彫ることで生計を立てていた。そのような硬い物質を切るために，彼女はいくつかの特殊な道具を使った。

第2文にある a hard substance は，第1文の stone の言い換えだと考えられる。したがって，その芸術家の仕事が石を切って緻密な像を作ることだととらえれば，**1 carving**「～を彫ること」が最も適切であるとわかる。 **2**は lure「誘惑する」，**3**は soothe「なだめる」，**4**は rank「順位付ける」の動名詞。

(21) **解答** 1

訳 ルースは，自分のチームがコートを行ったり来たりするのをベンチから見ていた。残念なことに，彼女は肩の怪我が原因で，試合から抜けることを強いられたのだ。

第1文では，ルースが試合を外から見ている様子が読み取れる。続く第2文で，空所直前に forced her to とあることから，彼女が何をするよう強いられたかを考えると，**1 withdraw**「身を引く」を選び，「試合から抜ける」という意にするのが最も文意に合う。 **2** bypass「迂回する」 **3** upgrade「～をアップグレードする，向上させる」 **4** overload「過度な負担をかける」

**(22) 解答 1**

訳 ジョスリンは嵐が西から近づいてくるのを見た。空は暗くなり始め，風は徐々に強くなった。

第2文に「空が暗くなり始めた」，「風が徐々に強くなった」とあることから，嵐がどうなっているのを見たのかを考え，**1** **rolling in**「近づいてくる」を選ぶ。 **2** は add up「加える」，**3** は hold out「差し出す」，**4** は pass down「(次世代に) 伝える」の現在分詞形。

**(23) 解答 2**

訳 その会社は最終的に倒産するまで，5年間の売り上げ減少に苦しんだ。それは先週，永遠にその扉を閉じた。

第2文の「永遠に扉を閉じた」という表現がヒント。主語の It は第1文の The company を指すので，「会社が永遠に扉を閉じた」という内容が何の比喩であるかを考えればよい。**2** **went under**「倒産した」が正解。 **1** は dial up「増加させる」，**3** は come along「同行する」，**4** は pull through「乗り越える」の過去形。

**(24) 解答 1**

訳 契約書上の活字がとても小さかったので，ガスは単語を読み取るために虫眼鏡が必要だった。

前半に「契約書上の活字がとても小さかった」とあり，空所直前に「虫眼鏡を必要とした」とあることから，**1** **make out**「認識する」を入れ，小さい単語を読み取ることが虫眼鏡の目的と考えるのが自然である。 **2** tune up「調整する」 **3** draw up「作成する」 **4** blow out「吹き消す」

**(25) 解答 3**

訳 その猫は生まれたばかりの子猫を見守っていた。誰かが子猫たちに近づきすぎるといつも，彼女は神経質になった。

第2文の「誰かが子猫たちに近づきすぎると，彼女（＝その猫）は神経質になった」ということから，その猫が子猫たちをどうしていたかを考える。**3** **watching over**「見守っている」が正解。 **1** は pack up「荷造りする」，**2** は look into「調査する」，**4** は show up「現れる」の現在分詞形。

# 一次試験　筆記　2

訳

カリフォルニアのチャイナタウン

19 世紀後半，アメリカ合衆国への中国移民たちは仕事や住居を求める際，白人のアメリカ人からひどい差別を受けていた。したがって彼らは，チャイナタウンとして知られる地域に住む傾向があり，そこでは仕事や住む所を見つける機会がより多かった。最大規模のチャイナタウンの一つはカリフォルニア州サンノゼ市にあったが，1887 年の火災で壊滅してしまったので，そこにいた住民の生活についてはほとんど知られていなかった。

長い間，サンノゼのチャイナタウンへの食材供給は，香港や中国からのものと考えられてきた。しかし最近，かつてのゴミ捨て場にあった魚の骨を考古学者が分析したところ，常にそうだったわけではないことが明らかになった。特にこの骨が目立ったのは，その骨がジャイアントスネークヘッドとして知られる種に属しているからであった。この魚は中国や香港ではなく，むしろ東南アジアの国々に生息しているため，考古学者たちはこれが他の場所で捕まえられた後，香港に輸送され，そこからアメリカに船で運ばれて消費されたと考えている。

この発見は，サンノゼのチャイナタウンへの供給網の複雑さについての理解を与えるが，現地での他の発見は，その地区の移民居住者たちの生活様式についての情報を明らかにしている。例えば，住民たちは一部の食事の伝統を維持していたようだ。牛の骨の存在からは，住民たちが牛肉を食べるという西洋の習慣を取り入れていたことが示唆されているが，考古学者が発見した動物の骨の中で最も多かったのは，豚の骨だった。豚肉は彼らの母国での主要な食料なので，その骨は，移民たちの間で豚を飼育し食べる習慣が続いていたことを示しているのである。

**語句・構文**

(第 1 段) □ immigrant「移民」　□ significant「重大な」
□ discrimination「差別」　□ accommodation「宿泊場所」
□ housing「住居」　□ inhabitant「住民」

(第 2 段) □ assume「推測する」　□ originate in ～「～に由来する」
□ archaeologist「考古学者」　□ trash pit「ゴミ捨て場」
□ native to ～「～原産の」　□ elsewhere「他のところで」
□ ship「船で輸送する」　□ consumption「消費」

(第 3 段) □ insight「理解，洞察」　□ reveal「～を明らかにする」
□ resident「住民」　□ adopt「～を採用する」
□ staple「主要な物，必需食料品」　□ diet「食事」

**各段落の要旨**

第 1 段　19 世紀後半のアメリカでは，差別を受けた中国移民たちはチャイナタウンに集住していた。最大のチャイナタウンはサンノゼ市にあったが，1887 年の火災で壊滅し，住民の生活はほとんど知られていなかった。

第2段 サンノゼのチャイナタウンの食材は長らく香港や中国由来と思われていたが，最近の分析で，ジャイアントスネークヘッドという東南アジアの魚の骨が発見された。これは，魚が東南アジアから香港を経由してアメリカに運ばれ消費されたことを示唆している。

第3段 チャイナタウンにおける移民の生活様式も明らかになってきた。彼らは牛肉のような西洋の食習慣も取り入れつつ，伝統的な食事を維持していたのだ。最も多く発見された豚の骨は，移民たちが豚肉を主とする伝統的な食生活を継続していたことを示している。

**(26) 解答 1**

**選択肢の訳**
1 Consequently「したがって」
2 Despite this「このことにもかかわらず」
3 Similarly「同様に」
4 In contrast「対照的に」

第1段第1文（In the late …）では，アメリカでの中国移民が雇用や住宅を探す際に，白人のアメリカ人から顕著な差別を受けていたという事実が述べられている。一方で空所以降を見ると，彼らは仕事や住宅を見つけやすい「チャイナタウン」と呼ばれる地域に住む傾向があったと説明されている。この2つは「原因」と「結果」という関係で結ぶことができるため，その2つをつなぐ意味を持つ **1 Consequently** が正解となる。

**(27) 解答 3**

**選択肢の訳**
1 より多くの謎につながった
2 多くの食品は品質が悪かった
3 常にそうだったわけではない
4 すべての出荷が安全に到着したわけではない

第2段第2文にある Recently, however に注目する。同段第1文（It was long …）を見ると，「サンノゼのチャイナタウンへの食材供給は香港や中国からのものと考えられてきた」とある。however は逆接を導くため，その考えとは異なる内容がそれ以降で述べられるはずである。その文脈としてふさわしい選択肢は，**3 this was not always the case** である。

**(28) 解答 4**

**選択肢の訳**
1 以前考えられていたよりも分裂していた
2 中国にしばしば荷物を送っていた
3 十分な食料を手に入れるのに苦労していた
4 彼らの食文化の一部を維持していた

空所を含む文が For example から始まっているが，これは第3段第1文（While the discovery …）にある「その地区の移民居住者の生活様式についての情報」の具体例であることがわかる。続く内容を見ていくと，最終文（As pork was …）に「豚肉は彼らの母国での主要食料であった」，「移民たちの間で豚を飼育し食べる習慣が続いていた」とあることから，**4 maintained some of their food traditions** が最も適切である。

訳

植物の計画

花を咲かせる植物の大部分は，昆虫に授粉してもらっている。昆虫が花に触れると，昆虫の体に花粉が付着する。そして，昆虫がその植物内を動き回るか，同じ種類の別の植物を訪れると，この花粉はその植物の雌しべに接触する。この授粉プロセスによって，植物の繁殖が可能になるのだ。それと引き換えに，植物は通常，食事となる蜜など昆虫が必要とするものを提供する。

花を咲かせる植物は，様々な方法で授粉昆虫を惹きつけることに成功している。たとえば，明るい色の花弁を使ってハエの注意を引く植物もある。研究者たちは最近，アリストロキア・ミクロストマという植物が，ハエが卵を産みつける死んだ甲虫のような臭いによって，ハエを惹きつけていることを発見した。しかし，この植物は単にその臭いでハエをだます以上のことを行っている。その植物は，一時的にハエを花の中に閉じ込めるのだ。ハエが内部を動き回ると，その体についた花粉が植物に広がる。その昆虫が放たれた後，別の植物に授粉できるように，その植物は自分の花粉が確実にハエの体に付着するようにしているのである。

研究者たちは，この植物が実際に，死んだ甲虫が発する臭いのもととなる化学物質と同じ物質を放出することを発見した。この化学物質は植物ではめったに見つからないので，研究者たちは，この植物が，死んだ甲虫を産卵場所として使うハエを対象に特化して，進化したと考えている。また，この理論にはさらなる裏付けがあると彼らは言っている。それは，この植物の花はまさにハエが通常死んだ甲虫を探し求める場所である，地上の枯葉や岩石の間に咲く，という事実から来ている。

**語句・構文**

(第 1 段) □ flowering「花を有する」 □ rely on *A* for *B*「*B* を *A* に依存する」
□ pollination「授粉」 □ pollen「花粉」 □ reproduction「繁殖」
□ nectar「蜜」

(第 2 段) □ flies<fly「ハエ」
□ *Aristolochia microstoma*「アリストロキア・ミクロストマ（ギリシアに自生する植物）」
□ beetle「甲虫」 □ temporarily「一時的に」
□ trap「罠を使って捕らえる」 □ so that SV「S が V するように」
□ pollinate「授粉する」

(第 3 段) □ chemical「化学物質」 □ evolve「進化する」
□ specifically「特化して」 □ target「～を標的にする」
□ egg-laying site「産卵場所」

**各段落の要旨**

第 1 段 花を咲かせる植物の大部分は昆虫によって授粉しており，昆虫が同種の他の花を訪れることで花粉が移動し，植物の繁殖が促進される。

第 2 段 アリストロキア・ミクロストマという植物は，死んだ甲虫のような臭いでハエを引き寄せ，一時的にハエを閉じ込めて授粉を促進するという独特の戦略を持っている。放たれたハエが他の植物に授粉できるよう，確実に花粉がハエの体に付着するようになっている。

第3段 研究者はこの植物が死んだ甲虫の臭いの化学物質を放出していることを確認し，これがハエを引きつけるための進化であると考えている。花が咲いているのが，ハエが甲虫の死体を探し求める場所であることも，この仮説を支持する要因となっている。

**(29) 解答 4**

選択肢の訳 **1** Rather「むしろ」
**2** In short「要するに」
**3** Nonetheless「それにもかかわらず」
**4** In exchange「引き換えに」

第1段第1～4文（Most flowering plants … reproduction to occur.）では，花が授粉するために昆虫に依存していること，昆虫が花に触れると花粉が体に付着し，その昆虫が動き回ることで授粉が起こることが述べられている。一方，空所直後には「花は昆虫が必要とするものを与えている」とある。したがって，昆虫が花を授粉させる代わりに花は昆虫に蜜を提供しているという意味になるよう，**4 In exchange** を選ぶのが正解である。

**(30) 解答 3**

選択肢の訳 **1** 死んだ昆虫を集める
**2** 昆虫から臭いを隠す
**3** 臭いでハエをだます
**4** ハエに安全な場所を提供する

空所を含む部分が「しかし，その植物は単に…すること以上のことをしている」であることから，the plant が何を指しているのか，それがどんなことをしているかを手前の内容から読み取ること。第2段第3文（Researchers recently found …）に「アリストロキア・ミクロストマという植物が，ハエがその中に卵を産む死んだ甲虫のような臭いによって，ハエを惹きつけている」とあることから，**3 trick the flies with its smell** が正解。

**(31) 解答 1**

選択肢の訳 **1** この理論にはさらなる裏付けがある
**2** その化学物質には別の目的がある
**3** その植物は重要な食料源である
**4** 多くの昆虫はその植物を危険だとみなす

前後をよく読んで流れをつかむこと。第3段第2文（Because this chemical …）に「研究者たちは，この植物が，特に死んだ甲虫を産卵場所として使うハエを対象にして，進化したと考えている」とある。一方，空所直後の第4文（This comes from …）を見ると「この植物の花はまさにハエが通常死んだ甲虫を探し求める場所である，地上の枯葉や岩石の間に咲く」と述べられている。つまり，第4文では第2文で述べられた研究者たちの考えを裏付ける内容が述べられているということであり，この流れに合うのは **1 there is further support for this theory** である。

# 一次試験　筆記　3

訳

**柵と生態系**

柵は土地を分けることや，安全性を提供することなどに役立つ。それらはまた，生態系に影響を及ぼすこともある。学術誌『バイオサイエンス』における研究によると，柵は設置された地域の動物種に「勝者」と「敗者」を生み出すと結論づけられた。研究によると，ジェネラリスト種――様々な食物を消費でき，多種多様な生息地で生存できる種――は，物理的な境界があってもほとんど問題は起こらない。一方，スペシャリスト種は，生存するために特異な条件を必要とするため，特定の食料源や地理的な地域から切り離されることで痛手を受ける。スペシャリスト種はジェネラリスト種を数で上回っているので，勝者一種につき，敗者が複数存在する，とその研究は結論づけている。

柵の影響は，生態系に限ったことではない。20世紀中頃，南アフリカのボツワナは，牛に影響を及ぼす病気の拡大を防ぐために作られた国際規制に対応するために，柵を設けた。柵は牛を守るのには役立ったが，ヌーなどの動物の季節移動を阻害し，水を飲めなくしてしまった。ヌーの個体数が結果的に減少したことは，生態系だけでなく，地域の野生生物観光業をも脅かしている。政府の柵への依存が続くことで，動物の移動を制限することが，ボツワナの経済にとって価値ある野生生物観光を傷つけることになる，との懸念が生じている。

柵が生態系に与えるマイナスの影響は，特定の動物が通過できるように柵に変更を加えることで抑えることができる。それでもなお，その研究の著者たちは，より根本的な変更が必要だと考えている。すべての柵を撤去するというのは現実的な選択肢ではないと，彼らは言う。そうではなく，柵の計画は全体像を見据えて行われるべきだ。例えば，柵は短期的な結果を得るために建設され，その後撤去されることが多いが，研究者たちは何カ月，あるいは何年後であっても，一部の動物はまだ柵が存在するかのように行動し続けることを発見している。したがって，生態系への影響を確実に最小限に抑えるために，柵の設計と設置場所については，すべての側面を考慮に入れるべきである。

**語句・構文**

(表題) □ ecosystem「生態系」

(第1段) □ divide「～を分ける」
□ generalist species「ジェネラリスト種」　□ multiple「複数の」
□ boundary「境界線」　□ specialist species「スペシャリスト種」
□ outnumber「数で上回る」

(第2段) □ Botswana「ボツワナ」　□ erect「～を設置する」
□ address「～に取り組む，対処する」　□ cattle「牛」
□ wildebeest「ヌー」　□ population「個体数」　□ tourism「観光業」
□ reliance「依存」　□ migration「移動，移住」

(第3段) □ ecological「生態学の」　□ fundamental「基本的な」
□ eliminate「～を取り除く」　□ realistic「現実的な」
□ obtain「～を得る」　□ minimal「最小限の」

**各段落の要旨**

第1段　柵は，生態系に影響を与え，その地域の動物種に「勝者」と「敗者」を生み出す。多様な生息地で生存できるジェネラリスト種は柵の存在によって起こる問題が少ないが，生存するために特異な条件が必要なスペシャリスト種は，柵の影響を受けやすい。スペシャリスト種は数が多いため，柵によって多くの「敗者」が生じることになる。

第2段　20世紀の中頃，ボツワナは牛を守るために柵を設置した。しかし，これがヌーなどの季節移動や水の利用を妨げ，さらには観光業にも影響を及ぼしている。柵の設置が，ボツワナの経済における野生生物観光の価値を低下させる可能性がある。

第3段　柵の生態学的な影響を制限する方法として，通過可能な柵といった改善が考えられるが，全体像を見据えた計画が求められる。短期間で柵が撤去されても，変化した動物の行動はすぐには元には戻らない。生態系への影響を最小限に抑えるためにも，柵はあらゆる点を考慮して設計・設置するべきである。

**(32)　解答　4**

**質問の訳**　最初の段落で紹介された研究は，（　　）ということを示していた。

**選択肢の訳**
1　複数の種類の生息地を横断する柵は，単一の生息地内に建設された柵よりも，動物に利益をもたらす
2　柵は多くの問題を引き起こすが，動物の生存能力に対する影響は以前考えられていたよりも小さい
3　柵は，多くの動物が生き残るために必要な資源を使い果たす傾向のある有害な種から，一部の種を保護するのに効果的である
4　柵は一部の種に対しては有害ではないが，多くの動物に対しては深刻な負の影響を及ぼすことがある

第1段を見ると，第4・5文（According to the study … or geographical area.）より「様々な食物を消費でき，多種多様な生息地で生存できるジェネラリスト種」と「生存するために特異な条件を必要とするスペシャリスト種」の2種類の動物がいることがわかる。また，ジェネラリスト種には物理的な境界はほとんど問題がないが，スペシャリスト種はそれによって負の影響を受けることもわかる。そして最終文（Because specialist species …）を見ると，「スペシャリスト種はジェネラリスト種を数で上回っている」とあるため，柵が悪影響を及ぼすのは数の多いスペシャリスト種ということになり，**4 although fences are not harmful to some species, they can have serious negative effects on a large number of animals.** が正解となる。

(33) **解答** **2**

質問の訳　ボツワナで建設された柵について，正しいのはどれか？

選択肢の訳
**1** 動物の移動パターンに起こった変化が，牛が感染する病気の蔓延を引き起こした。
**2** それらは，国の経済にとって重要な産業に間接的に影響を及ぼす可能性がある。
**3** それらは，野生動物を見に来る観光客の安全を高めるために必要だと考えられている。
**4** 病気を広める種を減少させることで得た成功が，予期せぬ方法で生態系に利益をもたらした。

ボツワナにおける柵の建設に関しては，第2段に述べられている。第3文（While the fences …）を見ると，柵の建設によってヌーなどの動物の季節移動が阻害され，水の利用が遮断されたことがわかる。そして最終文（The government's continued …）には「動物の移動を制限することが，ボツワナの経済にとって価値ある野生生物観光を傷つける」とあることから，**2 They could be responsible for indirectly affecting an industry that is important to the country's economy.** が正しい答えとなる。an industry 以下が本文中の wildlife tourism を言い換えていることをしっかり把握したい。

(34) **解答** **2**

質問の訳　柵を建設する際に注意深い計画が必要な理由は何か？

選択肢の訳
**1** 柵の建設後にデザインを変更することは，新しい柵を建設するよりも実際には問題を引き起こす可能性がある。
**2** 柵が撤去された後も，区域内の動物に影響を及ぼし続ける可能性がある。
**3** 明確な計画なしに特定の区域に複数の柵を設置しても，動物は危険な区域に入るのをやめなかった。
**4** 柵を利用して，捕食者から自分自身を守る動物の種類が増えている。

第3段第4文（For example, …）を見ると，「柵は短期的な結果を得るために建設され，その後撤去されるが，何カ月，あるいは何年後であっても，一部の動物はまだ柵が存在するかのように行動し続ける」とある。これが柵を建設する際に注意深い計画が必要な理由と考えられるため，正解は **2 It is possible that fences will continue to have an effect on animals in an area even after the fences have been removed.** である。

訳

## サッカー戦争

1969年7月，中米の国であるエルサルバドルとホンジュラスとの間で行われたサッカーワールドカップ予選の一連の試合の後に，同国間で短期間ではあるが激しい戦争が起こった。その対立はよく「サッカー戦争」と呼ばれるが，その原因はスポーツをはるかに超えたものであった。

ホンジュラスはエルサルバドルよりもはるかに広いが，人口密度はずっと低い。1800年代後半以降，エルサルバドルの土地は主にエリート一族によって支配されており，そのため一般の農民にはほとんど土地がなかった。1960年代までに，約30万人のエルサルバドル人が安い土地や仕事を求めて不法にホンジュラスに入った。ホンジュラス政府は経済的な困難はこれら移民のせいであるとし，彼らを土地から追い出し，強制的に国外追放した。裕福なエルサルバドル人は，これほど多くの移民が帰国することによる経済的なマイナス影響を恐れ，ホンジュラスに対して軍事行動を取らなければ，エルサルバドル大統領を倒すと脅した。これにより，長年存在していた国境紛争と相まって，両国の関係は最悪となった。

両国のメディアによって，緊張はさらに高まった。メディアが互いに対する敵意を煽る捏造記事や誇張記事を書いたのである。エルサルバドルの報道機関は，ホンジュラス政府がエルサルバドルからの移民に対して残酷で違法な行為を行っていると非難し，一方ホンジュラスの報道機関は，その同じ移民が重大犯罪を行っていると報道した。こういった報道は，両国の政府の要請によって行われたものである。つまり，エルサルバドルの目的は，隣国に対する軍事行動が必要であると一般市民に思わせることであり，対するホンジュラス政府は，エルサルバドル移民を国外に強制的に追放するという決定に対し，国民の支持を得たいと考えたのである。

ワールドカップ予選の試合は，移民問題が激化しているのと同じ時期に行われていた。最後の試合の日，エルサルバドルはホンジュラスがエルサルバドル人に対して暴力を振るっていると非難して関係を断ち切り，数週間以内にエルサルバドルの軍がホンジュラスを攻撃し，戦争が始まった。歴史家は，「サッカー戦争」という言葉が誤解を招いたと指摘する。当時，アメリカ合衆国は中米諸国との同盟関係にあったが，戦争には介入しないことにしていた。事実，アメリカの外交官によれば，スポーツイベントが対立の背後にあるという誤った思い込みは，アメリカ政府がその深刻さを見過ごす原因となった。対立の真の原因である土地所有などの問題は，未解決のままであった。これにより政治的，社会的不安定が続き，結果的にエルサルバドルでは，その後数十年にわたって内戦が起こったのである。

**語句・構文**

(第1段) □ intense「激しい」　□ El Salvador「エルサルバドル」
□ Honduras「ホンジュラス」　□ qualifying「予選の」
□ conflict「衝突，対立」　□ far beyond「～をはるかに超えて」

(第2段) □ densely populated「人口密度が高い」　□ primarily「主に」
□ elite「エリートの，上層階級の」
□ blame *A* for *B*「*B* を *A* のせいにする」　□ overthrow「打倒する」
□ military「軍の」　□ dispute「紛争」

(第 3 段) □ tension「緊張」 □ exaggerated「誇張された」 □ fuel「～を煽る」
□ bitterness「憎しみ，敵意」
□ accuse *A* of *B*「*A* を *B* で非難する，訴える」
(第 4 段) □ migrant「移民」 □ intensify「激化する」 □ mislead「誤解を招く」
□ alliance「同盟」 □ diplomat「外交官」 □ inaccurate「不正確な」
□ overlook「見落とす，無視する」 □ instability「不安定さ」
□ ultimately「最終的に」

**各段落の要旨**

第 1 段 1969 年 7 月，中米のエルサルバドルとホンジュラスの間でサッカーワールドカップの予選試合が行われた後，両国間で短期間の戦争が発生した。この戦争は「サッカー戦争」と呼ばれることが多いが，原因はスポーツではない。

第 2 段 ホンジュラスはエルサルバドルよりも国土が広く，人口密度が低い。1960 年代までに約 30 万人のエルサルバドル人がホンジュラスに不法入国し，安い土地や仕事を求めた。ホンジュラス政府はこれが経済的問題の原因であるとして，移民を国外追放した。これにより，両国間の関係は悪化した。

第 3 段 両国のメディアは相手国に対する敵意を煽る内容の報道を行い，緊張を高めた。エルサルバドルの報道はホンジュラス政府のエルサルバドル人移民に対する扱いを非難し，ホンジュラスの報道はその移民が罪を犯していると報じた。これらの報道は，両国の政府の意向で行われていた。

第 4 段 移民問題が激化する中，ワールドカップ予選最後の試合の日にエルサルバドルはホンジュラスを非難し，関係を断絶した。数週間後，エルサルバドル軍はホンジュラスを攻撃し，戦争が始まった。「サッカー戦争」という名前は誤解を生むものであり，戦争の真の原因は，解決されずに残っている。

**(35) 解答 3**

**質問の訳** **第 2 段によると，ホンジュラスへのエルサルバドル移民はどのようにして「サッカー戦争」の原因となったのか？**

**選択肢の訳**
1 エルサルバドルの大統領は，移民がホンジュラスの自宅から追い出されたことをホンジュラスの攻撃の前触れと考えた。
2 ホンジュラス政府が貧しいホンジュラス人をエルサルバドルに土地を求めて送り，それに反応して不満を持つエルサルバドルの農民がホンジュラスに移住するようになった。
3 移民が住む所を追われた後，裕福なエルサルバドル人はホンジュラスに対する戦争をしかけるよう自国の政府に圧力をかけた。
4 移民が国と国との間を絶えず移動し，ホンジュラスの国境警察に迷惑をかけた。

第 5 文（Wealthy Salvadorans feared …）を見ると，「裕福なエルサルバドル人は，これほどの移民が帰国することによる経済的なマイナス影響を恐れ，ホンジュラスに対して軍事行動を取らなければ大統領を排除すると脅した」と書かれている。この内容に合致する，

**3 Rich Salvadorans pressured their government to make war against Honduras after the immigrants were forced out of their homes.** が正解となる。

## (36) 解答　4

**質問の訳**　サッカー戦争が始まる前の時期に，それぞれの国のメディアは（　　）

**選択肢の訳**
**1**　エルサルバドル移民がより良い待遇を受けるように，両国政府に圧力をかけようとした。
**2**　政府によって，市民に対する違法行為の報道を阻止された。
**3**　サッカーのライバル意識に重きを置きすぎて，違法行為に関するより重要なニュースを報道することができなかった。
**4**　相手の国を悪く見せるための，虚偽あるいは誤解を招くニュースをでっち上げるよう，政府に求められた。

メディアの活動に関しては，第3段に述べられている。第1文（Tensions were raised …）に「メディアが互いに対する敵意を煽る捏造記事や誇張記事を作り出した」とあり，さらに第3文（Such reports were …）を見ると「こういった報道は，その二国の政府の要請によって行われた」と書かれている。したがって，**4 were asked by their governments to make up untrue or misleading news stories that made the other country look bad.** が正解である。本文中の made up or exaggerated stories が make up untrue or misleading news stories に言い換えられている。

## (37) 解答　3

**質問の訳**　最終段で，筆者は何を示唆しているか？

**選択肢の訳**
**1**　アメリカの外交官は，ホンジュラスとエルサルバドル間の戦闘が再び始まることを，いまだに心配し続けている。
**2**　サッカー戦争の悲惨な結果によってホンジュラスとエルサルバドルは戦争にまでつながる自分たちの行動は間違っていた，と気づいた。
**3**　サッカー戦争に対する誤った思い込みにより，その真の原因が認識されなかった結果，別の紛争が発生した。
**4**　アメリカ政府の政策は多くの中米国家が関係を断ち切る原因となり，地域の紛争を悪化させた。

第5文（In fact, …）を見ると「スポーツイベントが対立の背後にあるという誤った思い込みは，アメリカ政府がその深刻さを見過ごす原因となった」とあり，続く第6文（Issues such as …）に「対立の真の原因である土地所有などの問題は未解決のままであった」と書かれている。そして最終文（This led to …）の最後に「エルサルバドルでのその後数十年にわたる内戦」とあることから，**3 A mistaken belief about the Soccer War meant that its real causes were not recognized, resulting in another conflict.** が正解。another conflict とは，最終文中の a civil war in El Salvador のことを指す。**4** を選ばないように注意すること。第4文（At the time, …）に「アメリカ合衆国は中米諸国との同盟関係にあったが，戦争には介入しないことにしていた」とあるが，これが原因で中米諸国における紛争が起こったとは書かれていない。

訳

## ブライユ式点字との競争

ブライユ式点字は，現在目の見えない人々が用いる標準的な書記体系であるが，この文字を表す浮き上がった点からなるアルファベットは，必ずしも唯一の体系だったわけではない。別の書記体系であるボストンラインタイプは，1830 年代にアメリカの盲学校で教えていた，晴眼の指導者，サミュエル・グリドリー・ハウによって作られたものである。ハウの体系は，晴眼者が使う標準的な英語のアルファベットを利用していたが，文字は指で感じることができるように浮き出ていた。しかし，視覚障害のある学生たちは，ブライユ式点字よりも，文字と文字とを識別することが難しいと感じた。それにもかかわらず，読書教材が視覚障害者と晴眼者の両方の読者に共有され得るという事実は，この欠点を補って余りあるとハウは考えた。自分の体系は，視覚障害者が社会により良く溶け込むことを可能にする，と彼は主張した。ブライユ式点字は，大多数の晴眼者にとってなじみのないものであるため，孤立を助長する，と彼は考えたのである。

点を用いる体系の方が視覚障害者にとって読みやすいだけでなく，点によって筆記が比較的簡単になるため，より実用的であることが次第に明らかになった。ボストンラインタイプを使って書くためには特殊な印刷機が必要だったが，ブライユ式点字は単純で携帯可能な道具しか要らず，タイプライターで打つことも可能だった。それでも，学生たちが圧倒的にブライユ式点字を好んでいたにもかかわらず，ボストンラインタイプは晴眼の指導者が新たな記号群を覚えなくても教えることができるため，盲学校で公式に使われ続けた。ボストンラインタイプが人気を失ったときでさえも，他の体系が導入され続け，これが「点字戦争」として知られるようになった，様々な書記体系が，標準になるために競い合うという状況につながったのである。

その中の一つである，ニューヨークポイントと呼ばれるものは，浮き上がった点で構成されるという点ではブライユ式点字に似ていた。その主な利点は，それを打つのに片方の手しか必要としなかったことである。しかしブライユ式点字は，大文字や特定の句読点をより効率的に，明確に表示することができた。候補は他にもあり，どれが優れているかについての議論はすぐに熾烈なものとなった。一方，視覚障害者たちは深刻な不便を被った。彼らが読むことのできる書籍はすでに供給不足になっており，新しい体系を学ぶことは多大な時間と労力を必要とするため，競合する体系は彼らの選択肢をさらに限定したからである。ある全国集会では，彼らのいらいらを総括し，次に視覚障害者用の新しい活字体系を発明する人に対しては，暴力的な対応をする，と冗談めかして提案した発表者がいたと伝えられている。

点字戦争は 1900 年代に入っても続き，様々な団体が資金と認知を求めて戦った。最終的に，視覚障害者活動家ヘレン・ケラーが議論を終わらせるのに極めて影響力があった。彼女は，ニューヨークポイントが大文字と句読点に関して非常に深刻な弱点を持ち，それを指で読むことは難しいと述べた。ブライユ式点字が勝利し，他の体系は徐々に姿を消していった。点字戦争は一時的に視覚障害者の教育を妨げたとはいえ，それには良い面もあった。激しい戦いは新たなタイプライターといった様々な技術の開発を刺激し，視覚障害者の識字率と現代社会への参加能力を大幅に向上させたのである。

## 語句・構文

（表題） □ Braille「ブライユ式点字」

（第1段） □ blind「目の見えない」 □ sighted「目の見える，晴眼の」
□ challenging「難しい」 □ distinguish *A* from *B*「*A* を *B* と区別する」
□ outweigh「上回る」 □ integrate「～に溶け込む」
□ isolation「孤立」

（第2段） □ practical「実用的な」 □ printing press「印刷機」
□ overwhelming「圧倒的な」 □ compete「競う」

（第3段） □ capital letter「大文字」 □ punctuation「句読点」
□ candidate「候補者」 □ as well「同様に」
□ bitter「痛烈な，熾烈な」 □ meanwhile「一方」
□ convention「集会，大会」 □ reportedly「伝えられるところによると」
□ sum up「まとめる」 □ frustration「欲求不満」

（第4段） □ funding「資金調達」 □ in regard to ～「～について」
□ capitalization「大文字にすること」 □ win out「勝ち抜く」
□ a silver lining「希望の光，明るい見通し」 □ stimulate「～を刺激する」

### 各段落の要旨

第1段 ブライユ式点字は現在の標準的な視覚障害者用文字だが，1830年代にサミュエル・グリドリー・ハウが作ったボストンラインタイプという体系も存在した。ハウは，視覚障害者と晴眼者が同じ読書材料を共有できることが社会的な統合を促進すると主張し，ブライユ式が視覚障害者の孤立を助長すると考えていた。

第2段 点を用いるブライユ式点字は読みやすく，筆記も簡単で実用的だったが，ボストンラインタイプは晴眼者が新しい記号を学ばずに教えられる利点があり，盲学校で使われ続けた。これが「点字戦争」と呼ばれる書記体系の競合状況を引き起こした。

第3段 ブライユ式点字と似たニューヨークポイントは片手で打てる利点があったが，ブライユ式は文字や句読点の表示に優れていた。多くの書記体系が登場することで，どれが最良かの議論は激しさを増し，視覚障害者たちは書籍の供給不足と新しい体系の学習で困惑することとなった。

第4段 多くの団体が競い合う中，視覚障害者活動家ヘレン・ケラーの影響でブライユ式点字が主流となり，他の体系は消えていった。この競争は視覚障害者の教育に一時的な障害をもたらしたが，新技術の開発を促進し，視覚障害者の識字率と社会参加能力を向上させた。

**(38) 解答 4**

**質問の訳** サミュエル・グリドリー・ハウはボストンラインタイプについてどう考えていたか？

**選択肢の訳**
**1** 読み取りにおいて視覚障害者の節約できる時間は，ブライユ式点字よりも書き込むのにはるかに長い時間がかかる，という事実を補った。
**2** 浮き上がった点と他の特徴を組み合わせるということで，視覚障害者が互いにコミュニケーションを取る際に，より使いやすくなった。
**3** 生徒が学ぶのは難しいが，ブライユ式点字よりも速く読むことができるというのは，大きな利点だった。
**4** 視覚障害者が視力のある人々と，よりうまくやっていくのに役立つ，という役割の故に，採用する価値があった。

サミュエル・ハウに関する記述は第1段にある。第5文（Nevertheless, Howe believed …）に「読書材料が視覚障害者と晴眼者の両方の読者に共有され得る」とあり，続く最終文（His system, …）に「自分の体系は，視覚障害者が社会により良く溶け込むことを可能にする」とある。これがハウの考えるボストンラインタイプのメリットであり，それに合致するのは**4 It was worth adopting because of the role it could play in helping blind people to better fit in with people who are able to see.**である。

**(39) 解答 1**

**質問の訳** 第2段で，筆者はボストンラインタイプについて何を示唆しているか？

**選択肢の訳**
**1** その継続的な使用は視覚障害者にとって最善ではなく，どのシステムを使用すべきかについての彼らの意見は，考慮されていないようだった。
**2** 盲学校の教師たちは，点の少ないシステムの方が生徒にとって読みやすいと思ったので，生徒にそれを使わないように説得した。
**3** 「点字戦争」を引き起こしたにもかかわらず，学生の間での人気は，視覚障害者のための他のツールの開発において重要な要素だった。
**4** タイプライターの導入後は，書くことにしか盲学校の生徒にうまく使われなかった。

第3文（Still, despite students' …）を見ると，「学生たちが圧倒的にブライユ式点字を好んでいたにもかかわらず，ボストンラインタイプは盲学校で公式に使われ続けた」とあり，その理由が「晴眼の指導者が新たな記号群を学ばなくても教えることができるため」であると書かれている。つまり，視覚障害を持つ学生たちにとってはブライユ式点字が良かったが，そこは考慮に入れられず，指導者側の都合でボストンラインタイプが使われ続けたということになる。この内容に合致する選択肢は，**1 Its continued use was not in the best interests of blind people, whose opinions about which system should be used were seemingly not taken into account.**である。

**(40) 解答　2**

**質問の訳**　全国集会での発表者の提案は，視覚障害者が（　　　）ということを示唆している。

**選択肢の訳**
1　ブライユ式もニューヨークポイントシステムも，視覚障害を持つ読者のニーズを満たすことは到底不可能だと感じていた
2　どのシステムを使用すべきかについての議論が，間接的に彼らが読書資料を利用するのを妨げていることに，不満を感じていた
3　視覚障害者が開発したものではない書記体系を使うよう強制されることが，気に入らなかった
4　他の教育形態が，本を読むことを学ぶよりもはるかに重要になった，と考え始めていた

全国集会での発表者の発言に関しては，第3段に述べられている。最終文（At one national convention, …）に「次に視覚障害者用の新しい活字を発明する人に対しては，暴力的な対応をする」とあり，これが発表者の発言である。このような発言に至った理由を考えると，直前の第5文（Blind people, meanwhile, …）に「視覚障害者たちは深刻な不便を被った」とあり，その具体例として「彼らが読むことのできる書籍はすでに供給不足になっており，新しい体系を学ぶことは大きな時間と労力を必要とするため，競合する体系は彼らの選択肢をさらに限定した」と書かれている。つまり，競合する体系が出てくれば出てくるほど，視覚障害者は不利益を被るということであり，**2 were unhappy that the debates over which system to use were indirectly preventing them from accessing reading materials.** が正解となる。

**(41) 解答　3**

**質問の訳**　筆者は点字戦争についてどのように結論づけているか？

**選択肢の訳**
1　それは非常に深刻だったので，今日でも視覚障害者向けの技術の研究と開発にマイナスの影響を及ぼしている。
2　もしヘレン・ケラーがそれに関与すべきではないと決めていたら，悪感情を引き起こすことは少なかっただろう。
3　その競争が視覚障害者の生活の改善につながったため，長期的には良い影響もあった。
4　当時の人々がタイプライターのような技術をもっと受け入れていたら，それは避けられたかもしれない。

「結論づける」ということなので，最終段に述べられている内容をもとに判断する。最終文（Although the War …）の後半を見ると，「激しい戦いは新たなタイプライターなどの様々な技術の開発を刺激し，視覚障害者の識字率と現代社会への参加能力を大幅に向上させた」とある。the intense battle は「点字戦争」のことを指すと考えられるので，点字戦争が結果的に視覚障害者にとってプラスに働いたとわかり，**3 It had some positive effects in the long term because the competition led to improvements in the lives of blind people.** が正解となる。

## 一次試験　筆記　4

解答例　**I agree that the government should do more to promote reusable products, particularly in relation to garbage and costs.**

**Firstly, increasing the adoption of reusable products will directly impact the amount of garbage that humans produce. Throwing away items after a single use, for example, is a significant factor in the buildup of waste in landfills all over the world. By encouraging greater awareness of reusable products, governments can actively help the environment.**

**Secondly, reusable products can be cost-effective for both consumers and businesses. People still buy plastic bags at supermarkets, and many restaurants purchase single-use chopsticks. Government promotion of reusable alternatives, however, would save money for shoppers and reduce overhead costs for businesses, which could have a wider positive economic impact.**

**In conclusion, I feel that promoting reusable products should be a priority for the government because the environmental and cost benefits are too important to ignore.** （120～150 語）

訳　私は，特にゴミとコストに関連して，政府が再利用可能な製品の普及のためにもっと多くのことをするべきだということに賛成である。

まず，再利用可能な製品の採用を増やすことは，人々が生み出すゴミの量に直接的な影響を与える。例えば，一度使っただけでその品物を捨てることは，世界中の廃棄物埋立地におけるゴミの増加の主要な要因である。再利用可能な製品に対する意識を高めるよう奨励することで，政府は積極的に環境に貢献することができるのだ。

次に，再利用可能な製品は，消費者と企業の両方にとって，コスト面での効果がある。人々は今でもスーパーマーケットでビニール袋を購入しており，多くのレストランが使い捨ての箸を購入している。しかし，再利用可能な代替品を政府が奨励すれば，買い物客はお金を節約でき，企業は間接費を削減することができ，より広範かつプラスの経済的影響をもたらすであろう。

結論として，私は再利用可能な製品の普及は，環境とコスト面の利益が無視できないほど重要であるため，政府の優先事項であるべきだと考える。

●与えられたトピックについて作文を書きなさい。
●以下のポイントのうち2つを使って自分の解答を補強しなさい。
●構成：序論，本論，結論
●長さの目安：120～150 語
●文章は解答用紙のＢ面の与えられたスペースに書きなさい。スペースの外に書かれたものは採点されません。

**トピックの訳**　賛成か反対か：政府は再利用可能な製品の普及のためにもっと多くのことをするべきである。

**ポイントの訳**　●コスト　●ビジネスに対する影響　●ゴミ　●安全

▶〔解答例〕の英文の段落構成は，「主張→１つ目の理由→２つ目の理由→結論」となっている。

▶第１段では，まずトピックにある「政府は再利用可能な製品の普及のための活動をもっと行うべきか」に対する自分の立場を明確にする。〔解答例〕では，①ゴミと②コストをキーワードにして，政府は再利用可能な製品の普及のためにもっと行動するべきだと述べている。第２段では，①ゴミについて，使い捨て製品が世界中の廃棄物埋立地におけるゴミの増加の主原因になっていることに言及し，再利用可能な製品の意識を高めることで環境に貢献する，と述べている。第３段では，②コストについて，再利用可能な製品が買い物客のお金を節約し，企業の経費を削減することによって，消費者と企業の両方にとってコスト面で有利になることを述べている。最終段ではまとめとして，再利用可能な製品の普及が政府の優先事項であるとまとめ，トピックに対する賛成の意見としている。

▶それ以外のポイントを使う場合，例えば「ビジネスに対する影響」であれば，「政府が再利用可能な製品の生産を促進すれば長期的には生産コストが削減でき，ビジネスに対するプラスの影響（have a positive effect on business）がある」などの意見も考えられる。

▶反対意見を述べる場合は，例えば「再利用製品の生産には，最初にコストがかかる（Producing reusable products needs an initial cost.）」「政府はそのコストを補うために税金を使わなければならないかもしれない（The government may have to spend tax money to cover that cost.）」など，政府が主導することで国民が間接的にそのコストを負担しなければならないという点を指摘することができるだろう。

# 一次試験 リスニング Part 1

**No. 1 解答 4**

★＝男性 ☆＝女性 （以下同）

☆ Hi, Ron. Why are you sitting there? Where's the new receptionist?

★ She called to say she'll be late.

☆ Again? That's the third time since she started. What's her excuse now?

★ She said her babysitter hasn't turned up yet.

☆ I know she has her problems, but it can't go on like this. I'll have to have a talk with her.

★ Please do. I'm tired of filling in.

**Question: What is the woman going to do?**

Script

訳 ☆あら，ロン。どうしてあなたがそこに座ってるの？ 新しい受付の人はどこ？

★彼女から遅れるって電話があったんだ。

☆また？ これで働き始めてから3回目よ。今回の言い訳は何？

★ベビーシッターがまだ来ていないんだって言ってたね。

☆彼女が問題を抱えてることはわかってるけど，こんなことが続いたらいけないわ。彼女と話さないと。

★頼むよ。代わりに入るのにもうんざりしてきたからね。

**語句・構文**

□ receptionist「受付係」 □ excuse「言い訳」 □ turn up「姿を現す」

□ be tired of ～「～にうんざりする」 □ fill in「代わりをする」

**質問の訳** 女性は何をするつもりか？

**選択肢の訳**

1 男性に受付の代わりをしてもらう。

2 受付を解雇するよう男性に頼む。

3 受付の仕事を自分でする。

4 受付に遅刻について警告する。

新しい受付係が，家庭の事情で遅刻を繰り返すことに関する2人の会話である。3番目の女性の発言を見ると，「彼女が問題を抱えていることは知っているが，こんなことを続けたらいけない」「彼女と話をしなければならない」とあることから，女性が受付係に直接話をしようとしている様子が読み取れる。したがって，**4**「受付に遅刻について警告する」が正解となる。

**No. 2　解答　1**

☆ Tim, I'm concerned about your performance in my science class.
★ Didn't I pass the test yesterday?
☆ No, and you've missed several assignments.
★ I'm sorry. I've had to work late every night this month at my part-time job.
☆ Well, we need to solve this problem.
★ OK. I'll talk to my boss about cutting back my hours.
☆ And how about coming in for extra work before or after school?
★ Thanks, Mrs. Roberts. I'll be here early tomorrow morning.

**Question：What conclusion can be made about the student?**

Script

訳　☆ティム，私の理科の授業でのあなたの成績が気になります。
★昨日のテスト，合格しなかったんですか？
☆ええ，そしていくつかの課題も提出できてませんよ。
★すみません。今月は毎晩アルバイトで遅くまで働かないといけなかったので。
☆そうですか。この問題を解決しなければいけないですね。
★わかりました。上司に勤務時間を減らしてもらうように話します。
☆では，学校が始まる前か放課後に追加の課題をしに来るのはどうですか？
★ありがとうございます，ロバーツ先生。明日の朝，早く来ます。

語句・構文

□ be concerned about ～「～について心配する」　□ performance「成績」
□ assignment「課題」　□ cut back「減らす」　□ extra「追加の」

**質問の訳**　**その学生に関して，どのような結論がなされる可能性があるか？**

**選択肢の訳**　**1**　彼は授業の成績を上げる必要がある。
**2**　彼は勤務スケジュールを変更できない。
**3**　彼はアルバイトを辞める。
**4**　彼は理科の授業に出席しない。

成績に関する先生と学生の会話である。２人の１番目と２番目の発言から，学生のティムが前日の理科のテストに合格しなかったこと，いくつかの課題を提出していなかったことがわかる。そして３番目のロバーツ先生の発言に，「この問題を解決しなければならない」とあり，４番目の発言で追加の課題をすることを提案していることから，**1**「彼は授業の成績を上げる必要がある」が正解となる。

なお，１番目のティムの発言が否定疑問文になっていることに注意すること。２番目のロバーツ先生の答えは No となっているが，否定疑問文の場合は Yes と答えれば合格したということ，No なら合格しなかったということになる。ここを誤解すると意味が大きくずれるので，しっかり把握しておきたい。

**No. 3　解答　4**

☆ Hey, Dave. You look down. What's wrong?
★ Well, mostly, it's just that I'm not enjoying my job.
☆ Have you thought about doing something else?
★ Yes, but I haven't been able to find anything that pays as well. With the kids almost in college and the house payments, I can't really just quit.
☆ I hear you. Well, I hope things work out for you.
★ Thanks, but right now I'm not very optimistic.

Script

**Question：What is the man's problem?**

訳
☆ねえ，デイブ。元気なさそうね。どうしたの？
★ああ，ほとんどは，ただ今の仕事が楽しくないってだけだね。
☆別の仕事をしようって考えたことはある？
★うん，ただ，今の給料と同じくらいいいところは見つからないんだ。子どもたちもそろそろ大学に入るし，家の支払いもあるから，実際のところは簡単に辞めるわけにはいかないんだけどね。
☆そうね。とにかく，いい結果になることを祈ってるわ。
★ありがとう。でも，今のところはあまり楽観的には考えられないなあ。

語句・構文

□ the house payments「家のローンの支払い」
□ I hear you.「あなたの言っていることはわかります」
□ work out「何とか解決する，良い結果となる」　□ optimistic「楽観的な」

質問の訳　男性の問題は何か？

選択肢の訳
**1**　彼は子供たちの大学の授業料を払うことができない。
**2**　彼は会社から遠くに住んでいる。
**3**　彼は自分の給料が少ないと感じている。
**4**　彼は現在の仕事を辞めることができないと感じている。

男性の１番目の発言で，彼は「仕事を楽しめていない」と述べているが，続く２番目の発言で「子どもが大学に入る予定なのと家の支払いがあって，簡単には辞められない」とある。この部分が男性の問題であるとわかるので，**4**「彼は現在の仕事を辞めることができないと感じている」が正解となる。

## No. 4　解答　1

★ Morning, Fiona. Coffee?

☆ Make it a big one! I was working on a project report until midnight last night. I can't believe I'm here so late every day.

★ Didn't they warn you about the overtime when you interviewed?

☆ Well, they sort of did. What really bothers me, though, is that every time I think I've achieved my targets, my manager changes them.

★ That's corporate life. At least you have summer vacation to look forward to.

☆ Yeah. I hope they actually let me take it!

**Question : What is the woman's main complaint?**

Script

訳 ★フィオナ，おはよう。コーヒーどうだい？

☆大きなカップでね！　夕べは深夜までプロジェクトの報告書に取り組んでいたの。毎日こんなに遅くまでいるなんて信じられない。

★面接したとき，残業については聞かされていたんじゃなかった？

☆うーん，ある程度ね。でも本当に困ってるのは，目標を達成したと思うたびに，上司がそれを変えちゃうことなの。

★それが会社生活ってやつだね。少なくとも，待ちどおしい夏休みはあるだろ？

☆ええ。本当に夏休みを取らせてもらえるといいけどね！

語句・構文

☐ warn「警告する，事前に知らせる」　☐ overtime「残業」

☐ interview「面接する」　☐ sort of「少し，ある程度」　☐ bother「困らせる」

☐ corporate「企業の」

質問の訳　女性が主に不満に思っていることは何か？

選択肢の訳　**1**　彼女は頻繁に新しい目標を与えられる。

**2**　彼女は十分な残業代がもらえない。

**3**　彼女の休暇の申請が拒否された。

**4**　彼女のレポートに否定的なフィードバックがあった。

質問に woman's main complaint「女性の主な不満」とあるので，女性の発言の中で不満につながる内容をしっかりつかみたい。女性の２番目の発言に，「私を本当に困らせるものは，目標を達成したと思うたびに上司がそれを変えてしまうことだ」とあることから，**1**「彼女は頻繁に新しい目標を与えられる」が正解である。

**No. 5　解答　2**

☆ Dad, I want to go to grad school straight after university. Maybe I'll do a master's in psychology.
★ That's a big commitment, and it doesn't sound like you have a clear plan. How about working for a few years first?
☆ I'm afraid if I don't do this soon, I never will. I'm worried about the cost, though.
★ I've told you I'd help with that. But I really think a year or two in the real world would give you valuable experience.
☆ OK. Let me think about it a bit more.

**Question：What does the man tell his daughter?**

Script

訳
☆お父さん，私大学を卒業したらすぐに大学院に行きたいの。たぶんだけど，心理学の修士号を取ろうかなと思ってる。
★それは大変な覚悟がいることだけど，明確な計画がないように聞こえるな。まずは数年間働いてみるのはどうだい？
☆もしすぐに大学院に行かなかったら，ずっと行かないと思うの。費用が心配だけれど。
★それは私が援助するって言ってるだろう。でも，実社会で１，２年働いてみることは，貴重な経験になると本気で思うよ。
☆わかったわ。もう少し考えさせて。

語句・構文

☐ do a master's「修士号を取得する」　☐ psychology「心理学」
☐ commitment「約束，責任」

**質問の訳**　男性は娘に何と言ったか？

**選択肢の訳**
**1**　彼女は来年，修士号を取得すべきだ。
**2**　彼女は実務経験を積むべきだ。
**3**　彼女は１年間，彼のサポートを頼りにしてもよい。
**4**　彼女はまずお金を貯めるべきだ。

大学院に行きたいという娘と父親の会話。選択肢に should や can があることから，父親が娘に対して何かを忠告するような内容が出てくると予想すると，答えがつかみやすい。男性の１番目の発言に「まずは数年間働いてみるのはどうか」とあり，２番目の発言に「実社会での１，２年は貴重な経験になる」とあることから，**2**「彼女は実務経験を積むべきだ」が最も適切である。

## No. 6 解答 3

★ Shelly, personnel asked me to remind you the deadline for enrolling in an insurance plan is tomorrow.

☆ I know, but I have no idea which one's best for me.

★ They're all described on the company website. Why don't you look there?

☆ I have, but it wasn't very helpful. I find all the different options so confusing.

★ Maybe you should have someone in personnel explain the choices again.

☆ I guess I have no choice.

**Question：What will the woman probably do next?**

Script

訳

★シェリー，人事部から保険プランの登録期限が明日だって，君に念を押すよう頼まれたよ。

☆わかってるけど，どれが私に最適なのか全然わからないのよ。

★会社のウェブサイトに全部説明があるよ。そこで見てみたら？

☆見たけど，あまり役に立たなかったわ。いろんな選択肢ですごく混乱するのよ。

★たぶん，人事の誰かにもう一度選択肢を説明してもらった方がいいね。

☆それしか選択の余地はないみたいね。

**語句・構文**

☐ personnel「人事部」　☐ remind「気付かせる，念を押す」

☐ enroll「登録する」　☐ insurance「保険」　☐ find O C「O が C だとわかる」

☐ have *A do*「*A* に～してもらう」

☐ I have no choice「仕方ない，他に選択の余地がない」

**質問の訳**　女性は次に何をすると思われるか？

**選択肢の訳**

**1**　ウェブサイトをもう一度よく見直す。

**2**　男性と同じプランを選ぶ。

**3**　人事部とのミーティングを要請する。

**4**　別の保険プランを探す。

女性の最後の発言に「他に選択の余地はない」とあることがヒント。彼女がそう思ったということは，その手前の男性の発言にヒントがあるはずである。男性の 3 番目の発言に「人事部の誰かにもう一度説明してもらうべき」とあることから，**3**「人事部とのミーティングを要請する」が正解。もう一度説明してもらう場を，選択肢では a meeting と言い換えている。

**No. 7　解答　3**

★ Happy birthday, Kimiko!

☆ Farouk, there you are! I was getting worried you wouldn't make it to the party. Did you get lost?

★ Sorry to be so late. No, your house was easy to find. Actually, I felt a little drowsy, so I pulled off the highway for a short nap. The next thing I knew, an hour had passed.

☆ Well, I'm just glad you made it here safely. How was the traffic?

★ Not as heavy as I'd feared. Is it all right if I sit down?

☆ Of course.

**Question : Why did the man arrive late?**

Script

訳

★お誕生日おめでとう，キミコ！

☆ファルーク，やっと来た！　パーティーに来ないのかと心配したわよ。道にでも迷った？

★遅くなってごめん。いや，君の家は簡単に見つかったよ。実は，ちょっと眠くなったから幹線道路の脇道に停めて少し仮眠を取ったんだ。気がついたら1時間が経ってたよ。

☆そうだったのね，無事にここに来てくれてとてもうれしいわ。交通の状況はどうだったの？

★思っていたよりも混んでいなかったよ。座ってもいい？

☆もちろん。

語句・構文

☐ There you are!「やっと来た！」　☐ make it to ～「～に出席する」

☐ pull off ～「(一時停車のために) ～ (道路) から外れる，～ (道路の) 脇に車を停める」

☐ nap「仮眠，昼寝」　☐ fear「～を心配する」

質問の訳　男性はなぜ遅れて来たのか？

選択肢の訳

**1**　彼は渋滞に巻き込まれた。

**2**　彼の車に問題があった。

**3**　彼は寝過ごした。

**4**　彼は高速道路で道に迷った。

男性の2番目の発言にある Sorry to be so late. をしっかり聞き取りたい。「とても遅くなってごめん」とあるので，その後に自分が遅れた理由の説明が続くはずである。その予測をもとに続きを聞くと，「車を停めて仮眠をとったら，気づくと1時間が経っていた」とあるので，**3**「彼は寝過ごした」が正解。

**No. 8 解答 1**

☆ Honey, look at Jason's report card. He's still struggling in math.
★ I guess I should start helping him with his homework again.
☆ I think it's past that point now. We need to seriously consider getting him a tutor.
★ We're already paying so much for his private schooling. Shouldn't his teachers be doing something about it?
☆ I understand your frustration, but I think some one-on-one time in another environment would really help him.
★ I just hate to think of spending even more money right now.

**Question : What does the man think?**

Script

訳 ☆あなた，ジェイソンの通知表を見て。まだ数学で苦戦しているわ。
★また宿題を手伝ってやった方がいいかな。
☆もうその段階は過ぎていると思うの。あの子に家庭教師をつけることを真剣に考えるべきじゃないかしら。
★彼にはもう私立学校の授業料をたっぷり払っているじゃないか。そのことについては，先生方が何か対処すべきじゃないのかい？
☆あなたがイライラする気持ちはわかるけど，別の環境で1対1の時間をとった方が，彼には本当に役立つと思うわ。
★僕は，今すぐさらにお金を使うことを考えるのが嫌なだけさ。

語句・構文

□ report card「通知表」　□ struggle「悪戦苦闘する」
□ it's past that point now「もうその段階を過ぎている，それどころではない」
□ tutor「家庭教師」　□ schooling「授業料」　□ frustration「欲求不満」
□ one-on-one「1対1の」

質問の訳　男性はどう思っているか？

選択肢の訳
**1**　ジェイソンの先生たちはもっと努力するべきだ。
**2**　ジェイソンは私立学校に転校すべきだ。
**3**　ジェイソンの宿題の量が増えてきた。
**4**　ジェイソンは家庭教師の元にやるべきだ。

質問は「男性がどう思っているか」なので，男性の発言に注目すること。男性の2番目の発言の第2文に「彼の先生がそれについて何かをすべきではないか」とあることから，これが男性の考えていることであり，**1**「ジェイソンの先生たちはもっと努力するべきだ」が正解となる。なお，女性の2番目の発言の第2文に「彼に家庭教師をつけることを真剣に考える必要がある」と書かれているが，これは男性の考えていることではない。**4**を選ばないように注意すること。

**No. 9　解答　4**

Script

☆ Hello, Michael. How are you liking your new position? I hear it's been keeping you on the road quite a bit.
★ Yes, I've spent more time abroad recently than I have at home.
☆ I envy you. I'm tired of going to the office every single day.
★ Well, even though I'm traveling, mostly all I get to see is the inside of hotels and factories.
☆ I hope you're not regretting changing positions.
★ No, things should settle down soon.

**Question：What does the woman imply?**

訳
☆こんにちは，マイケル。新しいポジションはどうですか？　かなり出張が続いていると聞いていますが。
★はい，最近は国内よりも海外にいる時間の方が長いです。
☆うらやましいわ。私の方は毎日毎日オフィスに通うのにうんざりしています。
★まあ，旅行していても，たいてい見えるのはホテルと工場の中だけですよ。
☆ポジションを変えたことを後悔していなければいいんですが。
★いや，もうすぐ落ち着くはずですよ。

**語句・構文**

□ on the road「出張中で」　□ quite a bit「かなり」
□ I envy you.「うらやましいです」　□ regret *doing*「～したことを後悔している」
□ settle down「落ち着く」

**質問の訳**　女性が暗に伝えていることは何か？

**選択肢の訳**
**1**　男性は以前のポジションに戻るべきだ。
**2**　彼女はもうすぐポジションを変えるつもりだ。
**3**　男性はもっと家での時間を過ごすべきだ。
**4**　彼女はもっと出張旅行がしたい。

imply は「暗に示す」の意であり，直接言っていない内容をくみ取る必要がある。女性の発言に注目すると，2番目の発言に「うらやましい」とあり，続く第2文に「私は毎日オフィスに通うのにうんざりしている」とある。「うらやましい」と言った女性の手前の男性の発言を見ると，「(出張で) 国内よりも海外にいる時間の方が長い」と言っていることがわかる。これをうらやましいと感じているということなので，**4**「彼女はもっと出張旅行がしたい」が彼女の示唆する内容として最も適切である。

## No. 10 解答 3

★ Morning, Deborah. Hey, are you OK?
☆ What? Oh, sorry, Stan. I'm just in a bad mood.
★ What happened?
☆ I got confused while transferring at Baxter Station and almost missed my usual train. It's like a maze now because of the construction.
★ They're doing major renovations, right?
☆ Yes, and the directions for passengers were unclear. I never thought I'd get lost in the train station I use every morning.
★ How long will the work continue?
☆ Until the end of the year. I guess I'll have to get used to it.

**Question : Why is the woman in a bad mood?**

Script

訳
★おはよう，デボラ。ねえ，大丈夫？
☆え？ あ，ごめんなさい，スタン。ちょっと機嫌が悪いだけ。
★何があったんだい？
☆バクスター駅で乗り換えるときに混乱して，いつもの電車に乗り遅れそうになったの。工事のせいで，駅が迷路みたいになってるのよ。
★大規模な改修工事をしているんだよね？
☆ええ，それで乗客のための案内もあいまいで。毎朝利用している駅で迷子になるなんて，思ってもみなかったわ。
★その工事はいつまで続くんだい？
☆年末までよ。慣れるしかないみたいね。

語句・構文

☐ in a bad mood「機嫌が悪い」 ☐ transfer「乗り換える」
☐ almost *do*「あやうく～しそうになる」 ☐ maze「迷路」
☐ renovation「改修」 ☐ direction「指示，案内」
☐ get used to ～「～に慣れる」

質問の訳 なぜ女性は機嫌が悪いのか？

選択肢の訳
**1** 駅の改修工事が予定より遅れている。
**2** 電車がいつもより混んでいた。
**3** 乗り換えの際に問題が生じた。
**4** 彼女がいつも利用している駅が閉鎖された。

女性の1番目の発言「ちょっと機嫌が悪くて」に対して，男性が2番目の発言で「何があったのか」と聞いていることから，続く女性の2番目の発言をしっかり聞くこと。「乗り換えの間に混乱して，あやうくいつもの電車に乗り遅れそうになった」とある。したがって，**3**「乗り換えの際に問題が生じた」が正解。音声ではtransferringという表現だったのが，選択肢ではchanging trainsとなっているので注意すること。

## No. 11 解答 1

★ Have you finished that book already?

☆ Yes. Since I turned 50, I've been trying to read more for mental stimulation. I want to stay sharp and alert.

★ That's great. Lately, all I ever read are boring work-related documents and manuals.

☆ That does sound dull. These days, I'm mostly reading historical fiction, although sometimes I try to read science books for general audiences.

★ Maybe I should start reading some fiction as well, before I forget how to enjoy a book.

**Question : Why is the woman reading books?**

Script

訳 ★もうその本読み終わったのかい？

☆ええ。50 歳になってから，精神的な刺激のためにもっと読書をするようにしているの。頭を鋭く活発な状態に保っておきたいのよ。

★それはすばらしい。最近ぼくが読んでいるのは，つまらない仕事関連の書類やマニュアルばかりだ。

☆それは本当につまらなそうね。近頃は主に歴史小説を読んでいるけれど，時々一般向けの科学書も読もうとしてるわ。

★たぶんぼくも小説を読み始めるべきだな。本の楽しみ方を忘れないうちにね。

**語句・構文**

□ stimulation「刺激」 □ alert「活発な」 □ document「書類」
□ dull「つまらない」

**質問の訳** 女性が本を読んでいる理由は何か？

**選択肢の訳**
**1** 精神を活発に保つため。
**2** 仕事のスキルを向上させるため。
**3** 仕事から気を紛らわせるため。
**4** 彼女の小説執筆のアイデアを得るため。

女性の 1 番目の発言がポイント。「精神的な刺激のためにもっと読書をしようとしている」とあることから，読書の目的は精神面であることがわかる。**2**，**3**，**4** の選択肢はすべて仕事に関わるものであるため，不適。したがって **1**「精神を活発に保つため」が正解である。音声に出てくる alert は名詞で「警戒」の意があるが，形容詞の場合は「(思考が) 明晰(めいせき)な，活発な」の意がある。この alert の言い換えが **1** にある active である。

## No. 12 解答 2

☆ Which trail should we take, Jack?

★ Trail A looks like the easiest one. The cable car carries us halfway up the mountain, and then we hike for about an hour to the peak.

☆ How about something more challenging? I think we could handle climbing the whole way.

★ I don't know. All the overtime I've been working recently has really cut into my workouts. I'm not sure my legs will carry me all the way up.

☆ All right. Trail A it is, then.

**Question : What do we learn about the man?**

Script

訳

☆どの道を選ぶべきかしら，ジャック？

★Ａの道が一番楽そうだね。ケーブルカーで山の中腹まで移動して，そこから頂上まで約１時間ハイキングするんだ。

☆もっと大変なものはどう？　私たちなら，全行程登山でもこなせると思うけど。

★わからないな。最近，残業が多くて運動の時間が減ってしまったからね。山の頂上まで足が動くかどうか自信がないんだ。

☆了解。それならＡの道にしましょう。

**語句・構文**

□ trail「道，小道」　□ halfway「途中」

□ challenging「困難だがやりがいのある」　□ overtime「残業」

□ cut into ～「～に割り込む，干渉する」　□ workout「運動」

**質問の訳**　男性について何がわかるか？

**選択肢の訳**

**1**　彼は経験豊富な山登りの達人である。

**2**　最近，彼はあまり運動をしていない。

**3**　彼は困難な道を取りたがっている。

**4**　彼はケーブルカーに乗るのが嫌だ。

男性の２番目の発言第２文に「あらゆる残業が私の運動に割り込んできている」とあるので，これがどういう意味なのかを考える必要がある。直後の第３文に，「私の足が私を頂上まで運んでくれるか自信がない」とあることから，男性は自分の体力に不安を覚えていることが読み取れる。このことから，第２文の内容は「残業のせいで運動時間が削られている」ということを表していると考え，**2**「最近，彼はあまり運動をしていない」が正解として妥当である。

# 一次試験 リスニング Part 2

(A) **No. 13 解答 3 No. 14 解答 1**

(A)***Annie Londonderry***

Annie Cohen Kopchovsky—commonly known as Annie Londonderry—was the first woman to ride a bicycle around the world. Some people say she did this in response to a bet that a woman could not make such a journey, though the truth of that story is debated. When she began her journey in 1894, she had only ridden a bicycle a few times. Still, she wanted to prove women had the mental and physical strength to meet such a challenge.

Londonderry believed women should be less restricted in their family and work lives and encouraged women to wear whatever clothing they wanted. In fact, she wore men's clothing for much of her journey. Along the way, Londonderry made money in various ways, including telling stories of her adventures and displaying companies' advertising posters on her bicycles. In fact, the nickname "Londonderry" comes from the name of a spring water company whose product she promoted.

**Questions**
**No. 13 What is one reason Annie Londonderry began her trip?**
**No. 14 What is one way Londonderry earned money on her trip?**

Script

訳

(A)アニー・ロンドンデリー

アニー・コーエン・コプチョフスキー，通称アニー・ロンドンデリーは，世界中を自転車で旅した最初の女性である。女性はそのような旅をすることができないという意見に応えて，彼女はこれをしたと言う人もいるが，その話が真実かどうかは議論の対象となっている。1894年に旅を始めた時点で，彼女は数回しか自転車に乗ったことがなかった。それでも，女性がそのような難題に立ち向かうための精神的，身体的な強さを持っていることを彼女は証明したかったのである。

ロンドンデリーは，女性が家庭や職場で受ける制約を減らすべきだと強く思っており，女性に着たいと思うどんな服でも着るように促していた。実際，旅の大部分の期間，彼女は男性用の服を着ていた。途中で，ロンドンデリーは冒険の話をしたり，自転車に企業の広告ポスターを表示したりするなどして，様々な方法でお金を稼いだ。実際，「ロンドンデリー」というニックネームは，彼女が宣伝していた天然水の会社の名前に由来している。

**語句・構文**

(第1段) □ in response to ～「～に応えて」 □ bet「賭け，意見」
(第2段) □ restrict「制限する」 □ advertising「広告」
□ spring water「湧き水，天然水」

**No 13** **質問の訳** アニー・ロンドンデリーが旅を始めた１つの理由は何か？

**選択肢の訳** **1** 衰えている健康を改善させるため。

**2** 自転車の技術を披露するため。

**3** 性別の固定観念に異議を唱えるため。

**4** 新しい種類の自転車をテストするため。

第１段第２文（Some people say …）に「女性はそのような旅をすることができないという意見に応えて」とある。ここでいう「そのような旅」は，第１文（Annie Cohen Kopchovsky …）で述べられている「世界中を自転車で旅すること」である。そして同段最終文（Still, she wanted …）に「女性がそのような難題に立ち向かうための精神的，身体的な強さを持っていることを彼女は証明したかった」と述べられていることから，**3**「性別の固定観念に異議を唱えるため」が正解。「女性は世界中を自転車で旅するための精神的，身体的な強さがない」という内容が，a gender stereotype「性別の固定観念」という言葉にまとめられていることに気づきたい。

**No 14** **質問の訳** 旅行中にロンドンデリーがお金を稼いだ１つの方法は何か？

**選択肢の訳** **1** 彼女は企業が自社の製品を宣伝するのを手伝った。

**2** 彼女は女性用の洋服を作って売った。

**3** 彼女は天然水を売る会社を設立した。

**4** 彼女は通常男性によってなされる仕事をした。

第２段第３文（Along the way, …）に，「ロンドンデリーは様々な方法でお金を稼いだ」とあるので，その後を注意深く聞きたい。続きを聞いていくと，「冒険の話をしたり，自転車に会社の広告ポスターを表示したりした」とある。この内容に近い選択肢は，**1**「彼女は企業が自社の製品を宣伝するのを手伝った」である。

(B) **No. 15** **解答** 3 **No. 16** **解答** 2

(B)***Barn Quilts***

Quilting involves sewing layers of fabric into patterns to create a warm, attractive blanket known as a quilt. On farms in some parts of the US, however, quilt patterns are also used for a different purpose: to create artwork on the side of barns. The practice of painting symbols on barns was first brought to the US in the 1800s by German immigrants, who believed the images would bring good fortune to their farms.

In 2001, one American woman decided to paint a quilt design on her barn to honor her mother, who had been a quilt maker. She encouraged other barn owners to decorate their barns with similar designs, now known as "barn quilts." This led to the creation of a "barn quilt trail"—a series of local barn quilts that visitors could view. Many communities now have such trails, and the boost to tourism has improved local economies.

**Questions**

**No. 15 What does the speaker say about the paintings made by German immigrants?**

**No. 16 What has been one effect of "barn quilts" in the US?**

Script

訳

(B)納屋のキルト

キルティングとは，布の層を模様に縫い合わせて，キルトとして知られる暖かく魅力的な毛布を作ることである。しかし，アメリカの一部地域の農場では，キルトの模様は別の目的，つまり納屋の側面に図柄を作るために使用される。納屋にシンボルを描く習慣は，1800 年代にドイツからの移民によって，アメリカに最初にもたらされた。彼らは，その図が彼らの農場に良運をもたらすと信じていたのである。

2001 年，あるアメリカ人女性がキルト作家だった母を称えるために，納屋にキルトのデザインを描くことを決意した。彼女は他の納屋の所有者に，現在「納屋のキルト」として知られるようになった同様のデザインで納屋を飾ることを勧めた。これが，訪問者が鑑賞できる地域のいくつもの納屋のキルトからなる，「納屋のキルト道」の創設につながった。多くのコミュニティが，今ではそのようなキルト道を持っており，観光業の増加が地域の経済を向上させている。

語句・構文

(表題) □ barn「納屋」 □ quilt「キルト，刺繍細工」
(第 1 段) □ sew「縫う」 □ layer「層」 □ fabric「布」 □ pattern「模様」
(第 2 段) □ honor「称賛する」 □ a series of「一連の」 □ boost「増加，後押し」

**No. 15** 質問の訳　話者はドイツ移民によって描かれた絵画について，どう言っているか？

選択肢の訳　**1**　その図は彼らにドイツのことを思い出させた。

**2**　その図はプロのアーティストによって作られた。

**3**　その図は幸運をもたらすと信じられていた。

**4**　その図は細長い布に描かれていた。

第1段第3文（The practice of …）に「彼ら（ドイツからの移民）は，その図が彼らの農場に良い運をもたらすと信じていた」とあることから，**3**「その図は幸運をもたらすと信じられていた」が正解となる。音声の fortune が，選択肢では luck に言い換えられている。

**No. 16** 質問の訳　アメリカの「納屋のキルト」の影響の1つは何か？

選択肢の訳　**1**　より多くの人が趣味として手芸を始めた。

**2**　いくつかの地域で観光業が増加した。

**3**　農場間の競争が増加した。

**4**　より多くの納屋が農場に建てられた。

"barn quilts" という表現は，第2段に登場する。最終文（Many communities now …）に「観光業の増加が地域の経済を向上させている」とあることより，**2**「いくつかの地域で観光業が増加した」が正解。

## (C) No. 17 解答 4　No. 18 解答 2

### (C)*The Little Ice Age*

An era known as the Little Ice Age began in the fourteenth century and continued for around 500 years. Carbon dioxide levels in the atmosphere dropped considerably, which lowered air temperatures around the world. This resulted in reduced agricultural harvests worldwide. The traditional explanation is that this ice age came about due to erupting volcanoes and decreased solar activity.

However, according to more-recent research, farmland returning to forest may have been a major factor in the cooling of the planet. The native populations of North, Central, and South America had cleared large areas of forest for farming. When European colonists arrived in the late fifteenth century, they brought terrible illnesses. This caused the native populations to drop dramatically and left them unable to maintain the land. Researchers claim this resulted in a large increase in forest growth, which meant less carbon dioxide and a cooler planet.

**Questions**

**No. 17　What is true about the Little Ice Age?**

**No. 18　According to more-recent research, what happened that led to the Little Ice Age?**

Script

訳

(C)小氷期

「小氷期」として知られる時代は，14 世紀に始まり約 500 年間続いた。大気中の二酸化炭素のレベルが大幅に低下し，世界中の気温が下がったのである。これにより，世界中の農作物の収穫量が減少するという結果になった。従来の説明では，この氷期は火山の噴火と太陽活動の減少によって起こったとされている。

しかし，より最近の研究によると，農地が森林に戻ったことが，地球を冷却する主要な要因であったかもしれないとのことである。北，中央，南アメリカの先住民は，農業のために大規模な森林地帯を伐採していた。15 世紀後半にヨーロッパの入植者が到着した際，彼らは恐ろしい病気を持ち込んだ。これにより先住民の人口が劇的に減少し，彼らは土地を維持することができなくなった。研究者は，これが森の成長の大幅な増加につながり，これによって二酸化炭素が減少し，地球が冷えたのだと主張している。

**語句・構文**

(第 1 段) □ carbon dioxide「二酸化炭素」 □ atmosphere「大気」
□ considerably「かなり」 □ result in ～「～という結果になる」
□ harvest「収穫」 □ erupt「噴火する」 □ volcano「火山」
(第 2 段) □ clear「～を取り除く」 □ colonist「入植者，開拓者」

**No. 17** 質問の訳　小氷期について正しいものはどれか？

選択肢の訳
**1** それは 1 世紀弱しか続かなかった。
**2** それは気象パターンに関する新しい発見につながった。
**3** それは火山の近くの人々に最も大きな影響を与えた。
**4** それは農業に対して地球規模の影響があった。

第 1 段第 2・3 文（Carbon dioxide levels … agricultural harvests worldwide.）に，「世界中の気温が下がった」「世界中の農作物の収穫量が減少した」という内容が述べられているため，**4**「それは農業に対して地球規模の影響があった」が正解。選択肢にある global と，聞こえてくる worldwide という単語をしっかり結びつけたい。

**No. 18** 質問の訳　より最近の研究によると，小氷期につながった出来事は何か？

選択肢の訳
**1** 北アメリカのヨーロッパ人が大都市を建設し始めた。
**2** 南北アメリカで森林が拡大した。
**3** 急増する世界の人口が汚染を増加させた。
**4** 病気がヨーロッパ中の多くの木を枯らした。

設問にある more-recent research は，第 2 段の冒頭で聞こえてくる。第 1 文（However, according to …）に「農地が森林に戻ることが地球の冷却における主要な要因だったかもしれない」とあることから，森林がキーワードになることが推測できる。続く第 2 文（The native populations …）に「北，中央，南アメリカ」というキーワードがあり，さらに最終文（Researchers claim this …）に「これが森の成長の大幅な増加につながり，これによって二酸化炭素が減少し，地球が冷えた」とあることから，**2**「南北アメリカで森林が拡大した」が正解だとわかる。

(D) **No. 19** 解答 3 **No. 20** 解答 4

### (D)*Disappearing Fireflies*

Fireflies are one of the most beloved insects because of their ability to create light, but firefly populations seem to be declining. The expansion of urban areas is a problem, not only because it destroys fireflies' habitats but also because of the constant artificial light in cities and suburbs. Fireflies attract mates by flashing their lights, so when these flashes become difficult to see, fireflies have trouble reproducing successfully.

Unfortunately, there have not been many studies of fireflies, in part because they are difficult to locate when they are not creating light. Scientists largely depend on information from amateurs, who report seeing fewer fireflies recently. Fireflies' light-flashing patterns vary by species, and scientists are requesting that more people count firefly flashes and report their observations. In this way, scientists will be able to better track the various species.

**Questions**

**No. 19 What is one thing the speaker says is putting fireflies in danger?**

**No. 20 What have scientists asked people to do?**

Script

訳

### (D)姿を消しつつあるホタル

ホタルは光を作り出す能力のために，最も愛されている昆虫の一つであるが，ホタルの個体数は減少しつつあるようだ。都市部の拡大は問題であり，これはホタルの生息地を破壊するためというだけでなく，都市や郊外における絶え間ない人工の光のためでもある。ホタルは，光を点滅させてつがう相手を引き付けるので，これらの点滅が見えにくくなると，ホタルはうまく繁殖するのが難しくなるのだ。

残念なことに，ホタルに関する研究はあまり行われていない。これは，一つには，ホタルが光を出していないときには見つけるのが難しいからである。科学者はホタル愛好家たちからの情報に大きく頼っているが，彼らは最近見かけるホタルの数が減っている，と報告している。ホタルの光の点滅パターンは種によって異なり，科学者たちは，もっと多くの人々にホタルの点滅を数え，その観察結果を報告するように求めている。このようにして，科学者たちは様々な種をよりよく追跡することができるだろう。

**語句・構文**

(表題) □ firefly「ホタル」

(第1段) □ beloved「愛されている」 □ urban「都市の」 □ habitat「生息地」
□ artificial「人工の」 □ mate「仲間，配偶者」 □ flash「点滅」

(第2段) □ amateur「愛好家，素人」 □ vary「異なる」

**No. 19** 質問の訳 ホタルを危険にさらす1つの要因は何だと話者は言っているか？

選択肢の訳 **1** 都市の拡大による騒音の増加。

**2** 人々がそれらを捕まえようとする試み。

**3** 都市部の明るさ。

**4** 他の昆虫との増大する競争。

第1段第2文（The expansion of …）に都市部の拡大が問題である理由の2つ目として，「絶え間ない人工の光」とある。さらに次の文（Fireflies attract mates …）を聞くと，「点滅が見えにくくなると，ホタルはうまく繁殖するのが難しくなる」とあることから，人工の光でホタルの光が見えなくなると考えられるので，**3**「都市部の明るさ」を選ぶ。

**No. 20** 質問の訳 科学者は人々に何を求めているか？

選択肢の訳 **1** 光を出していないホタルを見つけること。

**2** 研究のための資金をもっと得るための援助。

**3** 自宅周辺で異なるタイプの光を使用すること。

**4** 見かけたホタルに関する報告をすること。

第2段第3文（Fireflies' light-flashing …）に「科学者たちはもっと多くの人々にホタルの点滅を数え，その観察結果を報告するよう求めている」とあることから，**4**「見かけたホタルに関する報告をすること」が正解。音声の requesting が，設問では asked に言い換えられている。

## (E) No. 21 解答 1 No. 22 解答 3

### (E) *Smart Dogs*

Dogs can be taught to respond to many words. For example, they can obey commands to sit or roll over. But do dogs actually process and understand words in the same way humans do? One team of researchers attempted to investigate this question. The researchers wanted to gather data directly from dogs themselves rather than from their owners' reports, so they used an imaging machine to scan dogs' brains while the dogs heard different words.

Before the scan, the dogs, which were of various breeds, were taught certain words. While the dogs were in the machine, the words they had been taught and words they did not know were both spoken to them. Surprisingly, the dogs' brains showed more activity after they heard the unfamiliar words. This is the reverse of a human response—our brains are more active in response to words we know.

**Questions**

**No. 21 What was the purpose of the research?**

**No. 22 What did the researchers discover about the dogs' brain activity?**

Script

訳

(E)賢い犬たち

犬は，多くの言葉に反応するように教えることができる。例えば，「お座り」「ごろん」といった命令に従うことができる。しかし，犬は本当に，人間と同じように言葉を処理し，理解しているのだろうか？　ある研究チームは，この疑問を調査しようとした。研究者たちは，飼い主からの報告ではなく，犬自身から直接データを収集したかったため，異なる言葉を聞いたときの犬の脳をスキャンするための，画像診断装置を使用した。

スキャンの前に，様々な品種の犬たちは特定の言葉を教えられた。機械の中にいる間，教えられた言葉と知らない言葉の両方が，犬に向かって話しかけられた。驚いたことに，犬の脳はなじみのない言葉を聞いた後の方が，より活発になることが示された。これは人間の反応とは逆である。私たちの脳は，知っている言葉の方により活発に反応するのだ。

**語句・構文**

(第1段) □ obey「従う」　□ command「命令」　roll over「転がる」
□ attempt to *do*「～しようと試みる」　□ investigate「調査する」
(第2段) □ breed「品種」　□ reverse「逆」

**No. 21**　質問の訳　研究の目的は何だったか？

選択肢の訳
**1**　犬の言葉の理解を研究すること。
**2**　異なる声に対する犬の反応を調査すること。
**3**　犬を訓練する様々な方法を調査すること。
**4**　犬が飼い主の感情にどのように反応するかを調査すること。

第1段第3文（But do dogs …）に「犬は本当に，人間と同じように言葉を処理し，理解しているのだろうか」という問題提起がされ，これを調査しようとしたとあるので，**1**「犬の言葉の理解を研究すること」が正解となる。同段最終文（The researchers wanted …）で「異なる言葉を聞いたときの犬の脳をスキャンするための画像診断装置を使用した」とあるが，「異なる声」に対する反応を研究することが目的ではないため，**2**は不適。different という単語だけに引っ張られないよう注意しよう。

**No. 22**　質問の訳　研究者は犬の脳の活動について何を発見したか？

選択肢の訳
**1**　飼い主の報告と一致していた。
**2**　犬種によって異なっていた。
**3**　人間の脳とは逆であった。
**4**　知っている命令に反応して増加した。

犬の脳の活動については，第2段第3文（Surprisingly, the dogs' …）で述べられている。「犬の脳はなじみのない言葉を聞いた後の方が，より活発になることが示された」とあり，続く第4文（This is the …）に「これは人間の反応とは逆」とあることから，**3**「人間の脳とは逆であった」が正解。the reverse of a human response と opposite to that of human brains の言い換えに気づきたい。

(F) **No. 23 解答 2　No. 24 解答 1**

(F)***Root Cellars***

Elliston is a village on the Canadian island of Newfoundland. Its long winters mean preserving and storing food has always been an important part of life there. Traditionally, local people accomplished this by using root cellars, which are tunnel-like structures in the sides of small hills. They are called root cellars because they commonly hold root vegetables, such as potatoes and carrots. The root cellars maintain the perfect temperature and moisture levels for preserving the vegetables.

Root cellars can be found in many places with long winters. However, Elliston is known as the "Root Cellar Capital of the World." For much of its history, the village was a fishing town. But when commercial fishing was banned after a decline in fish populations, Elliston's residents needed a new source of income. They decided to promote their root cellars as an attraction, and today, visitors come from all over to see them.

**Questions**

**No. 23 What is one thing the speaker says about root cellars?**

**No. 24 What is one reason root cellars are important in Elliston today?**

訳

(F)ルート・セラー

エリストンは，カナダのニューファンドランド島にある村である。そこは冬が長いため，食品の保存と保管は常に当地の生活の重要な一部だった。伝統的に地元の人々がそのために使っていたのがルート・セラーというもので，それは小さな丘の側面にあるトンネルのような構造物であった。ルート・セラー（根の貯蔵室）と呼ばれていたのは，それがジャガイモやニンジンのような根菜を主に貯蔵したためである。ルート・セラーは，野菜を保存するのに，最適な水準の温度と湿度を維持しているのだ。

ルート・セラーは冬が長い場所の多くで見られる。しかし，エリストンは「世界のルート・セラーの首都」として知られている。その歴史の大部分で，この村は漁村だった。しかし，魚の個体数が減少した後に商業漁業が禁止されたとき，エリストンの住民は新しい収入源が必要だった。彼らはルート・セラーを呼びものとして宣伝することに決め，今日ではそれを見るために世界中から訪問者がやってきている。

**語句・構文**

(表題) □ root cellar「根菜類地下貯蔵室」

(第1段) □ preserve「～を保存する」　□ store「～を蓄える」

□ accomplish「～を実現する」　□ moisture「湿度」

(第2段) □ ban「～を禁止する」　□ decline「減少」

**No. 23** 質問の訳 話者がルート・セラーについて言っていることの1つは何か？

選択肢の訳 **1** 冬に暖かさを保つのに役立つ。

**2** いくつかの野菜の保存に役立つ。

**3** その名前はその形状から来ている。

**4** 一年中野菜を育てるために使用される。

第1段第4文（They are called …）に，「根（root）の地下貯蔵室（cellars）」と呼ばれる理由として「ジャガイモやニンジンのような根菜（root vegetables）を主に収容した」と述べられていることから，**2**「いくつかの野菜の保存に役立つ」が正解。

**No. 24** 質問の訳 ルート・セラーが今日のエリストンで重要な理由の1つは何か？

選択肢の訳 **1** 地元の経済を支えるのに役立つ。

**2** 周辺の村々のモデルになる。

**3** 漁業が生き残るのに役立つ。

**4** 貴重な鉱物が含まれていることがわかった。

第2段第4文の後半（Elliston's residents needed …）に「エリストンの住民は新しい収入源を必要としていた」とあるので，その続きに注目する。最終文（They decided to …）に「彼らはルート・セラーを呼びものとして宣伝することに決めた」「それを見るために世界中から訪問者がやってきている」とあることから，ルート・セラーが観光の目玉になっていることがわかる。したがって，**1**「地元の経済を支えるのに役立つ」が正解。第4文（But when commercial …）前半にあるように，もともとさかんだった漁業を復活させようという話ではないので，**3**を選ばないよう注意しよう。

## 一次試験 リスニング Part 3

(G) **No. 25** 解答 **2**

The bus downtown leaves every half hour, and you can take a taxi from the taxi stand at any time. However, all the streets going to the center of town are very busy at this time of day. It's likely to take more than 40 minutes. The subway leaves every 5 to 10 minutes from the underground station. It's a 15-minute ride from the airport to downtown. You can also take the light-rail train. It's slower than the subway but provides a nice view of the city.

Script

訳 繁華街行きのバスは30分おきに出発しており，タクシー乗り場からはいつでもタクシーを利用できます。しかし，この時刻は町の中心部に向かうすべての通りが非常に混雑しています。40分以上かかる可能性があります。地下鉄は，駅より5分から10分ごとに出ています。空港から繁華街までは15分の乗車です。また，路面電車も利用できます。地下鉄よりは遅いですが，すばらしい街の景色を楽しむことができます。

語句・構文

☐ downtown「繁華街，中心街」

☐ light-rail「快適で省エネ性に優れた新しい路面電車」

**状況の訳** あなたは空港に到着したところである。あなたはできるだけ早く繁華街に行く必要がある。案内所で次のように教えられる。

**質問の訳** どの手段で繁華街に向かうべきか？

**選択肢の訳** **1** バス。 **2** 地下鉄。
**3** タクシー。 **4** 路面電車。

第2文（However, all the …）で「町の中心部に向かうすべての通りが非常に混雑している」とあり，第3文（It's likely to …）で「40分以上かかる可能性がある」ことから，**1** のバスと **3** のタクシーは不適。第4・5文（The subway leaves … airport to downtown.）に「地下鉄は5分から10分おきに出ており，15分の乗車時間」とあり，第6・7文（You can also … of the city.）で「路面電車は地下鉄より遅い」とあることから，空港から繁華街までの乗車時間が最も短いのは地下鉄である。**2**「地下鉄」が適切。

## (H) No. 26 解答 4

We offer several courses. Giovanni's introductory course on Monday evenings is ideal if this will be your first experience learning Italian. Martina's course on Tuesdays is for businesspeople looking to develop their written fluency in Italian to an advanced level. It's not suitable for beginners. Alfredo's intermediate course on Thursdays is suitable for people who want to improve their language skills in just a few months. Finally, Teresa's course on Fridays is for people who want to learn Italian and Italian culture through operas. This is a popular course, so I recommend registering today if you are interested.

Script

**訳** 私どもには複数のコースがございます。月曜日の夜のジョヴァンニの初級コースは，今回がイタリア語を学ぶ初めての経験となる場合には最適です。火曜日のマルティナのコースは，イタリア語の書く力を上級レベルまで上げたいビジネスパーソン向けです。初心者には適していません。木曜日のアルフレドの中級コースは，数カ月で言語スキルを向上させたい人に適しています。最後に，金曜日のテレサのコースは，オペラを通じてイタリア語とイタリア文化を学びたい人向けです。こちらは人気のあるコースなので，興味がある場合は今日登録することをお勧めします。

語句・構文

☐ introductory「初級の，入門の」 ☐ intermediate「中級の」

☐ register「登録する」

**状況の訳** あなたはある程度イタリア語を話すことができるが，3カ月後のイタリア旅行の前に磨き直したいと思っている。あなたは月曜日と木曜日に時間がある。語学学校の担当者から次のように教えられた。

質問の訳　どのコースを選ぶべきか？

選択肢の訳　**1**　マルティナ（のコース）。　**2**　ジョヴァンニ（のコース）。
**3**　テレサ（のコース）。　**4**　アルフレド（のコース）。

状況から，受講できるのは月曜日と木曜日となることがわかる。第2文（Giovanni's introductory course …）にあるジョヴァンニのコースが月曜日，第5文（Alfredo's intermediate course …）のアルフレドのコースが木曜日なので，**2**と**4**に絞る。それぞれの内容を見ると，アルフレドのコースが「数カ月で言語スキルを向上させたい人々に適している」とあるので，3カ月後のイタリア旅行前に勉強し直したいという状況の条件と合致する。したがって，**4**「アルフレド（のコース）」が正解。**2**のジョヴァンニのコースは初心者向けである。

## (I)　No. 27　解答　4

Good morning, shoppers. Today is the Mayfield Mall 15th Anniversary Sale. Check out the first-floor shops for huge discounts on kids' clothing and back-to-school items. All business wear on the second floor, including suits and shoes, is 50 percent off. And don't forget the sporting goods center on the third floor, where we're offering 25 percent off every item. Remember, discounts are only available for shoppers who have registered for the sale at the fourth-floor kiosk. By registering, you will receive a card that you can present at all participating shops.

Script

訳　おはようございます，お客様。今日はメイフィールドモールの15周年記念セールです。1階の店舗では，子ども服や新学期のアイテムが大幅に割引されていますのでどうぞ御覧ください。2階は，スーツや靴を含むすべてのビジネスウェアが50％割引です。また，3階のスポーツ用品センターは，全品25％オフとなっていますので，お忘れになりませんように。割引は，4階の自動発券機でセールに登録したお客様のみが利用可能であることに御注意ください。登録すると，すべての参加店舗で提示できるカードがもらえます。

語句・構文

□ check out「調べる」　□ discount「値引き」　□ back-to-school「新学期の」
□ kiosk「自動発券機，自立式小型情報端末」　□ present「提示する」

状況の訳　あなたは新しいビジネススーツを買うために，ショッピングモールに到着したところである。あなたはできるだけお金を節約したいと思っている。あなたは次のアナウンスを聞いた。

質問の訳　まずどの階に行くべきか？

選択肢の訳　**1**　1階。　**2**　2階。
**3**　3階。　**4**　4階。

「新しいビジネススーツを買う」ことが目的だが，注意が必要である。第4文（All business wear …）に「2階は，スーツや靴を含むすべてのビジネスウェアが50％割引」

とあるが，安易に**2**を選ばないこと。質問は「まずどの階に行くべきか」とあり，第6文（Remember, discounts are …）に「割引は，４階の自動発券機でセールに登録したお客様のみが利用可能である」と述べられていることから，どの商品を買うにしてもまずは４階に行って登録しなければ割引はされない。したがって，答えは**4**「４階」となる。

**(J)　No. 28　解答　2**

Welcome to All Adventures Park. Unfortunately, due to repairs, the walk-through reptile attraction Lizard Encounter will be closed until further notice. Our space-themed roller coaster, Into the Sky, has also suspended operation today due to strong winds. We apologize for the inconvenience. Please note, however, that our ranger-guided drive-through safari, Discovery Drive, is operating as usual, and most of the animals will be outdoors and visible. Finally, don't forget to check out the park's newest addition, Dream Fields, where guests can use VR technology to experience the game of baseball like never before!

Script

訳　オールアドベンチャーパークにようこそ。残念ながら修理作業のため，歩行型爬虫類アトラクション「リザードエンカウンター」は，しばらくの間閉鎖されます。強風のため，宇宙をテーマにしたジェットコースター「イントゥザスカイ」も今日は運営を中止しています。ご不便をおかけして申し訳ございません。ただし，レンジャーがご案内するドライブスルーサファリ「ディスカバリードライブ」は通常通り運営しており，ほとんどの動物は屋外で見ることができます。最後に，忘れずにパーク最新のアトラクション「ドリームフィールズ」をチェックしましょう。VR技術を使って，これまでにない野球体験ができます！

**語句・構文**

□ due to ～「～が理由で」　□ reptile「爬虫類」
□ until further notice「追っての通知があるまで」
□ drive-through safari「車の中から自然に近い動物を見ながら進むツアー」

**状況の訳**　あなたと家族はテーマパークにいる。あなたの子どもたちは動物や自然に非常に興味を持っている。あなたは次のアナウンスを聞く。

**質問の訳**　**あなたはどのアトラクションに行くべきか？**

**選択肢の訳**　**1**　リザードエンカウンター。　**2**　ディスカバリードライブ。
**3**　イントゥザスカイ。　**4**　ドリームフィールズ。

状況より，テーマパークでのアナウンスであることを把握して「動物」「自然」をキーワードにして聞くようにする。Lizard EncounterやInto the Skyなどの固有名詞に惑わされないこと。第5文（Please note, however, …）に「ディスカバリードライブは通常通り運営し，ほとんどの動物は屋外で見ることができる」とあるので，ドライブスルーサファリである**2**「ディスカバリードライブ」が正解。

(K) **No. 29** **解答** **1**

Parents, I'd like to introduce the faculty members in charge of the new after-school activities. Mr. Gilbert will be teaching students table tennis once a week on Fridays. Ms. DeLuca is in charge of the swimming club, which will meet on Mondays and Thursdays. Mr. Roth will be sharing his expertise in music by giving clarinet lessons every Wednesday. And Ms. Santos will be available in the library for study group to help students with their homework on Tuesdays and Thursdays. Please speak to the appropriate faculty member for further details.

Script

訳　保護者の皆様，新しい放課後活動を担当する教員を紹介したいと思います。ギルバート先生は，毎週金曜日に生徒たちに卓球を教えることになります。デルーカ先生は，月曜日と木曜日に活動がある水泳部を担当します。ロス先生は，毎週水曜日にクラリネットのレッスンで彼の音楽の専門知識を教えてくれます。そしてサントス先生は，勉強グループのために火曜日と木曜日に図書室に在室し，生徒たちの宿題の手伝いをしてくれます。詳細については，しかるべき教員とお話しください。

**語句・構文**

□ faculty member「教員」　□ in charge of ～「～を担当して」

□ expertise「専門知識」

**状況の訳**　あなたは息子に新しいスキルを学ばせたいと思っている。彼はすでに水曜日に放課後の水泳のレッスンを受けている。学校の管理者が次のアナウンスをする。

**質問の訳**　あなたは誰と話すべきか？

**選択肢の訳**

**1**　ギルバート先生。

**2**　デルーカ先生。

**3**　ロス先生。

**4**　サントス先生。

状況で述べられている内容より，息子に新しいスキルを学ばせたいこと，水曜日に水泳のレッスンを受けていることを念頭に選択肢を考える。**2**のデルーカ先生は，第3文（Ms. DeLuca is …）より水泳部の担当であることから不適。**3**のロス先生は，第4文（Mr. Roth will …）より水曜日の担当であることから，曜日が重なるので不適。したがって，新しいスキルの選択肢として正しいのは，第2文（Mr. Gilbert will …）で金曜日に卓球を教えることになっている**1**「ギルバート先生」となる。**4**のサントス先生は第5文（And Ms. Santos …）より，宿題を手伝うのであってスキルを教えるわけではない。

# 二次試験　面接　問題カードA

**解答例**　**One day, a company president was walking around the office. He passed the break room, where a couple of employees were drinking coffee and chatting. He heard one of them say, "I've been feeling tired lately." The president was surprised to hear this. That afternoon, he was in his office reading an article. The article was saying that naps boost worker performance, and this gave the president an idea. A month later, the company president was checking on the company's new nap room. The president was happy to see that several employees were using the room to take a nap and become refreshed. The next day, the company president was in a meeting. An employee ran into the meeting room because he was late for the meeting. He looked like he had just woken up, and he said that he had forgotten to set an alarm.**

訳　ある日，会社の社長がオフィス内を歩いていた。休憩室を通り過ぎたところ，そこで2人の従業員がコーヒーを飲んでおしゃべりをしていた。彼はその内の1人が「最近，疲れている気がするんだ」と言っているのを聞いた。社長はこれを聞いて驚いた。その日の午後，彼は自分のオフィスである記事を読んでいた。その記事には，昼寝が労働者のパフォーマンスを向上させるという内容が書かれており，これを見て社長はあるアイデアを思いついた。1カ月後，社長は新しく作られた仮眠室の様子を見に行った。社長は，数人の従業員がその部屋を使って昼寝をして，リフレッシュしているのを見て喜んだ。翌日，社長は会議中であった。ある従業員が，その会議に遅れて会議室に駆け込んできた。彼はたった今起きたばかりのような様子で，アラームをセットするのを忘れていたと言った。

▶ナレーションに含めたいポイントは以下の通り。①会社の社長が，社員の「最近疲れているように感じる」という発言を耳にする。②その日の午後，その社長は「昼寝が労働者のパフォーマンスを向上させる」という新聞記事を読み，ある考えがひらめいた。③1カ月後，新しく用意された仮眠室を社員たちが利用しているのを見て，社長は満足している。④翌日，会議に遅れてきた社員は明らかにさっき起きたばかりで，「アラームをセットするのを忘れていました」と言う。以上の流れを押さえた上で，どのコマにも社長の姿があることから，社長が考えていることをイメージして追加していくといいだろう。例えば2コマ目の社長を見ると，新聞記事を見て何かを思いつく様子が見て取れる。1コマ目の社員の発言を踏まえて，He thought this would solve the employee's problem.「彼はこれが社員の問題を解決するかもしれないと考えた」などと表現することができるだろう。また，最終コマでは，仮眠室を利用していた社員が会議に遅れてきた様子が見て取れる。社長が考えていることとしては，He thought he wanted all the employees to make better use of the nap room.「彼は全社員に仮眠室をもっとうまく活用してほしいと思った」などの表現が可能である。イラストから見てとれる情報はすべて入れること。

質問の訳

No. 1　4番目の絵を見てください。もしあなたがその会社の社長ならば，何を考えているでしょうか？

No. 2　職業を選ぶ際に，給料が最も重要な要素だと思いますか？

No. 3　人々の意見は，簡単にメディアに影響を受けすぎでしょうか？

No. 4　政府は労働者の権利を守るために，もっと多くのことをするべきでしょうか？

**No. 1**　解答例　**I'd be thinking, "It's natural that people need some time to get used to using the nap room. It will improve our productivity in the long term. For now, I can just send out a reminder about not oversleeping."**

訳　私ならば，こう考えているだろう。「仮眠室の利用に慣れるまでに，時間がかかるのは当然だ。長期的には私たちの生産性を向上させるだろう。今のところは，寝過ごさないように注意喚起の通知を出すだけでいい」

指定された4コマ目の絵では，コマの流れから考えると仮眠室を利用していた社員が会議に遅刻してしまったことが読み取れる。そのことに対して，どう答えればいいかを考えて答えよう。〔解答例〕では，「仮眠室の利用に慣れるまで時間がかかるので，注意喚起の通知を出すだけでいい」としている。まったく別の解釈も可能で，例えば社員が朝寝坊をして会議に遅刻したとも考えられる。その場合は，Taking a nap can solve his sleep problem and enable him to wake up earlier in the morning.「昼寝をすることで彼の睡眠問題が解決し，朝も早く起きられるようになるかもしれない」などの展開も考えられるだろう。

**No. 2**　解答例　**No. It's more important for people to find a career that interests them personally. Being interested makes people feel passion for their work, and this allows them to become much better workers.**

訳　いいえ。人々は個人的に興味を持てる職業を見つけることがより重要だ。興味を持つことで，人々は仕事に対して情熱を感じ，それによってはるかに優れた労働者となることができる。

〔解答例〕では，質問に対して反対の立場を取り，「自分の興味を持てる職業を見つけることの方が重要で，興味を持つことで仕事に対して情熱を感じ，優れた労働者になる」という内容で答えている。他の答えとしては，「いい人間関係のある職場であること」などが考えられる。If you get along with your coworkers, you can work more happily. This is better for you in the long run.「職場の仲間と仲良くできれば，楽しく働ける。長い目で見ればその方がいい」などの表現が可能だろう。

**No. 3**　解答例　**Definitely. People have gotten worse at thinking for themselves. These days, people tend to believe everything that is reported in the news. People need to think more critically about the truth of media reports.**

訳　確かにそう思う。人々は自分で考えることが下手になってきている。最近，人々はニュースで報じられることをすべて信じる傾向にある。人々はメディアの報道の真実性について，もっと批判的に考える必要がある。

〔解答例〕では質問に対して賛成の立場で答え，報道されることをすべて信じる傾向にあり，自分で考えることができなくなっていることを指摘している。Noで答える場合は，たとえばメディアの多様化でほかの意見を目にすることが可能であることに言及するとよい。We can see various opinions not only from mass media but also from social media. We can make our own judgments after seeing different views.「私たちはマスメディアだけでなく，ソーシャルメディアからも様々な意見を目にすることができる。様々な視点を見た後で，自分自身で判断ができる」などと展開するのがいいだろう。

**No. 4** 解答例 **Yes. In recent years, many companies have been taking advantage of their workers. It's very difficult for many workers to protect themselves, so the government needs to make sure that companies follow the law.**

訳 はい。近年，多くの企業が従業員をいいように利用してきた。多くの労働者にとっては，自分たちを守ることが非常に難しいので，政府は企業が確実に法律を守るようにする必要がある。

〔解答例〕は賛成の立場から，労働者は会社から自分たちを守るのが非常に難しいので，政府が企業に対して法律を守らせるようにするべきだと述べている。反対の立場の根拠としては，近年の労働者における働き方の多様化から，労働者自身が自分の働き方について考えることの重要性をあげることができる。例えば，Nowadays, workers have greater flexibility in choosing their work styles. Workers must reflect on and tailor their work approaches rather than depending solely on government policies.「近年，労働者は自分のワークスタイルを選びやすくなっている。政府の方針に頼るよりも，自分の働き方について考え，調整するべきだ」などの意見が考えられる。

# 二次試験　面接　問題カードD

**解答例**　**One day, a girl was walking home from school. She passed by a skate park and looked around. Some kids were skateboarding there. There was a boy doing a big jump on his skateboard, and the girl was quite impressed. She thought that skateboarding was really cool. The next day, the girl was at home talking with her parents. She told them that she wanted to start skateboarding. Her mother looked a little worried about it, but they decided to let her get a skateboard. A month later, the girl was skateboarding at the skate park. She was practicing hard to learn how to skateboard. One of the other kids at the park was cheering her on. A week later, though, the girl was in the hospital. She had injured herself, and a nurse was putting a bandage on her head. Her mother looked very upset and said that she wasn't allowed to skateboard anymore.**

訳　ある日のこと，ある少女が歩いて下校していた。彼女はスケートボード場の前を通り，周りを見回した。そこでは，子どもたちがスケートボードをしていた。スケートボードで大きなジャンプをする少年がいて，少女はとても感銘を受けた。彼女はスケートボードがとてもかっこいいと思った。次の日，少女は家で両親と話していた。彼女はスケートボードを始めたいと彼らに伝えた。彼女の母親は少し心配そうに見えたが，彼らは彼女がスケートボードを買うことを許可した。１カ月後，少女はスケートボード場でスケートボードをしていた。彼女はスケートボードの乗り方を身につけるために，一生懸命練習していた。公園の他の子どもの１人が，彼女を励ましていた。しかし，１週間後，少女は病院にいた。彼女は怪我をしてしまい，看護師が彼女の頭に包帯を巻いていた。彼女の母親はとても動揺しているように見え，もうスケートボードをしてはいけないと言った。

▶ナレーションに含めたいポイントは以下の通り。①少女が，スケートボード場でスケートボードをしている子どもたちを見かけた。高く飛んでいる少年を見て感心している。②翌日，彼女は両親にスケートボードがしたいと思っていることを伝える。母親は心配そうな顔をしている。③１カ月後，彼女はスケートボード場でスケートボードをやっている。少年が彼女を励ましている。④１週間後，彼女は怪我をして病院におり，看護師が頭に包帯を巻いている。彼女の母親は，もうスケートボードをやってはいけないと彼女に言っている。以上の流れを押さえた上で，適切な展開を考えていく。イラストにある情報はすべて入れること。カードの絵には，具体的な発言がある部分とない部分がある。具体的な発言が書かれていないところは，登場人物の表情に注目して表現することで，説得力のある流れができる。たとえば２コマ目の絵を見ると，父親と母親の表情が違うように見える。その部分を使って，Her father agreed to her request, but her mother looked a little worried.「父親は彼女の要望に賛成していたが，母親は心配そうだった」などと表現するのがいいだろう。

質問の訳

No. 1　4番目の絵を見てください。もしあなたがその少女ならば，何を考えているでしょうか？

No. 2　親が子どもの学校生活に関わることは重要ですか？

No. 3　スポーツをすることは，若者が強い個性を育てるのに重要ですか？

No. 4　オリンピックのような国際イベントは，国家間の関係を向上させられると思いますか？

**No. 1**　解答例　**I'd be thinking that it isn't fair for my mom to stop me from skateboarding. My injury isn't so serious. It's more important that I stay active and make a lot of friends at the skate park.**

訳　私なら，母が私にスケートボードを禁じるのは公平ではない，と考えるだろう。私の怪我はそんなに深刻ではない。スケートボード場でたくさんの友達を作って，アクティブに過ごすことの方が大切だ。

指定された4コマ目の絵には，怪我をした女子と両親が描かれている。特に母親の方が少女に対して厳しい表情を向け，「もうスケートボードをやってはいけない」と言っている。〔解答例〕では，自分の怪我が深刻ではないこと，パークでたくさんの友達を作って過ごすことの方が自分にとって大切であることを述べている。3コマ目で楽しくスケートボードをしている少女の様子から考えると，今後もスケートボードを続けたいという思いで答える方がいいだろう。他には，I'm sorry for making my parents worry. But I want to continue practicing skateboarding and become better at it. などの表現も考えられる。

**No. 2**　解答例　**Yes, I think so. Children perform better in school with support from their parents. Parents can talk to their children about school, and they can give them good advice about their classes and social life.**

訳　はい，そう思う。親のサポートがあれば，子どもたちは学校でよりうまくやっていける。親は子どもたちと学校のことについて話すことができ，授業や社会生活に関して良いアドバイスを与えられる。

〔解答例〕では賛成の立場に立ち，親のサポートが子どもにとってプラスになることを述べている。反対の立場で書くのは難しいかもしれないが，親が子どもにあまりに干渉しすぎないようにすることなどを述べることは可能だろう。Parents must avoid interfering too much so that children can decide for themselves what kind of school life they want to lead.「子どもがどんな学校生活を送りたいか自分で考えるために，親は子どもに干渉しすぎないようにしなければならない」などの意見が考えられる。

**No. 3** 解答例 **Definitely. Many sports help children to learn the value of teamwork, and they also teach the importance of hard work and practice. These lessons will help them to successfully achieve their goals in the future.**

訳 確かにそう思う。多くのスポーツは子どもたちがチームワークの価値を学ぶのに役に立つし，努力や練習の重要性も教えてくれる。これらの教訓は，将来的に彼らが目標を達成するのに役立つだろう。

〔解答例〕では賛成の立場で意見を述べ，子どもたちがスポーツを通じてチームワークの価値を学び，努力や練習の重要性も学べるとしている。一方で，スポーツ以外にも個性を伸ばすことは可能であると考え，That's not necessarily the case. Some young people do not excel in sports. They might be able to develop their own individuality through studying or part-time jobs.「必ずしもそうだとは限らない。スポーツが苦手な若者もいるからだ。彼らは勉強やアルバイトを通じて，自分の個性を磨くことができるかもしれない」などの意見が考えられるだろう。

**No. 4** 解答例 **No. Many different nations have to work together to hold large events like the Olympics, but such relationships are only temporary. In the end, these events don't have a lasting effect on political relations.**

訳 いいえ。オリンピックのような大きなイベントを開催するためには，多くの異なる国々が協力しなければならないが，そのような関係は一時的なものにすぎない。最終的に，これらのイベントは政治的関係に持続的な影響を与えることはない。

〔解答例〕ではNoの立場に立ち，大きなイベント開催による国家間の関係は一時的なものにすぎず，持続的な影響を与えることはないとしている。Yesの立場で答える場合は，Such events give countries an opportunity to share values and understand each other better. It boosts cultural exchange and cooperation beyond just sports.「そのようなイベントは国々に，価値を共有しお互いをより理解する機会を提供する。それはスポーツだけでなく，文化交流や協力を促進する」などの意見が考えられるだろう。

# 2022 年度 第 2 回

## Grade Pre-1

## 一次試験　解答一覧

● 筆記

| | (1) | (2) | (3) | (4) | (5) | (6) | (7) | (8) | (9) | (10) | (11) | (12) |
|---|---|---|---|---|---|---|---|---|---|---|---|---|
| 1 | 2 | 4 | 2 | 2 | 4 | 2 | 2 | 4 | 3 | 2 | 1 | 1 |
| | (13) | (14) | (15) | (16) | (17) | (18) | (19) | (20) | (21) | (22) | (23) | (24) |
| | 1 | 3 | 1 | 4 | 4 | 4 | 4 | 3 | 4 | 1 | 3 | 1 |
| | (25) | | | | | | | | | | | |
| | 3 | | | | | | | | | | | |

| | (26) | (27) | (28) | (29) | (30) | (31) |
|---|---|---|---|---|---|---|
| 2 | 2 | 4 | 1 | 2 | 3 | 2 |

| | (32) | (33) | (34) | (35) | (36) | (37) | (38) | (39) | (40) | (41) |
|---|---|---|---|---|---|---|---|---|---|---|
| 3 | 4 | 1 | 2 | 4 | 4 | 1 | 4 | 1 | 3 | 3 |

4（英作文）の解答例は P. 21 を参照。

● リスニング

| | No. 1 | No. 2 | No. 3 | No. 4 | No. 5 | No. 6 | No. 7 | No. 8 | No. 9 | No. 10 | No. 11 | No. 12 |
|---|---|---|---|---|---|---|---|---|---|---|---|---|
| Part 1 | 4 | 4 | 2 | 2 | 3 | 1 | 2 | 1 | 3 | 2 | 2 | 4 |

| | A | | B | | C | | D | | E | | F | |
|---|---|---|---|---|---|---|---|---|---|---|---|---|
| Part 2 | No. 13 | No. 14 | No. 15 | No. 16 | No. 17 | No. 18 | No. 19 | No. 20 | No. 21 | No. 22 | No. 23 | No. 24 |
| | 3 | 1 | 4 | 3 | 1 | 4 | 3 | 2 | 1 | 1 | 2 | 4 |

| | G | H | I | J | K |
|---|---|---|---|---|---|
| Part 3 | No. 25 | No. 26 | No. 27 | No. 28 | No. 29 |
| | 3 | 4 | 2 | 3 | 2 |

## 一次試験　筆記　1

(1)　**解答**　**2**

訳　A：お母さん，今日の晩ご飯にハンバーガーを作ってくれる？
B：いいけど，まず肉を冷凍庫から出して解凍しなければならないわ。

空所直前の it は the meat「肉」を指している。これから調理をするという状況だから，冷凍庫から出した肉を解凍すると考えるのが自然。**2** thaw が選べる。**1** reckon「数える」 **3** stray「道に迷う」 **4** shatter「粉々になる」

(2)　**解答**　**4**

訳　ジョスリンはいつも，息子に嘘をつかないように言い聞かせていた。彼女は，彼に正直であることに対する強い意識を教え込むことが重要だと考えた。

第2文の it は形式主語で，空所を含む to 不定詞以下が真主語。第1文の「いつも，息子に嘘をつかないように言い聞かせていた」と矛盾しないような文意にするには，**4** instill「(主義・思想など) を教え込む」が適切である。**1** remodel「～を改造する」 **2** stumble「つまずく」 **3** overlap「～に重なる」

(3)　**解答**　**2**

訳　ザラはボーイフレンドにとても腹を立てていたが，彼の心からの謝罪を聞いて彼を許した。彼女は彼が本当に申し訳なく思っていると確信した。

第1文の意味を大きくとらえると，「とても腹を立てていたが，(　　　) な謝罪を聞いて許した」となる。第2文は，その謝罪によって，彼女（ザラ）は彼（ボーイフレンド）が本当に申し訳なく思っていると確信したというつながりだと考えるのが自然。よって，**2** earnest「心からの」が選べる。**1** detectable「検知可能な」 **3** cumulative「累積的な」 **4** underlying「下にある，基礎となる」

(4)　**解答**　**2**

訳　初めのうち，スミス一家は裏庭のスイミングプールを満喫していたが，それを清潔にしておくのがとても厄介になったので，ほとんどいつもそれに覆いを掛けておいた。

At first, …, but ～「初めは…だが，～」と述べられているので，スイミングプールを楽しまなくなったという内容が続くと推測できる。but 以下は，such *A* that ～「とても *A* なので～」の構文になっている。動詞 became の主語は，keeping it clean「それ（スイミングプール）を清潔にしておくこと」であるから，**2** nuisance「厄介なこと」を入れれば，that 以下の内容に合う。**1** bureau「案内所」 **3** sequel「続編」 **4** metaphor「隠喩」

(5)　**解答**　**4**

訳　歴史を通じて，多くの偉大な思想家は，初めはその考えを嘲笑され，やがて真剣に取り上げられるようになった。

空所の前に at first「初めは」があるので，being taken seriously「真剣に取り上げられた」

とは対照的な意味の語が入ると考えられる。**4 ridiculed** を入れれば，「考えを嘲笑された」の意味になり，文意が通る。それぞれ，**1** saturate「～に深くしみこませる」，**2** flatter「～にお世辞を言う」，**3** ingest「（食物など）を摂取する」の過去分詞。

**(6) 解答 2**

訳 その小さな少女はスピーチコンテストで大勢の聴衆を前にして，最初は恥ずかしいと感じたが，1分ほどで自信を持ち始めた。

At first, …, but ～「初めは…だが，～」と述べられているので，後半部の confident「自信がある」と対照的な意味を持つ形容詞が入ると考えられる。また，空所の後ろに，「大勢の聴衆を前にして」と続くことからも，**2 bashful**「恥ずかしがり屋の」が選べるだろう。**1** mortal「致命的な」 **3** pious「信心深い」 **4** concise「簡潔な」

**(7) 解答 2**

訳 タイプライターは過去の遺物である。それは，オフィスや家庭でそれが普及していた時からどれほど科学技術が発達したかを私たちに気づかせてくれる。

第2文の内容から，タイプライターは科学技術が現在のような発達を遂げる前からのものであるということがわかる。よって，**2 relic**「遺物」が正解。**1** jumble「寄せ集め，混乱状態」 **3** fraud「詐欺」 **4** treaty「条約」

**(8) 解答 4**

訳 男性がトラの檻に近づいた時，その巨大な動物は低くうなった。男性は恐ろしい声に怖くなって後ずさりした。

空所の動詞の主語 the huge animal「巨大な動物」は the tiger「トラ」を言い換えたもの。第2文で「恐ろしい声に怖くなって」と述べられていることから，「巨大な動物（トラ）は低くうなった」の意味になるように，**4 growled** を入れれば文脈に合う。それぞれ，**1** sparkle「輝く」，**2** leer「横目で見る」，**3** disprove「～の反証を挙げる」の過去形。

**(9) 解答 3**

訳 警察官は法律を擁護することを約束しなければならない。これにはもちろん，彼ら自身が法律に従うことが含まれている。

第2文の This は，第1文の to 不定詞以下の内容を指すと考えられる。したがって，第2文の following the law themselves「彼ら自身が法律に従うこと」が，to (　　) the law の意味に含まれるように空所を埋めることになる。**3 uphold**「～を擁護する」が正解。**1** gravitate「～に引き寄せられる」 **2** detach「～を引き離す」 **4** eradicate「～を根絶する」

**(10) 解答 2**

訳 雇われている人は全員，毎年義務的な健康診断を受ける。企業は法律で，全社員に必ずそれをさせることが要求されている。

第2文の do it は，第1文の「健康診断を受ける」ことを意味し，「従業員が毎年健康診断を受ける」ことは法律によって企業に要求されていることだとわかる。よって，**2 compulsory**「義務的な」が適切。**1** gloomy「憂うつな」 **3** reminiscent「追憶的な」 **4** muddled「混乱した」

**(11)** **解答 1**

訳　生物学の学生は細胞分裂の仕組みを学ばなければならないが，それは1つの細胞が2つに分かれるこの過程は自然界でよく見られるものであるからだ。

this process「この過程」は，cell（　　）を指す。of は同格を表し，「1つの細胞が2つに分かれるこの過程」は，cell（　　）を言い換えたものになる。よって，**1 division**「分裂」が正解。**2** appliance「(家庭用の）器具」 **3** imposition「(税などを）課すこと」 **4** longitude「経度」

**(12)** **解答 1**

訳　2つの会社が合併した後，数名の古参社員が不必要となって，仕事を失った。

社員が不必要となるのはどんな場合かを考える。「2つの会社が合併した」とすれば，文意が通るので，**1 merged** が選べる。それぞれ，**2** pose「ポーズをとる」，**3** conform「(規則などに）従う」，**4** flock「群れをなす」の過去形。

**(13)** **解答 1**

訳　運動中に脱水状態になるのを避けるには，常に十分な水を飲むべきだ。運動が長時間になればなるほど，より多くの水が必要である。

運動中，常に十分な水を飲むことで避けることができるのは「脱水状態になること」と考えるのが自然。第2文の内容にも合う。よって，**1 dehydrated** が正解。**2** eternal「永遠の」 **3** punctuate「句読点で区切る，中断させる」の過去分詞。 **4** cautious「用心深い」

**(14)** **解答 3**

訳　ケンは家ではいつも行儀よくしていたので，母親は，彼がクラスで最も反抗的な生徒の一人だと教師に言われてショックを受けた。

母親が教師から言われたことにショックを受けたと書かれているので，空所に入る形容詞は，前半部の well behaved「行儀がよい」と異なる性質を表すものだと推測できる。よって，**3 disobedient**「反抗的な」が選べる。**1** momentary「瞬間的な」 **2** miniature「小型の」 **4** invincible「無敵の」

**(15)** **解答 1**

訳　警察は，近くにいた人が何が起きたか目撃していることを期待して，犯行現場にいた見物人たちに質問した。

空所の語は動詞 questioned「～に質問した」の目的語になる。分詞構文 hoping 以下の内容から，警察が質問したのは，someone who had been nearby「近くにいた人」の複数人と考えるのが自然。よって，**1 bystanders**「見物人」が入る。それぞれ，**2** reformer「改革者」，**3** mourner「悲しむ人」，**4** pioneer「開拓者」の複数形。

**(16) 解答　4**

訳　数名の将軍たちが，その国の首相を引きずり下ろそうとした。しかし，彼らは目的を果たせず，首相は権力の座にとどまっている。

第2文「彼ら（将軍たち）は目的を果たせず，彼（首相）は権力の座にある」が，逆接の副詞 However で始まっていることから，文脈を把握する。「首相を（権力の座から）引きずり下ろそうとした」の意味になるように，**4 overthrow** を入れれば，第1文と第2文が自然につながる。**1** irrigate「（土地）に水を引く」 **2** harmonize「～を調和させる」 **3** outpace「～より速度が速い」

**(17) 解答　4**

訳　ケイレブは企画書の草稿を書き終え，上司にそれを評価するよう依頼した。残念ながら，上司はそれにはまだ多くの改善が必要だと考えた。

第2文で，she は his manager「ケイレブの上司」を，it は a draft of his proposal「彼の企画書の草稿」を指しており，ケイレブの原稿に対する部長の評価が述べられている。よって，**4 evaluate**「～を評価する」を入れれば文脈に合う。**1** scrub「～をこすって洗う」 **2** enchant「～の心を奪う」 **3** prune「（木）を刈り込む，～から（余分なものを）取り除く」

**(18) 解答　4**

訳　アメリカの大統領，トーマス・ジェファーソンとジョン・アダムズは50年以上にわたって文通していた。この書簡は，アメリカ史の重要な一部である。

第2文の主語 This（　　）は，第1文の内容を受けたものだと考えられるので，exchanged letters with each other の内容を言い換えた，**4 correspondence**「（やりとりされた）書簡，通信文」が選べる。**1** matrimony「結婚生活」 **2** federation「連邦」 **3** horizon「地平線，水平線」

**(19) 解答　4**

訳　暴動の間，町は無政府状態だった。人々は通りに繰り出し争ったり窓を割ったりし，多くの店が略奪された。

第2文で述べられている状態を形容する語を選べばよい。また，冒頭の During the riot「暴動の間」という表現も手がかりになるだろう。**4 anarchy**「無政府状態，混乱」が正解。**1** disclosure「暴露」 **2** admittance「（場所への）入場許可」 **3** attainment「到達」

**(20) 解答　3**

訳　植物の花の中には実際に食べられるものがあって，サラダをよりおいしく，見た目をより美しくするために使われることがある。

空所の直後の後半部で「サラダをよりおいしく…するために使われる」と述べられていることから，**3 edible**「食べられる」が選べる。**1** stationary「静止した」 **2** candid「率直な」 **4** hideous「ぞっとする」

(21) **解答** 4

訳　その有名な科学者がスピーチ中に多くの間違いを犯しても誰も驚かなかった。彼の話術はひどいことでよく知られている。

第2文が，第1文の「スピーチ中に多くの間違いを犯しても誰も驚かなかった」という事実の説明になるように，**4 notorious**「よく知られた」を入れる。なお，notorious は「悪い意味で有名な」の意味で，famous は「よい意味で有名な」の意味で用いられる。

**1** treacherous「不誠実な」　**2** momentous「重大な」　**3** flirtatious「軽薄な」

(22) **解答** 1

訳　ブラッドが長時間熱心に働いたことはすべて，先月，上司が彼を昇進させたときに報われた。

when 以下よりブラッドが昇進したことがわかるから，「(働いたことが) 報われた」の意味になるように，**1 paid off** を入れる。それぞれ，**2** write back「返事を書く」，**3** chop up「～を切り刻む」，**4** make over「～を作り替える，(財産など) を譲る」の過去形。

(23) **解答** 3

訳　CEO（最高経営責任者）のスピーチがあまりに漠然としていたので，ジーナは会社が深刻な財政難にあるという事実を理解するのに時間がかかった。

主節の主語 it は形式主語で，空所を含む不定詞以下が真主語。主節部分は，「ジーナは…という事実を（　　）するのに時間がかかった」という意味になる。Since の節に「CEO のスピーチが漠然としていた」と述べられているので，**3 catch on**「～を理解する」を入れれば文意が通る。**1** fill in「(空所・欄) に書き込む」　**2** duck out「逃げる，(責任など) をかわす」　**4** give up「あきらめる」

(24) **解答** 1

訳　チームの各メンバーには新企画のためにやるべき仕事があるが，彼らの取り組みを調整する責任は部長の肩にかかってくる。

空所に入る句動詞の主語は the responsibility「責任，職責」で，目的語は the manager「部長」であるから，**1 falls on**「(責任などが) ～の肩にかかってくる」が選べる。それぞれ，**2** square with「～と一致する」，**3** drop by「～に立ち寄る」，**4** stack up「～を蓄積する」に三人称単数の s をつけた形。

(25) **解答** 3

訳　その従業員は，自分の罪を立証するファイルやその他の証拠を破棄することで，会社からの窃盗を隠蔽しようとした。

空所に入る句動詞の目的語が his theft from the company「会社からの窃盗」で，その行動の手段が by 以下の「自分の罪を立証するファイルやその他の証拠を破棄することによって」で表されている。よって，**3 cover up**「～を隠蔽する」を入れれば文意が通る。

**1** tuck away「(狭い場所・人目のつかないところなどに) (物) を隠す，押し込む」

**2** latch onto「～を理解する，手に入れる」　**4** doze off「うたた寝する」

# 一次試験　筆記　2

訳

ナブタ・プラヤのストーン・サークル

先史時代に多くの社会がストーン・サークルを作った。これらは，太陽の動きを追跡するなど，さまざまな理由で作られた。科学者に知られているそのような最古のサークルは，エジプトのナブタ・プラヤで見ることができる。このサークルは，約 7,000 年前のもので，イギリスのストーンヘンジ――おそらく世界で最もよく知られた先史時代のストーン・サークル――よりも 1,000 年以上前のものだ。今日，ナブタ・プラヤの気候は非常に乾燥しているが，いつもこのようなものだったわけではない。実際に，このサークルが作られた時代には季節的な多量の降雨によって一時的に湖ができ，これらが牛の放牧をする部族をこの地域に引き寄せた。

ナブタ・プラヤの最初の入植者たちは約 1 万年前にやって来た。考古学者たちは，入植者たちが，一年中水を使えるように深い井戸のシステムを作っていたことや，家はまっすぐに並べられ，家に貯蔵スペースを備えていたことの証拠を発掘した。入植者たちはまた，彼らの生活の中心であった牛の崇拝に特化した宗教を信奉していた。これらの発見は，入植者たちが高度な社会を発展させた証拠である。

調査結果によると，約 7,000 年前の一年で最も昼が長い日に，サークルの石の一部が太陽と一直線に並んでいた可能性があることが示されている。これは，サークルが暦として使われていたことを示唆している。一方で，ある天体物理学者は，サークルには別の目的もあったと考えている。彼は，他の石の位置はサークルが作られた当時のオリオン座の星の位置と一致すると指摘している。この理由から，彼は，サークルは夜空の星の位置を示す占星術の地図であったと述べている。

**語句・構文**

(第 1 段) □ prehistoric「先史時代の」　□ predate「（時間的に）～に先んじる」
□ formation「形成」　□ attract「～を引き寄せる」　□ cattle「畜牛」
□ grazing「放牧」　□ tribe「部族」

(第 2 段) □ archaeologist「考古学者」　□ uncover「～を（土の中から）発掘する」
□ well「井戸」　□ access to ～「～の入手手段」
□ year-round「一年中の」　□ storage「貯蔵」
□ practice「（信仰など）を信奉する」　□ religion「宗教」
□ worship「崇拝」

(第 3 段) □ line up with ～「～に合わせてきちんとそろう」
□ astrophysicist「天体物理学者」　□ constellation「星座」
□ astrological「占星術の」

**各段落の要旨**

第 1 段　最古として知られるストーン・サークルは，約 7,000 年前にエジプトのナブタ・プラヤに作られたものである。当地は現在は乾燥しているが，その当時は季節的な大雨で一時的に湖ができ，牛を放牧する部族が集まっていた。

第2段　ナブタ・プラヤからは，水の通年使用を可能にしていた井戸があったこと，家がまっすぐに配置され，貯蔵スペースを備えていたこと，宗教を信仰していたことの証拠が見つかっていて，高度な社会が発達していたことがわかる。

第3段　ナブタ・プラヤのストーン・サークルは石の配置から判断して，暦として用いられていた可能性があるほかに，占星術の地図であったと考える学者もいる。

(26)　解答　2

選択肢の訳
1　On the other hand「その一方で」
2　In fact「実際に」
3　Despite this「これにもかかわらず」
4　Similarly「同様に」

つなぎの言葉を選ぶ問題であるから，空所の前後の内容を確認する。直前の文（Nabta Playa's climate …）では，「今日，ナブタ・プラヤの気候は非常に乾燥しているが，いつもこのようなものだったわけではない」と述べられている。空所を含む文では「このサークルが作られた時代の季節的な多量の降雨によって，一時的に湖ができた」と述べ，直前の内容を具体的に説明している。したがって，**2 In fact** が適切である。

(27)　解答　4

選択肢の訳
1　宗教的な考え方に疑問を持っていた
2　牛を育てる興味を失った
3　深刻な内部抗争を経験した
4　高度な社会を発展させた

空所を含む文の主語の These discoveries「これらの発見」とは，第2段第2文（Archaeologists have uncovered …）の「井戸のシステム」や「家がまっすぐに配置され，家には貯蔵スペースが備えられていた」こと，同段第3文（They also practiced …）の「牛を崇拝する宗教を信奉していた」ことを指しているのだから，**4 developed a sophisticated society** が正解。**1** と **2** は，同段第3文の内容から判断して不適切である。

(28)　解答　1

選択肢の訳
1　別の目的もあった
2　はるかに早く作られていた
3　もともとは他の場所に作られていた
4　人々にその地域を避けさせた

第3段第1・2文（Research findings show … as a calendar.）で「ナブタ・プラヤのストーン・サークルが暦として使われていた可能性がある」という内容が述べられているが，同段最終2文（He points out … the night sky.）では，「占星術の地図だった」という別の目的が紹介されている。最終2文の主語 he は，空所を含む文の主語 One astrophysicist「ある天体物理学者」を指し，空所を含む文から最終文までは同じ人物の考えを表しているのだから，最終2文が空所の内容の具体例を示していると言える。よって，**1 also had another purpose** が正解。

訳

## グッドロード運動

19 世紀の後半から，グッドロード運動は，道路や幹線道路の国家的システム作りを促進しながら，アメリカの風景を変えた。この運動には，意外な発端があった。今日のほとんどの人は，道路網は初めに自動車ドライバーのニーズに応えて開発されたと考えているが，これは作り話である。実際は，要求は主にサイクリストから始まった。近代的な自転車の考案によって，1890 年代に自転車は大流行し，多くのアメリカ人が自転車により適した，安全な道路を求めた。

サイクリストたちは，整備されずに危険なことが多かった道路の質を向上するよう地方政府に圧力をかけ始めた。当初，この運動が農民に抵抗されたのは，彼らは自分たちの税金が都会からやってくるサイクリストの余暇活動の支援に使われることを望まなかったからだ。しかし，次第に，農民は考えを変え始めた。この理由の一つは，*The Gospel of Good Roads : A Letter to the American Farmer* という影響力を持つ小冊子だった。それは，作物を市場へ輸送するのが容易になるなど，道路の利点を強調することで多くの農民を納得させた。

自動車が普及すると，運動は急速に勢いを増した。特に，1900 年代初めにT型フォードが考案されると多くの新しいドライバーが誕生し，彼らもまたもっとよい道路を熱望した。この手ごろな車は何百万台も売れ，ドライバーが増加したことは，より多くの道路を建設し，既存の道路の質を向上させるように政府に圧力を加えた。

**語句・構文**

(第 1 段) □ in response to ～「～に応えて」 □ myth「作り話，俗説」
□ craze「大流行，ブーム」
(第 2 段) □ resist「～に抵抗する」 □ influential「影響力の大きい」
□ pamphlet「小冊子」 □ gospel「福音」
(第 3 段) □ momentum「勢い」 □ eager for ～「～を熱望して」
□ affordable「購入しやすい」

**各段落の要旨**

第 1 段　19 世紀後半より道路システムの構築を助け，アメリカの風景を一変させたグッドロード運動は，実はサイクリストの要求から始まったものである。

第 2 段　この運動は当初，サイクリストのために税金が使われることを望まない農民の抵抗にあったが，道路の質向上が自分たちの利益につながることを知って，彼らは考えを変えた。

第 3 段　自動車の普及によって運動は急速に勢いを増したが，特に 1900 年代初頭にT型フォードが登場するとドライバーの数が増え，より多くの道路が建設され，既存の道路の質の向上につながった。

(29) **解答** **2**

**選択肢の訳** **1** 自動車メーカーによって始められた

**2** 意外な発端があった

**3** ドライバーの間で意見の不一致を生み出した

**4** 多くのサイクリストを怒らせた

空所を含む文の主語 This movement は，第1段第1文（Beginning in the …）で言及されている「グッドロード運動」を指している。空所の後ろにくる第3～最終文（While most people … to cycle on.）では，道路システムは自動車ドライバーのニーズに応えたものだと考えられているが，実際はサイクリストの要求で始まったものだと述べられている。空所を含む文がこの内容を導入するものになるように，**2 had a surprising origin** を選ぶ。**1** は，同段第4文（Actually, the demand …）に合致しない。**3** と **4** は，前後の文の内容と関連性がないので不適切。

(30) **解答** **3**

**選択肢の訳** **1** 抗議を強めた　**2** 別の道を使い始めた

**3** 考えを変え始めた　**4** サイクリストに敵対した

空所を含む文は「しかし，次第に，農民は（　　）」の意味で，空所の直前の文（At first, the …）では「この運動は農民に抵抗された」と述べられていることから，空所の文は農民に変化が見られたことを示す文になると推測できる。空所の直後の文（One reason for …）の this は空所を含む文の内容を受けると考えられ，その理由は小冊子 *The Gospel of Good Roads : A Letter to the American Farmer* だったと述べられている。第2段最終文（It convinced many …）の It はこの小冊子を指し，「それが道路の質向上が自分たちの利益につながることを農民たちに納得させた」と述べている。つまり，農民は小冊子の影響を受けて，運動に賛同するようになったという文脈である。この文脈を導入する文としては，**3 began to change their minds** が適切である。

(31) **解答** **2**

**選択肢の訳** **1** By contrast「対照的に」

**2** In particular「特に」

**3** Nonetheless「それにもかかわらず」

**4** Therefore「したがって」

つなぎの言葉を選ぶ問題。空所の直前の文（As automobiles became …）では「自動車が普及すると，運動は急速に勢いを増した」と述べられている。一方，空所を含む文では，「1900年代初めにT型フォードが考案されると多くの新しいドライバーが誕生し，彼らもまたもっとよい道路を熱望した」と述べている。つまり，直前の内容の具体例を挙げて説明を補足する内容が続いている。これを導くつなぎの言葉としては，**2 In particular** が適切。

## 一次試験　筆記　3

訳

**顔の認識**

人間は一般的に，顔を認識してその表情をすばやく解釈するのが非常に得意である。これは，顔の特徴の処理を専門とする脳の特定の領域があることで実現されている。この能力の発達は進化の観点から道理にかなっているが，それは，古代人は例えば自分の周りの人間が怒っているかどうか，つまり危険である可能性があるかどうかを判断する必要があったからだ。ところが，意図せぬ結果として，人間は自分の周囲の物体に顔が見えるとしばしば考えてしまうことがある。人間はこのようないわゆる偽の顔を，雲や木の幹から食べ物や電気プラグの差し込み口まで，さまざまな物体に認める。

オーストラリアの研究者たちは最近，脳が偽の顔をどのように処理するかについてもっと知るための研究を行った。これまでの研究では，本物の顔については，顔がどんな感情を表しているかについての判断は，見たばかりの顔の影響を受けているということが明らかになっている。例えば，うれしそうな顔を続けて見ると，次に見る顔が喜びを表していると判断する傾向がある。このオーストラリアの研究では，研究者たちはある特定の感情を表す一連の偽の顔を参加者に見せた。本物の顔の場合と同じように，偽の顔が表す感情についての参加者の判断が見せられたばかりの顔によって影響されたことを彼らは発見した。この発見に基づいて，脳は偽の顔を本物の顔と同じような方法で処理すると研究者たちは結論づけた。

研究者たちはまた，人間の顔の配置──２つの目と口の上にある鼻──に大まかに似た特徴を持ついかなる物体でも，それらの特徴を感情表現のために判断するよう脳に促しうると指摘した。つまり，脳が顔を認識する基準は特定のというよりはむしろ一般的なものである。研究者たちは，これが顔の表情を脳がすばやく判断できる理由の一つだと述べている。

**語句・構文**

(第１段) □ interpret「～を解釈する」
□ specialize in ～「～を専門とする」
□ make sense「道理にかなう」　□ in terms of ～「～の観点から」
□ potentially「潜在的に」　□ unintended「意図されたものでない」
□ perceive「～を知覚する」　□ trunk「(木の) 幹」
□ socket「(電気プラグの) 差し込み口」
(第２段) □ assess「～を評価する，判断する」
(第３段) □ loosely「大まかに」　□ layout「配置，設計」
□ trigger *A* to *do*「*A* が～することを促す」
□ criteria：criterion「(評価などの) 基準，尺度」の複数形
□ specific「特定の」

**各段落の要旨**

第１段　人間が顔を認識してその表情をすばやく解釈する能力を発達させたのは，周り

の人物の危険性を表情から判断する必要があったためだが，周囲の物体にも顔が見えると考えるという予期せぬ結果も生まれた。

第２段　偽の顔を使った最近の研究で，顔が表す感情についての判断は見たばかりの顔の影響を受けるという，本物の顔を使った研究と同じ結果が得られたことから，脳は偽の顔を本物の顔と同じような方法で処理すると結論づけられた。

第３段　人間の顔の配置と似た特徴を持つ物体に対しても脳が感情を判断することは，脳が顔を認識する基準は一般的なものであることを意味し，これが顔の表情を脳がすばやく判断できる理由の一つであると考えられる。

**(32)　解答　4**

**質問の訳**　第１段落で，文章の筆者が雲などの物体に言及しているのはなぜか？

**選択肢の訳**
1　人間の周囲の状況が他人の感情を判断する能力の高さに影響を与えうるという考えを裏づけるため。
2　顔を識別できない人が他の特定の物体を識別するのも難しい仕組みを説明するため。
3　私たちの周囲にある日用品に対する反応は脳のさまざまな領域で制御されている，ということを説明するため。
4　人間がそこに顔が見えると思う日常の事物の例を挙げるため。

第１段最終文（People perceive these …）に，「人間は，雲などのさまざまな物体にいわゆる偽の顔を認める」という内容が述べられている。同段第４文（One unintended consequence, …）では，「人間は自分の周囲の物体に顔が見えるとしばしば考えてしまうことがある」と述べられており，雲などの物体に言及している最終文は，第４文の内容をその具体例を挙げながら説明していると言える。よって，**4 To provide examples of everyday things on which people imagine they can see faces.** が正解。本文では，a variety of objects, from clouds and tree trunks to pieces of food and electric sockets「雲や木の幹から食べ物や電気プラグの差し込み口まで，さまざまな物体」と表現したものを，選択肢では everyday things と言い換えている。

**(33)　解答　1**

**質問の訳**　これまでの研究では（　　　）ことを示している。

**選択肢の訳**
1　本物の顔がどんな感情を表しているかに関する人間の判断は，直前に見た他の本物の顔によって影響を受ける
2　人間は，偽の顔には本物の顔よりもすばやく感情的な意味を加える
3　人間は，偽の顔で表された感情を，本物の顔で表された感情よりも幸福で好意的なものとして判断する傾向がある
4　人間は，顔がいかなる感情も表していない時，偽の顔を見分けるのに時間を要する

第２段第２文（Previous studies have …）に，これまでの研究で明らかになっていることとして，「本物の顔については，顔がどんな感情を表しているかについての判断は，見たばかりの顔の影響を受けている」と述べられている。よって，この内容に合致する，

**1 people's judgments about what emotions real faces are expressing are influenced by other real faces they have seen immediately before.** が正解。real faces の表現が，本文では for real faces「本物の顔については」とはじめに述べられているが，選択肢では主語と by 以下に用いられている。「影響を受けている」という表現は，本文では affected，選択肢では influenced が使われている。本文の faces they have just seen「見たばかりの顔」は，選択肢では faces they have seen immediately before に言い換えられている。

**(34) 解答 2**

**質問の訳** **オーストラリアの研究者たちは，顔で表現される感情を判断する脳の能力について何と述べているか？**

**選択肢の訳**
**1** その能力は，もはや生き残りという観点から人類に利益をもたらさないので，おそらくやがて消滅する。
**2** 脳が顔を識別するために緩やかな基準を使っているという事実のおかげで，人は顔が表す感情をすばやく判断できる。
**3** 顔が非常に明確な特徴を持っている場合にのみ，脳は顔が表す感情を正確に認識することができる。
**4** この能力は，過去に人類にとって利益だけでなく不利益をもたらしたにもかかわらず，進化を遂げた。

第3段を参照する。第1文（The researchers also …）と最終文（The researchers say …）の主語になっている The researchers は，第2段第1文（Researchers in Australia …）で紹介された「オーストラリアの研究者たち」を指している。最終文で，「研究者たちは，これが顔の表情を脳がすばやく判断できる理由だと述べている」と述べられており，this は，第2文（In other words, …）で述べられている「脳が顔を認識する基準は特定のというよりはむしろ一般的なものである」という内容を指している。したがって，**2 The fact that the brain uses loose criteria to identify faces allows people to quickly judge the emotions faces express.** が正解。本文では criteria を修飾する形容詞に general が用いられているが，選択肢では loose に言い換えられている。本文の assess facial expressions は，選択肢では judge the emotions faces express に言い換えられている。**4** は，第1段第3文（The development of …）で「この能力の発達は古代人にとって理にかなっている（≒利益をもたらした）」という内容が述べられているが，不利益をもたらしたという記述はないし，オーストラリアの研究者たちが述べたとは書かれていないので不適切。

**訳**

**ドリアンとフルーツオオコウモリ**

サッカーボールほどの大きさの果実ドリアンは，不快なにおいとクリーミーで甘い果肉でよく知られている。「果物の王様」として知られるドリアンは，ボルネオが原産地だと考えられているが，現在ではもっと広域で栽培されており，世界中で消費されるドリアンの半分以上はタイで栽培されている。ドリアンは昔から東南アジアで人気があるが，現在，その人気は世界の他の地域に広がっている。ドリアンには数百の品種があるが，ほぼマレーシアだけで栽培されているムサンキング種は，最も高い評価を受けているものの１つである。ドリアンはビタミンを多く含むので，健康によいという理由で宣伝されることが多く，輸出量が増加している。実際，専門家は，今後 10 年間でマレーシアからの出荷は中国向けだけでも 50 パーセント増えるだろうと見込んでいる。この状況を利用するために，マレーシアの多くの農家はドリアンの栽培を選び，パーム油などの作物の生産をやめてしまった。

しかし，ドリアンの木は栽培が容易ではない。定期的に水をやり，肥料を与える必要があるし，気温に非常に敏感である。さらに，ドリアンはもともと下草が刈り取られた木立ちでは育たず，むしろ他の木や低木に混じっているとよく成長するので，果樹園で単一作物として栽培することは難題だ。ドリアンの木が多くの実をつけるように十分な花の授粉を確実に行うことは，農家にとってさらに困難である。ドリアンの木の特徴の１つとして，花が夜にしか花粉を飛ばさないため，昼間に餌を食べるミツバチなどの昆虫は花に授粉をしない。夜間に活動する動物が授粉の役割を担うのだが，ドリアンの木の花のわずか 25 パーセントしか，自然に授粉しない。このため，多くの農家が多くの人手を要する手作業による授粉に頼っている。

研究によると，自然界では，フルーツオオコウモリがドリアンの花の主な授粉媒介者になっている。しかし，このコウモリは果実を餌にして損害を与え，利益を減らしてしまうことから，農家は有害動物としてしか見ておらず，追い払われたり殺されたりしている。また，東南アジアの文化の中には，コウモリの肉を食べると呼吸器疾患の治療になるという考えもあるので，捕獲されて食料として売られ，絶滅の危機にさらされている。人々にフルーツオオコウモリの恩恵を知らせなければ，コウモリの数はさらに減少し，ドリアン栽培に深刻な結果をもたらすことになるだろう。

### 語句・構文

(第１段) □ cultivate「～を栽培する」 □ variety「種類」
□ exclusively「もっぱら」 □ shipment「出荷，船積み」
□ take advantage of ～「(好機など) を利用する」
□ palm oil「パーム油，ヤシ油」 □ in favor of ～「～のほうを選んで」

(第２段) □ fertilizer「肥料」 □ sensitive to ～「～に敏感な」
□ grove「(下草を刈り取ってある) 木立ち」 □ thrive「よく成長する」
□ shrub「低木」 □ orchard「果樹園」 □ ensure「～を確実にする」
□ pollination「授粉」 □ harvest「収穫」 □ pollen「花粉」
□ honeybee「ミツバチ」 □ pollinate「～に授粉する」
□ take over ～「(仕事など) を引き継ぐ」
□ resort to ～「(他に方法がないため仕方なく) ～に訴える，頼る」
□ labor-intensive「労働集約型の，多くの人手を要する」

(第３段) □ pollinator「授粉媒介者」 □ chase away ～「～を追い払う」
□ pest「有害な動物」 □ feed on ～「(動物が) ～を常食とする」

### 各段落の要旨

第１段　ドリアンの人気は世界中に広がりつつあり，輸出量が増加している。高い評価を受けている種類を栽培しているマレーシアでは，多くの農家が他の作物の栽培をやめて，ドリアンの栽培を始めている。

第2段 ドリアンは栽培が難しいうえ，果樹園で育てるのに向いていない。さらに，花粉を夜しか飛ばさないので，自然な授粉に任せると十分な収穫が見込めず，人手をかけて授粉作業にあたっている。

第3段 フルーツオオコウモリはドリアンの授粉を助けているにもかかわらず，果実を食べるために農家に駆除されたり，食用に狩猟されたりして，その数は減少している。したがって，フルーツオオコウモリの役割を周知する必要がある。

(35) 解答 4

質問の訳 第1段落によると，ドリアンの生産に関して正しいのは何か？

選択肢の訳
1 ドリアンが現在，主にマレーシアで栽培されているのは，他の東南アジアの国々では栽培に利用できる十分な土地がもうないからだ。
2 ドリアンはそれが伝統的に栽培されていた場所ではよく売れ続けているが，他の国ではまだ人気を得ていない。
3 高級品種のドリアンは，安い品種と同様に栄養価が低いという理由で消費者から批判されている。
4 ドリアンの需要が増えているので，マレーシアの農家は他の作物の栽培からドリアンの栽培に切り替えている。

第1段を参照する。最終文（In order to …）に「この状況を利用するために，マレーシアの多くの農家はドリアンの栽培を選び，パーム油などの作物の生産をやめてしまった」と述べられている。「この状況」とは，第3～6文（Durians have long … the next decade.）で述べられているドリアンに関する最近の状況を指す。第3文（Durians have long …）のbut以下では「ドリアンの人気が東南アジア以外の世界中に広まっていること」，第4文（There are hundreds …）では「最も高い評価を受けている種類の1つは，ほぼマレーシアだけで栽培されていること」，第5文（Durians contain high …）では「健康によいことが宣伝されて，ドリアンの輸出量が増えていること」が述べられている。第6文（In fact, experts …）では，「今後10年間でマレーシアからの出荷は中国向けだけでも50パーセント増えるだろう」と述べられている。これらの状況は，ドリアンの需要が増加していることを意味しているから，**4 Because of the increasing demand for durians, Malaysian farmers are switching from growing other crops to growing durians.** が正解である。**1**は，第2文（Known as the …）の現在の栽培地に関する記述に合致しない。**2**は，第3文のbut以下の記述に合致しない。**3**は，第4文に高級品種について，第5文に栄養価について記述があり，それぞれに合致しない。

(36) 解答 4

質問の訳 ドリアン農家が考えなければいけない要素の1つは（　　）ということである。

選択肢の訳
1 ドリアンの木はほとんどの温暖な気候で栽培できるが，他の植物がほとんど生えていない場所で最もよく育つ
2 ドリアンの木は他の植物を押しのけてしまう性質があるため，土地固有の植物の数が急激に減少している

3　ドリアンの木は，ミツバチなど昼間の授粉媒介者が見つけやすい場所で栽培するべきだ

4　ドリアンをそのままにして自然に授粉させるならば，木が多くの実をつける可能性は低い

第2段第4～最終文（Ensuring sufficient pollination … pollinating by hand.）では，ドリアンの花の授粉が問題になっている。第4文で「ドリアンの木が多くの実をつけるように十分な花の授粉を確実に行うことは，農家にとってもっと困難である」と述べたあと，第6文（Animals that are …）の but 以下では，「ドリアンの木の花のわずか25パーセントしか自然に授粉しない」と述べられている。よって，**4 if durian trees are left alone to be pollinated naturally, the trees are unlikely to produce a large amount of fruit.** が正解となる。**1** は，同段第2文（They require regular …）後半部の「気温に敏感」という記述と，同段第3文（Furthermore, they do …）の内容に合致しない。**2** のようなドリアンの木の性質は述べられていない。**3** は同段第5文（One characteristic of …）の内容から不適切と判断できる。

⑶⑺　**解答**　**1**

**質問の訳**　この文章の筆者がフルーツオオコウモリに関して述べていることの1つは何か？

**選択肢の訳**　1　ドリアンの花の授粉に果たしているフルーツオオコウモリの重要な役割について意識が高められないと，ドリアンの生産は損害を受けるかもしれない。

2　いくつかの市場で違法に売られていたコウモリの肉を食べた結果，東南アジアの多くの人々が病気になっている。

3　ドリアン農家の中には，フルーツオオコウモリを捕まえてその肉を売るために，コウモリを意図的に果樹園に引き寄せているところもある。

4　多くのフルーツオオコウモリが呼吸器の問題で死んでしまったために，ドリアンの花の自然な授粉媒介者は著しく減少している。

第3段を参照する。最終文（Without educating people …）に「人々にフルーツオオコウモリの恩恵を知らせなければ，…ドリアン栽培に深刻な結果をもたらすことになるだろう」と述べられている。「フルーツオオコウモリの恩恵」とは，第1文（Studies have shown …）の「自然界では，フルーツオオコウモリがドリアンの花の主な授粉媒介者になっている」ということだから，**1 Durian production might suffer if awareness is not raised about the important role giant fruit bats play in durian flower pollination.** が正解である。本文の Without educating people about … が，選択肢では if awareness is not raised about … に，本文の could have serious consequences for durian farming が，選択肢では Durian production might suffer に言い換えられている。**4** は，「多くのフルーツオオコウモリが呼吸器の問題で死んでしまったために」の部分が，第2・3文（However, these bats … cure breathing problems.）で述べられている，フルーツオオコウモリの数が減少している理由に合致しないので誤り。

訳

## 長距離砂漠挺身隊

第二次世界大戦中，イギリスは北アフリカの砂漠でドイツやイタリアと戦った。砂漠での戦争は，広い範囲に展開された軍隊間の小規模な戦闘が特徴で，敵に発見されることと昼間の危険な暑さの両方を避けるために夜間にすばやく移動する必要があった。その地域の広大さと砂地の地形のために物資の輸送は難しく，水不足によって作戦は著しく制限された。

しかし，イギリス陸軍将校，ラルフ・バグノルド少佐にとっては，こうした厳しい条件が戦略上の機会を与えた。戦争前に北アフリカの砂漠を数年間にわたり調査していたので，バグノルドはその地形をよく知っており，彼は，敵軍を観察してその跡を追うことができるような，小規模で非常に機動性の高い自動車を装備した部隊がきわめて有益だと確信していた。初め，イギリスの指揮官たちは，長距離の情報収集には飛行機がより適していると考え，そのような部隊を組織しようという彼の提案を拒絶した。しかし，バグノルドは地上で情報を集めることは有利になると主張し，彼のねばり強さによって，1940 年 6 月，バグノルドを指揮官とする長距離砂漠挺身隊（LRDG）が組織された。

LRDG は最初から慣習にとらわれない部隊だった。通常の階級区分は適用されず，将校と一般の兵士はファーストネームで呼び合う関係で，彼らは全員，同じ仕事をすることが求められた。バグノルドは，戦場で勇敢に戦う人を求めるのではなく，卓越したスタミナと臨機応変さと精神的な強靱さを備えた人――例えば，飲料水がなかなか手に入らなくても，長期間やる気と警戒心を維持できるような人――を求めていた。砂漠の環境に合うようにした専用のトラックで，LRDG の偵察隊は，約 3 週間，1,600 キロ以上の距離を単独で行動できるよう装備されていた。燃料や弾薬や食料など必要なものはすべて，部隊ごとに運搬されるので，綿密な供給計画がきわめて重要だった。

LRDG の主な仕事として，敵の動きを観察するために敵陣の奥深くまで入り込む必要があった。この部隊は多種多様な武器を使用することができ，隊員は主に情報収集の訓練を受けていたものの，地雷を埋めたり，敵の飛行場や燃料貯蔵庫への攻撃を行ったりもした。空軍特殊部隊（SAS）――敵陣の背後で襲撃を行うために，1941 年に結成されたイギリスの部隊――が，最初の任務で敵地に落下傘で降下して多数の死傷者を出した時，LRDG は生存者を連れ戻す任務を負った。救出の任務は成功し，隊員が砂漠について幅広い知識を持っていたため，LRDG は，輸送と走路指示の両方を行いながら，SAS を将来のすべての攻撃目標に陸路で送り込んで連れ戻すという職務を与えられた。これによって，より大きな成功とより少ない死傷者で，SAS が襲撃を成し遂げるのを助けたことはほぼ間違いない。

LRDG が最大の功績をあげたのは 1943 年で，厳重に守られた敵陣をイギリス軍が気づかれることなく迂回できるルートを部隊が発見し，防御の弱い地点を攻撃することができた時のことである。これは北アフリカ戦線における決定的な転換点で，そこでのイギリスの勝利に大きく貢献した。LRDG は引き続き，1945 年までヨーロッパでの攻防戦に重要な貢献をした。

**語句・構文**

（表題） □ range「距離，範囲」

（第1段） □ warfare「戦争」 □ troop「軍隊」 □ detection「発見，探知」
□ vast「広大な」 □ terrain「地形」 □ transport「～を輸送する」
□ operation「軍事行動，作戦」

（第2段） □ army officer「陸軍将校」 □ Major「少佐」 □ harsh「厳しい」
□ strategic「戦略上の，巧みな戦略の」
□ be convinced that ～「～と確信している」 □ mobile「機動的な」
□ motorized「（軍隊が）自動車を装備した」 □ unit「部隊」
□ track「～の跡を追う」 □ invaluable「極めて貴重な，有益な」
□ commander「指揮官」 □ be suited for ～「～に適している」
□ intelligence「諜報」 □ advantageous「有利な」
□ persistence「固執，ねばり」 □ formation「組成，成立」

（第3段） □ unconventional「慣習に従わない」 □ outset「初め」
□ be on ～ terms「～な間柄である」 □ stamina「根気，スタミナ」
□ resourcefulness「臨機応変の才」 □ toughness「頑丈であること」
□ alert「油断しない」 □ specialized「専門の，特別な目的のための」
□ ammunition「弾薬」

（第4段） □ involve *doing*「～することを含む」 □ a range of ～「多種多様な～」
□ weaponry「兵器類」 □ mine「地雷」 □ airfield「飛行場」
□ fuel depot「燃料貯蔵庫」 □ raid「急襲，襲撃」
□ casualty「死傷者」 □ parachute「落下傘降下する」
□ transportation「輸送」 □ navigation「誘導，走路指示」

（第5段） □ get around ～「（障害物・困難など）を避ける」 □ crucial「決定的な」
□ campaign「軍事行動」 □ contribute to ～「～に貢献する」
□ go on to *do*「続けて～する」
□ make contribution to ～「～に寄与する」

**各段落の要旨**

第1段 第二次世界大戦中，イギリスは北アフリカの砂漠でドイツやイタリアと戦ったが，砂漠での戦争は小規模戦が多いこと，移動は夜間にすばやくする必要があることの他，物資の補給は難しく，水不足による作戦の制限もあった。

第2段 北アフリカの砂漠をよく知る，バグノルド少佐の提案によって，敵軍の観察と追跡に有利な，自動車を装備した機動性の高い小隊，長距離砂漠挺身隊（LRDG）が1940年に組織された。

第3段 LRDGには階級区分がなく，全員が同じ任務を負った。バグノルドは，厳しい環境下で長期間の任務に耐えられる人材を求めた。各部隊が長期間必要な物資をすべて携行するので，綿密な供給計画が重要であった。

第4段 LRDGは敵陣の奥深くまで入り込んで敵の行動を観察し，様々な武器を使用して攻撃を行っただけでなく，砂漠に関する知識を使って空軍特殊部隊

（SAS）の活動を助け，SASのより大きな成功に貢献した。

第5段 LRDGは1943年に北アフリカ戦線を決定づける大きな功績をあげて，その地でのイギリスの勝利に寄与し，その後は1945年までヨーロッパでの攻防戦で重要な貢献をした。

**(38) 解答 4**

**質問の訳** ラルフ・バグノルド少佐は，イギリス軍の指揮官たちに（　　）ことを納得させることができた。

**選択肢の訳**
**1** 適切な資源が提供されていないので，兵士たちは砂漠での任務で限られた成功しか収められていない
**2** 敵の領地の上空を飛んだり，砂漠で観察をしたりするのに使用されている飛行機は大幅な改良を必要としている
**3** そのような環境での経験がほとんどないにもかかわらず，彼は砂漠での任務にあたる部隊を率いることができる
**4** 砂漠で敵の活動に関する情報を集めるために地上部隊を使うことは，有効な戦略である

第2段第3文（At first, British …）では，「イギリスの指揮官たちは，情報収集には飛行機がより適していると考え，バグノルドの提案を拒絶した」とあるが，同段最終文（Bagnold insisted, …）で「バグノルドが地上で情報を集めることは有利になるとねばり強く主張した結果，長距離砂漠挺身隊（LRDG）が組織された」という内容が述べられている。したがって，**4 using a ground-based unit to gather information about enemy activities in the desert would be an effective strategy.** が正解。本文のgathering information on the ground「地上で情報を集めること」が，選択肢ではusing a ground-based unit to gather informationに，本文のadvantageous「有利な」が，選択肢ではan effective strategyに言い換えられている。**1**は，第1段最終文（The area's vast …）で，「物資の輸送が難しく，水不足で作戦が制限された」という記述があるが，バグノルドがそのことと任務がうまくいかないことの関係を指揮官たちに納得させたとは書かれていないので不適切。**2**は本文で述べられていない内容。**3**は，第2段第2文（Having spent years …）に，バグノルドは数年間砂漠で調査を行った経験があると述べられていることに合致しない。

**(39) 解答 1**

**質問の訳** 長距離砂漠挺身隊（LRDG）について正しいのは何か？

**選択肢の訳**
**1** それに選ばれた人たちの特徴やその作戦は，伝統的な軍隊のものとは異なっていた。
**2** 予算が限られていたので，他の部隊よりも少ない資源と古い武器でやりくりしなければならなかった。
**3** その偵察隊には多くの人がいたので，指揮官は特別な管理手法の訓練を受けなければならなかった。
**4** その任務の成功は，隊に定期的に敵陣の背後で送られる物資があることに大きく依存していた。

第3段第1文（The LRDG was …）で，「LRDGは最初から慣習にとらわれない部隊だった」と述べられ，同段第2文（Usual distinctions between …）で，「通常の階級区分は適用されず，…，彼らは全員，同じ仕事をすることが求められた」と述べられている。さらに，同段第3文（Rather than seeking …）では，「バグノルドは，戦場で勇敢に戦う人ではなく，厳しい環境下で長期間活動できるタフさを持つ人を求めた」という内容が述べられている。よって，**1 The characteristics of the men chosen for it and the way it operated were different from those of traditional military units.** が適切である。**4**は，同段最終文（All necessary items, …）で「物資の供給計画が重要であった」と述べられているが，「定期的に敵陣の背後で送られる物資」という部分が不適切。

**(40) 解答 3**

**質問の訳** LRDGと空軍特殊部隊（SAS）の関係を最もよく説明しているのは次のうちのどれか？

**選択肢の訳**
**1** 陸からと空からの襲撃を同時に行えるように，この2つの部隊は統合された。
**2** 仕事の性質が似ていたために，2つの部隊は競争し合うようになり，互いに助け合うのを嫌うようになった。
**3** LRDGは砂漠に関する知識を使って，SASの任務の有効性と安全性の両方を高めるのに貢献した。
**4** LRDGの任務にSASが加わったことで，LRDGが敵陣の背後に長時間留まることがより難しくなった。

第4段を参照する。第4文（The rescue mission …）のbecause of以下で，「隊員が砂漠について幅広い知識を持っていたため，LRDGは，輸送と走路指示の両方を行いながら，SASを将来のすべての攻撃目標に陸路で送り込んで連れ戻すという職務を与えられた」と述べられている。最終文（This almost certainly …）では，「これによって，より大きな成功とより少ない死傷者で，SASが襲撃を成し遂げるのを助けたことはほぼ間違いない」と述べている。主語のThisは，第4文で述べられたLRDGの活動を受けている。したがって，**3 The LRDG used its knowledge of the desert to help the SAS improve both the effectiveness and safety of its missions.** が正解。本文のgreater success and fewer casualties「より大きな成功とより少ない死傷者」が，選択肢ではthe effectiveness and safety of its missionsに言い換えられている。

**(41) 解答 3**

**質問の訳** この文章の筆者によると，1943年に何が起きたか？

**選択肢の訳**
**1** LRDGの犯した誤りによって，イギリス軍が獲得を望んでいた領土で敵軍の支配が強まることになった。
**2** LRDGがヨーロッパに転任したことで，SASはLRDGの支援を受けずに，厳しく防御された地域で敵軍を攻撃するほかなくなった。
**3** LRDGの活動によって，イギリス軍がその地域で敵軍を打ち破る結果につながった重要な優位性を得ることができた。

4 イギリスの指揮官たちは，LRDG は敵の活動を観察するよりもイギリスが支配する領地の防衛にあたらせた方がよいと判断した。

第５段を参照する。第１文（The LRDG's greatest …）で，1943 年に起きたこととして，when 以下で「LRDG がルートを発見したことで，イギリス軍が敵軍の防御の弱い地点を攻撃できた」と述べられている。続く第２文（This was a …）では，「これは北アフリカ戦線における決定的な転換点で，そこでのイギリスの勝利に大きく貢献した」と述べられている。第２文の主語 This は第１文の when 以下の内容を受けているから，**3 The activities of the LRDG made it possible for the British army to gain a significant advantage that led to it defeating enemy forces in the area.** が正解。「イギリス軍が敵軍の防御の弱い地点を攻撃できた」ことを，本文では a crucial turning point「決定的な転換点」と表現しているが，選択肢では gain a significant advantage と表している。



## 一次試験　筆記　4

解答例 **In my opinion, people should trust information on the Internet. I have two reasons to support this based on news and learning.**

**Firstly, Internet news sites are a fantastic source of trustworthy information. The demand for up-to-date news has led to more people submitting videos and photos of events as they happen, such as natural disasters. This information is easy to verify because it comes directly from people experiencing such events, making it easier to trust this information.**

**Secondly, there are many online learning courses on the Internet with content that can be trusted. To ensure their courses are reliable, educational institutions rigorously check the content of their online resources. Moreover, these courses are widely recognized, adding to their authenticity.**

**In conclusion, due to the increasing amount of news generated directly from the source and the high quality of learning resources online, we should trust information on the Internet.** **(120〜150 語)**

訳　私はインターネット上の情報を信頼するべきだと思う。これを支持する理由は，ニュースと学びに基づいて２つある。

第一に，インターネットのニュースサイトは信頼できる素晴らしい情報源である。最新のニュースに対する需要の高まりから，自然災害などの事象が起きると，ビデオや写真を投稿する人が増えている。こうした情報はその事象を体験している人から直接送られているので検証しやすく，情報の信頼性を高めている。

第二に，インターネット上には信頼できる内容のオンライン学習講座が数多く存在している。講座の信頼性を確保するために，教育機関はオンライン情報源の内容を厳密にチェックしている。さらに，こうした講座は広く認識され，信頼性を増している。

結論として，情報源から直接発信されるニュースの増加とオンライン学習リソースの質の高さから，私たちはインターネット上の情報を信頼するべきだ。

●与えられたトピックについて作文を書きなさい。
●以下のポイントのうち2つを使って自分の解答を補強しなさい。
●構成：序論，本論，結論
●長さの目安：120〜150語
●文章は解答用紙のB面の与えられたスペースに書きなさい。スペースの外に書かれたものは採点されません。

**トピックの訳**　人々はインターネット上の情報を信頼すべきか？

**ポイントの訳**　●学習　●ニュース　●オンラインショッピング　●ソーシャルメディア

▶〔解答例〕の英文の段落構成は，「主張→1つ目の理由→2つ目の理由→結論」となっている。

▶第1段では，トピックに対する自分の考えを明らかにする。〔解答例〕では，2つの観点（①ニュース，②学習）から，インターネット上の情報を信頼するべきだと述べている。第2段では観点の①について，インターネットのニュースサイトの情報は検証しやすいので，信頼性が高いと述べている。第3段では観点の②について，オンライン学習講座は教育機関が厳しくチェックしていることや広く認知されていることから，信頼できると述べている。最終段では，第2段と第3段で述べたことを簡潔に言い換えながら，インターネット上の情報を信頼するべきだという主張を繰り返している。

▶他に「インターネット上の情報を信頼するべきだ」と主張する理由としては，例えば，「ニュース」に関しては，発信源がニュースサイトであれば，新聞やテレビを媒体とする既存のメディアと同様に信頼できると述べることができるだろう。「オンラインショッピング」に関しては，利用する人がますます増加しているという事実から，ほとんどの情報は信頼できるといった理由が考えられるだろう。

▶「インターネット上の情報を信頼すべきでない」と主張するのであれば，誰でも発信できる「ソーシャルメディア」上の情報は信頼性が担保されていないこと，「ニュース」に関してはフェイクニュースと真実を区別するのは一般市民には難しいこと，などを理由に挙げられるだろう。

# 一次試験　リスニング　Part 1

## No. 1　解答　4

★＝男性　☆＝女性　（以下同）

☆ Leaving for lunch already, Noah?

★ Actually, I'm on my way upstairs. We have our company medical checkups today, remember?

☆ No, I completely forgot about them.

★ You can still go. You don't need an appointment.

☆ Yeah, but I had a big breakfast this morning. You're not supposed to eat before the blood test, right?

★ Right. In fact, I'm starving. Anyway, you'll have another chance next week. They'll be back again on Wednesday.

☆ Really? I'll make sure to remember.

**Question：What will the woman probably do?**

Script

訳

☆もう昼食に行くの，ノア？

★実は，上の階へ行くところさ。今日は会社の健康診断があるからね，覚えてる？

☆いいえ，そのことをすっかり忘れていたわ。

★まだ行けるよ。予約は必要ないから。

☆ええ，でも今朝，朝ごはんをしっかり食べてしまったわ。血液検査の前は食事をしてはいけないことになっているのよね？

★その通り。実際，僕はお腹が減った。いずれにしても，来週もう一度機会があるさ。水曜日にまたやってくる。

☆本当に？　忘れないようにするわ。

語句・構文

□ checkup「健康診断」

□ be not supposed to *do*「～してはいけないことになっている」

質問の訳　女性はおそらく何をするか？

選択肢の訳
1　今日，血液検査を受ける。
2　朝食で食べる量を減らそうとする。
3　ノアと昼食へ行く。
4　来週，健康診断を受ける。

男性が最後の発言の第 3・4 文で「来週（の水曜日に）もう一度機会がある」と述べると，女性は最後の発言で「忘れないようにする」と答えている。another chance とは，健康診断を受ける機会のことだと文脈から判断できる。したがって，**4**「来週，健康診断を受ける」が正解。**1** は，男性が 2 番目の発言で「まだ（女性は健康診断へ）行くことができる」

と述べたのに対して，女性は「血液検査の前は食事をしないことになっているのに，朝食をしっかり食べてしまった」と応じていることから，不適切。**2**・**3**のような内容は述べられていない。

### No. 2　解答　4

☆ Looks like I'll be putting in another 60-hour week. Seems like I live here at the office these days.

★ You do live at the office these days, and they don't pay you nearly enough. Why don't you drop a hint that you'd like to review your compensation?

☆ But I've only been working here a year.

★ In which time they've doubled your responsibilities. Come on, Laurie! You need to stand up for yourself.

☆ Well, maybe you're right.

**Question : How does the man feel about the woman's situation?**

Script

訳 ☆また週 60 時間労働になりそう。この頃，私はこのオフィスに住んでいるみたい。

★最近の君は実際オフィスに住んでいるし，君の給料は十分というにはほど遠い。給料の見直しをしたいとほのめかしたらどう？

☆でも，ここで1年しか働いていないから。

★その間に，彼らは君の職務を2倍にしたんだ。さあ，ローリー！　君は自分の権利を守る必要がある。

☆そうね，その通りかもしれない。

語句・構文

□ put in ～「(任務・仕事などを) (一定時間) 行う」

□ not nearly ～「～に近いどころではない」

□ drop a hint「ヒントを与える，ほのめかす」　□ review「～を見直す」

□ compensation「報酬，給与」

□ stand up for ～「(人や権利など) を守る，擁護する」

質問の訳　男性は女性の状況についてどのように感じているか？

選択肢の訳　**1**　彼女はもっと休みをとる必要がある。

**2**　彼女はお金のことをそんなに気にするべきではない。

**3**　彼女はそんなに多くの責任を負う準備ができていない。

**4**　彼女はもっと給料をもらってよいはずだ。

男性は最初の発言の第1文の and 以下で「君の給料は十分というにはほど遠い」と述べ，続けて「給料の見直しをしたいとほのめかしたらどうか」と述べている。女性が2番目の発言で「ここで1年しか働いていない」と述べると，男性は「その間に職務は2倍になっている」と述べ，会社と交渉するよう勧めている。したがって，**4**「彼女はもっと給料をもらってよいはずだ」が正解となる。オフィスに住んでいると感じるほど長時間働いていると女性が述べたのに対して，男性はそれだけの給料を支払ってもらうべきだと女性に勧めているという会話の流れを把握することが重要。

**No. 3　解答　2**

★ Doctor, how were the test results?
☆ Not bad. It's just a sprain. Nevertheless, I still think you should avoid strenuous exercise for at least a couple of weeks after you leave the hospital today.
★ But my softball team's got a big game this Thursday.
☆ I'm afraid you're going to have to sit that one out. You should wait till you fully recover or you may make it worse.

**Question：What does the doctor tell the man?**

Script

訳
★先生，検査の結果はどうでしたか？
☆悪くはありません。単なる捻挫です。それでも，今日退院したあと，少なくとも２週間は激しい運動を避けるべきだと思います。
★でも，私のソフトボールチームは今度の木曜日に大事な試合があるんです。
☆残念ながら，それには参加できないでしょうね。完全に治るまで待つべきであって，さもないと，悪化させるかもしれません。

語句・構文

□ strenuous「激しい」　□ sit *A* out「*A*（ダンス・競技など）に加わらない」

**質問の訳**　医師は男性に何を告げているか？

**選択肢の訳**
**1**　彼はさらに検査を受ける必要がある。
**2**　彼はその試合でプレーできないだろう。
**3**　彼は違った練習のやり方を見つける必要がある。
**4**　彼は病院に留まらなければならない。

女性（医師）の最後の発言の第１文中の that one は，男性の直前の発言の a big game のことを指しているのだから，医師は「（今度の木曜日の）試合には参加できない」と男性に告げている。したがって，**2**「彼はその試合でプレーできないだろう」が正解となる。女性の最初の発言の第３文で，「今日退院したあと」と述べていることから，**4** は不適切とわかる。**1**・**3** のような内容は述べられていない。

**No. 4　解答　2**

☆ Hi, Phil. I'm sorry to bother you on your day off, but I'm not feeling well. Could you cover my shift this afternoon?
★ Unfortunately, I've already got plans.
☆ I see. Do you know who might be able to change shifts with me?
★ I'm not sure.
☆ Maybe the new guy can cover it.
★ I'd just get in touch with the manager. It's her responsibility to deal with these issues.
☆ I know, but I hate bothering her. Maybe I should just work the shift.
★ No, don't do that. You might make everyone else sick.

**Question : What does the man imply the woman should do?**

Script

訳 ☆こんにちは，フィル。お休みの日に申し訳ありませんが，私，体調がよくないんです。今日の午後のシフトを代わってもらえませんか？
★あいにくだけど，もう予定が入っているんだ。
☆わかりました。誰か私とシフトを代わってくれそうな人を知っていますか？
★わからないな。
☆もしかして，あの新人が代わってくれるかも。
★僕なら，部長に連絡を取るね。このような問題に対処するのが彼女の仕事だ。
☆わかっているけど，彼女に迷惑をかけたくないんです。私がシフトに入ればいいのかもしれない。
★いや，そんなことをしてはだめだ。君のせいで他のみんなが病気になるかもしれない。

語句・構文

□ cover「（一時的に代理で）～を引き受ける」　□ shift「（交替制の）勤務時間」
□ get in touch with ～「～と連絡をとる」

質問の訳　男性は女性に何をするべきだとほのめかしているか？

選択肢の訳
**1**　新しい社員に連絡する。
**2**　部長と話す。
**3**　彼女自身がシフトに入る。
**4**　彼とシフトを交換する。

男性が3番目の発言の第1文で「僕なら，部長に連絡を取る」と述べ，続けて「このような問題に対処するのが彼女（部長）の仕事だ」と述べている。I'd は，I would の短縮形で，仮定法が用いられている。these issues とは，女性が抱えているような種類の問題を指すと文脈から判断できる。したがって，**2**「部長と話す」が正解。**1**・**3**・**4** は，女性が自分の希望，あるいは自分が取るべき行動として述べている内容ではあるが，そのいずれにも男性は同意していない。

## No. 5 解答 3

☆ I'm looking forward to our business trip next week.
★ Me, too. I'll double-check the flight schedule tomorrow.
☆ Thanks.
★ Have you finished putting together the presentation for our meeting?
☆ Not yet. I was planning to get it done tomorrow.
★ That's a good idea. I remember trying to finish one at a hotel last year, and I couldn't connect to the Internet.
☆ Our hotel is supposed to have good Wi-Fi, but don't worry. It'll be done before we go.

**Question : What will the woman do before leaving for the trip?**

Script

訳
☆来週の出張が楽しみね。
★僕もさ。明日，飛行機のスケジュールを再確認するつもりだ。
☆ありがとう。
★会議用のプレゼンテーションをまとめ終わった？
☆いいえ，まだ。明日それを終わらせる予定だったの。
★それはいい考えだ。去年，ホテルで終わらせようとしたらインターネットにつながらなかったのを覚えているよ。
☆私たちのホテルは Wi-Fi が整っているはずだけど，でも，心配はいらないわ。それは出発する前に終わっているから。

**語句・構文**

□ double-check「～を再確認する」　□ put together ～「（計画など）をまとめる」
□ get *A* done「（完了の意味を強めて）*A* を仕上げてしまう」
□ be done「（事が）終わる」

**質問の訳**　女性は出張に出発する前に何をするつもりか？

**選択肢の訳**
**1**　インターネットの接続についてホテルに問い合わせる。
**2**　会議のスケジュールを確認する。
**3**　プレゼンテーションの準備を終える。
**4**　航空券を買う。

男性が2番目の発言で，「会議用のプレゼンテーションをまとめ終わったか」と質問したのに対して，女性は「明日それを終わらせる予定だった」と答えている。さらに，女性は最後の発言の最終文で，「それは出発前に終わっている」と述べているが，主語の It は，「会議用のプレゼンテーションをまとめること」を指している。よって，**3**「プレゼンテーションの準備を終える」が正解。**1** については，女性の最後の発言の第1文に言及があるが，ホテルに問い合わせるとは述べていないので不適切。

## No. 6 解答 1

☆ Shall we order some more wine?

★ I'd love to, but we should probably catch the bus home soon. It's already eleven.

☆ Eleven? Oh, dear. The last one will have left by the time we get to the bus stop.

★ We can still catch the last train.

☆ That train doesn't come for another hour. I say we treat ourselves to a taxi.

★ Works for me.

☆ Great. Let's head over to the main street. We can probably catch one there.

**Question : What does the couple decide to do?**

Script

訳 ☆もう少しワインを注文しましょうか？

★そうしたいけれど，もうまもなく家まで帰るバスに乗らなければ。もう 11 時だ。

☆ 11 時？　あら大変。私たちがバス停に着くまでには，最終バスは出てしまっているわよ。

★最終電車ならまだ間に合うね。

☆その電車は，あと 1 時間先よ。奮発してタクシーで帰るのはどうかしら。

★そうしよう。

☆いいわね。大通りへ向かいましょう。たぶんそこで拾えると思うわ。

語句・構文

☐ by the time ～「～する時までに」

☐ I say ～「（提案して）～してはどうだろう」

☐ treat *A* to *B*「*A*（人・自分自身）に *B*（飲食物）などをおごる」

☐ work for ～「～（人）にとって好都合である」

質問の訳　夫婦は何をすることにしたか？

選択肢の訳　**1**　タクシーで帰宅する。　**2**　ワインを追加注文する。

**3**　最終電車に乗って帰宅する。　**4**　最寄りのバス停まで歩く。

女性が 3 番目の発言の第 2 文で「タクシーで帰る」ことを提案すると，男性は同意し，女性は最後の発言で「大通りへ出れば，そこで拾えるだろう」と述べている。最終文の one は a taxi を受けている。よって，**1**「タクシーで帰宅する」が正解。**2** については，女性が最初の発言で「ワインを追加注文しよう」と述べたのに対して，男性は帰りのバスに乗る必要があると言って同意していない。その後も，夫婦は帰宅手段について話し合っているので不適切。**3** は女性の 3 番目の発言の第 1 文から，**4** は女性の 2 番目の発言の第 3 文から不適切と判断できる。

## No. 7 解答 2

★ Honey, did you see that the new restaurant down the block finally opened?

☆ I'm sorry, I can't chat right now. I need to start making dinner so it'll be ready by the time the kids get home from school.

★ Leave dinner to me.

☆ Really? But you don't cook. You aren't planning to order takeout, are you? We just bought groceries.

★ No. I know I'm not a good chef, but I found a cooking website for beginners. I saw a great recipe for a pasta dish I think I can make.

☆ Oh, that would be lovely!

**Question : What does the man offer to do?**

Script



訳

★ねえ，この先の新しいレストランがついにオープンしたのを見た？

☆ごめんなさい，今はおしゃべりできないの。子どもたちが学校から帰ってくるのに間に合うように，夕食を作り始めなくてはいけないから。

★夕食は僕に任せて。

☆本当に？ でも，あなた料理をしないじゃない。テイクアウトを注文しようと考えているんじゃないでしょうね？ 私たち今，食料品を買ってきたところよ。

★いや。料理がうまくないことはわかっているけど，初心者向けの料理ウェブサイトを見つけたんだ。僕が作れそうなパスタ料理のすばらしいレシピがあったんだよ。

☆まあ，それは素敵ね！

**語句・構文**

□ leave *A* to *B*「*B*（人）に *A*（物事）を任せる」

□ grocery「食料品，日用雑貨品」 □ chef「料理人」

**質問の訳** **男性は何をすると申し出ているか？**

**選択肢の訳**

**1** 子どもたちを学校へ迎えに行く。

**2** 家族に夕食を作る。

**3** 今晩の夕食の材料を買う。

**4** 新しいレストランに食べ物を注文する。

男性が2番目の発言で「夕食は任せて」と述べたのに対して，女性が「テイクアウトを注文しようと考えているのか」と尋ねる。男性は最後の発言の第1文でそれを否定しているから，**4**は不適切とわかる。男性は最後の発言の第2・3文で，「初心者向けの料理ウェブサイトを見つけ，自分が作れそうなパスタ料理のすばらしいレシピがあった」と述べているから，**2**「家族に夕食を作る」が正解となる。**1**・**3**のような内容は，述べられていない。

**No. 8 解答 1**

☆ AFP Automotive.
★ Hi. I'm on Highway 5. My engine overheated, and it won't start. I need my car towed, and I could use a ride downtown. I have to be at a meeting in an hour.
☆ Could you tell me your policy number?
★ It's A735.
☆ I'm sorry. A car will arrive in about 10 minutes to take you downtown, but the system says you don't have towing coverage.
★ Really? I thought my plan included towing.
☆ Unfortunately, you'll have to pay out of pocket this time, but we can add it to your insurance policy in the future.

**Question : What is one problem the man has?**

Script

訳 ☆ AFP 自動車です。
★こんにちは。私はハイウェイ5号線にいます。車のエンジンがオーバーヒートしてしまって，どうしても動きません。車をレッカー移動してもらう必要があり，それから，市内まで送って欲しいんです。1時間後の会議に出なければいけないんです。
☆保険証券の番号を教えていただけますか？
★ A735です。
☆申し訳ございません。あなたを市内まで送るための車は10分ほどで到着しますが，システムによると，レッカー移動は補償されていません。
★本当ですか？　プランにはレッカー移動が含まれていると思っていました。
☆残念ながら，今回は自己負担で支払う必要がありますが，今後，それを保険契約に加えることができます。

語句・構文

☐ automotive「自動車（関係）の」
☐ need *A done*「*A*を～してもらう必要がある」
☐ tow「（車など）をけん引する，レッカー移動する」　☐ policy「保険証券」
☐ coverage「保険による担保，補償範囲」
☐ out of pocket「（代金の支払いを）自己負担で」

**質問の訳**　**男性が抱えている問題の1つは何か？**

**選択肢の訳**
**1**　彼は予期せぬ料金を支払わなければならない。
**2**　彼は保険証券を解約した。
**3**　彼は会議に遅れる。
**4**　会社は彼の保険証券の番号を見つけられない。

男性は3番目の発言で，「プランにはレッカー移動が含まれていると思っていた」と述べている。女性の最後の発言でも，男性がレッカー移動の料金を自分の負担で支払う必要があると述べているから，**1**「彼は予期せぬ料金を支払わなければならない」が正解。**3**については，女性が3番目の発言で「市内まで送るための車は10分ほどで到着する」と述べたことに関して男性は何も述べていないことから，男性にとって問題ではないと考えるのが自然。

**No. 9 解答 3**

★ Excuse me, Professor Garcia. Could I ask you for some advice?
☆ Of course. Is it about our art classes?
★ Sort of. I'm thinking about changing my major from communications to graphic design, but I'm not sure if it's a good idea.
☆ Why are you considering the change?
★ It gives me career options. I could do advertising, marketing, or even web design.
☆ Those are good careers. What's your concern?
★ Well, I'm not confident that my artistic skills are good enough.
☆ I've seen your work. If you make the effort, I think you could be quite successful.

**Question : What does the woman imply?**

Script

訳
★すみません，ガルシア教授。アドバイスをいただけますか？
☆もちろんです。美術の授業のことですか？
★そんなところです。専攻をコミュニケーション論からグラフィックデザインに変えようかと思っているのですが，それがいい考えかどうかわからなくて。
☆なぜ変更を考えているのですか？
★職業の選択肢が増えるからです。広告，マーケティング，あるいはウェブデザインの仕事もできるかもしれません。
☆それはいい仕事ですね。あなたの心配は何ですか？
★そうですね，自分の美術の技能が十分か自信がないんです。
☆私はあなたの作品を見てきました。努力すれば，とてもうまくいくと思いますよ。

語句・構文
□ major「専攻」　□ communications「コミュニケーション論」
□ career「職業，仕事」

質問の訳　女性は何をほのめかしているか？

選択肢の訳
**1**　男性は専攻を変えるべきではない。
**2**　コミュニケーション論の職業の方が男性に向いているかもしれない。
**3**　グラフィックデザインは男性にとってよい選択である。
**4**　男性は授業での成績があまりよくない。

男性が2番目と3番目の発言で「職業の選択肢が増えるので，専攻をコミュニケーション論からグラフィックデザインに変えようと考えている」という内容のことを述べたのに対し，女性は3番目の発言で男性の考えを否定せず，「何が心配なのか」と尋ねている。男性が最後の発言で「自分の美術の技能が十分か自信がない」と述べたのに対しては，女性は最後の発言で，「男性の作品を見てきた」ことと「男性はうまくいくと思う」という考えを述べている。これらのことから，**1**・**2**・**4**は不適切で，**3**「グラフィックデザインは男性にとってよい選択である」が正解とわかる。

## No. 10　解答　2

★ Alicia, can I talk to you about that online meeting software we're using?

☆ Sure, Ben. What is it?

★ We've been using the free version, but I think we should consider paying to upgrade to the full version. The free version can be inconvenient at times.

☆ The participant limit has been a problem. Sometimes we'd like to have more than eight people in a meeting at once. Could you submit an official request with the cost?

★ Does that mean there's room in the budget for an upgrade?

☆ I'll see what I can do.

**Question：What will the man do next?**

Script

訳

★アリシア，今使っているオンラインミーティングソフトのことでちょっといい？

☆もちろん，ベン。何ですか？

★我々はずっと無料版を使用しているけど，料金を払ってフルバージョンにアップグレードすることを検討すべきだと思うんだ。無料版では不便なことがときどきある。

☆参加者の制限はずっと問題になっています。同時に8人を超えて集まる会議を開きたいことがありますから。費用を含めて正式な要請を出してもらえますか？

★つまり，予算にはアップグレードの余地があるということ？

☆何ができるか検討してみますよ。

語句・構文

□ version「(製品などの) ～版」　□ at times「ときどき」

□ participant「参加者」　□ at once「同時に，1度に」

□ submit「～を提出する」　□ room「余地」　□ budget「予算」

質問の訳　男性は次に何をするか？

選択肢の訳

**1**　別のオンラインチャットツールを見つける。

**2**　ソフトウェアアップグレードの要請を準備する。

**3**　もっと多くの人をオンラインミーティングに参加させる。

**4**　会社の予算を増やすよう頼む。

女性は2番目の発言の最終文で，男性に対して「費用を含めて正式な要請を出してもらえますか」と依頼している。それを受けて男性は，「予算にはアップグレードの余地があるのか」と女性に尋ねているだけだが，女性は最後の発言で「何ができるか検討する」と述べているので，男性は女性に指示された通りのことをすると考えるのが自然。よって，**2**「ソフトウェアアップグレードの要請を準備する」が適切。**4**については，男性が最後の発言で「予算」について言及しているが，女性の最後の発言から判断して，男性のするべきことはアップグレードの要請を提出することだけだと考えられるので，不適切である。

## No. 11　解答　2

★ Carol, I have a favor to ask you.
☆ What is it?
★ Inspectors from Mexico are coming to our plant tomorrow, and our regular interpreter is on vacation. I remember you majored in Spanish in college. Do you think you could substitute?
☆ Well, I did study Spanish, but I'm not sure I can handle all the technical terms.
★ What if we asked Barbara to do your regular work today, and you spent the rest of the afternoon brushing up on vocabulary?
☆ OK. I'll do my best.

**Question：What will the woman do for the rest of the day?**

Script

訳
★キャロル，君に頼みたいことがある。
☆何ですか？
★明日，メキシコからの調査官が我々の工場へ来るのだが，いつもの通訳が休暇中でね。君が大学でスペイン語を専攻していたことを思い出したんだ。代わりを務めてくれるだろうか？
☆ええ，スペイン語の勉強はしましたが，専門用語のすべてに対処できるかどうかわからないです。
★君の今日の通常業務をバーバラに頼んで，午後の残りの時間を語彙を勉強し直すのに使ったらどうだろうか？
☆わかりました。最善を尽くします。

**語句・構文**

☐ inspector「調査官」　☐ plant「工場」　☐ interpreter「通訳」
☐ substitute「代わりをする」　☐ handle「～に対処する」
☐ What if ～?「もし～したらどうなるだろうか」
☐ brush up ～「(さびついた語学・技術など) を磨き直す，勉強し直す」

**質問の訳**　**女性はその日の残りの時間に何をするか？**

**選択肢の訳**　**1**　工場へ行く。　**2**　スペイン語を勉強する。
**3**　バーバラに会う。　**4**　通訳を探す。

男性が最後の発言で「午後の残りの時間を語彙を勉強し直すのに使ったらどうだろうか」と

述べたのに対して，女性は了承している。男性が vocabulary と述べているものは，男性と女性の２番目の発言から「スペイン語の語彙」を指しているとわかる。したがって，**2**「スペイン語を勉強する」が正解。放送文の brush up という表現は，選択肢では study に言い換えられている。

## No. 12　解答　4

★ Excuse me, ma'am, this is a no-parking zone.
☆ I'm sorry, officer. I felt ill while I was driving, so I stopped my car here to take a short rest.
★ Are you OK? I can call an ambulance for you.
☆ No, thanks. I'm feeling much better now, but can I rest here for another 10 minutes or so?
★ No problem. I'll stand by in the police car until you feel well enough to leave. Honk your horn if you need help.
☆ I will. Thanks.

**Question : What is the police officer going to do?**

Script

訳
★ちょっと失礼しますが，ここは駐車禁止区域です。
☆申し訳ありません，お巡りさん。運転中に気分が悪くなって，少し休憩するためにここに車を停めました。
★大丈夫ですか？　救急車を呼ぶことができますよ。
☆いいえ，結構です。もうずいぶんよくなってきたのですが，もうあと10分くらいここで休憩しても構いませんか？
★問題ないです。気分がよくなって車を出せるようになるまで，私はパトカーで待機しています。助けが必要ならば，クラクションを鳴らしてください。
☆そうします。ありがとう。

語句・構文

□ stand by「待機する，すぐそばにいる」
□ honk「(車のクラクション）を鳴らす」　□ horn「(車・電車などの）警笛」

**質問の訳**　警察官は何をするつもりか？

**選択肢の訳**　**1**　無線で救急車を呼ぶ。　**2**　女性の代わりに車を移動する。
**3**　女性に駐車違反切符を切る。　**4**　パトカーで待つ。

男性（警察官）が最後の発言第２文で「パトカーで待機する」と述べているから，**4**「パトカーで待つ」が正解。「待機する」という表現は，放送文では stand by，選択肢では wait で表されている。**1** については，男性が２番目の発言第２文で「救急車を呼べる」と述べたのに対して，女性は断っているので不適切。**2**・**3** については，女性が２番目の発言の第２文で「もうあと10分くらいここで休憩しても構わないか」と尋ねたのに対して，男性は「問題ない」と答えていることから不適切。

# 一次試験　リスニング　Part 2

(A)　**No. 13　解答　3　　No. 14　解答　1**

(A)***The P-47 Thunderbolt***

When the P-47 Thunderbolt first appeared in World War II, American pilots worried that this extremely heavy fighter plane would be at a disadvantage against smaller, lighter German planes. The P-47 was indeed slower at low altitudes, but when it was flying high, it could outrun almost any other plane. One serious weakness early on was its limited fuel supply. Eventually, however, extra tanks were fitted onto the P-47 so that it could go on longer missions.

The P-47 had eight powerful machine guns and was able to carry an impressive selection of bombs and rockets. The real reason that pilots came to love it, though, is that it was one of the most durable planes of the war and survived many hits that would have destroyed other planes. In one extreme case, a pilot was able to land his P-47 after it was shot over 100 times.

**Questions**

**No. 13　What problem did the P-47 Thunderbolt have at first?**

**No. 14　What did pilots like most about flying the P-47 Thunderbolt?**

Script

訳

(A)P-47 サンダーボルト

P-47 サンダーボルトが第二次世界大戦中に初めて現れた時，アメリカのパイロットたちはこの極めて重い戦闘機は小さくて軽いドイツの飛行機に対して不利なのではないかと危惧した。P-47 は実際に，低高度では遅かったが，高いところを飛んでいる時は他のほとんどの飛行機よりも速く飛ぶことができた。初期の深刻な弱点は，燃料の供給量が限られていることだった。しかし，最終的には，より長距離の任務につくことができるように，追加のタンクが P-47 に取り付けられた。

P-47 には 8 機の強力な機関銃があり，選りすぐりの爆弾とロケットを積むことができた。しかし，パイロットたちがそれを好きになった本当の理由は，それが戦時中最も耐久性のある飛行機の 1 つで，他の飛行機であれば破壊されてしまうような多くの被弾にも耐えたからだ。極端な例では，あるパイロットは 100 発以上の銃弾を受けたあとで，P-47 を着陸させることができた。

語句・構文

(第 1 段) □ altitude「高度」　□ outrun「～より速く走る」
□ early on「初期に」　□ fit *A* onto *B*「*A*（部品など）を *B* に取り付ける」

(第 2 段) □ durable「耐久性がある」　□ hit「命中」

**No. 13** 質問の訳 P-47 サンダーボルトには当初どんな問題があったか？

選択肢の訳 **1** 十分に高く飛べなかった。

**2** 小さくて軽すぎた。

**3** 短い距離しか飛べなかった。

**4** 珍しい種類の燃料を使用した。

第1段第3文（One serious weakness …）で「初期の深刻な弱点は，燃料の供給量が限られていることだった」と述べ，同段最終文（Eventually, however, …）で「最終的には，追加のタンクによって，より長距離の任務につけるようなった」と述べられていることから，3「短い距離しか飛べなかった」が正解とわかる。**1** については，同段第2文（The P-47 was …）の but 以下の記述に合致しない。**2** は，同段第1文（When the P-47 …）の記述に合致しない。

**No. 14** 質問の訳 パイロットはP-47 サンダーボルトの飛行で何を最も好んだか？

選択肢の訳 **1** 他の飛行機よりも頑丈だった。

**2** 新しい種類の武器を装備していた。

**3** きわめてすばやく着陸できた。

**4** 正確に爆弾を落とすことができた。

第2段第2文（The real reason …）で「パイロットたちがそれを好きになった本当の理由は，それが最も耐久性のある飛行機の1つだったからだ」と述べ，同段最終文（In one extreme …）では耐久性を示す具体例を紹介している。したがって，**1**「他の飛行機よりも頑丈だった」が正解。同段第1文（The P-47 had …）には搭載した武器についての言及があるが，**2** や **4** のような内容は述べられていない。

## (B) No. 15 解答 4　　No. 16 解答 3

### (B) *Ascension Island*

Ascension Island lies in the middle of the Atlantic Ocean. Originally, it was nearly treeless, and fresh water was scarce, which made for tough living conditions for the first settlers. However, in the 1840s, a British scientist named Sir Joseph Hooker started a program to transform the desert island. He started importing trees and other plants that were able to survive in the island's dry environment by absorbing water from mist in the air. His program eventually resulted in an entire mountain being covered in forest. However, Hooker's plants have been so successful that several native plant species have gone extinct.

There is now a debate about the island's future. Some people say efforts must be made to preserve the plants that were originally found on the island. Others, though, want the new ecosystem to be left as is, since it has had benefits, such as increasing available water and creating the potential for agriculture.

Questions
No. 15 What was one result of Sir Joseph Hooker's program for Ascension Island?
No. 16 What do people disagree about regarding Ascension Island?

Script

訳

(B)アセンション島

アセンション島は大西洋の真ん中にある。もともと，樹木がほとんどなく，真水が乏しかったため，最初の移民たちには厳しい生活環境であった。しかし，1840年代にイギリスの科学者サー・ジョゼフ・フッカーがこの無人島を変える計画を始めた。彼は，空気中の霧から水分を吸収することで島の乾燥した環境で生き残ることができる樹木やその他の植物の輸入を始めた。彼の計画は最終的には，山全体が森で覆われる結果となった。しかし，フッカーが輸入した植物があまりにもうまく適応したため，いくつかの在来種の植物は絶滅してしまった。

現在，島の将来について議論がなされている。島にもともとあった植物を守るための努力がなされなければいけないと言う人々がいる。一方で，利用可能な水を増やし，農業の可能性を生み出すなどの利益をもたらしている以上，新しい生態系をそのまま残すことを望む人々もいる。

語句・構文

(第1段) □ treeless「樹木のない」 □ fresh water「真水」 □ scarce「乏しい」
□ make for ～「～を生み出す」 □ settler「開拓移民」
□ absorb「～を吸収する」 □ mist「霧」 □ extinct「絶滅した」
(第2段) □ preserve「～を守る」 □ ecosystem「生態系」
□ as is「そのままで，手を加えないで」＊名詞の後で用いられる
□ potential「可能性」

No. 15 質問の訳 アセンション島に対するサー・ジョゼフ・フッカーの計画がもたらしたある結果とは何か？

選択肢の訳 **1** 水の供給量が減った。
**2** 空気の汚染が減った。
**3** 多くの人々が島を離れなければならなかった。
**4** 樹木の数が増えた。

アセンション島を変えるためのサー・ジョゼフ・フッカーの計画の内容については第1段第4文（He started importing …）に，その結果については同段第5・6文（His program eventually … have gone extinct.）に述べられている。これら第4～最終（＝第6）文の内容から，「サー・ジョゼフ・フッカーが樹木や植物を輸入し，山全体が森で覆われる結果となった」こと，「輸入した植物がうまく適応した」ことがわかるので，**4**「樹木の数が増えた」が適切である。

**No. 16** 質問の訳 人々はアセンション島の何に関して意見が異なっているか？

選択肢の訳 **1** 新しい生態系の分類方法。

**2** 水の供給を何に使うべきか。

**3** 在来種の植物は守られるべきかどうか。

**4** どこで農業を認めるべきか。

第2段を参照する。第2文（Some people say …）では，「島にもともとあった植物を守るための努力がなされなければいけないと言う人々がいる」と述べられ，最終文（Others, though, want …）では，「新しい生態系をそのまま残すことを望む人々もいる」と述べられているから，3「在来種の植物は守られるべきかどうか」が正解になる。放送文では the plants that were originally found on the island と表現されたものが，選択肢では native plants に言い換えられている。「守る」という表現には，放送文では preserve，選択肢では protect が用いられている。

## (C) No. 17 解答 1 No. 18 解答 4

### (C) *Vivian Maier*

One of the twentieth century's greatest street photographers, Vivian Maier is known for her fascinating images of people in cities like Chicago and New York. Maier worked in childcare, but her true passion was photography. She always had her camera with her, and this habit allowed her to capture unique and unusual shots of people going about their daily lives. Her photos depict everything from strangely dressed tourists to emergency workers caring for accident victims.

Despite the incredible number of photos she took, Maier was an intensely private person. Unlike most photographers, she refused to allow others to see her work. Nevertheless, a collection of her photos was purchased at an auction in 2007, and the buyers began exhibiting her unusual work. It was not until after her death in 2009, however, that she was recognized as an artistic genius.

**Questions**

**No. 17 What is one thing we learn about Vivian Maier?**

**No. 18 How was Maier different from other photographers?**

Script

訳

(C)ビビアン・マイヤー

20世紀で最も優れたストリートフォトグラファーの一人であるビビアン・マイヤーは，シカゴやニューヨークなどの都市の魅力的な人々の写真で有名である。マイヤーは保育の仕事をしていたが，本当に情熱を傾けたのは写真だった。彼女は常にカメラを持ち歩き，この習慣のおかげで，日常生活を送る人々の独特でめずらしい写真を撮ることができた。彼女の写真は，奇妙な服装をした旅行者から事故の犠牲者の手当てをする救急隊員まであらゆるものを写し出している。

非常に数多くの写真を撮ったにもかかわらず，マイヤーは人付き合いを著しく好まなかった。ほとんどの写真家とは違って，彼女は他人が作品を見ることを拒んだ。それにもかかわらず，彼女の写真のコレクションが 2007 年に競売で購入されると，バイヤーたちが彼女の特異な作品を展示し始めた。しかし，彼女が天才芸術家として認識されたのは，2009 年に彼女が亡くなったあとのことだった。

**語句・構文**

（第 1 段）□ fascinating「魅力的な」　□ passion「熱中の対象」
□ capture「～を獲得する，取る」　□ depict「～を描く」
（第 2 段）□ intensely「激しく」　□ private「人と交わらない，ひとりを好む」
□ auction「競売」

**No. 17** 質問の訳　ビビアン・マイヤーについてわかることの 1 つは何か？

選択肢の訳
**1**　彼女はどこへでもカメラを携帯した。
**2**　彼女は救急隊員たちと友達になった。
**3**　彼女は自分が世話をしていた子どもたちに自分のカメラを貸した。
**4**　彼女は旅行者として多くの場所へ行った。

第 1 段第 3 文（She always had …）の前半部に「彼女は常にカメラを持ち歩き」と述べられているので，**1**「彼女はどこへでもカメラを携帯した」が正解。放送文の always had her camera with her という表現が，選択肢では carried her camera everywhere に言い換えられている。

**No. 18** 質問の訳　マイヤーは他の写真家とどのように異なっていたか？

選択肢の訳
**1**　彼女はキャリアの早い段階で有名になった。
**2**　彼女は主に競売で写真を撮った。
**3**　彼女は非常に大きな展覧会を開いた。
**4**　彼女は人々に自分の写真を見せなかった。

第 2 段第 2 文（Unlike most photographers, …）で「ほとんどの写真家とは違って，彼女は他人が作品を見ることを拒んだ」と述べられていることから，**4**「彼女は人々に自分の写真を見せなかった」が正解。彼女が撮った写真を放送文では her work と述べているが，選択肢では her photos と言い換えられている。

(D) **No. 19** 解答 3　　**No. 20** 解答 2

### (D)*The Impact of Cats*

Cats are one of the most popular pets today, but like many other pets, they affect the environment through their eating habits. As carnivores, cats primarily eat meat, the production of which releases substantial amounts of carbon dioxide gas into the atmosphere and often creates air and water pollution. According to a recent study, however, the management of cats' waste may be more harmful to the environment than their diet is.

Cat owners commonly prepare boxes for their cats that contain cat litter, a material that traps the cats' waste. However, the clay that is used in most litter is usually acquired through surface mining, a process that requires oil-powered heavy machinery and can destroy large natural areas. Recently, more manufacturers have begun producing litter made from environmentally friendly materials like wood and seeds. Nevertheless, clay-based litter is still the most used type due to its low cost and exceptional odor absorption.

**Questions**

**No. 19　What is one thing the speaker says about cat-food production?**

**No. 20　What do we learn about the process of collecting clay?**

Script

訳

### (D)ネコの影響

ネコは今日，最も人気のあるペットの１つだが，他の多くのペットと同様，その食習慣が環境に影響を及ぼしている。肉食動物なので，ネコは主に肉を食べるが，肉の生産は大気中に相当量の二酸化炭素ガスを放出し，しばしば空気や水の汚染を引き起こす。しかし，最近の研究によると，食事よりもネコの排泄物の処理の方が環境に害を及ぼしているかもしれない。

ネコの飼い主は一般的に，ネコの排泄物を閉じ込めるトイレ用の砂が入った箱を用意している。しかし，ほとんどのトイレ用の砂に使われている粘土はたいていの場合，地表採掘によって入手され，その作業は石油を動力源とする重機を必要とし，広大な自然を破壊する可能性があるものだ。最近では，木材や種子など環境にやさしい素材から作られるトイレ用の砂を製造し始めるメーカーが増えている。それにもかかわらず，安価で，においの吸収がひときわすぐれていることから，粘土からできたトイレ用の砂は依然として最も多く使われている。

**語句・構文**

(第１段) □ carnivore「肉食動物」

□ meat, the production of which releases … creates air and water pollution.　非制限用法の関係代名詞 which の先行詞は meat で，the production of which が，動詞 releases と creates の主語の役割をしている。

☐ management「取り扱い」　☐ waste「排泄物」
(第2段) ☐ litter「(ペットの) トイレ用の砂」
☐ trap「(気体・水など) を閉じ込める」　☐ clay「粘土」
☐ surface「表層の」　☐ mining「採鉱」　☐ heavy machinery「重機」
☐ exceptional「ひときわすぐれた」　☐ odor「におい」
☐ absorption「吸収」

**No. 19** 質問の訳　話し手がネコの餌の生産について述べていることは何か？

選択肢の訳　**1**　真水の使用を必要としない。
**2**　特定の気候でしか行われない。
**3**　大量のガスを発生する。
**4**　昔よりも使用する肉の量が少ない。

第1段第2文 (As carnivores, cats …) で「ネコは主に肉を食べ，肉の生産は大気中に相当量の二酸化炭素ガスを放出する」と述べられていることから，**3**「大量のガスを発生する」が正解。放送文では，肉の生産が放出するものを，carbon dioxide gas と具体的に述べているが，選択肢では gas と表現されている。

**No. 20** 質問の訳　粘土を採集する作業についてわかることは何か？

選択肢の訳　**1**　それに使われる機械は非常に値段が高い。
**2**　広大な土地に損害を与えている。
**3**　近隣の農地に化学物質を放出する。
**4**　労働者にとって危険であることが多い。

第2段第2文 (However, …) で「ほとんどのトイレ用の砂に使われている粘土はたいていの場合，地表採掘によって入手され，その作業は広大な自然を破壊する可能性があるものだ」と述べられている。a process 以下は surface mining と同格の関係で，粘土を入手する作業を説明している。よって，**2**「広大な土地に損害を与えている」が正解。放送文の can destroy large natural areas という表現が，選択肢では，is damaging to wide areas of land と言い換えられている。**1** については，同文に「その作業は石油を動力源とする重機を必要とする」と述べられているが，機械の価格については言及されていないので不適切。

## (E) No. 21 解答 1　No. 22 解答 1

### (E)*Profitable Experiences*

For many young people today, experiences have become more important than material things. This has created money-making opportunities for businesses that can provide memorable and exciting experiences. One recent example is "axe-throwing bars." While axes would normally be associated with chopping wood in a forest, now people in many cities can go to special bars and throw axes like darts. Some worry about the possible dangers of this activity, but fans argue that it is a fun way to release stress.

Such businesses that sell experiences have spread across the US, but critics argue these businesses may negatively affect communities in the long run. They say the businesses are probably a short-term trend whose popularity will not last. And, when the businesses close, their employees are left without a source of income. The critics recommend that cities encourage the development of businesses that will be popular for decades, not just a few years.

**Questions**

**No. 21　What is one reason for the popularity of "axe-throwing bars"?**

**No. 22　What is one criticism of businesses that sell experiences?**

Script

訳

(E)お金儲けになる体験

現代の多くの若者たちにとって，体験は物質的なものよりも重要になっている。これによって，忘れられない，刺激的な体験を提供できるビジネスに金儲けの機会が作り出されている。最近の例の１つに，「斧投げバー」がある。通常，斧は森で木を切ることを連想させるだろうが，現在，多くの都市では，人々が特別のバーに行き，ダーツのように斧を投げることができる。この活動の危険性を心配する人もいるが，ファンは楽しくストレスを発散できる方法だと主張している。

体験を売るそのようなビジネスはアメリカ中に広まっているが，批評家たちは，長い目で見れば，このようなビジネスはコミュニティに悪影響を及ぼすかもしれないと主張している。彼らは，おそらくこのようなビジネスは人気が長くは続かない，短期的な流行だと述べている。そして，ビジネスが廃業すれば，従業員たちは収入源をなくしてしまう。批評家たちは，ほんの数年間だけではなく，数十年間人気を保てるようなビジネスの発展を都市が奨励すべきだと勧めている。

**語句・構文**

（第１段）□ money-making「金儲けの」
□ memorable「記憶すべき，忘れられない」　□ axe「斧」
□ be associated with ～「～と関連づけられる」
□ darts「ダーツ，投げ矢遊び」

（第２段）□ critic「批評家」　□ in the long run「長い目で見れば」
□ decade「10年（間）」

**No. 21**　質問の訳　「斧投げバー」が人気になっている理由の１つは何か？

選択肢の訳　**1**　若者の興味の変化。　**2**　若者の運動の必要性の増加。
**3**　若者の経済的状況。　**4**　若者の自然に対する情熱。

第１段第１文（For many young …）で「現代の多くの若者たちにとって，体験は物質的なものよりも重要になっている」と述べられ，同段第２文（This has created …）で「これが体験提供型ビジネスにとってチャンスとなっている」という内容が述べられている。第２

文の主語 This は第1文の内容を指している。さらに，同段第3文（One recent example …）ではそのようなビジネスの例として「斧投げバー」が紹介されている。したがって，第1文の内容を言い換えた **1**「若者の興味の変化」が，「斧投げバー」の人気の理由と言える。

**No. 22** **質問の訳** 体験を売るビジネスについてのある批判は何か？

**選択肢の訳** **1** 長く続きそうにない。
**2** 都市の外ではうまくいっていない。
**3** めったに地元の人を雇わない。
**4** 場所を取りすぎる。

第2段を参照する。第1文（Such businesses that …）の後半（but 以下）で，「批評家たちは，長い目で見れば，このようなビジネスはコミュニティに悪影響を及ぼすかもしれないと主張している」，続く第2文（They say …）で「彼ら（批評家たち）は，このようなビジネスは人気が長くは続かない，短期的な流行だと述べている」とある。さらに，最終文（The critics recommend …）では，「批評家たちは，数十年間人気を保てるようなビジネスの発展を都市が奨励するべきだと勧めている」と述べている。これらの情報から，**1**「長く続きそうにない」が適切である。

## (F) No. 23 解答 2 No. 24 解答 4

### (F)*T. rex* Skulls

*T. rex* had two large holes at the top of its skull, which scientists used to believe held muscles that aided jaw movement. Recently, however, researchers realized that this would not have been an efficient location for jaw muscles, so they began searching for another explanation. They looked at a modern animal descended from dinosaurs : the alligator.

The researchers found that alligator skulls have similar holes. They are filled with blood vessels that help alligators control the amount of heat in their bodies. When alligators need to warm themselves, these areas absorb external heat, and they release heat when alligators need to cool down. Since large meat-eating dinosaurs such as *T. rex* likely tended to overheat, these holes and blood vessels could have functioned as a sort of internal air-conditioning system. Of course, we cannot observe living dinosaurs, but studies like this provide interesting clues as to what these prehistoric giants were like.

**Questions**

**No. 23** **Why did the researchers decide to analyze alligators?**

**No. 24** **What do the researchers now think the holes in *T. rex* skulls were used for?**

Script

訳

## (F)ティラノサウルスの頭蓋骨

ティラノサウルスには頭蓋骨の一番上に2つの大きな穴があり，かつて科学者たちは，そこにはあごの動きを助ける筋肉があったと信じていた。しかし，最近，研究者たちはこれがあごの筋肉にとって効率的な位置ではなかったと気づき，他の説明を探し始めた。彼らは恐竜の子孫である，現代の動物，アリゲーターに注目した。

研究者たちは，アリゲーターの頭蓋骨に同じような穴があることを見つけた。それらは，アリゲーターが体内の熱量を調節するのを助ける血管で満たされている。アリゲーターが体を温める必要がある時にこれらが外部の熱を吸収し，体を冷やす必要がある時には熱を放出する。おそらくティラノサウルスのような大型の肉食恐竜は体温が高くなりすぎる傾向があったので，これらの穴と血管は内部の空調装置のような機能を果たしていた可能性がある。当然のことながら，我々は生きている恐竜を観察することはできないが，このような研究は，これらの先史時代の巨大動物がどのようなものであったかについて興味深い手がかりを与える。

**語句・構文**

(表題) □ *T. rex*＝tyrannosaurus rex「ティラノサウルス」 □ skull「頭蓋骨」

(第1段) □ two large holes at the top of its skull, which scientists used to believe held muscles that aided jaw movement　非制限用法の関係代名詞 which の先行詞は two large holes である。which の後ろに scientists used to believe が挿入されていて，which は held の主語として働く。that は muscles を先行詞とする関係代名詞で，aided の主語の役割をしている。

□ jaw「あご」 □ be descended from ～「～の子孫である」

□ dinosaur「恐竜」 □ alligator「アリゲーター，ワニ」

(第2段) □ blood vessel「血管」 □ external「外部の」 □ overheat「過熱する」

□ internal「内部の」 □ clue「手がかり」 □ as to ～「～について」

□ prehistoric「先史時代の」 □ giant「巨大な動物」

**No. 23** 質問の訳　研究者たちがアリゲーターを分析することにしたのはなぜか？

選択肢の訳　**1**　アリゲーターには効率的なあごがある。

**2**　アリゲーターは恐竜と同族である。

**3**　アリゲーターには珍しい場所に筋肉がある。

**4**　アリゲーターはティラノサウルスと同時期に進化した。

第1段最終文（They looked at …）で「彼らは恐竜の子孫である，アリゲーターに注目した」と述べられている。主語の They は直前の文（Recently, however, researchers …）の researchers を指しているのだから，**2**「アリゲーターは恐竜と同族である」が正解。選択肢の related には「（性質・起源・類・血縁的に）同族の，同類の」の意味があり，放送文の descended from が，選択肢では related to に言い換えられている。

**No. 24** 質問の訳　現在，研究者たちはティラノサウルスの頭蓋骨の穴は何のためのものだったと考えているか？

選択肢の訳　**1**　食べ物の消化を助けるため。　**2**　他の動物に気づくため。

**3**　新しい血管を作るため。　　　　**4**　体温を調節するため。

第2段を参照する。第1～3文（The researchers found … to cool down.）で「研究者たちは，アリゲーターの頭蓋骨にある同じような穴が体内の熱（＝体温）の調節を助ける血管で満たされていることを見つけた」という内容が述べられ，第4文（Since large meat-eating …）では，「ティラノサウルスのような大型の肉食恐竜は体温が高くなりすぎる傾向があったので，これらの穴と血管は内部の空調装置のような機能を果たしていた可能性がある」と述べられている。これらの情報から，**4**「体温を調節するため」が正解とわかる。

## 一次試験　リスニング　Part 3



(G) **No. 25**　**解答**　**3**

Script

Welcome to Greenville. As we approach the gate, please remain in your seats with your seat belts fastened. We realize many of you have connecting flights, so we have gate agents standing by who can direct you to your connecting gates once you exit the plane. Please have your boarding passes ready to show them. If this is your final destination, you can find your luggage on the carousels in the main terminal. If you need to arrange ground transportation, look for the bus service just past the baggage claim. Customer service representatives are available throughout the airport if you need assistance.

訳　グリーンビルにようこそ。ゲートへ近づきましたら，座席ベルトをお締めになったままお座席でお待ちください。乗り継ぎのお客様がたくさんいらっしゃいますので，飛行機を出られましたらお客様に乗り継ぎ便のゲートへの行き方をご案内するゲート係員を待機させています。搭乗券を係員に示すご準備をお願いします。ここが最終目的地のお客様は，メインターミナルのコンベヤーで荷物のお受け取りができます。地上の交通機関の手配が必要なお客様は，手荷物受取所を出たところでバスの便をお探しください。お困りの際には，空港内にいるお客様サービス担当者にご相談ください。

**語句・構文**

- □ connecting flight「乗り継ぎ便」　□ stand by「待機する」
- □ direct *A* to *B*「*A*（人）に *B* への道を教える」
- □ carousel「（空港の）手荷物引き渡し用コンベヤー」
- □ baggage claim「手荷物受取所」　□ representative「（客などに応対する）係員」

**状況の訳**　あなたは着陸したばかりの飛行機の機内にいて，飛行機を乗り継ぐ必要がある。客室乗務員がアナウンスをしている。

**質問の訳**　あなたは飛行機を降りたあと，まず何をするべきか？

**選択肢の訳**　**1**　荷物を回収する。

**2**　別のターミナルまでバスに乗る。

3　ゲートの係員を見つける。

4　新しい搭乗券を印刷してもらう。

乗り継ぎ客に対する案内に注意して聞き取ること。第3文（We realize many …）で「飛行機を出たら乗り継ぎ便のゲートへの行き方を案内するゲート係員を待機させている」と述べられ，第4文（Please have your …）では「搭乗券を係員に示す準備をするように」と述べられているから，**3**「ゲートの係員を見つける」が正解。**4**については，第4文の内容から不適切とわかる。**1**は，第5文（If this is …）の内容から不適切とわかる。**2**のような内容は述べられていない。

## (H) No. 26　解答　4

We sell four original incense brands. Bouquet Himalaya is a paper-type incense that features the scents of flowers from India. It has a deep, calming effect and helps relieve stress and anxiety. Next, Magnolia's Sanctuary is a stick-type incense that contains sweet-smelling substances. This incense will immediately lift your spirits and is perfect for creating an energizing mood. Akebono is a cone-type purifying incense made with sage, and it's popular among meditation practitioners. Finally, Shirley's Gift is a stick-type incense that was also developed specifically for releasing tension. The aroma calms the mind, creating a tranquil atmosphere.

Script

訳　私たちは4つのオリジナル銘柄のお香を販売しています。ヒマラヤの花束は紙状のお香で，インドの花々の香りが特徴です。深い鎮静作用があり，ストレスや不安の解消を助けます。次に，マグノリアの聖域は，スティック状のお香で，甘いにおいの物質を含んでいます。このお香は，すぐに気分を高揚させるので，元気が出る気分を作り出すのに最適です。アケボノは，セージで作られた浄化作用のある円錐形のお香で，瞑想を行っている人たちの間で人気があります。最後に，シャーリーの贈り物は，特に緊張を取り除くために開発されたスティック状のお香です。その芳香は穏やかな雰囲気を作り出し，精神を落ち着かせます。

語句・構文

□ incense「香」　□ bouquet「花束」　□ scent「(よい) におい，香り」
□ calming「落ち着かせる」　□ energize「(人が) 元気を出す」
□ cone「円錐形」　□ purify「浄化する，清らかになる」　□ sage「セージ」
□ meditation「瞑想」　□ practitioner「(あることを) 習慣的にやっている人」
□ specifically「特に」　□ aroma「芳香」　□ tranquil「平静な，穏やかな」

**状況の訳**　あなたは，リラックスするためにたくスティック状のお香を買いたい。店員があなたに次のように言う。

**質問の訳**　あなたはどの銘柄のお香を買うべきか？

**選択肢の訳**　1『ヒマラヤの花束』　2『マグノリアの聖域』
3『アケボノ』　4『シャーリーの贈り物』

「スティック状で，リラックス効果をもたらす」銘柄を選ぶ。説明される順に，確認していくとよい。第2・3文（Bouquet Himalaya is … stress and anxiety.）は，**1**についてで，効果は適切だが，紙状なので不適切。第4・5文（Next, Magnolia's Sanctuary … an energizing mood.）は，**2**についてで，スティック状だが，効果が不適切。第6文（Akebono is a …）は，**3**についてで，形状も効果も不適切。第7・8文（Finally, Shirley's Gift … a tranquil atmosphere.）は，**4**についてで，「スティック状で，穏やかな雰囲気を作り出して精神を落ち着かせる」と述べられているから，**4**『シャーリーの贈り物』が正解。状況の文の help you relax は，放送文では calms the mind と表現されている。

## (I)　No. 27　解答　2

I'm calling to confirm your appointment to set up your new Internet service. It's scheduled for this Thursday. Our technician will arrive sometime between noon and 3 p.m. If this time slot is OK, no action is necessary. However, if it's not, please contact us to reschedule. Please note that we're currently experiencing high demand, so our only available appointment times would be next week. Also, our technicians are only available Monday through Friday between 9 a.m. and 6 p.m. Remember that our offices are closed on weekends. Thank you.

Script

**訳**　新しいインターネットサービスをセットアップするための予約の確認でお電話しています。今週の木曜日に予定されています。技術者は正午から午後3時までの間のどこかで到着します。もしこの時間帯で問題なければ，何もする必要はありません。けれども，問題があれば，予定変更のためにご連絡ください。現在，大変多くのご予約をいただいておりますので，予約をお取りできる時間帯は来週のみになります。また，技術者を手配できるのは月曜日から金曜日の午前9時から午後6時です。なお，オフィスは週末は休業です。ありがとうございました。

**語句・構文**

□ technician「技術者」　□ slot「時間帯」　□ reschedule「予定を変更する」

**状況の訳**　今日は月曜日で，あなたは新しいインターネットプロバイダーの担当者からボイスメールを受け取る。あなたは今週の木曜日の正午から午後8時まで仕事がある。

**質問の訳**　**あなたは何をするべきか？**

**選択肢の訳**
**1**　今週末に変更する。
**2**　来週の平日に変更する。
**3**　今週の木曜日の午前に変更する。
**4**　今週の金曜日の午後6時以降に変更する。

選択肢がすべて，Reschedule … で始まっているのだから，予定を変更する必要があると推測できる。不都合な時間帯の「今週の木曜日の正午から午後8時」を頭に入れておく。第2・3文（It's scheduled for … and 3 p.m.）で「技術者は今週の木曜日の正午から午後3時の間に来る予定」と述べられているので，仕事の時間と重なることがわかる。第6文

(Please note that …) から，今週の予約は無理だとわかり，**1**・**3**・**4**は不適切となる。第7文（Also, our technicians …）では「予約が可能なのは，月曜日から金曜日の午前9時から午後6時まで」と述べられているので，**2**「来週の平日に変更する」が正解となる。

### (J) No. 28 解答 3

I've checked your application, and it appears that you've submitted all of the required forms that were on our website. It looks like you also paid your application fee when you submitted those documents. And we've been contacted by your high school regarding your transcripts, which should be arriving shortly. If you aren't sure what you want to major in yet, please consider attending our open-campus event next week. Otherwise, all that's left for you to do is submit a letter from a teacher or employer recommending you. Once we receive that, we can start processing your application.

Script

訳　あなたの応募書類を確認しましたが，ウェブサイトに掲載されていた必要書類はすべて提出していると思われます。それらの書類を提出した時に，出願料も支払ったようですね。それから，あなたの高校からあなたの成績証明書について連絡があり，まもなく到着することになっています。もし何を専攻したいのかまだはっきりしていなければ，来週のオープンキャンパスへの参加を検討してください。決まっているのであれば，あなたがするべきことは，先生か雇い主からの推薦状を提出するだけです。推薦状を受け取り次第，あなたの出願の審査を開始できます。

語句・構文

□ application「申請書，応募」　□ regarding「～に関して」
□ transcript「成績証明書」　□ process「～を詳細に検討する，処理する」

**状況の訳**　あなたは心理学を勉強するために大学に出願している。入学事務局の担当者があなたに応募書類について話している。

**質問の訳**　あなたは何をするべきか？

**選択肢の訳**
**1**　出願料を支払う。
**2**　来週の大学の行事に行く。
**3**　推薦状をもらう。
**4**　高校の成績書を提出する。

心理学を勉強したいということを頭に入れて聞く。第1～3文（I've checked your … be arriving shortly.）までには，あなたがこれからすべきことは述べられていない。よって，**1**と**4**は不適切とわかる。第4文（If you aren't …）で「専攻が決まっていなければ，オープンキャンパスに参加するように」と述べられているが，すでに決まっているので，**2**は不適切とわかる。第5文（Otherwise, all that's …）で「そうでなければ，あとは，先生か雇い主からの推薦状を提出するだけ」と述べられているので，**3**「推薦状をもらう」が正解となる。Otherwiseは，意味的には前文の内容を受けていることに注意する。

(K) **No. 29 解答 2**

There are four local tours today. Our bus tour starting at 1 p.m. takes passengers to major sites all over the city, and it costs nothing. Next, a walking tour starts at 2:30. Local volunteer guides will escort you around the downtown area, and there's no charge. If you enjoy bike riding, join the tour starting at three. It costs $35, which includes bike rental fees and refreshments. Finally, if you take our tour starting at five, you can try various kinds of local cuisine. The participation fee is just a few dollars, but you'll have to pay for what you eat and drink at food stands or restaurants.

Script

訳 本日は4つの現地ツアーがあります。午後1時に出発する私たちのバスツアーは，乗客の皆様を市内の主な観光地すべてにお連れし，費用はかかりません。次に，ウォーキングツアーは2時30分に出発します。地元のボランティアガイドが中心街をご案内し，無料です。自転車に乗るのがお好きでしたら，3時に出発するツアーにご参加ください。35ドルかかりますが，自転車のレンタル料と軽い飲食物が含まれます。最後に，5時出発のツアーに参加すると，さまざまな種類の地元料理をお楽しみいただけます。参加料金はほんの数ドルですが，屋台やレストランで食べたり飲んだりしたものの代金は支払う必要があります。

語句・構文

□ refreshments「軽い飲食物」 □ cuisine「(独特の) 料理」 □ stand「屋台」

**状況の訳** あなたは海外旅行中で，無料の現地ツアーに参加したいと思っている。あなたは車酔いしやすい。ホテルのインフォメーションデスクであなたは次のように言われる。

**質問の訳** あなたにとって最適なのはどのツアーか？

**選択肢の訳** **1** 午後1時に出発するもの。 **2** 午後2時30分に出発するもの。
**3** 午後3時に出発するもの。 **4** 午後5時に出発するもの。

「無料のツアーに参加したい」，「車酔いしやすい」という2点を頭に入れ，放送文を聞きながら，それぞれの選択肢を確認していくとよい。第2文（Our bus tour …）は，**1**についてで，「車酔いしやすい」という条件に合わない。第3・4文（Next, a walking … there's no charge.）は，**2**についてで，徒歩で無料だから条件に合う。第5・6文（If you enjoy … fees and refreshments.）は，**3**についてで，有料の点が不適切。最終2文（Finally, if you … stands or restaurants.）は，**4**についてで，有料だから条件に合わない。よって，**2**「午後2時30分に出発するもの」が正解となる。

# 二次試験　面接　問題カードA

**解答例** **One day, a woman was talking with her husband.** **They were sitting at the dining room table, and they both looked concerned. The woman was looking at a lot of bills they needed to pay, and she said that living in the city was very expensive. That night, her husband was using the computer. He had found a website inviting people to come to ABC Village. It said that housing was cheap there, and the couple thought it looked like a nice place to live. A few months later, the woman's family was moving into a traditional Japanese house in the countryside. It was surrounded by beautiful nature. Two old farmers were happily working in the field nearby, and they looked up to see the family. A few weeks later, however, the family members were sitting inside their house, and the children were complaining that they missed their friends in the city.**

訳 ある日，女性は夫と話していた。彼らはダイニングルームのテーブルに座っていて，2人とも心配そうな様子だった。女性は支払いが必要なたくさんの請求書を見ていて，都会で暮らすのはとてもお金がかかると言った。その夜，夫はコンピュータを使っていた。彼はABC村への移住を勧誘するウェブサイトを見つけていた。そこでは住宅が安いと書いてあり，夫婦は住みやすそうなところだと思った。数カ月後，女性の家族は田舎の伝統的な日本家屋に引っ越してきた。それは美しい自然に囲まれていた。2人の老人が近くの畑で楽しそうに農作業をしており，彼らは顔を上げて家族を見ていた。ところが，数週間後，家族は家の中に座っていて，子どもたちは都会の友達に会いたいと文句を言っていた。

▶ナレーションに含めたいポイントは以下の通り。①夫婦は請求書を見ていて，女性が都会の生活はとてもお金がかかると夫に言う。②その夜，夫婦は，ABC村への移住を勧誘するウェブサイトを見ている。そこには住宅が安いと書かれている。③数カ月後，家族は自然に囲まれた田舎に引っ越しをする。④数週間後，子どもたちは都会の友達に会いたいと夫婦に訴えている。夫婦は生活費を抑えようと考えて，都会から田舎へ転居したが，数週間後には子どもたちがそこでの暮らしに不満を述べているという状況を押さえる。1コマ目のナレーションに，ダイニングルームでテレビを見ている子どもたちの描写を加えてもよいだろう。3コマ目のナレーションには，家の周りは畑ばかりで，住居は遠くに1軒しかないことを述べてもよいだろう。

**質問の訳**

No. 1　4番目の絵を見てください。もしあなたがその女性ならば，何を考えているでしょうか？

No. 2　住むところを借りるよりも家を買う方がよいと思いますか？

No. 3　日本は都市に緑地を増やすべきですか？

No. 4　最近の人々は私生活と仕事のバランスをうまく保っていますか？

**No. 1** 解答例 **I'd be thinking that I should have considered my children's needs more before moving. It's natural for them to feel lonely in a village with few friends. Perhaps we can take the children to the city on the weekends.**

訳 私ならば，引っ越す前に子どもたちの要望をもっと考慮するべきだったと考えているだろう。友達がほとんどいない村で彼らがさびしく感じるのは当然のことだ。週末には子どもたちを都会へ連れて行くことができるかもしれない。

仮定法で質問されているので，I'd be thinking … のように仮定法で答える。〔解答例〕のような答えの他には，「子どもたちは自然の中で遊ぶ方法を知らないのかもしれない。遊び方を教えてあげた方がいい」などの答えも考えられる。あるいは，「自分も子どもと同じように都会の暮らしに戻りたいと考えている」という答えも可能だろう。

**No. 2** 解答例 **No, renting is better. Homeowners can't easily move to a different city to change jobs, for example. This means they might miss out on some big opportunities. Also, it's a lot of work to take care of a house.**

訳 いいえ，借りる方がよい。住宅を所有している人は，例えば，転職のために別の都市へ引っ越すことは簡単にはできない。つまり，これは大きな機会を逃してしまうかもしれないということだ。また，家の手入れは大変な仕事だ。

〔解答例〕と同じような考えで，「賃貸住宅であれば，自分自身や家族のライフスタイルの変化に応じて，住む場所や住宅の広さを変えるのが容易である」とか，同じくNoの立場で，「家を購入するには通常，ローンを組むことが多く，借金を抱えた状態が長期間続くことになる」のような答えも考えられる。Yesの立場で答えるならば，「持ち家は財産になって子どもたちに残せるが，賃貸では財産を残せない」，「賃貸では貸主の都合で退去せざるを得なくなることがあるが，持ち家であれば自分の意思で住み続けることができる」などが理由になるだろう。

**No. 3** 解答例 **Yes. It's clearly important to have nature in our surroundings. It gives people a place where they can relax and relieve their stress. Having large parks full of trees and other plants also helps to keep the air clean.**

訳 はい。自分たちの周りに自然があることは明らかに大切である。それは，人々にリラックスできてストレスを和らげる場所を与えてくれる。木々やその他の植物がたくさんある大きな公園は，空気をきれいに保つのにも役に立つ。

〔解答例〕と同じYesの立場で，「建物が密集している都市部では，緑地は災害時の避難場所（evacuation sites）としても重要な役割を果たす」のような答えも可能だろう。Noの立場で答えるならば，「ほとんどの都市では，すでに公園が整備されていて十分な緑地がある」，「都市では土地が限られているので，有効に利用するためには住宅やオフィスなどに用いるべきだ」といった答えが考えられる。

**No. 4** **解答例** **Not at all. These days, workplace culture is very competitive, so most people are under huge pressure to work hard. That leaves them with very little time to spend on hobbies or with family.**

訳 全くそうではない。最近の職場文化は非常に競争的なもので，ほとんどの人々は一生懸命に働くべきだという大きな圧力をかけられている。そのため，趣味の時間や家族とともに過ごす時間はほとんどない。

〔解答例〕と同様にNoの立場では，「依然として過労死（death from overwork）が報告されている状況である」，「業種によっては人手不足が著しく，長時間労働を余儀なくされている」といった現状を理由に挙げられるだろう。Yesの立場で答えるならば，「ワークライフバランスの考え方が企業にも個人にも定着してきた結果，私生活と仕事のバランスをうまくとっている人が多い」などの答えが考えられる。

## 二次試験　面接　問題カードD

**解答例** **One day, a couple was taking a walk by the beach. They passed by a fenced area, where a construction worker was putting up a sign that said a new airport was being constructed by ABC Construction. The couple was shocked to learn about the plan. A few days later, the couple joined a protest against the construction project. The husband was holding a sign that said "protect ocean life," and the wife was collecting signatures from people who opposed the construction of the airport. Six months later, the couple was at the construction site with a group of people. A sign said that the construction had been canceled, and the couple and the supporters of the protest were very pleased. A year later, the couple was looking at a newspaper at home. The wife was surprised to see an article that said ABC Construction had gone bankrupt.**

訳 ある日，夫婦は海岸を散歩していた。彼らがフェンスで囲まれた場所を通りかかると，新しい空港がABC建設によって建設中と書かれた看板を建設作業員が設置していた。夫婦はその計画を知ってショックを受けた。数日後，夫婦は建設計画に反対する運動に参加した。夫は「海の生き物を守れ」という看板を掲げ，妻は空港建設に反対する人々から署名を集めていた。6カ月後，夫婦はグループの人たちと一緒に建設現場にいた。看板には，建設は中止されたと書かれていて，夫婦と反対運動の支持者たちはとても喜んだ。1年後，夫婦は家で新聞を見ていた。妻は，ABC建設が倒産したという記事を見て驚いた。

▶ナレーションに含めたいポイントは以下の通り。①夫婦は海岸を散歩中，ABC建設による空港建設を知らせる看板を目にする。②数日後，夫婦は空港建設反対運動に参加する。③6カ月後，夫婦は建設が中止になったことを知らせる看板を見て喜ぶ。④1年後，夫婦は空港建設を計画していた建設会社が倒産したという新聞記事を目にする。夫婦は海の自然環境を守るために空港建設反対運動に参加し，建設が中止になったことを喜んでいたが，

1年後，建設会社が倒産したという報道を目にしているという流れを押さえる。4コマ目の新聞記事の英文が現在時制になっているのは，新聞の見出しなどでは過去の出来事でも現在時制で表されることが多いためである。〔解答例〕では間接話法を用いているので，時制の一致を受けて過去完了で表されている。

質問の訳

No. 1　4番目の絵を見てください。もしあなたがその夫ならば，何を考えているでしょうか？

No. 2　日本人は政治的意見をもっと述べるべきだと思いますか？

No. 3　企業はもっと社会に貢献するべきだと思いますか？

No. 4　個人の行動が地球温暖化の抑制を助けることは可能ですか？



**No. 1**　解答例　**I'd be thinking that it was partially my fault that the company went bankrupt. However, it's extremely important to protect the ocean environment, so I still think that we did the right thing by protesting the airport's construction.**

訳　私ならば，会社が倒産したのは自分にも責任があると思っているだろう。しかし，海の環境を守ることは非常に重要なのだから，空港の建設に反対したのは正しいことだったと今も考えている。

〔解答例〕のような答えの他には，「空港建設反対運動によってABC建設のイメージが悪くなってしまったことが一因かもしれない」，「空港を建設するような大きな会社が，これほど簡単に倒産するとは思っていなかった」のような答えも考えられる。

**No. 2**　解答例　**Yes. There are many big problems in our society, so it's essential for Japanese people to feel more comfortable discussing political issues. It's the only way for us to begin solving these problems.**

訳　はい。私たちの社会には数多くの大きな問題があるので，日本人がもっと気軽に政治的問題を話し合えることが必要だ。それが，私たちがそうした問題の解決をはかるための唯一の方法である。

〔解答例〕と同じYesの立場で，「日本は，海外と比較すると選挙の投票率（voter turnout）が低い。国民が自分の考えをもっと表明しないと，政治には反映されない」など，現状を挙げて説明することもできる。Noの立場で答えるならば，「日本では民主主義に基づく言論の自由が保障されていて，すでに人々は自分の考えを自由に述べている」などの答えが考えられる。

**No. 3**　解答例　**No. Businesses already provide their communities with employment opportunities, and they contribute to society by developing new products. They shouldn't be expected to do more than that.**

訳　いいえ。企業はすでに，地域社会に雇用の機会を提供しているし，新しい製品の開発を通じて社会に貢献している。企業はそれ以上のことを期待されるべきではない。

〔解答例〕と同じNoの立場で,「企業は利益に応じた税金を納めることで，十分に社会に貢献している」のような理由も考えられる。Yesの立場で答えるならば,「社会貢献をすれば企業イメージは向上し，最終的には企業の利益につながる」,「社会貢献は，特に大企業が行うことによって，より大きな効果が得られる」などが考えられる。

**No. 4** 解答例 **Absolutely. Reducing the amount of electricity people use at home would reduce the amount of fossil fuels burned. Things like air conditioners use a lot of energy, so limiting their use would definitely reduce global warming.**

訳 もちろんである。家庭で使用する電気の量を減らすことで，化石燃料の燃焼量を減らすことができるだろう。エアコンなどは多くの電気を使うのだから，その使用を制限すれば，間違いなく地球温暖化の抑制になるだろう。

〔解答例〕と同じくYesの立場で,「節電はもちろん，移動手段を変える，食品ロスを減らすなど，二酸化炭素の排出量削減のために個人ができることは数多くある」など具体例を挙げながら説明することもできる。Noの立場としては,「個人の行動は，それが積み重なったとしても，それほど大きな変化を生みだすとは考えにくい。国や国際的な大企業が率先して行動しないと地球レベルの対策にはならない」のような答えが可能だろう。

# 2022年度 第1回

Grade Pre-1

## 一次試験　解答一覧

● 筆記

| 1 | (1) | (2) | (3) | (4) | (5) | (6) | (7) | (8) | (9) | (10) | (11) | (12) |
|---|---|---|---|---|---|---|---|---|---|---|---|---|
| | 3 | 1 | 4 | 4 | 3 | 3 | 2 | 4 | 1 | 3 | 1 | 1 |
| | (13) | (14) | (15) | (16) | (17) | (18) | (19) | (20) | (21) | (22) | (23) | (24) |
| | 2 | 4 | 4 | 1 | 1 | 1 | 2 | 3 | 1 | 2 | 1 | 1 |
| | (25) | | | | | | | | | | | |
| | 4 | | | | | | | | | | | |

| 2 | (26) | (27) | (28) | (29) | (30) | (31) |
|---|---|---|---|---|---|---|
| | 4 | 1 | 2 | 1 | 3 | 4 |

| 3 | (32) | (33) | (34) | (35) | (36) | (37) | (38) | (39) | (40) | (41) |
|---|---|---|---|---|---|---|---|---|---|---|
| | 4 | 2 | 1 | 3 | 2 | 4 | 2 | 1 | 3 | 3 |

4（英作文）の解答例はP. 21を参照。

● リスニング

| Part 1 | No. 1 | No. 2 | No. 3 | No. 4 | No. 5 | No. 6 | No. 7 | No. 8 | No. 9 | No. 10 | No. 11 | No. 12 |
|---|---|---|---|---|---|---|---|---|---|---|---|---|
| | 1 | 3 | 4 | 4 | 2 | 1 | 1 | 3 | 2 | 4 | 3 | 2 |

| Part 2 | A | | B | | C | | D | | E | | F | |
|---|---|---|---|---|---|---|---|---|---|---|---|---|
| | No. 13 | No. 14 | No. 15 | No. 16 | No. 17 | No. 18 | No. 19 | No. 20 | No. 21 | No. 22 | No. 23 | No. 24 |
| | 3 | 4 | 3 | 4 | 2 | 1 | 1 | 3 | 4 | 2 | 2 | 1 |

| Part 3 | G | H | I | J | K |
|---|---|---|---|---|---|
| | No. 25 | No. 26 | No. 27 | No. 28 | No. 29 |
| | 3 | 1 | 1 | 4 | 4 |

## 一次試験　筆記　1

**(1)　解答　3**

訳　裁判官はその事件について熟慮したあと，慈悲をかけることにし，男性に警告を与えただけだった。彼女は，彼が明らかに自分の罪を悔いていると言った。

空所直後に「男性に警告を与えただけだった」とあることに加えて，第2文の内容からも，裁判官が男性の刑を軽くしたと判断できる。よって，**3 mercy**「慈悲」が選べる。
**1** disgrace「不名誉」 **2** closure「閉鎖」 **4** seclusion「隔絶」

**(2)　解答　1**

訳　リサは双子の姉〔妹〕と見た目はそっくりだが，気性は全く異なる。彼女は姉〔妹〕と違い，非常に穏やかで，めったに腹を立てない。

第2文が，第1文の but 以下の具体的な内容になっているのだから，「気性が全く異なる」とすればよいとわかる。**1 temperament** を入れる。**2** accumulation「蓄積」 **3** veneer「（家具などの表面に張る）化粧板」 **4** glossary「（巻末などの）用語解説」

**(3)　解答　4**

訳　A：アナベル，宿題が終わったかどうか私が尋ねた時，ただ肩をすくめないで。はっきりと答えなさい。
B：ごめんなさい，お母さん。ほとんど終わってるわ。

空所に入る動詞の目的語が「肩」なので，**4 shrug**「（両肩）をすくめる」が選べる。手のひらを上にして両肩をすくめる動作は，無関心・軽蔑・疑問・不快などを表すので，A（母）がB（アナベル）に対して，この動作をやめるよう注意し，「はっきり答えなさい」と述べていると解釈できる。**1** echo「（音・声）を反響させる，（人の言葉など）をおうむ返しに繰り返す」 **2** bow「（頭・首）を下げる，（ひざ・腰）をかがめる」 **3** dump「～をどさっと落とす」

**(4)　解答　4**

訳　市内で大きなビジネスの会議がある時は，空室のあるホテルを見つけるのはほぼ不可能だ。ほとんどのホテルはすぐに予約で満室になる。

第2文の内容から，「空室のあるホテルを見つけられない」と考えるのが自然。**4 vacancy** が正解。**1** sprain「捻挫」 **2** segment「区分」 **3** transition「移行」

**(5)　解答　3**

訳　刑事は何時間もその暴力団員を取り調べたが，彼は誰が彼の犯罪の手助けをしたのか，どうしても言おうとしなかった。結局，刑事は彼から情報を得ようとするのをやめた。

第1文の but 以下と第2文の内容から，刑事が暴力団員から犯罪の協力者の情報を聞き出そうとしていたことがわかるので，「刑事は暴力団員を取り調べた」となるように，**3 interrogated** を入れる。それぞれ，**1** discharge「（人）を解放する」，**2** convert「～

を変える」，**4** affiliate「（人・団体）を提携させる」の過去形。

**(6)** 解答 **3**

訳 けがをした足首を手当てするために，医師たちは圧迫を勧めている。これは，けがの周辺を包帯できつく巻くことでなされる。

第2文の This は空所の内容を指し，第2文の by 以下はそれをする方法を表している。よって，by 以下の方法でなされるもの，**3 compression**「圧迫（すること）」が正解。
**1** depression「意気消沈」 **2** progression「前進」 **4** suspicion「疑い」

**(7)** 解答 **2**

訳 A：帰る途中で突然雨が激しく降り出して，すっかり濡れてしまったよ。
B：私の忠告に耳を傾けて，傘を持っていけばよかったのに。

Bは，should have *done*「～するべきだったのに（しなかった）」の表現を用いて，Aの過去の行為を非難している。Bの発言の前半部は「私の忠告に耳を傾けるべきだったのに」の意味になるように，**2 heeded** を入れればよい。それぞれ，**1** mold「～を型に入れて作る」，**3** twist「～をねじる」，**4** yield「～を産出する，～を譲る」の過去分詞形。

**(8)** 解答 **4**

訳 その香水会社は，より裕福な顧客を引きつける方法として，主に富裕層に読まれている雑誌に製品の広告を出し始めた。

引きつけようとしている顧客に読まれている雑誌に広告を出すのが自然だから，wealthy と同意の，**4 affluent**「裕福な」が正解。**1** theatrical「演劇の」 **2** brutal「野蛮な」 **3** frantic「取り乱した」

**(9)** 解答 **1**

訳 いくつかの些細な誤りを除いて，その学生の作文は完璧だと教師は言った。彼は可能な限り高い点数をそれに与えた。

教師はその学生の作文を高く評価しているのだから，「誤り」は些細なものであるはずで，**1 trivial** が適切。apart from ～ は「～は別として」の意味。**2** conclusive「決定的な」 **3** palatial「宮殿の（ような）」 **4** offensive「不快な」

**(10)** 解答 **3**

訳 負傷したそのサッカー選手は，彼の代わりの選手が決勝戦でプレーしている時，うらやましそうにじっと見守っていた。彼はプレーを続けることを本当に望んでいた。

決勝戦でプレーすることを望んでいた選手が，自分の代理の選手のプレーを見守っている時の心理としては，**3 enviously**「うらやましそうに」が適切。**1** substantially「十分に」 **2** previously「以前に」 **4** relevantly「関連して」

⑾　**解答**　**1**

訳　エイブラハムのアパートの前にできた新しいホテルは，街の向こうの山々の景色をさえぎるほど高くはなかった。彼はまだ，それらをはっきりと見ることができる。

第2文の them は the mountains を指し，「それらを見ることができる」と述べているのだから，「～をさえぎるほど高くはない」となるように，**1 obstruct** を入れる。**2** delegate「～を委任する」 **3** entangle「～をもつれさせる」 **4** boost「～を増大させる」

⑿　**解答**　**1**

訳　赤ワインを白いカーペットにこぼしてしまったので，マーサは石けんと水でそのしみを取り除こうとした。しかし，彼女はそれを完全に取り除くことはできなかった。

「赤ワインを白いカーペットにこぼした」と，「石けんと水を使って取り除こうとした」という情報から，**1 stain**「しみ」が選べる。**2** slit「細長い切り口」 **3** bump「(ぶつかってできた) こぶ」 **4** blaze「火炎」

⒀　**解答**　**2**

訳　戦争は1年間続いたが，どちらの側も勝利することはできなかった。勝利は不可能に思われたので，両国は戦いをやめることに同意した。

第2文の with O C は「O が C なので」の意で，両国が戦いをやめた理由を表している。よって，**2 prevail**「勝利する」を入れれば文脈に合う。**1** devise「工夫する」 **3** evolve「進化する」 **4** reconstruct「～を再建する」

⒁　**解答**　**4**

訳　その指導者は，国の政治的な不安定さを口実にして，彼の支配に対する抗議を妨げることを目的とする厳しい新法を導入した。

新法を導入するにあたって，本当の目的を隠し，国の政治的不安定さを利用したという文意になると推測できる。**4 pretext**「口実，もっともらしい理屈」を入れて，use *A* as a pretext「*A* を口実として利用する」の表現にすればよい。**1** trance「夢うつつ」 **2** downfall「転落」 **3** rampage「暴動」

⒂　**解答**　**4**

訳　容疑者は警察に，自分は無実だと主張し続けた。自分は犯罪が起こった場所からずっと離れた所にいたと，彼は繰り返し述べた。

第2文は，自分の無実を裏付けるために容疑者が繰り返し述べていると考えるのが自然である。よって，**4 assert**「～を主張する」を入れれば文脈に合う。**1** conceal「～を隠す」 **2** counter「～に対抗する」 **3** expire「～（息）を吐き出す，（契約・保証などの）期限が切れる」

⒃　**解答**　**1**

訳　優れた作家は自分の作品から誤りを除くために最大限の努力をするが，時には誤りを見逃し，あとから訂正しなければならないこともある。

後半部が逆接の接続詞 but で始まって「しかし，時には誤りを見逃す」と続いているので，前半部は，誤りを犯さないよう努力する，という内容だと推測できる。よって，**1 eliminate**「～を除く」が正解。**2** expend「（金・時間・労力など）を費やす」 **3** stabilize「～を安定させる」 **4** oppress「～を圧迫する」

**(17) 解答 1**

**訳** 誘拐犯は多額の身代金と引き換えに子どもを両親に返したあと，その金を持って逃げようとした。しかし，すぐに警察は彼らを捕まえ，金を夫婦に戻した。

in exchange for ～ は「～と交換に」の意味で，空所には，誘拐犯が子どもを返す時に交換するものが入るので，**1 ransom**「身代金」が正解。the money「その金」は「身代金」のことを指す。**2** applause「拍手」 **3** monopoly「独占」 **4** prank「悪ふざけ」

**(18) 解答 1**

**訳** ギャスパーは名門大学に出願した。残念なことに，彼の成績は不十分だったので，あまり有名でない大学へ行かなければならなかった。

第2文の文末の one は university を指す。第2文が，Unfortunately「残念なことに」で始まっていることから，出願した大学は「あまり有名でない大学」ではなく，「名門の大学」だったと推測できる。**1 prestigious** が正解。**2** spontaneous「自発的な」 **3** cordial「心からの」 **4** petty「取るに足りない」

**(19) 解答 2**

**訳** スパイたちは，気づかれることなく軍事基地に入ろうとして，陸軍将校に変装した。

空所直後に themselves as … が続いていることから，「スパイたちは陸軍将校に変装した」の意味になるよう，**2 disguised** を選ぶ。disguise *oneself* as ～ で「～に変装する」の意味。それぞれ，**1** chronicle「～を年代記に載せる」，**3** render「～を与える」，**4** revitalize「～に新しい活力を与える」の過去形。

**(20) 解答 3**

**訳** ティモシーは非常に献身的な社員である。彼は信頼できて，人助けが好きで，いつも会社と同僚に忠誠を示している。

第2文の主語 He は，第1文の主語 Timothy「ティモシー」を指しているのだから，第2文で述べられているような人物を表す適切な形容詞を選べばよい。よって，**3 devoted**「献身的な」が正解。**1** grotesque「怪奇な」 **2** defiant「反抗的な」 **4** feeble「弱々しい」

**(21) 解答 1**

**訳** 医師は，ポールの減量を助けるために，食事を変えることを彼に勧めた。具体的に言うと，脂肪分の多い食べ物を減らして，もっと食物繊維を食べてはどうかと彼に提案した。

第2文の主語 she は，第1文の主語 his doctor「彼の医師」を指し，第2文の that 節で表されている内容は，第1文の that 節の具体例になる，という関係を押さえれば，

**1 modify**「～を変える」が選べる。なお，第１・２文とも，that 節で仮定法現在が用いられているのは，主節に recommend，suggest という「提案」を表す動詞がそれぞれ使われているからである。**2 pluck**「～を引き抜く」 **3 exclaim**「～と叫ぶ」 **4 distill**「（液体）を蒸留する」

**(22) 解答 2**

訳 A：仕事がすごく忙しいのに，今度は新入社員の研修に取り組まなければいけないんだ。
B：それはひどい。代わりに他の誰かがそれをできないか上司に聞くべきだね。

Ｂの発言の第２文の it は，空所に入る句動詞の目的語「新入社員の研修」を指している。Ｂが「他の誰かがそれをできないか上司に聞くべきだ」と述べているのだから，Ａはそれを任されている状況だと推測できる。よって，**2 contend with**「～に取り組む」が入る。**1 turn over**「～をひっくり返す」 **3 prop up**「（倒れそうなもの）を支える」 **4 count off**「（確認のために）～を数える」

**(23) 解答 1**

訳 その少年は，壊れた花びんを犬のせいにしようとした。しかし，母親はその嘘にだまされず，少年を自分の部屋へ行かせた。

空所に入る句動詞の目的語 the lie とは，第１文の少年の行為を受けたものである。第２文が逆接を表す However で始まっていることから，少年の試み（嘘）はうまくいかなかったことがわかるので，**1 fall for**「（うまい話など）にだまされる」が選べる。空所の前に否定語（did not）があることに注意する。**2 hang on**「～につかまる」 **3 see out**「（人）を外まで送る」 **4 flag down**「（乗り物・運転手など）に合図して止める」

**(24) 解答 1**

訳 CEO（最高経営責任者）はスピーチの中で，会社の今後５年間の発展計画を細かに示した。これが会社の成長とともに各人の仕事の指針となるように彼は願っていた。

空所に入る句動詞の目的語は「会社の今後５年間の発展計画」だから，**1 mapped out** を選べば，「計画を細かに示した」の意味になり，第２文に自然につながる。map out には「（計画など）を作成する」の意味もある。それぞれ，**2 leap in**「突然やり出す」，**3 rack up**「（利益・得点など）を得る」，**4 space out**「一定の間隔を置く」の過去形。

**(25) 解答 4**

訳 昨年，ハロルドは有り金をはたいて，さまざまな会社の株を買った。彼は，今後数年で株式市場が好況になることを確信していた。

第１文のような行動をとった理由は，「株式市場が好況になることを確信していた」からと考えるのが自然。よって，**4 betting on** が選べる。bet on には「～の方に（金を）賭ける」の意味もある。それぞれ，**1 cast away**「（物・考え・心配など）を捨てる」，**2 put down**「～を書き留める」，**3 step up**「～を高める」の現在分詞形。

# 一次試験　筆記　2

訳

ピーターの法則

ピーターの法則として知られている理論によって，なぜ仕事のできない管理職が多いのかを説明できるかもしれない。この理論によると，低い地位で仕事がよくできる従業員はやがて，自分が対応する準備のできていない役職に昇進する。この理由は，従業員は現職での成果に基づいて昇進するのが一般的だからだ。このような昇進の方針は論理的に思われるかもしれないが，従業員の長所と短所を十分に考慮しないと，結果的に彼らは自分の能力に適さない役職に就くことになる。

ある研究で，管理職に昇進した販売員のキャリアを検証した。予想どおり，最も優秀な販売員は昇進する確率が最も高かったことがわかったが，管理職としては最低の成績だったこともわかった。その研究によって，その時の成果だけに基づいて従業員を昇進させることには，２つの不利益があることが示された。会社は，劣った管理職を持つことになるだけでなく，低い地位の最高の社員を失うのだ。

この調査を行った研究者たちは，問題の１つは，成績がよい従業員は当然ながら優れた管理職になるだろうと単純に思い込むという間違いを企業が犯していることだ，と述べる。ほとんどの会社では，新入社員は自分の仕事をする方法について専門化した研修を受ける。その一方で，新しい管理職はほとんど，あるいは全く，研修を受けていないことが多い。このことは，ピーターの法則の影響を弱める方法の１つは，新しい管理職に適切な研修を受けさせることであると示唆しているように思われる。

**語句・構文**

(表題) □ principle「法則，原理」

(第１段) □ theory「(事実・現象を説明する) 理論」
□ managerial「経営の，管理の」　□ promote「(人) を昇進させる」
□ logical「論理的な」　□ result in ～「～という結果になる」
□ unsuited for ～「～に不適当な」

(第２段) □ end up with ～「～で終わる」

(第３段) □ carry out ～「(実験など) を行う」　□ assume「～だと思い込む」
□ specialized「専門化した」

**各段落の要旨**

第１段　仕事ができない管理職が多い理由は，従業員の長所や短所を考慮せずに，現職での成果に基づいて昇進させる仕組みにあると考えられる。

第２段　ある研究によると，最も優秀な販売員は昇進する確率が最も高かったが，管理職としては最低の成績だった。このやり方では，劣った管理職を生み出し，低い地位の最も優秀な社員を失ってしまう。

第３段　成績がよい社員は当然優れた管理職になると考えるのは誤りで，新しい管理職に適切な研修を受けさせることが解決策になりうる。

**(26) 解答　4**

**選択肢の訳**　**1**　平均より低い給料を得る

**2**　自分の仕事を愛する

**3**　数社で働いた経験がある

**4**　仕事のできない

空所を含む why 節は，「なぜ（　　　）な管理職が多いのか」の意味になる。第１段第２文（According to the …）の「自分が対応する準備のできていない役職に昇進する」という説明は，昇進した役職で成果をあげられないことを示唆している。さらに，同段最終文（Although this kind …）では，「結果的に彼らは自分の能力に適さない役職に就くことになる」と説明されている。これらは，仕事ができない管理職が多い理由についての説明と言える。よって，**4 perform poorly** が正解。**1～3** のような内容は本文中で言及されていないので，消去法でも解答できるだろう。

**(27) 解答　1**

**選択肢の訳**　**1**　２つの不利益がある

**2**　避けられない

**3**　賭けるに値することだ

**4**　創造的思考を妨げる

空所の直後の文（Not only do …）で「会社は，劣った管理職を持つことで終わるだけでなく，低い地位の最高の社員を失う」と述べている。これら２つのことは企業にとって不利益であると言えるから，**1 has two disadvantages** が正解となる。

**(28) 解答　2**

**選択肢の訳**　**1**　Of course「当然のことながら」

**2**　On the other hand「その一方で」

**3**　What is more「さらには」

**4**　For a similar reason「同様の理由で」

つなぎの言葉を選ぶ問題であるから，空所の前後の内容を確認する。空所の直前の文（In most companies, …）では，「新入社員は専門化した研修を受ける」という内容が述べられ，空所で始まる文では，「新しい管理職はほとんど，あるいは全く，研修を受けていないことが多い」と述べられている。２つの事柄が対照的に述べられているのだから，**2 On the other hand** が適切である。

**訳**

**近視**

　近視が世界中で急速に増え続けている。この疾患がある人は，近くにあるものははっきりと見えるが，遠くにあるものはぼやけて見える。多くの人が，この傾向をデジタル画面の使用のせいにする。彼らは，コンピュータやスマートフォンなどの機器の使用が眼精疲労を引き起こし，デジタル画面から発せられるブルーライトは，眼の奥にある光を感じる細胞に損傷を与えると主張する。しかし，デジタル画面が視力に長期的な影響を与えるという明らかな証拠はない。

実際，近視の増加はデジタル画面が広く使用されるようになる前に始まった。ある研究では，本当の問題は，人々が屋内で過ごす時間が多すぎることだと示唆している。これは，自然光にさらされることが不足するという結果になる。近視は目の水晶体の伸張によって引き起こされ，伸張は光線の焦点を合わせる能力を低下させる。しかし，脳によって作り出される化学物質ドーパミンが放出されることで，これが起こるのを防ぐことができ，自然光にさらされることはより多くのドーパミンの生成につながる。

専門家の中には，1日に約3時間屋外にいることで，近視を防ぐことができると言う人もいる。しかしながら多くの人にとっては，学校や仕事のスケジュールのせいで，これをするのは不可能だ。それよりむしろ，人々が家で使う照明の種類を変える方がより現実的かもしれない。自然光の利点の一部をもたらす照明はすでに販売されており，将来的には研究によってもっと多くの代替手段が提供されると期待されている。

**語句・構文**

(表題) □ nearsightedness「近視」

(第1段) □ condition「疾患，(体の) 異常」 □ blurry「ぼやけた」
□ eyestrain「眼精疲労」 □ light-sensitive「光を感知できる」
□ cell「細胞」

(第2段) □ exposure to ～「～にさらすこと」 □ stretching「伸張，引き伸ばし」
□ lens「(眼球の) 水晶体」 □ dopamine「ドーパミン」

(第3段) □ lighting「照明」 □ alternative「代わりになるもの」

**各段落の要旨**

第1段 世界中で近視が急増しているのは，デジタル画面の使用のせいであると考える人が多い。しかし，それを示す明らかな証拠はない。

第2段 ある研究によると，近視が増加したのは，屋内で過ごす時間が増え，自然光にさらされることが不足しているせいだという。自然光にさらされることで，近視を防ぐ化学物質が脳内でより多く生成されるからだ。

第3段 1日約3時間屋外で過ごすことで近視を防げると言う専門家もいるが，多くの人にとってこれは不可能である。自然光の利点をもたらす照明はすでに販売されており，研究のさらなる進展が期待される。

(29) **解答** 1

**選択肢の訳**
1 視力に長期的な影響を与える
2 問題の解決に役立つ可能性がある
3 あらゆる機器に使用される可能性がある
4 将来的には良くなるだろう

空所を含む文は「しかし，デジタル画面が（　　）という明らかな証拠はない」の意味になる。第1段第3文（Many people blame …）で，「近視の急増はデジタル画面の使用のせいだと考えている人が多い」と述べ，続く第4文（They claim that …）では，その主張が具体的に述べられている。空所を含む文は，逆接を意味するHowever「しかしながら」で始まっていることから，近視の急増とデジタル画面の使用の因果関係に対して否定的な内容が続くと推測できる。さらに，第2段第1文（In fact, the …）では，「デジタル画面が広く使用されるようになる前から近視が増加し始めた」と述べている。よって，**1 have long-term effects on eyesight** を選べば，前後の文脈に合う。

**(30) 解答 3**

**選択肢の訳**
**1** 座る位置が画面に近すぎる
**2** 視覚に頼りすぎる
**3** 屋内で過ごす時間が多すぎる
**4** 十分な運動ができていない

空所の直後の文（This results in …）で「これは，自然光にさらされることが不足するという結果になる」と述べられており，This は空所の内容を指しているのだから，自然光が不足する原因となる，**3 spend too much time indoors** が正解とわかる。**4** については，運動をすることが自然光を浴びることにはならないので不適切。

**(31) 解答 4**

**選択肢の訳**
**1** In the same way「同じ方法で」
**2** For example「例えば」
**3** Despite this「それにもかかわらず」
**4** Instead「それよりむしろ」

つなぎの言葉を選ぶ問題。空所の直前の文（For many people, …）では「多くの人にとっては，これをするのは不可能だ」と述べられ，doing this とは，第3段第1文（Some experts say …）の「1日に約3時間屋外にいること」を指している。一方，空所の直後では，「人々が家で使う照明の種類を変える方がより現実的かもしれない」と述べ，屋外で過ごす代わりとなる方法を示しているとわかる。したがって，代わりに選択する事柄を導入するつなぎの言葉，**4 Instead** が適切。**3** の despite は，ある状況や状態の成立を妨げる要因があることを示す表現だが，空所以下の内容にはつながらないので不適切。

## 一次試験　筆記　3

訳

### ナラタケ

地球で最も大きな生物は，クジラやその他の大型動物ではない。それどころか，それは，食用キノコや毒キノコを含む生物群に属している。それは，ナラタケとして一般に知られている菌類の一種で，根のような繊維状細胞が，アメリカ・オレゴン州の広大な森林地帯の地下の至るところに広がっている。DNA 検査によって，その地域のナラタケのすべてが同じ生体から生じていることが立証され，年間成長率に基づいて，8,000年以上前から存在しているだろうと科学者たちは推定している。彼らはまた，仮にそれらを全部集めると，重量は約 35,000 トンになると算定する。

このナラタケは感嘆すべきものではあるが，森林の多くの樹木に問題をもたらしている。ナラタケが樹木に侵入して，根や幹から栄養を摂取すると，最終的には樹木は枯れてしまうことがしばしばある。残念ながら，ナラタケは樹皮の下に隠れていて，樹皮が取り除かれない限りその繊維状細胞が見えないので，被害を受けている樹木を発見するのは通常難しい。晩秋に，ナラタケの子実体が樹木の外側に現れるが，それは冬の前の数週間だけである。樹木はナラタケに抵抗しようとするが，ナラタケは根にダメージを与えて，水や栄養素が樹木の上部に到達するのを妨げるので，たいていの場合，最後は樹木がその戦いに敗れる。

オレゴン州のナラタケをすべて除去することが検討されているが，費用と時間がかかりすぎることがわかるだろう。現在研究が行われているもう一つの解決策は，ナラタケに抵抗できる種類の樹木を植えることである。しかし，一部の専門家は，見方を変える必要があるかもしれないと示唆している。人間はナラタケによる影響を否定的な観点から見るのではなく，それを自然がたどる普通の経過の一例として考えるべきである。枯れた樹木は最終的には土に戻り，地域の生態系のためになるのだ。

**語句・構文**

(表題) □ honey fungus「ナラタケ」 fungus は「菌類（カビ・キノコなど）」の意味。

(第1段) □ organism「生物，生体」
□ mushroom「マッシュルーム，食用キノコの総称」
□ toadstool「（食用のものと区別して）毒キノコ」
□ rootlike「根のような」 □ filament「（海草・菌類などの）繊維状細胞」
□ confirm that ～「～だと立証する」 □ annual「1年（間）の」
□ estimate (that) ～「～だと推定する」
□ calculate that ～「～だと算定する」

(第2段) □ As impressive as … の節は，「…は感嘆すべきものではあるが」の意味で，譲歩を表している。通例，形容詞または副詞＋as S V で表されるが，主に《米》で，as＋形容詞または副詞＋as S V の形が用いられることがある。
□ pose「（問題など）をもたらす」 □ infect「（病原菌が）～に侵入する」
□ absorb「（食料）を摂取する」 □ nutrient「栄養素」
□ trunk「（木の）幹」 □ affected「（病気に）冒された，影響を受けた」
□ spot「～を見つける」 □ bark「樹皮，木の皮」
□ fruiting body「（菌類の）子実体」

(第3段) □ costly「費用のかかる」 □ time-consuming「時間のかかる」
□ perspective「観点」 □ light「（物事の）考え方，観点」
□ ultimately「最終的に」 □ benefit「～のためになる」
□ ecosystem「生態系」

**各段落の要旨**

第1段 世界最大の生物はオレゴン州の広大な森林に生息するナラタケという菌類で，8,000年以上前から存在し，重量は合計で約35,000トンと推定されている。

第2段 ナラタケは樹木に侵入して根や幹から栄養を吸収し，最終的には樹木を枯らしてしまうという問題を起こすが，ナラタケは樹皮の下に隠れているので，被害を受けている樹木を見つけるのは難しい。

第3段　ナラタケを除去する手段が検討されている一方で，枯れた樹木は土に戻り，生態系の利益になるのだから，否定的に見るべきではないという考えもある。

**(32)　解答　4**

**質問の訳**　**この文章によると，オレゴン州のナラタケについて当てはまる1つのことは何か？**

**選択肢の訳**
**1**　長い時間をかけて一緒に成長し始めた，異なる種類のキノコの結合体である。
**2**　初めはゆっくりと成長したが，この千年でより急速に拡大してきている。
**3**　集めた栄養素を，それが生えている樹木やその他の植物と分け合っている。
**4**　樹木に生えて，それから栄養を摂ることで，広域に広がった単一の生体である。

第1段と第2段を参照する必要があるので注意が必要。第1段第3文（It is a …）の後半部（and以下）に「根のような繊維状細胞が，広大な森林地帯の地下の至るところに広がっている」とあり，同段第4文（DNA testing has …）の前半部に「その地域のナラタケのすべてが同じ生体から生じている」と述べられていること，さらに，第2段第2文（The fungus infects …）に「ナラタケは樹木に侵入して，根や幹から栄養を摂取する」と述べられている。したがって，**4 It is a single organism that has spread throughout a wide area by growing and feeding on trees.** が正解。本文のthe same organismが，選択肢ではa single organismに，本文のinfects the trees and absorbs nutrients from their roots and trunksが，選択肢ではgrowing and feeding on treesに言い換えられている。**1**については，第1段第4文（DNA testing has …）の前半部の内容に合致しない。**2**については，同文の後半部（and以下）に年数について言及されているが，成長の速度については述べられていないので，不適切。**3**については，第2段第2文（The fungus infects …）の内容に合致しない。

**(33)　解答　2**

**質問の訳**　**ナラタケを見つけるのが難しいのは（　　）からだ。**

**選択肢の訳**
**1**　それが作り出すキノコが，生えている樹木の種類によって色を変える
**2**　毎年短い期間にそれが子実体を作る時を除いて，通常は見えない
**3**　それが地下で成長するだけでなく，木の根のような外見をしている
**4**　それが成長するのに必要な特定の気象条件の地域でしか生き残ることができない

第2段を参照する。第3文（Unfortunately, affected trees …）で「樹皮が取り除かれない限りその繊維状細胞が見えないので，被害を受けている樹木を発見するのは通常難しい」と述べられ，続く第4文（In the late …）では「晩秋に，ナラタケの子実体が樹木の外側に現れるが，それは冬の前の数週間だけである」と述べられている。これらのことから，**2 it is generally not visible, except when it produces fruiting bodies for a short time each year.** が正解。本文ではonly ～ if …「…する場合に限り～，…しない限り～ない」の表現が用いられているが，選択肢ではnot ～ except when …「…の時を除いて～な

い」で表されている。

⑶4 **解答** **1**

**質問の訳** 一部の専門家たちは何を考えているか？

**選択肢の訳** **1** 人間はナラタケが木に与える影響を，自然で有益なプロセスとして見なすべきだ。

**2** ナラタケに対処する唯一の現実的な方法は，それを取り除くためにもっとお金と時間をつぎ込むことだ。

**3** ナラタケに侵入されている樹木は，ナラタケがさらに広がるのを防ぐために利用できる。

**4** ナラタケは，優れた栄養源を人間に与えるために刈り取ることができる。

第3段を参照する。第3文（Some experts have …）で「一部の専門家は，見方を変える必要があるかもしれないと示唆している」と述べられ，続く2つの文で具体的な内容が述べられている。第4文（Rather than viewing …）では，「自然がたどる普通の経過の一例と考えるべき」と述べ，最終文（Dead trees will …）では，「枯れた樹木は最終的には土に戻り，地域の生態系のためになる」と述べている。したがって，**1 People should regard the honey fungus's effects on trees as a natural and beneficial process.** が正解。最終2文で述べられている内容を，選択肢では a natural and beneficial process と言い換えている。**2** については，第1文（Full removal of …）の内容に合致しない。**3**・**4** のような内容は，本文中で述べられていない。

訳

インテンショナル・コミュニティ

何百年もの間，人々は，しばしばインテンショナル・コミュニティと呼ばれる，自立したコミュニティを形成してきたが，それは共通の理想，共同所有，財産の共用を特徴としている。最初のインテンショナル・コミュニティとして知られているのは，紀元前6世紀にギリシャの哲学者によって設立されたものである。その後数世紀にわたり，多くのそのようなコミュニティは社会の主流の外で暮らすことを望む宗教グループによって作られた。それらの中には，キリスト教の修道院やキブツと呼ばれるイスラエルの集団農場などのように何世代にもわたって成功していたものもあるが，ほんの数年間しか続かなかったものもある。

20世紀には，1960年代と1970年代における「大地へ帰れ」運動に見られるように，哲学的理想主義もまた人々にインテンショナル・コミュニティの形成を促した。1970年代の初めまでには，そのようなコミュニティがアメリカ合衆国だけで数千もあったと推定されているが，その多くはその後解散した。インテンショナル・コミュニティ財団には，現在，アメリカでは800未満，その他の国々では250を少し下回る数のコミュニティが登録されている。失敗したインテンショナル・コミュニティは概ね，似たような課題に直面していた。滞在しに来た人の中には，共同作業，自給自足，集団生活という理想に全力で取り組む人たちもいたが，それほど真剣でない人たちもいた。あるコミュニティの共同設立者は，「私たちには，ただ遊びにやって来た人たちによって常に阻まれてしまう，非現実的だが崇高な理想像がありました」と思い出を語った。

しかし，すべてのインテンショナル・コミュニティが崩壊する運命にあるわけではない。イタリアのトリノ近郊にある精神性と芸術の共同体ダマヌールが現在も成功している要因は，開かれたコミュニケーションと現実的なアプローチにある。ダマヌールはメンバーを15人から20人の家族のようなグループに組織化している。コミュニティは，「家族」が25人を超えると親密さを作り出すのが難しくなると理解している。対照的に，「家族」が少なすぎると効果的な意思決定を見越した集団的知識が十分でない。独自の憲法の中で説明されているダマヌールの理想は選挙で選ばれた指導者たちによって守られており，コミュニティ内の緊張関係は，ペンキを充塡したおもちゃの銃で戦う陽気な戦争ごっこを行うことで解決される。

成功しているすべてのインテンショナル・コミュニティには，常に先のことを考える能力という共通の特性があるようだ。ダマヌールのあるメンバーが言うように，「物事はうまくいっている時に――うまくいかない時ではなく――変えるべき」なのである。問題が起こる前に変更を加えるというこの戦略は，ダマヌールや成功しているその他のコミュニティでうまく機能しており，それが示唆するのは，インテンショナル・コミュニティが長期的にメンバーの要求を満たすためには，この戦略が効果的な方法であるということだ。

**語句・構文**

(表題) □ intentional community「インテンショナル・コミュニティ」 intentionalは「計画的な，意図的な」の意味。

(第1段) □ self-sustaining「自立した」 □ refer to *A* as *B*「*A* を *B* と呼ぶ」
□ collective「共同の，共同体」 □ ownership「所有，所有権」
□ property「財産，所有物」 □ philosopher「哲学者」
□ mainstream「主流，本流」 □ monastery「修道院」
□ kibbutzim：kibbutz「キブツ」の複数形

(第2段) □ philosophical「哲学的な」 □ idealism「理想主義，理想化傾向」
□ disband「解散する」 □ be committed to ～「～に全力で取り組む」
□ cofounder「共同設立者」 □ impractical「非現実的な」
□ noble「崇高な」 □ vision「理想像」
□ undermine「(努力など）をだめにする，(評判など）をひそかに害する」

(第3段) □ be destined to *do*「～する運命にある」 □ fall apart「崩壊する」
□ ongoing「進行中の，継続している」 □ spiritual「精神的な」
□ artistic「芸術の」
□ attribute *A* to *B*「*A*（結果）を *B*（原因）に帰する」
□ intimacy「親密」
□ allow for ～「～を考慮に入れる，～に備える」
□ outline「～を概説する」 □ uphold「～を守る，維持する」
□ tension「(個人・国家間などの）緊張関係」
□ playful「陽気な，冗談の」 □ mock「模擬の，偽りの」

(第4段) □ trait「特性」 □ think ahead「先のことを考える」

**各段落の要旨**

第1段 共通の理想，共同所有，財産の共用を特徴とするインテンショナル・コミュニティは，紀元前6世紀以降，数多く形成されてきた。長く存続したものがある一方で，数年しか続かないものもあった。

第2段 インテンショナル・コミュニティは1960〜70年代には多数存在したが，現在は大幅に減少している。失敗したコミュニティに共通していたのは，真剣に取り組まない人々の存在だった。

第3段 イタリアにあるインテンショナル・コミュニティのダマヌールが成功している要因は，開かれたコミュニケーションと現実的なアプローチにある。

第4段 成功しているインテンショナル・コミュニティには，常に先のことを考える能力が備わっていて，問題が起こる前に変更を加えるという戦略をうまく機能させている。

(35) **解答** 3

**質問の訳** 失敗したインテンショナル・コミュニティが直面していた共通の問題は，(　　) ことだった。

**選択肢の訳**
1 コミュニティの大多数は誰かが加わることに賛成だったが，少数の人たちはそれに反対した
2 人々は純粋な興味を持ってコミュニティに加わったが，効果的に貢献するための技術や知識が不足していた
3 コミュニティの理想を追求するために熱心に働くメンバーもいたが，共同生活に気軽な気持ちで参加するメンバーもいた
4 コミュニティは野心的な計画の実行に着手したが，知識と資金不足のせいでそれを完成できなかった

第2段第4文（Intentional communities that …）に「失敗したインテンショナル・コミュニティは概ね，似たような課題に直面していた」と述べられていることに着目する。続く第5文（Some people who …）で，「その理想に全力で取り組む人たちもいたが，それほど真剣でない人たちもいた」という内容が述べられるので，**3 some members worked hard to follow the community's ideals, while others took a more casual approach to communal living.** が正解である。本文の were committed to ～ が，選択肢では worked hard to follow ～ に，本文の were less serious が，選択肢では took a more casual approach に言い換えられている。

(36) **解答** 2

**質問の訳** ダマヌールの社会構造について当てはまることは何か？

**選択肢の訳**
1 「家族」は独自の規則を自由に作ることができて，コミュニティの憲法に含まれる規則に従う必要は必ずしもない。
2 「家族」の人数は，グループの問題解決と良好な関係維持に最適な状態を作り出すために管理されている。

**3** 意見の相違の解決を目的とする戦争ごっこが真剣になることがあり，結果としてメンバーの一部が「家族」を出て行く。

**4** 住む環境を大きな集団にするか，小さな集団にするかをメンバーが選べるように，コミュニティにはさまざまな規模の「家族」が含まれている。

第3段第3文（Damanhur organizes its …）で「ダマヌールはメンバーを15人から20人の家族のようなグループに組織化している」と述べられ，同段第4文（The community has …）では「『家族』が25人を超えると，親密さを作り出すのが難しくなる」こと，同段第5文（In contrast, when …）では「『家族』が少なすぎると，効果的な意思決定を見越した集団的知識が十分でない」と述べられている。したがって，これらの内容を言い換えている，**2 The number of people in a "family" is controlled to create the best conditions for resolving group issues and maintaining good relationships.** が正解となる。**1** は，「憲法」に言及している同段最終文（Damanhur's ideals, which …）前半部の内容に合致しない。**3** は，「戦争ごっこ」について述べられた同段最終文後半部（and tensions 以下）の内容に合致しない。**4** は同段第3文（Damanhur organizes its…）の内容に合致しない。

(37) **解答** 4

**質問の訳** この文章によると，ダマヌールは成功しているその他のインテンショナル・コミュニティとどのように類似しているか？

**選択肢の訳**

**1** コミュニティのメンバーは，疲れ切ってしまわないよう，ときどき自分たちの責務を交換することを認められている。

**2** メンバーが新しい技術を学べるように，コミュニティが収入を得るために行う仕事の種類は定期的に変わる。

**3** コミュニティのメンバーは，共同で所有している建物や備品の整備を交代で行う。

**4** コミュニティは，問題が生じた時にただそれに対応するのではなく，メンバーの要求を満たす方法を絶えず見つけている。

第4段を参照する。最終文（This strategy of …）に「問題が起こる前に変更を加えるという戦略は，ダマヌールや成功しているその他のコミュニティでうまく機能している」ことと，「インテンショナル・コミュニティが長期的にメンバーの要求を満たすためには，この戦略が効果的な方法である」という内容が述べられている。したがって，**4 The community continually finds ways to satisfy the needs of its members rather than simply reacting to problems when they arise.** が正解である。本文の fulfill the needs of their members in the long term が，選択肢では continually finds ways to satisfy the needs of its members に言い換えられている。

訳

## インドにおけるイギリス人

1600年に設立されたイギリス東インド会社は，2世紀以上にわたって世界最大規模の会社の1つだった。インドや中国など，さまざまな国々と海外貿易をすることで，当社はぜいたくな品々をこれらの国々からイギリスへ輸入することができた。イギリス政府は当社の莫大な利益の一部を受け取っていたので，喜んで政治的な支援を行った。その規模と力と富によって――そこには数十万のインド人私兵団が含まれていた――当社は，通例は自社だけの利益になる取引契約に応じるようインドに圧力をかけた。1750年代に地方の支配者との戦争に勝利したのち，当社はインドで最も豊かな州の1つを掌握した。その結果，東インド会社は単なる企業として活動するだけでなく，政治的な機関としても活動するようになり，インド国民に対して税金を支払うよう強制し始めた。

東インド会社は，取引をしていた国々の間で，信頼できないと評判になった。イギリス議会でも，当社の悪質な商慣行のせいで中国との外交関係が悪化したために，人気を失い始めた。その後，1850年代には，東インド会社の兵士の一団が処遇に腹を立てて暴動を起こした。彼らはインドの皇帝を権力の座に復帰させるためにデリーへ進軍し，彼らの行動はイギリス人に対する反乱をインドの他の地域へと広げる結果となった。反乱は最終的には約2年後に鎮圧されたが，東インド会社の終焉のきっかけとなった。イギリス政府は東インド会社に反乱の勃発を許した責任を負わせてインドの支配権を握り，イギリスの直接統治の時代が始まった。イギリスは東インド会社を解散させ，インドの皇帝を権力の座から追いやり，ほぼ1世紀にわたるインド支配へと進んでいった。

インドはイギリスの支配によって恩恵を受けたと主張し，典型的には鉄道の建設を例に挙げる人がいるものの，多くの歴史家はインドが悪影響を受けたと主張している。イギリス文化の方が優れているという考えを強化する試みの中で，インド人はイギリス人と同じ意見，道徳，社会的嗜好を持つように教育された。イギリス人はまた，「分割統治」として知られる政策を実行し，これによって宗教的背景の異なるインド人はお互いに反感を抱くようになった。これらの宗教の信者たちが以前の反乱では力を合わせたので，イギリス政府はインドの支配を維持するためにこの戦略を用いたのだ。しかし，1900年代初めから，インド人の間で民族主義的感情が高まり，インドは1940年代後半についに独立を果たした。

東インド会社は1世紀以上前に活動をやめたにもかかわらず，永続的な影響を持っている。それは多国籍企業の概念を生み出し，最終的には今日広まっている資本主義経済システムにつながった，と述べる専門家もいる。さらには，イギリス政府と東インド会社の関係は，ビジネスの目標達成を支援するために政治的な力を使うことの先例となった。

**語句・構文**

(第1段) □ the British-owned East India Company「イギリス東インド会社」

□ portion「一部」 □ vast「莫大な」 □ profit「利益」

□ resource「(通例，複数形で) 資源，富，資産」

□ pressure *A* into *doing*「*A* (人) に～するように圧力をかける」

□ be of benefit to ～「～の利益になる」

□ seize「(敵地・権力) を奪い取る」 □ province「州」

（第 2 段）☐ reputation for ～「～という評判」　☐ untrustworthy「信用できない」
☐ rebel「反乱を起こす」
☐ restore *A* to *B*「*A*（人）を *B*（元の地位）に復帰させる」
☐ rebellion「反乱，暴動」
☐ bring *A* under control「*A*（反乱など）を鎮圧する」
☐ trigger「～のきっかけとなる」
☐ close down「（工場・店など）を閉鎖する」
☐ proceed to ***do***「次に～し始める」
（第 3 段）☐ benefit from ～「～から利益を得る」
☐ typically「一般的に，典型的に」　☐ reinforce「～を強化する」
☐ educate *A* to ***do***「～するように *A*（人）を教育する」
☐ preference「好み」　☐ implement「～を実行する」
☐ turn *A* against *B*「*A* に *B* に対する反感を抱かせる」
☐ join forces「力を合わせる」　☐ nationalist「民族主義の，国家主義の」
（第 4 段）☐ lasting「永続する」　☐ pioneer「（新分野）を切り開く」
☐ multinational「多国籍の」　☐ ultimately「最終的に」
☐ capitalism「資本主義」　☐ widespread「広く行き渡った」
☐ set a precedent for ～「～の先例を作る」　☐ objective「目標」

**各段落の要旨**

第 1 段　1600 年に設立されたイギリス東インド会社は，その利益の一部を受け取るイギリス政府からの支援を受けて，大きな力を有していた。1750 年代に地方の支配者との戦いに勝利し，インドの一部の州を掌握すると，政治的な活動を始めた。

第 2 段　東インド会社は，取引のある国々だけでなくイギリス政府からも信用を失い，会社が雇っていた兵士による大規模な反乱をきっかけに解散を命じられ，代わってイギリス政府がインドを直接的に支配し始めた。

第 3 段　イギリスによる支配の間，イギリス文化を偏重する教育や，「分割統治」政策がなされたが，1900 年代初めから民族主義的感情が高まり，1940 年代後半，ついにインドは独立した。

第 4 段　東インド会社がなくなったのは 1 世紀以上前のことだが，多国籍企業の概念や資本主義経済システム，国家と企業の関係などにおいて，現在でもその影響を見ることができる。

**(38)　解答　2**

**質問の訳**　**インドが東インド会社と取引をしたことによる結果の 1 つは何か？**

**選択肢の訳**
**1**　インドは他の国々と貿易ができたので，軍の規模を大きくする余裕があった。
**2**　インドは，不利な商取引契約に合意する以外に選択の余地がほとんどなかった。

3　インド政府は，貿易契約の失敗から生じる損失を弁済するために税金を上げる必要があった。

4　インド政府と中国の関係が悪化し，二国間の取引停止に近い結果となった。

第1段第4文（Due to its …）で「当社は，通例は自社だけの利益になる取引契約に応じるようインドに圧力をかけた」と述べられている。したがって，**2 India had little choice but to agree to business agreements that were unfavorable to it.** が正解。本文の trade contracts が選択肢では business agreements に，only of benefit to the company が unfavorable to it（＝India）に言い換えられている。**3** については，同段最終文（As a result, …）の and 以下に税金について言及があるが，内容は合致していない。**4** については，第2段第2文（It also started …）に，イギリスと中国の外交関係が悪化したと述べられているが，インド政府と中国の関係については言及されていない。**1** のような内容は本文中で述べられていない。

## (39)　解答　1

**質問の訳**　**イギリス政府がインドの支配権を握ることになった原因は何か？**

**選択肢の訳**　1　イギリス政府が東インド会社に反乱が起きた責任を負わせた。

2　インド国民が，国を効果的に統治するインドの皇帝の能力を信用できなくなったあと，イギリスの統治に賛成の票を投じた。

3　インドと中国の戦争を阻止するために，インド国民がイギリス人の助けを求めた。

4　インドの皇帝が，インドの支配権を維持するための政治的戦略として，イギリス人と手を結ぶことを決意した。

第2段第6文（The British government, …）に，「イギリス政府は東インド会社に反乱の勃発を許した責任を負わせてインドの支配権を握った」と述べられている。よって，**1 The British government held the East India Company responsible for an uprising that occurred.** が正解である。本文の blame *A* for *B*「*B* を *A* の責任にする」という表現が，選択肢では hold *A* responsible for *B* で表されている。また，本文の rebellion が，選択肢では uprising に言い換えられていることにも注意。

## (40)　解答　3

**質問の訳**　**イギリスの支配がインドに及ぼした1つの影響は（　　）ことだった。**

**選択肢の訳**　1　インド人は，自分たちの経済的・社会的必要性を反映した政府を構築する過程に参加することができた

2　学校は，インドとイギリス両方の文化を生徒に認識させる教育をするために努力した

3　インド人がイギリスの支配に異議を唱えるのを防ぐため，インド人の異なるグループ間に分裂が作り出された

4　インド政府によって建設された鉄道やその他の交通システムの多くが破壊された

イギリスの支配について述べられている第3段を参照する。第3文（The British also …）

で「『分割統治』として知られる政策を実行し，これによって宗教的背景の異なるインド人はお互いに反感を抱くようになった」と述べられ，第4文（The British government …）では，この政策を用いた目的を，「インドの支配を維持するため」と述べている。したがって，**3 divisions were created between different groups of Indians to prevent them from challenging British rule.** が正解。**2** については，第2文（In an effort …）の内容に反している。**1**・**4** のような内容は本文中で述べられていない。

**(41) 解答 3**

**質問の訳** この文章の筆者は東インド会社について何を述べているか？

**選択肢の訳**

**1** 会社は，支配をアジアの他の国々に広げるというイギリス政府の目的の達成を妨げた。

**2** 会社はその当時は成功だったかもしれないが，今日の経済ではそのビジネスモデルは効果的ではないだろう。

**3** 会社はもう存在していないが，今日のグローバル経済の様相に大きな影響を与えた。

**4** もし会社が設立されていなかったならば，おそらく他の会社が似たような政治的・経済的影響を持つような結果になっていただろう。

第4段を参照する。第1文（Although the East …）で「東インド会社は1世紀以上前に活動をやめたにもかかわらず，永続的な影響を持っている」と述べたあと，第2文（Some experts say …）で「多国籍企業の概念を生み出し，最終的には資本主義経済システムにつながった」と述べ，最終文（Moreover, the connection …）で「イギリス政府と東インド会社の関係は，ビジネスの目標達成を支援するために政治的な力を使うことの先例となった」と述べて，東インド会社が今日の経済に与えている影響を具体的に述べている。これらの情報を簡潔にまとめた，**3 Although the company no longer exists, it has had a large impact on the present-day global economic landscape.** が正解である。

# 一次試験　筆記　4

**解答例** **In my opinion, from the perspectives of motivation and company profits, people's salaries should definitely be related to their job performance.**

**To begin with, while standardized salaries for workers in companies today are common, the level of motivation among employees can vary greatly. Rewarding enthusiastic employees who produce better work with higher salaries is not only fair but would also have the wider benefit of motivating other employees.**

**Additionally, the efforts that employees put into performing their work duties well ultimately benefit companies by increasing their profits. One of the responsibilities of a business is said to be the distribution of profits to those who contribute to its growth. Therefore, to fulfill this responsibility, companies must make sure that salaries match workers' job performance.**

**To conclude, when considering the importance of employee motivation and sharing company profits, I feel that people's salaries should be based on their job performance. (120〜150 語)**

訳　私の考えでは，意欲と企業の利益の観点から見ると，人々の給料は，間違いなく彼らの仕事の成果に関連づけられるべきだ。

第一に，今日では企業の従業員の給料が標準化されていることが一般的である一方で，従業員の間で意欲のレベルは大きく異なることがある。よりよい仕事を生み出す熱意のある従業員に高い給料でもって報いることは，公平なだけでなく，他の従業員のやる気を引き出すという，より幅広い利点もあると言えるだろう。

さらに，職務で良い結果を出そうとする従業員の努力は，企業の利益を増加させることによって，最終的には企業のためになる。企業の責任の１つは，その成長に貢献する人たちに利益を分配することだと言われている。したがって，企業はこの責任を果たすために，給料が従業員の仕事の成果に見合うようにする必要がある。

結論として，従業員の意欲と企業利益の分配の重要性を考えると，人々の給料は仕事の成果に基づくべきであると私は思う。

●与えられたトピックについて作文を書きなさい。
●以下のポイントのうち２つを使って自分の解答を補強しなさい。
●構成：序論，本論，結論
●長さの目安：120〜150 語
●文章は解答用紙のＢ面の与えられたスペースに書きなさい。スペースの外に書かれたものは採点されません。

**トピックの訳**　人々の給料は仕事の成果に基づくべきか？

**ポイントの訳**　●年齢　●企業の利益　●意欲　●技術

▶〔解答例〕の英文の段落構成は，「主張→１つ目の理由→２つ目の理由→結論」となっている。

▶第１段では，トピックに対する自分の考えを明らかにする。〔解答例〕では，２つの観点（①意欲，②企業の利益）から，給料は仕事の成果に基づくべきだと述べている。第２段では観点の①について，業績に基づいた給料は公平であるだけでなく，他の従業員のやる気を引き出すと述べている。第３段では観点の②について，利益を分配するという企業の責任を果たすことになると述べている。最終段では，第２段と第３段で述べたことを簡潔に言い換えながら，給料は仕事の成果に基づくべきだという主張を繰り返している。

▶ほかに，「給料は仕事の成果に基づくべき」に賛成する理由としては，When salaries are based solely on their age, it can reduce people's motivation to work hard and learn new skills.「給料が年齢だけに基づいていると，熱心に働き，新しい技術を身につけようとする意欲が減じることがある」や，To attract competent people and increase company profits, salaries should be based on job performance.「有能な人材を呼び込み，企業の利益を上げるには，給料は仕事の成果に基づくべきだ」などが考えられる。

▶「給料は仕事の成果に基づくべき」に反対する理由としては，「職務によっては仕事の成果が判定しにくい場合があり，成果の測定方法を誤ると，従業員の意欲が低下し，企業の利益にならない」，「成果が出るまでに時間がかかる仕事も多く，成果主義に頼ると長期的な企業の利益につながらない可能性がある」などの問題を指摘することができるだろう。

# 一次試験　リスニング　Part 1

## No. 1　解答　1

★＝男性　☆＝女性　（以下同）
☆ Hi, Vince. Nice day for a walk, huh?
★ Yeah, it is. Actually, I'm on my way to work.
☆ I thought you drove to work. Is something wrong with your car?
★ No, I've just been putting on a bit of weight recently.
☆ I guess you have to get up pretty early now, though.
★ I don't mind that. And I feel a lot healthier.
☆ Great! And I bet walking is easier on your wallet, too.
★ Definitely! I'm planning to use the gas savings to buy a new bike.

**Question：What do we learn about Vince?**

Script

訳
☆こんにちは，ビンス。散歩日和よね？
★ああ，そうだね。本当のところは仕事へ行く途中なんだ。
☆車で通勤していると思っていたわ。車が故障しているの？
★いや，最近体重が少し増えてしまってさ。
☆でも，それならずいぶん朝早く起きる必要があるのでしょうね。
★それは問題ないんだ。それに，前よりはるかに健康だと感じてるよ。
☆すばらしい！　そして，歩くことはお財布にも優しいに違いないわ。
★そのとおり！　ガソリン代を貯金して新しい自転車を買うつもりだ。

語句・構文

□ put on weight「体重が増える」　□ bet「～であると断言する」
□ easy on ～「～に優しい」　□ gas「ガソリン」　□ savings「貯金」

**質問の訳**　ビンスについて何がわかるか？

**選択肢の訳**
**1**　彼はもう車で通勤していない。
**2**　彼の車は修理中である。
**3**　彼はガソリンを買う余裕がない。
**4**　彼の新しい自転車が盗まれた。

男性（ビンス）の最初の発言第2文で「仕事へ向かう途中だ」と述べたのに対して，女性が「車で通勤していると思っていた」と応じていることから，**1**「彼はもう車で通勤していない」が正解。**2**は，女性の2番目の発言第2文の「車が故障しているの？」という質問に対して，男性は否定しているので不適切。**3**は，「ガソリン代を貯金して自転車を買う」という男性の最後の発言に合致しない。**4**は，自転車が盗まれたとは述べられていないので不適切。

## No. 2　解答　3

☆ Fernando, how are you getting along with your dorm roommate?
★ Oh, he's all right, Mom, I guess. He's pretty tidy, but he's not very communicative. I never know what's on his mind.
☆ Do you ever do things together?
★ Almost never. I spend more time with the other guys on my floor. They're a little crazy, but they're fun.
☆ Well, I'm glad you're enjoying yourself, but don't forget to spend enough time on your studies.

**Question : What does Fernando suggest about his roommate?**

Script

訳 ☆フェルナンド，寮のルームメイトとはうまくいってるの？
★ ああ，お母さん，彼はまあまあかな。すごくきれい好きだけど，あまり話し好きじゃない。僕は，彼が何を考えているのか全くわからないね。
☆一緒に何かすることはあるの？
★ ほとんどないさ。僕は，同じ階の他の仲間と過ごしている方が多いね。彼らはちょっと変わっているけど，愉快な連中さ。
☆そう，あなたが楽しんでいるのはうれしいけれど，ちゃんと勉強するのを忘れないで。

語句・構文

☐ dorm「寮」(=dormitory)　☐ tidy「(人が) きれい好きな」
☐ communicative「話し好きの」　☐ on *one's* mind「考えていて」

**質問の訳**　フェルナンドはルームメイトについて何を示唆しているか？

**選択肢の訳**
**1**　彼は出て行きたがっている。
**2**　彼はパーティーを開くのが好きだ。
**3**　彼はあまり打ち解けない。
**4**　彼はとても物を散らかす。

男性（フェルナンド）が最初の発言の第 2 文の but 以下で「彼はあまり話し好きではない」と述べ，その直後の文で「彼が何を考えているのか全くわからない」と述べていることから，**3**「彼はあまり打ち解けない」が正解となる。放送文の communicative という表現が，選択肢では open に言い換えられている。**4** は，男性の最初の発言の第 2 文の前半部に合致しない。**1**・**2** のような内容を示唆する発言はない。

**No. 3　解答　4**

☆ How are things going, Matt?
★ Not so good. I was supposed to have a job interview yesterday, but all the trains were stopped due to an accident, so I couldn't make it.
☆ But they'll give you another chance, won't they?
★ No. I called the manager as soon as I got home. He said they'd already seen enough people. Looks like I'm out of luck.
☆ That's awful.
★ Yeah, well, I guess they have a lot of good candidates to choose from.

**Question : Why did Matt not get the job?**

Script

訳 ☆マット，調子はどう？
★あまりよくないね。昨日は，仕事の面接を受けることになっていたんだけど，電車が事故のせいで全部止まってしまったから，行けなかったんだ。
☆でも，もう一度チャンスをもらえるんでしょ？
★いや。家に帰ってすぐ部長に電話したんだけど。もう十分な数の人に会ったと彼は言っていた。僕はついていないようだ。
☆それはひどい。
★そうだね，まあ，彼らには選ぶにあたってたくさんのいい候補者がいるんだろう。

語句・構文

□ be supposed to *do*「～することになっている」 過去形はしばしば実現しなかったことを暗示する。
□ make it「（目的地に）たどり着く」　□ be out of luck「運が悪い」
□ candidate「候補者」

質問の訳　マットが仕事を得られなかったのはなぜか？

選択肢の訳　**1**　他の候補者たちの方が適任だった。
**2**　彼は昨日，部長に電話をし忘れた。
**3**　部長は彼を好きではなかった。
**4**　彼は面接を受け損なった。

男性（マット）の最初の発言から，「電車の事故のせいで，昨日の面接を受けられなかった」ことがわかる。女性の「もう一度チャンスをもらえるんでしょ？」という質問に対して，男性は「いや」と答えている。したがって，**4**「彼は面接を受け損なった」が正解となる。**1**については，男性が他の候補者と比較されたという事実は述べられていないので不適切。

## No. 4　解答　4

☆ Professor Cranfield, can I ask you something?

★ Sure, Lucinda.

☆ It's about your intensive Spanish writing course. I feel like I'm already busy with my other classes. Doing the writing course might be too much.

★ I understand. I think you certainly have the ability, but I don't want to push you. It's not a mandatory course, but future employers would be impressed if you passed it.

☆ Thanks for your advice. I'll think it over a little more.

**Question：What does the man imply about the writing course?**

Script

訳

☆クランフィールド教授，ちょっと伺ってもいいですか？

★いいとも，ルシンダ。

☆教授のスペイン語ライティング集中コースについてです。私は，今でもすでに他の授業で忙しい気がするんです。ライティングコースを受けるのは無理かもしれません。

★なるほど。私は，間違いなくあなたにはその能力があると思いますが，強要したくはありません。必修コースではありませんが，もし合格すれば，将来の雇用主は感心するでしょうね。

☆アドバイスありがとうございます。もう少しよく考えてみます。

語句・構文

□ intensive「集中的な」　□ push「（人）に強要する」

□ mandatory「義務的な」

□ think ～ over / think over ～「～（発想・計画など）を（結論を出す前に）よく考える」

質問の訳　男性はライティングコースについて何をほのめかしているか？

選択肢の訳　**1**　女性は卒業するためにそれに合格する必要がある。

**2**　それは女性の目標に合わない。

**3**　それは女性には上級すぎる。

**4**　それに合格すれば，女性の就職に役立つだろう。

男性の2番目の発言の最後の文の but 以下で，「もし合格すれば，将来の雇用主は感心するでしょう」と述べていることから，**4**「それに合格すれば，女性の就職に役立つだろう」が正解。**1**は，男性が2番目の発言の最後の文の前半部で「必修コースではない」と述べているから不適切。**3**は，男性の2番目の発言の第2文の前半部の内容に合致しない。**2**は，女性の目標についての言及はないので不適切。

## No. 5 解答 2

★ Amy, I heard you're looking for a part-time job.
☆ I'm thinking about working at a restaurant as a server. I could use the money to help pay for school fees.
★ Well, I hope you like standing for long periods of time.
☆ I would get breaks, you know. I doubt it would be that bad.
★ Well, I think you should buy some comfortable shoes, just in case.
☆ I need to get the job first.

**Question : What does the man imply?**

Script

訳 ★エイミー，アルバイトの仕事を探しているそうだね。
☆レストランでウェイトレスの仕事をしようかと思っているところ。学費の支払いの助けとしてそのお金を使えるんじゃないかしら。
★ふーん，君が長時間立っているのが好きならいいけど。
☆休憩が取れるわよ。そんなに大変ではないと思う。
★そう，念のために，履き心地のいい靴を買うべきだと思うよ。
☆まずはその仕事を得る必要があるわね。

語句・構文

□ server「給仕する人」　□ doubt that ～「～ではないと思う」

**質問の訳** 男性は何をほのめかしているか？

**選択肢の訳**
1 その女性は学校を休むべきだ。
2 ウェイトレスとして働くことは体力的にきつい。
3 レストランの従業員はあまり稼げない。
4 学生はアルバイトをするべきではない。

女性が最初の発言の第1文で「レストランでウェイトレスの仕事をしようと考えている」と言ったのに対して，男性が「君が長時間立っているのが好きならいいけど」と述べているのは，長時間立っている必要がある仕事だということを女性に警告したものと推測できる。男性が最後の発言で「念のために，履き心地のいい靴を買うべきだ」と述べたのも，足が疲れる仕事だということをほのめかしたもの。よって，2「ウェイトレスとして働くことは体力的にきつい」が適切である。

## No. 6 解答 1

☆ We still need to buy a present for Carla and Antonio's wedding. Have you checked out the gift registry yet?

★ Yes, but the only things left on the list are really expensive items, like the silver dining set.

☆ I warned you that if we didn't choose something quickly, the affordable stuff would all be gone.

★ Sorry. You were right. What should we do? Get them something cheaper that's not on the list?

☆ No. I'd rather not take any chances. We don't want to give them something they might not want.

**Question : What will these people probably do?**

Script

訳

☆やはりカーラとアントニオの結婚祝いを買う必要があるわ。贈り物台帳はもう調べた？

★ああ，でも，リストに残っているのは銀のダイニングセットのような本当に高い品物だけだ。

☆早く何か選ばないと，手頃な価格のものはみんななくなってしまうと警告したのに。

★ごめん。君の言う通りだった。どうする？　リストにない，もっと安いものを彼らに買おうか？

☆いいえ。私は賭けに出たくないの。彼らが欲しくないものをあげたくないわ。

**語句・構文**

□ check out ～「～を調査する」　□ registry「記録簿，台帳」

□ warn *A* that ～「*A*（人）に～だと警告する」　□ affordable「手頃な価格の」

□ would rather not *do*「（むしろ）～したくない」　□ take chances「賭けに出る」

**質問の訳**　この人たちはおそらく何をするか？

**選択肢の訳**

**1**　リストから選んだ贈り物を買う。

**2**　結婚式の招待を辞退する。

**3**　カーラとアントニオに話をする。

**4**　銀のダイニングセットを返品する。

女性の最初の発言からは「カーラとアントニオに結婚祝いを贈る必要がある」こと，男性の最初の発言からは「リストには値段の高いものしか残っていない」ことがわかる。男性が2番目の発言の最後の文で「リストにない，もっと安いものを彼らに買おうか？」と述べたのに対し，女性は最後の発言で「彼らが欲しくないものをあげたくない」と答えている。よって，**1**「リストから選んだ贈り物を買う」が適切とわかる。

## No. 7 解答 1

☆ Would you mind picking up some takeout on your way home?
★ No problem. How about burgers?
☆ Too greasy. I was thinking about that Korean restaurant we went to last week.
★ That's not exactly on my way home, and it's a little pricey.
☆ I know, but the servings are huge. We'd have enough for lunch tomorrow, too. Korean food is just as good the next day.
★ All right. They're usually pretty quick with orders, so I should be home by around six.

**Question : What is one reason the woman suggests the Korean restaurant?**

Script

訳
☆家に帰る途中で何かテイクアウトの料理を買ってきてもらえるかしら？
★いいとも。ハンバーガーはどう？
☆脂っこいわ。先週行った韓国料理店を考えていたんだけど。
★あそこは帰り道というわけではないし，ちょっと値段が高いな。
☆わかっているけど，１人分がすごく多いから。明日の昼ご飯にも十分だと思うの。韓国料理は翌日でも美味しいし。
★わかった。あの店はたいていすぐ注文に対応するから，６時頃までには帰るよ。

語句・構文
☐ pick up ～「（途中で）～を買う」
☐ takeout「テイクアウト（持ち帰り用）の料理」　☐ greasy「脂肪の多い」
☐ pricey「値の張った」　☐ serving「１人分」

**質問の訳**　女性が韓国料理店を提案している理由の１つは何か？

**選択肢の訳**　**1**　１人分が多い。
**2**　家から車ですぐのところにある。
**3**　他の店よりも安い。
**4**　評判がよい。

男性が２番目の発言で，韓国料理店について「少し値段が高い」と述べたのに対して，女性は「１人分がすごく多く，翌日の昼ご飯にも十分だ」と応じている。よって，**1**「１人分が多い」が正解となる。「１人分」という表現の servings が，選択肢では portions に言い換えられているので注意すること。

## No. 8　解答　3

☆ We should start planning our vacation for this year.

★ How about escaping the cold weather and going somewhere tropical with a nice beach?

☆ I was hoping we could go skiing.

★ Well, what did we do on our last vacation?

☆ We went camping. You caught that giant fish at the lake, remember?

★ Oh, right. And you wanted to go sightseeing in town, but the kids and I outvoted you.

☆ That's right.

★ OK. Let's do what you want this time. I'll tell the kids we're headed for the mountains.

Script

**Question : What are these people going to do for their vacation?**

訳

☆今年の休暇の計画を立て始めるべきね。

★寒い天候から逃れて，いいビーチのある熱帯のどこかへ行くのはどうかな？

☆私はできたらスキーに行きたいと思っていたの。

★ええと，この前の休暇は何をしたっけ？

☆キャンプに行ったわ。あなた，湖ですごく大きな魚を捕まえたのよ，忘れたの？

★ああ，そうだった。それと，君は観光をしに街へ行きたがっていたけど，子どもたちと僕が多数決で君に勝ったんだ。

☆その通り。

★わかった。今回は君がしたいことをしよう。子どもたちに，山へ行くと言うよ。

語句・構文

□ outvote「～に得票数で勝つ」　□ be headed for ～「～（場所）へ向かう」

質問の訳　**この人たちは休暇に何をするつもりか？**

選択肢の訳

**1**　ハイキングをして時間を過ごす。

**2**　湖へ釣りに行く。

**3**　スキー旅行に行く。

**4**　観光に行く。

男性は最後の発言で，「今回は君がしたいことをしよう。子どもたちに，山へ行くと言うよ」と述べている。女性は２番目の発言で「私はスキーに行きたいと思っていた」と述べているから，**3**「スキー旅行に行く」が正解。会話を聞きながら，今回の休暇の予定と前回の休暇でしたことを整理できているかがポイントになる。女性の２番目の発言 I was hoping we could go skiing. では過去形が用いられているが，「できたら～したいと思っていた」という控えめな表現になっていることに注意したい。

**No. 9**　**解答**　**2**

☆ Hey, Kenneth. I was looking at the latest post on our company's blog. The one about the release of our new earphones. The release date is wrong. It should be May 15th, not the 5th as stated in the post.
★ Really? That post was added by Jason last night.
☆ Well, we need to take care of it immediately so we don't mislead our customers. Ask Jason to do that right away.
★ I'm afraid he has the day off today. I'll handle it instead.
☆ Thanks.

**Question：What does the woman say about the company's blog?**

Script

訳
☆ちょっと，ケネス。うちの会社のブログの最新の投稿を見ていたのだけれど。新しいイヤホンの発売に関するものよ。発売日が間違っているの。正しくは5月15日で，投稿に書かれている5日ではないわ。
★本当ですか？　その投稿は昨晩，ジェイソンが加えたものです。
☆それなら，顧客に誤解を与えないように，すぐにそれを処理する必要があるわね。ジェイソンにすぐにそうするように伝えて。
★あいにく彼は今日，休みを取っています。代わりに私が処理します。
☆ありがとう。

語句・構文

□ post「投稿メッセージ」　□ release「（CD・本などの）発売」
□ take care of ～「～を処理する」　□ mislead「（人）を誤解させる」

**質問の訳**　女性は会社のブログについて何を述べているか？

**選択肢の訳**
**1**　数名の顧客がそれについて不満を述べた。
**2**　投稿の1つを訂正する必要がある。
**3**　ケネスは最新の投稿を編集するべきではない。
**4**　それはもっと頻繁に更新されるべきである。

女性は最初の発言では「最新の投稿に誤りがある」という内容のことを述べ，2番目の発言では「すぐにそれを処理する必要がある」と述べている。「それ」とは，「最新の投稿に誤りがある問題」のことだから，**2**「投稿の1つを訂正する必要がある」が正解とわかる。男性（ケネス）が2番目の発言で「代わりに私が処理する」と述べると，女性が「ありがとう」と応じているので，**3**は不適切。

## No. 10　解答　4

☆ Excuse me, sir. Has anyone turned in a train pass today?
★ I'm afraid not. Have you lost yours?
☆ Yeah. When I used mine this morning, I was certain I put it back in my wallet, but I guess I didn't.
★ I can give you the form to purchase another one.
☆ Looks like I have no choice. It makes me so frustrated, though. I had just put $50 on it. Now, I've lost it all.
★ I'm sorry. Here's the form. It should only take a couple of minutes to fill out.
☆ Thanks. I'll do that now.

**Question：Why is the woman upset?**

訳
☆すみません。今日，誰かが電車の定期券を届け出ていますか？
★残念ながら，ないです。あなたが自分のをなくしたのですか？
☆ええ。今朝，自分のを使った時，間違いなく財布に戻したと思ったのですが，そうしなかったようです。
★定期券をもう1枚購入する用紙をあげましょう。
☆他に選択肢がないようね。でも，すごく悔しい。50ドル払ったばかりだったのに。もう，それを全部なくしてしまうなんて。
★残念ですが。これがその用紙です。ほんの数分で記入できますよ。
☆ありがとう。今すぐそれをします。

語句・構文

□ turn in ～「(警察などに) ～を届け出る」　□ train pass「電車の定期券」
□ fill out ～「(書類など) に必要事項を書き入れる」

**質問の訳**　**女性はなぜ動揺しているのか？**

**選択肢の訳**
**1**　彼女の財布が行方不明である。
**2**　彼女の電車の定期券の期限が切れた。
**3**　彼女は電車に乗り遅れた。
**4**　彼女はお金を無駄にした。

消去法で考えるとよいだろう。**1**は，行方不明になっているのは財布ではなく電車の定期券なので誤り。**2**は，定期券の期限については言及されていないので誤り。**3**は，電車に乗り遅れたとは述べられていないので誤り。**4**は，女性は3番目の発言で「すごく悔しい。50ドル払ったばかりだったのに。もう，それを全部なくしてしまうなんて」と述べているので，**4**「彼女はお金を無駄にした」が正解となる。

## No. 11 解答 3

★ Michelle, I'm sorry I couldn't make it to the piano concert last Sunday.
☆ No problem. I sold your ticket to Jasmine, so it wasn't wasted.
★ I'm relieved to hear that. Did you enjoy the concert?
☆ Well, the pianist was superb. Unfortunately, we were bothered by another audience member, though.
★ What happened?
☆ He was continuously whispering to the person next to him and playing with his smartphone. It was hard to concentrate.
★ Oh, that's a shame.

**Question : What was the woman's problem?**

Script

訳
★ミシェル，この前の日曜日はピアノのコンサートに行けなくてごめん。
☆大丈夫よ。あなたのチケットはジャスミンに売ったから，無駄にはならなかったわ。
★それを聞いて安心した。コンサートは楽しかった？
☆ええ，ピアニストはすばらしかった。でも，残念なことに，聴衆の一人が気になって。
★何があったの？
☆彼は絶えず，隣の人にささやいたり，スマートフォンをいじったりしていたのよ。集中するのが難しかったわ。
★ああ，それは残念だったね。

語句・構文

☐ make it to ～「(会合・予定など）に参加できる」　☐ superb「すばらしい」
☐ bother「(人）を悩ませる」　☐ continuously「途切れなく」
☐ whisper「ささやく」

質問の訳　女性の問題は何だったか？

選択肢の訳
**1**　彼女はピアニストの演奏が好きではなかった。
**2**　彼女はコンサートに遅れて到着した。
**3**　彼女はコンサートに集中できなかった。
**4**　彼女は自分のチケットを見つけることができなかった。

女性はコンサートについて，２番目と３番目の発言で説明している。３番目の発言の第２文で，「集中するのが難しかった」と述べているので，**3**「彼女はコンサートに集中できなかった」が正解。「集中する」という表現は，放送文では concentrate が用いられているが，選択肢では focus on に言い換えられている。**1**は，女性の２番目の発言の第１文に合致しない。

## No. 12　解答　2

☆ Hello, Jenny Williams speaking.
★ Hello. I'm calling about a package I'm supposed to deliver to your house.
☆ Oh, I see. Is there something wrong?
★ When you selected your delivery option online, you asked us to use the delivery box.
☆ Yes, I won't be home until seven tonight.
★ Unfortunately, the package won't fit in the box. Could I leave it in another location instead?
☆ Sure. If you can take it around to the side of the house, there's a bicycle shelter. You can leave it there.

**Question：What does the man ask the woman to do?**

Script

訳 ☆もしもし，ジェニー・ウィリアムズですが。
★もしもし，お宅へ配達することになっている荷物についてお電話しています。
☆ああ，わかりました。何か問題があるのですか？
★お客様がオンライン上で配達のオプションを選んだ時，デリバリーボックスの使用を依頼されました。
☆ええ，今夜は7時まで家におりませんので。
★あいにくですが，荷物が箱に収まりません。代わりに他の場所にそれを置くことは可能でしょうか？
☆もちろんです。それを家の脇まで持ってきてくれれば，自転車置き場があります。そこに置いておいてください。

**語句・構文**

□ package「小包，荷物」　□ option「選択肢，選択できるもの」
□ fit「収まる」　□ shelter「(風雨などを) しのぐ場所」

**質問の訳**　男性は女性に何をするよう頼んでいるか？

**選択肢の訳**　1　夜，彼に折り返し電話をする。
2　彼に新しい配達の指示を与える。
3　オンライン上で配達のオプションを変更する。
4　彼女が何時に在宅するか彼に言う。

男性が3番目の発言で，「荷物が箱に収まらない」と述べたあと，「代わりに他の場所にそれを置くことは可能か」と尋ねている。この質問は実際には，**2**「彼に新しい配達の指示を与える」ことを求めたものである。女性が最後の発言で，男性に荷物の置き場所を指示していることも手掛かりになるだろう。男性は2番目の発言中で「オンライン上の配達オプション」に言及しているが，その変更を求めてはいないので，**3**は不適切。

# 一次試験　リスニング　Part 2

(A)　**No. 13　解答　3**　　**No. 14　解答　4**

(A)***International Rivers***

Many of the world's rivers are not contained within the borders of a single country. Because of the importance of water, international laws about how neighboring countries share these rivers are essential. Typically, all countries have equal rights to use a river that flows through their lands. Also, all countries are legally forbidden from doing anything to a river that would considerably decrease its flow of water into other countries.

However, sharing a river is not always simple. For example, the Nile River runs through a number of countries, including Ethiopia and Egypt. Ethiopia has requested international loans to build a dam on its section of the river to generate electricity. However, Egypt has used its political influence to block the loans, complaining that a dam would reduce the Nile's water flow into Egypt. At the same time, Ethiopia points out that Egypt currently uses the river for power generation, so it is unfair if Ethiopia cannot.

**Questions**

**No. 13　What is one thing the speaker says about rivers?**

**No. 14　Why is the Nile River discussed?**

Script



訳

(A)国際河川

世界の河川の多くは，１つの国の国境内に収まってはいない。水は重要なので，近隣の国々がいかにこういった河川を共有するかに関する国際的な法律は不可欠である。一般的には，すべての国が，その国土を流れる河川を使用する平等な権利を持っている。また，すべての国は，他国へ流れ込む水量を大幅に減らすようなことを河川に行うのは法的に禁止されている。

しかし，河川を共有することは必ずしも単純ではない。例えば，ナイル川はエチオピアとエジプトを含む多くの国々を流れている。エチオピアは，この川が流れている地域に発電用のダムを建設するため，国際融資を要請している。ところが，エジプトはダムによってエジプトに流れ込むナイル川の水量が減ることになると訴え，融資を阻止するために政治的な影響力を使っている。それに対しエチオピアは，エジプトは現在，発電のために川を使用しているのだから，エチオピアが使用できなければ不公平であると指摘している。

**語句・構文**

(第1段) □ contain「(場所などが) ～を含む，～が入っている」
□ legally「法的に」 □ forbid *A* from *doing*「*A* に～することを禁じる」
□ doing anything to a river that would …「…するようなことを川にもたらす」＊関係代名詞 that の先行詞は anything
□ considerably「相当に」 □ flow「流出量，流入量」
(第2段) □ loan「貸付金，融資」 □ section「区域」
□ generate「～を発生させる」 □ block「～を妨害する」
□ point out ～「～を指摘する」 □ generation「(電気・熱などの) 発生」

**No. 13** 質問の訳 話し手が河川について述べていることの1つは何か？

選択肢の訳 **1** それらの多くで水位が下がっている。
**2** それらを守るための法律をもっと厳しくする必要がある。
**3** それらを共有する国々は，たいてい，同じ使用権を持つ。
**4** それらは国境を守るのを困難にすることが多い。

第1段第3文 (Typically, all countries …) で「一般的には，すべての国が，その国土を流れる河川を使用する平等な権利を持っている」と述べていることから，**3**「それらを共有する国々は，たいてい，同じ使用権を持つ」が正解。放送文の typically は，文修飾で「一般的に」の意味で，選択肢では usually に言い換えられている。放送文の equal rights to use は選択肢では the same usage rights に言い換えられている。

**No. 14** 質問の訳 ナイル川が話題に上がっているのはなぜか？

選択肢の訳 **1** 国境問題の解決策を提案するため。
**2** 貧しい国々は電力のために川が必要であると示唆するため。
**3** ダムはしばしば費用がかかりすぎることを示すため。
**4** 川の使用権がどのように複雑化するおそれがあるかを示すため。

第2段を参照する。第1文 (However, sharing a …) で「河川を共有することは必ずしも単純ではない」と述べたあと，第3文～最終文 (Ethiopia has requested … if Ethiopia cannot.) で，エチオピアが自国を流れるナイル川にダムを建設することをめぐって，エジプトと対立しているという内容が述べられる。したがって，**4**「川の使用権がどのように複雑化するおそれがあるかを示すため」が正解。発電のためのダム建設について述べられているが，**2**・**3** のような内容は述べられていない。

(B) **No. 15** **解答** 3 **No. 16** **解答** 4

(B)***Theriac***

For thousands of years, people believed that a substance known as theriac was a wonder drug. According to legend, it was created by an ancient king who lived in fear of being poisoned. He was said to have taken theriac daily to protect himself from all forms of poison. The use of theriac gradually spread around the ancient world, and people began to believe that it was also effective against all kinds of illnesses. Making it, however, required time and effort, as some theriac recipes contained over a hundred ingredients, some of which came from poisonous snakes.

By the fifteenth century, there were regulations in many places about how theriac could be manufactured, and in some cities, such as Venice, it had to be made in a public ceremony. Though the scientific community now believes that theriac is ineffective, the regulations on the manufacture of theriac marked an important milestone in the development of modern medicine.

**Questions**

**No. 15 What is one thing that we learn about theriac?**

**No. 16 What is one thing the speaker says about theriac in Venice?**

Script

訳

(B)テリアカ

何千年もの間，人々はテリアカとして知られている物質は特効薬だと信じていた。言い伝えによると，それは毒殺を恐れながら生きていたある古代の王によって作られた。彼は，あらゆる種類の毒から身を守るためにテリアカを毎日飲んだと言われていた。テリアカの使用は，次第に古代の世界に広まり，人々はそれがあらゆる種類の病気にも効果があると信じ始めた。しかし，それを作るには時間と労力が必要だった。なぜならテリアカの製法の中には100を超える材料が必要なものもあり，その材料の中には毒ヘビに由来するものもあったからだ。

15世紀までには，多くの地域でテリアカの製造方法に関する規則があったし，ベニスなどの都市では，それは公的な式典で作られなければならなかった。現在の科学界ではテリアカは効果がないと考えられているが，テリアカの製造に関する規則は，現代医学の発展において重要な出来事となった。

**語句・構文**

(表題) ☐ theriac「テリアカ（解毒剤として用いられた）」

(第1段) ☐ substance「物質」 ☐ wonder「（薬などが）特効の」

☐ in fear of ～「～を恐れて」 ☐ poison「～に毒を盛る，毒」

☐ poisonous「有害な」

(第2段) ☐ regulation「規則」 ☐ ineffective「効果がない」

☐ mark「～を表す」 ☐ milestone「画期的な事件」

**No. 15** **質問の訳** テリアカについてわかることの１つは何か？

**選択肢の訳** **1** 毒として使用することもできた。
**2** ヘビで実験された。
**3** 作るのが難しかった。
**4** 最初の医薬品だった。

第１段最終文（Making it, however, …）で「それを作るには時間と労力が必要だった」と述べられているから，**3**「作るのが難しかった」が適切。**1**は，第１段第2・3文（According to legend, … forms of poison.）で，「毒から身を守るために用いられた」と述べられているのに合致しない。**2**は，第１段最終文で「材料の中に毒ヘビに由来するものがあった」と述べられているが，「ヘビで実験された」とは述べられていない。**4**のようなことは述べられていない。

**No. 16** **質問の訳** 話し手がベニスにおけるテリアカについて述べていることの１つは何か？

**選択肢の訳** **1** それは作るのに多くの日数を要した。
**2** 毎日ほんの少量しか作ることができなかった。
**3** 製造は非常に緩やかに規制されていた。
**4** そこの人々はそれが作られるのを見ることができた。

第２段第１文（By the fifteenth …）の and in some cities 以下に，ベニスにおけるテリアカに関する言及があり，「それは公的な式典で作られなければならなかった」と述べられているから，**4**「そこの人々はそれが作られるのを見ることができた」が正解になる。**1**は，第１段最終文（Making it, however, …）で「作るのに時間が必要だった」と述べられているが，ベニスでのことに限定されてはいないから不適切。

(C) **No. 17** 解答 2 **No. 18** 解答 1

(C)***Spirit Bears***

Found only in parts of Canada, spirit bears are black bears that are born with white fur due to a rare gene. Scientists estimate there may be as few as a hundred of these beautiful animals in the wild. For years, native peoples did their best to prevent the bears' existence from becoming known to the outside world. Because the bears' fur is so unusual, native peoples feared it would become a great prize for hunters and collectors.

Spirit bears' bright fur also provides them with a unique advantage when hunting salmon. Unlike the fur of ordinary black bears, spirit bears' fur is difficult for fish to see, so the fish are less able to avoid the bears. Unfortunately, however, spirit bear numbers may decrease even further. Recent research has revealed the gene that results in spirit bears' white fur is rarer than once thought. Additionally, many spirit bears live outside the areas where they are protected.

**Questions**

**No. 17 What does the speaker say about native peoples?**

**No. 18 What advantage do spirit bears have over ordinary black bears?**

訳

(C)スピリットベア

スピリットベアはカナダの一部の地域だけに生息する，まれな遺伝子によって生まれつき白い毛をしたクロクマである。科学者たちは，この美しい動物はわずか100頭程度しか野生に存在しないかもしれないと推定している。長い間，先住民はこのクマの存在を外の世界に知られないように最善を尽くしていた。このクマの毛皮は非常にめずらしいので，それが狩猟家や収集家にとってすばらしい獲物になることを先住民たちは恐れた。

スピリットベアの輝く毛は，サケを捕まえる時にも独自の利点をもたらす。普通のクロクマの毛と違ってスピリットベアの毛は魚には見えにくいので，魚はクマを避けることができにくいのだ。しかし残念なことに，スピリットベアの数はいっそう減少するかもしれない。最近の調査では，スピリットベアの毛を結果的に白くする遺伝子は，かつて考えられていたよりもまれであることを示している。加えて，多くのスピリットベアが，保護されている地域の外で暮らしている。

語句・構文

(第1段) □ gene「遺伝子」 □ as few as ～「わずか～」＊数の少なさを強調

□ prize「(努力・競争などの) 目的物，目標，逸品」

(第2段) □ salmon「サケ」

**No. 17** 質問の訳 話し手は先住民たちについて何を述べているか？

選択肢の訳 **1** 彼らは黒い毛のスピリットベアだけを狩った。

**2** 彼らはスピリットベアを秘密にしておこうとした。

**3** 彼らはスピリットベアが危険だと考えた。

**4** 彼らはスピリットベアが自分たちを守ると信じていた。

第1段を参照する。第3文（For years, native …）に，「長い間，先住民はこのクマの存在を外の世界に知られないように最善を尽くしていた」と述べられているので，**2**「彼らはスピリットベアを秘密にしておこうとした」が正解。放送文の prevent the bears' existence from becoming known to the outside world という表現が，選択肢では keep spirit bears a secret に言い換えられている。

**No. 18** 質問の訳 普通のクロクマと比べてスピリットベアにはどのような利点があるか？

選択肢の訳 **1** 餌を捕まえやすい。

**2** 太陽に敏感ではない。

**3** 狩猟家が見つけにくい。

**4** すべての生息地がよく守られている。

第2段第1文（Spirit bears' bright …）で「スピリットベアの輝く毛は，サケを捕まえる時に独自の利点をもたらす」と述べられている。them は「スピリットベア」を指す。when の後ろには they（＝spirit bears）are を補って考える。続く第2文（Unlike the fur …）では「普通のクロクマの毛と違って，スピリットベアの毛は魚には見えにくいので，魚はクマを避けることができにくい」と述べられている。fish は第1文の salmon を言い換えたもので，スピリットベアの餌になるのだから，**1**「餌を捕まえやすい」が正解。

(D) **No. 19** **解答** 1　　**No. 20** **解答** 3

### (D)*Distributed Generation*

In many parts of the United States, the electric power industry has been shifting away from the traditional system of centralized generation to a newer system known as distributed generation. With centralized generation, electricity is generated in one central location and then delivered to homes and businesses. Distributed generation is a network of smaller energy sources, such as solar panels or wind turbines, that produce electricity close to where it is needed. This can make the distributed-generation system more cost-effective.

Distributed generation has some disadvantages, however. The required infrastructure takes up space in communities, and residents generally consider it unattractive. In fact, homes close to large solar-energy facilities often sell for less than homes that are farther away. In addition, some distributed-generation systems require water to run, which is a limitation in areas that experience water shortages.

**Questions**

**No. 19　What is true about distributed-generation systems?**

**No. 20　What is one downside of distributed generation?**

Script

訳

(D)分散型発電

アメリカ合衆国の多くの地域では，電力産業は伝統的な集中型発電システムから，分散型発電として知られているより新しいシステムに移行している。集中型発電では，電力は中心となる１つの場所で作られ，そのあと家庭や企業に届けられる。分散型発電は，太陽電池パネルや風力タービンといった小規模エネルギー源のネットワークで，必要とされる場所の近くで電力を作る。このことが分散型発電システムを費用効率の高いものにしている。

しかしながら，分散型発電にはいくつか不利な点がある。必要となる施設は，コミュニティの中で場所をとり，居住者たちはたいていの場合，それを美しくないと考える。実際，大規模な太陽エネルギー施設の近くにある住宅は，より遠いところにある住宅よりも安値で売られることが多い。加えて，分散型発電システムの中には稼働に水を必要とするものもあり，これは水不足に見舞われる地域では不利な条件である。

**語句・構文**

（表題） ☐ distribute「～を分配する」

（第１段） ☐ shift away from *A* to *B*「*A* から *B* に移行する」

☐ centralize「～を集中させる」 ☐ turbine「タービン」

☐ cost-effective「費用効率が高い」

（第２段） ☐ infrastructure「（産業基盤・生活基盤を形成する）基本的施設」

☐ take up ～「（場所）をとる」 ☐ resident「居住者」

☐ unattractive「魅力のない，美しくない」 ☐ facility「施設」

☐ limitation「不利なこと」

**No. 19** **質問の訳** 分散型発電システムについて当てはまるのはどれか？

**選択肢の訳** **1** 電力が使われる場所の近くで電力を作る。

**2** 小規模な企業により好まれる。

**3** 太陽エネルギーを使わない。

**4** 維持するのに多額の費用がかかる。

第１段第３文（Distributed generation is …）で「分散型発電は小規模エネルギー源のネットワークで，必要とされる場所の近くで電力を作る」と述べられており，**1**「電力が使われる場所の近くで電力を作る」と合致する。なお，関係代名詞 that の先行詞は smaller energy sources で，such as solar panels or wind turbines の句が挿入されている。**3** は，分散型発電で用いられる小規模エネルギー源の具体例として solar panels が挙げられているのだから，合致しない。**4** は，第１段最終文（This can make …）に合致しない。**2** のような内容は述べられていない。

**No. 20** **質問の訳** 分散型発電の否定的な側面の１つは何か？

**選択肢の訳** **1** 政府機関は概してその開発に反対である。

**2** エネルギー会社はたいていの場合，そこから利益を得られない。

**3** それは資産価値に悪影響を及ぼしうる。

**4** それはコミュニティの水資源を汚染することが多い。

第２段を参照する。第２・３文（The required infrastructure … are farther away.）で「必要となる施設が美しくないと考えられ，大規模な太陽エネルギー施設の近くにある住宅は，より遠いところにある住宅よりも安値で売られることが多い」という内容が述べられていることから，**3**「それは資産価値に悪影響を及ぼしうる」が正解。住宅の価格は，資産価値と表現できる点に注意する。最終文（In addition, some …）で，水を必要とすることが不利な条件として挙げられているが，**4** のようなことは述べられていない。なお，質問文で用いられている downside「否定的な側面，欠点」は，放送文中では第２段第１文（Distributed generation has …）で，disadvantage「不都合，不利な点」と表現されている。

(E) **No. 21 解答 4 No. 22 解答 2**

### (E)*What Zoos Can't Do*

In recent decades, zoos have been essential to efforts to save endangered animals. Several species of frogs, birds, and turtles have been saved from extinction by conservation programs that breed endangered animals in the safe environment of zoos. Unfortunately, certain species, such as tarsiers, which are animals that look like tiny monkeys, and great white sharks, cannot survive in captivity. These animals usually die quickly after being captured, making it impossible to breed them.

For this reason, the survival of tarsiers and great white sharks depends on the conservation of their natural environments. Though many of their habitats are already legally protected, the current laws are often ignored. Governments must try harder to stop the illegal destruction of the forests where tarsiers live and breed. They must also reduce illegal fishing activities that threaten great white sharks.

**Questions**

**No. 21 Why are zoos unable to breed some endangered animals?**

**No. 22 What does the speaker say about saving tarsiers and great white sharks?**

訳

### (E)動物園ができないこと

この数十年間，動物園は絶滅の危機にある動物を守る取り組みには不可欠となっている。数種類のカエルや鳥やカメが，動物園という安全な環境で絶滅の危機に瀕した動物を繁殖させる保護活動によって絶滅から救われている。残念ながら，小さなサルのような動物のメガネザルやホホジロザメなどの種は飼育下では生き続けることができない。たいていの場合，これらの動物は捕まえられたあとすぐに死んでしまうので，繁殖は不可能である。

このような理由から，メガネザルやホホジロザメの生存は，自然環境の保護にかかっている。それらの生息地の多くはすでに法的に保護されているが，現行の法律はしばしば無視されている。政府は，メガネザルが生活し繁殖している森林の違法な破壊を止めるために，もっと努力しなければならない。政府はまた，ホホジロザメの脅威となる違法な漁業活動を減らさなければいけない。

**語句・構文**

(第１段) □ extinction「絶滅」 □ conservation「保護，保存」
□ breed「(動植物）を飼育する，繁殖させる」 □ tarsier「メガネザル」
□ great white shark「ホホジロザメ」 □ captivity「とらわれの身」
(第２段) □ habitat「生息地」 □ threaten「～にとって脅威となる」

**No. 21**　**質問の訳**　動物園がいくつかの絶滅の危機に瀕した動物を飼育できないのはなぜか？

**選択肢の訳**　**1**　それらの世話に費用がかかりすぎる。
**2**　それらを捕まえることが難しい。
**3**　それらは重い病気にかかっている。
**4**　それらは捕まえられたあと，長く生きることはめったにない。

第1段第3文（Unfortunately, certain species, …）で「ある種は飼育下では生き続けることができない」と述べられ，その直後の同段最終文（These animals usually …）で「たいていの場合，これらの動物は捕まえられたあとすぐに死んでしまうので，繁殖は不可能である」と述べられていることから，**4**「それらは捕まえられたあと，長く生きることはめったにない」が正解。放送文の usually die quickly が，選択肢では rarely live long に，放送文の after being captured が，選択肢では after being caught に言い換えられている。

**No. 22**　**質問の訳**　話し手はメガネザルとホホジロザメの保護について何を述べているか？

**選択肢の訳**　**1**　動物園はそれらを繁殖させる方法を学ぶ必要がある。
**2**　政府は法律が確実に守られるようにしなければならない。
**3**　それらは新しい生息地へ移されなければならない。
**4**　それらを野生で守ることは不可能である。

第2段を参照する。第2文（Though many of …）で「それらの生息地の多くはすでに法的に保護されているが，現行の法律はしばしば無視されている」と述べたあと，第3文（Governments must try …）では「政府は，メガネザルが生活し繁殖している森林の違法な破壊を止めるために，もっと努力しなければならない」と述べ，最終文（They must also …）では「政府はまた，ホホジロザメの脅威となる違法な漁業活動を減らさなければいけない」と述べている。したがって，**2**「政府は法律が確実に守られるようにしなければならない」が正解。

(F) **No. 23 解答 2 No. 24 解答 1**

(F) ***Written in Stone***

Petroglyphs are ancient drawings or carvings on rock surfaces. For researchers in the Americas, they are an important source of information about the Native Americans who lived there before the arrival of Europeans. Some of the most famous petroglyphs are those at Castle Rock Pueblo in Colorado. These images were not drawn in the style typical of the area, but in a way that was common in another settlement hundreds of kilometers away. There are also drawings of human conflict. This suggests that there may have been contact, and likely fighting, between these two communities.

Another interesting feature of the carvings is their use of light. On the longest and shortest days of the year, the carvings create specific patterns of light and shadow. This has led researchers to conclude that they were used as a type of solar calendar.

**Questions**

**No. 23 What is one thing we learn about the Castle Rock Pueblo petroglyphs?**

**No. 24 How do researchers think the Castle Rock Pueblo petroglyphs were used?**



訳

(F)岩石に描かれたもの

岩石線画とは，岩の表面に刻まれた古代の線画や彫刻である。南北アメリカ大陸の研究者たちにとって，それらはヨーロッパ人の到来以前に住んでいたアメリカ先住民に関する重要な情報源である。最も有名な岩石線画のうちのいくつかは，コロラド州のキャッスル・ロック・プエブロのものである。これらの像はその地域に典型的な様式ではなく，数百キロ離れた別の集落でよく見られる方法で描かれていた。人間の紛争の線画もある。このことは，この２つのコミュニティ間に接触，そして，おそらくは戦いがあったのかもしれないということを示唆している。

彫刻に見られるもう１つの興味深い特徴は，光の使用である。１年で昼が最も長い日と最も短い日に，それらの彫刻は光と影の特定のパターンを作り出す。このことから，研究者たちはそれらが太陽暦の一種として用いられていたと結論づけた。

**語句・構文**

(第１段) □ petroglyph「(先史時代に描かれた) 岩石線画」 □ drawing「線画」 □ carving「彫刻」 □ settlement「集落」 □ conflict「紛争」

**No. 23** 質問の訳 **キャッスル・ロック・プエブロの岩石線画についてわかることの１つは何か？**

選択肢の訳 **1** それらは通常よりも数が多い。

**2** それらは遠く離れた地域のものに似ている。

**3** それらはその地域で最も大きい。

**4** それらはヨーロッパ人の像を含んでいる。

第１段第３文（Some of the …）で「キャッスル・ロック・プエブロの岩石線画」が紹介され，続く第４文（These images were …）で「これらの像は，数百キロ離れた別の集落でよく見られる方法で描かれていた」という内容が述べられている。よって，**2**「それらは遠く離れた地域のものに似ている」が正解。放送文の another settlement hundreds of kilometers away が，選択肢では a distant area に言い換えられている。

**No. 24** 質問の訳 **研究者たちはキャッスル・ロック・プエブロの岩石線画がどのように使われたと考えているか？**

選択肢の訳 **1** １年のうちの特定の時期を示すため。

**2** 近寄らないようにと敵に警告するため。

**3** 別の集落への道を示すため。

**4** 光源を与えるため。

第２段第２文（On the longest …）で「１年で昼が最も長い日と最も短い日に，それらの彫刻は光と影の特定のパターンを作り出す」と述べられ，同段最終文（This has led …）では「このことから，研究者たちはそれらが太陽暦の一種として用いられていたと結論づけた」と述べられている。最終文の主語 This は，直前の文の内容を指しているのだから，**1**「１年のうちの特定の時期を示すため」が正解となる。

# 一次試験　リスニング　Part 3

(G)　**No. 25**　**解答**　**3**

Hi, dear. I'm sorry, I was in a rush this morning and wasn't able to do a few things. Could you take care of them? The living room is a mess. Miranda's toys are all over the place, so could you put them away? Also, Toby's new bird food arrived this morning. I know we usually store it in that box near the kitchen shelves, but when the package was delivered, I left it at the front door. Sorry. It should still be sitting there. And can you change one of the light bulbs in the garage? When I got home last night, I saw that one was flickering.

Script

訳　もしもし，あなた。悪いけど，今朝は急いでいて，できなかったことがいくつかあるのよ。やってもらえる？　居間は散らかってるわ。ミランダのおもちゃがそこら中にあるから，片づけてくれる？　それから，トビーの新しいバードフードが今朝届いたわ。いつもはそれを台所の棚の近くの箱にしまっておくんだけど，荷物が配達された時に玄関に置きっぱなしにしたのよ。ごめんなさい。まだそこにあるはずよ。それと，車庫の電球の１つを替えてもらえるかしら？　昨日の夜帰宅した時，１つがチカチカしているのに気づいたの。

**語句・構文**

☐ be in a rush「急いでいる」　☐ mess「乱雑」　☐ light bulb「白熱電球」
☐ flicker「（光が）明滅する」

**状況の訳**　あなたはオウムのトビーに餌をやりたいが，ペットフードを見つけることができない。あなたは携帯電話を確認して，妻からのボイスメールを見つける。

**質問の訳**　**あなたはトビーの餌を見つけるためにどこへ行くべきか？**

**選択肢の訳**
**1**　台所へ。　**2**　居間へ。
**3**　玄関へ。　**4**　車庫へ。

オウムの餌がある場所を聞き取る。まず，第６文（Also, Toby's new …）で「トビーの餌が今朝届いた」と述べられる。第７文（I know we …）の but 以下では「荷物が配達された時に玄関に置きっぱなしにした」と述べられ，第９文（It should still …）で「まだそこにあるはず」と述べられる。the package「荷物」にオウムの餌が入っているのだから，**3**「玄関へ」が正解。

### (H) No. 26 解答 1

Greta Bakken has written in various genres over her long career. I would recommend four books to a first-time reader. First, *The Moon in Budapest* is considered to be a masterpiece of romance, and it has the biggest fan base. *Along That Tree-Lined Road* is a beautifully crafted fantasy novel with a touch of mystery. If you're a travel fan, I recommend you try *Mixed Metaphors*. It's a travel journal documenting her trip to Siberia, with a number of stunning photographs she snapped along the way. Lastly, *Trishaws* is her latest book, and it has been getting great reviews from science fiction enthusiasts.

Script

訳　グレタ・バッケンは，長いキャリアの中で様々なジャンルの本を書いています。私なら，初めての読者には4冊をお勧めします。まず，『ブダペストの月』は恋愛小説の傑作と考えられていて，最も大きなファン層を持っています。『あの並木道に沿って』は，少しだけミステリーの要素を含む，美しく書き上げられたファンタジー小説です。もしあなたが旅行好きでしたら，『混喩』を読むことをお勧めします。それは彼女のシベリア旅行を記録した旅日記で，旅行中に撮ったたくさんの見事な写真が掲載されています。最後は，『輪タク』という最新作で，サイエンス・フィクションが好きな人たちから高い評価を受けています。

**語句・構文**

□ genre「（芸術作品の）部類，ジャンル」　□ masterpiece「傑作」
□ romance「恋愛，恋愛小説」　□ base「基盤，支持者層」
□ craft「～を丹念に作る」　□ fantasy「空想，ファンタジー」
□ a touch of ～「少量の～」　□ journal「日記」　□ document「～を記録する」
□ stunning「見事な」　□ snap「～の（スナップ）写真を撮る」
□ review「批評」　□ enthusiast「熱中している人」

**状況の訳**　あなたは，作家グレタ・バッケンによって書かれた本を読みたい。あなたは彼女の最も人気のある本を読みたい。書店の店員があなたに次のように言う。

**質問の訳**　あなたはどの本を買うべきか？

**選択肢の訳**　**1**　『ブダペストの月』　**2**　『あの並木道に沿って』
**3**　『混喩』　**4**　『輪タク』

最も人気のある本の名前を聞き取る。第3文（First, *The Moon* …）の and 以下で，「それ（＝『ブダペストの月』）は最も大きなファン層を持っている」と述べられるから，**1**『ブダペストの月』が正解となる。状況の文では（her）most popular「最も人気がある」と表現されているが，放送文ではit has the biggest fan baseと言い換えられている点に注意する。**4**は，最終文（Lastly, *Trishaws* is …）で「サイエンス・フィクションが好きな人たちから高い評価を受けている」と述べられるが，最も人気がある本とは言えないので不適切。**2**・**3**は，本がどのような評価を受けているかについては述べられていない。

(I) **No. 27** **解答** **1**

The company has decided to outsource the personnel department's services to ABC Resource Systems. There will be two main changes. First, we'll be using a new website to handle all scheduling, requests for time off, and complaints. More importantly, time-off requests will now need to be submitted two weeks in advance. These changes will apply at the end of next month, so please submit requests on the website at that time. Until then, please direct all personnel issues to the manager of your department. Thank you for your cooperation.

Script

訳　会社は，人事部の業務をABCリソース・システムズに委託することに決めました。2つの主な変更点があります。まず，すべてのスケジューリング，休暇申請，苦情処理には新しいウェブサイトを使用することになります。さらに重要なことですが，これからは休暇の申請を2週間前に提出する必要があります。これらの変更は来月末に適用されますので，その時にウェブサイトで申請を提出してください。それまでは，人事関連のことはすべて自分の部の部長へお願いします。ご協力ありがとうございます。

**語句・構文**

□ outsource「(業務）を外部委託する」　□ personnel department「人事部」
□ handle「～を処理する」　□ submit「～を提出する」　□ apply「適用される」
□ direct *A* to *B*「*A* を *B* に向ける，向けて言う」

**状況の訳**　あなたの会社の社長が，事務手続きの変更について発表している。あなたは来週休暇を取りたい。

**質問の訳**　あなたは何をするべきか？

**選択肢の訳**
**1**　自分の部の部長と話す。
**2**　新しいウェブサイト上で申請を提出する。
**3**　自分の部の人に電子メールを送る。
**4**　ABCリソース・システムズに連絡する。

会社の事務手続きに関する英文が放送されるということに注意を払っておきたい。来週休暇を取るには何をするべきかを聞き取る。第3文（First, we'll be …）から，休暇申請は，変更が生じる人事部の業務に含まれていることがわかる。第5文（These changes will …）で，「ウェブサイト上での申請は来月末から適用される」という内容が述べられ，第6文（Until then, please …）で「それまでは，人事関連のことはすべて自分の部の部長へお願いします」と述べられる。よって，**1**「自分の部の部長と話す」が正解とわかる。**2**は，第5文の内容から不適切とわかる。**3**と**4**のような内容は述べられていない。

(J) No. 28 解答 4

The course website is now accessible. On the left side, you'll see the menu. At the top of the menu, there's a news section where I'll post event reminders and assignment due dates. I've already posted a notification about a guest lecture that you can attend for additional credit. You can click on the icon to reserve a seat. Below the news section, there's a link to a page where you can check on your weekly reading assignments. Finally, in the resources section, I put some links that might help you when working on your final research project.

Script

訳 現在，講座のウェブサイトが利用可能です。左側にメニューがあります。メニューの一番上には，私が行事の通知や課題の締切日を掲載するニュース欄があります。追加単位のために出席できる客員講座の告知をすでに掲載しました。アイコンをクリックすると席を予約できます。ニュース欄の下には，毎週の読書課題を確認できるページへのリンクがあります。最後に，資料欄には最終研究プロジェクトに取り組む際に役立ちそうなリンクをいくつか載せました。

語句・構文

- □ accessible「利用可能な」 □ reminder「（思い出させるための）通知」
- □ notification「（公的な）通知，告知」 □ guest「（形容詞的に）招待された」
- □ additional「追加の」 □ credit「（履修）単位」

状況の訳 あなたの教授がクラスに講座のウェブサイトを見せている。あなたは成績を上げるために追加の単位を取りたい。

質問の訳 あなたは何をするべきか？

選択肢の訳
1 ウェブサイトを通して，追加の研究論文を提出する。
2 追加の読書課題を終わらせる。
3 授業のためにオンライン資料を作る。
4 ニュース欄を経由して，講座に申し込む。

教授がウェブサイトを見せているということに注意して聞く必要がある。第4文（I've already posted …）で「追加単位のために出席できる客員講座の告知を掲載してある」と述べられるので，この講座に出席するべきだとわかる。第5文（You can click …）で「アイコンをクリックすると席を予約できる」と述べられるが，第3文（At the top …）で「行事の通知はニュース欄に掲載される」と述べられていたので，4「ニュース欄を経由して，講座に申し込む」が正解となる。

(K) **No. 29 解答 4**

Hi, this is Bill. As you know, today's the deadline for your column. How is it coming along? If you've already finished it, please send the column directly to my office e-mail address. If you're likely to finish it by tomorrow morning, send the file to Paula. I'll be out all day tomorrow. However, if you're not likely to make it by tomorrow morning, could you call me on my office phone tonight? I'll be here until eight. Otherwise, you can reach me on my smartphone after eight. If necessary, I can give you another few days to finish it. Thanks.

Script

訳 やあ，ビルです。ご存知の通り，今日はあなたのコラムの締め切り日です。進み具合はどうですか？ もう書き終えているのならば，コラムを私のオフィスの電子メールアドレスに直接送ってください。もし明日の朝までに終わりそうならば，ファイルをポーラに送ってください。私は，明日は一日中外出しています。でも，もし明日の朝までにできそうにないのなら，今夜，オフィスに電話をくれませんか？ 私はここに8時までいます。もしそうでなければ，8時以降は私のスマートフォンに連絡してください。必要なら，書き終わるまであと数日待てます。よろしく。

**語句・構文**

□ deadline「(原稿・支払いなどの) 締め切り」
□ column「(新聞・雑誌などの) コラム」
□ come along「(うまく) 進む，はかどる」 □ make it「成功する，成し遂げる」

**状況の訳** あなたはある新聞のライターである。あなたは午後8時30分に帰宅し，編集者からの次のようなボイスメールを聞く。あなたは自分のコラムを書き終えるのにあと2日必要である。

**質問の訳** あなたは何をするべきか？

**選択肢の訳**
**1** ファイルをビルに送る。
**2** ファイルをポーラに送る。
**3** ビルのオフィスに電話する。
**4** ビルのスマートフォンに電話する。

帰宅したのが8時30分であること，コラムを書き終えるのにあと2日が必要であることを頭に入れて聞く。放送文を聞きながら，それぞれの選択肢を確認していくといいだろう。第4文 (If you've already …) で「それ (=コラム) を書き終えていれば，私 (=ビル) に電子メールで送る」と述べられるので，**1**は不適切。第5文 (If you're likely …) で「明日の朝までに終わりそうならば，ポーラにファイルを送る」と述べられるので，**2**は不適切。第7・8文 (However, if you're … here until eight.) で「明日の朝までにできそうにないのなら，私 (=ビル) のオフィスに電話する。私 (=ビル) は8時までいる」と述べられるので，**3**は不適切。第9文 (Otherwise, you can …) で「8時以降は私 (=ビル) のスマートフォンに連絡する」と述べられるので，**4**「ビルのスマートフォンに電話する」が正解となる。

# 二次試験　面接　問題カードA

解答例　<u>One day, a mayor was having a meeting.</u> **The meeting was about the decreasing number of tourists. This was a problem, and the mayor asked if her staff members had any ideas. They all looked worried. That weekend, the mayor was drinking coffee and watching TV at home. The TV show was saying that camping was popular, and this gave the mayor an idea. Six months later, the mayor and one of her staff members were visiting the new ABC Town campsite. They were happy to see that there were a lot of campers using the campsite. A few months later, the mayor and the staff member were watching TV in her office. The staff member was shocked to see breaking news that a bear had entered the campsite because there was a lot of food garbage.**

訳　ある日，市長は会議を開いていた。会議は観光客数の減少についてだった。これは問題だったので，市長は職員たちに何か考えがないか尋ねた。彼らは全員心配そうな様子だった。その週末，市長は家でコーヒーを飲みながらテレビを見ていた。テレビ番組では，キャンプが人気だと話していて，これが市長にある考えを与えた。6カ月後，市長と職員の一人が新しいABC市キャンプ場を訪れていた。彼らはたくさんのキャンパーがキャンプ場を利用しているのを見て喜んだ。数カ月後，市長とその職員は彼女の執務室でテレビを見ていた。その職員は，食べ物のゴミがたくさんあるために，クマがキャンプ場に入ったという最新ニュースを見てショックを受けた。

▶ナレーションに含めたいポイントは以下の通り。①会議では，観光客数の減少について話し合われ，市長が職員に考えを求めた。②その週末，市長はキャンプが人気だというテレビ番組を見て，ある考えを思いつく。③6カ月後，市長と職員の一人は市のキャンプ場を訪れ，多くの人が利用していることに喜ぶ。④数カ月後，市長とその職員は，市のキャンプ場に残飯を求めてクマが現れたことを報道するテレビを見ている。観光客を増やすために市がキャンプ場を作り，当初は順調に思えたが，数カ月後にはキャンプ場にクマが現れるという事態に直面した，という状況を押さえる。2コマ目の吹き出しには，電球の絵が表されているだけだが，ここで市長が思いついたアイディアを具体的にナレーションに加えてもよいだろう。4コマ目の職員の表情については，speechless「(ショックで) 言葉が出ない」などで表すこともできる。

質問の訳

No. 1　4番目の絵を見てください。もしあなたが市長ならば，何を考えているでしょうか？
No. 2　自然について学ぶためには，人々は屋外で過ごす時間を増やすべきだと思いますか？
No. 3　企業は従業員にもっと休暇を与えるべきですか？
No. 4　絶滅の危機に瀕する動物を守るために，政府はもっと多くのことをするべきですか？

**No. 1　解答例　I'd be thinking that I should've planned the campsite more carefully. It was a good way to increase the number of tourists who come to our town, but I should've asked experts for advice about how to avoid problems with wildlife.**

訳　私ならば，もっと注意深くキャンプ場を計画するべきだったと考えているだろう。私たちの市を訪れる観光客の数を増やすにはいい方法だったが，野生動物の問題を避ける方法について専門家のアドバイスを求めるべきだった。

仮定法で質問されているので，I'd be thinking … のように仮定法で答える。〔解答例〕は過去の行動を後悔しているという内容だが，今後の対策を考えているという答えも可能だろう。例えば，「ゴミを家に持ち帰るようキャンパーに要請する必要がある」，「対策を講じるまでは，キャンプ場を閉鎖しよう」などが考えられる。

**No. 2　解答例　Yes. These days, people spend a lot of time inside using computers and tablets. People should learn about the natural world, and personal experiences can be more effective for learning than the Internet or books.**

訳　はい。最近では，人々はコンピューターやタブレットを使いながら，屋内で多くの時間を過ごしている。人々は自然界について学ぶべきであるし，個人的な体験はインターネットや本よりも学びには効果がある。

〔解答例〕は Yes の立場で，自然について学ぶには個人的な体験が効果的だと指摘している。他には「自然の中で過ごす時間を増やすことが重要だ」のような答えも考えられる。No の立場で解答するならば，「屋内でも自然を学ぶ方法はあるのだから，必ずしも戸外で過ごす必要はない」などが理由になり得るだろう。

**No. 3　解答例　Yes, I think so. These days, many people damage their health by working too hard, so it's important for people to relax and take care of themselves. By doing so, their performance at work will naturally improve, too.**

訳　はい，そう思う。近頃，多くの人が働きすぎて健康を害している。だから，人々はリラックスし，自分の体に気をつけることが重要だ。そうすることによって，仕事の成果も自然に上がるだろう。

〔解答例〕と同じ Yes の立場でも，「日数を増やすだけでなく，長期の連続休暇（longer consecutive holidays）が必要だ」のような答えも可能だろう。No の立場で解答するならば，「日本では法律上の休暇制度が整っているので，これ以上は必要ない。それよりも運用面が重要である」といった答えが考えられる。あるいは，It depends. で始めて，「すでに十分な休暇制度が整っている職場もあり，一概には言えない」といった答えも可能だろう。

**No. 4　解答例　I don't think so. Unfortunately, the government has more important responsibilities. Taking care of people's problems should be the priority. Besides, the government already spends a lot of money protecting**

**endangered animals.**

訳 そうは思わない。残念ながら，政府にはもっと重要な責務がある。人々の問題に対処することを優先するべきだ。加えて，絶滅の危機に瀕する動物を守るために，政府はすでに多額の費用をかけている。

〔解答例〕と同様にNoの立場では，「動物の生息地の環境を守るためには，政府よりも，企業の対策や個人の行動が重要である」といった理由も考えられる。Yesの立場で答えるならば，「生息地の開発を制限することや，危機に瀕する動物の取引を取り締まることなどに，政府はもっと真剣に取り組むべきだ」のような理由が可能だろう。

## 二次試験　面接　問題カードD

解答例 **One day, a woman was talking with her company's CEO in the office. He was telling her that she was promoted to manager, and she looked happy to hear that. That evening, she was at home with her husband and baby. She showed her husband that she had gotten a promotion. He said that he could pick up their baby from the day care center instead. A month later, the woman was working in her new position as manager. She got a message from her husband at 7 p.m. saying that he had picked up their baby from day care, and she was glad that she could continue working. A few days later, she was working on a project, and her husband called her at seven. He seemed very busy, and he told her that he could not pick up the baby that day.**

訳 ある日，女性はオフィスで会社のCEO（最高経営責任者）と話していた。彼は彼女が部長に昇進したと告げていて，彼女はそれを聞いてうれしそうだった。その夜，彼女は家で夫と赤ちゃんと一緒にいた。彼女は夫に昇進したことを説明した。彼は，自分が代わりに赤ちゃんを保育園に迎えに行けると言った。1カ月後，女性は部長としての新しい立場で働いていた。午後7時に夫から，保育園に赤ちゃんを迎えに行ったというメッセージを受け取り，彼女は仕事を続けられるのでうれしかった。数日後，彼女がある企画の仕事をしていると，7時に夫が電話をしてきた。彼はとても忙しいようで，その日は赤ちゃんを迎えに行けないと彼女に言った。

▶ナレーションに含めたいポイントは以下の通り。①女性はCEOから部長に昇進したと告げられて，うれしそうである。②その夜，女性が昇進のことを夫に話すと，夫は，自分が代わりに赤ちゃんを保育園に迎えに行けると言う。③1カ月後，女性は部長として働いていて，夜7時に赤ちゃんを迎えに行ったと夫から連絡が来る。④数日後，女性が職場で働いていると，夜7時に夫から電話があり，その日は赤ちゃんを迎えに行けないと言う。子育て中の女性が職場で昇進したあと，夫が女性の代わりに保育園へ赤ちゃんを迎えに行くことになったが，ある日，夫も女性も仕事で迎えに行けない状況になる，という流れを押さえる。〔解答例〕では，吹き出しに書かれた英文が間接話法で表されている。間接話法では，代名詞や時制を適切に変える，4コマ目のtodayをthat dayにする，などが必要になるので注意すること。

質問の訳

No. 1　4番目の絵を見てください。もしあなたがこの女性ならば，何を考えているでしょうか？

No. 2　最近の親は子どもに対して過保護ですか？

No. 3　現代生活のペースの速さは，人々に悪影響を与えていますか？

No. 4　将来，日本の出生率の低下に歯止めがかかると思いますか？

**No. 1　解答例　I'd be thinking, "Neither of us can go to pick up our baby from the day care center. The same problem is probably going to happen again. Maybe I shouldn't have accepted the promotion to manager."**

訳　私ならば，「私たちのどちらも保育園に赤ちゃんを迎えに行くことができない。同じ問題が，おそらくまた起こるだろう。部長への昇進を受けるべきではなかったのかもしれない」と思っているだろう。

〔解答例〕のような答えの他には，We need to find a nursery school that offers extended childcare.「延長保育を行う保育園を見つける必要がある」や，「残業をしなくて済むように，スケジュールを見直そう」のような答えも考えられる。

**No. 2　解答例　I think so. Parents these days try to control every part of their children's lives, so children never get a chance to make their own decisions. As a result, the younger generation is becoming less independent.**

訳　そう思う。最近の親は，子どもの生活のあらゆる部分を管理しようとするので，子どもたちは自分で決断する機会を決して得ることがない。結果として，若い世代は自立できなくなっている。

〔解答例〕と同じ Yes の立場で，「日本では，一世帯あたりの子どもの数の平均が 2 人より少なく，最近の親は，昔の親と比べて，より多くの時間とお金を 1 人の子どもに費やす傾向がある」などの現状を挙げることもできる。No の立場で答えるならば，「最近の親は，過保護が子どもの成長や自立を妨げることをよく理解し，過干渉を避けるようになっている」，「子どもを保育所に預けて仕事を続ける母親が増えていることからも，最近の親が過保護すぎるとは言えない」などの答えが考えられる。

**No. 3　解答例　Yes. Especially in big cities, it seems like people never have time to relax. I think that the biggest reason is the work culture. This definitely has a negative effect on people's mental and physical health.**

訳　はい。特に大都市では，人々はリラックスする時間が全くないようだ。最も大きな理由は仕事が中心の文化だと私は思う。これは間違いなく，人々の精神的並びに肉体的健康に悪影響を及ぼしている。

〔解答例〕と同じ Yes の立場でも，「ソーシャルメディアでは常に新しい情報がアップデートされていて，それについていこうとして疲弊している人たちが多い」のような例を挙げることもできる。No の立場で答えるならば，「個人の生活を含め，世の中全体の生産性も上がっているので，豊かな生活を送ることが可能になっている」のような理由が考えられる。

**No. 4** 解答例 **I think so. The government realizes the decreasing birth rate is a problem, and it's spending money to encourages people to have more children. Also, companies provide more childcare leave these days.**

訳 そう思う。政府は出生率の低下は問題であると認識していて，人々にもっと子どもを産むよう奨励するためにお金を使っている。また，最近では企業も育児休業をより多く与えている。

〔解答例〕と同じく Yes の立場で，「現在の出生率の低下は経済的不安によるところが大きい。将来的には経済が好転し，出生率の低下は止まると思う」などのように述べることもできる。No の立場としては，「日本では未婚者が増加しているので，出生率の低下は今後も続くだろう」のような答えが可能だろう。

# 2021年度 第3回

Grade Pre-1

## 一次試験 解答一覧

● 筆記

| | | | | | | | | | | | | |
|---|---|---|---|---|---|---|---|---|---|---|---|---|
| 1 | (1) | (2) | (3) | (4) | (5) | (6) | (7) | (8) | (9) | (10) | (11) | (12) |
| | 2 | 2 | 3 | 2 | 2 | 2 | 3 | 1 | 2 | 4 | 1 | 1 |
| | (13) | (14) | (15) | (16) | (17) | (18) | (19) | (20) | (21) | (22) | (23) | (24) |
| | 3 | 3 | 4 | 4 | 3 | 2 | 1 | 4 | 1 | 1 | 2 | 1 |
| | (25) | | | | | | | | | | | |
| | 2 | | | | | | | | | | | |

| | | | | | | |
|---|---|---|---|---|---|---|
| 2 | (26) | (27) | (28) | (29) | (30) | (31) |
| | 2 | 4 | 1 | 3 | 1 | 3 |

| | | | | | | | | | | |
|---|---|---|---|---|---|---|---|---|---|---|
| 3 | (32) | (33) | (34) | (35) | (36) | (37) | (38) | (39) | (40) | (41) |
| | 1 | 2 | 2 | 4 | 2 | 1 | 3 | 4 | 1 | 2 |

4（英作文）の解答例はP. 22を参照。

● リスニング

| | | | | | | | | | | | | |
|---|---|---|---|---|---|---|---|---|---|---|---|---|
| Part 1 | No. 1 | No. 2 | No. 3 | No. 4 | No. 5 | No. 6 | No. 7 | No. 8 | No. 9 | No. 10 | No. 11 | No. 12 |
| | 4 | 1 | 1 | 1 | 3 | 1 | 3 | 4 | 1 | 2 | 1 | 4 |

| | | | | | | | | | | | | |
|---|---|---|---|---|---|---|---|---|---|---|---|---|
| Part 2 | A | | B | | C | | D | | E | | F | |
| | No. 13 | No. 14 | No. 15 | No. 16 | No. 17 | No. 18 | No. 19 | No. 20 | No. 21 | No. 22 | No. 23 | No. 24 |
| | 3 | 1 | 1 | 4 | 1 | 2 | 2 | 1 | 3 | 3 | 2 | 1 |

| | | | | | |
|---|---|---|---|---|---|
| Part 3 | G | H | I | J | K |
| | No. 25 | No. 26 | No. 27 | No. 28 | No. 29 |
| | 3 | 4 | 1 | 4 | 2 |

# 一次試験　筆記　1

**(1)**　**解答　2**

訳　ロベルトは真の愛国者だったので，自分の国が隣国に攻撃されたとき，すぐに軍隊に入ることを買って出た。

空所直後の so が，前述の内容から導かれる結果を表すことに注目する。「自分の国が隣国に攻撃されたとき，すぐに軍隊に入ることを買って出た」とあることから，そのような彼の性格を表す **2 patriot**「愛国者」が正解となる。 **1** villain「悪役」 **3** spectator「観客」 **4** beggar「物乞い」

**(2)**　**解答　2**

訳　「ここで休憩にしましょう」と議長が言った。「約 15 分後に会議を再開し，議題の次の項目について話し合います」

空所には，the meeting を目的語にとる動詞が入る。第 1 文に「休憩しましょう」とあるので，その後に続く発言として，約 15 分後に会議をどうするのかを考え，**2 resume**「～を再開する」を選ぶ。**1** parody「～を面白おかしくまねる，パロディー化する」 **3** impede「～を遅らせる，邪魔する」 **4** erect「～を直立させる」

**(3)**　**解答　3**

訳　ダンは初めてスキーをやってみたとき，難しいと思ったが，その後のスキー旅行のたびにうまくなった。今では，彼はスキーの名人である。

文頭に The first time「初めて」とあるので，それをヒントに文の流れを考える。スキーに関して「難しいと思った」と述べられた後に，空所をはさんで「彼は上手になった」とあるので，**3 subsequent**「その後の」を入れることで，文意がつながる。**1** sufficient「十分な」 **2** arrogant「傲慢な，無礼な」 **4** prominent「卓越した，目立った」

**(4)**　**解答　2**

訳　その教授は彼の分野における専門家であるが，彼の奇妙な行動は同僚たちが戸惑う原因になっている。「彼はいつもおかしなことをしたり言ったりしている」と，同僚の一人は言っていた。

空所の後にある a source of embarrassment「戸惑いの原因」がヒントとなる。彼の同僚たちが戸惑う原因が，彼のどんな行動にあるかを考え，適切な形容詞を選ぶ。**2 eccentric**「一風変わった，普通でない」が正解。**1** secular「非宗教的な，世俗の」 **3** vigilant「油断のない」 **4** apparent「明白な」

(5) **解答** **2**

訳 その屋台の八百屋は，売っている野菜が有機栽培だと証明することができなかったので，エディーは野菜を買うのを拒んだ。自然食品しか食べないというのが，彼の厳格な信条だったのだ。

空所直後の that 節に「それが売っている野菜は有機栽培だった」とあり，そのことをどうすることができなかったのかを考える。**2** **certify**「～を証明する」を選べば，後の内容とつながる。**1** diverge「～をそらす」 **3** evade「～を逃れる」 **4** glorify「～をよく見せる」

(6) **解答** **2**

訳 学校の進路指導担当者として，ペレイラ先生は生徒が自分の仕事を見つける手助けをすることを専門にしている。人は自分の性格とスキルに合った仕事をするべきだと，彼女は強く思っている。

後半の内容に「人は自分の性格とスキルに合った仕事をするべきだ」とあることから，生徒の何を見つけるのかを考える。後半にある careers「仕事」の言い換えとして，**2** **vocation**「(自分に適した) 職業，仕事」が正解。**1** boredom「退屈」 **3** insult「侮辱」 **4** publicity「世評，広告」

(7) **解答** **3**

訳 そのマラソン走者はレース後にとてものどが渇いていたので，大きなスポーツ飲料をたった二，三口で飲んでしまうと，すぐにもう一本ほしいと言った。

のどが渇いていたマラソン走者がスポーツ飲料をどうしたのか考える。in one gulp「ひと飲みで」という表現があることから，**3** **gulps** (**gulp**「一口の分量，一気に飲む量」の複数形) を入れ，「たった二，三口で」という意味にすれば，文意が通る。**1** herd「群れ」 **2** lump「かたまり」 **4** sack「袋」

(8) **解答** **1**

訳 その眠っている赤ん坊は，兄の部屋から聞こえてくるうるさい音楽にびっくりした。彼女は目を覚まして泣き出し，再び寝入るまでに長い時間がかかった。

空所に入る選択肢がすべて過去分詞で，直前に be 動詞があることから，受動態であるとわかる。眠っている赤ん坊がうるさい音楽にどうされたのかを考え，**1** **startled** (**by** ～)「～にびっくりさせられる」を選ぶ。**2** improvise「～を即席に作る」 **3** prolong「～を延ばす，長引かせる」 **4** tolerate「～を許容する，大目に見る」

**(9) 解答 2**

訳 A：今の時点で1年間このアパートに住んでいるけど，賃貸契約がもう少しで切れるんだ。住み続けた方がいいか引っ越した方がいいか，決めなくちゃ。

B：家賃が同じなら，契約を更新して住み続けることを勧めるな。

2人の会話から，アパートの契約更新について話していることがわかる。Aが「とどまるべきか引っ越すべきか決めなくてはならない」と言っていることから，何が終わろうとしているかを考え，**2** **lease**「賃貸契約」が正解となる。**1** token「代用硬貨，商品（引換）券」 **3** vicinity「近所，周辺」 **4** dialect「方言」

**(10) 解答 4**

訳 その大統領候補は，停滞している景気を現大統領の責任だとした。もし自分が選挙で選出されれば，景気をよくすると彼は約束した。

空所手前のblamedに注目する。blame *A* on *B*「*A*を*B*の責任にする」という表現から，現大統領の責任として適切となるものを考え，**4** **sluggish**「（経済などが）不振の」を選ぶ。**1** bulky「巨体の」 **2** functional「機能的な」 **3** ethnic「民族の」

**(11) 解答 1**

訳 A：アニー，元気にしてたかい？ 去年のイタリア旅行は楽しかった？

B：楽しかったわよ，パブロ。実は，そこが本当に気に入ったから，引っ越そうかと思ってるのよ。うちの息子が高校を卒業するまで待たなくちゃいけないけどね。

空所を含む文にso that の構文があることに気づけばわかりやすい。「そこ（イタリア）がとても気に入ったので，そこに引っ越すことを…」と考え，**1** **contemplating**「～しようと考える」を選べば正解である。**2** emphasize「～を強調する」 **3** vandalize「～を破壊する」 **4** illustrate「～を説明する」

**(12) 解答 1**

訳 上院議員たちは全員その新しい法律を支持すると言ったので，彼らが満場一致でそれに対して賛成票を投じたときは，なんの驚きもなかった。

第1文にAll the senatorsとあることから，全員がその法律に賛成したという内容に一致するよう，**1** **unanimously**「満場一致で」を選べばよい。vote「投票する」は，その直後にforがくれば「賛成票を投じる」，againstがくれば「反対票を投じる」の意になることも覚えておこう。**2** abnormally「常軌を逸して，異常に」 **3** mockingly「軽蔑して」 **4** savagely「獰猛に，無作法に」

(13) **解答** 3

訳 A：マーカム教授の講義には行った？
B：行ったんだけど，あまりに退屈だったから15分しか耐えられなかったんだ。その後，そこを出てカフェに行ったよ。

so boring の後の that が省略されていることに注意する。「それ（マーカム教授の講義）がとても退屈だったので，15分…することしかできなかった」という意味になるため，文意が通るのは **3** **endure**「～を我慢する，耐える」である。**1** execute「～を実行する」 **2** discern「～を見分ける」 **4** relay「～を伝える」

(14) **解答** 3

訳 寒冷地に建てられた家は，冬の間は驚くほど居心地が良いことがある。暖炉や木製の家具，素敵なカーペットは，その家に暖かく快適な感じを与えてくれるのだ。

第2文に a warm, comfortable feeling「暖かく快適な感じ」とあることから，空所にはプラスのイメージを持つ形容詞が入ると考えられる。その内容に合う，**3** **cozy**「（暖かくて）居心地の良い」を選ぶのが正解である。**1** rigid「厳格な，厳しい」 **2** rash「軽率な，向こう見ずな」 **4** clumsy「ぎこちない，不器用な」

(15) **解答** 4

訳 ウィルソンさんは，息子が窓を割ったときに腹を立てたが，誰か他の人がそれをやったのだと言って息子が彼女をだまそうとしたことに，より失望した。

前半に「彼女の息子が窓を割った」とある一方で，後半には「誰か他の人がそれをやったと彼女に言う」とあり，この流れから息子が母親に対して何をしようとしたのかを考えればよい。**4** **deceive**「～をだます」が正解。**1** pinpoint「～を正確に指摘する」 **2** suppress「～を鎮圧する」 **3** reroute「～を別の道で送る」

(16) **解答** 4

訳 ワンダがひと月に三度目の遅刻をした後，主任は時間を厳守することの大切さについて，長時間ワンダと話をした。

前半に書かれている late for the third time「三度目の遅刻」がヒントとなる。遅刻した人に対して主任が話す重要性として最も適切なのは，**4** **punctuality**「時間厳守」である。**1** congestion「渋滞，混雑」 **2** drainage「排水」 **3** optimism「楽観主義」

(17) **解答** 3

訳 その若い作家は，型にはまった物語の規則には従わないことにして，独特の形式で小説を書いた。

文末にある a unique style「独特の形式」がヒントになる。空所に入るのは storytelling rules を修飾する形容詞なので，**3** **conventional**「型にはまった，従来の，伝統的な」を選べば文意が通る。**1** vulnerable「傷つきやすい」 **2** clueless「馬鹿な，無知な」 **4** phonetic「音声の」

⑱ **解答** 2

訳　その箱に入っている商品は壊れやすいので慎重に梱包されていたが，それでもそのうちのいくつかは配達中に損傷した。

空所の手前に because があるので，その商品が慎重に梱包された理由として適切なものを入れる。**2 fragile**「壊れやすい」が正解。**1** coarse「ざらざらした」 **3** immovable「固定した，動かない」 **4** glossy「光沢のある」

⑲ **解答** 1

訳　女王は顧問を宮殿に呼びつけたが，彼が到着するのに長時間かかったので非常に腹を立てた。

空所に入るのは，The queen を主語に取る動詞である。女王が顧問をどうしたのかを考え，**1 summoned**「～を呼んだ，招集した」を選ぶ。**2** hammer「～をハンマーで打つ」 **3** mingle「～を混ぜる」 **4** tremble「～を震えさせる，震える」

⑳ **解答** 4

訳　将軍は，自分の軍隊が戦闘に負けそうになっていることを知ったので，撤退するよう命令した。軍隊が無事戦場から離れるとすぐに，彼は敵を打ち破る新しい計画に取り組んだ。

前半に「軍隊が戦闘に負けそうになっている」とあることから，将軍が軍隊に対してどんな命令を出したのかを考える。空所直後の文に「戦場から無事離れた」とあることからも，**4 retreat**「撤退する」が最も適切である。**1** entrust「～に任せる」 **2** discard「～を捨てる」 **3** strangle「～を窒息させる」

㉑ **解答** 1

訳　大学生になった後，ビルは自分に高等数学を研究する能力がないとすぐわかったので，専攻を地理学に変更した。

後半に「専攻を地理学に変更した」とあることから，ビルは大学に入ってから専攻するつもりだった高等数学をやめたということになる。そこから，高等数学の研究に欠かせないものは何かを考え，**1 capacity**「能力，才能」を選ぶ。**2** novelty「目新しさ，小物商品」 **3** bait「餌，おとり」 **4** chunk「かたまり」

㉒ **解答** 1

訳　その警察官は，容疑者が金を盗んだことを無理やり認めさせるために彼に暴力をふるおうと自分の相棒が提案したとき，ショックを受けた。このように暴力をふるうことは許されていなかった。

空所に入るのは，a suspect を目的語に取る動詞。最初に「ショックを受けた」という表現があることから，**1 rough up**「～に暴力をふるう」を選ぶのが最も文意が通る。なお，suggest「～を提案する」や insist「～を主張する」など，提案や要求，主張を表す動詞の後に続く that 節は，動詞が原形になるので注意すること。**2** give out「～を発表する，～を配る」 **3** break up「～をばらばらにする，終わらせる」 **4** take over「～を引き継ぐ」

**⑶ 解答　2**

訳　ジュリアスは，初めてバードウォッチングをした日に，幸運にも希少種のワシを見ることができた。しかし，次にその希少種のワシを見るまでに 20 年が過ぎた。

主語が 20 years と時間を示す言葉になっていることに注目。初めて希少種のワシを見た日から 20 年がどうなったのかを考えれば，**2 went by**「(時間が) 経過した」が正解だとわかる。**1** hold out「長持ちする」 **3** lay off「(不愉快なこと・害になることを) やめる」 **4** cut off「急いで立ち去る」

**(24) 解答　1**

訳　A：週末，海に行く旅行はキャンセルするつもり？　台風が来ているよ。
B：まだ行かないと決めたわけじゃないよ。台風がどの方向に進むか次第だね。

2 人の会話から流れを考える。Aの発言を見ると，台風が来ているので旅行をキャンセルするつもりかどうかをBに尋ねていることがわかる。一方，Bの発言の後半を見ると，「台風がどの方向に進むかによって決まる」と言っており，現段階ではまだキャンセルの意思がないことが読み取れる。したがって，**1 ruled out**「～を除外した」を選び，「まだ行くことを除外していない」＝「行かないと決めてはいない」とするのが最も適切である。**2** stand down「～を解雇する」 **3** drag into「～に引きずり込む」 **4** scoop up「～をすばやく買いつくす」

**(25) 解答　2**

訳　ジュンは，もし職を失っても頼れるものがあるように，常にできるだけ多くのお金を貯めていた。

空所を含む部分は，something にかかる不定詞の形容詞的用法。ジュンがお金を貯めている目的を考えると，**2 fall back on**「(人やお金) に頼る」を選ぶのが妥当である。文中にある so は，目的を示す so that の that が省略されていることに注意すること。**1** look up to「～を尊敬する」 **3** come down with「(風邪など) にかかる」 **4** do away with「～を廃止する」

# 一次試験　筆記　2

訳

**寄付景品**

近年，慈善団体が彼らにお金を寄付してくれる人たちに寄付景品――コーヒーマグのようなちょっとした贈り物――を渡すことが，よく見られるようになった。多くの慈善団体がそれを提供しており，寄付景品を受け取ると，人々はより多くのお金を寄付してくれるのだと，広く信じられている。しかし，寄付景品は寄付する人の姿勢を変えてしまう傾向があるのだと，研究者たちは言っている。たいていの人々は最初，世界をより良い場所にしたいとか，幸運でない人々を助けたいと思ってお金を寄付する。しかし，景品を受け取ると，人々は利己心と欲望によって動機づけられるようになり始める可能性がある。それどころか，彼らは将来寄付をしなくなるかもしれないのだ。

しかし，この問題を避ける方法があるかもしれない。研究によると，寄付をした後に景品を受け取れると伝えることは，彼らが将来必ず寄付するようにする最良の方法ではない。ある研究では，期待していないときに景品を受け取ることに，寄付する人はより良い反応をした。さらに，そういった人からのその後の寄付は，最大で75％増えたのだ。一方で，寄付をした後に景品をもらえるということを知っている寄付者は，その景品がどんなものであるかに関係なく，景品を高く評価することはなかった。

寄付景品には，間接的な利点もあるかもしれない。景品は，慈善事業を促進するのに役立つかもしれないと，専門家は言う。たとえば，慈善団体のロゴのついたしゃれた買い物バッグのような品物は，寄付をした人がある特別な集団の一員であるということを示す。そういった景品は，単に寄付した人を満足させ続けるだけでなく，一般の人々が慈善団体に気づく機会を増やすのである。

**語句・構文**

(表題)　□ donor「寄付をする人」　□ premium「景品」

(第1段)　□ charity「慈善団体，慈善事業」　□ donate「～を寄付する」
□ initially「最初は」

(第2段)　□ ensure「確実に～するようにする」　□ contribute「寄付をする」
□ up to ～「最大で～」　□ value「～を評価する」
□ regardless of ～「～に関係なく」

(第3段)　□ indirect「間接的な」　□ fancy「派手な，しゃれた」
□ signal「～を示す，特徴づける」　□ exclusive「排他的な，高級な」

**各段落の要旨**

第1段　近年，お金を寄付してくれる人たちに，寄付景品を渡す慈善団体がよく見られるようになった。しかし，景品を受け取ると，人々は利己心と欲望によって動機づけられ，将来寄付をしなくなるかもしれないと言う研究者たちもいる。

第2段　ある研究では，景品がもらえることを期待していないときに景品を受け取ると，寄付する人はより良い反応を示し，その後の寄付も増加傾向にあった。一方で，寄付をした後に景品をもらえるということを知っている人は，景品を高く評価することはなかった。

第3段 寄付景品には，慈善事業を促進するのに役立つという間接的な利点もある。特別な慈善団体を示す景品は，単に寄付した人を満足させるだけでなく，一般の人々が慈善団体に気づく機会を増やすのである。

(26) **解答** **2**

**選択肢の訳**
**1** 慈善団体の財源を使い切る
**2** 寄付をする人の姿勢を変える
**3** 人々がより多くのお金を寄付するのを奨励する
**4** 慈善団体に対する人々のイメージを向上させる

寄付景品がどうなる傾向にあるかを考える問題。空所直後の第1段第4文（Most people initially …）に「たいていの人々は最初，世界をより良い場所にしたいとか，幸運でない人々を助けたいと思ってお金を寄付する」とある一方，続く第5文（When they receive …）には「景品を受け取ると，人々は利己心と欲望によって動機づけられるようになり始める」とあり，景品があることで寄付をする人の対応が変わることを示唆している。この内容とつながるのは，**2 change donors' attitudes** である。

(27) **解答** **4**

**選択肢の訳**
**1** Instead「その代わりに」
**2** Nevertheless「それにもかかわらず」
**3** In contrast「対照的に，それに比べて」
**4** Furthermore「その上，さらに」

前後の接続関係を考える問題。空所直前の第2段第3文（In one study, …）を見ると，「景品を期待していないときに受け取ることに，寄付する人はより良い反応をした」とあり，空所直後には「そういった人からのその後の寄付は，最大で75%増えた」とある。ともに，寄付する人の姿勢が肯定的に書かれていることから，前述の内容を支持する情報を付け加えるときに用いる **4 Furthermore** が正解である。

(28) **解答** **1**

**選択肢の訳**
**1** 慈善事業を促進するのに役立つ
**2** 簡単に複製できる
**3** 望ましくない効果を持つ
**4** 寄付をする人の困惑の原因になる

第3段第1文（Donor premiums may …）に benefits「恩恵，利点」とあることがヒント。空所を含む第2文以降は，その具体的内容が書かれていると考えられ，選択肢の中から利点につながるものを選べばよい。最終文（Such gifts not only …）に「景品は，一般の人々が慈善団体に気づく機会を増やす」とあることから，最も適当なのは **1 help promote charities** である。

訳

## 政府の政策と交通安全

シートベルトのような安全対策の導入によって，合衆国の交通関連死は減少している。しかし，より厳しい政府の規制があれば，死亡者数はさらに減らせると主張する政府政策批判者は多い。実際，制限速度に関する現行の政策は，危険運転を助長するかもしれないと言う人もいる。これは，制限速度が「運転速度法」を用いて設定されることが多いからである。この方法を用いる場合，道路を利用する車が実際に移動する速度に基づいて制限速度が決められ，危険を高める可能性のある道路の特徴には，ほとんど注意が払われない。残念なことに，これは安全でないレベルで制限が設定されていることが時々あることを意味している。

批判者はまた，車の安全規制に関して，合衆国は他国に遅れを取っていると指摘する。合衆国では，安全規制は車内にいる人を守るように意図されているのである。より大型化し，形状が変化した車もあるのに，それらの車が歩行者に対して引き起こす危険が増大していることを反映するように法律が変わってはいないのだ。車に乗っている人の安全性のみを規制することは無責任であり，それらを防ぐのに役立つよう取られる簡単な措置があるにもかかわらず歩行者の死亡は増えていると，批判者たちは言っている。

道路の安全性を改善する対策の1つは，赤信号で止まらないドライバーを発見するために，信号機のカメラを使うことである。そのようなカメラの多くは1990年代に設置され，命を救うことが証明されている。このことにもかかわらず，近年こうしたカメラの数は減少している。これの1つの理由は，プライバシーの心配から，そのカメラに対する人々の反対が多いことである。

**語句・構文**

(第1段) □ due to ～「～が理由で」 □ measure「対策，措置」
□ claim「～だと主張する」 □ fatality「不慮の死，死亡者（数）」
□ regulation「規則，規制」 □ current「今の，現在の」
□ regarding「～に関して」 □ feature「特徴」

(第2段) □ point out「～を指摘する」
□ when it comes to ～「～に関しては，～のこととなると」
□ pose「～を引き起こす」 □ pedestrian「歩行者」
□ occupant「占有者，乗客」 □ irresponsible「無責任な」

(第3段) □ detect「～を発見する」 □ install「～を設置する」

**各段落の要旨**

第1段 合衆国の交通関連死は減少しているが，より厳しい政府の規制があれば，死亡者数はさらに減少すると政策批判者は主張する。たとえば制限速度に関する今の政策は，車の運転速度に基づいて決められており，道路側の危険には注意が払われていない。つまり，政策で決められている制限が安全でない場合があるということだ。

第2段 政策批判者によると，合衆国の安全規制は，車内の人を守ることはできるが，車が歩行者に対して引き起こす危険に対応できるようにはなっていない。車に乗っている人の安全性のみを規制するのは無責任であり，死亡を防ぐ簡単な措置はあるのに歩行者の死亡は増えている，と批判者たちは言っている。

第３段 道路の安全性を改善する対策の１つは，信号機のカメラを使うことであり，実際にそのカメラが命を救うことも証明されている。しかし，プライバシーの問題からカメラ設置への反対が多く，近年こうしたカメラの数は減少している。

**(29) 解答 3**

選択肢の訳
1 この傾向をさらに支える
2 シートベルトの利用を減らす
3 危険運転を助長する
4 代替策を与える

制限速度に関する現在の政府の政策が，どのようなものであるかを考える。第１段第５文（With this method, …）を見ると，「道路を利用する車が実際に移動する速度に基づいて制限速度が決められる」「危険を高める可能性のある道路側の特徴には，ほとんど注意が払われない」とある。そして，最終文（Unfortunately, this means …）に「制限が安全でないレベルで設定されていることがある」とまとめられている。以上のことから，制限速度に関する規制が危険につながっていると考えられ，**3 encourage dangerous driving** を入れるのが最も適切である。

**(30) 解答 1**

選択肢の訳
1 車内の人を守るように意図されている
2 多くのドライバーに反対されている
3 実際に減少している
4 大型車に対してより厳しい

空所直後の第２段第３文（Although some vehicles …）の文末にある pedestrians「歩行者」がヒントとなる。この文の内容を踏まえて，合衆国の安全規制がどのようなものかを考えると，歩行者と対比される人について書かれている **1 designed to protect those inside vehicles** が正解となる。those は「それらの」という指示代名詞で用いられるが，本問のように「～する人たち」を表すことがあるので，注意すること。

**(31) 解答 3**

選択肢の訳
1 For instance「たとえば」
2 Likewise「同様に」
3 Despite this「このことにもかかわらず」
4 Consequently「その結果」

前後の流れを考える問題。空所直前の第３段第２文（Many such cameras…）には「カメラの多くは 1990 年代に設置され，命を救うことが証明されている」と書かれている。一方，空所直後の文では「カメラの数は減少している」とあり，両者が逆接の関係でつながることがわかる。したがって答えは **3 Despite this** である。

## 一次試験　筆記　3

訳

カリグラ

「気の狂った皇帝」としても知られているローマ皇帝カリグラは，非常に悪名高くなったので，彼の生涯に関する事実と言い伝えとを区別するのは難しい。在位中，カリグラは「脳炎」と言われる病気に罹った。この病気が，気が狂った原因であると言われることが多く，彼が病気になった後に続く，一見理性を失った行動に裏付けられている主張である。しかし今日では，彼の行動は巧妙で恐ろしく暴力的な政治戦略の計画的な一部であったかもしれない，と主張する歴史家もいる。

病気になった後，カリグラはほんの小さな罪であっても，非常に多くの市民を拷問にかけて死刑にした。彼は，自分が生きる神であるとも主張した。これらの行動は，精神の不安定を示しているかもしれないが，その行動は自らの地位を守るために意図されたものだというのがもうひとつの説明である。カリグラが病気の間，助かるとは予期されていなかったので，彼の後を継ぐ企てが練られていた。その結果，彼はおそらく裏切られ脅かされると感じたのだろう。同様に，自分が神であると主張することは確かに精神異常の徴候のように思えるが，ローマ皇帝の多くは死後，神になると考えられていたので，カリグラは敵が自分を暗殺するのをやめさせるためにそう主張していたのかもしれない。

カリグラが，愛馬のインキタトゥスを強大な権力を持つ官職におそらく任命しようとしたという逸話も，ときに彼の精神疾患の証拠として用いられる。しかし，カリグラはローマ元老院の議員たちに，着心地の悪い服を着せたり自分の戦車の前を走らせたりして，たびたび屈辱を与えたと言われている。自分の馬を元老院議員よりも高い地位に上げることは，彼らに価値がないと思わせるためのもうひとつの方法だったのかもしれない。しかし，最終的にカリグラの行動は行き過ぎてしまい，彼は殺された。彼を歴史から消し去ろうとする努力がなされ，現代の歴史家が研究するための信頼できる資料はほとんど残っていない。その結果，彼が本当に気の狂った皇帝であったかどうかは，決してわからないのかもしれない。

**語句・構文**

(第1段)
- ☐ infamous「悪名高い」　☐ reign「(君主の) 治世，統治期間」
- ☐ go insane「頭がおかしくなる」　☐ seemingly「見た目には，一見」
- ☐ irrational「理性を失った」　☐ deliberate「故意の，意図的な」
- ☐ strategy「戦略」

(第2段)
- ☐ torture「～を拷問にかける」　☐ put *A* to death「*A* を死刑にする」
- ☐ minor「重大でない，小さな」　☐ offense「罪，違反」
- ☐ instability「不安定（な状態）」　☐ intend「～を意図する」
- ☐ secure「～を確保する，守る」　☐ replace「～に取って代わる」
- ☐ betray「～を裏切る」　☐ threaten「～を脅かす」
- ☐ similarly「同様に」　☐ symptom「症状，徴候」
- ☐ insanity「心神喪失，精神異常」

☐ discourage *A* from *doing*「*A*（人）が～するのを思いとどまらせる」
☐ assassinate「～を暗殺する」
（第 3 段）☐ supposedly「おそらく」　☐ appoint *A* to *B*「*A* を *B* に任命する」
☐ humiliate「～に恥をかかせる，屈辱を与える」
☐ the Roman Senate「ローマ元老院」
☐ chariot「（古代エジプト・ギリシア・ローマなどの）一人乗り二輪戦車」
☐ elevate「～を上げる」　☐ murder「～を殺す」
☐ erase「～を消し去る」　☐ reliable「信頼できる」

**各段落の要旨**

第 1 段　「気の狂った皇帝」として知られるローマ皇帝カリグラについて，彼の狂った行動の原因は「脳炎」と言われる病気が原因であると言われることが多い。しかし今日では，その行動が計画的だったかもしれないと主張する歴史家もいる。

第 2 段　カリグラの行動は，自分の地位を守るために意図されたものであるという説明がある。カリグラが病気になったとき，助かるとは予期されていなかったので，彼の後を継ぐ企てが練られていた。カリグラは暗殺されないように，一見気の狂ったような行動や主張をしていたのかもしれない。

第 3 段　カリグラは行動が行き過ぎて，最終的に殺されてしまう。彼を歴史から消し去ろうとする努力がなされたため，信頼できる資料はほとんど残らなかった。彼が本当に気の狂った皇帝であったかどうかは，決してわからないのかもしれない。

**(32)　解答　1**

**質問の訳**　現代の歴史家の何人かは，（　　　）と主張している。

**選択肢の訳**
**1**　カリグラの一見狂った行動は，実は注意深く考え抜かれた計画の一部だったかもしれない
**2**　カリグラが患った「脳炎」は，最初に考えられていたよりも深刻なものであった
**3**　カリグラは，彼が精神疾患を患っていた期間に基づいて判断されるべきではない
**4**　カリグラが実行したと言われている暴力的な行為の多くは，他のローマ皇帝によってなされたことであった

質問に Some modern historians argue とあるので，それに関係する内容を本文から探す。第 1 段最終文（Today, however, …）に some historians argue とあるので，その続きを見ると，「彼の行動は巧妙で恐ろしく暴力的な，政治的戦略の計画的な一部であったかもしれない」とある。この内容に合致するのは，**1 Caligula's seemingly crazy actions may actually have been part of a carefully thought-out plan.** である。

### (33) 解答 2

**質問の訳** カリグラの病気の結果の1つは，どのようなものであった可能性があるか？

**選択肢の訳**
1 彼が死にかけたという事実は，彼が神と宗教以外いかなるものにも興味を持たなくなる原因となった。
2 彼は，もはや誰も信用できないと感じ，それが統治の方法を変えることにつながった。
3 彼は依然として死ぬ可能性があるとローマ市民が思っていたので，彼は神が自分を守ってくれることをローマ市民に示そうとした。
4 彼はローマ皇帝に関する古くからの考えを疑い始め，そのことが政府の他の議員たちとの深刻な争いにつながった。

カリグラが病気になった後のことについては，第2段に述べられている。第1・2文（After his illness, … a living god.）に，「非常に多くの市民を拷問にかけて死刑にした」「自分が生きる神であるとも主張した」と述べられている。そして第4文（While Caligula was ill, …）を見ると，「彼はおそらく裏切られ脅かされると感じた」と書かれており，これが病気になった後の彼の行動の理由だと考えられる。したがって，**2 He felt that he could no longer trust anyone, leading him to change the way he governed.** を選ぶのが適当である。

### (34) 解答 2

**質問の訳** 本文によると，カリグラはローマ元老院の議員についてどのように思っていたか？

**選択肢の訳**
1 彼らは敵からカリグラを守るためにどんなことでもするので，人々は彼らをもっと尊敬するべきだと思っていた。
2 彼らに対する支配力を示したいと思っていたので，自分たちは価値がないと彼らに思わせる方法をしばしば見つけた。
3 彼らは肉体的に弱く，ファッションセンスもひどいと思っていたので，彼らを嫌っていた。
4 彼らの支えに感謝していたので，彼らを讃えるために戦車競走のような行事を行った。

カリグラとローマ元老院の関係は，第3段に述べられている。第2文（However, Caligula is …）を見ると，「ローマ元老院の議員たちに，着心地の悪い服を着せたり自分の戦車の前を走らせたりして，たびたび屈辱を与えた」とある。続く第3文（Elevating his horse …）には，「自分の馬を元老院議員よりも高い地位に上げることは，彼らに価値がないと思わせるためのもうひとつの方法だったのかもしれない」とある。したがって，**2 He wanted to show his power over them, so he often found ways to make them feel they had no value.** が，本文の内容と合致する。

訳

『エディ・コイルの友人たち』

1970 年，アメリカの作家ジョージ・V・ヒギンズは，初の小説である『エディ・コイルの友人たち』を発表した。この犯罪小説は，ヒギンズが弁護士として働いていた時期に着想を得たものであった。その期間，彼は何時間にもわたる警察の監視カメラのビデオテープと，彼が関わっていた事件に関する筆記録を調査していた。彼が聞き，読んだものは，普通の犯罪者の日常的な発言であり，それは当時のテレビの犯罪ドラマの台本に書かれたせりふとは全くかけ離れたもののようであった。ヒギンズは，本物の犯罪者がどのように話すかを知り，彼らの独特でしばしば汚い言語形態が，『エディ・コイルの友人たち』の基礎を提供したのだ。その小説が持つ生々しいリアリズムは，当時のベストセラーリストを独占する洗練された犯罪小説からは大きく外れたものだった。ヒギンズは，登場する犯罪者の人生を美化することもなかったし，警察や連邦捜査官を英雄的な視点で描くこともなかった。

『エディ・コイルの友人たち』と他の犯罪小説を分ける側面のひとつは，それがほぼすべて会話体で書かれているということである。犯罪小説のジャンルが，緊張感を作り出す入念に組み立てられた筋書きに依存していることを考えると，これはかなり独創的な手法である。重要な出来事は直接描かれず，代わりに小説の登場人物の会話を通じて語られる。したがって，読者はエディ・コイルと犯罪仲間の会話をこっそり盗み聞きしているような感覚にとらわれる。アクション場面さえも会話体で描かれており，ヒギンズは語りが必要な場合は控えめに書き，読者が話の筋についてくるのに必要な分量の情報だけを提供する。焦点は主に，登場人物と彼らの住む世界，彼らが従う行動規範に当てられている。

ヒギンズの最初の小説はすぐにヒットしたが，すべての読者が彼の文体を気に入ったわけではなかった。そして彼は，続く小説でもその文体を用いた。彼の後の作品は明確な筋に欠け，アクションが少なすぎると不平を言う読者が多かった。しかしヒギンズは，物語を伝える最も魅力的な方法は，登場人物の会話を通すことであるという信念にこだわり続けた。この方法により，読者は語られていることに深く注意せざるを得ないからである。多くの小説を書いたにもかかわらず，ヒギンズは二度とデビュー作品のような成功を繰り返すことはできなかった。晩年，彼は自分の本が注目と評価を得られなかったことに落胆し，いら立ちを募らせた。それにもかかわらず，『エディ・コイルの友人たち』は現在，多くの人に過去最高の犯罪小説の１つであると考えられている。

**語句・構文**

(第１段)
- ☐ inspired「～に着想を得た」 ☐ surveillance「監視，見張り」
- ☐ transcript「筆記録」 ☐ in connection with ～「～に関連して」
- ☐ be involved in ～「～に関わる，参加する」 ☐ ordinary「普通の」
- ☐ criminal「犯人，犯罪者」
- ☐ nothing like～「～には程遠い，とても～どころではない」
- ☐ script「～の台本を書く，台本」 ☐ line「（役者の）せりふ」
- ☐ messy「汚い，乱雑な」 ☐ gritty「生々しい，リアルな」
- ☐ polished「洗練された，上品な」 ☐ dominate「～を独占する」
- ☐ glamorize「～を美化する，誇張する」

☐ portray「～を表現する，描く」　☐ federal agent「連邦捜査官」
☐ heroic「英雄的な，勇敢な」　☐ in a ～ light「～の見方で，～の視点で」
（第 2 段）☐ aspect「側面」　☐ distinguish *A* from *B*「*A* と *B* を区別する」
☐ dialogue「対話，会話」　☐ given「～を考慮に入れると」
☐ reliance「依存」　☐ plot「～の筋を組み立てる，構想を練る」
☐ suspense「緊張感，興奮」　☐ listen in on ～「～を盗み聞きする」
☐ associate「仲間」　☐ depict「～を描写する」
☐ narration「語り，解説」　☐ sparingly「控えめに，少しだけ」
☐ primarily「主として」　☐ inhabit「～に居住する」
☐ code of conduct「行動規範」
（第 3 段）☐ committed to ～「～に専念する，～を大切にする」
☐ engaging「人を惹きつける」
☐ compel *A* to *do*「*A* に無理やり～させる」
☐ replicate「～を再現する，複製する」
☐ toward the end of *one's* life「人生の終わり近くに，晩年に」
☐ appreciation「十分な理解，高く評価すること」

**各段落の要旨**

第 1 段　ジョージ・V・ヒギンズの著作『エディ・コイルの友人たち』は，実際の犯罪者の記録をもとにした小説であった。その小説が持つリアリズムは，当時のテレビの犯罪ドラマやベストセラーの犯罪小説とは一線を画すものだった。

第 2 段　『エディ・コイルの友人たち』の特徴は，ほぼすべて会話体で書かれていることにある。重要な出来事は登場人物の会話を通じて語られ，読者はその会話を盗み聞きしているような感覚にとらわれる。

第 3 段　その小説はヒットしたが，ヒギンズは会話体で語られる文体に固執し，その後発表された作品はどれもデビュー作以上の注目を集められなかった。晩年，ヒギンズはそのことに落胆したが，現在は多くの人が『エディ・コイルの友人たち』を過去最高の犯罪小説の 1 つであると考えている。

**(35)　解答　4**

**質問の訳**　**本文によると，ジョージ・V・ヒギンズが『エディ・コイルの友人たち』を書いたのは（　　）**

**選択肢の訳**　**1**　その小説がベストセラーになり，執筆に専念できるように弁護士の職をやめることができると信じていたからだった。

**2**　合衆国の犯罪行為の内容に関する，一般のアメリカ人の認識の欠如にいら立った後のことだった。

**3**　犯罪被害者を守るために，弁護士がいかに一生懸命働いているかを読者に伝えたいと思っていたからだった。

**4**　弁護士時代に行った調査を通じて知ったことに着想を得た後のことだった。

ヒギンズが『エディ・コイルの友人たち』を書いた経緯は，第 1 段に述べられている。第 2

文（This crime novel…）に,「この小説は，ヒギンズが弁護士として働いていた時期に着想を得たものであった」とあるため，**4 after being inspired by what he found during the investigations he carried out while he was a lawyer.** が正解。

**(36) 解答 2**

**質問の訳** 第2段で，私たちが『エディ・コイルの友人たち』についてわかることは何か？

**選択肢の訳**
**1** ヒギンズは，犯罪小説の伝統的規則が，現代でも有効であるということを証明する小説を書きたいと思っていた。
**2** その小説が普通でないのは，ヒギンズが具体的な出来事を詳しく描写するのではなく，登場人物間のやりとりを通じて物語を語っているからである。
**3** ヒギンズがその小説全体を通して対話に強く頼っていたのは，彼に長文の語りを書く自信がなかったからであった。
**4** その小説は，犯罪世界を忠実に描写していたが，ヒギンズはそれが本物の犯罪小説だとは思っていなかった。

第2段第1文（One aspect that…）を見ると,『エディ・コイルの友人たち』の特徴として「ほぼすべて会話体で書かれている」とある。また，同段第3文（Important events are not…）に「重要な出来事は直接描かれず，小説の登場人物の会話を通じて語られる」と書かれていることから，**2 The novel is unusual because Higgins tells the story through interactions between the characters rather than by describing specific events in detail.** が，最も適切な内容となる。

**(37) 解答 1**

**質問の訳** 本文の筆者が最も同意していると思われるものは，以下の主張のどれか？

**選択肢の訳**
**1** 文体を変えることで，より広い読者層を惹きつけられた可能性があったにもかかわらず，ヒギンズは自分の創作の視点を忠実に守り続けた。
**2** ヒギンズが書いた最初の本は出来が悪かったが，彼の作品の質はその後の年月で確実に上がっていった。
**3** 犯罪小説家が，他のジャンルの作家と同じ水準の名声や賞賛を決して得られないのは当然のことである。
**4** 初版から何十年も後になって，自分の作品が読者の興味を引くことを犯罪小説家が期待するのは，非現実的である。

第3段第1文（Although Higgins's first novel…）を見ると,「すべての読者が彼の文体を気に入ったわけではなかった」「彼は，続く小説でもその文体を用いた」と書かれている。さらに読み進めると，第3文（Yet Higgins remained…）に「彼は自分の信念にこだわり続けた」とあり，第4文（Despite writing many novels, …）に「ヒギンズは二度とデビュー作品のような成功を繰り返すことはできなかった」とある。したがって，ヒギンズは自分の文体に固執して小説を書き続けたため，多くの読者の賛同を得られなかったと考えられる。したがって，**1 Despite the possibility that Higgins could have attracted a wider readership by altering his writing style, he remained true to his creative vision.** が，本文の内容が言い換えられた主張として最も適切である。

訳

## マミーブラウン

数千年前，古代エジプト人は死者の体を乾燥させ，様々な薬剤を施し，それを布でくるんで保存するという，ミイラ化を行い始めた。こうすることで，死者の魂があの世に行く助けになると信じられていた。しかし，12 世紀初頭，多くの古代のミイラは奇妙な運命に出会うことになった。ミイラの一部を使って作られる薬の市場がヨーロッパで生まれたからである。ミイラの黒い色は，瀝青（れきせい）を使って処理されたからだと人々は考えた。瀝青とは，中東で天然に存在し，病気を治療するのに古代社会で使われた，石油を主成分とした黒い物質である。しかしながら，古代エジプト人は瀝青でミイラを覆って保存することが実際にあったものの，この方法は，ヨーロッパに運ばれたミイラの多くには用いられていなかった。さらに，アラビア語の文書が誤訳されてしまったことで，ミイラの処理に使われる瀝青が，実際にミイラの体内に入っているのだと誤解する結果になったのである。

18 世紀までには，医療知識の進歩によって，ヨーロッパ人はミイラを主成分とした薬を使わなくなった。にもかかわらず，ミイラに対するヨーロッパの一般大衆の特別な関心は，フランスの指導者ナポレオン・ボナパルトがエジプトで軍事行動を率いた時期に，それまでにない高みに達した。このナポレオンのエジプト遠征には，大規模な科学調査旅行も含まれており，それがのちに重大な考古学的発見と古代の人工遺物の記録をもたらしたのである。裕福な旅行者は，自分の私的なコレクションにするために古代の人工遺物を入手しようと，エジプトを訪ねることまでした。実際，個人的なパーティーでミイラを覆った布をとり，展示するようなことが流行するようになった。ミイラはまた，作物用の肥料や鉄道のエンジン用の燃料といった，他の様々な用途にも用いられた。

とりわけ変わったミイラの用途の 1 つは，茶色の絵の具を作るための顔料としてであった。粉状にしたミイラを使って作られたその顔料は，マミーブラウンとして知られるようになったが，その需要が増大したのはナポレオンのエジプト遠征時代のころであったものの，早くも 16 世紀には使われていた。その色は一部のヨーロッパの画家に賞賛され，彼らは今日の美術館で見ることのできるような作品に，その色を使った。それでも，その顔料は支持する人よりも批判する人の方が多かった。なかなか乾燥しないなどのマイナス面に不平を言う画家が多かった。さらに，死んだ人から作られた顔料を使って絵を描くことは無礼である，とだんだん考えられるようになった。マミーブラウンを使っていた，ある有名なイギリス人画家は，その顔料を作るのに本物のミイラが使われていたと知るとすぐ，自分の持っていたその絵の具のチューブを地面に埋めたという。

マミーブラウンを使うことに反対しなかった画家でも，その原料が本物のミイラだと常に確信できるとは限らなかった。死んだ動物の一部がミイラの一部として売られることがあったからである。また，様々な製造業者がミイラの様々な部位を使ってその顔料を作ったという事実が意味するのは，市場に出回るそれぞれの製品には質の一貫性がほとんどないということであった。さらに，遺体を保存するのに使われる物質を含め，ミイラ作製方法そのものが，時代を経て変化したのである。今述べたような要因によって，今日の研究者が特定の絵画の中にマミーブラウンの存在を発見することは，ほぼ不可能になっている。しかし，物議をかもすその顔料の出自を考えると，美術愛好家は自分が賞賛している絵画のどれかにそれが使われているとわかれば，おそらくショックを受けるだろう。

**語句・構文**

(第1段) □ mummification「ミイラ化，ミイラを作ること」
□ treat *A* with *B*「*A* を *B* で処理する」　□ the afterlife「来世，あの世」
□ fate「運命」　□ arose は arise「～が起こる」の過去形。
□ assume「～だと思う」　□ bitumen「瀝青（れきせい）」
□ petroleum-based「石油が主成分の」　□ occur「（物質が）～に存在する」
□ incorrect「不正確な，間違った」

(第2段) □ fascination「うっとりした状態，特別な関心」
□ reach new heights「今までにない高みに達する」
□ military campaign「軍事行動」　□ expedition「（探検・調査）旅行」
□ significant「重要な，重大な」　□ archaeological「考古学の」
□ documentation「資料化，記録」　□ artifact「人工遺物」
□ unwrap「（包んだものなどを）あける，解く」　□ fertilizer「肥料」

(第3段) □ pigment「顔料」
□ ground-up「挽いて粉にした」 ground は grind「～を粉砕する」の過去・過去分詞形。
□ decease「死ぬ，死亡する」　□ increasingly「ますます，だんだん」
□ disrespectful「失礼な，無礼な」　□ bury「～を埋める」

(第4段) □ certain「確信している」　□ genuine「本物の」
□ manufacturer「製造業者」　□ consistency「（質などの）一貫性」
□ undergo「～を経験する」　□ controversial「論争を呼ぶ，物議をかもす」

**各段落の要旨**

第1段　数千年前，古代エジプト人は死者の体を保存し，ミイラにすることを始めた。12世紀初頭，ミイラ化に使われた瀝青を病気の治療薬にするため，多くのミイラがヨーロッパに運ばれて，市場に出回るようになった。しかし，これはアラビア語の誤訳が招いたものであった。

第2段　18世紀までには，薬としてのミイラの利用価値はなくなったが，ナポレオンの時代には考古学的な価値や古代の人工遺物としての価値が高まるようになった。それ以外にも，ミイラは肥料や燃料など，様々な用途に用いられた。

第3段　とりわけ変わったミイラの用途は顔料としてであった。この顔料はマミーブラウンと呼ばれ，ヨーロッパの画家たちは作品にその顔料を使った。しかし，その使いにくさを批判する人は多く，また死んだ人から作られた顔料を使って絵を描くことは無礼であると考えられるようになった。

第4段　マミーブラウンが本物の人間のミイラを原料にしたものかどうかははっきりせず，市場に出回っていた製品にも質の一貫性がなかった。また，ミイラ作製方法そのものも変化しており，今日の研究者が特定の絵画にマミーブラウンが使われているかどうかを見つけるのは，ほぼ不可能である。

**(38) 解答　3**

**質問の訳**　本文の筆者によると，古代エジプトのミイラがヨーロッパで薬を作るのに用いられたのはなぜか？

**選択肢の訳**
1　当時のヨーロッパでは病気が広がっていたので，ヨーロッパ人は効果的な薬を作るためなら何でも試してみようと思っていたから。
2　ミイラが年月の経過にもかかわらず黒くなっていなかったので，ヨーロッパ人はミイラが健康上の利益を与えてくれると思ったから。
3　ヨーロッパ人は，医療的な利点を持っていると考えられている物質が，すべてのミイラの中に存在していると誤って信じていたから。
4　ミイラが古代エジプト人にとって宗教的な重要性を持っていたという事実が，それらが特別な力を持っているとヨーロッパ人に信じさせたから。

ミイラと薬の関係については，第1段に述べられている。第4文（People assumed …）を見ると，「人々は，病気を治療する物質の瀝青がミイラの処理に使われていると思っていた」という内容が書かれている。続く第5文（However, while ancient Egyptians …）には「瀝青でミイラを覆う方法はヨーロッパに運ばれたミイラの多くには用いられていなかった」とあり，さらに最終文（Furthermore, an incorrect translation …）に「アラビア語の文書が誤訳されてしまったことで，瀝青が実際にミイラの体内に入っているのだと誤解する結果になった」とある。したがって，ヨーロッパ人が信じていた，治療に用いる瀝青がミイラに含まれているという考えは誤りであったということになり，**3 Europeans mistakenly believed that a substance which was thought to have medical benefits was present in all mummies.** が正解となる。

**(39) 解答　4**

**質問の訳**　ナポレオン・ボナパルトのエジプト遠征について，わかることの１つは何か？

**選択肢の訳**
1　多くの指導者たちがそれをエジプト侵略のための理由でもあると見なしたが，それは多くの古代の人工遺物を破壊することにつながった。
2　それは古代エジプト文化に関する情報を明らかにし，ヨーロッパ人がミイラから作られた薬に対する考えを変えることにつながった。
3　それは裕福なヨーロッパ人に反対されたが，彼らは自分たちの古代の人工遺物のコレクションが破壊されてしまうという結果になると考えていた。
4　それによってミイラに関する興味が高まり，ヨーロッパ人にミイラを多様な目的で使うという着想をもたらすことになった。

ナポレオンの遠征に関する記述は，第2段にある。第4文（In fact, …）に「個人的なパーティーでミイラを展示した」とあり，最終文（Mummies were also used …）にも「作物用の肥料や鉄道のエンジン用の燃料などにも用いられた」と書かれている。したがって，**4 It led to an increased interest in mummies and inspired Europeans to use them for a number of purposes.** が正解である。

**(40) 解答 1**

質問の訳 本文の筆者は，（　　）ためにイギリス人画家のことを述べている。

選択肢の訳
1 マミーブラウンの使用は死者に対する尊敬の念がないことを表しているため，それがいかに一部の人々に反対されたかを伝える事例を提供する
2 技術上の成果がよくなかったにもかかわらず，マミーブラウンがなぜ著名な画家の間で人気があり続けたのかを説明する
3 他にはない成分を使っているため，マミーブラウンは絵の具の他の顔料よりも優れていたという説を裏づける
4 一部の画家たちが最初はそれを使うのを拒んでいたのに，なぜマミーブラウンに対する肯定的意見を持つようになったのか，その理由の1つを説明する

筆者がイギリス人画家を引き合いに出しているのは，第3段である。まず第4文（Still, the pigment had …）に「その顔料（マミーブラウン）は支持する人よりも批判する人が多かった」と書かれており，最終文（Moreover, painting with …）の前半には「死んだ人から作られた顔料を使って絵を描くことは無礼である，と考えられるようになった」とある。最終文の後半には，マミーブラウンを使っていたイギリス人画家が，ミイラが使われていたと知り絵の具のチューブを地面に埋めたという内容が書かれているが，これは前半の内容を補強する具体例であると考えられる。したがって，**1 provide an example of how the use of mummy brown was opposed by some people because it showed a lack of respect for the dead.** が，その内容に最も近いものである。

**(41) 解答 2**

質問の訳 ある絵画にマミーブラウンが含まれているかどうかを決定するのを困難にしていることの1つは何か？

選択肢の訳
1 その色をより良くするために顔料に加えられた物質が，調査によって発見できたかもしれない生物学的証拠をすべて破壊してしまった。
2 古代エジプト人のミイラ作製方法が変わったので，顔料に含まれる成分に一貫性がなかった。
3 画家たちが，その顔料を絵画に塗る前に別の種類の絵の具と混ぜたので，ほんの少量しか存在しない。
4 絵画を調査した結果が絵画の価値に悪い影響を与えるかもしれないという懸念のために，美術産業は研究者たちが調査できないようにしようとした。

第4段を見ると，第4文（These same factors …）で「今述べたような要因によって，今日の研究者がマミーブラウンの存在を発見することはほぼ不可能」と書かれている。したがって，その手前に書かれている具体的要因をしっかり読めばよい。第2文（Also, the fact that …）を見ると，「市場に出回るそれぞれの製品の質に一貫性がなかった」という内容が書かれている。さらに，第3文（Additionally, the mummification …）に「ミイラ作製方法そのものが，時代を経て変化した」ともあることから，**2 The way that ancient Egyptians prepared mummies changed, so the contents of the pigment were not consistent.** が正解となる。

## 一次試験　筆記　4

解答例 **I believe that the quality of alternative products and respecting animal rights are reasons why people should not use goods made from animals.**

**Many products made from animals are being replaced by artificial goods, and technological advancements have greatly improved the quality of these man-made goods. For example, the quality of fake fur is almost the same as that of real fur. Such high-quality alternative goods mean that using animal products is unnecessary.**

**Furthermore, some animal products come from animals living in conditions that restrict their freedom. However, animals deserve the right to live freely, and this right should not be ignored for the sake of commercial gain. Therefore, stopping the use of animal-based goods is an effective way to protect animal rights.**

**In conclusion, the high quality of other types of products and the importance of protecting animal rights mean that people should stop using goods made from animals.（120～150 語）**

訳　私は，代替製品の品質と動物の権利を尊重することが，人々が動物から作られる製品を使うべきではないという理由になると考える。

動物から作られる製品の多くが，人工の製品に替わっていっており，技術の進歩はこれらの人工の製品の質を大幅に改善させている。たとえば人工の毛皮の品質は，本物の毛皮の品質とほぼ同じである。そのような高品質の代替製品があるということは，動物の製品を使うことは不必要であるということだ。

さらに，動物の製品の中には，その動物の自由を奪う状況で生きている動物から作られるものもある。しかし，動物には自由に生きる権利があって当然であり，この権利は商業的利益が目的で無視されてはいけない。したがって，動物を材料にした製品の使用をやめることは，動物の権利を守るための効果的な方法である。

要するに，他の種類の製品が高品質であることと，動物の権利保護が大切であることから，人は動物から作られる製品の使用をやめるべきだということだ。

●与えられたトピックについて作文を書きなさい。
●以下のポイントのうち２つを使って自分の解答を補強しなさい。
●構成：序論，本論，結論
●長さの目安：120～150 語
●文章は解答用紙のＢ面の与えられたスペースに書きなさい。スペースの外に書かれたものは採点されません。

トピックの訳　人々は動物から作られる製品の使用をやめるべきか？

ポイントの訳　●動物の権利　●絶滅危惧種　●製品の質　●伝統

▶〔解答例〕の英文の段落構成は，「主張→1つ目の理由→2つ目の理由→結論」となっている。

▶第1段では，まずトピックにある「動物から作られる製品の使用をやめるべきかどうか」に対して，自身がどちらの立場に立つかを明確にすること。〔解答例〕では，①製品の質，②動物の権利をキーワードにして，動物から作られる製品の使用をやめるべきだと述べている。第2段では，①製品の質の観点から，技術の進歩によって動物由来の製品と人工の製品の質が変わらなくなってきているという観点で意見を述べ，そのような優れた代替物があれば動物の製品を用いる必要はなくなるとしている。続く第3段では，②動物の権利という観点から，動物にも自由に生きる権利があり，商業目的で動物の権利を無視してはならないと述べている。最終段ではまとめとして，動物由来以外の製品の質が高いことと，動物の権利を守ることが重要であることを再確認し，動物から作られる製品の使用をやめるべきだと結論づけている。

▶それ以外のポイントを使う場合，たとえば「絶滅危惧種」であれば，動物由来の製品を作る目的で特定の動物が狙われ，結果的にその動物が絶滅の危機に瀕しているという内容で書くことが可能である。

▶動物から作られる製品の使用をやめるべきではないという意見を述べる場合は，「伝統」という観点から述べることが可能である。一部の人々にとっては，動物由来の製品作りが伝統になっているという論理である。そういった状況を無視して，動物由来の製品作りをやめるよう言うべきではない，などとすればよいだろう。Some people have a tradition of using goods that are made from animals. They might need the goods to protect their tradition, so we should not disregard their situation or tell them to stop using such goods. などが考えられる。

# 一次試験　リスニング　Part 1

**No. 1　解答　4**

★＝男性　☆＝女性　（以下同）

★ Dr. Jenkins, could I speak with you for a moment?

☆ Sure, Eric. What's on your mind?

★ I'm embarrassed to say this, but I'm having a hard time keeping my eyes open in class. I have to work two part-time jobs to make ends meet, and your class is so early in the morning.

☆ So are you thinking about dropping the class? That would be a shame, considering that your test scores have been pretty good.

★ No, not that. I need this class in order to graduate next year. Actually, I was wondering if you could arrange your seating chart so I'm sitting right up in front. That should help me pay better attention in class.

☆ I think I can probably do that.

**Question : What is the student concerned about?**

Script

訳

★ジェンキンス先生，少しだけお話ししてもよろしいですか？

☆どうぞ，エリック。何が気になるの？

★こんなことを言うのは恥ずかしいんですけど，授業中に目を開けているのがつらいんです。生活のやりくりをするためにバイトを２つしないといけないんですが，先生の授業が朝とても早いので。

☆それで，授業を受けるのをやめることを考えているの？　それは残念ね。テストの点がとてもいいことを考えると。

★いえ，そうじゃないんです。この授業は来年卒業するのに必要なんです。実は，僕が真正面に座れるように，座席表を変えてもらえないかと思ってるんです。そうすれば，授業にもっと集中するのに役立つはずなので。

☆たぶんできると思うわよ。

語句・構文

□ have a hard time *doing*「～するのに苦労する」

□ make ends meet「収支を合わせる，生計を立てる」

□ drop「（登録科目）を放棄する」　□ shame「残念なこと」

□ seating chart「座席表」

**質問の訳**　その学生は何を心配しているか？

**選択肢の訳**　**1**　最近のテストの点数。

**2**　授業をやめなければいけないこと。

**3**　仕事を見つけること。

4　授業中眠らないでいること。

2人の会話から，学生が教師に授業に関する相談をしているという状況がわかる。男性の発言を追いかけると，2つ目の発言で「授業中に目を開けていることに苦労している」，3つ目の発言で，「この授業は来年卒業するのに必要である」「座席表を変えることができるかどうか」「そうすれば授業にもっと集中できる」とある。これらの発言から，男性は女性の授業を継続したいと考えており，その方法を相談していると判断できる。したがって，**4**「授業中眠らないでいること」が正解となる。放送文中の keeping my eyes open という表現が，選択肢では staying awake と言い換えられていることに注意すること。

## No. 2　解答　1

Script

☆ You're not sending a personal e-mail from your office computer, are you, Allen?

★ It's just a quick note to my mom—it's her birthday tomorrow.

☆ Didn't you read the memo from the CEO? Using office computers for private communications could get you fired. I heard they're looking for excuses to cut staff.

★ I doubt if they'd take a birthday message that seriously, but thanks for the warning.

☆ Better safe than sorry.

**Question：Why is the woman concerned?**

訳

☆会社のパソコンから個人的なメールを送ってないわよね，アレン？

★お母さんへの短いメモだけだよ。明日は彼女の誕生日なんだ。

☆ CEO からのメモを読まなかったの？　プライベートなやり取りに会社のパソコンを使ったら，クビになるかもしれないわよ。社員を切る口実を探してるって聞いたもの。

★誕生日のメッセージくらいならそれほど重大には取らないと思うけどなあ。でも注意はありがとう。

☆転ばぬ先の杖よ。

語句・構文

□ note「メモ，覚え書き」　□ fire「～をクビにする」

□ excuse「言い訳，口実」　□ warning「注意，警告」

□ (It's) better (to be) safe than sorry.「あとで後悔するよりは慎重にした方がいい，転ばぬ先の杖」

質問の訳　女性はなぜ心配しているのか？

選択肢の訳　**1**　男性が仕事を失うかもしれないから。

**2**　男性が母親の誕生日を忘れていたから。

**3**　男性が彼女のメールに返信しなかったから。

**4**　男性が CEO に好かれていないから。

女性の発言に注目する。１つ目の発言で女性が男性に聞いているのは，「会社のパソコンから個人的なメールを送っていないか」ということである。その質問の意図は，２つ目の女性の発言にある「プライベートなやり取りに会社のパソコンを使ったら，クビになるかもしれない」ということである。したがって女性が心配していた理由は，**1**「男性が仕事を失うかもしれないから」になる。放送文中にある fired をしっかり聞き取り，それが fire「～をクビにする」の過去分詞であることを知っていれば解きやすい。

### No. 3　解答　1

☆ Sam, next week, it's my turn to drive us to work, but my car's in the shop.
★ What's wrong with it?
☆ Oh, I had an accident over the weekend.
★ Nothing too serious, I hope.
☆ No. Just a fender bender.
★ OK. Well, why don't I do the driving next week, and you can take your turn once your car's fixed?
☆ That would be great. Thanks a lot.

**Question : What do we learn about these people?**

Script

訳
☆サム，来週，仕事に行くのに運転するのは私の順番だけど，車が工場にあるのよ。
★車がどうかしたのかい？
☆そうなの，週末に事故にあっちゃったのよ。
★大したことなければいいね。
☆ええ，ほんのちょっとした追突事故だから。
★わかった。それじゃあ，来週は僕が運転するのはどうかな？　車が直ったら君の番にすればいいよ。
☆それがいいわね。どうもありがとう。

語句・構文

□ a fender bender「軽度の衝突事故」

質問の訳　この人たちについて何がわかるか？

選択肢の訳
**1**　彼らは交替で運転している。
**2**　彼らは重大な事故にあった。
**3**　彼らは車の修理工場で働いている。
**4**　どちらも来週は運転できない。

１つ目の女性の it's my turn と，３つ目の男性の you can take your turn という発言をしっかり聞き取りたい。turn は「順番」という意味で，登場人物の男女が通勤のために交替で車を運転している状況がわかる。したがって，**1**「彼らは交替で運転している」が正解となる。

**No. 4 解答 1**

Script

☆ I'm sorry, sir, but your credit card was declined.
★ I don't understand why. It was fine yesterday.
☆ Perhaps you've reached your limit. It happens quite often.
★ I don't know. That's certainly possible, I suppose.
☆ Anyway, I suggest you call your card issuer. Do you have a debit card or a personal check you'd like to use for today's purchases?
★ No, I'll just pay with cash.

**Question : What's the man's problem?**

訳
☆お客様，申し訳ありませんが，このクレジットカードはご利用できなくなっておりまして。
★どうしてだろう。昨日は大丈夫だったんだけど。
☆おそらく利用限度額いっぱいになっているのだと思います。結構よくあることです。
★わからないけど，確かにありえるかもしれないな。
☆ともかく，カード発行者に連絡することをお勧めします。本日のお支払いにお使いいただくデビットカードか個人用小切手はございますか？
★いや，現金で支払うよ。

語句・構文
□ decline「～を拒否する」　□ issuer「発行人」
□ personal check「個人用小切手」

質問の訳　男性が抱えている問題は何か？

選択肢の訳
**1**　彼はクレジットカードを使えない。
**2**　彼はカード発行者に連絡するのを忘れた。
**3**　彼は今日現金が不足している。
**4**　彼はデビットカードをなくした。

支払いに関する，店員と客との会話である。1つ目の女性の発言にある declined が聞き取れると，解きやすい。「クレジットカードが拒否された」ということから，男性のクレジットカードが使えなくなっていることがわかり，**1**「彼はクレジットカードを使えない」が正解となる。declined がうまく聞き取れなかったとしても，後に続く女性の発言の2つ目に「利用限度額いっぱいになっている」とあり，さらに3つ目に「カード発行者に電話することを勧める」とあることから，男性のクレジットカードが使えなくなっていることは十分推測できる。

## No. 5 解答 3

☆How's the job-hunting going, Tyler? You know your dad and I can't support you forever.

★Actually, I've been offered a second interview for a call-center job. I'm not sure it's my thing, though.

☆It doesn't have to be. The more jobs you try your hand at, the more you'll learn about the working world.

★But what if I take it and end up missing out on my dream job?

☆You can keep applying to other places while you work.

★Fair enough. I'll call them back and schedule the second interview.

**Question : What is the woman's opinion about her son?**

Script

訳

☆就職活動はどう，タイラー？　わかってると思うけど，お父さんと私はいつまでもあなたを養えるわけじゃないわよ。

★実は，コールセンターの仕事から二回目の面接の案内を受けてるんだ。得意な仕事かどうかわからないんだけど。

☆得意なことじゃなくてもいいのよ。やってみる仕事が多ければ多いほど，仕事の世界のことがもっとわかるようになるんだから。

★でも，それをやって，結局自分のやりたかった仕事のチャンスを逃すことになったらどうするの？

☆働きながら，他のところに応募し続ければいいじゃない。

★了解。電話して，二次面接の日程を決めるよ。

**語句・構文**

- □ the job-hunting「就職活動」　□ It's my thing.「自分の好みだ，得意なことだ」
- □ try *one's* hand at ～「（初めて）～をやってみる」
- □ end up *doing*「結局～することになる」
- □ miss out on ～「～のチャンスを逃す，～に参加できない」
- □ Fair enough.「まあいいでしょう，了解」

**質問の訳**　息子に対する女性の意見はどのようなものか？

**選択肢の訳**
1　彼にはコールセンターの仕事は合っていない。
2　彼は間違った面接テクニックを学んでいる。
3　彼は案内を受けた面接に行くべきである。
4　彼は自分の夢である仕事を見つけることを優先すべきである。

就職活動をする息子とその母親の会話。1つ目の男性の「得意な仕事かどうかわからない」という発言に対して，2つ目の女性の発言に「得意なことでなくてもいい」とあり，続く男性の「自分のやりたい仕事のチャンスを逃したらどうするのか」という発言に対して「働きながら他のところに応募し続ければいい」と述べている。以上のことから，母親である女性は息子に，今案内されている面接を受けるよう勧めていることがわかり，3「彼は案内を受けた面接に行くべきである」が正解となる。2つ目の男性の発言にある my dream job に引っ張られて，**4** を選ばないこと。

## No. 6　解答　1

☆ Hello, Sergio. What brings you to the clinic today?
★ My energy's been really low recently, so I thought I should have a checkup.
☆ Any major changes since your last appointment?
★ I got promoted to a new position that's pretty stressful and requires a lot of business trips. I've been eating unhealthy food, too.
☆ I see. Getting adequate nutrition can be a challenge when you're traveling.
★ What should I do?
☆ Let's get a few tests done, and then we'll look at your options once the results come in.

**Question：What is the doctor going to do next?**

Script

訳
☆こんにちは，セルジオ。今日はどうしましたか？
★最近，本当に気力がわかないので，健康診断を受けたほうがいいかなと思ったんです。
☆前に来たときから何か大きな変化はありましたか？
★新しい役職に昇進したのですが，すごくストレスが多くて，たくさん出張しなければならないんです。健康に悪い食事も取るようになりました。
☆わかりました。出張中は，十分な栄養を取ることが難しいかもしれませんね。
★どうしたらいいですかね？
☆いくつか検査を済ませましょう。その後で，結果が来たらすぐに選択肢を判断しましょう。

**語句・構文**
□ checkup「健康診断」　□ promote「～を昇進させる」　□ adequate「十分な」
□ nutrition「栄養，栄養摂取」　□ option「選択肢，選択」

**質問の訳**　その医師は次に何をするつもりか？

**選択肢の訳**
**1**　男性に検査を受けさせる。
**2**　もっと運動するよう男性を励ます。
**3**　仕事関連のストレスについて男性にアドバイスをする。
**4**　男性に専門家を勧める。

クリニックに来た男性患者と女性医師の会話。3つ目の男性の「どうしたらいいか」という発言に対して，女性は最後の発言で「いくつか検査を済ませましょう」「その後で，結果が来たらすぐに選択肢を判断しましょう」と述べている。したがって，この次にするべきことは男性が検査を済ませることだと判断でき，**1**「男性に検査を受けさせる」が正解となる。

get *A* done は「*A* を済ませる，やってしまう」の意である。

## No. 7　解答　3

☆ Jasper? I thought you were on vacation this week.

★ Officially, I am. My manager was planning to take some time off, so I thought I'd do the same. Unfortunately, she's still working, which means she's asking me to do stuff.

☆ She's making you work during your vacation? You should complain to the personnel department.

★ But I've only been here a year. I want to prove I'm committed to the company.

☆ Well, be sure to set aside a little time for yourself this week. You are technically on vacation.

★ I will. Thanks.

**Question : What is one thing we learn about the man?**

Script

訳

☆ジャスパー？　今週は休暇だと思ってたけど。

★公式にはね。主任が休暇を取る予定にしていたから，僕もそうしようと思ってたんだ。残念ながら，彼女はまだ働いていて，それは僕に仕事をしてほしいってことなんだ。

☆休暇中に仕事をさせようとしてるの？　人事部に訴えたほうがいいわよ。

★でも，ここで働きだしてまだ１年だからね。会社に貢献してるってことを証明したいんだ。

☆今週は，少しは自分のために時間を空けておくようにしなさいね。厳密には休暇中なんだから。

★そうするよ，ありがとう。

語句・構文

□ stuff「もの，こと」　□ complain「不満を言う」

□ personnel department「人事部」　□ be sure to *do*「必ず～しなさい」

□ set aside「～を取っておく」　□ technically「正式には，厳密には」

質問の訳　男性についてわかることの１つは何か？

選択肢の訳

**1**　彼はその年の後半に休暇を取る。

**2**　彼は人事部の部長に面会する。

**3**　彼は主任に頼まれたことをする。

**4**　彼は女性に手伝ってくれるよう頼む。

職場での２人の会話。流れに注意して聞き取りたい。１つ目の男性の発言では，「主任が休暇を取る予定にしていたから，僕もそうしようと思った」「彼女はまだ働いているが，それは僕に仕事をしてほしいと頼んでいることを意味する」とある。続く２つ目の女性の「人事部に訴えたほうがいい」という発言に対して，２つ目の男性の発言は「会社に貢献していることを証明したい」とある。つまり，男性は女性から言われたように人事部に訴えるのではなく，主任に頼まれた仕事をすることで，会社に貢献していることを証明したいと考えていることがわかる。以上の流れから考えると，**3**「彼は主任に頼まれたことをする」が最も適切である。

## No. 8 解答 4

★What do you think of the proposed design for our new company logo?

☆I quite like the style of the lettering, but the logo doesn't have enough impact. How about you?

★The colors are appealing, but I think the shape of our current logo represents our company better.

☆I heard there's a trend toward simplicity these days, but the designers have gone too far in that direction.

★Agreed. We should talk to them again.

**Question：What do these people think about the proposed logo?**

Script

訳

★提案された新しい会社のロゴデザイン，どう思う？

☆レタリングのスタイルはとてもいいと思うけど，ロゴに十分なインパクトがないと思うわ。あなたは？

★色は魅力的だけど，今のロゴの形のほうが，会社のことをよく表現していると思うな。

☆最近はシンプルなものが流行しているって聞いたけど，デザイナーはその方向に行き過ぎてるよね。

★そうだね。彼らにもう一度話したほうがいいな。

**語句・構文**

□ propose「～を提案する」

□ lettering「レタリング，書体を美的・効果的にデザインすること」

□ appealing「魅力的な」　□ represent「～を表す」

□ simplicity「単純，わかりやすいこと」

**質問の訳**　提案されたロゴについて２人はどう思っているか？

**選択肢の訳**
1　もっと鮮やかな色が必要である。
**2**　会社のイメージに合っている。
**3**　今のロゴに似すぎている。
**4**　デザインし直す必要がある。

会社のロゴデザインに関する２人の会話である。男性と女性の発言にbutが頻出しており，その後の発言内容に注目したい。１つ目の女性の発言では「ロゴに十分なインパクトがない」とあり，続く２つ目の男性の発言には「今のロゴのほうが私たちの会社をよく表現している」とある。そして，２つ目の女性の発言に「デザイナーはその方向に行き過ぎている」とあることから，２人とも新しい会社のロゴに対してよく思っていないことがわかる。最後の男性の発言に「彼ら（デザイナー）にもう一度話したほうがいい」とあるので，**4**「デザインし直す必要がある」を選ぶのが正解。but の後は重要な内容が出てくるので，注意して聞くこと。

## No. 9 解答 1

★ Sheena, are you going to Alice's book-launch party on Wednesday?
☆ Of course. It's taken her a decade to write, but the book turned out great!
★ You've already read it? That's not fair! But I suppose you two have been friends since kindergarten.
☆ And I helped with research for one of the chapters.
★ I guess I'll just have to read it when it's available to the general public.
☆ You only have to wait a few days.

**Question : What is one thing we learn about the man?**

Script

訳 ★シーナ，水曜日のアリスの出版記念パーティーには行くのかい？
☆もちろん。彼女は書くのに丸十年かかったけど，とてもいい本になったもの！
★もう読んだの？　不公平だなあ！　まあ君たち２人は幼稚園からの友達だからね。
☆それに，章のうち１つは調べものを手伝ったしね。
★一般購入できるようになったら，すぐに読まなくちゃいけないな。
☆待たなきゃいけないのも，ほんの２，３日だけよ。

**語句・構文**

□ book-launch party「出版記念パーティー」　□ turn out「～になる」
□ kindergarten「幼稚園」　□ chapter「章」
□ available「入手できる，購入できる」

**質問の訳**　男性についてわかることの１つは何か？

**選択肢の訳**　**1**　彼はアリスの書いた本をまだ読んでいない。
**2**　彼はアリスのパーティーに出席できない。
**3**　彼はもうアリスとは友達ではない。
**4**　彼はアリスの書いた本にがっかりした。

質問に about the man とあることから，女性の発言に対する男性の返答に注目する。２つ目の男性の発言に「それをもう読んだのですか」「不公平だ」とあり，３つ目の発言に「一般購入できるようになったら，すぐにそれを読まないといけない」とあることから，女性はアリスの書いた本を読んでいるのに対して，男性は読んでいないことがわかる。したがって，**1**「彼はアリスの書いた本をまだ読んでいない」を選ぶのが正解となる。

## No. 10 解答 2

☆ Morning. Sorry to be late.
★ No problem. Was your train delayed again?
☆ Yes, for the third time this month. I take an early train, but there are always big delays on weekdays during rush hour.
★ Isn't there another train line in your area?
☆ Yes, but the station on that line is a 45-minute walk from my house.
★ Perhaps you could ride your bicycle there.
☆ That's an idea. If I did that, I could catch a later train than I do now.
★ Cycling would be good exercise, too.
☆ Good point. I think I'll give it a try.

**Question : What will the woman probably do in the future?**

Script

訳
☆おはよう。遅れちゃってごめんなさい。
★大丈夫だよ。また電車が遅れたの？
☆そうなの，これで今月3回目よ。早い電車に乗っているのに，平日はラッシュの時間帯だといつも大幅に遅れるの。
★住んでいるところに別の路線はないの？
☆あるんだけど，その路線の駅は家から歩いて45分かかるのよ。
★多分そこまで自転車に乗ってもいいんじゃないかな。
☆いいわね。そうすれば，今よりも遅い電車でも間に合うかも。
★サイクリングはいい運動にもなるしね。
☆いいとこ突いたわね。やってみる。

語句・構文

□ delay「遅れ」　□ train line「路線」

質問の訳　女性はおそらくこれからどうするか？

選択肢の訳　**1**　もっと早い電車に確実に間に合うようにする。
**2**　別の路線を使う。
**3**　会社まで自転車に乗って行く。
**4**　週末に会社に行く。

話の流れをよく聞かないと間違いやすい問題。前半の会話より，女性の乗っている電車の路線が遅れがちであることがわかる。2つ目の男性の「あなたの地域に別の路線はないのか」という質問に対して，女性は「その路線の駅は家から歩いて45分かかる」と答えている。それに対して男性は「そこまで自転車に乗ればいい」と発言し，女性もそれに同意している。この流れから考えると，彼女は別の路線の駅まで自転車で行き，その後電車に乗ると考えられるので，**2**「別の路線を使う」が正解となる。自転車の部分だけに注目すると**3**を選んでしまうかもしれないが，会社まで自転車で行くという内容は会話に出てこないため不適切である。一部だけに注目せず，会話の流れをしっかり追うようにしたい。

## No. 11　解答　1

☆ What're you doing with those garbage bags, Ronan?

★ I was just about to put them outside. Wednesday is collection day, right?

☆ Actually, they've switched over to a 14-day schedule. There was an announcement in the local paper last month.

★ They're only collecting every two weeks now? I sometimes wonder what we pay our taxes for.

☆ I know what you mean, but I guess the city needs to reduce spending. They're also talking about lowering the number of bags you can put out.

**Question：What is one thing we learn from the conversation?**

Script

訳

☆そのゴミ袋はどうするつもりなの，ロナン？

★今外に出そうと思ってたんだよ。水曜日はゴミ収集の日でしょう？

☆実は 14 日ごとのスケジュールに変更されたのよ。先月の地元紙に発表が載ってたよ。

★じゃあ 2 週間に 1 回しか収集しないってこと？　時々，何のために税金を払ってるのかって思うね。

☆言いたいことはわかるけど，市も支出を減らさなきゃいけないのよ。出せるゴミ袋の数も減らそうって話をしているわよ。

語句・構文

□ do with ～「～を扱う，処理する」　□ switch over to ～「～に変更する」

□ announcement「発表，案内」　□ the local paper「地元紙」

□ spending「支出」

質問の訳　会話からわかることの 1 つは何か？

選択肢の訳　**1**　ゴミ収集の頻度が少なくなった。

**2**　ゴミ袋の値段がもっと高くなる。

**3**　地方税が間もなく上がる可能性がある。

**4**　新聞配達のスケジュールが変わった。

ゴミ収集に関する 2 人の会話である。1 つ目の男性の発言から水曜日にゴミを出そうとしていることがわかるが，続く 2 つ目の女性の発言に「14 日ごとのスケジュールに変更になった」とあり，それに対して男性は「これから 2 週間に 1 回しか収集しないのか」と発言している。以上の内容から，ゴミの収集日が減ったことがわかり，**1**「ゴミ収集の頻度が少なくなった」が正解となる。2 つ目の女性の発言の switched over to「～に変更する」の部分をしっかり聞き取りたい。

**No. 12** **解答** **4**

Script

★ Hey, Sharon. Are you OK? You look exhausted.
☆ Hi, Ranjit. Yeah, I can't sleep because of my upstairs neighbors. They're awake at all hours of the night. Even earplugs haven't worked, so I'm going to complain to the landlord.
★ Have you thought about writing a polite note to them first? They might get upset if you go directly to the landlord.
☆ I hadn't thought about that. Have you ever tried something like that?
★ No, but I've read online that it can be quite effective.
☆ Thanks. I think I'll do that.

**Question : What will the woman most likely do?**

訳
★やあ，シャロン。大丈夫？　すごく疲れてるようだけど。
☆こんにちは，ランジット。そうなの，上階の住人のせいで寝られないのよ。あの人たち一晩中起きてるの。耳栓をしても全然効果がないし，だから大家にクレームを入れることにするわ。
★まずはその人たちに丁寧なメモを書くことは考えた？　直接大家のところに行ったら，怒っちゃうかもしれないよ。
☆それは考えてなかったわ。今までそういうことをしたことがあるの？
★ないけど，そうするのがすごく効果的だってネットで読んだんだ。
☆ありがとう。そうしてみるわ。

**語句・構文**

□ exhausted「疲れきった，へとへとの」　□ earplug「耳栓」
□ landlord「大家，家主」　□ polite「丁寧な，礼儀正しい」
□ get upset「腹を立てる，動転する」

**質問の訳**　女性はどうする可能性が最も高いか？

**選択肢の訳**
**1**　耳栓をいくつか使ってみる。
**2**　ランジットに隣人たちと話してもらう。
**3**　大家に関する文句を言う。
**4**　隣人たちにメッセージを書く。

1つ目の女性の発言に「大家にクレームを入れるつもりだ」とあるが，最後まで落ち着いて聞くこと。続く2つ目の男性の発言に「まずその人たちに丁寧なメモを書くことは考えたか」とあり，最後の女性の発言に「それをやってみようと思う」とあることから，女性は大家にクレームを入れることから，騒いでいる隣人たちにメモを書くことに対応を変更したとわかる。したがって正解は**4**「隣人たちにメッセージを書く」となる。英検のリスニング問題における会話の展開として，誰かからの助言を受けて自分の考えを変更する流れは頻出である。最初はどう思っていて，最後にどう変わったのかを意識しながら聞くようにしたい。

# 一次試験　リスニング　Part 2

**(A)　No. 13　解答　3　　No. 14　解答　1**

**(A)*Picky Eaters***

Some children are picky eaters. They will only eat a few foods and refuse to eat anything else, and this is generally considered unhealthy. Researchers have found that genetics may be one cause of this behavior, but the environment in which children are raised may also be important. Parents, for example, serve as role models for their children, so it can be damaging if their children see them following limited, unhealthy diets.

Once children form such eating habits, how can they be changed? Parents often use rewards. For example, they will tell their children they can have ice cream if they eat their vegetables. However, some experts warn against doing this. They say it does little to change children's negative attitudes toward foods they dislike. Instead, these experts recommend involving children in the growing, purchasing, and preparation of these foods. This may help children develop a positive relationship with healthy meals.

**Questions**

**No. 13　What may be one reason children become picky eaters?**

**No. 14　What is one thing that some experts recommend?**

Script

訳

(A)好き嫌いの激しい子どもたち

子どもの中には，食べ物の好き嫌いが激しい子もいる。彼らはほんの何種類かの食べ物しか口にせず，それ以外のものは何も食べようとしない。これは，一般的には不健康なことだと考えられている。研究者たちは，遺伝的特徴がこういった行動の原因のひとつかもしれないということを発見したが，子どもの育った環境もまた重要かもしれない。たとえば，親は子どもにとってのお手本となるので，もし親が限られた不健康な食事をとっているのを子どもが見ていれば，それは悪影響を与えている可能性がある。

一旦，子どもがそのような食習慣を身につけてしまった場合，それはどうすれば変えられるだろうか？　褒美を与える親は多い。たとえば，もし野菜を食べたらアイスクリームを食べてもいいと，子どもに言う親がいるだろう。しかし，この方法に対して警告する専門家もいる。そうしても，子どもが嫌いな食べ物に対して消極的な姿勢を変えることはほとんどないと彼らは言う。むしろ，それらの食べ物を育てたり，買ったり，そして，それらを使って食事を準備したりといったことに子どもを関わらせることを，専門家は勧める。こうすれば，子どもが健康的な食事との良い関係を育むのに役立つかもしれない。

語句・構文

(表第) □ picky eaters「好き嫌いの激しい人」

(第1段) □ genetics「遺伝的特徴，遺伝学」 □ serve as ～「～として役に立つ」

□ role model「手本」

(第2段) □ reward「報酬，ご褒美」 □ negative「消極的な，マイナスの」

□ attitude「姿勢，態度」

□ involve *A* in ～「*A* を～に関わらせる」

□ positive「積極的な，プラスの」

**No. 13** 質問の訳 子どもたちが好き嫌いの激しい子になる原因の1つは何か？

選択肢の訳 **1** 手に入る食べ物の選択肢が多すぎる。

**2** 学校は興味のわかない食事を用意することが多い。

**3** 子どもたちは親の食習慣をまねる。

**4** 子どもたちは痩せたいという願望を持っている。

picky eatersという聞き慣れない語が最初に聞こえるが，そういった語は後でわかりやすく言い換えられることが多いので，あわてず続きを聞くこと。第1段第2文（They will only …）に「彼らはほんの何種類かの食べ物しか口にせず，それ以外のものは何も食べようとしない」とあるので，picky eaterとは「決まったものしか食べない人」「偏食家」であると推測できる。同段第4文（Parents, for example, …）に「親は子どもにとってのお手本となるので，もし親が限られた不健康な食事をとっているのを子どもが見ていれば，それは悪影響を与えている可能性がある」と述べられているので，**3**「子どもたちは親の食習慣をまねる」が正解。

**No. 14** 質問の訳 専門家が勧めることの1つは何か？

選択肢の訳 **1** 子どもたちに，自分自身の食事を作るのを手伝わせること。

**2** 子どもたちに，もっとスポーツをするように奨励すること。

**3** 子どもたちが不健康な食事をとるのを時には許すこと。

**4** 子どもたちに，野菜を食べたら褒美をあげること。

第2段第6文（Instead, these experts …）で，「それらの食べ物（子どもが嫌いな食べ物）を育てたり，買ったり，それらを使って食事を準備したりといったことに，子どもを関わらせることを，専門家たちは勧める」とあることから，**1**「子どもたちに，自分自身の食事を作るのを手伝わせること」が正解となる。放送文中のinvolving children in「子どもたちを関わらせる」が，選択肢では getting children to *do*「子どもたちに～させる」と言い換えられていることに注意したい。insteadは手前に述べた内容に対して「そうではなく，むしろ」という意味で用いられ，その後ろにくる内容が重要であることを強調する。この語を聞き取れると展開がつかみやすいので，覚えておこう。

## (B) No. 15 解答 1　　No. 16 解答 4

### (B)*Ching Shih the Pirate*

It is sometimes said that a Chinese woman named Ching Shih was one of history's most successful pirates. Her husband was also a pirate. Following his death in 1807, Ching Shih took control of their pirate operations, which grew rapidly. The Chinese government then ordered its navy to capture her. The sea battle that followed, however, went badly for the government. Ching Shih's pirates captured several naval vessels, which increased Ching Shih's power.

However, it is thought that Ching Shih began having difficulty controlling her huge forces. In 1810, therefore, she came to an agreement with government officials in which she promised to end her operations. In exchange, she was allowed to keep her wealth, and she and most of her followers were given their freedom. While many pirates throughout history died violently, Ching Shih avoided that fate.

**Questions**

**No. 15　What was one result of the sea battle?**

**No. 16　What did Ching Shih do in 1810?**

Script

訳

### (B)海賊チン・シー

チン・シーという名の中国人女性は，歴史上最も成功した海賊の一人であったと言われることがある。彼女の夫もまた，海賊であった。1807年に彼が死んだ後，チン・シーは海賊の活動を支配し，それは急速に拡大した。それを見て中国政府は，彼女を捕らえるよう海軍に命令した。しかし，その後の海戦は，政府にとって悪い状況になった。チン・シーの率いる海賊たちは海軍の船を数隻捕らえ，それによってチン・シーの力はさらに強大になったのだ。

しかし，チン・シーはその強大な戦力を統制するのに苦労し始めたと考えられている。その結果，1810年に彼女は政府関係者と話をつけて，海賊の活動を辞めることを約束した。それと引き換えに，彼女は自分の財産を守ることを許され，彼女と部下の大半は自由を与えられた。歴史を通して，多くの海賊たちは暴力的な死を迎えたが，チン・シーはそうなる運命を免れたのである。

**語句・構文**

(表題) □ pirate「海賊」

(第1段) □ take control of ～「～を支配する，統制する」
□ operation「活動，業務」　□ navy「海軍」
□ capture「～を捕らえる」　□ naval「海軍の」　□ vessel「船」

(第2段) □ agreement「協定，契約」　□ official「[省名などを伴って] 高官，官僚」
□ in exchange「引き換えに」

**No. 15** 質問の訳 海戦の結果の1つは何か？

選択肢の訳 **1** チン・シー率いる海賊は，数隻の船を得た。
**2** 海賊の指揮官の多くは捕らえられた。
**3** 海賊のほとんどは殺された。
**4** チン・シーは中国の海軍を助けることに同意した。

第1段第5文（The sea battle …）にあるhowever以降に注意したい。「政府にとって悪い状況になった」とあり，続く第6文（Ching Shih's pirates captured …）に具体的内容として「チン・シーの率いる海賊たちは海軍の船を数隻捕らえた」とあるため，**1**「チン・シー率いる海賊は，数隻の船を得た」が正解となる。however以降に出てくる情報には大事な内容が続くことが多いので注意すること。

**No. 16** 質問の訳 チン・シーは，1810年に何をしたか？

選択肢の訳 **1** 彼女は罰を逃れるために中国を去った。
**2** 彼女は自分の財産を寄付した。
**3** 彼女は新しい海賊組織を作った。
**4** 彼女は海賊の活動を辞めることに同意した。

第2段第2文（In 1810, …）にあるthereforeをしっかり聞き取りたい。thereforeは「その結果，したがって」の意で，前に述べられた理由の結果を表す。その最後にあるend her operationsを聞き取れば，endの言い換えとしてstopを用いている**4**「彼女は海賊の活動を辞めることに同意した」が正解であるとわかる。設問にin 1810とあるが，放送文中に年代などの具体的な数字が出てきたときは，その内容に注意しておくとよい。

(C) **No. 17** **解答** **1**　**No. 18** **解答** **2**

### (C)*The Canada Lynx*

The Canada lynx is a type of wildcat found mainly in Canada and the northern United States. The animals are skilled at avoiding humans, so they are rarely seen in the wild. However, lynx sightings increase roughly every 10 years. This is because the population of animals called snowshoe hares rises and falls in a roughly 10-year cycle. Lynx hunt snowshoe hares, and when there are more hares to hunt, the lynx population tends to grow.

It was long believed that Canada lynx live their whole lives in one particular area. However, scientists have discovered that lynx can journey thousands of kilometers to establish new territories. Some scientists think it is likely that these animals are following hares. However, lynx have also been observed making long journeys at other times, so there may be another reason why they travel.

**Questions**

**No. 17 What does the speaker say about Canada lynx?**

**No. 18 What did scientists discover about Canada lynx?**

Script

訳

### (C)カナダオオヤマネコ

カナダオオヤマネコは，主にカナダや北アメリカに見られるヤマネコの一種である。この動物は，人間を避けるのに長けているので，野生ではめったに見られない。しかし，ヤマネコを目撃したという話は，およそ10年ごとに増える。これは，カンジキウサギと呼ばれる動物の個体数が，およそ10年周期で増減するからである。ヤマネコはカンジキウサギを狩るが，狩るウサギが増えると，ヤマネコの個体数も増える傾向にあるのだ。

カナダオオヤマネコは，その生涯のすべてをある特定の場所で送ると長年考えられていた。しかし，ヤマネコは新しい縄張りを作るために何千キロメートルもの距離を移動できることを科学者たちは発見した。科学者の中には，これらのヤマネコはウサギを追いかけている可能性が高いと考える者もいる。しかし，ヤマネコはそれとは別のときにも長距離移動している様子が観察されている。したがって，ヤマネコが移動する理由は別にあるのかもしれない。

**語句・構文**

(表題) □ Canada lynx「カナダオオヤマネコ」

(第1段) □ wildcat「ヤマネコ」　□ skilled at ～「～が上手な」

□ sighting「目撃」　□ snowshoe hare「カンジキウサギ」

(第2段) □ establish「～を作り上げる」　□ territory「縄張り」

□ at other times「ほかのときは」

**No. 17** 質問の訳 カナダオオヤマネコについて，話者は何を話しているか？

選択肢の訳 **1** その数は特定の時期に増える。

**2** それらは人間によって狩られている。

**3** それらの生息地は近年小さくなっている。

**4** それらはカンジキウサギをあまり食べなくなっている。

最初にThe Canada lynxという聞き慣れない言葉が出てくる。選択肢を見るとnumbers increase, hunted by humans, habitatsなどがあることから，なんらかの生物の話題であることを予測しておきたい。第1段第3文（However, …）に「およそ10年ごとに目撃数が増えている」とあり，同段最終文（Lynx hunt snowshoe hares, …）に「狩るウサギが増えると，ヤマネコの個体数も増える傾向にある」とあることから，ヤマネコが増える時期は狩るウサギが増える時期であると考え，それをat certain timesと言い換えている**1**「その数は特定の時期に増える」が正解となる。

**No. 18** 質問の訳 カナダオオヤマネコについて，科学者たちは何を発見したか？

選択肢の訳 **1** それらは餌を探すときにしか移動しない。

**2** それらは長い距離を移動することもある。

**3** それらは他のヤマネコよりもずっと長生きする。

**4** それらは常にもともといた縄張りに戻ってくる。

第2段第2文（However, scientists have discovered …）に「ヤマネコは何千キロメートルもの距離を移動できる」とあるので，**2**「それらは長い距離を移動することもある」が正解となる。**1**を選ばないように注意すること。第2段第3文（Some scientists think …）に「これらのヤマネコはウサギを追いかけている可能性が高い」とあるが，同段最終文（However, lynx have …）を見ると「ヤマネコが移動する理由は別にあるのかもしれない」と述べられており，選択肢の**1**にあるonlyと矛盾する。

(D) **No. 19 解答 2　No. 20 解答 1**

(D) ***The Catacombs of Priscilla***

In Rome, there are networks of tunnels that were built around the beginning of the second century AD. These tunnels were used as burial places for people of many religions. However, the tunnels became especially important for Christians. Their religion was not officially recognized at the time, so Christians used the tunnels to hold religious ceremonies.

One famous section of tunnels is called the Catacombs of Priscilla. In this section, there are some early Christian paintings. One of the paintings seems to show a woman dressed in a priest's robe, and others show women performing religious ceremonies. Some people believe the paintings are proof of female priests in the church in ancient times. This is significant because some Christian churches today do not allow women to become priests. Other observers, however, say that we cannot be sure exactly what the paintings show.

**Questions**

**No. 19 What is one thing we learn about the tunnels?**

**No. 20 What do some people believe the paintings show?**

Script

訳

(D)プリシラのカタコンベ

ローマには，紀元２世紀の初め頃に作られた地下通路網がある。これらの地下通路は，多くの宗教の信者のための埋葬地として使われた。しかし，その地下通路はキリスト教徒にとってとりわけ重要なものとなった。彼らの宗教は当時公認されていなかったので，キリスト教徒は宗教的な儀式を執り行うためにその地下通路を使ったのである。

地下通路の中で有名な区域の１つに，プリシラのカタコンベと呼ばれるものがある。この区域には，初期のキリスト教絵画がいくつか存在する。それらの絵画の１つは，聖職者の職服をまとった一人の女性を描いているように思えるものであり，別の絵画は宗教儀式を行っている女性たちを描いている。それらの絵画は，古代の教会には女性の聖職者がいたという証明であると信じている人もいる。これが重要なのは，今日のキリスト教会の中には，女性が聖職者となることを許可しない教会もあるからである。しかし，別の評論家は，その絵画が何を描いているかは正確にはわからないと言っている。

**語句・構文**

(表題) □ catacomb「地下墓地，カタコンベ」

(第１段) □ burial「埋葬」　□ religion「宗教」　□ ceremony「儀式」

(第２段) □ priest「聖職者，司祭」　□ robe「(司教などの) 職服」

□ significant「重要な，重大な」

**No. 19** 質問の訳　地下通路についてわかることの１つは何か？

選択肢の訳　**1**　現代の埋葬地はそれらの設計に基づいている。
**2**　それらは宗教的な目的で使用されていた。
**3**　それらは非キリスト教徒にしか使用されていなかった。
**4**　その入り口は最近になってやっと見つかった。

第１段第２文に used as burial places for people of many religions「多くの宗教の信者のための埋葬地として使われた」とあり，同段最終文に hold religious ceremonies「宗教的な儀式を執り行うため」とあることから，**2**「それらは宗教的な目的で使用されていた」が正解となる。

**No. 20** 質問の訳　何人かの人は，その絵画が何を示していると考えているか？

選択肢の訳　**1**　女性は昔，聖職者になれた。
**2**　地下通路は教会としては使用されなかった。
**3**　初期のキリスト教徒は女性が少なかった。
**4**　聖職者はかつて絵画を描いた。

質問にある the paintings「その絵画」とは，第２段第２文（In this section, …）で述べられている some early Christian paintings であると考えられる。その続きに注意して聞き取りたい。第２段第４文（Some people believe …）に「それらの絵画は，古代の教会には女性の聖職者がいたという証明である」とあることから，**1**「女性は昔，聖職者になれた」が正解。選択肢にある used to be が「（今はそうではないが）かつては～だった」の意で過去の状態を表す表現であること，放送文中にある in ancient times が選択肢で long ago に言い換えられていることに注目しよう。

## ⑸ No. 21 解答 3  No. 22 解答 3

### ⑸*Happiness and Success*

Many people believe that only by working hard and having a successful career can they find happiness. However, trying to make a lot of money or get promoted at work may not make people truly happy. People who focus on such success often prioritize work over other activities. Consequently, they may lose opportunities to enjoy the things that make life truly enjoyable, such as simple, relaxing times with their families.

After reviewing many studies, researchers recently concluded that success may actually follow happiness. They believe that happy people are more energetic and confident because they experience frequent positive moods, and that this leads to success. Of course, success also depends on factors such as intelligence and social support. More research is needed, but it may be that those whose happiness leads them to success are more likely to stay happy.

**Questions**

**No. 21 What does the speaker say about people who focus on success?**

**No. 22 What did researchers recently conclude about happy people?**

訳

⑸幸福と成功

一生懸命働き，輝かしいキャリアを積むことで，初めて幸福を見つけられると信じている人は多い。しかし，大金を稼ごうとしたり仕事で出世しようとしたりすることは，人々を本当の意味で幸せにすることはないかもしれないのだ。そういった成功に重点を置く人々は，他の活動よりも仕事を優先することが多い。その結果，彼らは家族と過ごす，ごく普通でくつろげる時間といった，人生を本当に楽しくするものに恵まれる機会を失ってしまうかもしれない。

多くの研究を精査した後，研究者たちは近年，実は成功というものは幸福の後に続くものなのだという結論に至った。幸福な人がよりエネルギーにあふれ，自信に満ちているのは，彼らが頻繁に前向きな気分を経験しているからであり，これが成功につながっているのだと研究者たちは考えている。もちろん，成功は知性や社会的支援といった要素によっても決まる。さらに多くの研究が必要だが，自分の幸福が成功につながる人々は，幸福でい続ける可能性がより高いかもしれない。

**語句・構文**

(第1段) □ get promoted「昇進する，出世する」 □ prioritize「～を優先する」
□ consequently「その結果」 □ relaxing「ほっとさせる，くつろがせる」

(第2段) □ review「～を精査する，検討する」 □ confident「自信に満ちた」
□ frequent「頻繁な」 □ depend on ～「～によって決まる」
□ be likely to *do*「～する可能性が高い」

**No. 21** **質問の訳** 成功に重点を置く人について，話者は何と言っているか？

**選択肢の訳**
**1** 彼らには成功した家族がいることが多い。
**2** 彼らはストレスレベルが低いことが多い。
**3** 彼らはごく普通の喜びを得る機会を逃しているかもしれない。
**4** 彼らは自分の周りの人々を幸せにするかもしれない。

第1段最終文（Consequently, they may …）のConsequently「その結果」をしっかり聞き取りたい。consequentlyに続く内容は前文で述べられた内容の結果となるので，「人生を本当に楽しくするものに恵まれる機会を失う」という部分が聞き取れれば，**3**「彼らはごく普通の喜びを得る機会を逃しているかもしれない」が正解だとわかる。放送文中のopportunitiesが選択肢ではchancesに言い換えられていることに注意しよう。なお，enjoyには「～を楽しむ」の意のほかに「～を享受する，～に恵まれる」の意があることも知っておくといいだろう。

**No. 22** **質問の訳** 幸福な人々について，研究者は最近どういう結論に至ったか？

**選択肢の訳**
**1** 彼らは幸せであり続けるために家族の支えを必要としない。
**2** 彼らの収入が高くなる可能性は低い。
**3** 彼らの前向きな気分は彼らをさらに活動的にする。
**4** 彼らは不幸な人たちよりも聡明である。

第2段第1文（After reviewing many …）に出てくるconcludedに注目する。「結論を述べる」という意の動詞なので，その後に続く内容はしっかり聞き取りたい。「実は，成功は幸福の後に続く」とあり，続く第2文（They believe that …）に具体的内容として「幸福な人がよりエネルギーにあふれ，自信に満ちているのは，彼らが頻繁に前向きな気分を経験しているから」とある。したがって，**3**「彼らの前向きな気分は彼らをさらに活動的にする」が正解となる。放送文中のenergetic「精力的な，活発な」が，選択肢ではactiveに言い換えられている。

(F) **No. 23 解答 2 No. 24 解答 1**

(F)***Ancient Oysters***

For thousands of years, Native Americans along what is now called the US East Coast used oysters as a food source. Today, however, oyster stocks have been greatly reduced. Overharvesting, pollution, and disease have caused oyster populations to fall, especially since the late 1800s, when European settlers introduced new harvesting methods. These methods included dredging, which involves removing huge numbers of oysters from the seabed. This process also damages the ecosystem in which the oysters live.

In recent years, archaeologists have studied Native American harvesting practices. The archaeologists found that Native Americans did not harvest young oysters. Instead, Native Americans waited for oysters to grow and reproduce before they harvested them. The archaeologists also discovered that average shell size increased until the 1800s, which indicates that Native American practices helped ancient oysters to become larger. This finding surprised the archaeologists, who expected oyster shells to gradually get smaller in response to being harvested.

**Questions**

**No. 23 What do we learn about oysters along the US East Coast today?**

**No. 24 What is one thing the archaeologists discovered?**

Script

訳

(F)古代のカキ

何千年もの間，現在のアメリカ東海岸と呼ばれる地域沿いに住んでいたネイティブ・アメリカンは，食料源としてカキを利用していた。しかし今日，カキの数は大幅に減少している。特に，ヨーロッパからの入植者が新たな収穫方法を導入した1800年代後半以来，乱獲や公害，病気が，カキの個体数減少の原因となっている。これらの収穫方法には，海底から大量のカキを取り除くことを伴う，桁網（けたあみ）での採取が含まれていた。この方法は，カキが生息する生態系にも被害を与えるのである。

近年，考古学者たちは，ネイティブ・アメリカンの収穫活動を研究している。考古学者たちにわかったのは，ネイティブ・アメリカンが若いカキを獲っていなかったということだ。それどころか，ネイティブ・アメリカンはカキが成長して繁殖するのを待ってから，収穫していたのである。考古学者たちは，貝殻の平均サイズが1800年代までは大きくなっていたことも発見したが，そのことは古代のカキが大きくなるのにネイティブ・アメリカンの収穫活動が役に立っていたことを示していた。この研究結果は考古学者たちを驚かせた。彼らは，収穫されることに応じてカキの貝殻が徐々に小さくなるだろうと予想していたのである。

語句・構文

（第1段）□ stock「［修飾語句を伴って］（ある地域内の）総量，供給量」
□ overharvesting「乱獲，取りすぎ」　□ population「個体数」
□ settler「入植者，開拓移民」　□ dredge「（貝類など）を桁網で採取する」
□ seabed「海底」　□ ecosystem「生態系」
（第2段）□ archaeologist「考古学者」　□ reproduce「繁殖する」
□ shell「貝殻」　□ in response to ～「～に応じて」

**No. 23**　質問の訳　今日のアメリカ東海岸沿いのカキについて，何がわかるか？

選択肢の訳　**1**　それらは病気と闘うことに強くなっている。
**2**　その数は以前よりも少ない。
**3**　その多くは食用に収穫されていない。
**4**　それらが生息する水域はよりきれいになりつつある。

第1段第1文（For thousands of years, …）に「現在のアメリカ東海岸と呼ばれる地域沿いに住んでいたネイティブ・アメリカンは，食料源としてカキを利用していた」とあるが，第2文に however があるため，その後に重要な内容が述べられることを予想しながら聞き取りたい。「カキの数は大幅に減少している」と続くことから，**2**「その数は以前よりも少ない」が正解。low には「低い」だけでなく「（数量が）少ない」の意があるので，放送文中の reduced をしっかり聞き取り，意味的に lower がその言い換えになっていることに注意しよう。

**No. 24**　質問の訳　考古学者たちが発見したことの1つは何か？

選択肢の訳　**1**　ネイティブ・アメリカンの収穫活動は，カキが育つ助けになった。
**2**　ネイティブ・アメリカンの収穫方法には，桁網での採取が含まれていた。
**3**　ネイティブ・アメリカンは今でもカキを収穫している。
**4**　ネイティブ・アメリカンは若いカキしか収穫しなかった。

第2段第3文が Instead で始まることに注目したい。No. 14 の解説でも述べたが，instead は前に述べた内容に対してその後にくる内容が重要であることを強調する。ここでは「それどころか」の意で，「ネイティブ・アメリカンはカキが成長・繁殖するのを待ってから収穫していた」と続いている。さらに次の第4文（The archaeologists also discovered …）に「カキが大きくなるのにネイティブ・アメリカンの収穫活動が役に立っていた」とあることから，**1**「ネイティブ・アメリカンの収穫活動は，カキが育つ助けになった」が正解。

# 一次試験　リスニング　Part 3

(G) **No. 25** **解答**　**3**

This bus goes around town all day, so you can just hop on and off anytime. The castle can be accessed from stop 4, and the medieval library is also just a five-minute walk away from that stop. If you're interested in the San Giovanni church, stop 7 is the nearest. It's also normally the meeting place for our 30-minute guided walking tour, but please note that due to an ongoing construction project, that tour will begin from stop 9, just in front of Montalto Gardens. Stop 13 offers access to famous sights like the Gravina Bridge and the town fountain.

Script

訳　このバスは，終日市内を巡回しておりますので，いつでも乗り降り可能です。お城は4番停留所からアクセス可能で，中世図書館も同じ停留所から徒歩わずか5分のところにございます。サン・ジョバンニ教会にご興味のある方は，7番停留所が最寄りです。またここは，通常ならガイド付きの30分ウォーキングツアーの集合場所ですが，建設事業が進行中のため，ツアーはモンタルトガーデン正面の9番停留所から出発することにご注意ください。13番停留所からは，グラヴィーナ橋，町の噴水といった名所へアクセスできます。

**語句・構文**

□ hop「(乗り物) に跳び乗る，跳び降りる」　□ medieval「中世の」
□ guided「ガイド付きの」　□ note「～に注意を払う」
□ ongoing「進行中の，継続している」　□ sight「名所」　□ fountain「噴水」

**状況の訳**　あなたは，イタリアのある街を巡回するバスに乗るところである。あなたはガイド付きのウォーキングツアーに参加したいと思っている。あなたは次のアナウンスを聞く。

**質問の訳**　あなたはどのバス停で降りるべきか？

**選択肢の訳**
**1**　4番バス停。
**2**　7番バス停。
**3**　9番バス停。
**4**　13番バス停。

状況と質問を読む時間が10秒あるので，その間に書かれている内容をしっかりつかむこと。重要な情報は「ガイド付きのウォーキングツアーに参加したいと思っていること」である。第4文 (It's also normally …) に「30分のガイド付きのウォーキングツアー」とあるが，butがあるためそれ以降に注意して聞くと，「建設事業が進行中のため，ツアーは9番停留所から始まる」とあることから**3**「9番バス停」を選ぶのが正解である。please note という表現もしっかり聞き取りたい。noteには「注意を払う」の意があるので，それに続く部分は重要な内容が述べられるはずである。

## (H) No. 26 解答 4

You can apply online to renew your working-holiday visa. However, there are some things you should prepare before you apply. You'll need to provide proof that you've had a medical examination by a qualified doctor and have no serious health issues. Once you've done that, you'll also have to present evidence of your employment until now. You mentioned you had all of your salary statements, so those should be sufficient. Since you're applying from within the country, proof that you've saved enough to cover your living costs will not be required this time around.

Script

訳 ワーキングホリデーのビザは，オンラインで更新申し込みができます。しかし，申し込みまでに準備しなければならないものがいくつかあります。あなたが資格を持った医師による診察を受け，深刻な健康上の問題がないという証明書を提出する必要があります。それが終わったらすぐに，現在までの雇用証明も提出しなければいけません。あなたは給与明細書をすべて持っているとのことだったので，それがあれば十分なはずです。国内からの申し込みになるので，生活費をまかなうのに十分な貯蓄ができているという証明は，今回は不要です。

**語句・構文**

□ apply to ～「～に申し込む」 □ renew「～を更新する」
□ working-holiday「ワーキングホリデー（観光ビザで入国した受け入れ国で働くこと）」
□ qualified「資格を持った」 □ mention「～と述べる」
□ statement「報告書，計算書」 □ sufficient「十分な」
□ cover「～をまかなう」 □ living costs「生活費」
□ this time around「今回は」

**状況の訳** あなたは，ワーキングホリデープログラムで海外にいる。あなたはビザの更新について入国管理局に電話し，次のことを言われる。

**質問の訳** 最初にあなたはどうするべきか？

**選択肢の訳**
1 オンラインで申し込みフォームに入力する。
2 雇用者に給与明細書を要請する。
3 貯蓄額の証拠を提示する。
4 健康診断証明書を手に入れる。

重要なのは，状況で述べられている「ビザの更新をする」の部分と，質問の first である。第1文に renew your working-holiday visa とあり，第2文が However で始まることから，その続きが答えの中心になると予測して聞き取ろう。第3文（You'll need to provide …）に「医師による診察を受け，深刻な健康上の問題がないという証明書を提出する」とあることから，4「健康診断証明書を手に入れる」が正解。該当箇所が長い文になっているが，proof，a medical examination，doctor といった単語をしっかり拾って正解を導きたい。

## (I) No. 27 解答 1

The new security cameras, warning signs, and staff training have all worked. Shoplifting of most products is much lower than in the last quarter. However, stock records for low-cost fruit items like bananas and oranges and expensive things like avocados and mangoes don't match the sales records. This usually means some customers at the self-checkout registers are entering false information to get costly items at a cheaper price. I recommend extra guidance for staff observing the self-checkout stations. If this doesn't work, you may have to think about checking customers' receipts at the exit.

Script

訳 新しい監視カメラ，警告表示，店員の訓練は，どれも機能しています。ほとんどの商品の万引きは，前回四半期よりもはるかに少なくなっています。しかし，バナナやオレンジのような安い果物やアボカドやマンゴーのような高価な品の在庫記録は，売り上げ記録と合っていません。これはたいていの場合，セルフレジを使う顧客の中に，高価な品物を安い値段で手に入れるために，間違った情報を入力している人がいることを意味します。セルフレジコーナーを監視する店員に追加指導することをお勧めします。これがうまくいかない場合は，出口で顧客のレシートを確認することを考える必要があるかもしれません。

**語句・構文**

□ shoplifting「万引き」　□ self-checkout register「セルフレジ」
□ costly「高価な」　□ extra「追加の」　□ receipt「レシート」

**状況の訳** あなたはスーパーの店長である。あなたは窃盗による損失を減らしたいと思っている。警備対策の専門家は，あなたに次のことを伝える。

**質問の訳** 最初にあなたはどうするべきか？

**選択肢の訳**
**1** 店員により多くの訓練を行う。
**2** より多くの監視カメラを設置する。
**3** 出口で客のレシートを再確認する。
**4** 果物の値段を明記する。

状況を読むと「警備対策の専門家が次のように伝える」とあり，質問に first とあることから，専門家が勧める対策の中で初めに出てくるものをしっかり聞き取ること。第5文（I recommend extra …）にある recommend が聞き取るべき重要ポイントである。「セルフレジコーナーを監視する店員に追加指導」とあるので，**1**「店員により多くの訓練を行う」が正解。**3** を選ばないよう注意すること。最終文に書かれている内容と一致するが，If this doesn't work の部分をしっかり聞き取らなければならない。this は前文の「セルフレジコーナーを監視する店員に追加指導すること」を指し，それがうまくいかない場合の提案が **3** の内容であり，質問の first と合わないので不適である。

(J) **No. 28 解答 4**

Script

Welcome to our summer sale. We're offering great discounts on all brands, including Rannexe and Duplanne. Interested in a new vacuum cleaner? Use the coupon available on our smartphone app to get $50 off any brand. How about a new washing machine? This month, exchange your used Rannexe washing machine for a $100 credit toward any new Rannexe product. During the month of August, exchange any old Duplanne appliance and get $150 off a new one. Finally, we are offering $75 cash back on any new dishwasher until the end of August.

訳　サマーバーゲンにようこそ。当店は，ラネックス，ドゥプランを含む，すべてのメーカーの大幅値引きを実施しております。新しい掃除機にご興味はありませんか？　どのメーカーでも50ドル値引きで購入できる当店のスマートフォンアプリのクーポンをお使いください。新しい洗濯機はいかがでしょうか？　今月，お使いのラネックスの洗濯機を，新しいラネックス全製品に使える100ドル分の還元ポイントに交換してください。8月中は，古くなったドゥプラン製品はどれでも150ドル値引きで新しい製品に交換できます。最後に，新しい食洗機をお買い上げの方には，75ドルのキャッシュバックを8月末まで実施しております。

**語句・構文**

- □ discount「値引き」　□ vacuum cleaner「電気掃除機」
- □ credit「控除」 客に対するものなのでニュアンスとしては「交換ポイント」「還元ポイント」などが近いだろう。
- □ appliance「(家庭用電気) 器具，設備」

**状況の訳**　あなたは新しい洗濯機が欲しいと思っている。あなたは今，ドゥプラン社の洗濯機を持っている。あなたは7月に電気店を訪れ，次のアナウンスを聞く。

**質問の訳**　**最も多くのお金を節約するためには，あなたはどうするべきか？**

**選択肢の訳**
**1**　その店のスマートフォンアプリをダウンロードする。
**2**　キャッシュバックの申し込みをする。
**3**　今月洗濯機を交換する。
**4**　8月にドゥプラン社の新しい洗濯機を買う。

状況を見るとDuplanneという具体的なメーカー名があり，washing machineと合わせて聞き取るときの重要なキーワードとして押さえたい。また，質問に「最も多くのお金を節約する」とあるため，お金の金額に関わる数字に注意して聞くこと。第5文（How about …）にa new washing machineとあることから，その続きに注意して聞いていくと，第7文にDuring the month of Augustと$150 offとあり，**4**「8月にドゥプラン社の新しい洗濯機を買う」を選ぶのが正解。割引されるのは8月なので，exchangeというキーワードに引っ張られて**3**を選ばないように注意しよう。

### (K) No. 29 **解答** 2

This suit is a clearance item, so we only have what's here on the shelves. Our other location may still have one in your size, though. If you'd like, I can check online for you. If our other store has one, you could go there, if you don't mind driving out of town. The other option would be to reserve one for you and have it sent over to this store at no extra cost. That might take a few days, but if you give me your number, I can call you when it arrives.

Script

訳 このスーツは在庫整理品なので，この棚にある分しかございません。ですが，別店舗にお客様に合うサイズがまだあるかもしれません。よろしければ，ネットで調べられます。もし別店舗にありましたら，市外に車で出ても構わないのであればそこでご購入いただけます。もう一つの選択肢は，お客様のスーツをお取り置きして，追加費用なしでこの店に届けてもらうことです。2，3日かかるかもしれませんが，お電話番号をお教えいただければ，届いたときにご連絡いたします。

**語句・構文**

□ clearance「（在庫品などの）整理，一掃」　□ shelves は shelf「棚」の複数形。
□ at no extra cost「追加費用なしで，同じ値段で」

**状況の訳** あなたは地元の店で欲しいスーツを見かけたが，自分のサイズに合うものがない。あなたは街の外に出たくないと思っている。店員があなたに次のように言う。

**質問の訳** あなたは何をするべきか？

**選択肢の訳**
**1** その店が新しい在庫を仕入れるまで待つ。
**2** 店員に他の店舗を調べてもらう。
**3** オンラインストアでそのスーツを注文する。
**4** スーツを自宅に届けてもらう。

状況から考えると，求められる条件は「自分に合うサイズのスーツを，街の外に出ずに手に入れること」である。第3文（If you'd like, …）に I can check online for you とあり，その前の第2文（Our other location …）より調べる内容が「別店舗に合うサイズのスーツがあるかどうか」であるとわかるので，**2**「店員に他の店舗を調べてもらう」が正解となる。第4・5文（If our other … no extra cost.）に「別店舗にあった場合，その店で購入，または地元の店に届けてもらうことが可能」とあり，市外に出なくても入手できるので，**2** は条件にも合致する。場面設定が複雑だが，**1**・**3**・**4** については述べられていないので，消去法で答えてもよいだろう。選択肢 **2** の have が使役動詞であり，have *A* *do* の形で「*A* に～してもらう」の意であることも押さえておこう。

## 二次試験　面接　問題カードA

解答例　**<u>One day, a husband and wife were going on a walk together.</u> They saw a group of volunteers picking up garbage in the park. The husband and wife looked pleased to see them cleaning up the area. The next day, the couple was walking around their neighborhood again, and they saw a poster. It said that volunteers were wanted to help at the city marathon. The couple thought it was a good opportunity for them, so they decided to volunteer. At a volunteer staff meeting, the couple was listening to an explanation about their duties at the marathon. A man was explaining that volunteers would help with tasks like working at water stations and at the information booth. The couple seemed to be looking forward to volunteering at the marathon. The day before the marathon, however, the wife was speaking with her manager at work. He told her that she needed to meet a client the next day.**

訳　ある日，ある夫婦が一緒に散歩に出かけていた。彼らはボランティアの集団が公園でゴミを拾っているのを見かけた。夫婦は彼らがその区域をきれいにしているのを見て，うれしそうだった。翌日，夫婦は再び近所を散歩していて，あるポスターを見た。そのポスターには，シティマラソンを手伝ってくれるボランティアを募集していると書いてあった。夫婦は，自分たちにとってのよい機会だと思ったので，ボランティアをすることに決めた。ボランティアスタッフの会議で，夫婦はマラソンでの仕事内容に関する説明を聞いていた。男性が，ボランティアは給水所やインフォメーションブースなどでの仕事を手伝うのだと説明していた。夫婦はマラソンのボランティアをするのを楽しみにしているように見えた。しかしマラソンの前日，妻は職場で上司と話をしていた。彼は，彼女が翌日顧客と会う必要があると伝えた。

▶ナレーションに含めたいポイントは以下の通り。①夫婦が散歩しているときに，ボランティアが公園の掃除をしているのを見かける。②翌日，マラソンのボランティアの募集ポスターを見て，参加することを決める。③ボランティアスタッフのミーティングで，ボランティアの仕事について説明を受ける。④マラソンの前日，妻は上司から翌日に顧客と会う必要があると言われる。以上の流れをしっかり展開した上で，夫婦の考えていることなどを追加していくといい。たとえば2コマ目の夫婦を見ると，妻が夫に話しかけており，夫がうなずいている様子が読み取れる。そこからBoth of them are interested in it.「2人とも興味を持っている」などと表現することもできるだろう。

質問の訳

No. 1　4番目の絵を見てください。もしあなたがその妻ならば，何を考えているでしょうか？

No. 2　あなたは，親は運動会などの学校行事に参加するべきだと思いますか？

No. 3　公共の図書館は今でも地域社会において重要な役割を担っていますか？

No. 4　より多くの企業が，従業員にフレックスタイム制を導入するべきでしょうか？

**No. 1** 解答例 **I'd be thinking that I should have talked about becoming a volunteer with my boss first. Now I can't fulfill my responsibilities to both my work and the marathon. I should be more careful about my schedule in the future.**

訳 ボランティアになったことを最初に上司に話すべきだったと思っているだろう。今，私は仕事とマラソンの両方の責任を果たすことはできない。私は今後，自分のスケジュールについてもっと注意するべきだ。

指定された4コマ目の絵では，女性の困惑した表情が読み取れる。予定が重なってしまったことに対する反応を中心に考えて答えよう。〔解答例〕では，仕事のスケジュールと自分の予定が重なってしまう可能性が事前に予想できたという想定で，先に上司に話しておくべきだったとしている。反対に，「予定が入ってしまっているので，仕事のほうを断る，あるいは日程の変更をしてもらうことを提案する」などと展開してもいいだろう。

**No. 2** 解答例 **Yes. It's a chance for parents to better understand their children's relationships with their classmates. This is good for building strong family relationships. It also gives parents and teachers an opportunity to communicate.**

訳 はい。それは親が自分の子どもとクラスメートとの関係をよりよく理解するチャンスになります。これは強い家族関係を築くのにいいことです。また，親と先生がコミュニケーションをとる機会にもなります。

〔解答例〕では，質問に対して賛成の立場で，学校行事に参加することで子どもとクラスメートの関係をより理解できて，先生とのコミュニケーションを図るよい機会になることを答えている。他の答えとしては，「子どもの成長が感じられる」「子どもの知らない側面を見ることができる」などが考えられる。この問いに対しては反対の立場で答えるのはおそらく難しいので，参加したほうがいい理由として自分が表現できる内容を，はっきりと述べるのがいいだろう。

**No. 3** 解答例 **No. The purpose of public libraries is to give people access to information, but I think we can achieve the same goal using digital libraries online. That way, we don't need to spend a lot of money maintaining library buildings.**

訳 いいえ。公共図書館の目的は人々に情報を利用する機会を与えることですが，インターネットのデジタル図書館を使って同じ目的を達成できると思います。それなら，私たちは図書館の建物を維持するのに多くのお金を使う必要はありません。

〔解答例〕では質問に対してNoの立場で答え，図書館は情報の利用が目的であること，それはインターネット上で可能であることを述べ，図書館の維持にお金をかける必要はないと答えている。Yesで答える場合は，たとえば「情報はインターネットで得られるが，紙の本を読みたいと思う人は多い」「地域社会のコミュニケーションの場として，人が集まれる場所はあったほうがいい」などと展開するのがいいだろう。

**No. 4** 解答例 **Definitely. It might not be realistic for some companies, but I think in many cases having a more flexible schedule is an easy way to increase employee satisfaction. This will especially help employees who have young children.**

訳 その通りです。一部の企業では現実的ではないかもしれませんが，多くの場合，フレックスタイム制を導入することは，従業員の満足度を上げやすい方法だと思います。このことは，特に小さな子どもがいる従業員の助けになるでしょう。

〔解答例〕は賛成の立場から，フレックスタイム制が従業員の満足度を上げる方法であることや，具体的に小さな子どもがいる従業員を挙げて，その助けになることを述べている。その他の根拠としては，近年リモートワークなど仕事のやり方も多様化していることを挙げることもできる。たとえばMore and more people are working remotely, so it will be very helpful for them to choose flexible work schedules.「リモートワークをしている人も増えているので，彼らにとってはフレックスタイム制を選べるのはとても助かるだろう」などの表現を使うとよいだろう。

## 二次試験　面接　問題カードD

解答例 **One day, a woman was talking with her friend. They were sitting at a table, and her friend was holding a brochure for a beach resort. The woman's friend suggested they go together, but the woman looked worried about the price. Later that evening, the woman was looking at her computer, and she saw that she could earn money by doing some part-time work before the trip. According to the calendar, the woman's trip was just a few weeks away. Two weeks later, the woman was working at a restaurant. She was taking an order while her manager looked on. A few days later, the woman's suitcase was almost packed, and she was nearly ready for her trip. She was talking on the phone with her manager. The manager had an injured leg and was telling her that the restaurant would need her help the next day.**

訳 ある日，1人の女性が友人と話をしていた。彼女たちはテーブルに座っていて，友人はビーチリゾートのパンフレットを持っていた。女性の友人は一緒に行こうと提案したが，女性は代金を気にしているようだった。その晩，女性はパソコンを見ており，旅行の前にアルバイトの仕事をしてお金を稼げることがわかった。カレンダーによると，女性の旅行はほんの2，3週間先であった。2週間後，女性はレストランで働いていた。彼女は店長が見ている中で注文を取っていた。数日後，女性のスーツケースはほとんど荷造りされており，彼女は旅行の準備がほぼできていた。彼女は電話で店長と話をしていた。店長は足を怪我してしまったので，レストランは翌日彼女の助けが必要だと彼女に言っていた。

▶ナレーションに含めたいポイントは以下の通り。①女性が友人と話をしており，旅行に誘われているが女性はお金の心配をしている。②その晩，女性はパソコンを見ており，アルバイトをしようと考える。旅行の出発日まではあと2，3週間ある。③2週間後，女性はレストランで働いている。彼女は注文を取っている。④数日後，彼女は旅行の準備をしている。店長と電話で話している。店長は足を怪我していて，明日助けが必要だと彼女に伝えている。以上の流れを押さえた上で展開を考えていく。カードの絵には，具体的な発言がある部分とない部分がある。書かれているところは「～だと言った」と述べればよいが，書かれていないところは表情から読み取れる様子を look などを使って「～のようだった」などと述べるようにしたい。たとえば1コマ目の絵では，困っている女性の表情が読み取れるので，その理由を具体的に盛り込めば展開がしやすくなるだろう。She looked worried because she didn't have enough money to go to the beach resort. などが考えられる。

質問の訳

No. 1　4番目の絵を見てください。もしあなたがその女性ならば，何を考えているでしょうか？

No. 2　大学生がアルバイトをするのはいいことだと思いますか？

No. 3　オンラインビジネスに個人情報を提供するのは安全だと思いますか？

No. 4　政府は日本の雇用率を上げるためにもっと多くのことをするべきでしょうか？

**No. 1　解答例　I'd be thinking, "I'm sorry to hear that my manager hurt his leg, but it's impossible for me to work tomorrow. I've already booked everything for the trip, including the plane ticket and hotel reservation."**

訳　私はこう考えているでしょう。「店長が足を怪我したと聞いて気の毒だとは思うが，明日働くのは無理だ。飛行機のチケットやホテルを含め，旅行に向けてのあらゆるものをもう予約してしまっている」

指定された4コマ目の絵には，足を怪我したレストランの店長と，旅行に向けて準備をしている女性が描かれている。3コマ目の絵に Two weeks later とあり，カレンダーの予定から考えると出発日直前であることが読み取れるため，基本的には店長からの依頼を断る方向で答えるのがいいだろう。〔解答例〕では，その理由として飛行機のチケットやホテルの予約など，旅行に向けて予約してしまっていることを述べている。単に I can't work tomorrow. などと答えて終わるだけでなく，なぜ働けないのかをその後で具体的に説明することで，説得力が増す答え方になる。

**No. 2　解答例　It depends. Classwork should always come first. However, some university students have a lot of free time. In such cases, getting a part-time job is a good way to earn extra money and learn responsibility.**

訳　時と場合によります。授業が常に優先されるべきです。しかし，大学生の中には暇な時間がたくさんある人もいます。そういった場合，アルバイトの仕事をすることは臨時の収入を得たり責任を学んだりするための良い方法です。

〔解答例〕では，授業を常に優先すべきという意見と，暇な時間に仕事をすることで収入を得ることと責任を学ぶことができるという意見の両方を述べるため，賛成反対の立場を明確にせず，It depends.「時と場合による」としている。本問のような質問には，賛成か反対かを明確にして答えた上でその根拠を述べるのが基本だが，条件付きで意見を述べたいときなどには効果的な表現なので，覚えておくといいだろう。

**No. 3　解答例　No. These days, there are many different types of theft on the Internet. Even large online businesses have had their information stolen by hackers. Traditional, face-to-face businesses are safer.**

訳　いいえ。近年，インターネット上ではさまざまなタイプの盗難があります。大規模なオンラインビジネスでさえ，ハッカーによって情報が盗まれたことがあります。伝統的な対面のビジネスのほうがより安全です。

〔解答例〕ではNoの立場で意見を述べ，インターネット上ではさまざまなタイプの盗難があることを説明している。具体的内容として，大規模なオンラインビジネスであってもハッカーに情報を盗まれたことがあることを述べ，従来のような対面のビジネスのほうが安全であるとまとめている。Yesの立場で述べるとするなら，インターネットの進歩にともなって，個人情報に関するセキュリティは以前よりもしっかりしていることなどが理由として考えられる。たとえば，Online businesses today have better security than before. If you treat personal information carefully, you can do online businesses safely. などの意見が考えられるだろう。

**No. 4　解答例　I don't think so. Companies should only hire as many employees as they need. Hiring too many workers would mean the companies become less efficient. In addition, the unemployment rate in Japan is not so bad.**

訳　そうは思いません。企業は必要とする人数の従業員だけを雇うべきです。あまりに多くの労働者を雇うと，その企業は効率が悪くなるでしょう。さらに，日本の失業率はそれほど悪くありません。

〔解答例〕ではNoの立場に立ち，企業は必要な従業員だけを雇うべきだと述べている。その上で，労働者を雇いすぎるとその企業の効率が悪くなること，日本の失業率はそれほど悪くないことを理由として述べている。In addition は「その上，さらに」の意で，意見や理由を付け加えるときに使える表現なので，覚えておくといいだろう。

# 2021年度 第2回

Grade Pre-1

## 一次試験　解答一覧

● 筆記

| | (1) | (2) | (3) | (4) | (5) | (6) | (7) | (8) | (9) | (10) | (11) | (12) |
|---|---|---|---|---|---|---|---|---|---|---|---|---|
| 1 | 2 | 4 | 2 | 2 | 3 | 4 | 4 | 1 | 2 | 1 | 3 | 3 |
| | (13) | (14) | (15) | (16) | (17) | (18) | (19) | (20) | (21) | (22) | (23) | (24) |
| | 4 | 3 | 2 | 4 | 1 | 3 | 1 | 1 | 3 | 3 | 1 | 3 |
| | (25) | | | | | | | | | | | |
| | 4 | | | | | | | | | | | |

| | (26) | (27) | (28) | (29) | (30) | (31) |
|---|---|---|---|---|---|---|
| 2 | 3 | 1 | 3 | 3 | 1 | 4 |

| | (32) | (33) | (34) | (35) | (36) | (37) | (38) | (39) | (40) | (41) |
|---|---|---|---|---|---|---|---|---|---|---|
| 3 | 2 | 4 | 2 | 3 | 2 | 4 | 2 | 4 | 2 | 3 |

4（英作文）の解答例はP. 20 を参照。

● リスニング

| | No. 1 | No. 2 | No. 3 | No. 4 | No. 5 | No. 6 | No. 7 | No. 8 | No. 9 | No. 10 | No. 11 | No. 12 |
|---|---|---|---|---|---|---|---|---|---|---|---|---|
| Part 1 | 1 | 2 | 3 | 2 | 4 | 4 | 1 | 4 | 1 | 3 | 2 | 4 |

| | A | | B | | C | | D | | E | | F | |
|---|---|---|---|---|---|---|---|---|---|---|---|---|
| Part 2 | No. 13 | No. 14 | No. 15 | No. 16 | No. 17 | No. 18 | No. 19 | No. 20 | No. 21 | No. 22 | No. 23 | No. 24 |
| | 2 | 1 | 3 | 1 | 2 | 4 | 2 | 4 | 1 | 2 | 3 | 4 |

| | G | H | I | J | K |
|---|---|---|---|---|---|
| Part 3 | No. 25 | No. 26 | No. 27 | No. 28 | No. 29 |
| | 3 | 1 | 3 | 3 | 2 |

# 一次試験　筆記　1

**(1)　解答　2**

訳　ケビンの上司は安全性の確保はリスクを伴う時間の節約よりも重要だと考えている。彼は不注意な事故よりも建設計画の遅れに対処するほうがよいと思っている。

第2文の内容から，上司が時間を節約して事故を起こすよりも安全性の確保を優先したいことがわかる。よって，**2 outweighs**「より重要である」を入れれば文意が通る。それぞれ，**1** grasp「～をつかむ」，**3** declare「～を宣言する」，**4** captivate「(人) を魅惑する」に3人称単数現在形の語尾がついたもの。

**(2)　解答　4**

訳　A：なぜ引っ越したいの？　あなたのアパートはとても素敵なのに。
B：どこかもっと広々としたところが必要なの。この場所は私の持ち物全部には小さすぎるから。

Bが第2文で「持ち物に対して場所が小さすぎる」と述べているのだから，「広々としたところが必要」と考えるのが自然。**4 spacious** が正解。**1** tragic「悲劇的な」　**2** legible「(筆跡・印刷が) 読みやすい」　**3** tentative「仮の」

**(3)　解答　2**

訳　雑誌『ネイチャー・ラバー』の発行者は発行部数について心配している。購読者数は5年前の4万人以上から現在は1万5千人に減少していた。

第2文で「購読者数が減少した」と述べていることから，購読者数と関連する **2 circulation**「発行部数」が選べる。**1** aviation「飛行 (術)」　**3** commencement「開始，卒業式」　**4** imprisonment「投獄」

**(4)　解答　2**

訳　その若い政治家には少数ではあるが熱狂的な支持者がいる。支持者たちは彼の選挙運動に非常に熱心で，彼が話すのを聞くためだけに長い距離を旅する。

第2文のsupportersは第1文のfollowingを言い換えたものだから，第2文で述べられている支持者の行動を言い表す形容詞が入る。**2 fanatical**「熱狂的な，狂信的な」が正解。**1** holistic「全体論の」　**3** mellow「(果物などが) 熟している，(人が) 円熟した」　**4** illogical「非論理的な」

**(5)　解答　3**

訳　頑丈に造られた棚であれば，サルマの重い本を支えただろうが，彼女が使うことにした安いものは重みで壊れた。

前半部は仮定法過去完了の文になっていることに注意する。後半のbut以下で，使うことにした安い棚は「(本の) 重みで壊れた」と述べているのだから，「頑丈に造られた棚であれば」となるように，**3 sturdily** を選ぶ。形容詞形はsturdyである。**1** loyally「忠実に」

**2** fondly「優しく」 **4** vastly「広大に」

**(6)** **解答** **4**

訳 大使は，二度と戦争を始めないように二国間の緊密な関係を促進しようと懸命に努力した。

so that 以下は「戦争を始めないように」という目的を表しているのだから，「親密な関係を促進するために努力した」と考えるのが自然。**4** **nurture** が正解。**1** tickle「～をくすぐる」 **2** swallow「～を飲みこむ」 **3** litter「(物・ごみ) を散らかす」

**(7)** **解答** **4**

訳 その気候専門家は自動車の排出ガスが地球温暖化の主な原因だと述べた。彼は，毎年どのくらいの二酸化炭素を車が環境中に排出しているかを示すデータを発表した。

第 2 文から「車が環境中に排出している二酸化炭素」と同じものを指すとわかる。**4** **emissions**「排出物」が正解。それぞれ，**1** withdrawal「撤回」，**2** collision「衝突」，**3** settlement「安定させること」の複数形。

**(8)** **解答** **1**

訳 ロバートはとてもへんぴな地域で丸太小屋に住んでいる。最も近い村でも車で 90 分以上離れたところにある。

第 2 文の「最も近い村が車で 90 分以上のところ」という内容から，**1** **remote**「へんぴな，人里離れた」が適切。**2** virtual「実質上の，仮想の」 **3** blunt「鈍い」 **4** swift「迅速な」

**(9)** **解答** **2**

訳 昨日，レットは庭で作業中に気を失った。彼が目を覚ますと，妻と子どもたちが心配そうな顔で彼の周りに立っていた。

第 2 文の内容から，第 1 文の出来事によってレットは意識を失い，家族を心配させたことがわかる。よって，**2** **fainted**「気を失った」が適切とわかる。それぞれ，**1** dilute「(液体など) を薄める」，**3** persist「固執する」，**4** correct「訂正する」の過去形。

**(10)** **解答** **1**

訳 著者は，文章がわかりにくい箇所を改善しようとさらなる努力をしながら，明確になるようエッセイを編集した。

to improve 以下の「文章がわかりにくい箇所を改善する」という内容から，「明確になるように」とすれば文意が通る。**1** **clarity** が入る。**2** appetite「食欲，欲求」 **3** shelter「避難所」 **4** preference「好み」

**(11) 解答 3**

**訳** その会社は昨年売上げが落ちたので，顧客を取り戻すためにより積極的な宣伝活動を開始した。

後半部で「顧客を取り戻すために」と述べられているのだから，「昨年売上げが落ちた」となるように**3 dip**「下降，下落」を入れる。**1** suite「一組，（ホテルなどの）スイート」 **2** coma「昏睡状態」 **4** ramp「（高速道路などの）ランプ，傾斜路」

**(12) 解答 3**

**訳** ランディは虚言癖があることで知られていたので，それが事実であったにもかかわらず，彼の信じられないような素晴らしい旅の話を誰も信じなかった。

so 以下に「事実であったにもかかわらず，誰も信じなかった」とあるので，「いつも嘘をついていた」と考えるのが自然。よって，**3 habitual**「習慣の，習性となった」が選べる。**1** miserly「けちな」 **2** sacred「神聖な」 **4** stale「（食物などが）新鮮でない，（考えなどが）陳腐な」

**(13) 解答 4**

**訳** 若い頃，ステファノは極めて虚栄心が強かった。彼は自分の見た目を気にするあまり，給料のほぼ全てを服や靴やスキンケア製品に使っていた。

第2文で述べられているような，自分の外見，あるいは能力などについて実際よりもよく見せたがる人物を説明する語として適切なのは，**4 vain**「虚栄心が強い」である。vain には「（行為などが）無駄な」の意味もある。**1** crafty「ずるい，悪賢い」 **2** inopportune「時機を失した」 **3** unsound「健康でない」

**(14) 解答 3**

**訳** スザンヌは夜空の明るい青い光に当惑したが，科学者なので，それには合理的な説明があるはずだとわかっていた。

「科学者なので」という挿入句があるのだから，「合理的な説明があるはずだとわかっていた」とつなげるのが自然。**3 rational** を選べる。**1** steep「険しい」 **2** lawless「無法の，法律を無視する」 **4** downcast「意気消沈した」

**(15) 解答 2**

**訳** その大学の教授陣は大変に評判がよいので，彼らに教えてもらうために国中から若い人たちがやってくる。

文末の them が指しているのは，空所を含む前半部の主語である。「若者たちが彼らに教えてもらうためにやってくる」と述べられているのだから，「大学の教授陣」となるように**2 faculty** を入れる。faculty は他に「（大学の）学部」や「能力」の意味もある。**1** custody「（人の）保護」 **3** retainer「保持者」 **4** seizure「つかむこと」

⒃ 解答 4

訳 バートとエヴァはどのようにして40年間も関係を維持することができたのかと聞かれると，大事なことはお互いにいつも誠実にコミュニケーションをとることだと言った。

質問に対する答えとして「お互いにいつも誠実にコミュニケーションをとることが大事だ」と述べている。そこから，「関係を維持する」方法が問われたと考えられるので，**4** sustainが入る。**1** dispatch「(手紙など) を急送する，(軍隊など) を急派する」 **2** mistrust「～を信頼しない」 **3** impair「(価値・力など) を減じる」

⒄ 解答 1

訳 新聞社では，編集者は交替制で勤務している。1カ月間，早番で勤務する人もいれば，遅番で勤務する人もいる。その翌月，彼らは交替する。

第2・3文で述べられている内容は「交替制の勤務」であるから，**1** **rotating**が正解。それぞれ，**2** dissolve「～を溶かす」，**3** devote「(時間・精力など) を向ける」，**4** exert「(力など) を用いる」の動名詞。



⒅ 解答 3

訳 ノラはそのホラー映画を観て楽しめなかった。何か恐ろしいことが起こるたびに，彼女は悲鳴を上げたい衝動を抑えなければならなかった。

ホラー映画を観ていたときの話だから，恐ろしいことが起こるたびに悲鳴を上げたくなったのだと考えるのが自然。よって，**3** **impulse**「衝動」が適切。**1** pessimism「悲観 (論)」 **2** pitch「(音の) 調子」 **4** vacuum「真空状態」

⒆ 解答 1

訳 不法侵入で逮捕されて，その男性の森のハイキングは中断された。彼は，政府が所有する土地に偶然入り込んだとは思ってもいなかった。

第2文で，男性が政府が所有する土地に入ってしまったと述べられている。空所には男性が逮捕された理由が入るのだから，**1** **trespassing**「不法侵入」が正解である。それぞれ，**2** endorse「(書類・手形など) に裏書きする」，**3** sway「(人・物など) を揺さぶる」，**4** convene「(会・人など) を招集する」の動名詞。

⒇ 解答 1

訳 レオはチェスの大会の決勝戦でよくやったが，彼の対戦相手を負かすことはできなかった。彼女は出来すぎだった。

第2文のSheは，his opponent「彼の対戦相手」を指している。「対戦相手が出来すぎだった」とあること，第1文の前半部で「レオはよくやった」と述べたあと，逆接の接続詞butで後半部が始まっていることから，**1** **outsmart**「～を (知恵で) 負かす」を入れれば文意が通る。**2** inflame「～に火をつける」 **3** update「～を最新のものにする」 **4** shepherd「(羊) を見張る，(群集など) を導く」

⑵1 **解答　3**

訳　マーティンは庭を掃除するのに4時間を費していた。まだ半分しか終わっていないことに気づくと，急に大変な疲労を感じた。

4時間を費やしたにもかかわらず，まだ半分しか終わっていないことに気づいたときにどのような感覚を持つかを推測する。**3 weary**「疲労した」が適切である。**1** steady「安定した」 **2** hasty「軽率な，性急な」 **4** sly「ずるい」

⑵2 **解答　3**

訳　男性は若い女性がボートから落ちるのを見ると，すぐに海に飛び込み，泳いで彼女を救助した。

男性は若い女性がボートから落ちるのを見たあと，泳いで救助したのだから，「海に飛び込んだ」の意味になるように，**3 plunged into** を入れる。それぞれ，**1** wheel out「(議論など) を持ち出す」，**2** whip up「(興味など) を刺激する」，**4** tuck in「～をたらふく食べる」の過去形。

⑵3 **解答　1**

訳　A：この風は僕らの凧を揚げるのにもってこいだ。
B：ああ，その通りだね。風がやむ前に公園へ行くほうがいいよ。

今吹いている風が凧揚げに最適だと述べているのだから「風がやむ前に（凧揚げをしに）公園へ行くべきだ」とすれば会話が成り立つ。**1 dies down** が正解。それぞれ，**2** act up「(機械などが) 調子が悪くなる，(子どもなどが) ふざけ回る」，**3** fall apart「(組織などが) 分裂する」，**4** peel away「(皮) をむき取る」に3人称単数現在形の語尾がついたもの。

⑵4 **解答　3**

訳　A：ねえあなた，今週の家族のピクニックは中止しなければならないかもしれないわ。天気予報が雨を予想しているから。
B：その場合には，代わりに家でピザパーティーをすればいい。

Aが第2文で「雨の予報が出ている」と述べ，Bは「その場合には，代わりに家でピザパーティーをする」と述べている。よって，Aは「ピクニックを中止しなければいけない」可能性について言及したと考えるのが自然。**3 call off** が入る。**1** get by「～を通り過ぎる」 **2** opt for「～を選ぶ」 **4** play up「～を強調する」

⑵5 **解答　4**

訳　グレッグはカフェのアルバイトの仕事を楽しんでいたが，もらっている給料で生活することはできないと気づいたので，フルタイムの仕事を探し始めた。

so 以下で「フルタイムの仕事を探し始めた」と述べているのだから，アルバイトの「給料で生活することはできないと気づいた」と考えるのが自然。**4 live on** が正解。**1** roll around「転げ回る」 **2** rip up「～を引き裂く」 **3** wash down「きれいに洗う」

# 一次試験　筆記　2

訳

バビロンの空中庭園

紀元前5世紀，世界で最も荘厳な芸術作品や建築物のリストがギリシャの書物に現れ始めた。最も有名なリストは特に驚嘆すべき7つの場所について説明している。この『古代世界の七不思議』の中で唯一，エジプトのギザのピラミッドだけが今日も残っている。それにもかかわらず，歴史学者や考古学者たちはさらに5つが実際に存在していたことを確認できる十分な証拠を発見している。しかし，7つ目のバビロンの空中庭園はいまだ謎のままである。

庭園は，今日のイラクにあった，都市バビロンに王ネブカドネザル2世によって建設されたと長い間考えられていた。しかし，ネブカドネザルの支配時代の文献記録では庭園について何も言及していない。庭園は様々な古文書で言及されていて，樹木を植えられた数段からなる高い構造物が描写されているが，これらの書物は全て，庭が建設されたと言われている時よりも数世紀あとに作られた。庭の建設に関する直接の記録がないので，考古学者たちはかつて存在したことを証明するその地域の遺跡の場所を見つけることができていない。

学者のステファニー・ダリーによる調査では，庭園を見つけようとする努力は誤った場所に注がれているかもしれないことを示唆している。ダリーは，ネブカドネザルより1世紀前に生きていたセンナケリブという名の王によって書かれた文献を翻訳した。文献にはセンナケリブの宮殿にある一段高くなった荘厳な庭園の描写がある。しかし，センナケリブはバビロンから300マイル離れたニネヴェを支配した。ダリーは，センナケリブはニネヴェに水を引くための複雑な水路も建設したことに注目し，これらがそこにあった庭園の維持のために用いられたはずだと考えている。もしダリーが正しければ，バビロンの空中庭園に関する古代の記述は実際にはセンナケリブの宮殿にあった庭園についてのものかもしれない。

**語句・構文**

(第1段) □ archaeologist「考古学者」

(第2段) □ multileveled「重層の」　□ line *A* with *B*「*A*に沿って*B*を並べる」
□ vegetation「植物，草木」　□ firsthand「直接の」
□ locate「(物の位置・場所) を突き止める」　□ ruins「遺跡，廃墟」

(第3段) □ refer to ～「～に関係する」

**各段落の要旨**

第1段　『古代世界の七不思議』の中で，現存するギザのピラミッド以外の5つについても実際に存在していた証拠が見つかっているが，バビロンの空中庭園はいまだに謎のままである。

第2段　庭園はネブカドネザル2世によってバビロンに建設されたと長い間考えられていたが，その事実を直接示す記録がなく，遺跡の場所は特定されていない。

第3段　調査を行った学者のダリーは，庭園はネブカドネザルではなくセンナケリブ王が建設したもので，その場所はバビロンではなくニネヴェであったと考えている。

(26) 解答 3

選択肢の訳 1 For example「例えば」

2 Because of this「このせいで」

3 Nonetheless「それにもかかわらず」

4 In short「要約すると」

つなぎの言葉を選ぶ問題であるから，空所の前後の内容を確認する。第1段第3文（Only one of …）で「『古代世界の七不思議』の中で現存しているものは1つしかない」と述べているが，空所で始まる文では「さらに5つには実際に存在した証拠が見つかっている」と述べている。したがって，対立・対照を示すつなぎの言葉の **3 Nonetheless** が適切である。

(27) 解答 1

選択肢の訳 1 庭園について何も言及していない

2 庭園の大きさについて食い違っている

3 庭園は長くは存在しなかったことを示唆している

4 庭園について非常に異なる描写をしている

空所を含む文は「しかし，ネブカドネザルの支配時代の文献記録では（　　）」の意味になる。第2段最終文（Without any firsthand …）に「庭の建設に関する直接の記録がなく」と述べられていることが決め手になる。空所の直後の文（The gardens have …）の後半部 but 以下でも，「これら（＝庭園について述べられている書物）は庭が建設されたと言われている時よりも数世紀あとに作られた」と述べられていることからも，**1 make no mention of the gardens** が正解となる。

(28) 解答 3

選択肢の訳 1 すでに成功していた

2 文献を無視すべきだ

3 誤った場所に注がれているかもしれない

4 遺跡を破壊している可能性がある

空所を含む文は「学者のステファニー・ダリーによる調査では，庭園を見つけようとする努力は（　　）ことを示唆している」の意味になる。第3段第2・3文（Dalley translated texts …）では「庭園はセンナケリブ王によって建設された」ことが，同段第4文（Sennacherib, however, …）では「庭園があった場所はバビロンではなくニネヴェだった」ことが述べられている。したがって，庭園はバビロンを探しても見つからないことになる。よって，**3 may be focusing on the wrong location** が正解。**2** は，同段第2文で「ダリーはセンナケリブ王によって書かれた文献を翻訳した」と述べられているのだから不適切。

訳

## 養殖と野生魚類資源

数十年間，世界の野生魚類の個体数は，主に乱獲のために減少し続けている。状況がますます深刻になるにつれて，養魚としても知られている養殖が商業的な漁獲に代わるものとして奨励されるべきだと提案されることが多い。しかし，養殖産業には意図されたような効果はないようだ。最近の調査で，研究者たちが養殖と伝統的漁業の両方に関する44年間のデータを分析した。9例中8例で，養殖魚の生産高が大きく増加したにもかかわらず，養殖によって野生魚類の個体数に対する圧力を軽減することはなかった。

容易に置き換えることができる別の資源を使うことで資源は保護されるという考えは論理的に思われる。しかし，様々な産業における事例によって事実は逆であることが示されている。例えば，従来のエネルギー源を再生可能なエネルギー源に置き換えることは化石燃料の需要を減少させるだろうとかつては考えられていたが，実際には供給が増えたことでエネルギー消費全体がより大きくなってしまった。同様に，養殖魚が手に入るようになったことは人々により多くの量の魚の消費を促すことにしかなっていないと現在は考えられている。

養殖に関しては別の問題もある。長年にわたって，多くの養殖会社はサケやマグロなどの養魚に力を入れてきたが，残念なことに野生で捕獲される小型の魚をそれらの餌にしなければならない。専門家は，しかしこの問題は簡単に解決されると言っている。藻やその他の一般的な植物性の生物を食べる魚類の養殖に集中することで，養魚は，状況を悪化させることなく，環境により優しいものになる。

**語句・構文**

(表題) □ aquaculture「(魚介類・海藻類の) 養殖」　□ stock「蓄え，在庫品」

(第1段) □ overfishing「(魚の) 乱獲」　□ fish farming「魚の養殖，養魚」

□ alternative to ～「～に代わるもの」

(第2段) □ replaceable「取り替えられる」

(第3段) □ algae「藻類」　□ plantlike「(動物が) 植物に似た」

□ organism「生物，微生物」

**各段落の要旨**

第1段　乱獲によって野生魚類の個体数が減少している状況を改善するためには養殖が効果的だと推奨されているが，期待されたような効果は出ていない。

第2段　置き換えが可能な資源を使うことで資源保護ができるという考えは現実には逆で，養殖によって魚の消費全体を押し上げることにしかなっていない。

第3段　長年養殖に力を入れてきたサケやマグロが小型の魚を餌にすることはもう一つの問題だが，これは植物性の生物を食べる魚類の養殖に転換することで解決できる。

**(29) 解答 3**

選択肢の訳 **1** 予想されたほど早くは進展していない
**2** 問題の解決策を与えている
**3** 意図されたような効果はない
**4** 漁師が学んだ教訓から恩恵を受けている

空所を含む文は「しかし，養殖産業は（　　　）ようだ」の意味になる。直前の文（As the situation …）で「養殖が商業的な漁獲に代わるものとして奨励されている」と述べられているが，第１段最終文（In eight out …）では「９例中８例で，養殖によって野生魚類の個体数に対する圧力を軽減することはなかった」と述べられている。このことから，養殖は期待されたような効果を上げていないことがわかる。よって，**3 not had the effect that was intended** が正解。

**(30) 解答 1**

選択肢の訳 **1** Similarly「同様に」
**2** Regardless「それにもかかわらず」
**3** In contrast「対照的に」
**4** For one thing「一つには」

つなぎの言葉を選ぶ問題。空所の直前の文（For example, …）では「従来のエネルギー源を再生可能なエネルギー源に置き換えた結果，供給が増えてエネルギー消費全体がより大きくなってしまった」と述べられ，空所を含む文では「養殖魚が手に入るようになって魚の消費量が増えた」と述べられる。再生可能エネルギー源の例と養殖魚の例は同様の結果を生んでいるのだから，**1 Similarly** が入る。

**(31) 解答 4**

選択肢の訳 **1** 測定するのが難しい
**2** 野生魚類の個体群を救う
**3** 養殖が引き起こしたのではない
**4** 簡単に解決される

空所を含む文は「専門家は，しかしこの問題は（　　　）と言っている」の意味になる。空所に入る動詞の主語 this problem「この問題」とは，直前の文（For years, …）の「養殖で力を入れてきたサケやマグロなどの魚が野生で捕獲される小型の魚を餌として必要とすること」を指している。一方，空所の直後の文（By focusing on …）では，「植物性の生物を餌とする魚を養殖することで，養魚は環境により優しいものになる」と，問題の解決策が示されている。したがって，**4 can easily be fixed** が正解。

# 一次試験　筆記　3

訳

## スコットランドウイスキー業界の再生

1980 年代，スコットランドのウイスキー産業は低迷していた。売上げの落ち込みによって長い歴史を持つウイスキーメーカーの多くが廃業に追い込まれ，専門家の多くが衰退には回復の見込みがないと考えた。その当時，ウォッカやラムなどのライバル飲料は積極的な売り込みをしたので，若者たちの間で流行した。1980 年代以前は，ウイスキーを飲む習慣は何世代にもわたって伝えられていた。これによってウイスキー業界はその消費者基盤は保証されていると思い込んでいたが，若い世代は家族の伝統に従わなくなってきたので，ウイスキー業界は売上げの落ち込みという形で高い代償を払った。

さらに問題だったのは，スコットランドのウイスキー業界は 1970 年代に生産を大きく増やしていたことだ。ウイスキーは熟成，すなわち数十年かかる工程を必要とするので，これは危険なことだった。熟成の工程は，需要に応じて生産を調整することをほぼ不可能にした。1980 年代までに，ウイスキーの需要の落ち込みは経済の下降によって一層悪化したので，大量の余剰を生み出した。ウイスキーメーカー間の熾烈な競争によって，厳しい値下げと，産業全体の評価を傷つけてしまう，新しくて質の低い製品を製造する結果となった。優れた品質で長年評価されてきた有名なメーカーでさえも廃業に追い込まれた。

幸いなことに，状況は恒久的なものではなかった。スコットランドのウイスキーメーカーは，シングルモルトウイスキーとして知られている高品質な製品の販売に注力し始めた。このウイスキーのよさや，なぜ高い値段がついているのか，どのように食事や葉巻と一緒に楽しめるかについて消費者に知らせる努力も重要だった。この戦略は大変うまくいき，海外の顧客に高品質なスコットランドウイスキーのためにお金を出す気にさせた。これによって，次には，他の国のウイスキーメーカーがこの戦略を真似し，独自の高級銘柄を作るようになった。現在，ウイスキーに対する関心と需要はこれまでになく強まっている。

**語句・構文**

(表題) ☐ rebirth「復活，再生」　☐ Scottish「スコットランドの」

(第 1 段) ☐ slump「不振，不況」　☐ closure「閉鎖，閉店」
☐ irreversible「元に戻せない，回復の見込みのない」
☐ market「～を市場に出す」　☐ prior to ～「～に先立って」
☐ pass *A* down「*A*（物・知識など）を伝える」　☐ price「代償」

(第 2 段) ☐ aging「熟成」　☐ impossibility「不可能な事柄」
☐ downturn「（景気などの）下降」　☐ massive「大量の」
☐ surplus「余り，余剰」　☐ fierce「猛烈な，激しい」
☐ go out of business「廃業する，倒産する」

(第 3 段) ☐ command「（物が）（ある値で）売れる」
☐ pair *A* with *B*「*A* を *B* と組み合わせる」　☐ cigar「葉巻」

**各段落の要旨**

第1段 スコットランドで伝統的に飲み続けられてきたウイスキーは1980年代に若者の人気を失って売上げが落ち込み，多くのメーカーが廃業した。

第2段 1970年代に大幅な増産を進めたため，1980年代の需要の低下と不景気によって大量の余剰を生み出した。メーカー間の熾烈な競争は価格と品質の低下を招き，老舗メーカーでさえも廃業した。

第3段 スコットランドのメーカーは高品質で高価格のシングルモルトウイスキーの売り込みに成功し，他国のメーカーもこれに追随したことで，現在，ウイスキー人気はかつてなく高まっている。

**(32) 解答 2**

**質問の訳** 1980年代より前は，スコットランドのウイスキー業界は（　　　）

**選択肢の訳**

1 若い人々を中心にアピールするより，様々な世代をねらってウイスキーを売り込む必要があると理解していた。

2 メーカーが宣伝しなくても若者はいつもウイスキーを消費し続けるだろうと誤って信じていた。

3 多くの人々が払う余裕がなかったという事実にもかかわらず，自分たちの製品に非常に高い値段をつけていた。

4 アルコール飲料全体の消費と売上げの落ち込みを防ぐために他の種類のアルコール飲料メーカーと協力していた。

第1段最終文（This had led …）の前半部で「これによってウイスキー業界はその消費者基盤は保証されていると思い込んでいた」と述べられている。主語のThisは，直前の第4文（Prior to the …）の「1980年代以前は，ウイスキーを飲む習慣は何世代にもわたって伝えられていた」を指している。同段最終文の後半部（but the younger …）で「若い世代は伝統に従わなくなり，ウイスキー業界は売上げの落ち込みという形で高い代償を払った」と述べられている。したがって，**2 mistakenly believed younger people would always consume whiskey without makers having to promote it.** が正解。

**(33) 解答 4**

**質問の訳** スコットランドのウイスキー業界が直面した問題の1つは何か？

**選択肢の訳**

1 専門知識が不足していたために，企業は顧客が期待する品質を提供することができなかった。

2 市場に大量のウイスキーを供給できなかったために，顧客が製品に対する興味を失うことになった。

3 顧客は，短期間しか熟成していない安い銘柄にはもはや興味を持っていないことを明確にした。

4 将来どれくらいの量が売れるかを予測するのが難しいためにメーカーは生産過剰になった。

第2段第2～4文（This was risky … a massive surplus.）を参照する。第2・3文では

「ウイスキーの製造には数十年がかかり，需要に応じて生産調整することはほぼ不可能だ」と述べられ，第4文で「1980年代までには大量の余剰を生み出した」と述べられている。したがって，**4 Difficulties in predicting what quantity could be sold in the future caused manufacturers to produce too much.** が正解となる。本文の had created a massive surplus が選択肢では to produce too much に言い換えられていることに注意する。**1** については，同段第5文（Fierce competition between …）に「品質の悪い製品」への言及があるが，原因はメーカー間の熾烈な競争だと述べられているので誤り。

(34) 解答 2

**質問の訳** 1980年代以来行われているウイスキー製造の変化についてどんな結論を出すことができるか？

**選択肢の訳**
**1** 他の国のウイスキー飲用者のほとんどが他の種類よりもシングルモルトウイスキーを好んだために，海外の市場が縮小した。
**2** ウイスキーの消費者はシングルモルトウイスキーの価値をよく認識するようになり，その購入に喜んで高い代金を支払っている。
**3** スコットランドウイスキーの人気は回復したが，他の国のメーカーは同じような成長をまだ経験していない。
**4** ウイスキーメーカー間の競争によって価格が安くなり，それによってウイスキーの売上げ全体が再び上昇している。

第3段を参照する。第2・3文（Scottish whiskey producers … food or cigars.）で「スコットランドのウイスキーメーカーが高級なシングルモルトウイスキーの販売に力を入れ始め，そのよさ，価格が高い理由，食事や葉巻との組み合わせ方を消費者に知らせる努力をした」ことが述べられ，第4文（This strategy was …）で「この戦略が成功し，海外の顧客に高品質なスコットランドウイスキーを購入する気にさせた」という内容が述べられる。したがって，**2 Whiskey consumers have become more aware of the value of single-malt whiskeys and are willing to pay higher prices for them.** が正解。本文の open their wallets for premium Scottish whiskeys が選択肢では are willing to pay higher prices for them に言い換えられている。**3** は第5文（This, in turn, …）に合致しない。**1**・**4** のような内容は，本文中で述べられていない。

訳

リチャード3世

2012年，リチャード3世（1483年から1485年のイングランド王）の遺体がイギリスのレスターで駐車場の下から発見された。リチャードはウィリアム・シェイクスピアの最もよく知られた劇の一つの題材で，イングランドの最も悪名高い支配者の一人であった。彼は一般には，体が不自由で，王になる野望を抱き，その目的のために自分の兄と2人の甥を殺害した人物として記憶されている。リチャードの評判はシェイクスピアの劇ではなく，もっと昔，トマス・モアの『リチャード3世の生涯』に由来している。現代の専門家は，それはリチャードから王位を勝ち取った一族を擁護して書かれたものなので，モアの本の詳細の多くを極めて疑わしいと考えているが，その本で書かれた悪人としての描写が，今日も残る彼の悪い評判の基盤になった。

この王の生涯を研究する目的で1924年に結成されたリチャード3世協会は，リチャードの一般的なイメージに強く異議を唱えた。彼の評判を回復させることを願って，協会は遺体の発見につながった調査への後援を援助し，協会やその他の研究者によるいくつかの発見には特に目を見張るものがあった。遺骨の分析によって，伝えられていたリチャードの身体障害はほとんどが作り話であることがわかった。実際，骨に見つかったいくつかの怪我から，リチャードはおそらく戦闘で戦ったと考えられ，彼が優れた戦士だったことを示唆する歴史上の記録を裏づけている。

しかしながら，リチャードがどのようにして王になったかということ，そして王座にあった2年間に行ったことについては論戦が続いている。リチャード3世協会は彼の注目に値する社会的・政治的改革を指摘し，残念な評判のもとになった殺人を彼は犯していないと主張している。しかし多くの歴史家は，リチャードの政策の中には有益なものがあったことを認めながらも，彼は決して寛大な，あるいは思いやりのある王などではなく，残虐な行為を犯した可能性は十分にあると考えている。結局，彼が生きた時代の典型的なやり方で行動した支配者としてリチャードを見ること，一体いかにして王座についたのかは実際にはそれほど重要ではないかもしれないと理解することが最も賢明であろう。ウェストミンスター大司教のビンセント・ニコラス枢機卿が説明するように，「彼の時代，政治権力は常に，戦場において，冷酷な決断と強固な同盟と進んで武力を行使することによってのみ，勝ち取られるか維持されていた」のである。

**語句・構文**

(第1段) □ infamous「悪名高い」　□ desperate to *do*「～したくてたまらない」
□ originate「起こる，生じる」　□ view *A* as *B*「*A* を *B* として見る」
□ in support of ～「～を擁護して」　□ throne「王位」
□ portrayal「描写，肖像（画）」

(第2段) □ with the aim of *doing*「～する目的で」　□ dispute「～に異議を唱える」
□ in the hope of *doing*「～することを希望して」
□ sponsor「～を後援する」　□ eye-opening「目を見張らせるような」
□ reported「（非公式に）報じられた」　□ myth「根拠のない説」

(第3段) □ be innocent of ～「（人が）～の罪を犯していない」
□ may very well have *done*「～した可能性は大いにある」
□ Cardinal「枢機卿」　□ archbishop「大司教」
□ invariably「常に，必ず」　□ ruthless「無慈悲な，冷酷な」

**各段落の要旨**

第1段　イングランド王リチャード3世は悪名高い王として知られているが，その悪評は有名なシェイクスピアの劇からではなく，トマス・モアの著作に起因していた。

第2段　1924年に結成されたリチャード3世協会は彼の一般的なイメージに異議を唱え，遺体発見の調査を援助し，実際に彼の身体障害に関する定説を覆す発見に結びついた。

第3段　リチャードの評価に関する論争は続いているが，王位継承に関連する彼の残虐な行為を含め，彼の行動は当時の支配者に典型的なものだったと考えられる。

**(35) 解答　3**

**質問の訳**　トマス・モアの『リチャード3世の生涯』についてこの文章が述べていることの1つは何か？

**選択肢の訳**
1　それはウィリアム・シェイクスピアが書いたリチャード3世に関する劇の影響を受けたので信頼できない。
2　それは，先ごろのレスターでのリチャードの遺体発見に関わった研究者に役立つ重要な手掛かりを多く提供した。
3　情報の中には不確かなものが含まれている可能性があるにもかかわらず，それは人々のリチャードに対するイメージや意見に強く影響を与えた。
4　リチャードが実際には彼の兄や他の家族を殺害していなかったことを明らかにする証拠を含んでいる。

第1段を参照する。最終文（Modern-day experts view …）の前半部で「リチャードから王位を勝ち取った一族を擁護して書かれたものなので，モアの本の詳細の多くが極めて疑わしいと考えられている」という内容が述べられ，後半部で「その本で書かれた悪人としての描写が，今日も残る彼の悪い評判の基盤になった」と述べている。したがって，**3 It strongly influenced people's image and opinion of Richard despite some of the information in it likely being inaccurate.** が正解。**1** は，第4文（Richard's reputation does …）の記述に合致しない。**2**・**4** は本文で言及されていない。

**(36) 解答　2**

**質問の訳**　リチャードの遺体を分析した結果，（　　）ということが明らかになった。

**選択肢の訳**
1　彼は昔の人たちが考えていたのとは非常に違った死に方をした
2　彼には身体的な不自由がほとんどなかっただけでなく，有能な戦士であったかもしれない
3　最後の戦いで負った傷はかなり重傷であったが，おそらくそれが彼の死因ではなかった
4　おそらく彼の容姿は，王としての彼の能力よりも彼に対する人々の印象により大きな影響を与えた

第2段を参照する。第3文（According to analysis …）で「遺骨の分析によって，リチャードの身体障害はほとんどが作り話であることがわかった」と述べられ，最終文（In fact, …）では「骨に見つかった怪我から，リチャードが戦闘で戦ったと考えられ，彼が優れた戦士だったことを示唆する歴史上の記録を裏づけている」と述べられている。よって，**2 not only was he mostly free from physical disabilities, but he may also have been a capable fighter.** が正解。本文の Richard's reported physical disabilities were largely a myth が，選択肢では he was mostly free from physical disabilities に言い換えられている。not only が文頭にくることによって，he と was に倒置が起こっている。

(37) 解答　4

質問の訳　この文章の筆者が賛成する可能性が最も高いのは次のうちのどれか？

選択肢の訳　1　リチャードの能力を彼が導入した改革ではなく彼が戦場で被った損害だけで判断することは誤りである。

2　リチャードが故意に恐ろしい行為を実行したと主張する歴史家たちは彼の評価について正しくない可能性が高い。

3　王であった間にリチャードが犯した罪は彼が国家のために行ったよいことを大きく上回る。

4　リチャードは，遠い過去にイングランドを支配した他の王と比較して良くも悪くもなかっただろう。

第3段を参照する。筆者は，第2文（The Richard Ⅲ …）で，リチャード3世協会がリチャードを擁護する主張を紹介しているが，直後の第3文（However, while acknowledging …）では，多くの歴史家はリチャード3世協会の主張には全面的には賛成していないと述べている。筆者の考えは，第4文（In the end, …）で「結局，彼が生きた時代の典型的なやり方で行動した支配者としてリチャードを見ること，いかにして王座についたのかはそれほど重要ではないと理解することが最も賢明であろう」と述べられている。したがって，**4 Richard was likely no better or worse as a ruler than other kings who ruled England in the distant past.** が筆者の考えに最も近いとわかる。**1** は，本文中には「戦場で被った損害でリチャードを評価する」という趣旨の記述がないので適切ではない。**2** は，第3文で「多くの歴史家は，彼が残虐な行為を犯した可能性は十分にあると考えている」と述べているが，彼らの評価が間違っているとは述べていない。**3** は，第2・3文にリチャードの功罪に関する記述はあるが，罪が上回るとは述べていない。

訳

ジャヤヴァルマン7世の寺院

ジャヤヴァルマン7世の支配の絶頂期，クメール王国の領土は東南アジアのほとんどに及び，その中心を現在のカンボジアにあるアンコールに置いていた。ジャヤヴァルマンの統治以前，地元の有力な将軍たちによる同盟と近隣のチャム族との争いに加えて，変化の激しい同盟間で継続していた軍事闘争の結果，その地域の政治状況は不安定だった。しかし，チャム族の侵略にクメール王国の先の支配者が敗れたあと，ジャヤヴァルマンと彼の同盟者たちは侵略者を追い出しただけでなく，王国を自分たちで支配しようとした他の将軍たちを壊滅させることにも成功した。ジャヤヴァルマンは1181年に王位についた。

ジャヤヴァルマンの支配は30年以上続き，その地域に平和と繁栄をもたらしたが，彼は自分の統治の間にできるかぎり多くの仏教寺院を建設することにとりつかれていたようでもある。宗教を奨励することは長い間クメールの文化の基盤になっていたが，ジャヤヴァルマンはそれを全く新しい段階に引き上げ，それまでの王の誰よりも短期間で非常に多数の寺院を建設した。これを行ったのは，彼は自分には限られた時間しか残されていないと感じていた――彼が王になったのは比較的晩年の61歳の時で，彼は長期にわたる病気を患っていた――のが理由であると述べる研究者らもいる。

ジャヤヴァルマンは仏教の熱心な信奉者で，それが国民の幸福への関心に反映された。

多くの寺院建設に加えて，彼は100を超える病院を建て，それぞれに医師，薬剤師，その他の健康管理の専門家を雇い入れた。看護の質は当時としては進んでいて，脈拍を計ることが診断に役立てられ，バターやハチミツが薬として処方されていた。政府からの支給物はこれらの病院に頻繁に到着し，王国の住民は誰でも，収入や社会的地位に関係なく，無料で治療を受けることができたようだ。そのような目に見える形での寛容さが，国民に心からの思いやりを持つ王としてのジャヤヴァルマンの評判を強固にしただけでなく，人々を仏教に改宗させることに役立ったようだ。

ジャヤヴァルマンが王として治めた時代は多くの人にクメール王国の黄金時代と考えられているが，彼の時代はまた王国の没落への道筋をつけたのかもしれない。研究者たちの中には，ジャヤヴァルマンの寺院建設は権力を集中させる彼の政策の証拠だというものもいる。王自身が寺院の土地の所有者になったので，統一された政府が管理するシステムが生まれ，地元の地主の力を奪った。一方で，寺院の建設は何万もの人々が町へ転居をすることを必要としたため，地方では王国のために土地を耕作して食料を作る人が大幅に減ることになった。さらに，建設事業は王国の財産のかなりの額を使い果たした。これらの複合的な要因が，干ばつや大雨によって国が損失を被った時，後のクメールの王たちにとって非常に大きな問題になった。高度に中央集権化されたシステムにはこれらの自然災害の影響を克服するための富，農業労働力，柔軟性が欠けていたため，王国は結局崩壊した。



**語句・構文**

(第1段) □ prior to ～「～より前に」 □ ongoing「継続（進行）している」
□ shifting「変わりやすい，移動する」 □ alliance「同盟」
□ warlord「将軍」 □ invasion「侵略」 □ ally「同盟国（者）」
□ drive out ～「～を追い出す」 □ crush「～を壊滅させる」
□ throne「王位」

(第2段) □ prosperity「繁栄」 □ be obsessed with ～「～にとりつかれて」
□ reign「治世，支配」

(第3段) □ passionate「熱烈な」 □ follower「信奉者」 □ pulse「脈拍」
□ diagnoses：diagnosis「病気の診断」の複数形。
□ eligible「資格のある」 □ demonstration「証明，実証」
□ convert *A* to *B*「*A*（人）を *B*（宗教）に改宗させる」
□ solidify「～を強固にする」 □ compassion「思いやり，あわれみ」

(第4段) □ pave the way for ～「～への道を開く」 □ downfall「落下，失墜」
□ relocate「転居する，移転する」
□ monsoon「モンスーン，モンスーンがもたらす雨」
□ eventual「結果として来たるべき，最後の」

**各段落の要旨**

第1段 ジャヤヴァルマン7世の時代，クメール王国は東南アジアのほとんどを支配したが，それまでその地域では地元の将軍たちやチャム族の闘争が繰り返されていた。

第2段 ジャヤヴァルマンの30年以上の治世では平和と繁栄がもたらされたが，同時に際立って数多くの仏教寺院が建設された。

第3段 仏教の熱心な信奉者だったジャヤヴァルマンは多くの病院を建設して誰でも治療が受けられるようにしたことで，人々の仏教への改宗が進んだ。

第4段 ジャヤヴァルマンの寺院建設は政府に権力を集中させたが，同時に農村人口を減少させ，国の財政がひっ迫し，その後の自然災害の影響を受けて王国は崩壊した。

**(38) 解答 2**

**質問の訳** **ジャヤヴァルマン7世についてわかることの1つは何か？**

**選択肢の訳**
**1** チャム族を敵ではなく同盟者にするのに成功したことで，彼はクメール王国の支配権を握ることができた。
**2** 彼は地域の他のリーダーと協力することでクメール王国の王となることができた。
**3** 先の王をだまして敵の王国を攻撃させたあと，自分の地域に加えてその地域も引き継ぐことができた。
**4** 近隣の王国を侵略し打ち負かすことができるほど強くするために，彼は次第にクメール王国を強固にした。

第1段第3・4文（After a Cham … throne in 1811.）で「ジャヤヴァルマンと彼の同盟者たちは侵略者を追い出し，王国の支配をねらっていた他の将軍たちを壊滅させることにも成功し，王位についた」と述べられている。したがって，**2 He was able to become the king of the Khmer empire by cooperating with other leaders in the region.** が正解。本文のJayavarman and his alliesが選択肢ではby cooperating with other leaders in the regionに言い換えられている。**1**は，第3文によるとチャム族は「侵略者」であり，「同盟者にするのに成功した」とは述べられていないので誤り。**3**・**4**も本文中で述べられていない。

**(39) 解答 4**

**質問の訳** **この文章はジャヤヴァルマンがそれほど多くの寺院を建設した理由の1つは（　　）と示唆している。**

**選択肢の訳**
**1** 死に至る病のまん延を食い止めるためにクメール王国は仏教に対して国を開くことを人々が要求した
**2** 他のクメールの支配者を満足させ続け，政府に対して彼らが反抗するのを防ぐための方法として寺院を使いたいと考えた
**3** 前の支配者はしかるべきほどには信仰が厚くなかったと国民が考えていたので，自分は彼とは異なることを国民に示したかった
**4** 彼は自分が長くは生きられないと考えていたようで，王である間にできる限り多くのことを成し遂げたかった

寺院の建設の理由については，第2段最終文（Some researchers suggest …）で「彼がこれを行ったのは，王位についたのが61歳で，長期にわたる病気を患っていたため，自分に

は限られた時間しか残されていないと感じていたのが理由であると述べる研究者らもいる」と述べられている。he did this の this は，直前の文（Though promotion of …）の内容「ジャヤヴァルマンがそれまでの王の誰よりも短期間で非常に多数の寺院を建設した」ことを指している。したがって，**4 he likely believed that he did not have very long to live and wished to achieve as much as possible during his time as king.** が正解である。

⑽ **解答** **2**

**質問の訳** ジャヤヴァルマンの建設した病院についてあてはまるのはどれか？

**選択肢の訳** **1** 病院には職員が十分に配置されていたが，治療を必要とする大勢の人々に行き渡る医療品が不足していた。

**2** 病院では必要とするクメールの人々全てに国費で治療を提供した。

**3** 病院は，ジャヤヴァルマンが仏教を受け入れたクメールの人々にだけ思いやりを持っていたことを示していた。

**4** その地域の指導者たちには，病院は仏教奨励の目的だけに使うことになっていた資金の不適切な使い方だと見られた。

第３段を参照する。第４文（Supplies from the …）の後半部（and 以下）で「王国の住民は誰でも，収入や社会的地位に関係なく，無料で治療を受けることができたようだ」と述べられている。したがって，**2 They provided medical treatment at the government's expense to all Khmer people who were in need of it.** が正解。本文の at no cost が選択肢では at the government's expense に言い換えられている。**1** は第４文の前半部の記述に合致しない。**3** は第４文の後半部の記述に合致しない。**4** は本文中で述べられていない。

⑾ **解答** **3**

**質問の訳** ジャヤヴァルマンの寺院建設の結果の１つは何か？

**選択肢の訳** **1** 地元の地主はジャヤヴァルマンに裏切られたと感じたので，クメール王国が攻撃された時に多くが彼への支援を拒否した。

**2** 町に転居することを強いられた地方の人々を怒らせた結果，彼らはジャヤヴァルマンを権力の座から追放しようと試みた。

**3** それには非常に多くの資金を使うことが必要だったので，クメール王国はその先直面する問題に対処することができなくなった。

**4** それはクメールの国民たちの注意をその地域で頻繁に起こる災害の影響からそらすのに有益であるとわかった。

第４段を参照する。第５文（Furthermore, the building …）で「（寺院の）建設事業によって王国の財産のかなりの額を使い果たした」こと，第６文（These factors combined …）で「これらの複合的な要因がその後，自然災害で国が損失を被った時に大きな問題になった」こと，最終文（The highly centralized …）で「富，農業労働力，柔軟性が欠けていたため，王国は結局崩壊した」ことが述べられている。よってこれらの内容に合致する，**3 It required the use of so many resources that it left the Khmer empire unable to deal with problems it faced in the future.** が正解である。

## 一次試験　筆記　4

**解答例** **Changing jobs regularly is an overall benefit for workers because there are clear advantages in terms of career goals and working conditions.**

**Firstly, changing jobs is one of the best ways for workers to achieve their career goals. A worker's chances of promotion or broadening their work duties depend heavily on the company, so staying in one job can limit their career progression. Switching jobs allows people to explore different employment opportunities, which can positively impact their career development.**

**Secondly, moving to a new company exposes workers to a variety of working conditions. Some companies may expect their employees to follow strict rules, which can cause workers to feel stressed. Changing jobs, however, allows workers to experience better working conditions and improve their well-being.**

**Therefore, considering career goals and positive experiences gained through various working conditions, changing jobs is beneficial for workers.**
**(120～150 語)**

訳　定期的に転職することは，キャリア目標と労働条件の観点から明らかな利点があるので，働く人にとって総合的な利益がある。

第一に，転職は働く人がキャリア目標に到達するために最適な方法の一つである。働く人の昇進の機会や業務を広げる機会は会社に大きく依存しているので，一つの仕事を続けることはキャリアアップを制限する可能性がある。転職によって人々は様々な雇用の機会を模索することが可能になり，これがキャリアアップに良い影響を及ぼしうる。

第二に，新しい会社に移ることで働く人は様々な労働条件を経験できる。従業員に厳しい規則に従うよう求める会社もあり，これが働く人にストレスを感じさせることがある。しかし，転職によって，よりよい労働条件で働き，より幸せに暮らすことが可能になる。

したがって，キャリア目標と様々な労働条件で得られる有意義な経験を考慮すると，転職は働く人にとって有益である。

- ●与えられたトピックについて作文を書きなさい。
- ●以下のポイントのうち２つを使って自分の解答を補強しなさい。
- ●構成：序論，本論，結論
- ●長さの目安：120～150 語
- ●文章は解答用紙のＢ面の与えられたスペースに書きなさい。スペースの外に書かれたものは採点されません。

**トピックの訳**　頻繁に転職することは働く人にとって有益か？

**ポイントの訳** ●キャリア目標 ●やる気 ●経済 ●労働条件

▶〔解答例〕の英文の段落構成は，「主張→1つ目の理由→2つ目の理由→結論」となっている。

▶第1段では，トピックに対する自分の考えを明らかにする。〔解答例〕では，2つの観点（①キャリア目標，②労働条件）から，転職は有益だと述べている。第2段では観点の①について，転職はキャリア目標を達成する最適の手段であることを，第3段では②について，転職でよりよい労働条件で働くことが可能になると述べている。最終段では，第2段と第3段で述べたことを簡潔に言い換えながら，転職は働く人にとって有益であるという主張を繰り返している。

▶ほかに「転職は有益だ」とする理由としては，「同じ仕事をし続けているとやる気を維持する（maintain motivation）のが難しい」，「雇用の流動化は経済にプラスになる（have a positive effect on the economy）」なども考えられる。

▶「転職は有益ではない」と主張するのであれば，「習熟する前に次の仕事に移ることになれば，結局はキャリア目標（career goals）を達成できない」，「転職すれば必ず給料が上がるわけではなく，労働条件（working conditions）の改善につながるとは限らない」などの問題を指摘することができるだろう。

# 一次試験　リスニング　Part 1

**No. 1　解答　1**

★＝男性　☆＝女性　（以下同）

☆ Yusuke, I'm going to a Japanese-style wedding next month. What kind of present should I buy?

★ It's pretty easy here in Japan. We just give cash wrapped in a special envelope.

☆ Really? Is that all?

★ Yeah, it's the custom here. How close are you to the couple?

☆ The bride is my best friend in Japan.

★ Ah. In that case, you're looking at around 30,000 yen.

☆ That much!? I'll have to cut way back on expenses this month so I can cover that.

★ Well, good luck.

**Question : What does the woman tell Yusuke?**

Script

訳

☆ ユウスケ，私，来月に日本式の結婚式に行く予定なんだけど。どんなプレゼントを買うべき？

★ ここ日本ではとても簡単。特別な封筒に入れた現金を渡すだけだ。

☆ 本当に？　それだけ？

★ そう，それがここの習慣。２人とはどれくらい親しいの？

☆ 新婦は私の日本での親友よ。

★ ああ，それなら，だいたい３万円っていうところだね。

☆ そんなに !?　そのお金を賄うために今月の出費を切り詰める必要がありそう。

★ そう，がんばって。

語句・構文

□ cut way back on ～ ＝ cut back on ～「～を切り詰める，削減する」

□ cover「（費用など）を償う，賄う」

質問の訳　女性はユウスケに何を言っているか？

選択肢の訳　**1**　彼女はそのお金を作るのが大変だ。

**2**　彼女は新婦をほとんど知らない。

**3**　彼女はもはや結婚式に出席できない。

**4**　彼女はもうすでに贈り物を買った。

女性は最後の発言で「そのお金を賄うために今月の出費を切り詰める必要がありそうだ」と述べているから，**1**「彼女はそのお金を作るのが大変だ」が正解。**2**は，女性の３番目の発言に合致しない。「出席できない」という主旨の発言はないから**3**は誤り。**4**は，女性が最初の発言で男性に何を贈るべきか質問しているのだから不適切。

## No. 2 解答 2

☆ Good evening, sir. May I see your ticket, please?

★ Here you are. I'm taking the 6:30 flight to Boston. I'd like an aisle seat, if possible.

☆ Ah, that flight is overbooked.

★ Do you mean I can't get a seat?

☆ No, your seat is confirmed. But we are asking all passengers whether they can help us out this evening. If you agree to take the 9:30 flight, we will give you a complimentary $100 travel voucher.

★ That would be fine.

☆ Thank you very much, sir.

**Question : What does the man agree to do?**



訳

☆ こんばんは，お客様。チケットを拝見できますか？

★ はい，これです。6時30分のボストン行きを予約しています。可能であれば，通路側の座席がいいのですが。

☆ ああ，その便はオーバーブッキングされています。

★ 私の座席がないということですか？

☆ いいえ，お客様の座席は確認されています。ですが，ご搭乗されるすべての方に今晩私どもにご協力いただけないか伺っております。もし9時30分の便に搭乗していただけるのであれば，100ドル相当の旅行クーポン券を差し上げております。

★ それで結構ですよ。

☆ どうもありがとうございます，お客様。

語句・構文

☐ aisle「（乗り物・飛行機・劇場などの座席列間の）通路」

☐ overbook「～に定員以上の予約をとる」 ☐ complimentary「無料の，優待の」

☐ voucher「クーポン券，割引券」

**質問の訳** **男性は何をすることに同意しているか？**

**選択肢の訳**

**1** 6時30分の便に乗る。

**2** 彼の便を変更する。

**3** アップグレードのために追加料金を支払う。

**4** 窓側の座席を譲る。

女性が3番目の発言第3文で「もし9時30分の便に搭乗することに同意すれば，100ドル相当の旅行クーポン券を無料で提供する」と述べたのを受けて，男性は「それで結構です」と同意している。よって，**2**「彼の便を変更する」が正解。男性の最初の発言の第3文から男性の座席は確定していないとわかるので，**4**は不適切。

**No. 3** 解答 **3**

★ Hello, front desk. Can I help you?

☆ Yes, I'm in room 302. It's so hot in here I can hardly breathe.

★ I assume you've tried adjusting the temperature already.

☆ Several times. It's at the lowest possible setting, but it doesn't seem to be having any effect. I'm boiling up here.

★ That's very strange. I sincerely apologize. I'll have someone from our maintenance staff go up and look at it right away.

☆ Thanks. I'd appreciate that.

Script

**Question : What is the woman's problem?**

訳

★ はい，フロントデスクです。何かご用でしょうか？

☆ ええ，こちらは 302 号室です。ここはとても暑くてほとんど息ができません。

★ 温度の調節はもう試されましたよね。

☆ 何回か。可能な限り低く設定していますが，何の効果もないようです。ここにいるとゆだってしまいます。

★ それは本当におかしいですね。大変申し訳ございません。整備担当の者を向かわせてすぐに確認させます。

☆ ありがとう。よろしくお願いします。

語句・構文

□ have *A do*「*A* に～させる」　□ maintenance「（機械などの）整備，保守」

質問の訳　女性の問題は何か？

選択肢の訳

**1** 彼女は高熱がある。

**2** 彼女は違う部屋を要求した。

**3** エアコンが正常に動いていない。

**4** ルームサービスがまだ到着していない。

男性の 2 番目の発言で「温度の調節はもう試されましたよね」と述べたのに対して，女性は「何回か。可能な限り低く設定しているが，何の効果もないようだ」と述べている。男性が最後の発言で「整備担当の者を向かわせてすぐに確認させる」と言ったことからも，部屋の空調設備に問題があることがわかる。よって，**3**「エアコンが正常に動いていない」が正解となる。女性が最初の発言第 2 文で「ほとんど息ができない」と述べているのは部屋が暑いことを表現したもので，体調に問題があるわけではないから，**1** は誤り。

## No. 4 解答 2

★ Honey, I'm going to invite my sister to stay with us this summer.
☆ Don't I have a say in this matter?
★ Uh, sure you do, but I thought you liked Patty.
☆ Of course, but a whole summer? I'm the one who has to cook for an extra person.
★ I get the point. How about a couple of weeks in July, then?
☆ Well, that might be better.

**Question : What does the woman suggest to the man?**

Script

訳 ★ あのさ，今年の夏，僕の妹を招待して一緒に過ごそうと思っているんだけど。
☆ この件に関して私に発言権はないの？
★ ああ，もちろんあるけれど，君はパティが好きだと思っていた。
☆ もちろんよ，でも夏の間中？　もう１人分の食事を作らなければいけないのは私よ。
★ 言いたいことはわかった。それなら，７月の数週間ならどう？
☆ ええ，その方がいいわ。

語句・構文

□ say「発言権」

質問の訳　女性は男性に何をほのめかしているか？

選択肢の訳
**1** 責任を共有すること。
**2** パティの滞在を短くすること。
**3** あとで決断すること。
**4** 訪問を延期すること。

女性が２番目の発言第１文で「夏の間中？」と述べたのを受けて，男性は「それなら，７月の数週間ならどうか？」と提案している。この提案に対して，女性は「その方がいい」と述べている。that が指す内容は，パティの滞在を a whole summer から a couple of weeks in July に短縮することだから，**2**「パティの滞在を短くすること」が正解。

**No. 5 解答 4**

★ Hey, Abigail. Are you having as much trouble as I am with our sociology class?
☆ Big trouble! What's with the book the professor assigned?
★ I spent ages just trying to understand the introduction. It's all I can do to get through a single chapter!
☆ Yeah, the author just seems to go around in circles.
★ I agree. He never seems to make a point.
☆ Hey, maybe there's a study guide on the Internet . . .
★ That's an idea.

**Question : Why are these students complaining?**

Script

訳
★ やあ，アビゲイル。社会学の授業で僕と同じように困っているのかい？
☆ ものすごく大変！　教授が課した本はどうなってるの？
★ 序論を理解しようとするだけで長い時間かかったよ。たった1章読み終えるだけで精一杯だ！
☆ ええ，筆者は同じところをぐるぐる回っているみたい。
★ その通り。彼はちっとも主張をわからせようとしていないみたいだ。
☆ ねえ，もしかしたらインターネット上にスタディガイドがあるかも…。
★ それはいい考えだ。

語句・構文

□ sociology「社会学」　□ What's with ～？「～はどうかしたのか」
□ assign「（義務・宿題など）を課す」　□ ages「長い間」
□ get through ～「（本）を読み終える，（仕事など）をやり終える」
□ go around in circles「ぐるぐる同じところをめぐる，堂々めぐりをする」
□ make a point「言い分を立証する，主張を通す」

**質問の訳**　**この学生たちが不満を言っているのはなぜか？**

**選択肢の訳**
**1** 授業が物足りない。
**2** 教授が忙しすぎて彼らの支援ができない。
**3** スタディガイドが役に立たない。
**4** 本が難しすぎて理解できない。

まず，女性が最初の発言で「教授が課した本はどうなってるの？」と述べているから，本が問題だとわかる。男性の2番目の発言でも「序論を理解しようとするだけで長い時間かかった。たった1章読み終えるだけで精一杯」と述べ，本が難解であると不満を述べている。よって，4「本が難しすぎて理解できない」が正解。男性の2番目の発言に出てくる the introduction や a single chapter，女性の2番目の発言に出てくる the author といった語句は本に関連している。これらの語句を聞き逃さないように注意したい。

## No. 6 解答 4

★ I get the feeling Susan's upset with me.
☆ What happened?
★ I was trying to organize a farewell party for her, but I had to give up. We just couldn't find a date or time that everyone could agree to.
☆ She doesn't blame you for that, does she? I mean, with how busy she is, her schedule is probably the hardest to work around.
★ Exactly, but when I suggested calling it off, she seemed hurt. I e-mailed her a couple of days ago and said maybe we could all have lunch instead, but I haven't heard from her since.
☆ Well, she's very busy, so maybe she just hasn't gotten around to answering you yet.
★ Maybe, but her last day is tomorrow!

**Question : What do we learn from the conversation?**

Script

訳
★ スーザンは僕に腹を立てているような気がする。
☆ 何があったの？
★ 彼女の送別会を企画しようとしたんだけど，あきらめざるを得なかったんだ。みんなが同意できる日時がどうしてもなくてね。
☆ 彼女はそのことであなたを非難できないわよね？ つまり，彼女がどれほど忙しいかを考えると，おそらく彼女のスケジュールを合わせるのが一番難しいでしょう。
★ その通りだけど，僕が取りやめてはどうかと提案したら，彼女は気分を害したようだった。数日前に彼女にメールして，代わりにみんなで昼食を食べるのはどうかと言ったんだが，それ以来彼女は何も言ってこない。
☆ でも，彼女はとても忙しいから，あなたに返事をする時間がまだないだけかもしれないわよ。
★ そうかもしれないが，彼女の最後の日は明日だからね！

語句・構文

□ be upset with ～「～に腹を立てる，動揺する」
□ agree to ～「（提案・要求など）に同意する」
□ work around ～「（問題など）を克服しようと努める」
□ suggest *doing*「～することを提案する」 □ call *A* off「*A* を中止する」
□ hurt「（形容詞）気分を害した」 □ get around to *doing*「～する暇ができる」

質問の訳 会話から何がわかるか？

選択肢の訳
**1** スーザンは同僚を昼食に誘った。
**2** スーザンの送別会は明日である。
**3** 男性はスーザンのメールアドレスを知らない。
**4** 男性は送別会を企画できなかった。

男性は2番目の発言の第1文で「彼女の送別会を企画しようとしたが，あきらめざるを得なかった」と述べていることから，**4**「男性は送別会を企画できなかった」が正解とわかる。**1**は，男性の3番目の発言の第2文で，男性がメールをして昼食に誘ったと述べているから誤り。**2**は，男性の最後の発言で「スーザンの最後の日は明日」だと述べているが，送別会は企画できなかったのだから誤り。**3**は男性が3番目の発言の第2文でメールしたと述べているから誤り。

## No. 7 解答 1

★ Hi, Samantha, welcome back.

☆ Hi, Jack. Thanks. How's work been?

★ Pretty busy, as always. So tell me, how's married life?

☆ Well, the honeymoon was great. But now I'm adjusting to living with another person. Plus, we moved into a new house. The whole situation is quite a change.

★ I remember going through a similar thing. It takes a while to get used to it.

☆ Well, I hope things settle down soon.

**Question : What do we learn about the woman?**

Script

訳
★やあ，サマンサ，お帰りなさい。

☆こんにちは，ジャック。ありがとう。仕事はどうだった？

★とても忙しいよ，いつもどおりにね。それで，結婚生活はどう？

☆ええ，新婚旅行は素晴らしかったわ。でも，今は誰かと一緒に暮らすことに適応しているところよ。それに，私たち新しい家に引っ越したの。全ての状況が大きく変わったわ。

★僕も似たようなことを経験したのを覚えているよ。慣れるにはしばらくかかる。

☆まあ，そのうちに状況が落ち着くことを願うわ。

語句・構文

□ go through ～「(困難など）を経験する」　□ settle down「落ち着く」

質問の訳　女性について何がわかるか？

選択肢の訳
**1**　彼女は結婚したことにまだ慣れていない。
**2**　彼女は仕事で忙しいのが好きではない。
**3**　彼女は新しい仕事に適応する必要がある。
**4**　彼女はもう一つの休暇の準備ができている。

男性が2番目の発言の第2文で「結婚生活はどう？」と尋ねたのに対して，女性は2番目の発言の第2文で「今は誰かと一緒に暮らすことに適応しているところだ」と述べている。このことから，女性は結婚生活に適応しようとしているとわかる。よって，**1**「彼女は結婚したことにまだ慣れていない」が正解。女性の仕事が新しくなったわけではないので**3**は誤り。

## No. 8 解答 4

★ Good morning. My name is Tom Hendricks. I'm here to see Mr. Phelps.

☆ I'm sorry, Mr. Hendricks. Mr. Phelps is out of town today. Did you have an appointment to see him?

★ Well, I thought so. I had my secretary schedule it last week.

☆ Let me check . . . . Oh, it seems he's scheduled to meet you tomorrow at this time.

★ Really? I guess I must have written it down wrong. Well, could you please see that he gets these brochures? I'll call him later in the week to discuss them.

☆ I'll see that he gets them.

**Question：What does Mr. Hendricks say he will do?**

Script



訳

★ おはようございます。私の名前はトム・ヘンドリックスです。フェルプスさんに会いに来ました。

☆ 申し訳ありません，ヘンドリックスさん。フェルプスさんは今日，町を出ています。彼と会う約束をしていましたか？

★ ええ，そう思っていました。先週，私の秘書にその予定を立てさせたのですが。

☆ 確認します…。あら，彼は明日のこの時間にあなたと会う予定になっているようです。

★ 本当ですか？　私が間違って書いてしまったようですね。それではこのパンフレットを彼にお渡しいただけますか？　それらについて話し合うために週の後半に彼に電話します。

☆ 彼がそれらを受け取るように取り計らいます。

**語句・構文**

□ schedule「～の予定を立てる」

□ see that ～「～するように取り計らう」 see to it that ～ の to it が省略されたもの。

□ brochure「パンフレット，小冊子」

質問の訳　ヘンドリックス氏は何をすると言っているか？

選択肢の訳　**1**　約束の予定を変更する。

**2**　明日出直す。

**3**　自分の秘書と話す。

**4**　別の時にフェルプス氏に電話する。

男性（ヘンドリックス）の最後の発言の最終文で「週の後半に彼に電話します」と述べているから，**4**「別の時にフェルプス氏に電話する」が正解。have *A do*「*A* に～させる」や，see that ～ などの意味を正確に把握することが大切。なお，女性は schedule を「シェジュール」のように発音しているが，この発音はイギリス英語に多い。

**No. 9　解答　1**

★ That baby behind us has been crying the whole trip. The noise is driving me crazy!

☆ Don't you remember what our kids were like when we traveled on trains with them?

★ I thought they were fairly quiet and well behaved, weren't they?

☆ You're kidding, right? They used to start up as soon as we sat down.

★ Really? I don't remember that at all. Did other passengers complain?

☆ No. They were more polite than that.

★ OK. I get your point.

**Question：What does the woman imply?**

Script

訳

★ 我々の後ろのあの赤ん坊は旅の間中泣き続けているよ。うるさくて気が変になりそうだ。

☆ 私たちが電車で旅をした時，うちの子どもたちがどんなふうだったか覚えていないの？

★ うちの子どもたちはかなり静かで行儀よくしていたと思うよ，そうだろう？

☆ 冗談でしょう？　子どもたちは，私たちが座ったとたんに動き始めたものよ。

★ 本当に？　そんなこと全然覚えていないな。他の乗客は文句を言った？

☆ いいえ。彼らにはそんなことをしないだけの思いやりがあったわ。

★ なるほど。君の言いたいことはわかったよ。

語句・構文

□ start up「始動する，活発になる」

質問の訳　女性は何をほのめかしているか？

選択肢の訳

1　男性は騒音について文句を言うべきではない。

2　男性は電車に乗るべきではなかった。

3　他の乗客はもっと礼儀正しくあるべきだ。

4　赤ん坊の両親はもっと注意深くあるべきだ。

女性の最後の発言の that は，直前の男性の発言の「他の乗客は文句を言った？」という内容を受けたもので，「彼らは文句を言わないくらい思いやりがあった」の意味になる。つまり，女性は男性に対して「文句を言うのは思いやりが欠けている」と述べていることになる。したがって，1「男性は騒音について文句を言うべきではない」が正解。女性が最初の発言と2番目の発言で，自分たちの子どもも電車内で騒がしかったことを思い出すよう男性に促しているのも，男性に文句を言うべきではないと暗に述べたものである。

## No. 10 解答 3

☆ How was your job interview at the restaurant?

★ Pretty good, I think. But they have a lot of other chefs to interview.

☆ Well, you graduated from a famous school, and you trained at that French restaurant while you were studying.

★ But I made a mistake by not working over the summer. The interviewers asked me what I did. I wish I'd gotten a part-time job instead of spending my time on the beach.

☆ Yeah, it would've made your résumé look better.

Script

**Question : What is the man's concern?**

訳

☆ レストランの面接試験はどうだった？

★ かなりよかったと思う。でも，面接を受けるシェフは他にもたくさんいるからね。

☆ そうだけど，あなたは有名な学校を卒業したし，勉強中にあのフレンチレストランで修業したのよね。

★ でも，夏の間に働かなかったのは間違いだったよ。面接官は何をしたか尋ねたんだ。ビーチで過ごさずにアルバイトをしていればなあ。

☆ そうね，そうしていれば履歴書がもっとよく見えたでしょうね。

語句・構文

□ résumé「履歴書」

質問の訳　男性の心配は何か？

選択肢の訳
**1**　彼が卒業した学校は有名ではない。
**2**　彼は以前にフランス料理を作ったことがない。
**3**　彼は夏の間に仕事をしなかった。
**4**　彼の履歴書には誤りが多過ぎた。

男性と女性それぞれの最後の発言では仮定法が用いられている。これらの発言を正確に理解することが大切。男性は最後の発言で「ビーチで過ごさずにアルバイトをしていればなあ」と述べているから，**3**「彼は夏の間に仕事をしなかった」が正解とわかる。**1** と **2** は，女性の2番目の発言に合致しない。「履歴書」については女性の最後の発言中に出てくるが，主語の it は男性の直前の発言内容「ビーチで過ごさずにアルバイトをしたならば」を受けたものなので，**4** は誤り。

## No. 11 解答 2

★ How are things, Felicity?

☆ Great! I just got invited to audition for another movie.

★ That's exciting. But what about college?

☆ I'm thinking about dropping out. These days, I have so many auditions that I'm sure to get a part soon.

★ I don't think that's a good idea.

☆ You should understand. You lived for playing music when you were in high school.

★ Yeah, but I eventually realized a college degree would give me a better chance to make a steady living.

☆ That's true enough. But I just don't want to have regrets later.

**Question : What does the man imply?**

Script

訳

★ 調子はどう，フェリシティ？

☆ 好調よ！　ちょうど別の映画のオーディションに呼ばれたところ。

★ それはワクワクするね。でも，大学はどうなの？

☆ 退学しようと思うわ。近頃はオーディションがたくさんあるから，そのうちに役がもらえると確信しているの。

★ それはいい考えだとは思わないね。

☆ あなたならわかってくれるはずよ。あなたは高校の時に音楽が生きがいだったのだから。

★ ああ，でも，大学の学位があれば安定した生計を立てられる可能性が高まるということを結局は理解したよ。

☆ 確かにその通り。でも私はあとで後悔したくないだけよ。

**語句・構文**

□ drop out「退学する」　□ live for ～「～のために生きる」

**質問の訳** 男性は何をほのめかしているか？

**選択肢の訳**
1 女性はオーディションにもっと備えるべきだ。
2 女性のキャリアプランは非現実的だ。
3 彼は大学の専攻選びを誤った。
4 彼は音楽の仕事に進むべきだった。

女性が2番目の発言で「大学を中退しようと考えている」と述べたのを受けて，男性は「それはいい考えだとは思わない」と述べている。さらに，男性は最後の発言で「大学の学位があれば安定した生計を立てられる可能性が高まるということを結局は理解した」と述べているのだから，2「女性のキャリアプランは非現実的だ」が適切である。

## No. 12　解答　4

★ You're looking very serious. What's the matter?
☆ It's our electric bill. It was over $250 last month.
★ Well, it was the coldest month this winter.
☆ Yes, but that still seems high. Maybe I'll call the electric company.
★ I'm sure the bill's correct. I think we should start turning down the temperature at night. We have extra blankets we can use to keep warm.
☆ I guess we can start with that and see if it helps.

**Question：What does the couple decide to do first?**

Script

訳
★ 深刻な様子だね。どうしたの？
☆ 電気代のことよ。先月は250ドルを超えたわ。
★ でも，この冬で一番寒い月だったからね。
☆ ええ，それでも高いわ。電力会社に電話しようかしら。
★ 請求書は正しいと思うね。夜に温度を下げることから始めるべきだと思う。暖かさを保つのに使える予備の毛布があるさ。
☆ それをやってみて効果があるか見てみましょうか。

語句・構文
□ bill「請求書」

質問の訳　**夫婦は初めに何をすることに決めたか？**

選択肢の訳
**1**　もっと毛布を購入する。
**2**　暖房用の機器を取り替える。
**3**　電力会社に電話する。
**4**　夜に暖房の使用を少なくする。

女性は最後の発言の「それをやってみて効果があるか見てみましょう」と述べている。この発言のthatは，直前の男性の発言中の「夜に温度を下げることから始めるべきだ」を指しているのだから，**4**「夜に暖房の使用を少なくする」が正解。**1**は，男性の最後の発言で「暖かさを保つのに使える予備の毛布がある」と述べているのだから，毛布を購入する必要はない。女性が2番目の発言で「電力会社に電話しようかしら」と述べたのに対して，男性は「請求書は正しいと思う」と述べているから，**3**は誤り。

# 一次試験　リスニング　Part 2

(A)　**No. 13**　解答　2　　**No. 14**　解答　1

(A) ***Pacific Links***

Researchers have long considered the possibility of ancient contact between Polynesian people of the South Pacific and Native Americans of South America. A recent study strongly supports such a theory. The study's researchers analyzed DNA samples from hundreds of Polynesians and Native Americans. They found genetic evidence that these peoples met and produced children together around 800 years ago.

What remains unclear is which group crossed the thousands of kilometers of ocean to make such contact possible. Polynesians were known for their canoes. They made long sea voyages and settled on many islands in the Pacific Ocean. However, in 1947, an explorer showed it was possible to cross the Pacific Ocean from South America on a raft. Native Americans, who used rafts, may therefore also have made great voyages.

**Questions**

**No. 13　What did the researchers confirm about Polynesians and Native Americans?**

**No. 14　What did an explorer demonstrate in 1947?**

Script

訳

(A)太平洋のつながり

研究者たちは，南太平洋のポリネシア人と南米のアメリカ先住民が古代に接触していた可能性について長い間考えてきた。最近の研究によって，そのような学説が強固に裏づけられている。この調査の研究者たちは，数百人ものポリネシア人とアメリカ先住民から採取したDNAサンプルを分析した。彼らはこれらの民族がおよそ800年前に出会い，子どもを産んでいた遺伝的証拠を見つけた。

まだわかっていないことは，どちらの集団が何千キロメートルもの大洋を横断してそのような接触を可能にしたのかということだ。ポリネシア人はカヌーで知られていた。彼らは長い船旅をして太平洋の多くの島に定住した。しかし，1947年に，ある探検家がいかだに乗って南米から太平洋を横断することが可能であることを示した。したがって，いかだを使用していたアメリカ先住民もまた大航海をしていたのかもしれない。

**語句・構文**

(第1段) □ sample「サンプル，標本」　□ genetic「遺伝子の」

(第2段) □ canoe「カヌー」　□ voyage「船旅，航海」　□ raft「いかだ」

**No. 13** **質問の訳** 研究者たちはポリネシア人とアメリカ先住民について何を確認したか？

**選択肢の訳** **1** 彼らは遺伝的な類似性を共有していない。

**2** 彼らは数百年前に出会って子どもを産んだ。

**3** 彼らはいかだを作る知識を共有していた。

**4** 彼らは船乗りとしての経験をほとんど持たなかった。

第1段最終文（They found genetic …）で「彼ら（＝研究者たち）はこれらの人たちがおよそ800年前に出会い，子どもを産んでいた遺伝的証拠を見つけた」と述べていることから，**1**は誤りで，**2**「彼らは数百年前に出会って子どもを産んだ」が正解とわかる。these peoplesは直前の文（The study's researchers …）の「ポリネシア人とアメリカ先住民」を指している。「子どもをもうけた」という表現が，放送文ではproduced children で，選択肢ではhad children に言い換えられている。**3**と**4**は第2段の内容に関連しているが，いずれも合致しない。

**No. 14** **質問の訳** 1947年に探検家は何を実証したか？

**選択肢の訳** **1** 太平洋を横断するのにいかだが使われたかもしれない。

**2** アメリカ先住民が太平洋を横断したことはありそうもない。

**3** ポリネシア人のいかだは彼らのカヌーよりも優れていた。

**4** 太平洋の島々の中にはボートで行けそうにないものもある。

第2段第4文（However, in 1947, …）で「ある探検家がいかだに乗って南米から太平洋を横断することが可能であることを示した」と述べられているので，**1**「太平洋を横断するのにいかだが使われたかもしれない」が正解。**2**は第2段最終文（Native Americans, …）の内容に合致しない。**3**と**4**は述べられていない。

(B) **No. 15** **解答** **3** **No. 16** **解答** **1**

(B) ***Music and Work***

It has often been claimed that listening to music during work can improve focus and productivity. Recent research, however, suggests this may only be true of people performing highly repetitive tasks. For more-creative jobs, or those requiring intense concentration, listening to music might be harmful. In addition, other studies have found that the test scores of students who listen to music while completing reading tasks are lower than the test scores of students who read without music.

According to neuroscientist Daniel Levitin, many people are unaware that music might be causing them to get less done. Although listening to music while working may be enjoyable, Levitin says popular music with lyrics is especially bad for concentration. However, he believes that listening to music helps workers relax during rest periods between tasks, so it can improve their overall ability to concentrate.

**Questions**

**No. 15** **What is one thing recent research has revealed about listening to music?**

**No. 16** **What does Daniel Levitin believe about listening to music?**

Script

訳

(B)音楽と作業

作業中に音楽を聴くと集中力と生産性を高めるとたびたび主張されてきた。しかし，最近の研究では，これは非常に繰り返しの多い仕事を行っている人たちにしか当てはまらないかもしれないということが示されている。より創造的な仕事や，高度の集中を必要とする仕事にとっては，音楽を聴くことは害を及ぼすかもしれない。加えて，他の研究では，読解の課題を終わらせる間に音楽を聴いた学生は音楽を聴かずに読んだ学生よりもテストの点数が低いことがわかっている。

神経科学者のダニエル・レビタンによると，多くの人は音楽によって成し遂げることが少なくなるのに気づいていないという。作業中に音楽を聴けば楽しいかもしれないが，歌詞つきのポピュラー音楽は集中するのに特に悪い，とレビタンは述べている。しかし，音楽を聴くことは作業の間の休憩中に働く人をリラックスさせるのに役立つと彼は考えているので，全体的な集中力を高める可能性がある。

**語句・構文**

(第1段) □ productivity「生産性」 □ true of ～「～に当てはまる」
□ repetitive「繰り返しの」

(第2段) □ neuroscientist「神経科学者」
□ get *A* *done*「(人が) *A* を～してしまう」 完了を表す。

**No. 15** **質問の訳** 最近の研究によって音楽を聴くことについて明らかになったことの１つは何か？

**選択肢の訳** **1** 人々の生産性にほとんど影響を与えない。

**2** 学生がテストで良い成績をとるのに役立つ。

**3** ある種の課題をするのをより難しくするかもしれない。

**4** 人々の精神的健康を改善する。

第１段を参照する。第３文（For more-creative jobs, …）で「より創造的な仕事や，高度の集中を必要とする仕事にとっては，音楽を聴くことは害を及ぼすかもしれない」と述べられているから，**3**「ある種の課題をするのをより難しくするかもしれない」が正解。**1** は，第１・２文（It has often … highly repetitive tasks.）から，「非常に繰り返しの多い仕事を行っている人たちには，生産性を高めることが当てはまる」とわかるので誤り。**2** は最終文（In addition, …）の内容に合致しない。**4** は述べられていない。

**No. 16** **質問の訳** ダニエル・レビタンは音楽を聴くことについて何を考えているか？

**選択肢の訳** **1** 休憩中には効果がありうる。

**2** 実際には仕事をあまり楽しめなくなる可能性がある。

**3** 働く人々の間のコミュニケーションを高める。

**4** 集中には小さな効果しかない。

第２段を参照する。最終文（However, he believes …）で「音楽を聴くことは作業の間の休憩中に働く人をリラックスさせるのに役立つと考えている」と述べられているから，**1**「休憩中には効果がありうる」が正解になる。「休憩中」という表現が，放送文では during rest periods between tasks で，選択肢では during breaks に言い換えられている。**2** は，第２文（Although listening to …）の前半部の内容と合致しない。**4** は，最終文の後半部で「全体的な集中力を高める可能性がある」と述べているが，効果が小さいとは述べていない。**3** は述べられていない。

## (C) No. 17 解答 2 No. 18 解答 4

### (C) *The Language of Bats*

Some animals, such as dolphins, are thought to communicate using sounds that can express specific meanings. However, it was long believed that the sounds made by some other animals, such as bats, were random. A study of Egyptian fruit bats suggests that their communication system is actually quite complex.

The bats were kept in captivity, and the scientists conducting the study used a computer program to analyze the sounds that the bats made. The sounds were grouped into categories based on context. For example, certain sounds tended to be produced in the presence of food. Other sounds occurred during what appeared to be arguments between bats over where the bats would sleep. In the future, the scientists hope to monitor bats in their natural habitat to see whether the sounds they make change.

**Questions**

**No. 17 What did the study of Egyptian fruit bats suggest?**

**No. 18 How did the scientists conduct their analysis?**

Script

訳

(C)コウモリの言語

動物の中には，例えばイルカのように，特定の意味を表す音を使ってコミュニケーションをとると考えられるものがいる。しかし，他の動物たち，例えばコウモリなどが発する音はでたらめなものだと長い間信じられていた。エジプトルーセットオオコウモリの研究では，彼らのコミュニケーションシステムが本当はかなり複雑であることを示している。

コウモリはおりに入れられた状態で，科学者たちはコウモリが発する音を分析するためにコンピュータプログラムを使用して実験を行った。音は状況による区分でグループ分けされた。例えば，ある種の音は食べものがある場合に発せられる傾向があった。また別の音は，寝る場所をめぐってコウモリ同士の口論があると見られる時に発生していた。今後は，自然の環境にいるコウモリを観察して発する音が変化するかどうか確認したいと科学者たちは考えている。

**語句・構文**

(表題) □ bat「コウモリ」

(第1段) □ specific「特定の，具体的な」 □ random「でたらめの，無原則な」

□ Egyptian fruit bat「エジプトルーセットオオコウモリ（コウモリの一種）」

(第2段) □ in captivity「とらわれの身で，かご〔おり〕に入れられて」

□ context「（事柄の）背景，状況，文脈」

**No. 17** 質問の訳　エジプトルーセットオオコウモリの研究が示していることは何か？

選択肢の訳　**1**　彼らはイルカよりも多くの音を発する。

**2**　彼らが発する音は意味を持っている。

**3**　彼らの音はあまり複雑ではない。

**4**　彼らのコミュニケーションシステムは変化した。

エジプトルーセットオオコウモリの研究については，第1段最終文（A study of …）と第2段で述べられている。第2段第3・4文（For example, … bats would sleep.）で「ある種の音は食べものがある場合に発せられ，また別の音は寝る場所をめぐって口論をしている時に発せられる」と述べられているので，この内容を総括した**2**「彼らが発する音は意味を持っている」が正解。**3**は第1段最終文の内容に合致しない。**1**と**4**は言及されていない。

**No. 18** 質問の訳　科学者たちはどのようにして分析を行ったか？

選択肢の訳　**1**　寝ているコウモリが発する音を録音した。

**2**　コウモリの音を他の動物の音に合わせた。

**3**　自然の環境にいるコウモリを観察した。

**4**　コウモリの音を分類するためにコンピュータプログラムを使用した。

第2段を参照する。第1文（The bats were …）の後半部（and 以下）で「コウモリが発する音を分析するためにコンピュータプログラムを使用して実験を行った」と述べられ，第2文（The sounds were …）では「音は状況による区分でグループ分けされた」と述べられている。これらの情報を合わせた**4**「コウモリの音を分類するためにコンピュータプログラムを使用した」が正解となる。**3**は，最終文（In the future, …）で今後の希望として述べられているのだから誤り。**1**と**2**は述べられていない。

(D) **No. 19 解答 2 No. 20 解答 4**

(D) ***Wilderness Protection***

The Boundary Waters Canoe Area Wilderness, located in a US national forest, contains over a thousand lakes and rivers. It offers visitors the chance to experience nature in an undisturbed state and provides an important habitat for endangered plants and animals. The area also contains large amounts of valuable metals underground. Such metals could be mined and used to make products ranging from electronics to aircraft engines. However, conservationists worry that mining would release harmful substances into nearby waterways.

Local residents are split over whether to allow mining in the area. Some say it could improve the economy by creating jobs, while others believe protecting nature should be the priority. According to a study by an economist, mining may indeed bring short-term economic benefits. However, the study found that such benefits would be smaller than the long-term negative impact mining would have on the tourist industry.

**Questions**

**No. 19 What is true about the area described by the speaker?**

**No. 20 What did the study suggest about allowing mining in the area?**

Script

訳

(D)自然保護

バウンダリー・ウォーターズ・カヌー・エリア・ウィルダネスは，アメリカ国有林の中に位置し，1,000 を超える湖や川が存在している。そこを訪れる人に静かな状態で自然を体験する機会を提供し，絶滅の危機に瀕する動植物の重要な生息地になっている。その地域はまた，地下に大量の貴重な金属を有している。そのような金属は採掘されれば，電子機器から飛行機エンジンに至る製品を作るのに用いることができるだろう。しかし，自然保護活動家たちは採掘によって有害物質が近くの水路に放出されることを懸念している。

地元の住民たちは，その地域の採掘を許可するかどうかをめぐって分裂している。仕事を創出することで経済を改善させるだろうと言う人もいれば，自然を守ることを最優先すべきだと考える人もいる。ある経済学者の研究によれば，採掘は実際に短期的な経済的利益をもたらすかもしれない。しかしながら，そのような利益は採掘が観光産業に及ぼす長期的な悪影響よりも小さいものになることがその研究によってわかった。

語句・構文

(表題) □ wilderness「原野，荒野」

(第 1 段) □ undisturbed「邪魔されない」 □ mine「(鉱物）を採掘する」

□ range from *A* to *B*「*A* から *B* に及ぶ」

□ conservationist「自然保護活動家」 □ waterway「水路」

■（第 2 段）□ split「～を分裂させる」

**No. 19** 質問の訳 話者に説明された地域について正しいのはどれか？

選択肢の訳 **1** そこにある川と湖は汚染されている。
**2** 数多くの希少種の生息地である。
**3** 重要な製品がそこで開発されている。
**4** もはや観光客に開放されていない。

第 1 段第 2 文（It offers visitors …）の and 以下で「絶滅の危機に瀕する動植物の重要な生息地になっている」と述べていることから，**2**「数多くの希少種の生息地である」が正解。放送文の habitat が選択肢では home に，放送文の endangered plants and animals が選択肢では rare species に言い換えられている。**1** は，同段最終文（However, conservationists worry …）に関連する内容だが，現状は汚染されていないので誤り。

**No. 20** 質問の訳 その地域での採掘を許可することについて研究が示したのは何か？

選択肢の訳 **1** 地元住民に影響を及ぼさないだろう。
**2** 長期的な利益をもたらすかもしれない。
**3** 観光産業を促進させるだろう。
**4** 利益よりも害をもたらすかもしれない。

研究でわかったこととして，第 2 段第 3・4 文（According to a … the tourist industry.）で「採掘は実際に短期的な経済的利益をもたらすかもしれないが，そのような利益は採掘が観光産業に及ぼす長期的な悪影響よりも小さいものになるだろう」と述べられているから，**4**「利益よりも害をもたらすかもしれない」が正解。

(E) **No. 21** 解答 **1**　**No. 22** 解答 **2**

(E) ***A Discovery in Egypt***

Hetepheres was an important Egyptian queen who lived more than 4,000 years ago. However, the location of her burial place was long a mystery. It was finally discovered in the 1920s by a photographer who, when setting up his camera, noticed something unusual under his camera stand. Upon investigation, he discovered it was a covering over some steps that led down to the tomb of Hetepheres.

Thanks to the photographer's unexpected discovery, archaeologists found items of ancient furniture and jewelry, some of which had writings on them. The archaeologists also found evidence that the tomb had been broken into after Hetepheres was buried there. Many items appeared to have been stolen. In fact, even the body of Hetepheres was missing. Although the archaeologists were disappointed by this, the writings and remaining objects in the tomb have helped to expand our knowledge of ancient Egypt.

**Questions**

**No. 21 What is one thing the speaker says about the tomb of Hetepheres?**

**No. 22 What is one reason the archaeologists were disappointed?**

Script

訳

(E)エジプトでの発見

ヘテプヘレスは4千年以上前に生きていた，エジプトの重要な妃だった。しかし，彼女が埋葬された場所は長い間謎だった。1920年代に，ある写真家がカメラを設置している時にカメラスタンドの下にある変わったものに気づき，ついに発見されたのだ。調べてみると，それはヘテプヘレスの墓へ下っていく階段を隠す覆いであることがわかった。

その写真家の予期せぬ発見のおかげで，考古学者たちは古代の家具や宝石類を見つけたのだが，そのうちのいくつかには文字が刻まれていた。考古学者たちはまた，ヘテプヘレスの埋葬後に墓が侵入された証拠も見つけた。多くの物が盗まれたようだった。実際，ヘテプヘレスの遺体でさえなくなっていた。考古学者たちはこれに失望したが，文字と墓に残っている物は古代エジプトに関する我々の知識を広げるのに役立っている。

**語句・構文**

(第1段) □ burial「埋葬」　□ tomb「墓」

(第2段) □ break into ～「～に侵入する」

**No. 21** 質問の訳　話者がヘテプヘレスの墓について述べていることの1つは何か？

選択肢の訳　**1**　偶然に発見された。

2　考古学者が予想していたよりも小さかった。
3　エジプトで最も古い墓である。
4　一度も写真を撮られたことがない。

第1段第3文（It was finally …）で，ある写真家がヘテプヘレスの墓を発見した時の経緯が述べられているが，ここから墓が偶然に見つかったことがわかる。第2段第1文（Thanks to the …）で「その写真家の予期せぬ発見のおかげで」と述べられていることからも，1「偶然に発見された」が正解とわかる。

No. 22　質問の訳　考古学者たちが失望した理由の1つは何か？

選択肢の訳　1　墓にある文字は翻訳できなかった。
2　ヘテプヘレスの遺体は墓の中になかった。
3　墓の宝物は全てなくなっていた。
4　彼らは宝石を調査することを許可されなかった。

第2段を参照する。最終文（Although the archaeologists …）の前半部に「考古学者たちはこれに失望した」とあり，このthisが指すのは直前の文（In fact, …）の「ヘテプヘレスの遺体でさえなくなっていた」という内容であるから，2「ヘテプヘレスの遺体は墓の中になかった」が正解。放送文のmissingが，選択肢ではnot in the tombに言い換えられている。1は，最終文に「文字が古代エジプトに関する我々の知識を広げるのに役立っている」とあるので誤り。3は，第3文（Many items appeared …）に「多くの物が盗まれたようだった」とあり，「全て」とは述べられていない。4は言及されていない。

## (F)　No. 23　解答　3　　No. 24　解答　4

### (F) *Moving during Childhood*

Moving to a new home can be difficult for children. Researchers are learning more about the problems it causes and which children are most at risk. Studies in the UK have shown that children forced to move more than once in a single year are especially affected. The impact of moving is the same whether children come from wealthy or poor backgrounds. However, some of the studies have also shown that teenagers may experience the most serious negative effects of moving.

The findings of a study using data from Denmark showed that moving more than once can increase a child's risk of criminal activity later in life. Moving to a new area and having to form social relationships at a new school can be difficult and stressful for children. More research is needed to determine how to prevent these negative effects.

**Questions**

**No. 23　What have some studies in the UK shown about moving?**

**No. 24　What was learned from the data from Denmark?**

Script

訳

### (F)小児期の引っ越し

新しい家に引っ越すことは子どもにとって困難なことがある。研究者はそれが引き起こす問題とどんな子どもが最も危険なのかについてさらに調査しているところだ。イギリスの調査では，1年間に複数回の引っ越しを余儀なくされた子どもが特に影響を受けたことを示している。引っ越しの影響は，裕福な家庭の子どもであろうと貧しい家庭の子どもであろうと同じである。しかしながら，研究の中には，ティーンエイジャーが引っ越しの最も深刻な悪影響を受けるかもしれないと示すものもある。

デンマークのデータを使った研究でわかったことは，複数回引っ越しをすると，子どもがその後の人生で犯罪活動をする危険性が高まる可能性があるということだ。新しい地域に移ることと新しい学校で社会関係を作る必要があることは，子どもにとって困難でストレスになることがある。このような悪影響を避ける方法を見つけるためにはもっと多くの研究が必要とされている。

**語句・構文**

（第1段）□ more than once「2回以上，複数回」

**No. 23** 質問の訳　イギリスのいくつかの研究で引っ越しについて示されたことは何か？

選択肢の訳　**1**　裕福な家庭により多くの問題を引き起こす。

**2**　起きる頻度が少なくなっている。

**3**　特にティーンエイジャーに影響を与えるかもしれない。

**4**　成人の健康に重大な影響がある。

イギリスの研究については，第1段第3～5文（Studies in the … effects of moving.）で述べられているが，最終文（However, some of …）で「研究の中には，ティーンエイジャーが引っ越しの最も深刻な悪影響を受けるかもしれないと示すものもある」と述べられているから，**3**「特にティーンエイジャーに影響を与えるかもしれない」が正解となる。**1**は，第4文（The impact of …）に合致しない。**2**と**4**は述べられていない。

**No. 24** 質問の訳　デンマークのデータから何がわかったか？

選択肢の訳　**1**　引っ越しは離婚率を高める。

**2**　引っ越しは学校での問題解決に役立つ。

**3**　引っ越しは親子関係を傷つける可能性がある。

**4**　引っ越しは行動の問題につながる可能性がある。

第2段第1文（The findings of …）で「デンマークのデータを使った研究で，複数回引っ越しをすると，子どもがその後の人生で犯罪活動をする危険性が高まる可能性があることがわかった」と述べられているから，**4**「引っ越しは行動の問題につながる可能性がある」が正解。放送文の criminal activity という表現が，選択肢では behavior problems に言い換えられている。

# 一次試験　リスニング　Part 3

(G)　**No. 25　解答　3**

Well, your grades are good enough to qualify, and you might even be entitled to a scholarship based on your academic record so far. You can apply for one, but you'll need to be accepted into the program first. In the meantime, if you're concerned about the cost of the program, you can apply for other forms of financial aid, like a student loan. That can be done right away, and the approval process is quick. Your visa shouldn't be an issue, and as for your supervisor, one will be appointed for you depending on your course of study.

Script

訳　そうですね，あなたの成績はその資格に足る優秀なものですし，今までの学歴に基づいて奨学金を受ける資格もあるかもしれません。奨学金に応募することもできますが，まずは課程への入学許可を得る必要があるでしょう。それまでの間，あなたが課程の学費を心配しているのならば，学生ローンのような他のタイプの学資援助に応募することができます。それはすぐにできますし，承認の手続きも迅速です。あなたのビザは問題とされることはないはずで，指導教官に関しては，あなたの研究課程に応じて１名指名されるでしょう。

**語句・構文**

□ qualify「資格を得る」　□ entitle「資格〔権利〕を与える」

□ in the meantime「その（合）間に，それまでは」

□ issue「問題（点）」　□ supervisor「指導教官」

**状況の訳**　あなたはアメリカの大学の留学生である。あなたは大学院課程に出願したいと思っているが，学費の調達に不安がある。大学の履修指導員はあなたに次のように言う。

**質問の訳**　あなたはまず何をするべきか？

**選択肢の訳**

**1**　奨学金に応募する。

**2**　ビザを更新する。

**3**　学資援助に応募する。

**4**　指導教官を選ぶ。

大学院に進みたいが，学費の調達に不安があるということを頭に入れて聞く。第１文（Well, your grades …）の後半部（and 以下）で「奨学金を受ける資格もあるかもしれない」と述べられるので，**1** は候補になる。ただし，第２文（You can apply …）で「奨学金に応募するには，まず大学院課程の入学許可が必要」と述べられる。第３文（In the meantime, …）で「学生ローンのような学資援助に応募することが可能」と述べられ，第４文（That can be …）で「すぐに行えて，承認の手続きが迅速」と述べられる。この第４文の情報から，最初にするべきこととしては，**3**「学資援助に応募する」が適切とわかる。最終文（Your visa shouldn't …）の前半部で「ビザは問題とされることはない」と述べられているから**2**は不適切。an issue は，音がつながって「アニシュー」のように聞こえるので注意が必要。最終文の後半部（and 以下）で「指導教官」について述べられるが，今やるべきことは何もないので**4**は不適切。

## (H) No. 26 解答 1

We apologize for the cancellation of the flight to London. All passengers can take the same flight tomorrow, and free accommodation will be provided at an airport hotel for tonight. Passengers wishing to leave today have two options. First, a charter flight will leave in one hour and arrive in London this evening. This flight has economy-class seats only. Second, there are first-class and business-class seats available on a flight to Amsterdam. A connecting flight to London will arrive in the early hours of tomorrow morning. You can use your existing ticket for both of these options.

訳　ロンドン行きの便のキャンセルにつきましてお詫び申し上げます。乗客の皆様は全て明日の同じ便にご搭乗いただけますし，今夜はエアポートホテルにて無料でご宿泊いただけます。本日の出発をご希望のお客様には２つの選択肢があります。１つ目は，チャーター便が１時間後に出発し，今夜ロンドンに到着します。この便はエコノミークラスのみになります。２つ目に，アムステルダム行きの便にはファーストクラスとビジネスクラスがあります。ロンドンへの乗り継ぎ便は明朝早い時間に到着します。どちらの選択肢にも，現在お持ちのチケットを使うことができます。

**語句・構文**

□ accommodation「宿泊施設」

**状況の訳**　あなたは空港にいる。あなたのロンドンへのフライトはキャンセルになったが，できるだけ早くそこに着く必要がある。あなたは次の放送を聞く。

**質問の訳**　あなたは何をするべきか？

**選択肢の訳**

**1**　チャーター便に乗る。

**2**　座席のアップグレード料金を支払う。

**3**　エアポートホテルへ行く。

**4**　アムステルダム行きの便に乗る。

最も早くロンドンに着くのは，第４文（First, a charter …）の「今夜ロンドンに到着するチャーター便」だとわかるので，**1**「チャーター便に乗る」が正解。第６・７文（Second, there are … of tomorrow morning.）から，「アムステルダム行きの便に乗ると明朝の早い時間にロンドンに到着する」とわかるので，**4**は不適切。

(I) **No. 27** 解答 3

That concludes this morning's opening session. The next session will begin at 1 p.m., following the lunch break. There are four excellent options to choose from, each focusing on a different theme. The first seminar will focus on factors that affect English pronunciation and will be held in room 210. The second will focus on teaching grammar to beginners and will be held in room 212. In room 214, participants will learn how to create motivating lessons using realistic situations that inspire students to use English. Finally, in room 216, there'll be a discussion on testing in relation to class placement.

Script

訳 これで午前中のオープニングセッションは終わりです。次のセッションは，昼休みに引き続いて午後1時に始まります。すばらしい4つの選択肢から選ぶことができ，それぞれが違ったテーマを扱います。1つ目のセミナーは，英語の発音に影響を及ぼす要因を取り上げるもので，210号室で開かれます。2つ目は，初心者に文法を教えることを取り上げ，212号室で開かれます。214号室では，学生に英語を使う気持ちにさせるような現実的な状況を使いながら，やる気を高める授業の作り方を参加者は学びます。最後に，216号室では，クラス分けに関連するテストについて討論会があります。

語句・構文

□ session「(ある活動を行う) 集まり，授業 (時間)」

□ seminar「ゼミナール，セミナー，少人数の研究会」

□ placement「(学力成績による学生の) クラス分け」

状況の訳 あなたは大学生に英語を教えることについての学会に出席している。あなたが最も関心を持っているのは学生の動機づけである。あなたは次の放送を聞く。

質問の訳 あなたはどの教室へ行くべきか？

選択肢の訳

**1** 210号室。

**2** 212号室。

**3** 214号室。

**4** 216号室。

学生の動機づけに関心があるということを頭に入れて聞く。教室の番号とセミナーの内容がセットで述べられていくので，比較的聞きやすいだろう。第6文 (In room 214, …) で「214号室では，参加者はやる気を高める授業の作り方を学ぶ」と述べられるので，3「214号室」が正解。

(J) **No. 28** **解答** **3**

Hi, Lance here. I know we'd planned our meeting about the new curriculum for this evening, but something's come up. I've had to book an after-school meeting with a parent, so I need to reschedule. Unfortunately, I have lunchroom duty every day this week, so that time slot is out. I know you're really busy, but could we meet tomorrow after school? I have another evening meeting on Wednesday, but Thursday evening would also work. We can't leave it until next week because I need to confirm the curriculum with the principal by next Monday.

Script

**訳** こんにちは，こちらはランスです。今日の夜，新しいカリキュラムについて話し合いを計画していたと思いますが，問題が起きてしまいました。ある保護者と放課後に面会を予定しなければならなくなったので，予定を組み直さなければなりません。あいにく，今週は毎日昼食室で仕事がありますので，その時間の枠は不可能です。あなたが本当に忙しいことはわかっているのですが，明日の放課後に会うことはできますか？　私は，水曜日の夜に別の会議がありますが，木曜日の夜でも構いません。来週の月曜日までに校長と一緒にカリキュラムを承認する必要があるので，来週までそのままにしておくことはできません。

**語句・構文**

- ☐ curriculum「カリキュラム，教育課程」　☐ come up「(問題などが) 発生する」
- ☐ book「～を予定する」　☐ lunchroom「(学校などの) 昼食室，軽食堂」
- ☐ slot「(決められた) 時間，(テレビ番組などの) 時間枠」　☐ out「不可能で」
- ☐ work「うまくいく，機能する」

**状況の訳** あなたは教師である。平日は毎日授業があり，火曜日は放課後にバスケットボールの練習を監督している。あなたは同僚から月曜日の朝に次のようなボイスメールを受け取る。

**質問の訳** **あなたはいつ同僚と会うべきか？**

**選択肢の訳**

**1** 火曜日の昼食時間中。
**2** 水曜日の夜。
**3** 木曜日の夜。
**4** 来週の月曜日。

火曜日の放課後は空いていないこと，今日が月曜日であることを頭に入れて聞く。英文を聞きながら，選択肢と突き合わせていくのがよいだろう。第4文 (Unfortunately, I have …) で「今週は毎日昼食室で仕事がある」と述べているから，**1**は不適切。第6文 (I have another …) の前半部で「水曜日の夜に別の会議がある」と述べているから，**2**は不適切。第6文の後半 (but 以下) で「木曜日の夜でも構わない」と述べているから，**3**は条件に合う。最終文 (We can't leave …) で「来週までそのままにしておくことはできない」と述べられるので，**4**は不適切。したがって，**3**「木曜日の夜」が正解となる。

(K) **No. 29 解答 2**

Thank you for applying to be a volunteer. There are a number of options that might interest you. Mainly, we need people who can work at hospitals to assist new immigrants with paperwork, which requires at least a year of experience. For people new to volunteer work, there's a program in schools to help children with different language backgrounds. We also need people to help out at police stations, which requires at least two years of experience. There's also the youth mentorship program, which is open to people with experience participating in similar programs.

Script

訳　ボランティアに応募してくださってありがとうございます。あなたが興味を持ちそうな選択肢がたくさんあります。主に私たちが必要としているのは，病院で新しく移民してきた人たちの書類手続きを手伝ってくれる人ですが，少なくとも1年の経験が必要です。ボランティアの仕事が初めての人には，様々な言語的背景をもつ子どもたちの手助けをするプログラムが学校にあります。また，警察署でお手伝いをしてもらう人たちも必要としていますが，こちらは少なくとも2年間の経験が必要です。若者向けの指導プログラムもありますが，似たようなプログラムに参加した経験がある人を受け入れています。

語句・構文

□ assist *A* with *B*「*A*（人）の *B*（仕事など）を助ける」

□ immigrant「(外国からの) 移民」　□ paperwork「書類の作成」

□ mentorship「指導」

**状況の訳**　あなたはボランティアで言語の通訳になりたいと思っている。あなたにはボランティアの経験がない。地元のボランティアセンターの所長があなたに次のように言う。

**質問の訳**　あなたはどの選択肢を選ぶべきか？

**選択肢の訳**

**1**　病院の手伝い。

**2**　学校のプログラム。

**3**　警察署の手伝い。

**4**　若者向け指導プログラム。

ボランティアの通訳をやりたいが，経験はないということを頭に入れておく。第4文（For people new …）で「ボランティアの仕事が初めての人には，様々な言語的背景をもつ子どもたちの手助けをするプログラムが学校にある」と述べられるので，**2**「学校のプログラム」が正解。**1**は，第3文（Mainly, we need …）で「1年の経験が必要」と述べられるので不適切。**3**は，第5文（We also need …）で「2年の経験が必要」と述べられるので不適切。**4**は最終文（There's also …）で「似たようなプログラムに参加したことがある人を受け入れている」と述べられるので不適切。

# 二次試験　面接　問題カードA

**解答例** **<u>One day, a restaurant owner was working at her restaurant.</u> The customers were enjoying the restaurant's hamburgers. However, she overheard an old couple walking past the restaurant. The old woman said to the man that the restaurant's food was unhealthy, and she didn't seem interested in eating there. That weekend, the owner was shopping at a supermarket. She saw a display of organic vegetables, and it gave her an idea. A few weeks later, the owner and an employee were putting a sign outside the restaurant. The sign announced the restaurant's new organic vegetable hamburger set. The next week, the owner and the employee were in the restaurant after it closed for the night. They were looking at a list of the restaurant's top sets for that week. The organic vegetable hamburger set was not as popular as they had expected. The employee told the owner that the new set was too expensive.**

訳 ある日，あるレストランのオーナーが店で働いていた。客たちはレストランのハンバーガーを楽しんでいた。しかし，彼女はレストランの前を通りかかった老夫婦の話を耳にした。その年配の女性は男性にこのレストランの食べ物は不健康だと言い，彼女はここで食べようとは思わないようだった。その週末，オーナーはスーパーマーケットで買い物をしていた。彼女は有機野菜が陳列されているのを見て，ある考えを思いついた。数週間後，オーナーと従業員はレストランの外に看板を掲げていた。看板は店の新しい有機野菜ハンバーガーセットを知らせるものだった。その翌週，夜に店を閉じた後，オーナーと従業員がレストランにいた。彼らはレストランが提供しているセットのその週の売上げ順が書かれたリストを見ていた。有機野菜ハンバーガーセットは彼らが考えていたほどは人気がなかった。従業員はオーナーに新しいセットは値段が高すぎると言った。

▶ナレーションに含めたいポイントは以下の通り。①老夫婦がレストランの食事が健康的ではないと話すのをオーナーが耳にする。②その週末，オーナーは有機野菜を使うことを思いつく。③数週間後，レストランは有機野菜ハンバーガーセットを提供し始める。④その翌週，有機野菜ハンバーガーセットの売上げが低いのを見て，従業員は値段が高すぎるとオーナーに話す。客の要求に応えようと思って始めた新しいメニューだが，反応がよくないという流れを押さえる。1コマ目と3コマ目に描かれたハンバーガーの大きさを対比させるナレーションを加えてもいいだろう。〔解答例〕では，吹き出しに書かれた英文を間接話法で表しているので，時制を適切に変えている。

**質問の訳**

No. 1　4番目の絵を見てください。もしあなたがレストランのオーナーならば，何を考えているでしょうか？

No. 2　今の若者はお金を浪費する傾向があると思いますか？

No. 3　各国は食料輸入への依存をより低くするためにもっと多くのことをするべきですか？

No. 4　新しい技術の開発は自然環境を守るのに役立てることができますか？

**No. 1**　解答例　**I'd be thinking, "Many people don't know about our new organic vegetable hamburger set yet, so we should keep promoting it. It'll probably become more popular once health-conscious people learn about it."**

訳　私ならば，「多くの人はまだ私たちの新しい有機野菜ハンバーガーセットのことを知らないので，宣伝を続けるべきだ。健康意識の高い人たちがそれについて知れば，もっと人気が出るだろう」と考えているだろう。

仮定法で質問されているので，I'd be thinking … のように仮定法で答える。〔解答例〕はこのまま宣伝を続けるという答えだが，見直しが必要という答えも可能で，その場合には，「有機野菜を使うだけでは，健康志向の人たちには不十分かもしれない（Using organic vegetables in hamburgers is not good enough for health-conscious people.）」，「値段を下げる必要がある」などが考えられるだろう。

**No. 2**　解答例　**Yes. Young people these days want to buy popular products they see on social media, but social-media trends are changing all the time. This means young people often buy clothes and only wear them once or twice.**

訳　はい。近頃の若者はソーシャルメディアで目にする人気商品を買いたがるが，ソーシャルメディア上の流行はいつも変化している。これは，若者は服を買っても１回か２回しか着ないことがよくあるということを意味している。

〔解答例〕はYesの立場で，若者がソーシャルメディア上の流行を追いかけてお金を浪費していると指摘している。他には「若者は最新のモデル（the latest model）を買い求める傾向がある」ことや，「自分の好きなものを買い，やりたいことをやるために，生活費を切り詰める（cut down on living expenses）若者もいる」ことなどが挙げられるだろう。Noの立場で解答するならば，「将来に不安を感じている若者が多いので，彼らはお金を使うよりも貯めたがる（they are more willing to save money than to spend it）」などが理由になり得るだろう。

**No. 3**　解答例　**No, I don't think so. Some countries don't have good climates for growing food, so there might not be enough food for everyone without imports. Importing food from other countries is a good way to maintain the food supply.**

訳　いいえ，そうは思わない。食物を育てるのに気候が適さない国もあり，輸入せずに全ての人に十分な食料を行き渡らせることはできないかもしれない。他国から食料を輸入することは食料供給を維持するのによい方法だ。

〔解答例〕と同じNoの立場でも，「コストの観点から（in terms of cost）最適な方法で食料を調達することが望ましいと考えられる」のような理由も可能だろう。Yesの立場で解答するならば，「食料を安定的に自国民に供給するには（to provide a stable supply of food for their own citizens），可能な限り自国で食料を確保するべきだ」といった答えが考えられる。あるいは，It depends.「状況による」と述べて，国によって状況が異なることを説明してもよいだろう。

**No. 4　解答例　I think so. Scientists could develop environmentally friendly technologies to replace harmful ones. For example, new manufacturing technology could reduce air pollution. Better electric cars will also help the environment.**

訳　そう思う。科学者は環境に優しい技術を開発して，有害な技術と置き換えることができるだろう。たとえば，新しい製造技術によって大気汚染を減らすことが可能になるだろう。より進んだ電気自動車は環境保護にも役立つだろう。

他には〔解答例〕と同様にYesの立場で，「たとえば，地球温暖化問題の解決には，経済を脱炭素化するための技術革新（technological innovation to decarbonize the economy）が不可欠な要素になっている」といった理由も考えられる。Noの立場で答えるならば，「現実は必ずしもそうとは限らない（the reality is not necessarily so）し，過去を振り返れば，新しい技術によって新たな環境問題が起きてきたことがわかる」のような解答も可能だろう。

## 二次試験　面接　問題カードD

解答例　**One day, a young woman was in her office. She and some of her coworkers were reading a poster on the wall that was about a self-development program. It said that workers could get a qualification through the program. The young woman was determined to do this so she could advance her career. A few days later, the young woman was in her room. It was past midnight, but she was studying hard for the qualification test. The next day, the young woman was getting ready to leave work at six o'clock because she wanted to go home and study more. One of her coworkers was surprised that she was leaving work so early. At the monthly sales meeting, the sales manager presented the young woman and her team with a chart with their sales data, which showed that the team's sales had dropped. She said the team needed to do better.**

訳　ある日，ある若い女性がオフィスにいた。彼女と同僚の数人が壁に貼られた自己啓発プログラムのポスターを読んでいた。そこには，社員はプログラムを利用して資格が取れると書かれていた。若い女性は，キャリアアップできるようにこれをやろうと決めた。数日後，若い女性は自分の部屋にいた。真夜中を過ぎていたが，資格試験のために一生懸命勉強していた。翌日，家に帰ってもっと勉強したかったので，若い女性は6時に職場を出る準備をしていた。同僚の一人は彼女がそんなにも早く退社しようとしていたので驚いた。月次の営業会議で，営業部長は若い女性と彼女のチームに彼らの売上高が示されたグラフを提示したが，そのグラフはチームの売上げが下がったことを示していた。彼女はチームがもっと結果を出す必要があると言った。

▶ナレーションに含めたいポイントは以下の通り。①若い女性が自己啓発プログラムで資格を取れるというポスターを見る。②数日後，試験に向けて真夜中過ぎまで勉強している。③翌日，家で勉強するためにすぐに退社する。④月次の営業会議で，若い女性のチームの売上げが落ちていることを営業部長が指摘する。キャリアアップのために資格を取ろうと熱心に勉強をしていたが，所属するチームの営業成績が落ちてしまったという展開を押さえる。



**質問の訳**

No. 1　4番目の絵を見てください。もしあなたがその若い女性ならば，何を考えているでしょうか？

No. 2　今後，退職後に大学で学ぶことを選択する高齢者は増えると思いますか？

No. 3　マスコミはお金を稼ぐことを強調しすぎていると思いますか？

No. 4　日本では企業が汚染を減らすために十分に取り組んでいますか？

**No. 1　解答例　I'd be thinking, "I need to focus more on doing my work well. Otherwise, the sales manager is going to have a bad opinion of me. Just getting a qualification won't lead to a promotion."**

訳　私ならば，「仕事の成績を出すことにもっと集中する必要がある。さもなければ，営業部長は私のことを悪く思うようになるだろう。資格を取るだけでは昇進につながらない」と思っているだろう。

〔解答例〕のように仕事にもっと集中しようという答えの他には，「もともと自己啓発プログラムを推奨したのは会社だったのに，両方で好成績を求められても対応できない」，「営業成績が下がったことは残念だが，資格試験の勉強は今後役に立つだろう」のような答えも考えられる。

**No. 2　解答例　I don't think so. Many retired people are interested in learning new things, but it's easier for them to learn on their own through the Internet. Studying at a university may also be too expensive.**

訳　そうは思わない。退職した人の多くは新しいことを学びたいと思っているが，インターネットを使って自分で学ぶ方が簡単だ。大学で学べば費用もかかりすぎるだろう。

〔解答例〕と同じNoの立場でも，「退職した高齢者の中にも社会に貢献したいと考える人がいるし，高齢者を雇用する会社も増えている。よって，大学で学ぶ高齢者が増えるとは考えにくい」などの理由も可能だろう。Yesの立場で答えるならば，「少子化の影響で（because of the decrease in the number of children），大学は学生を集めること（to attract students）に苦労している。既に多くの大学で，高齢者を含めてさまざまな人々のための講座が提供されている」のような大学側の視点からの解答も可能だろう。

**No. 3 解答例 Yes. Many news programs and articles promote expensive products. This makes people feel they need to earn a lot of money to be happy. Publishing companies also release many books on how to become rich.**

訳 はい。多くのニュース番組や記事は高級品を宣伝している。そのせいで人々は幸せになるにはたくさんのお金を稼ぐ必要があると感じている。出版社も金持ちになる方法を扱った本をたくさん出版している。

〔解答例〕と同じYesの立場で,「マスコミの報道は国内経済に偏っていて,人権問題（human rights issues）や外交問題（diplomatic issues）の扱いが少なすぎる」のように述べることもできる。Noの立場で答えるならば,「お金を稼ぐことを強調しているというよりは,お金を消費させることに注力している。テレビ番組や雑誌記事は企業の宣伝になっていることが多い」のような理由も考えられる。

**No. 4 解答例 No. Air pollution in Japan sometimes makes people sick. Also, the water in areas such as Tokyo Bay has a lot of pollution in it. Most of this pollution is caused by companies, not by individual people.**

訳 いいえ。日本では大気汚染によって病気になる人がいる。また,東京湾などの海水には汚染物質が多量に含まれている。これらの汚染のほとんどは,個人ではなく企業によって引き起こされている。

〔解答例〕と同じNoの立場でも,「規制の厳しい諸外国と比較して日本の企業の公害対策が不十分だ」のように違う視点で述べることもできる。Yesの立場としては,「日本の大気汚染や水質汚染の問題は,過去と比較すると大幅に改善されている」,「汚染物質を発生させないような製品を開発して販売している」のような答えも可能だろう。

# 2021年度 第1回

Grade Pre-1

## 一次試験　解答一覧

● 筆記

| 1 | (1) | (2) | (3) | (4) | (5) | (6) | (7) | (8) | (9) | (10) | (11) | (12) |
|---|---|---|---|---|---|---|---|---|---|---|---|---|
| | 3 | 4 | 2 | 1 | 3 | 1 | 1 | 1 | 2 | 1 | 3 | 3 |
| | (13) | (14) | (15) | (16) | (17) | (18) | (19) | (20) | (21) | (22) | (23) | (24) |
| | 2 | 3 | 1 | 4 | 2 | 3 | 2 | 1 | 2 | 1 | 4 | 1 |
| | (25) | | | | | | | | | | | |
| | 1 | | | | | | | | | | | |

| 2 | (26) | (27) | (28) | (29) | (30) | (31) |
|---|---|---|---|---|---|---|
| | 4 | 3 | 3 | 4 | 3 | 1 |

| 3 | (32) | (33) | (34) | (35) | (36) | (37) | (38) | (39) | (40) | (41) |
|---|---|---|---|---|---|---|---|---|---|---|
| | 2 | 4 | 3 | 2 | 4 | 1 | 2 | 1 | 1 | 4 |

4（英作文）の解答例は P. 20 を参照。

● リスニング

| Part 1 | No. 1 | No. 2 | No. 3 | No. 4 | No. 5 | No. 6 | No. 7 | No. 8 | No. 9 | No. 10 | No. 11 | No. 12 |
|---|---|---|---|---|---|---|---|---|---|---|---|---|
| | 4 | 1 | 2 | 3 | 2 | 2 | 3 | 4 | 1 | 1 | 2 | 1 |

| Part 2 | A | | B | | C | | D | | E | | F | |
|---|---|---|---|---|---|---|---|---|---|---|---|---|
| | No. 13 | No. 14 | No. 15 | No. 16 | No. 17 | No. 18 | No. 19 | No. 20 | No. 21 | No. 22 | No. 23 | No. 24 |
| | 4 | 1 | 3 | 2 | 1 | 2 | 2 | 3 | 4 | 1 | 3 | 2 |

| Part 3 | G | H | I | J | K |
|---|---|---|---|---|---|
| | No. 25 | No. 26 | No. 27 | No. 28 | No. 29 |
| | 2 | 2 | 4 | 1 | 1 |

## 一次試験　筆記　1

**(1)　解答　3**

訳　A：セールスプレゼンテーションの概要を見せてくれてありがとう。よくできているけれど，少し不要なところが何カ所かあるね。
B：実際，情報を過剰に繰り返しているのだと思います。いくつか取り除いてみます。

Bが「繰り返しが多すぎると思うので，いくつか取り除く」と述べていることから，Aの指摘の内容を判断できる。**3 redundant**「不必要な，冗長な」を入れれば会話が通る。
**1** decisive「決定的な」　**2** subjective「主観的な」　**4** distinct「異なった，明確な」

**(2)　解答　4**

訳　リサは，仕事を得られる見込みは低いと思ったが，面接に行った。予想していたとおり，彼女は採用されなかった。

第2文で，「採用されなかった」ことを「予想どおり」と述べているので，「仕事を得られる見込みは低いと思った」にすれば文意が通る。**4 probability** が正解。**1** restoration「復活」　**2** credibility「信頼性」　**3** contention「論争，論点」

**(3)　解答　2**

訳　発展途上国で，輸出用に栄養価の高い作物を育てている農家の多くが，自分の家族を養うのに十分な食べ物がないというのはひどく皮肉なことだ。

It は形式主語で，空所に入る形容詞は真主語 that 節の内容を受けたものになる。文意から，**2 ironic**「皮肉な」が選べる。**1** indefinite「不明瞭な」　**3** restless「落ち着かない」　**4** superficial「表面の，中身のない」

**(4)　解答　1**

訳　化学工場で起きた爆発はその地域の環境に大きな損害を与えた。野生生物がその地域で完全に回復するには数年かかるだろう。

第2文に「野生生物の回復に数年かかる」とあることから，「爆発がその地域の環境に大きな損害を与えた」とするのが自然。**1 inflicted** が正解。それぞれ，**2** enhance「(価値・可能性) を高める」，**3** vanish「消える」，**4** perceive「～を知覚する」の過去形。

**(5)　解答　3**

訳　恐怖症を克服する最善の方法は，恐れていることに自分をさらすことだと言う人もいる。例えば，ネズミを怖がっている人は試しにそれをつかんでみるべきだ。

第1文の「恐れていることに自分をさらす」という内容，第2文の「ネズミを怖がっている人はそれをつかむべき」という内容から，述べられているのは「恐怖症を克服する」ための方法だと判断できる。**3 phobia** が正解。acrophobia「高所恐怖症」，hydrophobia「恐水病，狂犬病」などの語もあわせて覚えておくとよい。**1** temptation「誘惑」　**2** barricade「バリケード，障害」　**4** famine「飢饉」

**(6)　解答　1**

訳　その大学では，英語の授業は必修だったが，学生に高い英語力があることを証明できればそれらを免除された。

コンマまでの前半部で「英語の授業は必修だった」と述べられ，後半部は逆接を示す接続詞 but で始まっていることに着目する。後半部の if 節中で「高い英語力があることを証明できれば」と述べられているのだから，「それら（＝英語の授業）を免除された」と考えるのが自然。**1 exempted** が正解。be exempted from ～で「～を免除される」の意味。それぞれ，**2** prosecute「～を起訴する」，**3** command「～を命じる」，**4** quantify「～の量を定める」の過去分詞形。

**(7)　解答　1**

訳　電子メールやテキストメッセージが文章の書き方を変えた。多くの人々が単語を縮めたり，伝統的な文法規則を無視したりしている。

第２文が第１文の内容の具体的な説明になっていて，文章の書き方が変化したことを述べている。よって，「文章の書き方を変えた」となるように **1 transformed** を入れる。それぞれ，**2** officiate「職務を行う」，**3** synthesize「～を統合する」，**4** disarm「～の武装を解除する」の過去分詞形。

**(8)　解答　1**

訳　アナリストの中には，二酸化炭素排出量に関するその新しい条約は，地球温暖化との闘いにおいて画期的な出来事だと考える人もいる。その中の１人は，「これは今までに締結された中で最も重要な環境条約だ」と述べた。

第２文の引用符内の「今までに締結された中で最も重要な」という内容から，**1 milestone**「（歴史・人生などの道標となる）画期的な出来事」が適切とわかる。**2** vigor「活力」 **3** backlog「未処理の仕事」 **4** confession「白状，告白」

**(9)　解答　2**

訳　休暇中，太陽が降り注ぐビーチに夫とともに寝そべりながら，ロベルタは心から幸せを感じていた。彼女はそれまでこんなに満足したことはなかった。

第２文の「こんなに満足したことはなかった」という内容から，happy を肯定的に強調する副詞が入るとわかる。よって，**2 profoundly**「心から，大いに」が選べる。**1** barely「かろうじて，ほとんど～ない」 **3** improperly「不適当に」 **4** harshly「厳しく」

**(10)　解答　1**

訳　ナディーンは毎日１時間かけてアパートをすみずみまで掃除しているので，部屋全体が実に清潔だ。

後半部は，前半部「アパートを毎日すみずみまで掃除している」と接続詞 so「だから，その結果」でつなげられているのだから，**1 spotless**「しみ・汚れのない，清潔な」が入る。the entire place は her apartment を言い換えたもの。**2** minute「微小な，取るに足りない」 **3** rugged「でこぼこの，ごつごつした」 **4** impartial「偏らない，公平な」

2021-1 ● 筆記 Grade Pre-1

**(11) 解答 3**

訳　何度も下手なプレーをしたあとに，そのラグビー選手は所属するクラブの１軍から２軍に降格させられた。

「下手なプレーをしたあと」と述べられ，空所後には「クラブの１軍から２軍に」という修飾語句が続いていることから，「降格させられた」の意味になる **3 demoted** が正解。demote は「～の階級を下げる，（スポーツで）下部リーグに下げる」の意味。それぞれ，**1** incline「（人）を～したい気持ちにさせる，（物）を傾斜させる」 **2** clinch「（くぎ・ねじなど）をしっかり固定する，（問題など）に決着をつける」 **4** adapt「～を適応させる」の過去分詞形。

**(12) 解答 3**

訳　選挙における明らかな勝者がいなかったので，新しい政府は社会主義政党，自由主義政党，緑の党からなる連合で構成されている。

空所直後の関係代名詞 that 節の内容から，新しい政府が複数の政党で成り立っていることがわかる。よって，**3 coalition**「連合，連立政権」が選べる。**1** gradation「漸次的移行，段階」 **2** casualty「（事故・災害などの）死傷者」 **4** warranty「保証」

**(13) 解答 2**

訳　マークは凶暴なクマの襲撃の被害に遭い，１カ月以上入院した。

「１カ月以上入院した」と述べられているのだから，クマの襲撃が激しいものだったことがわかる。よって，**2 vicious**「凶暴な」が適切である。**1** dazed「（ショックなどで）ぼう然とした」 **3** heartfelt「心の底からの」 **4** superior「優れている」

**(14) 解答 3**

訳　人間は数千年間にわたってさまざまな植物を栽培してきたが，小麦は人類によって栽培された最初の食用作物の１つだった。

to be 以下は，the first food crops を修飾する不定詞句になる。前半部で用いられている動詞 grow に近い意味を持つ cultivate の過去分詞 **3 cultivated** を選べば，不定詞句が「人類によって栽培された」の意味になり文意が通る。それぞれ，**1** omit「～を省略する」，**2** thaw「（雪・氷・凍結したものなど）を溶かす」，**4** harass「～を困らせる，苦しめる」の過去分詞形。

**(15) 解答 1**

訳　A：ジャン，ウェイターにいくらチップを置くべきだと思う？

B：チップはもう請求書に加算されているから，何も置く必要はないよ。

Aは「チップ」について意見を求めているのだから，「請求書に加算されているから置く必要がない」というBの説明の前半部の主語は「チップ」である。したがって，tip と同意語の **1 gratuity** が正解。gratuity は tip の改まった表現。**2** module「測定基準，モジュール」 **3** arsenal「兵器庫」 **4** allotment「割り当て」

⒃ **解答** **4**

訳　グレンは家賃を支払うために父親から金を借りるしかなかった。彼は他のすべての選択肢を使い果たしていた。

第1文の had no choice but to *do* は「～せざるをえなかった」の意味。**4 exhausted** を選べば，「他のすべての選択肢を使い果たしていた」となり，文脈に合う。第1文の choice と第2文の option は同意語。それぞれ，**1** delight「～を大いに喜ばせる」，**2** retrace「(道) を引き返す」，**3** revolt「(権威・忠誠など) に背く，反抗する」の過去分詞形。

⒄ **解答** **2**

訳　微笑みは通常，幸せを表すが，怒りなどの否定的な感情を隠すために微笑む人もいる。

譲歩の接続詞 Although で始まっていることから，主節の「否定的な感情を隠すために微笑む」とは対立する内容になると考えられる。また，generally で修飾されていることから，smile の一般的な意味が述べられていると考えるのが自然。**2 signifies** を選べば，「幸せを表す」となり文意が通る。それぞれ，**1** monitor「～を監視する」，**3** vomit「(食べ物など) を嘔吐する」，**4** regulate「～を規制する」に3人称単数現在形の語尾がついたもの。

⒅ **解答** **3**

訳　そのスーパーマーケットチェーンの拡張計画は，個人消費が少なくとも今後5年間は増え続けるという前提に基づいている。

空所直後の that は，空所に入る名詞と同格関係の節を導いている。that 節では将来の予測が述べられているので，**3 assumption**「前提，仮定」が適切とわかる。**1** malfunction「(器官などの) 機能不全，(機械の) 故障・不調」 **2** institution「施設，組織」 **4** transcription「書き写すこと，写し」

⒆ **解答** **2**

訳　その熱帯の島に住んでいる人々の一部は，200年前にそこに到着したフランス人船員の子孫である。

主語が「島民の一部」で，空所はその補語になる。200年前に島にやって来た船員との関係を示す **2 descendants**「子孫，末裔」を入れれば文意が通る。それぞれ，**1** garment「衣服」，**3** inhabitant「住民」，**4** compartment「区画，(列車などの) 仕切り客室」の複数形。

⒇ **解答** **1**

訳　昔，多くの人は太陽が地球の周りを回っていると考えていた。科学と数学の進歩によって，実際は地球が太陽の周りを動いていることがようやく証明された。

第2文の that 以下の「地球が太陽の周りを動く」は地動説を説明している。昔は天動説が信じられていたという文意になるように，「太陽が地球の周りを回っている」とすればよい。**1 revolved** が正解。第1文は時制の一致で節中の動詞が過去形になっているが，第2文は不変の真理を表すので時制の一致を受けていない。それぞれ，**2** renew「～を更新する」，**3** relieve「(苦痛・心配など) を取り除く，(人) を安心させる」，**4** restrain「(行動など) を制止する，自制する」の過去形。

**(21) 解答　2**

訳　A：DTPの仕事を引き受けるのがそんなに気が進まないのはなぜですか？
B：そうですね，今よりもっと忙しくなることが心配なので，本当はもっとワークライフバランスがよくなるようなことをやりたいのです。

Bの発言内容から，Bは仕事を引き受けたくないことがわかる。よって，**2 reluctant**「～したがらない，嫌々ながらの」を入れれば会話が成り立つ。DTP（＝DeskTop Publishing）とは，パソコン上で印刷物などのデータを作ることをいう。**1** frank「率直な」 **3** spiteful「悪意に満ちた」 **4** righteous「正義の，もっともな」

**(22) 解答　1**

訳　A：明日の夜のパーティーに来ないと，全部の楽しみを逃すことになるよ。
B：ごめん，本当にプレゼンテーションを終わらせなければならないんだ。あとでパーティーの話を聞かせて。

Bの返答から，AがBをパーティーに誘っている場面と考えるのが自然だから，「来ないと楽しみを逃すことになる」の意味になるように，**1 miss out**を入れる。miss out on ～で「(よい機会）を失う」の意味。miss outやmissでも「(機会）を逃す」の意味になる。**2** add up「～を合計する」 **3** get over「(困難など）を乗り越える，(病気など）から回復する」 **4** join in「～に参加する」

**(23) 解答　4**

訳　マーティーはその問題と何時間も格闘して初めて，解決策が考えていたよりもずっと単純なことに気づいた。

spend *A* ***doing***「～して*A*（時間）を過ごす」の表現が用いられている。空所に入る句動詞の目的語がthe problemであるから，**4 wrestling with**を選び，「問題と格闘して」とすれば文意が通る。wrestle with ～は「(困難・問題など）に取り組む，(人）と取っ組み合う」の意味。それぞれ，**1** live down「(過去の不名誉など）を償う」，**2** clear out「～をきれいに片づける」，**3** snap off「～をポキッと折る，(明かりなど）をパチンと音を立てて消す」の現在分詞形。

**(24) 解答　1**

訳　容疑者は警察に逮捕される時，警官の拳銃を取ろうとした。幸いにも，彼はそれを取る前に制止された。

第2文で「それ（＝警官の拳銃）を取る前に」と述べられていることから，容疑者が警官の拳銃を奪おうとしていたと推測できる。よって，**1 went for**「(ナイフなど）を取ろうとした」が入る。go for ～は「～を目指す，ねらう」の意味でも用いられる。それぞれ，**2** let up「(雨・嵐などが）やむ，弱まる」，**3** pick over「(数ある物の中から良し悪しを判断して）～を選ぶ」，**4** set off「(旅に）出発する，～を誘発する」の過去形。

**(25) 解答 1**

訳　ジャングルの奥地で3カ月間暮らしたあと，ようやくインターネットに接続して，母国のニュースを知ることができて研究者は喜んだ。

「インターネットに接続できた」という内容に続くものだから，インターネットによって「母国のニュースを知る」ことが可能になったと考えるのが自然。**1** **catch up on** が正解となる。空所に入る句動詞と and の間には he could が省略されている。catch up on ～は「（ニュース）に追いつく，（新しい情報）を知る」の意味。**2** change out of「（衣服など）を着替える」 **3** open up to「（人）に心を開いて打ち解ける」 **4** put up with「～を我慢する」

## 一次試験　筆記　2

訳

**植物薬**

何千年もの間，人々は植物や植物由来の物質を薬として服用してきた。そのような治療薬は今でも多くの地域では現代薬よりも広く使われており，発展途上国の中には人口の80パーセント程度が植物薬に依存している国々もある。それにもかかわらず，その有効性は科学的根拠に基づく証拠の裏付けがほとんどなされていない。そのため，欧米の医師たちの多くは，とりわけ重篤な患者に対して，使用に反対している。そのような患者にとって，科学的に証明された薬の使用が生死の分かれ目になり得る。

調査は他の問題も強調している。科学者たちは植物薬に関する50以上の研究を再調査し，それらが含む化学物質が臓器障害を引き起こす可能性や，これらの薬が他の薬と併用されると有害である可能性があることを発見した。そのような作用は植物薬がよく用いられている社会では通常報告されていないと，科学者たちは述べている。これが患者たちに植物薬は安全だと信じさせている。実際には，こうした人たちの大多数は医師に植物薬を使っていることを話す理由すらないと考えているが，植物薬が医師から処方された薬と反応すると危険な副作用にさらされることになる。

植物薬を擁護する人々は，臨床研究のデータ数は増加しており，これをどの薬が安全なのかを人々が理解するのに役立てられると述べている。彼らはまた，植物薬と医師が処方する現代薬は違う役割を持つべきだとも考えている。植物薬を緊急時や重い感染症と闘うのに必要なことが多い標準薬に代わる選択肢とみなすのではなく，全般的な健康を維持するために使われるべきである。適切に服用すれば，伝統的な薬も現代薬も安全に併用できると擁護者たちは述べている。

**語句・構文**

(第1段) ☐ effectiveness「有効性」　☐ discourage「～に反対する，～を妨げる」

(第2段) ☐ highlight「～を強調する，際立たせる」　☐ organ「器官，臓器」

☐ in combination with ～「～と結合して，～と組み合わせて」

☐ put *A* at risk「*A* を危険にさらす」　☐ side effect「副作用」

☐ interact with ～「～と互いに影響し合う，（薬などが）～に反応する」

(第3段) ☐ clinical「臨床の」　☐ an alternative to ～「～の代わり」

□ infection「感染症，伝染病」　□ wellness「健康であること」

**各段落の要旨**

第1段　何千年も使用されてきた植物薬は今でも多くの地域で現代薬より広く使われているが，有効性に関する科学的な証拠が乏しく，欧米の医師たちの多くが使用に反対している。

第2段　植物薬が引き起こす害や他の薬と併用された場合の危険性が明らかになっているが，植物薬の使用が多い地域ではそのことは知られていないため，人々は危険にさらされている。

第3段　植物薬を擁護する人々は，臨床研究データの増加によって安全な薬を選ぶことが可能で，植物薬と現代薬を目的によって使い分けることで安全な使用が可能だと述べている。

**(26) 解答　4**

**選択肢の訳**
**1**　In exchange「引き換えに」
**2**　Similarly「同様に」
**3**　In other words「言い換えると」
**4**　Nevertheless「それにもかかわらず」

つなぎの言葉を選ぶ問題であるから，空所の前後の内容を確認する。第1段第1・2文（For thousands of … on herbal medicines.）では植物薬が過去から現代に至るまで広く使われているという事実を認める一方で，空所以降の同段第3～最終文（their effectiveness is … life and death.）では植物薬の有効性が科学的に実証されていないので，欧米の医師の多くがその使用に反対していると述べている。したがって，対立・対照を示すつなぎの言葉の **4 Nevertheless** が適切である。

**(27) 解答　3**

**選択肢の訳**
**1**　彼ら独自の調査をする
**2**　突然それらの使用をやめる
**3**　薬が安全だと信じる
**4**　より厳重に医師の忠告に従う

空所を含む文は「これが患者たちに（　　）させている」の意味になる。主語 This は，直前の文（The scientists say …）の「そのような作用は植物薬がよく用いられている社会では通常報告されていない」という内容を指し，such effects「そのような作用」とは第2段第2文（Scientists reviewed over …）で述べられている「有害な作用」のことである。よって，空所には，植物薬の有害な作用を知らされていない患者が取る行動を入れればよいとわかる。さらに，同段最終文（In fact, …）では「こうした人たちの大多数は植物薬の使用を医師に話す理由すらないと考え，医師から処方された薬と併用して危険な副作用にさらされることになる」という内容が述べられているが，この文の these people は，空所を含む文の patients と同じ人々のことを指している。したがって，空所の行動と最終文の内容に矛盾が生じない，**3 believe the medicines are safe** が正解である。

(28) **解答** **3**

**選択肢の訳** **1** 両方とも過剰に使用されている

**2** 本質的には同じである

**3** 違う役割を持つべきだ

**4** 両方とも効き目があるという証拠がない

空所を含む文の主語 They は，第3段第1文（Supporters of herbal …）の主語「植物薬を擁護する人々」を指している。また，空所に入る動詞の主語（that 節の主語）は「植物薬と医師が処方する現代薬」である。直後の文（Instead of viewing …）では，「標準薬を緊急時や重い感染症と闘うために，植物薬を全般的な健康維持のために使うべきだ」という内容が述べられ，それぞれの薬を使い分けることを提案している。したがって，**3 should have different roles** が正解となる。**1** については，植物薬と標準薬が必要以上に使われているという記述が続いていないので不適切である。

訳

**記憶と言葉**

裁判の結果は，犯罪や事故を目撃した人による証言に左右されることが多い。しかし，彼らの記憶は常に信頼できるものなのだろうか。ある有名な心理学の実験では，学生たちがグループに分けられて自動車事故のビデオを見せられた。1つのグループは，「車が激突した時，どのくらいの速さだったか？」と尋ねられた。もう1つのグループには，「激突した」という言葉が「ぶつかった」に替えられた。「激突した」という言葉で質問された学生たちの答えの平均は時速 65.2km で，それに対して「ぶつかった」という言葉で質問された学生たちの答えは時速 54.7km という結果が出た。このことは，目撃者の表現は彼らがどのように質問されるかに左右されうることを示している。

追跡実験では，学生たちは別の事故のビデオを見せられて，「激突した」と「ぶつかった」を使った同様の質問をされた。今度は，彼らは割れたガラスに気づいたかどうかも尋ねられた。ビデオでは窓に損傷はなかったが，「激突した」を使って質問された学生たちは，割れたガラスを見たと答える割合がはるかに高かった。学生たちは決して起こらなかったことを覚えていたのだから，この傾向はよりいっそう心配だ。

しかし，自動車事故のビデオを見ることと事故の現場にいたことは同じではない，と主張する批評家もいる。学生たちの記憶は直接その事故を見たという感情的な経験がないために，より簡単に影響されたと彼らは言う。結果として，おそらく学生たちは正確な答えをしようという気持ちが弱かった。他の研究でも，操作された質問が実際に犯罪を目撃した人たちに与える影響はより小さいことを示しており，実験の条件が結果の形成に役割を果たしていることを示唆している。

**語句・構文**

(第1段) □ witness「～を目撃する，目撃者」 □ smash into ～「～と激突する」

□ replace *A* with *B*「*A* を *B* と取り替える」

(第2段) □ follow-up「追跡の，引き続いて行われる」

□ undamaged「損害〔損傷〕のない」 □ disturbing「心をかき乱す」

(第3段) □ in person「直接自分で」 □ likely「おそらく」

□ manipulative「(物を) 巧みに操作する」

**各段落の要旨**

第1段　目撃者の証言は裁判の結果を左右するものだが，事故のビデオを見せてそれを説明させる実験では，質問で用いられる言葉によってその説明が変わることがわかった。

第2段　引き続き行われた実験では，質問で用いられる言葉によって，ビデオになかった事象を見たと説明する場合があることがわかった。

第3段　一方で，これらの結果は直接事故を目撃した場合とは異なるという主張があり，実際に犯罪を目撃した人は操作された質問の影響を受けにくいという研究がある。

**(29)　解答　4**

**選択肢の訳**　**1**　誰が質問しているか
**2**　彼らがいつ事故を見るか
**3**　彼らがなぜ質問されているか
**4**　彼らがどのように質問されるか

空所を含む文の主節の主語 This は，直前の文（The results showed …）の「『激突した』という言葉で質問されたグループの方が『ぶつかった』という言葉で質問されたグループよりも，車の速度を速く答えた」という内容を指している。第1段第3～5文（In one famous … replaced with "hit."）で示されている実験手順を合わせて考えると，2つのグループ間で異なる点は質問に用いられる言葉だけであることがわかるので，**4 how they are being asked** が正解。

**(30)　解答　3**

**選択肢の訳**　**1**　違うことを質問されると考えた
**2**　事故はでっち上げだと言われた
**3**　決して起こらなかったことを覚えていた
**4**　ビデオの誤った部分を説明した

空所を含む文の主節の主語 This tendency とは，直前の文（The windows were …）の「ビデオでは窓に損傷はなかったのに，『激突した』を使って質問された学生たちは割れたガラスを見たと答える割合がはるかに高かった」という内容を受けている。空所には，この内容が「よりいっそう心配」な理由が入るのだから，**3 remembered something that never happened** が正解。

**(31)　解答　1**

**選択肢の訳**　**1**　As a result「その結果」
**2**　On the contrary「それどころか」
**3**　Surprisingly「驚いたことに」
**4**　Otherwise「そうでなければ」

つなぎの言葉を選ぶ問題。空所の直前の文（They say that …）では「学生たちの記憶は直接その事故を見たという感情的な経験がないために，より簡単に影響された」と述べられ，空所を含む文では「おそらく学生たちは正確な答えをしようという気持ちが弱かった」と述べられる。「感情的な経験がない」ということから導かれる結果として，「正確な答えをしようという気持ちが弱かった」と考えるのが自然であるから，**1 As a result** が入る。

## 一次試験　筆記　3

訳

**インポスター症候群**

多くの人が人生のある時点で「インポスター症候群」を経験することになる。この病気に冒される人々は，どれほど能力や経験があろうと，自分の成功を受け入れたり信じたりすることが困難になる。多くの場合，彼らは自分の成し遂げたことは，実際の能力よりも幸運や外的環境のおかげだと考える。インポスター症候群は，多くの分野で働いているさまざまな背景を持つ人々に見られ，その影響は人によって異なる。必要よりはるかに熱心に働くことで，自分の価値を証明しなければならない，と感じる人々もいる。彼らが考える技能不足が発覚すれば仕事を失ってしまうという恐れから，できるだけ同僚と距離を置く人々もいる。

インポスター症候群の原因については専門家によって議論されてきた。心配しがちである，などの基本的な性格特性に関係があるかもしれないし，あるいは個人が受けた教育に起因するのかもしれない。例えば，子どもは小さなことを達成しただけで常にほめられていると，自分の本当の能力を信じられなくなることがある。インポスター症候群は大人になって，個人では制御不能な要因がもとで発症することもある。そのような要因の１つが組織内の慣習化した差別で，職場や教育環境の状況が，特定の人種・性別・特徴に該当しない人々を際立たせるものだ。

いくつかの研究によって，「インポスター症候群」だと感じていると報告している少数派の人々は，高いレベルの不安とうつ状態も経験していることが示されている。これは差別によるものだけではなく，教授や部長やその他影響力を持つ人たちの中にはそのような申し立てをする人がいないせいかもしれない。心理学教授のテマ・ブライアント・デイビスによると，社会で働く人々が，自分と同性あるいは同人種の力を持つ立場にいる人に会わなければ，「昇進の可能性のサイン」は存在しない。これがないと，自信を持ち，人生に前向きな態度を維持することは難しくなることが多い。

**語句・構文**

(表題)　☐ impostor「詐欺師，詐称者」　☐ syndrome「症候群，シンドローム」

(第１段)　☐ condition「病気，異常」

☐ distance *oneself* from ～「(人・物・事) から距離を置く」

(第２段)　☐ have something to do with ～「～と関係がある」

☐ trait「特性，特徴」　☐ upbringing「(幼児期の) 教育，しつけ」

☐ lose faith in ～「～を信用しなくなる」

☐ arise「(物・事が) 起こる，生じる」

☐ institutional「制度化した，(組織内で) 慣習化した」

（第 3 段）
- □ discrimination「差別」　□ stand out「際立つ，目立つ」
- □ depression「憂うつ，意気消沈」
- □ representation「申し立て，代表（者）」

**各段落の要旨**

第 1 段　インポスター症候群とは，自分の成功は自分の能力によるものではなく，幸運や外的環境によるものだと考える病気で，さらに努力が必要だと感じたり，能力不足が明らかになるのを恐れて人と距離を置いたりする。

第 2 段　その原因について，人格特性や幼児期の教育以外に，大人になってから人種や性別やその他の特徴など，自分では制御不能な要因がもとで発症する例もある。

第 3 段　インポスター症候群を訴える少数派の人々に不安やうつ状態も強く見られるのは，自分と同じ性・人種の人が力のある地位にいないために，自信や前向きな態度を維持できないことが原因していると考えられる。

### (32) 解答 2

**質問の訳**　「インポスター症候群」がそれにかかっている働く人たちに与えるかもしれない影響の 1 つは何か？

**選択肢の訳**
1. 彼らは同僚の弱点を補うために，時間外労働をせざるを得ないと感じている。
2. 彼らは自分が解雇されるのではないかと恐れるようになり，同僚から距離を置こうとする。
3. 彼らは簡単に，同僚の功績を不正に自分の手柄にするようになる。
4. 彼らは同僚と話をするときに，自分たちの経験や能力を誇張することがある。

第 1 段第 4 文（Impostor syndrome affects …）の後半部（and it can have …）に「その（＝インポスター症候群の）影響は人によって異なる」と述べられ，続く第 5・6 文，つまり最終 2 文（Some feel they … much as possible.）では具体的にどのような影響が見られるかが述べられている。このうちの最終文では Others fear they will lose their job …, so they distance themselves from colleagues「仕事を失ってしまうと恐れから，同僚と距離を置く人もいる」と述べられている。したがって，**2 They become afraid they will be fired and attempt to isolate themselves from their coworkers.** が正解。**1** は，同段第 5 文（Some feel they …）に「必要よりはるかに熱心に働く」と述べられているが，その目的が合致していないので誤り。

### (33) 解答 4

**質問の訳**　インポスター症候群が起こり得る原因の 1 つは，（　　）ときである。

**選択肢の訳**
1. 主に企業による差別のせいで，人が仕事を見つけるのに苦労する
2. 成人が若い頃に受けた批判について，必要以上に心配する傾向がある
3. 不安や心配を感じているという労働者の主張を，企業が真剣に考慮するのを拒否する

**4** 実際はするのが難しくないことで，子どもがあまりにも頻繁にほめられるインポスター症候群の原因については第2段を参照する。第3文（For instance, …）に自分の能力を信じられなくなる原因として，when children are constantly praised, even for minor achievements「子どもは小さなことを達成しただけで常にほめられているとき」と述べられているので，これに合致する **4 children are given praise too frequently, even for things that are not actually difficult to do.** が正解となる。**1** については，最終文（One such factor …）で「職場や教育環境の状況による慣習化した差別」について述べられているが，「仕事を見つけるのに苦労する」とは述べられていないので誤り。**2** は，第2文（It may have …）に「心配しがちなどの基本的な性格特性に関係がある」と述べられているが，「若い頃に受けた批判について」とは述べられていないので誤り。

**(34) 解答 3**

**質問の訳** テマ・ブライアント・デイビスによると，次のうちのどれが正しいか？

**選択肢の訳**
**1** 学校で差別を避けた人々は，働き始めたときにインポスター症候群になる可能性が低い。
**2** 少数派の人々は，多数派の人々と同じように扱われると，インポスター症候群に苦しむ可能性が高い。
**3** 人々は，高い地位にいる人で自分と同類の人に会わないと，自分が昇進するという希望を失う可能性が高い。
**4** 少数派の人々は，多様性に富んでいる学校で差別を経験する可能性は低い。

第3段第3文（According to psychology …）で「社会で働く人々が，自分と同性あるいは同人種の力を持つ立場にいる人に会わなければ，『昇進の可能性のサイン』は存在しない」と述べているから，**3 People who do not see others like themselves in higher positions are more likely to lose hope that they will be promoted.** が正解。本文の others of their gender or race in positions of power が選択肢では others like themselves in higher positions に，本文の the possibility of advancement が選択肢では hope that they will be promoted に言い換えられている。

**訳**

**気候変動とサーミ人**

サーミ人はヨーロッパの北極地方の先住民で，歴史的に毛皮の交易とトナカイの飼育で生計を立ててきた。しかし，彼らが頼みとするトナカイの群れは，気候変動とその結果生じている生息地の消失によって，厳しい状況下にある。冬に気温が安定しないと雪が溶け，それが凍って氷になり，トナカイはえさとして必要な植物を得られなくなる。このようなことは過去にも起きていたが，急速な気候変動によってこれが頻繁に起こるようになった。このために，トナカイの群れは飢餓でより多くの個体を失いつつあり，栄養不足によって出生率は低下している。さらに，地球温暖化によって北方地域に行きやすくなったので，企業は採鉱や，石油やガスの探査や，観光業推進のために，昔ながらのサーミの領域に進出している。これがさらにサーミのトナカイの群れから食べ物を奪い，サーミ人の多くは，彼ら固有の土地で行われる活動の増加によって，自分たちの生活様式が完全になくなるかもしれないと心配している。

トナカイの群れの減少によって，多くのサーミ人が経済的にも情緒的にも困難に陥っている。10代や若い成人の中には仕事を求めて町へ逃れる人もいるが，このような都会で暮らすサーミ人は，その生まれ育った境遇のせいで，疎外されたり差別されたりしている。それまでの生活を絶たれ，活気あるサーミの社会集団と接することなく伝統的な文化を失いかけて，多くが深刻な精神衛生上の問題に苦しんでいる。問題は伝統的なサーミ人のコミュニティにも及んでいて，とりわけ若い男性に平均より自殺率が高いことが報告されている。それでも助けを求める人がほとんどいないのは，精神衛生はサーミ人にとって避けるべき話題であるからだ。正確な数字はわからないが，調査によると，ほとんどのサーミ人には自殺をした親戚や友人がいるようだ。

しかし，これらの問題のいくつかに取り組もうとする努力が始まっている。例えば，若いサーミ人に精神的な支援を提供し，彼らが経験している差別についての話し合いを促す社会的プログラムが導入されつつある。一方，伝統的なサーミ人コミュニティの精神衛生上の問題に関しては，気候変動の影響に関係する経済的な不安定さと不安が原因になっていると言われることが多い。こうした懸念に対処するために，政治家はサーミ人の話に耳を傾け，政府の決定がコミュニティに与えうる影響を考慮するように，いっそう大きな注意をはらっている。自分たちに直接影響を及ぼす決定を左右するための道をサーミ人に与えることで，環境や経済の悪化に関わるストレスや苦難は減じられる可能性がある。より重要なことだが，サーミ人自身が伝統的な生活様式の維持にもっと大きな影響力を持つことが期待される。

**語句・構文**

(第1段) □ Arctic「北極の」　□ make a living「生計を立てる」　□ fur「毛皮」
□ trading「通商，貿易」　□ reindeer「トナカイ」
□ farming「農業，飼育」　□ herd「群れ」　□ habitat「生息地」
□ lose $A$ to $B$「$B$で$A$を失う」　□ starvation「飢餓」
□ territory「領域，領土」　□ mining「採鉱，採掘」
□ exploration「調査，探査」

(第2段) □ flee to ～「～へ避難する」　□ alienate「～を疎外する」
□ heritage「生まれながらの運命，境遇」
□ uproot「～を根絶する，根こそぎにする」　□ vibrant「元気いっぱいの」
□ taboo「禁制の，避けるべき」　□ commit suicide「自殺する」

(第3段) □ under way「進行中で，始まって」
□ tackle「(問題・仕事など) に取り組む」
□ address「(問題など) に対処する」

**各段落の要旨**

第1段　ヨーロッパの北極地方の先住民であるサーミ人は，気候変動によって生計の基盤であるトナカイの生息地とその数が減少していることに加え，地球温暖化のために企業の進出が進むことで，自分たちの生活様式が失われる懸念も抱えている。

第2段　トナカイの減少によってサーミ人は経済的にも精神的にも困難な状況に陥って

いる。仕事を求めて町で暮らす若いサーミ人は疎外感や差別から精神的に苦しみ，コミュニティにいる人たちも若い男性を中心に高い自殺率が報告されている。

第3段 若いサーミ人を精神的に支援する社会的プログラムを導入し，気候変動に起因するサーミ人の経済的な懸念に対処するために，政府が彼らの話を聞いて政策を決定するなどして，問題解決の努力がなされている。

**(35) 解答 2**

**質問の訳** **気候変動は（　　）ことでサーミ人の生活様式に影響を及ぼしている。**

**選択肢の訳**
1 トナカイが手に入らないときにサーミ人が食料源として依存している，多くの植物の種を減らす
2 サーミ人が経済的に依存している動物の生息域と食料源の両方に影響を与える
3 伝統的な農法よりも経済的に実りの少ない農法の採用をサーミ人に強いる
4 サーミ人に圧力をかけて石油とガスの探査のために土地を放棄させた企業を誘致する

第1段を参照する。第2～5文（However, the reindeer … has reduced birthrates.）では「気候変動によってサーミ人の生計を支えているトナカイの群れは生息地を失い，食べ物である植物の減少によってその数が減っている」という内容が述べられている。第6・最終文（Furthermore, as global … of life altogether.）では「地球温暖化によって企業がサーミ人固有の地域に進出することで，トナカイの食べ物はさらに制限され，サーミ人は生活様式を失うことを懸念している」という内容が述べられている。したがって，**2 impacting both the living areas and food sources of the animals that the Sámi depend on economically.** が正解。**1**は，第3文（Unstable temperatures …）の the plants they need for food の they は reindeer を指しているので正しくない。

**(36) 解答 4**

**質問の訳** **本文によると，サーミ人はどのような困難に直面しているか？**

**選択肢の訳**
1 彼らのコミュニティで経済的な支援を提供している組織が，彼らの社会の変化によって悪影響を受けている。
2 地方から都市部への転居を余儀なくされているサーミ人は，受け入れられるために自分たちの文化を否定することを選択している。
3 トナカイの飼育に関する若いサーミ人と年長の人々の対立が，多くの人に精神衛生上の問題をもたらしている。
4 若いサーミ人たちは，家族から孤立し伝統的な文化を失うことで，精神衛生上の問題に苦しんでいる。

第2段を参照する。第2・3文（Some teenagers and … mental health problems.）で「仕事を求めて町へ逃れた若いサーミ人の多くが，それまでの生活を絶たれ，伝統的な文化を失いかけて，深刻な精神衛生上の問題に苦しんでいる」という内容が述べられている。この内容に合致する **4 Younger Sámi are struggling with mental health issues caused by**

**isolation from their families and the loss of their cultural traditions.** が正解。本文ではWith their lives uprooted「それまでの生活を絶たれて」と述べられているが，選択肢ではby isolation from their families「家族からの孤立によって」という表現に言い換えられている。**2** は，「受け入れられるために自分たちの文化を否定することを選択している」に合致する記述はないので誤り。

**(37) 解答 1**

**質問の訳** サーミ人を助けるために何がなされているか？

**選択肢の訳**
**1** 彼らにさらなる害が及ぶのを避ける方法として，政府の政策や行動を決定するためにサーミ人が表明する懸念が生かされている。
**2** サーミ人の多い国々で，サーミの文化をよりよく理解してもらうためにボランティア団体が設立されつつある。
**3** 若いサーミ人が政治の世界に入って，地方政府で自分たちのコミュニティの代表となるよう促すために，さらなる努力がなされている。
**4** 都市生活によるストレスから生じる精神衛生上の問題で苦しんでいるサーミ人に，経済的な支援が提供されている。

第3段を参照する。第4文（To address these …）に「こうした懸念に対処するために，政治家はサーミ人の話に耳を傾け，政府の決定がコミュニティに与えうる影響を考慮するように，いっそう大きな注意をはらっている」と述べられている。この内容に合致する **1 Concerns expressed by the Sámi are being used to shape government policies and actions as a way to avoid causing them further harm.** が正解。本文では「サーミ人の話に耳を傾けている」と述べられているが，**1** では「サーミ人が表明する懸念が生かされている」と言い換えられている。**3** と **4** は，第2文（Social programs, …）の「若いサーミ人に精神的な支援を提供し，彼らが経験している差別についての話し合いを促す社会的プログラムが導入されつつある」に合致しない。

**訳**

## レモンとマフィア

マフィアとして知られている組織的犯罪グループは，1800年代にシチリア島で最初に現れた。その出現以降，贈収賄や詐欺を含む非合法活動はよく知られるようになったが，その起源は不明だった。しかし，経済歴史学者のグループによる最近の研究によって，マフィアとあるありふれた果物の思いもよらない関係が明らかになった。

1700年代，レモンジュースは壊血病と呼ばれる命にかかわる病気を防ぐことが発見されると，レモンの需要が大きく増加し，その果物からの収益を急上昇させた。シチリア島はレモンが育つ数少ない場所の1つだったが，レモンは寒さに弱いために，栽培は島の特定の場所に限られていた。加えて，大規模なレモン栽培に転換するには，設備を作り，灌漑システムを開発するための巨額の投資を必要とした。レモンの木を泥棒から守るために高い塀も建てられたが，それはそのような予防策がないと，まる1年分の収穫すべてを一夜にして失うことになるからだった。

その果物の需要の拡大で1800年代に利益は上がり続けていたが，シチリアがスペイン王室の血統を受け継ぐ王によって支配されているという事実が状況を複雑にしていた。

支配者たちはよそ者とみなされ，強制的な兵役などの不人気な政策によって人々の間には不満や不安が生じていた。地方の貧困と公的資金の不足は，特に農村部で犯罪の増加を招いた。このために，農家はレモン泥棒の脅威に対処する独自の方法を見つけざるを得なくなった。彼らは自分たちの果樹園を守るために，レモンを報酬として地元の力自慢たちを雇い始め，彼らがやがてマフィアとなった。

マフィアはもともとは作物のレモンを泥棒から守る合法的なサービスを提供していたかもしれないが，それが長い間事実というわけではなかった。彼らは農家の意思に反して自分たちのサービスを受けるように強制し始め，抵抗にあうと暴力と脅しを使った。その後，マフィアのメンバーは売り手と輸出業者の間に立つ中間業者として活動し始め，十分な利益を確保できるように市場を操作した。彼らはじきに，運送業や卸売業など，産業の他の分野にも強引に入りこみ，最終的には彼らの力はレモンに関わる業界のすべてを網羅するまでになった。これらの活動に対処しようとする政治家もいたが，政府に汚職がまん延していたため，マフィアが政策や法執行の分野の多くに影響力を広げるのを許した。

レモンとマフィアの関係を調査した歴史家の一人である研究者アルカンジェロ・ディミコによると，マフィアの台頭は「資源の呪い」の一例である。莫大な富をもたらす資源が脆弱な社会的・政治的システムと結びつくと，紛争や非合法活動の増加につながり，そもそも国がその価値ある資源を所有していなかった場合よりも，経済的に困窮してしまうことがある，と彼は述べている。今日では，アフリカの国々でダイヤモンドから得られた富が民間の武装組織の成長資金になっているなどの例が見られる。シチリアのマフィア同様，これらのグループは資源と地元住民を支配するために犯罪的な方法を使うことが多い。ディミコの研究を用いて，経済学者，社会学者，政治学者はこの事象をよりよく理解し，政府がこれと闘うのを手助けすることができる。

**語句・構文**

(第1段) □ emergence「出現」 □ illegal「不法の」 □ bribery「賄賂の授受」
□ fraud「詐欺」 □ uncover「（秘密など）を暴露する」

(第2段) □ scurvy「壊血病」 □ revenue「定期的な収入，収益」
□ skyrocket「急騰する」 □ irrigation「灌漑」
□ safeguard「予防手段」

(第3段) □ ancestral「先祖の」 □ funding「資金」 □ theft「盗み」
□ strongman「実力者，強者，威圧的な人」 □ orchard「果樹園」

(第4段) □ legitimate「合法の，正当な」 □ intimidation「脅し」
□ middleman「仲買人，中間業者」 □ manipulate「～を操る」
□ substantial「十分な，相当の」 □ wholesaling「卸売り」
□ corruption「汚職」 □ law enforcement「法律の執行」

(第5段) □ curse「呪い」
□ combination of *A* with *B*「*A* と *B* の組み合わせ」 第2文（He explains that …）の that 節で，the combination から political systems までが節中の主語になっている。
□ worse off は badly〔bad〕off「困窮している，貧乏である」の比較級で，比較の対象を表す than 以下には仮定法が用いられている。

□ employ「(道具・手段)を用いる」

□ political scientist「政治学者」　□ phenomenon「事象，現象」

**各段落の要旨**

第1段　1800年代にシチリアで出現したマフィアはその非合法活動が知られている一方で，その起源は不明だったが，最近の研究によってある果物との関係が明らかになった。

第2段　1700年代にレモンの需要が大幅に増加し，その栽培でシチリアは高収益を上げたが，大規模栽培には巨額の投資が必要で，盗難対策として高い塀も建てられた。

第3段　1800年代，人々はスペイン王室とゆかりのある支配層に不満や不安を抱き，特に地方では，貧困や公的資金不足によって犯罪が増加した。レモン農家は盗難を防ぐために独自に地元の力自慢を雇い，彼らがやがてマフィアとなった。

第4段　マフィアはレモン農家に暴力と脅しを使ってサービスを強制し，やがてレモンに関わる産業全般を支配するようになり，最終的には政策や法執行の分野にまで影響力を広げた。

第5段　レモンとマフィアの関係を研究した歴史家は，マフィアの台頭を，富をもたらす資源が脆弱な社会・政治システムと結びつき国家をいっそう貧しくする，「資源の呪い」の一例だと説明している。

(38)　**解答**　**2**

**質問の訳**　1700年代にシチリアの農家が直面した困難の1つは何か？

**選択肢の訳**

**1**　レモンはかつてある深刻な病気を治すと考えられていたが，これが事実でないことが明らかになると，その果物の栽培から得られる収益は減少した。

**2**　レモンを栽培することで大金を稼ぐことはできたが，レモン農園を作るには多額の費用をかけるしかなかった。

**3**　シチリアの予測不能な天候のせいで，初めてレモンを育てる農家は，うまく育たなかった大量のレモンを定期的に廃棄しなければならなかった。

**4**　レモン栽培が可能な場所に関する規則のせいで，その事業で収益を上げるのに十分な土地を購入することは深刻な問題だった。

第2段を参照する。レモン農家が直面した問題は第2文（Sicily was one …）以降に述べられている。第3文（In addition, …）で「大規模なレモン栽培には，設備や灌漑システムのために巨額の投資を必要とした」こと，最終文（High walls were …）では「泥棒から守るために高い塀も建てられた」ことが述べられている。一方で，第1文（In the 1700s, …）では「1700年代にその果物（＝レモン）からの収益が急上昇した」と述べられている。したがって，これらの内容を言い換えた **2 Although large amounts of money could be earned from growing lemons, setting up a lemon farm could only be done at great expense.** が正解となる。at great expense は「多額の費用をかけて，多大の犠牲をはらって」の意味。第2文の後半部で「その果物（＝レモン）が寒さに弱いために栽培は島の特定の場所に限られていた」とあるが，**3** や **4** のような内容は述べられていない。

⑶9 **解答　1**

**質問の訳**　マフィアの台頭に至った状況を最もよく説明しているのは次のうちのどれか？

**選択肢の訳**
**1**　政府がシチリア人に適切な公共サービスを提供できなかったので，一部の一般市民が自分たちの作物を守る方法を見つけるようになった。
**2**　レモン農場の所有者たちは，シチリアの外国人支配者を支持する人たちとの取引を拒否したので，経済を悪化させ，犯罪を増加させた。
**3**　人々はシチリアのレモンから得られた収益がスペイン王室に入ることが不満で，泥棒が裕福な農家から盗んでもかまわなかった。
**4**　政府がレモン栽培で利益を上げようと望んだことが，犯罪者とつながりのある農家から不法な報酬を受け取ることにつながった。

第3段を参照する。第4文（This forced farmers …）に「このために，農家はレモン泥棒の脅威に対処する独自の方法を見つけざるを得なくなった」と述べられ，主語 This は直前の文（Local poverty and …）「地方の貧困と公的資金の不足は，特に農村部で犯罪の増加を招いた」を指している。したがって，**1 The government was unable to provide Sicilians with suitable public services, causing some private citizens to find ways to protect their crops.** が正解。第2文（The rulers were …）で「人々の間にシチリアの支配者に対する不満があった」ことが述べられているが，**2** と **3** のような内容は述べられていない。

⑷0 **解答　1**

**質問の訳**　マフィアはレモン農家との関わりを（　　　）ために使った。

**選択肢の訳**
**1**　もっと金を稼ぎ，自分たちの力を高める方法の一部として，レモンを育てる人々とそれを海外へ売る人々の両方を支配する
**2**　農家にもっと多くのレモンを育てるように要求することで，レモン産業からより大きな利益を生み出すのに成功する
**3**　政府の猛烈な反対にもかかわらず，数名の政治家を説得して自分たちの犯罪活動を無視させる
**4**　警察の主要メンバーの協力を得られないにもかかわらず，レモン産業全体の支配権を得る

第4段を参照する。第2文（It began forcing …）で「マフィアがレモン農家に自分たちのサービスを強制的に受けさせた」と述べたあと，第3文（Mafia members then …）で「マフィアは売り手と輸出業者の間に立つ中間業者として活動し始め，十分な利益を確保できるように市場を操作した」と述べられ，第4文（They soon forced …）で「最終的には彼らの力はレモンに関わる業界のすべてを網羅するまでになった」と述べられている。したがって，**1 control both the people who grew lemons and those who sold them overseas as part of its way to make more money and increase its power.** が適切である。本文の farmers が選択肢では the people who grew lemons に，本文の exporters が選択肢では those who sold them overseas に，本文の ensure substantial profits が選択肢では make more money に言い換えられている。**2** は「農家にもっと多くのレモンを育てるよう要求することで」とは述べられていないので誤り。**3** は「政府の猛烈な反対にもかかわらず，数名の政治家を説得して」の部分が，最終文（Some politicians attempted …）の内容に合致していない。**4** は「警察の主要メンバーの協力を得られないにもかかわらず」とは述べられていないので誤り。

**(41)** **解答** **4**

**質問の訳** アルカンジェロ・ディミコはおそらく，「資源の呪い」は（　　）と述べる。

**選択肢の訳**
**1** 政府が社会問題に提供する支援のレベルよりも，国の景気動向の不振に，より密接に関係している
**2** 犯罪的な活動が，国の資源供給を増加させるのに役立つ限り，政府が見て見ぬふりをしようとする時に起こる
**3** 国の指導者が資源を過大評価して，期待されていた額の利益を生み出せないことで引き起こされる
**4** 貴重な国の資源から利益を出すための統治が欠如していることに，非倫理的なグループが便乗することで起こり得る

第5段を参照する。第1文（According to researcher …）で「マフィアの台頭は『資源の呪い』の一例だ」と述べたあと，第2文（He explains that …）で「莫大な富をもたらす資源が脆弱な社会的・政治的システムと結びつくと，紛争や非合法活動の増加につながる」と述べられている。「（マフィアの活動のような）非合法活動」は「非倫理的なグループ」によるものと言い換えることができ，「脆弱な社会的・政治的システム」を「統治の欠如」と言い換えることができるので，**4 can happen due to unethical groups taking advantage of a lack of governance to profit from valuable national assets.** が正解である。

## 一次試験　筆記　4

**解答例** **I agree that big companies have a positive effect on society. There are two major areas where this effect can be seen: the economy and work-life balance.**

**Large companies generate huge amounts of money, both for national economies and for the global economy as a whole. Developing countries, in particular, benefit from the extra commerce created by such corporations. Furthermore, governments receive considerable tax sums from these corporations, which can be used to fund public projects.**

**The existence of big companies also leads to better conditions for workers. Large corporations employ thousands of people and are more likely to have the resources to keep their employees satisfied. Offering access to on-site gyms or implementing policies that limit overtime work, for example, significantly improves employees' work-life balance.**

**Therefore, from the broader economic advantages to the individual benefits for workers, the effect that big companies have on society is most certainly positive.（120～150 語）**

訳　大企業は社会によい影響をもたらすということに私は賛成である。この影響が見られる主要な2つの分野があり，それは経済とワークライフバランスである。

大企業は各国の経済と世界経済全体の両方のために大金を生み出している。とりわけ発展途上国はそのような企業によって作り出される特別な取引から利益を得ている。さらに，政府はこれらの企業から多額の税金を得ており，それは公共事業の資金として使われる。

大企業の存在は労働者にとってのよりよい環境に結びつく。大企業は何千もの人々を雇い，従業員を満足させておくための手段を持っている可能性が高い。例えば，職場内にスポーツジムを設け，残業を制限する政策を実行することは，従業員のワークライフバランスを大きく向上させる。

したがって，幅広い経済的利益から労働者の個人的な利益まで，大企業が社会に及ぼす影響は間違いなく有益なものである。

●与えられたトピックについて作文を書きなさい。
●以下のポイントのうち2つを使って自分の解答を補強しなさい。
●構成：序論，本論，結論
●長さの目安：120～150 語
●文章は解答用紙のB面の与えられたスペースに書きなさい。スペースの外に書かれたものは採点されません。

**トピックの訳**　賛成か反対か：大企業は社会によい影響をもたらす。

**ポイントの訳**　●製品　●経済　●環境　●ワークライフバランス

▶〔解答例〕の英文の段落構成は，「主張→1つ目の観点→2つ目の観点→結論」である。

▶第1段では，トピックに対する自分の考えを明らかにする。〔解答例〕では，2つの観点（①経済，②ワークライフバランス）から，賛成であると述べている。第2段では観点の①について，その国の経済だけでなく世界経済全体に莫大な金をもたらすことを，第3段では②について，大企業は労働環境の向上に寄与することを述べている。最終段では，第2段と第3段で述べたことを簡潔に言い換えながら，トピックに賛成であるという主張を繰り返している。

▶ほかに賛成する理由としては，「役に立つ製品（useful products）を広く安価に提供していることが多い」，「環境に対する責任（responsibility to the environment）を意識して，製造過程や製品の開発を進めている」なども考えられる。

▶反対の場合には，「企業の活動目的は利益を上げることなので，環境を犠牲にする（sacrifice the environment）事例が見られる」，「株主の利益を最優先して（place the highest priority on the interests of shareholders），ワークライフバランスを無視する（ignore work-life balance）ことがある」などの問題を指摘することができるだろう。

# 一次試験　リスニング　Part 1

**No. 1**　**解答**　**4**

★＝男性　☆＝女性　（以下同）

☆ Hey, honey, did you mail my mom's present like I asked you to?

★ Uh, I'll do it tomorrow on my way to work.

☆ I can't believe it. This is the third time I've reminded you.

★ I know. I know. I just got busy and it slipped my mind. Sorry. It won't happen again.

☆ It happens almost every time I ask you to do something.

**Question：What does the woman imply?**

Script

訳

☆ねえ，あなた，私が頼んだ通り母にプレゼントを送ってくれた？

★ええっと，明日仕事へ行く途中にやるよ。

☆信じられない。あなたに念押しするのはこれで3度目よ。

★わかってる。わかってる。ちょっと忙しくてうっかり忘れただけだ。ごめん。もう二度とこんなことはないよ。

☆あなたに何か頼んだ時はほとんどいつもこうだわ。

語句・構文

□ slip *one's* mind「（物・事が）思い出せない，うっかり忘れる」

質問の訳　女性は何を言いたいのか？

選択肢の訳

**1**　男性はもっと謝罪すべきだ。

**2**　男性はプレゼントを買うべきだった。

**3**　男性は心配し過ぎる。

**4**　男性はあまり頼りにならない。

女性は2番目の発言で「あなたに念押しするのはこれで3度目よ」と述べ，最後の発言では「あなたに何か頼んだ時はほとんどいつもこうだ」と述べている。この最後の発言 It happens … は，直前の男性の発言 It won't happen again. に対するもの。つまり，男性が「今後は頼まれたことを決して忘れない」と述べたのに対して，女性は「何か頼むとほとんどいつも忘れている」という意味の言葉を返している。したがって，**4**「男性はあまり頼りにならない」が正解。女性が男性に対して謝罪を求めている発言はないので，**1**は不適切。

## No. 2 解答 1

☆ I finally found the ideal spot for my new hair salon. I just signed the lease today.

★ You're opening another shop? The first one must be doing quite well.

☆ Business is great. My new salon will have a special focus, though. We'll offer haircuts exclusively for children.

★ I didn't know there was a demand for that.

☆ The children's beauty market is so hot now. I just figure I can't lose.

★ I'd be wary of trends. They often don't last long. Anyway, how does one make the haircutting experience different for children?

☆ We make the environment fun. The salon chairs will be in the shape of animals, and kids can choose from various scented shampoos.

★ Well, I wish you luck!

**Question : How does the woman feel about her new business project?**

Script

訳

☆私の新しい美容院に理想的な場所をついに見つけたわ。今日，賃貸契約にサインしたところよ。

★もう１軒お店を開くのかい？ 最初の店がずいぶんうまくいっているんだろうね。

☆経営はとても順調。でもね，新しい美容院には特別なねらいがあるの。子ども専用にヘアカットを提供するのよ。

★そういう需要があるとは知らなかった。

☆子ども向けの美容市場は今とても人気があってね。損をすることはないと判断したの。

★僕なら流行には慎重になる。長続きしないことが多いから。いずれにしても，どうやってヘアカットを子ども向けにするの？

☆お店の中を楽しくするわ。美容院の椅子は動物の形のものにして，子どもたちはいろいろな香りのシャンプーを選べるの。

★なるほど，うまくいくことを祈るよ！

語句・構文

☐ lease「賃貸借契約」　☐ exclusively「もっぱら，独占的に」

☐ wary of ～「～に用心深い，慎重な」

質問の訳　女性は新しい事業計画についてどう感じているか？

選択肢の訳

**1**　彼女は自信に満ちている。

**2**　彼女は慎重である。

**3**　彼女は不安である。

**4**　彼女は失望している。

女性は３番目の発言第２文で「損をすることはないと判断した」と述べている。また，男性が３番目の発言で「僕なら流行には慎重になる。長続きしないことが多い」と懸念を示しても，女性はこれには答えていない。よって，**1**「彼女は自信に満ちている」が正解。

## No. 3　解答　2

☆ Hey, John. Did you hear whether Stacey got the job or not? I haven't seen her for a while.

★ I had lunch with her yesterday. Apparently, the company offered her the job, but she turned them down.

☆ You're kidding! She seemed really interested when I last spoke to her.

★ I know, but after the interview, she reconsidered and decided she's better off where she is now.

☆ Well, I did wonder why she wanted to change jobs in the first place.

**Question：What do we learn about Stacey?**

Script

訳 ☆こんにちは，ジョン。あなた，ステイシーが職につけたかどうか聞いた？　私はしばらく彼女に会っていないの。

★昨日，彼女と昼ご飯を食べたよ。どうやら，会社は雇うと言ったのに，彼女は断ったようだ。

☆冗談でしょ！　私が最後に彼女と話した時には，本当に興味を持っていたようだったのよ。

★そうなんだが，面接のあとに，彼女は考え直して今のままの方がよいと判断したのさ。

☆まあ，そもそもどうして仕事を変えたかったのか疑問だったわ。

**語句・構文**

□ turn *A* down「*A* を断る」　□ reconsider「考え直す」

□ better off は well off「うまくいっている，恵まれた」の比較級。

質問の訳　ステイシーについて何がわかるか？

選択肢の訳
**1**　彼女は新しい仕事を探している。
**2**　彼女は現在の仕事を続けている。
**3**　彼女は仕事の面接で落とされた。
**4**　彼女は新しい仕事を始めた。

男性の１番目の発言の第２文で「会社は雇うと言ったのに，彼女は断ったようだ」と述べていること，男性の２番目の発言で「面接のあとに，彼女は考え直して今のままの方がよいと判断した」と述べていることから，**2**「彼女は現在の仕事を続けている」が正解となる。他の選択肢はこれらの男性の発言内容に合致していない。

**No. 4　解答　3**

★ Is it boiling in here or is it just me?
☆ I'm all right, but we can open a window if you want.
★ No, it'll be too noisy. Why don't we just turn on the air conditioner?
☆ Company policy. The air conditioner is set to come on automatically at 28 degrees.
★ Really? It feels like an oven in here. I can't concentrate.
☆ Tell you what. I'll turn on the fan.
★ OK. At least it'll move the air around.

**Question : What is the man's complaint?**

訳
★ここはうだるようだね，それとも僕だけかな？
☆私は大丈夫だけれど，もし窓を開けたければ，開けられるわよ。
★いや，うるさすぎるだろう。エアコンをつければいいじゃないか？
☆会社の方針よ。エアコンは28度で自動的につくようにセットされているわ。
★本当かい？　ここはオーブンの中のようだ。集中できない。
☆そうだ。扇風機をつけるわ。
★わかった。少なくとも空気が動くだろう。

語句・構文

□ boiling「沸騰している，うだるように暑い」
□ come on「（電灯などが）つく，（機械・装置などが）作動し始める」
□ Tell you what.「そうだ（いい話がある）」 I'll tell you what. の I'll が省略されたもの。

質問の訳　男性の不満は何か？

選択肢の訳
**1**　騒音が彼の仕事を妨げている。
**2**　エアコンが壊れている。
**3**　暑さが彼を不快にしている。
**4**　窓を開けることができない。

消去法で考えるとよいだろう。**1**は，男性が2番目の発言で「うるさすぎるだろう」と述べているが，これは直前に女性が「窓を開けることができる」と言ったことを受けたもので，まだ窓を開けていないのだから誤り。**2**は，女性の2番目の発言の内容「エアコンは会社の方針で，28度で自動的につくようにセットされている」に合致しない。**4**は，女性の最初の発言で「窓を開けることができる」と述べているのだから誤り。男性が最初の発言で「ここはうだるようだね」と述べ，3番目の発言では「ここはオーブンの中のようだ。集中できない」と述べている。これらの発言から，**3**「暑さが彼を不快にしている」が正解とわかる。

**No. 5　解答　2**

☆ Hi, Frank. I'm sorry to bother you at work. Did you do something to our home computer? I'm trying to get a report done, and the whole system is really slow.

★ The security software expired a few days ago, and I haven't had a chance to renew it yet. We may have picked up a virus or something.

☆ We'd better renew it right away. I'd do it, but I don't really know how.

★ I'll do it when I get home this evening.

Script

**Question：What will Frank do tonight?**

訳

☆もしもしフランク。仕事中にごめんなさい。家のコンピュータに何かした？　報告書を終わらせようとしているんだけど，システム全体がとても遅くて。

★セキュリティーソフトが２，３日前に期限が切れたんだけど，まだ更新する機会がなくてね。ウイルスか何かに感染したのかもしれない。

☆すぐに更新した方がいいわね。そうしたいけど，どうやったらいいのかよくわからないわ。

★今夜家に帰ったらやるよ。

**語句・構文**

□ expire「期限が切れて無効となる」　□ renew「(契約など）を更新する」

□ pick up ～「(風邪・伝染病など）にかかる」

**質問の訳**　フランクは今夜何をするつもりか？

**選択肢の訳**　**1**　新しいコンピュータを購入する。

**2**　セキュリティープログラムを更新する。

**3**　女性の報告書を手伝う。

**4**　コンピュータを修理に持ち込む。

男性（フランク）は最後の発言で「今夜家に帰ったらそれをやる」と述べている。do it は，直前の女性の発言第１文中の renew it「それを更新する」を受け，この it は男性の最初の発言第１文中の「セキュリティーソフト」を指している。よって，**2**「セキュリティープログラムを更新する」が正解。放送文の software が，選択肢では program に言い換えられている。

## No. 6 解答 2

☆ Hi, Vince. Come in and have a seat. I heard you're concerned about your future university expenses.

★ That's right, Ms. Merkley. My parents can't really afford to help me much.

☆ I see. Instead of taking out a big loan, you might want to consider a community college for your first two years. The tuition is very reasonable, and you could continue to live at home.

★ I've thought about that. It's not my first choice, but that's probably what I'll end up doing.

**Question : What does the woman advise Vince to do?**

Script

訳 ☆こんにちは，ビンス。中に入って座って。今後の大学の学費のことを心配していると聞いたわ。

★その通りです，マークリー先生。両親は本当に私を支援する余裕があまりないんです。

☆わかりました。多額のローンを組まずに，最初の2年間はコミュニティカレッジを考えてはどうかしら。授業料はとても手頃で，実家で暮らし続けることができますよ。

★それについては考えたことがあります。第一志望ではありませんが，結局はそうすることになるのでしょうね。

語句・構文

□ take out ～「(サービス・ローンなど) を受ける」

□ you might want to *do*「(助言して) ～すべきだと思う，～する方がいい」You want to *do* で「～すべきである」の意味。助動詞 might を伴うとより穏やかな表現になる。

□ community college「(アメリカ・カナダの) コミュニティカレッジ」 地域住民のための公立の大学で，主として2年制。

□ tuition「授業料」

**質問の訳** 女性はビンスに何をするように勧めているか？

**選択肢の訳** **1** 大学にかかる費用のためにローンを組む。

**2** コミュニティカレッジに通う。

**3** 2年間フルタイムで働く。

**4** 町を出て大学へ行く。

女性が2番目の発言で「多額のローンを組まずに，最初の2年間はコミュニティカレッジを考えてはどうか」と述べていることから，**2**「コミュニティカレッジに通う」が正解。**4**は，女性の2番目の発言の最後で「実家で暮らし続けることができる」と述べているから誤り。

**No. 7　解答　3**

☆ Are you OK, Matt? You keep sneezing and coughing.
★ I think my allergies are acting up.
☆ I used to have bad allergies, too. Every spring.
★ Did you have to take a lot of prescription medicine?
☆ Yes, several different types. Then I tried Dr. Gage, my naturopathic doctor.
★ And it was Dr. Gage who cured you?
☆ After using her herbal remedies for a few years, my symptoms gradually decreased, then disappeared.
★ That's amazing. Maybe I should schedule a consultation.

**Question : What is the man considering doing?**

Script

訳
☆マット，大丈夫？　くしゃみと咳が止まらないわね。
★アレルギーがひどくなっているようだ。
☆私も以前はひどいアレルギーがあったわ。毎年春にね。
★処方薬をたくさん飲む必要があったかい？
☆ええ，数種類をね。そのあと，自然療法のお医者さま，ゲイジ先生に相談してみたのよ。
★それで，君を治してくれたのがゲイジ先生だったということ？
☆数年間薬草剤を使ったあとに，症状が徐々に軽くなって，そして消えたわ。
★それは素晴らしい。診療の予約を入れた方がいいかもしれない。

語句・構文

□ act up「（患部・病気などが）悪くなる」
□ prescription medicine「処方薬」　□ naturopathic「自然療法の」
□ herbal remedies「薬草，漢方薬」　□ symptom「症状」
□ consultation「（専門家にする）相談，診察」

質問の訳　男性は何をしようと考えているか？

選択肢の訳
**1**　彼の医師から新しい処方箋をもらうこと。
**2**　もっと健康的な食事をとり始めること。
**3**　女性の医師に診てもらうこと。
**4**　彼の処方薬をやめること。

男性は最後の発言で「診療の予約を入れるべきかもしれない」と述べている。この発言では具体的に誰に診てもらうかは述べられていないが，文脈から判断できる。女性は3番目と最後の発言で「自然療法を行う医師に診てもらって薬草剤を使った結果，アレルギー症状がなくなった」と述べ，男性は最後の発言で「それは素晴らしい」と述べているのだから，男性は女性が診てもらった医師に相談しようとしているとわかる。よって，**3**「女性の医師に診てもらうこと」が正解。

## No. 8 解答 4

☆ Honey, what are you doing on the 17th?
★ This Saturday? Uh, I was thinking about going fishing with Ronan.
☆ Could you go on Sunday? There's an all-day teachers conference that I'd like to attend. I was hoping you could watch the kids.
★ OK. Maybe I'll take them to a movie, and then grab some dinner on our way home.
☆ I appreciate it, honey.

**Question : What will the man do on the 17th?**

Script

訳 ☆あなた，17 日は何をする予定なの？
★今度の土曜日？ ああ，ローナンと釣りに行こうと思っていた。
☆日曜日に行ってもらえる？ 出席したい終日の教員会議があるの。あなたに子どもたちを見てもらえたらと思っていたのよ。
★いいよ。映画に連れて行って，帰りに夕食をさっと済ませてこようかな。
☆ありがとう，あなた。

語句・構文

□ all-day「終日の，一日中の」 □ grab「～をすばやく食べる，飲む」

**質問の訳** 男性は 17 日に何をするつもりか？

**選択肢の訳** **1** ローナンと釣りに行く。
**2** 教員会議に出席する。
**3** 妻を映画に連れて行く。
**4** 子どもたちの世話をする。

男性の最後の発言の OK.「いいよ」は直前の女性の発言を受けたものだから，「ローナンと釣りに行くのを日曜日にして，女性が教員会議に出席している間子どもたちの世話をする」のに同意したことになる。したがって，**4**「子どもたちの世話をする」が正解。男性の最後の発言の「彼らを映画に連れて行く」の them は，直前の女性の発言中の the kids を指しているから，**3** は誤り。

## No. 9 解答 1

★ It looks like more snow is forecast, Nadia. I guess I'll be clearing the driveway again.

☆ Maybe you should finally give in and hire that snow removal service we saw advertised.

★ I know, but I hate to spend the money. And shoveling isn't bad exercise.

☆ True, but you're not getting any younger. You don't want to strain your back again.

★ You've got a point. I'll call them for an estimate.

**Question : What is the man considering doing?**

Script

訳 ★ナディア，もっと雪が降る予報のようだ。どうやら車庫から道路までの道をまた除雪することになりそうだ。

☆いよいよあきらめて，広告で見たあの除雪サービスを頼むべきかもしれないわよ。

★わかっているけど，お金を使うのはいやなんだ。それにシャベルを使うのはいい運動になるさ。

☆そうだけど，あなたはもう歳なのよ。また腰を痛めたくはないでしょ。

★その通りだ。彼らに電話して見積もりを出してもらうよ。

語句・構文

□ driveway「（道路から自宅までの）私設車道」 □ removal「除去」

□ shovel「シャベルを使う」 □ strain「（筋肉・体の部分）を痛める」

□ estimate「見積もり」

**質問の訳** 男性は何をしようと考えているか？

**選択肢の訳**
1 お金を払って道路から車庫までの道を除雪してもらうこと。
2 新しい除雪用シャベルを探すこと。
3 もっと定期的に運動をし始めること。
4 医者に腰を診てもらうこと。

男性は最後の発言で「彼らに電話して見積もりを出してもらう」と述べている。この発言中の them「彼ら」が指すものは，前の発言中で具体的に述べられてはいない。しかし，男性の発言は女性の最初の発言の「広告で見たあの除雪サービスを頼むべきだ」という提案を受けたものであるから，them とは「除雪サービス（のスタッフ）」を指すことになる。したがって，1「お金を払って道路から車庫までの道を除雪してもらうこと」が正解になる。男性は2番目の発言では女性の提案に対して否定的な意見を述べているが，最終的には同意したという流れを押さえることが大切。

## No. 10 解答 1

★ Did you see this promotion for cable TV? We can get 100 channels for the same price we're paying for 30 channels now.

☆ Don't you think we already spend enough time watching TV?

★ But we'd get more educational programs for the kids. And you'd like to have more movie channels, wouldn't you?

☆ OK, you win. But let's agree to at least talk about limiting how much we watch.

★ Fair enough.

**Question : What does the couple decide to do?**

Script

訳 ★ケーブルテレビの，この宣伝を見たかい？　僕たちが今30チャンネルに支払っているのと同じ金額で100チャンネルが見られるよ。

☆私たちはもうすでにテレビを見るのに十分な時間を費やしていると思わない？

★でも子どもたちのために教育的な番組がもっと見られるだろう。それに君は映画チャンネルを増やしたいんじゃないの？

☆わかったわ，あなたの勝ち。でも，少なくとも見る時間を制限することについては話し合いましょう。

★いいだろう。

語句・構文

☐ promotion「販売促進」　☐ Fair enough.「（提案などに）結構だ」

質問の訳　夫婦は何をすることに決めたか？

選択肢の訳　**1**　チャンネル数を増やす。

**2**　映画チャンネルの支払いをやめる。

**3**　現在のケーブルプランを続ける。

**4**　子どもたちに教育的なテレビだけを見せる。

男性は最初の発言で「現在の30チャンネルと同じ料金で，100チャンネルを見られるようになる」と述べている。女性は最初の発言ではこの提案に反対したが，男性の2番目の発言を受けて，「わかった，あなたの勝ち」と述べている。このやりとりで同意された内容から，**1**「チャンネル数を増やす」が正解になる。そのあとに，男性が女性の提案「テレビを見る時間を制限することについて話し合う」ことに同意しているが，この内容は選択肢にない。

## No. 11 解答 2

☆ How was the concert last night, Pierre?

★ Well, the band usually puts on a good performance, but I felt like they let down the audience a bit.

☆ How so? Didn't they play enough of their hit songs?

★ The music itself was fantastic. There was a good mix of hits from their old stuff and songs from their new album. It's just that our city was one of the last stops on the tour. They looked exhausted.

☆ I can imagine. Maybe they should've shortened their tour schedule.

**Question : Why was the man disappointed?**

Script

訳 ☆ピエール，昨晩のコンサートはどうだった？

★ああ，あのバンドはいつもいい演奏をするんだけど，観客を少しがっかりさせたように感じたな。

☆どうしてそうなの？　ヒット曲を十分には演奏しなかったの？

★音楽そのものは素晴らしかったよ。古いヒット曲と新しいアルバムの曲とをうまく織り交ぜていた。つまり，我々の街がツアーの最終地の１つだったということさ。彼らはひどく疲れている様子だったね。

☆わかるわ。彼らはツアーのスケジュールを短縮すべきだったのかもしれないわね。

**語句・構文**

□ put on ～「(劇・ショーなど）を上演する」

□ let down ～「～をがっかりさせる」

□ How so?「どうしてそうなの？」 特に驚いた時に用いる。

□ It's just that ～「それはつまり～ということだ」

**質問の訳** 男性はなぜ失望したのか？

**選択肢の訳**

**1** バンドがヒット曲をたくさんは演奏しなかった。

**2** バンドの演奏に元気がなかった。

**3** バンドのツアースケジュールが変わった。

**4** バンドが観客に対して失礼だった。

男性の２番目の発言の最終文「彼らはひどく疲れている様子だった」が，男性が失望した理由になっている。よって，**2**「バンドの演奏に元気がなかった」が正解。放送文の「演奏者が疲れていた」という内容を，選択肢では「演奏に元気がなかった」と言い換えている。**1**は，男性の２番目の発言第２文で，「ヒット曲をうまく織り交ぜていた」と述べているので不適切。女性の最後の発言にscheduleという語が含まれていたという理由から**3**を選ぶことがないように注意したい。

## No. 12　解答　1

☆I don't know what's wrong with my dog these days. His behavior is getting worse.
★What do you mean?
☆Well, he barks for no reason, and he even ran out into the street yesterday. He's never done that before!
★Why not take him to obedience classes?
☆He's probably too old to learn anything now.
★I wouldn't be so sure. I have a great book I used with my dog. It has tips for dealing with older dogs. I can lend it to you if you'd like.
☆I suppose it couldn't hurt.

**Question：What does the man imply?**

Script

訳
☆近頃うちの犬がどうしちゃったのかわからなくて。どんどん行儀が悪くなっているの。
★どういうこと？
☆ええ，わけもなく吠えるし，昨日は道路に駆け出したりして。以前は決してそんなことしなかったのに！
★服従を教えるクラスに彼を連れて行けば？
☆何かを習うにはもう歳を取り過ぎていると思うけど。
★それはどうかと思うね。僕の犬に使った素晴らしい本がある。歳を取った犬の扱い方のヒントが出ているよ。よかったら貸そうか。
☆悪くなさそうね。

語句・構文

□ obedience「服従」
□ it couldn't hurt「損はない，悪くない」 hurt は，it を主語にして通例否定文で「差し障る，困ったことになる」の意味でも用いられる。

質問の訳　男性は何を言いたいのか？

選択肢の訳
1　女性は犬をしつけるべきだ。
2　女性は犬のしつけの本を買うべきだ。
3　女性の犬は健康上の問題があるかもしれない。
4　女性の犬はしつけるには歳を取り過ぎている。

男性が２番目の発言で「服従を教えるクラスに彼を連れて行けば？」と提案していることから，**1**「女性は犬をしつけるべきだ」が正解となる。**4**は，男性が最後の発言の第１文で女性の「自分の犬は何かを習うには歳を取り過ぎている」という発言を否定しているから誤り。**2**は，男性が最後の発言の最終文で「それ（＝歳を取った犬の扱い方のヒントが出ている本）を貸せる」と言っているから誤り。

# 一次試験 リスニング Part 2

(A) **No. 13 解答 4　No. 14 解答 1**

(A)***Cochineals***

The idea of eating bugs is not socially accepted in many countries. It can therefore shock people to learn that some food products in their supermarkets contain a coloring made from insects. The insects, called cochineals, produce a substance known as carminic acid. To make the color, the insects are first harvested from cactus plants. The insects are then dried and processed to turn the carminic acid into carmine, a red dye that can be used as a food coloring.

Because of the quality dye that can be produced from cochineals, they were highly valued by ancient civilizations in the Americas. These societies used the dye to color clothing, food, and body paint. Today, it is used in some cosmetics as well as food. Some people, such as vegans and vegetarians, think that dyes made from plant sources like strawberries and beets should be used instead.

**Questions**

**No. 13　What is one thing we learn about carminic acid?**

**No. 14　What do some people think about the dye made from cochineals?**

Script

訳

(A)コチニール

虫を食べるという考えは，多くの国々では社会的に受け入れられていない。だから，スーパーマーケットにある食品のいくつかには昆虫から作られた着色料が含まれていることを知って，人々はショックを受けることがありうる。その昆虫は，コチニールと呼ばれていて，カルミン酸として知られている物質を作り出す。色を作るために，最初にその昆虫はサボテンから捕獲される。それから，その昆虫を乾燥させ，加工して，カルミン酸を食品着色料として使われる赤い染料のカルミンに変える。

コチニールから作られる良質な染料のおかげで，コチニールは南北アメリカの古代文明で高く評価された。これらの社会ではこの染料を，衣服や食品の染色やボディペイントに使った。今日では，食品だけでなく化粧品にも使われている。完全菜食主義者や菜食主義者の人々のように，イチゴやビーツなどの植物由来の染料が代わりに使われるべきだと考える人もいる。

**語句・構文**

(第1段) □ coloring「着色剤，着色」　□ acid「酸」

□ harvest「(魚・動物など) を獲る，(作物) を収穫する」

□ cactus「サボテン」

□ carmine「カルミン（コチニールという虫を乾燥させて作る洋紅色の顔料）」
□ dye「染料」
（第2段）□ quality「良質の」 □ cosmetic「（通例複数形で）化粧品」
□ vegan「完全菜食主義者（ビーガン）」

**No. 13** **質問の訳** カルミン酸についてわかることの1つは何か？

**選択肢の訳** **1** 食べものに苦味を与える。
**2** 植物を乾燥させて作られる。
**3** いくつかの植物に色を与える。
**4** 昆虫の一種に見つけられる。

第1段第3文（The insects, called …）で「コチニールと呼ばれる昆虫は，カルミン酸として知られている物質を作り出す」と述べられる。また，同段第4・5文（To make the … a food coloring.）では，「昆虫を捕獲し，乾燥させ，加工してカルミン酸を染料のカルミンに変える」という手順が述べられる。したがって，**4**「昆虫の一種に見つけられる」が正解とわかる。

**No. 14** **質問の訳** コチニールから作られる染料についてある人々はどう考えているか？

**選択肢の訳** **1** 他のものに代えられるべきだ。
**2** 植物に害を及ぼすことがある。
**3** 薬として用いられるべきだ。
**4** 化粧品で用いるには価値が高すぎる。

第2段最終文（Some people, such …）で「完全菜食主義者や菜食主義者の人々のように，イチゴやビーツなどの植物由来の染料が代わりに使われるべきだと考える人もいる」と述べられているので，**1**「他のものに代えられるべきだ」が正解。放送文でdyes made from plant sourcesと具体的に述べているが，選択肢ではother optionsと一般的な表現に変わっているので注意が必要。

(B) **No. 15** 解答 **3** **No. 16** 解答 **2**

(B)***Icelandic Turf Houses***

For centuries, people in Iceland used turf—clumps of grass and dirt—to construct their houses. Turf was a durable material that could withstand the harsh climate and help keep people warm. Wood was in short supply and often needed to be imported, so it could not be replaced easily. For this reason, more-available materials such as turf and stones were used whenever possible. Turf not only provided insulation, it also protected Icelandic people from some natural disasters.

Turf houses were usually dug into the side of a hill. While they looked like individual buildings from the front, they were often joined together by a corridor at the back. This unusual feature allowed people to move from building to building without being exposed to the cold. Though almost no one lives in turf houses in Iceland today, many have been converted into museums and have become popular tourist attractions.

**Questions**

**No. 15 What was one reason Icelandic people built turf houses?**

**No. 16 What does the speaker say about turf houses?**

Script

訳

(B)アイスランドのターフハウス

何世紀にもわたって，アイスランドの人々は家を建てるのにターフ――芝草と土のかたまり――を使っていた。ターフは耐久性のある素材で，厳しい気候に耐え，人々が暖かく過ごす助けとなった。木材は供給不足で，輸入の必要が多かったため，簡単にはターフと取って代わることはできなかった。このため，ターフや石など，より簡単に手に入る素材ができる限り用いられた。ターフは断熱効果があっただけでなく，アイスランドの人々を自然災害からも守った。

ターフハウスはたいていの場合，丘の斜面に掘られていた。前から見ると別々の建物のように見えるが，後ろでは廊下でつながっていることが多かった。この変わった特徴のおかげで，人々は寒さにさらされることなく建物と建物を移動することができた。今日，アイスランドでターフハウスに住む人はほとんどいないが，多くが博物館に改装され，人気のある観光名所になっている。

**語句・構文**

(表題) □ turf「芝土」

(第1段) □ clump「かたまり」 □ dirt「土，泥」 □ durable「耐久性のある」
□ withstand「～に耐える」 □ insulation「絶縁，断熱」

(第2段) □ corridor「廊下，通路」
□ convert *A* into *B*「*A*（建物など）を *B*（別のもの）に改装する」

**No. 15** **質問の訳** アイスランドの人々がターフハウスを建てた理由の１つは何か？

**選択肢の訳** **1** 木の家よりも長持ちした。

**2** 石の家よりも建て直すのが簡単だった。

**3** 環境によく適していた。

**4** 非常にはやく建てることができた。

第１段第２文（Turf was a …）の関係代名詞節で「ターフは厳しい気候に耐え，人々が暖かく過ごす助けとなった」と述べられ，同段最終文（Turf not only …）で「ターフは断熱効果があっただけでなく，アイスランドの人々を自然災害からも守った」と述べられている。これらの情報から，**3**「環境によく適していた」が正解となる。

**No. 16** **質問の訳** 話者はターフハウスについて何と言っているか？

**選択肢の訳** **1** 現在，もはや存在していない。

**2** 互いにつながっていることが多かった。

**3** 丘の上にだけ建てることができた。

**4** 他の国々でも人気があった。

第２段第２文（While they looked …）で「前から見ると別々の建物のように見えるが，後ろでは廊下でつながっていることが多かった」と述べられているから，**2**「互いにつながっていることが多かった」が正解になる。「つながっていた」という表現が，放送文では they were often joined together で，選択肢では They were often connected to each other. に言い換えられている。**1** は，同段最終文（Though almost no …）の「多くが博物館に改装され，人気のある観光名所になっている」と合致しない。**3** は，同段第１文（Turf houses were …）の「たいていの場合，丘の斜面に掘られていた」と合致しない。**4** は述べられていない。

(C) **No. 17** 解答 1　　**No. 18** 解答 2

(C)***The Breakdown of Wet Wipes***

Wet wipes are causing problems in sewer tunnels around the world. In 2015, for example, workers in London had to clear an enormous 10-ton lump of fat from one sewer tunnel. Experts blame wet wipes that are being flushed down toilets for causing such problems. Although the wipes can pass through pipes in homes without any issues, they mix with grease in sewer tunnels to create serious blockages. Cleaning up these obstructions has been estimated to cost billions of dollars worldwide.

As a result, new industry standards were set for labeling a product "flushable" based on how quickly it breaks down. Environmental groups, however, claim these standards are not useful because flushable wipes do not break down in sewer tunnels the way they do in laboratory tests. The environmental groups therefore created guidelines telling consumers which products do not create blockages.

**Questions**

**No. 17　What is one problem caused by wet wipes?**

**No. 18　Why do environmental groups criticize the new industry standards?**

Script

訳

(C)ウエットティッシュの分解

ウエットティッシュは，世界中の下水道トンネルで問題を起こしている。例えば，2015年，ロンドンでは作業員が，1つの下水道トンネルから10トンもの巨大な油のかたまりを取り除かなければならなかった。専門家は，トイレに流されているウエットティッシュが原因でそのような問題が起きている，としている。ウエットティッシュは家庭のパイプは問題なく通り抜けることができるが，下水道トンネルで油と混ざり，深刻な妨害物を作り出している。この詰まりを取り除くために世界中で数十億ドルの費用がかかっていると推定されている。

その結果，どれだけ素早く分解されるかに基づいて「トイレに流せる」製品であることを表示するための新しい業界基準が設けられた。しかし，環境保護団体は，流せるウエットティッシュは，下水道トンネルでは実験室でのテストと同じようには分解されないので，これらの基準は役に立たないと主張している。そのため，環境保護団体は消費者に，どの製品が詰まりを起こさないかを示す指針を作成した。

**語句・構文**

(表題)　□ breakdown「分解，破損」

□ wipe「(使い捨ての紙製・布製の) ふき取るもの」

(第1段)　□ sewer「下水道」　□ lump「かたまり」

□ blame *A* for *B*「*B* を理由に *A* を非難する，*B* を *A* のせいにする」

□ flush *A* down toilets「*A* をトイレに流す」　□ grease「機械油，脂肪分」
□ blockage「妨害（物）」　□ obstruction「（管の中の）詰まりもの」
（第２段）□ flushable「トイレの水で流すことのできる」
□ break down「（化学的に）分解される」　□ guideline「指針，指標」

**No. 17**　**質問の訳**　ウエットティッシュが引き起こす問題の１つは何か？

**選択肢の訳**　**1**　油と結合して下水道トンネルを詰まらせる。
**2**　下水道トンネルで働く人々を危険にさらす。
**3**　トイレに流されると，家庭のパイプを詰まらせる。
**4**　安価にリサイクルすることができない。

第１段第４文（Although the wipes …）の後半部で「それら（＝ウエットティッシュ）は下水道トンネルで油と混ざり，深刻な妨害物を作り出している」と述べられている。よって，**1**「油と結合して下水道トンネルを詰まらせる」が正解。「油と混ざる」という表現が，放送文では mix with grease で，選択肢では combine with grease に言い換えられている。同文の前半部で「ウエットティッシュは家庭のパイプは問題なく通り抜けることができる」と述べられているので，**3** は誤り。**2**・**4** は言及されていない。

**No. 18**　**質問の訳**　環境保護団体が新しい業界基準を批判しているのはなぜか？

**選択肢の訳**　**1**　それらは実験室のテストを使って作られなかった。
**2**　それらは実際の下水道トンネルの状態に基づいていない。
**3**　下水道トンネルへの損傷に対処していなかった。
**4**　詰まりの問題が指針では解決されない。

第２段第２文（Environmental groups, however, …）で「環境保護団体は，流せるウエットティッシュは，下水道トンネルでは実験室でのテストと同じようには分解されないので，これらの基準は役に立たないと主張している」と述べられているから，**2**「それらは実際の下水道トンネルの状態に基づいていない」が正解となる。同段最終文（The environmental groups …）で guidelines「指針」については言及されているが，環境保護団体が作成した指針に関してなので，**4** は誤り。

(D) **No. 19** 解答 2　**No. 20** 解答 3

### (D)*Raising Angora Rabbits*

Angora rabbits are raised around the world for their wool because it is softer and much warmer than sheep wool. Due to the animals' small size and the need to constantly care for their coats, raising Angora rabbits for wool is best done on a small scale. More owners of small farms are becoming interested in raising the animals, as their wool is more profitable than sheep wool.

Removing the wool of some breeds of Angora rabbit requires cutting the wool once every few months. With other breeds, the wool can be easily removed by hand. The wool needs to be removed often because Angora rabbits clean themselves using their tongues, like cats. If they are not brushed regularly, they will swallow too much of their wool, which can cause death. Luckily, Angora rabbits can be easily trained to sit calmly while being brushed or having their wool cut.

**Questions**

**No. 19　What is one thing the speaker says about Angora rabbits?**

**No. 20　What is one problem with wool from Angora rabbits?**

Script

訳

(D)アンゴラウサギの飼育

アンゴラウサギの毛は羊の毛よりも柔らかくずっと暖かいので，その毛のために世界中で飼育されている。体が小さいことと，常に毛の手入れが必要なことから，毛のためにアンゴラウサギを飼育するには小規模で行うのが最適である。その毛は羊の毛よりも利益が上がるので，アンゴラウサギの飼育に興味を抱く小規模農場主が増えている。

いくつかの品種のアンゴラウサギは，毛を取るのに数カ月に一度毛を刈る必要がある。手で簡単に毛を取れる品種もある。アンゴラウサギはネコと同じように，自分の舌を使って体を清潔に保つので，頻繁に毛を取る必要がある。定期的にブラッシングをしてやらないと，毛をたくさん飲み込み，死に至ることがある。幸いにも，アンゴラウサギはブラシをかけたり毛を刈ったりする間おとなしく座っているよう，簡単にしつけることができる。

**語句・構文**

(第1段) □ coat「(動物の) 毛，毛皮」

(第2段) □ breed「(動物の) 品種」　□ swallow「～を飲み込む」

**No. 19** 質問の訳　話者がアンゴラウサギについて述べていることの1つは何か？

選択肢の訳　**1**　農場経営者は大きなウサギの方により興味がある。

**2**　毛の手入れに多くの労力を必要とする。

**3**　飼育しても，もはや利益にならない。

4　毛の質がさまざまである。

第1段第2文（Due to the …）の前半部で「常に毛の手入れが必要」と述べていることから，**2**「毛の手入れに多くの労力を必要とする」が正解となる。放送文のtheir coatsが選択肢ではtheir woolに言い換えられている。**1**と**3**は，同段最終文（More owners of …）の「その毛は羊の毛よりも利益が上がるので，飼育に興味を抱く小規模農場主が増えている」という内容に合致しない。**4**については，述べられていない。

**No. 20**　質問の訳　アンゴラウサギの毛に関しての問題の1つは何か？

選択肢の訳　**1**　ウサギが噛んでだめにすることが多い。

**2**　少なくとも1カ月に一度刈る必要がある。

**3**　それがウサギに害を引き起こすことがある。

**4**　ウサギはそれを取られるのが好きではない。

第2段第4文（If they are …）で「毛をたくさん飲み込み，死に至ることがある」と述べているから，**3**「それがウサギに害を引き起こすことがある」が正解。**2**は，同段第1文（Removing the wool …）の「数カ月に一度毛を刈る必要がある」に合致しない。

## (E)　No. 21　解答　4　　No. 22　解答　1

### (E) *Fireside Chats*

When Franklin D. Roosevelt became president of the United States in 1933, the country was suffering from an economic crisis. A quarter of the population was unemployed, people were hungry, and trust in the government was rapidly declining. Roosevelt decided to use a radio broadcast to help calm the growing feeling of panic. He wanted to talk directly to the American people and tell them that the government was addressing their concerns.

The speech was an immediate success. Roosevelt made similar broadcasts, known as fireside chats, throughout his presidency. The talks often mentioned respected figures like Abraham Lincoln and ended with the national anthem. However, it was Roosevelt's conversational, informal style that set his fireside chats apart from usual political speeches. People felt as if the president was in their homes, giving them updates on everything from World War II to farming.

**Questions**

**No. 21　Why did Franklin D. Roosevelt decide to make radio broadcasts?**

**No. 22　How were the fireside chats different from regular political speeches?**

Script

訳

### (E)炉辺談話

フランクリン・D・ルーズベルトが1933年にアメリカ合衆国大統領になった時，国は経済危機に苦しんでいた。人口の4分の1が失業し，人々は空腹で，政府に対する信頼は急速に低下していた。ルーズベルトは高まるパニックの感情を鎮めるために，ラジオ放送を使おうと決意した。彼はアメリカ国民に直接話しかけ，政府は彼らの不安に取り組んでいると伝えたかったのだ。

演説はただちに成功を収めた。ルーズベルトは大統領を辞めるまで，炉辺談話として知られる同じような放送を行った。談話はエイブラハム・リンカーンなど尊敬される人物にたびたび言及し，国歌で終わった。しかし，彼の炉辺談話をよくある政治演説と区別させたものは，ルーズベルトの会話調でくだけた話し方だった。人々は，あたかも大統領が自分の家にいて，第二次世界大戦から農業まで，あらゆることに関する最新情報を伝えてくれているかのように感じた。

**語句・構文**

(表題) □ fireside「炉辺」

(第2段) □ presidency「大統領の職〔任期〕」 □ national anthem「国歌」

□ set *A* apart from *B*「*A* を *B* と区別する，*A* を *B* から際立たせる」

□ update「最新情報」

**No. 21** 質問の訳 フランクリン・D・ルーズベルトがラジオ放送をしようと決意したのはなぜか？

選択肢の訳
**1** 飢えた人々を救うために金を集めるため。
**2** 政府に対する彼の懸念を共有するため。
**3** 国民にもっと熱心に働くように促すため。
**4** 経済に対する国民の不安に対処するため。

第1段第1文（When Franklin D. …）で「アメリカが経済危機に陥っていた」こと，同段第2文（A quarter of …）で「人口の4分の1が失業し，人々は空腹だった」という内容が述べられる。続く第3文（Roosevelt decided to …）では「ルーズベルトは高まるパニックの感情を鎮めるためにラジオ放送を使おうと決意した」と述べられる。「高まるパニックの感情」は直前の2つの文（第1・2文）の内容から，経済に対する不安と言い換えることができるので，**4**「経済に対する国民の不安に対処するため」が正解となる。

**No. 22** 質問の訳 炉辺談話は通常の政治演説とどのように違っていたか？

選択肢の訳
**1** ルーズベルトは形式張らない言葉を使った。
**2** ルーズベルトは有名な人々にインタビューした。
**3** ルーズベルトは愛国的な音楽を演奏した。
**4** ルーズベルトは人々の家庭を訪問した。

第2段第4文（However, it was …）に「彼の炉辺談話をよくある政治演説と区別させたものは，ルーズベルトの会話調でくだけた話し方だった」と述べられているから，**1**「ルーズベルトは形式張らない言葉を使った」が正解となる。なお，第4文はit was ~ that … の強調構文が用いられている。放送文のset *A* apart from *B* が，質問文では *A* were different from *B* を使って表現されていることに注意する。また，放送文の conversational, informal style が，選択肢では casual language に言い換えられている。同段最終文（People felt as …）は仮定法の文で，実際に訪問してはいないので，**4** は誤り。

**(F)　No. 23　解答　3　　No. 24　解答　2**

(F)***Bajau Divers***

The Bajau people live on boats in the waters around Malaysia, Indonesia, and the Philippines, and spend most of their lives at sea. Some Bajau divers can fish beneath the ocean surface for up to 13 minutes without scuba equipment. Researchers found that Bajau people have larger-than-average spleens. The spleen is an organ that provides oxygen to the blood when the breath is held, so a larger spleen likely benefits the divers.

Bajau people with no diving experience also have larger spleens, so the researchers suspect the divers' abilities are partly genetic. In addition, DNA samples from Bajau people showed they commonly have genes that help more oxygen get to organs like the heart and lungs. The researchers want to learn more about how Bajau people have adapted to their environment. They hope that such knowledge will lead to better treatments for conditions such as heart disease.

**Questions**

**No. 23　What did researchers discover about the Bajau people?**

**No. 24　What is one thing the researchers want to do?**

Script

訳

(F)バジャウ族のダイバー

バジャウ族は，マレーシア，インドネシア，フィリピン周辺の水域で船の上で暮らし，人生のほとんどを海で過ごす。バジャウ族のダイバーの中には，潜水用の呼吸装置を使わずに，最長で13分間海面下で魚を獲ることができる人もいる。研究者たちは，バジャウ族は平均より大きな脾臓を持っていることを発見した。脾臓は呼吸が止められている時に酸素を血液に供給する器官なので，脾臓が大きいことはダイバーのためになりそうだ。

潜水の経験がないバジャウ族も脾臓が大きいことから，研究者たちはダイバーとしての能力にはある程度遺伝的なものがあると推測している。加えて，バジャウ族のDNAサンプルによって，彼らは一般に，より多くの酸素が心臓や肺のような臓器に到達するのを助ける遺伝子を持っていることがわかった。研究者たちは，いかにしてバジャウ族が環境に適応してきたのかについて，より多くのことを知りたいと思っている。彼らはそのような知識が，心臓病などの病気の治療に役立つことを願っている。

**語句・構文**

(第1段) □ scuba「スキューバ，自給式水中呼吸装置（self-contained underwater

breathing apparatus)」

□ spleen「脾臓」　□ hold「～を止める，抑える」

（第2段）□ genetic「遺伝子の」　□ condition「病気」

**No. 23** 質問の訳　**研究者たちがバジャウ族について発見したことは何か？**

選択肢の訳　**1**　彼らはもはや伝統的な釣りの道具を使わない。

**2**　彼らは脾臓を切除してもらうことが多い。

**3**　彼らは水中にいる時，身体的な利点がある。

**4**　彼らは陸上で息を止める練習をする。

第1段第3文（Researchers found that …）で「研究者たちはバジャウ族が平均より大きな脾臓を持っていることを発見した」と述べられ，その直後の文（The spleen is …）で「脾臓は呼吸が止められている時に酸素を血液に供給する器官なので，脾臓が大きいことはダイバーにとってプラスになりそうだ」と述べられている。これらの情報を合わせると，**3**「彼らは水中にいる時，身体的な利点がある」が正解となる。

**No. 24** 質問の訳　**研究者たちが行いたいことの1つは何か？**

選択肢の訳　**1**　バジャウ族が新しい生活様式に適応するのを助ける。

**2**　バジャウ族をより詳細に研究する。

**3**　地元政府を守る支援をする。

**4**　世界中のダイバーを研究する。

第2段第3文（The researchers want …）で「研究者たちは，いかにしてバジャウ族が環境に適応してきたのかについてより多くのことを知りたいと思っている」と述べられているから，**2**「バジャウ族をより詳細に研究する」が正解となる。

# 一次試験　リスニング　Part 3

(G)　**No. 25　解答　2**

We have a few apartments. There's one in Wilson Heights, just a few minutes from the train station on foot. It's a studio apartment, so everything is in one room, but it's quite spacious. Right next door to that, in Downtown Hills, there's an older two-bedroom apartment available. Bronte Towers has a three-bedroom apartment available. It's right beside a bus stop, and a 25-minute ride to the station. Lastly, and just a short walk from the same bus stop, there's a spacious two-bedroom apartment for rent in Norton Villas.

Script

訳　いくつかのアパートがあります。ウィルソン・ハイツのものは，鉄道の駅から歩いて数分です。ワンルームマンションですので，すべてのものが1部屋の中にありますが，とても広々しています。そのすぐ隣，ダウンタウン・ヒルズには，寝室が2つの古いアパートが空いています。ブロンテ・タワーズには寝室が3室のアパートが空いています。それはバス停のすぐ近くで，駅まではバスで25分です。最後に，同じバス停から歩いてすぐのノートン・ヴィラズには，広々とした寝室が2つの貸しアパートがあります。

**語句・構文**

□ studio apartment「ワンルームマンション」　□ spacious「広々とした」

**状況の訳**　あなたは鉄道の駅から歩いてすぐのところのアパートを望んでいる。あなたは少なくとも2つの寝室が必要である。不動産業者があなたに次のように言う。

**質問の訳**　あなたはどのアパートを見るべきか？

**選択肢の訳**　**1**　ウィルソン・ハイツのもの。
**2**　ダウンタウン・ヒルズのもの。
**3**　ブロンテ・タワーズのもの。
**4**　ノートン・ヴィラズのもの。

鉄道の駅から徒歩ですぐ，寝室数2つ以上という条件を頭に入れておく。第2・3文（There's one in … it's quite spacious.）で紹介される「ウィルソン・ハイツは鉄道の駅から徒歩数分」だが，「ワンルームマンション」なので，**1**は不適切。第4文（Right next door …）で「ダウンタウン・ヒルズはそれのすぐ隣で寝室が2つ」と述べられるので，**2**「ダウンタウン・ヒルズのもの」が適切とわかる。Right next door to that で，that は「ウィルソン・ハイツ」を指し，この表現でダウンタウン・ヒルズの立地が言及されていることに注意する。第5～最終文（Bronte Towers has … in Norton Villas.）で紹介される**3**と**4**のアパートは，どちらも駅からバスで25分の立地なので不適切。bedroom の発音は，d と r がつらなって「ベッジウム」のように聞こえることにも注意したい。

### (H) No. 26 解答 2

Well, from what you've told me, it sounds like it could be another kidney stone. You can't be too careful with this kind of thing. Ideally, I'd like you to come in for an examination first thing in the morning. If you can't come tomorrow, take one of the pills I gave you last time right away. If it is a kidney stone, that will help your body deal with it. If not, at least it will help relieve the pain until I can examine you.

Script

訳　なるほど，あなたのお話からすると，また腎臓結石のようですね。この種のことに関してはいくら注意してもしすぎることはありません。理想的には，朝一番に検査に来ていただきたいと思います。もし明日来られないのなら，前回お渡しした錠剤の１つをすぐに飲んでください。もし腎臓結石であれば，体がそれに対処する助けになります。そうでないとしても，少なくとも，あなたが検査できるようになるまで痛みを和らげるのを助けるでしょう。

語句・構文

□ kidney stone「腎臓結石」

□ can't be too ～「いくら～してもしすぎることはない」　□ pill「錠剤」

状況の訳　あなたは数日間，腹痛がしている。あなたはこれから２日間，忙しい。あなたが医者に電話すると，彼はあなたに次のように言う。

質問の訳　**あなたはまず何をするべきか？**

選択肢の訳
**1**　追加の鎮痛剤を買う。
**2**　以前に受け取った薬を飲む。
**3**　後日もう一度医者に電話する。
**4**　専門医に予約する。

腹痛が数日続いていること，これから２日間忙しいということを頭に入れて聞く。第３文（Ideally, I'd like …）で「朝一番に検査に来てほしい」と述べられるが，忙しいのでできない。第４文（If you can't …）で「明日来られないのなら，前回渡した錠剤の１つをすぐに飲むように」と指示されるので，**2**「以前に受け取った薬を飲む」が正解となる。

(I) **No. 27 解答 4**

I'm sorry, ExTravel hasn't notified us about the spa treatment offer. I'm sure your information is accurate, but we first need confirmation of the offer. The easiest solution would be for us to have a copy of your e-mail from ExTravel. We'll need a paper copy for our records, so please use the printer in our Business Center. After that, you'll be able to book your treatment, and we can follow up on the miscommunication between us and ExTravel. As you're a regular customer, I'll also try to get a room upgrade for you.

**訳** 申し訳ありませんが，エクストラベルはスパトリートメントの割引について私たちに通知していません。お客様の情報は正しいと思いますが，まず割引の確認が必要になります。最も簡単な方法は，エクストラベルからのｅメールのコピーをいただくことです。記録のために紙のコピーが必要になりますので，私どものビジネスセンターの印刷機をお使いください。そのあと，お客様はスパトリートメントの予約が可能になり，私たちはエクストラベルとの連絡ミスについて適切に対処できます。あなたは常連のお客様ですので，お部屋のアップグレードの手配もいたします。

**語句・構文**

☐ notify「～に通知する」　☐ offer「値引き，特別サービス」

☐ follow up on ～「～に適切な処理をする」

**状況の訳** あなたはリゾートホテルでチェックイン中である。あなたはエクストラベルを通してオンラインで予約をしたが，スパトリートメントの20パーセント割引があったからだ。フロント係はあなたに次のように言う。

**質問の訳** あなたはまず何をするべきか？

**選択肢の訳**

**1** スパで予約をする。

**2** 確認のためにエクストラベルに連絡する。

**3** 部屋のアップグレードを支配人に要求する。

**4** 割引の情報が含まれているｅメールを印刷する。

与えられた状況がやや複雑でわかりにくいが，ホテルを予約した方法とスパトリートメントの割引が受けられるということを情報として頭に入れておく。第１文（I'm sorry, …）から，「ホテルはエクストラベルからスパトリートメントの割引を通知されていない」ことがわかる。第２～４文（I'm sure your … our Business Center.）で「エクストラベルからのｅメールの紙のコピーが必要なので，ビジネスセンターの印刷機を使う」ように指示される。これらの情報から，**4**「割引の情報が含まれているｅメールを印刷する」が正解とわかる。**2**のような手段は述べられていないので不適切。**1**は，第５文（After that, …）で「印刷したあとに予約できる」と述べられるので不適切。

(J) **No. 28** **解答** **1**

I'd like to cover a few points about food and drink. We do many outdoor activities, so students should bring a water bottle, as drinking water isn't available outside. Also, we prepare lunch on the premises and expect all children to eat school lunch unless they have special dietary requirements. We have many students, so we can't cover everyone's needs. All meals include meat, eggs, and cheese. A doctor's letter is required to opt out of school lunch, in which case you won't be charged for it. In such cases, students are required to bring a home-prepared lunch.

Script

訳 食べ物と飲み物について何点かお話ししたいと思います。学校では屋外活動をたくさん行いますが，外では飲料水を入手できませんから，生徒は水筒を持参してください。また，前提として学校が昼食を準備し，生徒に特別な食事に関する要件がない限りは，全生徒が給食を食べることを求めています。大勢の生徒がいますので，学校ではすべての生徒の要求に応えることはできません。すべての食事には肉，卵，チーズが含まれています。学校給食を断るためには医師からの手紙が必要で，その場合には給食代は請求されません。このような場合，生徒は家庭で準備した昼食を持参する必要があります。

**語句・構文**

□ premise「前提」　□ dietary「食事上の」　□ requirement「必要条件，要求」
□ opt out of ～「～から身を引く」

**状況の訳** あなたは新しい学校に自分の娘を入学させようとしている。彼女は乳製品にアレルギーがある。校長があなたに次のように言う。

**質問の訳** **あなたは何をするべきか？**

**選択肢の訳**
**1** 医者から手紙をもらう。
**2** 娘の要件を一覧表にする。
**3** 学校の給食代を支払う。
**4** 特別な食事を申し込む。

娘には乳製品アレルギーがあるので，第５文（All meals include …）の「すべての食事には肉，卵，チーズが含まれる」から，学校の給食は食べられないとわかる。第６文（A doctor's letter …）で「学校給食を断るためには医者の手紙が必要」と述べられるから，**1**「医者から手紙をもらう」が正解となる。**2**は，第３文（Also, we prepare …）のunless以下でrequirements「要件」に言及されているが，その一覧表が必要だとは述べられていないので不適切。**3**は，第６文（A doctor's letter …）のin which case以下の内容から誤りとわかる。**4**は，第４文（We have many …）のso we can't以下の内容から誤りとわかる。どちらも，それぞれの文で用いられている否定語（won'tとcan't）を聞き逃さないように注意したい。

(K) **No. 29 解答 1**

Thank you for calling Alexandra Park. Due to winter weather conditions, not all roads in the park are open. Taylor Road and Grand Point Road are closed due to heavy snowfall and will remain closed for at least two weeks. Bryant Pass Road is open, although snow chains are required on all vehicles due to its high elevation. Chains can be purchased at the Valley Garage in Campton City. There are no rental chains available within the park. Please be aware that studded tires are not allowed to be used in the park.

訳 アレクサンドラ公園にお電話ありがとうございます。冬の気象条件のために，公園内のすべての道路が通行できるわけではありません。テイラーロードとグランドポイントロードは大雪のため閉鎖中で，少なくとも2週間は閉鎖のままでしょう。ブライアントパスロードは標高が高いため，すべての車両にスノーチェーンが必要となっていますが，通行できます。チェーンはキャンプトンシティにあるバレーガレージで購入可能です。公園内に貸しチェーンはありません。公園内ではスタッドタイヤの使用は許可されていませんのでご注意願います。

語句・構文

□ elevation「海抜，標高」

□ studded tire「スタッドタイヤ（滑り止めのびょうを埋め込んだタイヤ）」

状況の訳 今は冬で，あなたは今週末に車でアレクサンドラ公園に行きたいと思っている。あなたは雪の中で使うことができるタイヤを持っていない。あなたは公園のインフォメーションに電話をして，次のことを聞く。

質問の訳 あなたは何をするべきか？

選択肢の訳
**1** 自分のタイヤ用にスノーチェーンを購入する。
**2** グランドポイントロードを通る。
**3** 自分のタイヤをスタッドタイヤに交換する。
**4** アレクサンドラ公園でチェーンを借りる。

第3文（Taylor Road and …）で「グランドポイントロードは大雪のため閉鎖中で，少なくとも2週間は閉鎖のままである」と述べられるので，**2**は誤りとわかる。第4文（Bryant Pass Road …）で「ブライアントパスロードはすべての車両にスノーチェーンが必要だが，通行できる」と述べられるので，チェーンが必要だという情報を押さえる。第5文（Chains can be …）で「チェーンはキャンプトンシティにあるバレーガレージで購入可能」と述べられ，第6文（There are no …）で「公園内に貸しチェーンはない」と述べられるので，**4**は誤り。最終文（Please be aware …）で「公園内ではスタッドタイヤの使用は許可されていない」と述べられるので，**3**は誤り。したがって，**1**「自分のタイヤ用にスノーチェーンを購入する」が正解となる。

## 二次試験　面接　問題カードA

**解答例**　**One day, a man was arriving home after work. It was late at night and he looked very tired, but his wife reminded him that he only had one more week before his retirement. The next week, the man's office held a retirement party for him. There was a banner in the office that wished him a happy retirement. The man was given some flowers and warm applause by the other staff members. He looked very happy. The following month, the man and his wife were gardening at home. The man was picking some vegetables, and his wife was watering the plants. They both looked satisfied and relaxed. Three months later, the man was at home watching TV with his wife. One of the staff members from his former workplace called him and asked if he could come back to work because sales had dropped lately.**

訳　ある日，ある男性が仕事から帰宅したところだった。夜遅くのことで，彼はとても疲れているようだったが，妻は彼に退職まであと1週間だけだと言ってやった。その翌週，男性のオフィスでは彼の退職パーティーが開かれた。オフィスには彼の退職を祝う横断幕があった。男性は他のスタッフから花をもらい，温かい拍手を受けた。彼はとてもうれしそうだった。翌月，男性と妻は家で庭仕事をしていた。男性は野菜を収穫していて，妻は植物に水をやっていた。2人とも満足そうでリラックスしている様子だった。3カ月後，男性は家で妻とテレビを見ていた。彼の前の職場のスタッフの1人が彼に電話をかけてきて，最近売上げが落ちてしまったので職場に戻ってこられないかと尋ねた。

▶ナレーションに含めたいポイントは以下の通り。①男性が退職1週間前の夜，疲れた様子で帰宅している。②その翌週，職場で退職を祝ってもらい，男性はうれしそうだった。③翌月，男性と妻は自宅の庭で楽しそうに作業している。④3カ月後，売上げが落ちたので戻ってきてくれないかという電話が前の職場から自宅にかかってくる。定年退職した男性が自宅でゆっくりしていたのもつかの間，職場に復帰してほしいと要請された，という流れを押さえる。1コマ目の妻の表情から，「妻は男性の退職を楽しみにしていた」というナレーションを加えてもいいだろう。〔解答例〕では最終文後半（and 以下）に間接話法を用いているので，吹き出しに書かれた英文の代名詞と時制を適切に変えている。

**質問の訳**

No. 1　4番目の絵を見てください。もしあなたがその男性ならば，何を考えているでしょうか？

No. 2　最近の人はバランスのよい食事をとることの重要性を忘れていますか？

No. 3　将来，早期退職を選択する人は増えるでしょうか？

No. 4　今日の社会でサイバー犯罪はより大きな問題になっていますか？

**No. 1　解答例　I'd be thinking, "I feel a little bad that my former company isn't performing well, but I shouldn't be tempted to go back to work. Now it's time to enjoy the rest of my life with my wife."**

訳　私ならば，「前の会社の業績がよくないのは少し気の毒に思うが，仕事に戻ろうという気を起こすべきではない。今は残りの人生を妻と楽しむ時だ」と考えているだろう。

仮定法で質問されているので，I'd be thinking … のように仮定法で答える。〔解答例〕は「職場に戻らない」という答えだが，「彼らが本当に私を必要としているならば，売上げの回復を助けるために復帰すべきかもしれない（If they really need me, maybe I should go back to work to help recover sales.）」のような答え方もできるだろう。

**No. 2　解答例　Yes. It's becoming less common for people to cook and eat at home nowadays. Many people work until late and end up eating fast food, so they aren't getting the vitamins necessary to stay healthy.**

訳　はい。最近は人々が家で調理して食べることはあまり一般的ではなくなっている。多くの人々が遅くまで働いて，ファストフードを食べることになり，健康を保つために必要なビタミンを摂取していない。

〔解答例〕は Yes の立場で，仕事中心の生活がその原因だと述べている。他には，「世界的に肥満の人（overweight people）が増加していることから，重要性を理解していないと考えられる」などの答えも可能だろう。No の立場で解答するならば，「日本では食育（food and nutrition education）が推進されているおかげで，健全な食習慣に対する意識が高まりつつある」などが理由になり得るだろう。

**No. 3　解答例　No. There are many active elderly people who can still work in Japan. Rather than retiring, they'll continue to earn a living for themselves. Also, they can share their knowledge with younger workers.**

訳　いいえ。日本にはまだ働くことができる活動的な高齢者が多い。彼らは退職せずに自分たちの生活費を稼ぎ続けるだろう。さらに，彼らは自分たちの知識を若い労働者と共有することもできる。

〔解答例〕と同じ No の立場でも，「日本では労働人口（the population of workers）の減少が急速に進んでいるので，早期退職を選択することが難しくなる」のような理由も可能だろう。Yes の立場で解答するならば，「個人の生活を大切に考える人が増えているので，早期に退職してボランティア活動や家族との時間を持ちたいと考える人が増えるだろう」といった答えが考えられる。

**No. 4　解答例　I think so. These days, people depend on the Internet for many things, such as shopping and banking. Because of this, people's personal information can be stolen by hackers. We should find better ways to protect important data.**

訳　そう思う。最近では，人々は買い物や銀行取引など，多くのことをインターネットに頼っている。このため，人々の個人情報はハッカーに盗まれてしまうことがある。私たちは重要なデータを守るためのよりよい方法を見つけるべきだ。

他には〔解答例〕と同様にYesの立場で，「組織的な犯罪集団による国境を越えたサイバー犯罪は摘発が難しい」といった理由も考えられる。Noの立場で答えるならば，「人々がサイバー犯罪について認識し，各自が対策をとっている」などと述べることができるだろう。

## 二次試験　面接　問題カードD

解答例　**One day, a young woman was at an orientation for new employees. She was talking excitedly with the other new employees during the orientation. She seemed interested in her new career and told them she wanted to work in the product development section. The personnel manager overheard her. A month later, the woman was in the manager's office. He told her that she would now be working in the sales section. The woman looked discouraged because she could not work in the product development section. The next week, the woman was working for the sales section. She was walking outside while talking on the phone and checking her schedule. She looked very busy and stressed. Six months later, the woman and the manager were talking about her evaluation sheet and her accomplishments at work. The manager seemed disappointed in her and said that she needed to do better.**

訳　ある日，ある若い女性が新人社員向けのオリエンテーションに参加していた。彼女はオリエンテーション中，他の新入社員と興奮気味に話していた。彼女は新しい仕事に興味を持っている様子で，商品開発部で働きたいと彼らに話した。人事部長は彼女の話を耳にしていた。1カ月後，女性は部長室にいた。彼は彼女にこれから営業部で働くことになると伝えた。彼女は商品開発部で働けないのでがっかりした様子だった。翌週，女性は営業部で働いていた。彼女は電話中にスケジュールを確認しながら，外を歩いていた。彼女はとても忙しそうで，ストレスを感じているようだった。6カ月後，女性と部長は，彼女の評価表と業績について話していた。部長は彼女に失望している様子で，もっと頑張らなければならないと言った。

▶ナレーションに含めたいポイントは以下の通り。①女性はオリエンテーションで自分のやりたい仕事を語り，人事部長はそれを聞いている。②1カ月後，女性は希望とは違う部署に配属される。③翌週，仕事中の女性は忙しそうに外を歩いている。④6カ月後，女性は部長から，もっと頑張るように言われる。新入社員としてやる気を持って働き始めた女性だが，希望とは異なる部署に配属され，半年後には部長から仕事ぶりについて注意を受けるという展開を押さえる。

質問の訳

No. 1　4番目の絵を見てください。もしあなたがその若い女性ならば，何を考えているでしょうか？
No. 2　学校は，学生に将来の仕事への心構えをさせる責任を負っていると思いますか？
No. 3　現代社会の人々は，昔の人よりもストレスに対処するのが上手ですか？
No. 4　政府は日本の製品の販売を海外で促進するために，もっと多くのことをするべきですか？

**No. 1**　解答例　**I'd be thinking that I should ask my manager to move me to the product development section. I want to be a good employee, and I'm sure I'll perform better by doing the job that suits me best.**

訳　私ならば，部長に商品開発部に異動させてほしいと言うべきだと思っているだろう。私は優秀な社員になりたいし，自分に最も合った仕事をすることでよい業績を上げられると確信している。

〔解答例〕のように部署の異動願いを申し出るという答えの他には，「半年が経って仕事に慣れてきたから，今後はもっとうまくやる自信がある」，「自分に向いた仕事をさせてもらえないのならば退職して新しい仕事を探そう」のような答えも考えられる。

**No. 2**　解答例　**No. Schools should focus on giving students the academic skills they need. Students can learn about working from their parents, or they can get a part-time job while in high school or university.**

訳　いいえ。学校は学生が必要とする学力をつけさせることに集中すべきだ。学生は働くことについて彼らの両親から学ぶことができるし，高校や大学に通いながらアルバイトをすることができる。

〔解答例〕と同じNoの立場では，「仕事に必要な知識や技術は，企業が新人研修などを通じて教育すればよい」などの理由も可能だろう。Yesの立場で答えるならば，「学校は学んだことを実際の社会でどのように活用できるかを学生に示すべきだ」，「学校が現代社会で必要な知識を教えることは重要である」といった解答が可能だろう。

**No. 3**　解答例　**I don't think so. Many people today lead a more complex life than in the past, and their jobs or housework take up a lot of their time. So, it's difficult for them to find time to travel or do a hobby that reduces their stress.**

訳　そう思わない。今日，多くの人々は昔よりも複雑な生活を送っていて，仕事や家事に多くの時間を取られている。だから，ストレスを減らすような旅行や趣味に充てる時間を見つけるのが難しい。

〔解答例〕と同じNoの立場で，「ストレスによる心の病（mental illness associated with stress）に悩まされている人は増加している」のように現状を説明してもいいだろう。Yesの立場で答えるならば，「ストレスについてはメディアでも大きく取り上げられ，さまざまな対処法を知ることができる」などが考えられるだろう。

**No. 4** **解答例** **No. Many Japanese companies are already successful in other countries. They have excellent marketing departments to promote their products. The government should concentrate on improving people's lives in Japan.**

訳 いいえ。すでに多くの日本企業が海外で成功している。彼らには自分たちの製品を売り込むための優れたマーケティング部がある。政府は日本の人々の暮らしを向上させることに集中するべきだ。

〔解答例〕と同じくNoの立場でも,「政府がすべきことは，海外への売り込みではなく，国内で製品を作るための産業振興策を打ち出すことだ」などと説明することもできるだろう。Yesの立場としては,「政府は，特に中小企業（small and medium-sized companies）の海外販路拡大（develop overseas markets）を援助するべきだ」のような答えも可能だろう。

# 2020 年度 第 3 回

Grade Pre-1

## 一次試験　解答一覧

● 筆記

| 1 | (1) | (2) | (3) | (4) | (5) | (6) | (7) | (8) | (9) | (10) | (11) | (12) |
|---|---|---|---|---|---|---|---|---|---|---|---|---|
| | 1 | 3 | 4 | 2 | 3 | 2 | 4 | 1 | 1 | 2 | 4 | 1 |
| | (13) | (14) | (15) | (16) | (17) | (18) | (19) | (20) | (21) | (22) | (23) | (24) |
| | 3 | 3 | 1 | 3 | 2 | 2 | 1 | 3 | 1 | 1 | 4 | 1 |
| | (25) | | | | | | | | | | | |
| | 2 | | | | | | | | | | | |

| 2 | (26) | (27) | (28) | (29) | (30) | (31) |
|---|---|---|---|---|---|---|
| | 1 | 3 | 3 | 3 | 2 | 4 |

| 3 | (32) | (33) | (34) | (35) | (36) | (37) | (38) | (39) | (40) | (41) |
|---|---|---|---|---|---|---|---|---|---|---|
| | 4 | 2 | 3 | 4 | 3 | 1 | 2 | 4 | 1 | 4 |

4（英作文）の解答例は P. 22 を参照。

● リスニング

| Part 1 | No. 1 | No. 2 | No. 3 | No. 4 | No. 5 | No. 6 | No. 7 | No. 8 | No. 9 | No. 10 | No. 11 | No. 12 |
|---|---|---|---|---|---|---|---|---|---|---|---|---|
| | 1 | 4 | 4 | 2 | 2 | 1 | 2 | 3 | 2 | 4 | 4 | 2 |

| Part 2 | A | | B | | C | | D | | E | | F | |
|---|---|---|---|---|---|---|---|---|---|---|---|---|
| | No. 13 | No. 14 | No. 15 | No. 16 | No. 17 | No. 18 | No. 19 | No. 20 | No. 21 | No. 22 | No. 23 | No. 24 |
| | 3 | 1 | 2 | 4 | 3 | 1 | 3 | 2 | 1 | 4 | 3 | 2 |

| Part 3 | G | H | I | J | K |
|---|---|---|---|---|---|
| | No. 25 | No. 26 | No. 27 | No. 28 | No. 29 |
| | 2 | 1 | 2 | 4 | 3 |

## 一次試験　筆記　1

**(1)　解答　1**

訳　ミリアムは，食事の用意をするときには健康的な食材を使おうとする。たとえば，クッキーを作るのにバターを使う代わりに，彼女はオリーブオイルを使う。

空所直後に「食事の用意をするとき」とあり，続く第2文に「クッキーを作る」とあることから，料理に関係する **1** **ingredients**「材料，食材」が正解。それぞれ，**2** attribute「属性，特質」，**3** perimeter「周囲（の長さ），周辺」の複数形。**4** surroundings は複数形で「環境」の意味。

**(2)　解答　3**

訳　役員会のメンバーは，新しいCEOに報酬をいくら払うかについての合意に達することができなかった。最初に提示された金額が高すぎると感じるメンバーが何名かいたのだ。

第2文に書かれている内容がヒント。「何人かは提示された最初の金額が高すぎると感じた」とあるため，それが理由で何に達することができなかったかを考え，**3** **consensus**「合意，意見の一致」を正解とする。**1** ratio「比率，割合」 **2** preview「試写会」 **4** simulation「シミュレーション」

**(3)　解答　4**

訳　エレンのアパートは安かったが，そこに住むことにはすぐに耐えられなくなった。エアコンはなかったし，屋根は雨漏りがしたし，隣の赤ん坊がよく泣いたのだ。

第2文に「エアコンがない」「雨漏りがする」「赤ん坊が泣く」など，快適に過ごせるとは言いがたい状況が複数述べられていることから，**4** **intolerable**「耐えられない，我慢できない」が正解。**1** decent「まずまずの，かなりの」 **2** crucial「きわめて重要な」 **3** gracious「優しい，親切な」

**(4)　解答　2**

訳　深海は，低水温，高水圧，日光が届かないという，生存には全く適さない環境である。このようなことにもかかわらず，多くの生物がそこでどうにか生き延びている。

空所の後に述べられている「温度が低い」「高水圧」「日光がない」という内容が，直前のenvironmentを修飾していることから，そういった環境をどんな形容詞で説明するのが適しているのかを考える。**2** **inhospitable**「生存に適さない」が正解。**1** quaint「風変わりな」 **3** dignified「威厳のある，堂々とした」 **4** confidential「秘密の」

**(5)　解答　3**

訳　祖母の体の弱さがより心配な状況になったので，スチュアートは老人ホームに入所するよう彼女に勧めた。

文の後半に「老人ホームに入所するように勧めた」という内容があることから，より心配な状況になったのは祖母の体の何かを考えて，適切な語を選ぶ。**3 frailty**「弱さ，弱点」が正解。**1** haze「もや，かすみ」 **2** canal「運河」 **4** statistic「統計」

**(6)** **解答 2**

**訳** 様々な生物を研究するために，科学者は相違点と類似点によって，生物を分類してきた。どの種も，ある特定のグループに位置づけられる。

空所直後の them は，手前の various organisms を指す。第 2 文に「どの種も特定のグループに位置づけられる」とあることから，科学者が様々な生物をどうしてきたかを考え，**2 classified** を選んで「分類してきた」とする。それぞれ，**1** salute「敬礼する，～に敬意を表する」，**3** personify「～を擬人化する」，**4** extinguish「～を消す，消滅させる」の過去分詞形。

**(7)** **解答 4**

**訳** A：ジェームズ，仕入れ先の業者が今月支払いを受け取ってないと言っていましたよ。
B：ああ，わかってます。経理部の見落としがあったんです。私が仕入れ先に電話して，謝罪します。

Aが述べている「今月の支払いがされていない」という問題に対して，経理部による何が起こったのかを考える。**4 oversight**「ミス，見落とし」が正解。**1** underdog「敗者，負け犬」 **2** overhead「(複数形で) 諸経費」 **3** upheaval「大変動，激動」

**(8)** **解答 1**

**訳** その男と友人は，地元の銀行を襲おうと企んだ。しかし，他の誰かが気づいて警察に通報したので，彼らは何もできないうちに捕まった。

空所直後が「地元の銀行を襲う」という内容であることと，文法的に to 不定詞になっているということに注目する。**1 conspired** は後ろに to 不定詞を伴い，「～しようと企んだ」という意味になるので，これが正解である。それぞれ，**2** inhale「～を吸い込む」，**3** diminish「～を減らす」，**4** identify「～を確認する，特定する」の過去形。

**(9)** **解答 1**

**訳** ドミンゴの上司は，新しい工場のための彼の計画は実現可能なものではないと彼に言った。コストがかかりすぎるし，完成するのに時間が長くかかりすぎるからだった。

第 2 文でコストと時間がかかりすぎると述べられていることから，彼の計画はよくないものであるという文脈になると予測できる。**1 feasible**「実現可能な」を入れることで，「彼の計画は実現可能なものではない」という内容になり，最も文脈に合う。**2** fierce「激しい」 **3** inventive「創意に富む，独創的な」 **4** eventful「出来事の多い，波乱に富む」

**(10) 解答 2**

訳 新市長は，その市に迫る問題のいくつかに取り組み始めることができる日となる，就任初日を楽しみにしていると言った。

空所直後に「問題のいくつか」とあり，新市長はそれをどうすると言っているかを考える。**2 tackling**「～に取り組むこと」を入れれば，最も意味が通る。when は his first day にかかる関係副詞。それぞれ，**1** insert「～を挿入する」，**3** trigger「～のきっかけとなる，～を誘発する」，**4** generate「～を生み出す」の動名詞。

**(11) 解答 4**

訳 人が大きな手術を受ける際，感染症や神経損傷などの合併症が起こる可能性があるので，手術は通常他の治療の選択肢がないときにのみ行われる。

空所直前に major surgery「大手術」，直後に infection「感染症」，nerve damage「神経損傷」といった言葉があり，これらの用語につながる選択肢として **4 complications**「合併症」を選ぶ。complication は「困難化，複雑化」の意味だが，複数の s がつくと「併発，合併症」の意味で用いられる。それぞれ，**1** denial「否定の申し立て，拒絶」，**2** domain「領域，分野」，**3** comparison「比較」の複数形。

**(12) 解答 1**

訳 ヘンリエッタはとても熱心な読書家だ。彼女は本が大好きで，１週間で数冊読み終えることも珍しいことではない。

第２文に「本が大好き」「１週間で数冊読み終える」などの内容があることから，彼女の読書に対する姿勢を表すのにふさわしい **1 passionate**「熱心な」が正解である。**2** obscure「無名の，不明瞭な」 **3** uncomfortable「心地よくない，不愉快な」 **4** feeble「弱い」

**(13) 解答 3**

訳 山道では，ハイカーは時々，野生動物に遭遇することがあるかもしれない。しかし，その動物に近づきすぎたり，食べ物を与えたりしないことが重要だ。

第２文にある them は，第１文の wild animals を指す。野生動物への対応について言及していることを考えると，空所には **3 encounter**「～に遭遇する」を入れるのが適切である。**1** scrap「～を中止する，破棄する」 **2** propel「～を前進させる」 **4** seal「～に封をする」

**(14) 解答 3**

訳 会社からの解雇に伴って，トッドは新しい職が見つかるまでの２，３カ月間，失業保険を受け取った。

主節の unemployment insurance「失業保険」がヒント。失業保険を受け取る状況につながるよう空所に入る語を考えれば，**3 dismissal**「解雇」を入れ，会社を解雇されたという文脈にするのが正しい。**1** testimony「証拠，証明」 **2** tremor「振動，揺れ，震え」 **4** glossary「用語解説，語彙集」

⒂ 解答 1

訳 票の大部分が数えられた後，その候補者が当選できないことは明白だった。彼は対立候補者の当選を認めることにした。

vote「投票」，candidate「候補者」，election「選挙，当選」などの単語から，話題が選挙であり，最後の his opponent「彼の相手」は「対立候補者」を指すことがわかる。彼が対立候補者に当選をどうすることを決めたのかを考え，**1** concede「～を認める」を入れる。concede は，concede *A* to *B* の形で「*A*（選挙・議論など）での *B* の勝利を認める」という意味になる。**2** consolidate「～を強固にする，統合する」 **3** foster「～を育成する，促進する」 **4** plaster「～に（漆喰など）を塗る」

⒃ 解答 3

訳 ケリーは長時間シャワーを浴びることで，知らないうちにホストファミリーをいらいらさせていた。それほど多くの水を彼女が使うことについて，家族がよく思っていないとホストファミリーの父親が言うまで，彼女は気づいていなかったのだ。

第2文の She did not realize がヒント。「彼女は気づいていなかった」とあるので，彼女がホストファミリーをいらいらさせたのは故意ではないことがわかる。したがって，**3** unwittingly「知らないうちに，無意識に」を選ぶ。**1** sympathetically「同情して，共感して」 **2** typically「典型的に，概して」 **4** diagonally「斜めに，対角線的に」

⒄ 解答 2

訳 その薬の副作用の1つは，鮮明な夢の発生である。その薬を飲んだ人の約5%が，睡眠中に非常に強い，現実的な経験をしたと報告している。

空所に入るのは dreams を修飾する形容詞であることがわかるので，どのような意味を入れれば第2文の内容とつながるかを考える。第2文の関係代名詞節にある it は，第1文の the medicine を指すと推測できる。そして続きを見ると，intense, realistic experiences during their sleep「睡眠中の非常に強い現実的な経験」を報告していることから，**2** vivid「鮮明な」を選ぶのが正解。**1** allied「同盟している」 **3** stout「ぽっちゃりした」 **4** fluent「流暢な」

⒅ 解答 2

訳 試合前，その少年は有名なサッカー選手たちにいつもサインを求める。彼は，選手たちがノートに名前をサインしてくれるのを期待して，ロッカールームの入り口近くで待っているのだ。

第2文に「ノートに名前をサインしてくれるのを期待する」という内容があることから，**2** autographs「サイン」を選ぶ。autograph は「有名人などに記念としてもらうサイン」のこと。「書類などへの署名」を意味するサインの場合は，signature を使う。日本語では同じ「サイン」となるので，注意すること。それぞれ，**1** telegraph「電信，電報」，**3** editorial「社説，論説」，**4** exhibit「展示品」の複数形。

(19) **解答　1**

訳　多くの航空会社が，小さな子どもが飛行機で一人旅をしようとする場合には，親あるいは保護者の了承を得ることを求めている。

空所と or で結ばれているのが parent であることに注目する。空所直後の if 節に「小さな子どもが飛行機で一人旅をするなら」とあり，それに対する許可を与えるのは誰かを考え，親とそれに準ずる **1 guardian**「保護者」を入れるのが妥当。 **2** defendant「被告」 **3** servant「使用人」 **4** commuter「通勤・通学者」

(20) **解答　3**

訳　その劇場を訪れた客の多くが，ステージが低すぎて演者が見えないと文句を言った。経営陣は，舞台を1メートル高くすることにした。

第1文で述べられている客の不満の内容が，「ステージが低すぎる」というものであることから考え，舞台をどうすることが解決策になるかを考えればよい。**3 elevated** を選んで「舞台を高くする」とする。空所直後の by は程度や差を表している。それぞれ，**1** snatch「～をひったくる」，**2** appreciate「～の価値を認める，～に感謝する」，**4** donate「～を寄付する」の過去分詞形。

(21) **解答　1**

訳　古代，地震は神からの警告であると考える人もいた。神が彼らに自分たちの行いを変えるよう言っているのだと，彼らは思ったのだ。

第2文にある God「神」がヒント。空所には直後の warning「警告」を修飾する形容詞が入るので，**1 divine**「神からの，神聖な」を入れればうまくつながる。**2** dutiful「忠実な，従順な」 **3** sparse「まばらな」 **4** lively「元気な，生き生きとした」

(22) **解答　1**

訳　そのランナーは，他のランナーから早い段階で抜け出し，レースをリードした。彼女がゴールラインを越えて優勝したとき，彼女と次のランナーの間は大きく離れていた。

空所を含む文の最後に lead the race「レースをリードする」とあり，続く第2文に to win とあることから，空所に入るのは，他のランナーよりも先に走ったという内容になるはずである。その内容につながる **1 broke away**「先に飛び出した，差をつけた」が正解。それぞれ，**2** hold down「（1つの仕事など）をがんばって続ける，～を押さえつける」，**3** bottom out「どん底である」，**4** turn back「引き返す」の過去形。

(23) **解答　4**

訳　会社のウェブサイトをアップデートするために雇われたウェブ制作者は，仕事がひどかった。彼が起こしたすべての問題を解決するのに，何カ月もかかった。

第1文の最後に did a terrible job「ひどい仕事をした」とあることから，そのウェブ制作者の仕事に問題があったことがわかる。空所直後の all the problems は，空所に入る動詞の目的語である。彼の起こしたすべての問題をどうしたのかを考えれば，**4 straighten out**「～を解決する」が正解となる。It takes *A* to *do* で「～するのに *A*（時間）がかかる」

という意味になることも押さえておくこと。**1** stumble on「～を偶然発見する」 **2** trade in「～を下取りに出す」 **3** rip off「～を盗む」

**(24) 解答 1**

訳 マーシャは息子の様子を見に2階に上がったが，彼が宿題をしないでテレビゲームをしているのを見つけて，とても腹を立てた。

文の後半に書かれているのは，宿題ではなくゲームをしていたという息子の様子である。したがって，母親のマーシャが何のために2階に上がったかを考えると，空所には**1** check up on「（人の素行など）を調べる」を入れるのが最も適当である。 **2** go through with「（困難なこと）をやり抜く」 **3** get away with「～を持ち逃げする，～だけですます」 **4** fall back on「～に頼る」

**(25) 解答 2**

訳 その2人の友人同士はひどい口喧嘩をした後，1カ月は互いに口をきかなかった。しかし，最終的には彼らは仲直りし，今ではより一層多くの時間を一緒に過ごしている。

第1文にa terrible argument「ひどい口論」，did not speak to each other「互いに話をしなかった」とあるのに対して，第2文の空所直後ではspend even more time together「より一層多くの時間を一緒に過ごす」とある。この2文をうまくつなぐ内容としては，**2** made up「和解した，仲直りした」が最も適当である。それぞれ，**1** keep away「～に近づかない，～を避ける」，**3** work up「昇進，出世する」，**4** play out「（できごとが）展開する，終わる」の過去形。

## 一次試験 筆記 2

訳

**財布実験**

心理学者たちは，誠実さに関するさまざまな理論を展開してきた。最もよく知られているものに，誠実さは誘惑と関係するというものがある。しかし近年，この考えは疑問視されている。もし，嘘をついたり，盗んだり，ごまかしたりすることで自分が望むものを手に入れられると思えば，人々がそうする可能性が高くなるということは実に筋が通っているように思えるが，これは真実ではないかもしれないと，ある興味深い実験が示したのである。

ある研究者のチームは，価値のあるものが見つかったとき，人はそれを返すよりも持っておく可能性がより高くなるという説を立て，このことを検証するために，彼らは「道端で見つけました」と言って多くの公共の場に財布を持って行った。お金が入っているものもあれば入っていないものもあったが，すべての財布には鍵とEメールのアドレスが入っていた。そして研究者たちは，なくした財布が見つかりましたよと知らせるメールを彼らが受け取れるかどうかを確かめるために，待った。驚くべきことに，財布の中に大金があったとき，彼らは最も多くの反応を得た。そのうえ，金額がさらに多くなったときには，戻ってきた財布は一層多かったのである。研究者たちは，これは多くの人々がお金よりも誠実さを重んじていることを示す証拠であると考えている。

後に，研究者たちはすべて同じ金額の入った財布を用いた追跡実験を行った。しかし今度は，その財布のいくつかには，それをなくした人にとってのみ，とても重要なものである鍵が入っており，他の財布には鍵が入っていなかった。鍵の入っている財布が返ってきた割合は，著しく高かったのである。この結果に関して最も可能性の高い理由は，人々の誠実さは他人のことをいかに気にかけているかによって強く影響を受けるということだ，と研究者たちは述べている。

**語句・構文**

（第1段）□ psychologist「心理学者」　□ honesty「正直，誠実さ」
□ logical「論理的な，筋の通った」　□ cheat「不正を働く，ごまかす」
□ desire「～を強く望む」

（第2段）□ theorize「理論を立てる」　□ valuable「価値の高い，役に立つ」
□ pretend「～のふりをする，～と見せかける」　□ contain「～を含む」
□ inform「～を知らせる」　□ further「さらに」
□ indicate「～を示す」

（第3段）□ follow-up「引き続き行われる，再度の」
□ significantly「著しく，かなり」　□ affect「～に影響する」

**各段落の要旨**

第1段　心理学者たちは，誠実さに関するさまざまな理論を展開してきた。その中で，誠実さは嘘をつくなどして望むものを手に入れたいという誘惑と関係する，という考えが間違っているかもしれないことを，ある実験が示した。

第2段　ある研究者チームが，道端で財布を拾ったふりをして，それを公共の場に持ち込むという実験を行った。結果は，財布に入っている金額が多いほど，戻ってきた数が多かった。これは，お金よりも誠実さを重んじている人が多いことを示す証拠であると研究者たちは考えている。

第3段　その後，入っている金額は同じだが，鍵が入っている財布と入っていない財布を用いて追跡実験が行われた。結果は鍵の入っている財布が返ってきた割合が著しく高く，これは誠実さが他人のことを気にかける強さに影響を受けるからであると，研究者たちは述べている。

**(26)　解答　1**

**選択肢の訳**　**1**　誘惑と関係している
**2**　多くの関連した要因を必要とする
**3**　長い期間をかけて変化している
**4**　人々の知性によって決まる

第1段第1文にある honesty「誠実さ」に関して，最もよく知られているものがどのようなものかを考える問題。同段第4文（While it does seem…）に「そうすることで自分が望むものを手に入れられると思えば，人が嘘をついたり，盗んだり，ごまかしたりする可能性が高くなる」とあり，この内容とつながる選択肢は，**1 is related to temptation** となる。

(27) **解答** **3**

**選択肢の訳** **1** Alternatively「あるいは，その代わりに」
**2** In contrast「対照的に，それに比べて」
**3** What is more「そのうえ，さらに」
**4** Nevertheless「それにもかかわらず」

前後の接続関係を考える問題。空所直前の第2段第4文（Surprisingly, they got …）を見ると，「財布の中に大金があったとき，彼らは最も多くの反応を得た」とあり，空所直後の内容を見ると，「金額がさらに多くなったときには，戻ってきた財布は一層多かった」とある。ともに財布の中身が大金であった場合，財布が戻ってきた割合が高かったことを示しており，これらの内容をつなぐのに最も適当なものは，前述の内容に情報を付け加える働きを持つ**3 What is more**である。

(28) **解答** **3**

**選択肢の訳** **1** 財布が戻ってくることがいかに難しいか
**2** 彼らが財布の持ち主を知っていたかどうか
**3** 彼らが他人のことをどれくらい気にかけているか
**4** 彼らが報酬を受け取れるかどうか

最終段は，財布に鍵が入っている場合とそうでない場合で，返ってくる割合が変わるかどうかを実験した内容が書かれている。鍵の位置づけとしては，第2文（This time, though, …）に「それをなくした人にとってのみ，とても重要なもの」であると書かれており，第3文（Return rates for wallets …）を見ると，「鍵の入っている財布が返ってきた割合は，著しく高かった」とある。つまり，なくした人にとって非常に重要な鍵が財布に入っていることで，拾った人にも相手が困ることが容易に想像できることから，その財布が返ってくる率が高かったと考えることができる。したがって，**3 how much they care about others**が正解となる。

訳

**珍しい関係**

クロサイは，かつてはアフリカ大陸を広く歩き回っていた。しかし今日では，クロサイは違法な狩猟が原因で絶滅危惧種となっている。サイが特に襲われやすいのは，サイの鼻はかなり敏感だが，目が極端に悪いからである。その結果，ハンターは風が吹いて自分たちの匂いをその動物の方に運ばない限り，気づかれることなくサイに近づくことができるのである。

サイがそのような状況を避ける方法を調査している行動科学者たちは，アカハシウシツツキと呼ばれる鳥との珍しい関係に気がついた。その鳥は鋭い視力を持っていて，動物に近づくことで危険を感じると，シューッという音を出す。彼らはサイの皮膚に生息するダニとして知られる小さな生物が原因でサイに引きつけられており，サイの背中にとまってそのダニを探して，ついばむ。自分の上に鳥がとまっているサイは，近づく脅威の存在に気づく可能性がはるかに高いことが観察された。したがって，研究者たちは鳥がサイに警告を与えているのだと考えている。これによって，なぜサイがウシツツキの存在を許容しているのかも説明できるかもしれない。

近年，ウシツツキは姿を消しつつあり，このことはサイにとっては悪い知らせである。ウシツツキがえさにしているダニは牛にも生息しているが，農家はそのダニを殺すために殺虫剤を使っている。多くのウシツツキが，これらの有毒なダニを食べることで死んでしまい，その結果，サイの生息地を含め，ウシツツキがますます少なくなっている。しかし，環境活動家たちは，ウシツツキを再導入することがサイの個体数維持に役立てることにおいて極めて重要になるかもしれない，と強く思っている。

**語句・構文**

（表題） □ unusual「普通でない」

（第1段） □ rhinoceros「サイ」 □ roam「歩き回る」
□ an endangered species「絶滅危惧種」 □ due to ～「～が理由で」
□ illegal「違法な」 □ vulnerable「傷つきやすい，攻撃されやすい」
□ highly「かなり」 □ sensitive「繊細な，敏感な」
□ vision「視力，視覚」 □ detect「～を見つける，～に気づく」
□ as long as S V「S が V する限り」
□ blow「（風が）吹く，～を吹き動かす」 □ scent「香り，匂い」

（第2段） □ behavioral「行動に関する」 □ investigate「～を調査する」
□ red-billed oxpeckers「アカハシウシツツキ（鳥の一種）」
□ hissing「シューッという音」
□ threaten「～を脅かす，脅威となる」 □ draw「～を引きつける」
□ organism「有機体，生物」 □ tick「ダニ」 □ atop「～の上に」
□ peck「くちばしでついばむ」
□ be perched「とまっている，座っている」 □ threat「脅威」
□ tolerate「～を許容する，大目に見る」

（第3段） □ feed on ～「～を常食，えさとする」 □ pesticide「殺虫剤」
□ reintroduce「～を再導入する，再移入させる」
□ vital「極めて重要な」 □ preserve「～を保護する，保つ」
□ population「個体数」

**各段落の要旨**

第1段 今日，アフリカに生息するクロサイは違法な狩猟が原因で絶滅危惧種となっている。サイは目が極端に悪く，それゆえハンターに狙われやすい。

第2段 そのような状況を避けるべく，サイはアカハシウシツツキという鳥と共生関係を作っている。ウシツツキは視力が優れており，サイに近づく脅威をいち早く伝える代わりに，サイは自分の皮膚の上にいるダニをウシツツキがえさにすることを許容している。

第3段 しかし，農家がダニを殺す殺虫剤を用いることで，それを食べるウシツツキが死んでしまい，サイとの共生関係は崩れつつある。ウシツツキの再移入が，サイの個体数維持には重要であると，環境活動家は考えている。

**(29) 解答 3**

**選択肢の訳**
1 Otherwise「そうでなければ」
2 Instead「代わりに」
3 Consequently「その結果」
4 Similarly「同様に」

前後の接続関係を考える問題。空所直前の第1段第3文（The rhinos are…）には「サイが襲われやすいのは，目が極端に悪いからである」と述べられている。一方，空所直後には「ハンターは気づかれることなくサイに近づくことができる」とあり，前後が原因と結果でつながっていることがわかる。したがって，**3 Consequently** が最も適当である。

**(30) 解答 2**

**選択肢の訳**
1 サイはその鳥を怖がっている
2 鳥はそのサイに警告を与えている
3 サイの生存はその鳥に脅かされている
4 鳥はダニをそのサイに引き寄せている

空所直前に therefore があることに注目する。therefore は，前に述べられた理由の結果を述べるのに用いられるので，空所に入るのは前文の結果として当てはまるものである。前文の第2段第4文（Rhinos with the birds …）を見ると，「自分の上に鳥がとまっているサイは，近づく脅威の存在に気づく可能性が高い」とあるので，そこから考えられる答えは **2 birds provide warnings to the rhinos** である。

**(31) 解答 4**

**選択肢の訳**
1 動物を保護する法律は弱くなった
2 ウシツツキ狩りは合法となった
3 そのダニは作物に有用だとわかった
4 ウシツツキは姿を消しつつある

空所直後の which は，空所の内容を説明する関係代名詞の非制限用法。「そのことがサイにとって悪い知らせになっている」という意味になる。前段の内容から，サイはウシツツキという鳥と共生することで，自身に近づく脅威から身を守ることができるということがわかっており，「サイにとって悪い知らせ」とは，その関係がなくなってしまうことであると推測できる。したがって，**4 oxpeckers have been disappearing** を選べば，最も意味が通る。

# 一次試験　筆記　3

訳

シアトルの自転車シェアリング

シアトルは，その住人が活動的な生活様式とアウトドア好きで知られている，環境にやさしい都市である。したがって，シアトル初の自転車シェアリングサービスであるプロント・サイクル・シェアが失敗に終わったのは，多くの人にとっては驚きだった。プロントは，使わないときは自転車が保管できるドッキングステーションの周りに設計され，当初は企業スポンサーの援助を受ける非営利企業によって提供されていた。しかし，一般市民からの反応がよくなかったので，市が介入してそのサービスを買収することになった。満足のいかない結果が続いた後で，市は利用を促すためにサービスのネットワーク拡大を発表したが，それを著しく広げることはできなかった。最終的に，批判と財政問題が何年か続いた後，プロントは 2017 年に休止された。

数カ月後，スピンと呼ばれる新しい自転車シェアリングサービスの導入が成功したことは，残念ながらプロントの終了にさらなる疑問を投げかけることになった。雨天と急な坂道で知られる他の合衆国の都市で自転車シェアリングの会社の成功が証明されたことは，シアトルの気候と地形のせいではないということであり，その代わりに，プロントを批判する人はドッキングステーションの位置が重大な問題であると非難した。スピンの自転車はスマートフォンを使ってカギを外すことができ，認可された区域内ならどこにでも放置することができたので，スピンが営業し始めると，プロントを利用できなかった区域の利用者の多くがスピンに申し込んだ。さらに，プロントのネットワークは，シアトルに現在ある公共交通機関が通っていない地域に，十分にサービスを提供できていなかったのである。

スピンが成功したとき，同様のサービスがシアトルで始まり，2018 年には常設の自転車シェアリング計画がその都市に導入されることになった。この計画は，自転車に乗る人にはプラスの動きとなったが，ビジネスを継続したければその計画に加わることを強いられる企業からはマイナスの反応があった。許可書を出す手数料や個々の自転車の料金といった，企業が負担しなければならない必須コストは，高すぎることが判明した。それらの企業の中で，スピンを含む 2 社が，計画が導入された直後にサービスを取りやめて市から撤退し，市の意思決定に再び世間の注目が集まったのだった。

語句・構文

(第 1 段)
□ environmentally friendly「環境にやさしい」
□ end in failure「失敗に終わる」
□ docking station「ドッキングステーション（ここではシェアリング用の自転車を保管する場所のこと）」
□ initially「当初，最初」　□ nonprofit「非営利の」
□ corporate「法人組織の，企業の」
□ sponsor「スポンサー，資金提供者」
□ underwhelming「感銘を与えない，しらけさせる」
□ step in「（事件などに）介入する」　□ purchase「～を購入する」

☐ continued「継続する，引き続きの」
☐ unsatisfactory「満足のいかない，不十分な」
☐ enlargement「拡大，増大」 ☐ criticism「批判」
☐ abandon「～を捨てる，中止する」
（第2段）☐ raise a question about ～「～に一石を投じる，疑問を投げかける」
☐ demise「消滅，終結」 ☐ steep「（坂などが）急な，険しい」
☐ hill「坂道」 ☐ terrain「地域，地形」 ☐ critic「評論家，批判者」
☐ point a finger at ～「～を指し示す，公然と非難する」
☐ authorized「公認・認可された」 ☐ enroll「～を入会させる」
☐ access「（利用などの）権利」 ☐ adequately「十分に，適切に」
（第3段）☐ permanent「永続する，常設の」 ☐ mandatory「義務的な，必須の」
☐ permit「許可書」 ☐ fee「手数料，料金」
☐ withdraw「～を取り消す，撤回する」 ☐ decision-making「意思決定」
☐ under the spotlight「世間に注目された，脚光を浴びた」

**各段落の要旨**

第1段 シアトル初の自転車シェアリングサービスであったプロントは，市が介入してサービス拡大を狙うもののうまくいかず，批判や財政問題から2017年に休止された。

第2段 数カ月後，スピンという名の自転車シェアリングサービスがシアトルで導入されたが，プロントがサービスを提供できなかった地域にもサービスを提供することができ，これまでプロントを利用していなかった人も申し込み，成功をおさめた。

第3段 2018年に，常設の自転車シェアリング計画がシアトルに導入された。その結果，サービスを提供する企業は強制的にその計画に加わらなければならず，高いコストを負担しなければならなかった。その結果，スピンを含む2社がサービスを撤回し，シアトルからも撤退することとなった。

(32) **解答** 4

**質問の訳** **本文によると，シアトル初の自転車シェアリングサービスに当てはまるのはどれか？**

**選択肢の訳**
1 その企業に追加資金を提供することを市が拒否し続けたため，企業が生き残ることができなくなった。
2 そのサービスが人気を得られなかった後，市はようやく非営利企業にその管理を許可することを決めた。
3 そのサービスは一般人には人気があったが，利益が低かったために市はどこか他の資金調達先を探さなければならなかった。
4 それを営業する企業が成功できなかったとき，市はそのサービスを買収して拡大しようとした。

シアトル初の自転車シェアリングサービスを提供していたのは，プロント・サイクル・シェアであり，その内容は第1段に述べられている。第4文（The public's underwhelming response, …）を見ると，「一般市民からの良い反応がなかったので，市が介入してそのサービスを買収することになった」とある。さらに，続く第5文（After continued unsatisfactory …）に「市はサービスのネットワーク拡大を発表した」とあり，これらの内容に合致するのは**4 When the company that operated it was unable to make it successful, the city bought and attempted to expand the service.**である。

**(33) 解答 2**

**質問の訳** プロント・サイクル・シェアが失敗した理由の1つは何か？

**選択肢の訳**
1 その都市の公共交通網が改善されたことで，人々が移動するのに自転車を使う必要が少なくなった。
2 ネットワークがつながっていないため，一部の住民は街を簡単に移動するのが難しかった。
3 多くの事故が市の坂道と悪天候のせいで起きたとき，自転車に乗る人はサービスを利用するのをやめた。
4 自転車の位置を追跡するために使われるスマートフォンのソフトに関する問題は，自転車に乗る人の多くがサービスをやめる原因となった。

プロント・サイクル・シェアの失敗の具体的な理由は，新たなサービスであるスピンとの対比の形で第2段に述べられている。第3文（Spin's bikes could …）に「スピンの自転車は，認可された区域ならどこでも放置できた」とあり，その結果「プロントの利用できなかった区域の利用者がスピンに申し込んだ」と述べられている。また，最終文（Furthermore, Pronto's network …）を見ると，「プロントのネットワークは，シアトルに現在ある公共交通機関が通っていない地域に，十分にサービスを提供できていなかった」とある。これらの内容からわかることは，プロントのネットワークが利用できない区域が多くあったことが失敗の理由の1つであるということであり，**2 Gaps in its network meant that it was difficult for some residents to travel around the city easily.**が，それを表す内容としてふさわしい選択肢となる。

**(34) 解答 3**

**質問の訳** スピンによって提供されたサービスについてどんなことがわかるか？

**選択肢の訳**
1 以前の自転車シェアリングサービスの様式よりもずっといいものであったにもかかわらず，そのサービスの自転車の様式は一般の人々には人気がなかった。
2 そのサービスは，その都市に自身の自転車シェアリングサービスを導入することを決めた，よりよく知られている企業と競合することはできなかった。
3 市によって導入された新しい計画は，それを営業している企業が経営し続けるにはサービスがあまりに高額になる原因になった。
4 一般の人々はそのサービスについては肯定的だったが，それを経営する企業は，サービスが引き起こす環境被害のために，市から批判された。

スピンがサービスを提供した後に起こったことについては，第３段に述べられている。第１文の後半（… leading the city …）を見ると，「2018年に常設の自転車シェアリング計画がその都市（＝シアトル）に導入されることになった」とあり，続く第２文（While this was …）には「この計画は，企業からマイナスの反応を受けた」とある。そして，その具体的な内容として第３文（The mandatory costs …）に「企業が負担しなければならない必須コストは，高すぎることが判明した」と述べられていることから，**3 A new program introduced by the city caused the service to become too expensive to keep running for the company that was operating it.** が正しい答えとなる。

訳

南極大陸の野生生物

南極大陸は，広大で，ほとんどが氷に覆われたほぼ何もない大陸である。実際，永久に凍ることのない土地は１パーセント未満しかないのである。このわずかな地域が，ユキドリのような鳥類を含む南極の野生生物の多くにとって，なくてはならないものである。そこが，地上で子を産む種にとって，最も使いやすい環境を与えてくれるからである。南極大陸に永住する人はいないが，研究施設や旅行者用のキャンプ場，ゴミ捨て場といった，人間の存在を示すものが，近年ますます南極大陸の自然環境を脅かしている。概して，人間の活動は凍ることのない地域の80パーセントにマイナスの影響を与えているのである。

有害となる人間の活動の結果の中に，野生生物に対する妨害と，廃棄物や乗り物の排気ガスによる汚染がある。生態学上の主要な問題は，その土地にもともといる種に害を与える可能性のある外来の植物や昆虫の種が，意図されない形で導入されることである。さらに，南極大陸は種の種類が比較的少ないので，その地域の在来種は，その土地にもともといない種に，非常に取って代わられやすいのである。南極大陸の環境に対するもう１つの脅威は，石油探査である。現在，それは南極条約で禁止されているが，その禁止は将来，その妥当性が疑われる可能性がある。石油産業における技術の進歩により，厳しい環境下のボーリングがより経済的になっており，石油会社は事業を拡大しようと圧力をかけているのである。たとえば，ボーリングは現在アラスカ州のノース・スロープで進行中であるが，そこはかつて石油を得ることが経済的に実行不可能だった，氷点下の気温の地域なのである。

南極条約は，南極大陸の55カ所を保護地域として指定しているが，これらの地域は凍らない土地のほんのごく一部に過ぎない。そして，その指定もあまり意味がないかもしれないのだ。クイーンズランド大学の生物学者であるジャスティン・ショーとその同僚の研究は，南極大陸で行われている保護は，世界中の脆弱な地域を保護するために計画されたプログラムの１位から最下位までの順位において，下位25パーセントに入っていることを示した。同じ研究によって，55カ所の保護地域はすべて，人間が活動している地域と近いところに位置しており，７カ所は生物学的侵入の危険性が高いと考えられていることもわかった。ショーによると，南極大陸の生物多様性を保護することは極めて重要なので，最大数の種のいる地域は，保護地域を設けるときに優先されなければならないということである。南極大陸は孤立した地域だからといって，その大陸が生物多様性に対する深刻な脅威にさらされることはないということにはならないのだと，今こそ認識するときである，とショーは警告している。

**語句・構文**

(表題) □ Antarctica「南極大陸」

(第1段) □ indispensable「欠くことのできない，絶対必要な」
□ snow petrel「ユキドリ」 □ accessible「使いやすい」
□ waste dump「廃棄物集積場」 □ overall「全般的に言えば，概して」

(第2段) □ disturbance「妨害，邪魔」 □ vehicle「乗り物」
□ emission「排気ガス」 □ unplanned「意図されたものでない」
□ counterpart「～に対応・相当するもの」 □ local variety「在来種」
□ vulnerable「～に弱い」 □ replacement「交代」
□ exploration「実地調査，探査」
□ the Antarctic Treaty System「南極条約」 □ ban「禁止」
□ challenge「～の妥当性を疑う，異議を唱える」
□ drill「(石油・ガスを求めて) ボーリングする」 □ harsh「厳しい」
□ operation「事業」 □ under way「進行中で」
□ sub-zero「氷点下の」 □ obtain「～を得る」
□ impractical「実用的でない，実行不可能な」

(第3段) □ designate $A$ as $B$「$A$ を $B$ に指定する」
□ amount to ～「～に達する」 □ fraction「一部」
□ implement「～を実行する」 □ safeguard「～を保護する」
□ invasion「侵入，侵略」 □ conserve「～を保存する，節約して使う」
□ biodiversity「生物多様性」 □ essential「不可欠の，極めて重要な」
□ prioritize「～を優先させる」

**各段落の要旨**

第1段 南極大陸はほとんどが氷に覆われた土地であるが，わずかに存在する凍らない土地は，南極に生息する野生生物にとって非常に重要なものである。一方で，研究施設やキャンプ場など，人間の活動がその貴重な土地にマイナスの影響を与えている。

第2段 人間の活動が南極大陸の自然環境に与える悪影響は，2点ある。まず，外来種が意図せず導入されることによって，南極の野生生物の生態系に害が与えられる。次に，石油産業における技術発展により，氷点下のような厳しい環境でも石油の採掘が可能となり，現在禁止されている石油探査が行われるようになる可能性がある。

第3段 南極条約によって保護地域指定されている場所は，生物多様性の保護という観点からは妥当なものとは言いがたい。南極大陸が孤立しているからといって，生物多様性が脅威にさらされないということにはならない，と認識することが重要である。

**(35) 解答 4**

**質問の訳** 南極大陸の凍らない土地の重要性について，どんなことが言われているか？

**選択肢の訳**
1 その大陸の中でもっと寒い別の地域が受けているほど，大きな環境被害は受けていない。
2 他の地域に比べて，人類がその地域に新しい種を導入する場所としての可能性が高い。
3 増大する人類の活動から逃れようとしている，大陸の別の地域から来た動物が生息している。
4 子を産むために陸地に棲む必要のある特定の種にとって，最も簡単にたどり着ける場所である。

凍らない土地については，第1段に述べられている。第3文（This tiny area …）を見ると，後半に「地上で子を産む種にとって最も使いやすい環境を与えてくれる」とある。because it provides の it は，文頭の this tiny area を指しており，これは第2文（In fact, …）にある「永久に凍らない土地」のことを言っているため，**4 It is the easiest place to get to for certain species that need to be on land to give birth to their young.** が正解。

**(36) 解答 3**

**質問の訳** アラスカ州のノース・スロープの事例は，いかに（　　）であるかを説明している。

**選択肢の訳**
1 保護地域の指定は，環境に被害を与える活動ができるようにするために，簡単に廃止されることがある。
2 南極条約のような協定は，世界の中で資源の豊富な地域において必要である。
3 ボーリング事業の技術革新は，厳しい気候の地域における石油採取をより費用効果の高いものにした。
4 外来種の導入は，短期間でその地域の生態系を完全に変化させる可能性がある。

ノース・スロープの事例は，第2段最終文（For example, …）にある。同文の後半を見ると，「そこはかつて石油を得ることが経済的に実行不可能だった，氷点下の気温の地域」であったと述べられている。For example が何の例として挙げられているのかを考え，前文の第6文（Technological advances in …）を見ると，「石油産業における技術の進歩により，厳しい環境下のボーリングがより経済的になって」いるとあるため，**3 innovations in drilling operations have made it more cost-effective to extract oil in areas with severe climates.** が正解。

**(37) 解答 1**

**質問の訳** ジャスティン・ショーは，南極大陸の自然を守るために何がなされることを推奨しているか？

**選択肢の訳**
1 最も多様な動植物種のいる地域は，保護地域を設けるときに優先権を与えられるべきである。

2　重点は，外来種に脅かされている地域から生物多様性のない地域に変更するべきである。

3　人間が活動するところに近い地域に棲んでいる動物は，氷に覆われた地域に移されるべきである。

4　南極大陸の凍らない区域の外側にある場所においては，より多くの保護地域が計画されるべきである。

ジャスティン・ショーに関する内容は第3段にある。彼女の主張は第4文（According to Shaw, …）で「最大数の種のいる地域は，保護地域を設けるときに優先されなければならない」と述べられているから，**1 Areas with the most variety of plants and animals should be given priority when establishing protected areas.** が正解となる。

訳

## ダーウィンの矛盾

約2世紀前，チャールズ・ダーウィンはビーグル号と呼ばれる船に乗り，インド洋を渡った。暖かく青い海は，生命を育むには非常に適した環境であるように思えたが，海洋生物は少なく，透明な海に時折魚が見えるだけであることにダーウィンは気づいた。しかし，キーリング諸島として知られるサンゴ諸島にたどり着くとすぐに，彼はその島の周りには豊富な海洋種がいることに気づいた。周りにほとんど生物のいない砂漠のような海のど真ん中で，サンゴ島が肥沃なオアシスになっている原因はいったい何であろうと，彼は考えたのである。

この謎は，「ダーウィンの矛盾」として知られるようになり，科学者たちを長い間魅了している。ダーウィンの時代から，海洋生態系にとっての主要な栄養源である，植物プランクトンとして知られる微生物によって海が濁っていないことから，まさに熱帯の海の透明性こそが生物がいないことの原因であると，彼らは明らかにしてきた。しかし，キーリング諸島では，サンゴやエビのようなその他の海洋生物は，植物プランクトンを摂取しているのである。植物プランクトンに必要とされる窒素とリンは，サンゴ礁と様々な海洋生物を維持するのに十分高い水準で，キーリング諸島の海域にも存在している。植物プランクトンの成長を支えている要因は，アイランドマス効果（IME）として知られている。しかし，当時の科学者たちが困惑したのは，サンゴ礁の生態系の中で，どうやって栄養素が周りの海に流されずにとどまっているのかということだった。

研究者たちはついに，IMEがどのように機能しているかを示す要素をすべてまとめあわせた。それは，海底において高くなっているところに位置する，サンゴ礁の構造から始まる。サンゴは日光を必要とするので，浅い海では順調に育つ。そして傾斜が非常に険しい地域よりも，なだらかな斜面に位置しているときの方が，サンゴ礁の生物多様性はより高くなる。これは，なだらかな斜面は，もうひとつの重要なIMEの要素である湧昇，つまり深海から栄養分の多い低温の水が，栄養分は少ないが明るい上層へと移動する現象にとって重要だからである。この現象は，サンゴのえさとなる植物プランクトンに食料を与える。海綿動物として知られる海洋生物は，その過程のもうひとつの重要な部分である。海綿動物は，サンゴと植物プランクトンの両方から出た老廃物を吸い込み，その老廃物を食物連鎖上位の海洋生命体が消費できる物質に変え，そしてその物質を近隣の海域に排出し，それがえさとなるからである。これによって，サンゴ礁の生態系の閉じられた環の中で，エネルギーと栄養が保持されるのである。サンゴ礁の生態系における栄養分の濃度は，沿岸部とサンゴ礁の両方で生まれて死んでいく生物由来の有機物によってさらに高められる。

熱帯のサンゴ礁は，漁業にとっての重要な資源であるが，サンゴ礁は嵐や洪水が海岸線に及ぼす影響を緩和し，沿岸部を保護してもいる。気候変動が地球の気温を上昇させ，地球をめぐる海流の動きを変化させるにつれて，サンゴ礁の生態系はかなりの影響を受けることになるだろう。サンゴ礁に対する将来の気象パターンの悪影響が減らせるように，IME をよりよく理解し，それを保護するための適切な行動をとることが，ますます重要になるのだ。



## 語句・構文

(第 1 段) □ aboard「～に乗って」 □ scarce「乏しい，不十分な」
□ occasional「時々の」 □ upon *doing*「～するとすぐに」
□ coral「サンゴ」 □ an abundance of ～「大量の～，豊富な～」
□ fertile「(土地が）肥えた，繁殖力のある」 □ amid「～の真ん中で」

(第 2 段) □ fascinate「～を魅了する」 □ determine「～を発見する，明らかにする」
□ clarity「清澄，澄んでいること」 □ cloud「(液体）を濁らせる」
□ phytoplankton「植物プランクトン」 □ nutrition「栄養」
□ shrimp「小エビ」 □ have access to ～「～を利用できる，入手できる」
□ nitrogen「窒素」 □ phosphorus「リン」 □ sustain「～を維持する」
□ reef「岩礁」 □ puzzle「～を困らせる，悩ませる」

(第 3 段) □ gradual「なだらかな」 □ slope「斜面」 □ steep「急な，険しい」
□ upwelling「湧昇」 □ feed「～にえさを与える」
□ sponge「海綿動物」 □ suck in ～「～を吸い込む」
□ waste product「老廃物」 □ convert *A* into *B*「*A* を *B* に変える」
□ expel「～を排出する」 □ enhance「～を高める」
□ organic matter「有機物」 □ onshore「沿岸の」

(第 4 段) □ coastal「沿岸の」
□ buffer *A* from *B*「*A* への *B* からの衝撃を緩和する」
□ shoreline「海岸線」 □ appropriate「適切な」

**各段落の要旨**

第 1 段 約 2 世紀前，チャールズ・ダーウィンは，インド洋を航海していたとき，海にはほとんど生物が見られなかったにもかかわらず，サンゴ諸島の周りには多くの海洋種が存在していることに気づき，その原因に疑問を抱いた。

第 2 段 この話は「ダーウィンの矛盾」として知られている。透明な海には植物プランクトンが存在しないため，生物がいないことがわかったが，サンゴ礁の周りの海には植物プランクトンやそれが必要とする栄養素が十分存在していた。その要因はアイランドマス効果（IME）として知られているが，栄養が周りの海に流されず，どのように維持されているかは当時の科学者たちには謎であった。

第 3 段 研究者たちは，ついにその謎を突き止めた。湧昇と呼ばれる，深海から栄養分の多い水が上層部へ移動する現象によって，サンゴのえさとなる植物プランクトンに食料が与えられる。さらに海綿動物が，サンゴやプランクトンの老廃物を吸い込み，食物連鎖上位の生物が利用できる物質に変えて，近くに排出する。その結果，サンゴ礁の周りではエネルギーと栄養が保持されるのである。

第４段 熱帯のサンゴ礁は沿岸部を保護する役割も果たしている。気候変動が海に与える影響が，サンゴ礁の生態系にもマイナスになるため，IME をより理解し，それを守る行動がますます重要となる。

**(38) 解答 2**

**質問の訳** 次の文の中で，「ダーウィンの矛盾」について最もよくまとめているのはどれか？

**選択肢の訳**
**1** あまり多くの生命を育まないサンゴ礁は，一般的に幅広い多種多様な海洋種が生息する海域で見られる。
**2** 周りの開放水域に生物がいないにもかかわらず，サンゴ礁は海洋生物の大きな個体群を維持することができる。
**3** 低温の水域で形成されるサンゴ礁は，水温が高いところで発達するサンゴ礁よりもよく生物を育てることができる。
**4** 単独で生活する海洋生物はサンゴ礁の近くで生息することを好むが，一方，集団で見られる海洋生物は，より高温の水の海を好む。

「ダーウィンの矛盾」は第２段第１文（This mystery, …）に述べられている。文頭の This は前段の内容を表すので，第１段第２・３文（Although the warm, … marine species around them.）の内容をまとめればよい。そこで述べられているのは，「周りの海には生物がほとんどいないが，サンゴ諸島の周りには豊富な海洋種が存在している」という内容になり，**2 In spite of the lack of life in the open water around them, coral reefs are able to support large populations of sea creatures.** が最も近い内容となる。

**(39) 解答 4**

**質問の訳** 科学者たちがアイランドマス効果について悩んだのは，(　　　) からである。

**選択肢の訳**
**1** 海洋生物は外洋域で見られる植物プランクトンを食べないが，サンゴ諸島付近の水域では大量の植物プランクトンを消費する
**2** 小さなサンゴ諸島の方が，大きなサンゴ諸島よりもずっと植物プランクトンが失われないようにすることができるように見える
**3** 小さな生物は十分な窒素とリンを得るが，大きな生物は十分な量の窒素とリンを得ることができない
**4** サンゴ諸島は，外洋域で見られるよりも高い水準の窒素とリンを維持することができるように見える

第２段最終文に What puzzled scientists at the time とあるので，この前後に注目して読めばよい。最終文後半（how nutrients could be …）には「サンゴ礁の生態系の中で，どうやって栄養素が周りの海に流されずに維持されているのか」と述べられている。また，同段第４文（Nitrogen and phosphorus …）を見ると，「窒素とリンが，サンゴ礁と様々な海洋

生物を維持するのに十分高い水準で，キーリング諸島の海域にも存在している」と述べられている。これらの内容から，**4 coral islands appear to be able to sustain levels of nitrogen and phosphorus that are higher than those found in the open ocean.** がふさわしい。

**(40) 解答 1**

**質問の訳** 海綿動物がIMEにおいて果たす役割とは何か？

**選択肢の訳**
**1** ある物質を食べられるものに変化させることによって，生存に必要な物質を海洋生物に供給する。
**2** 海に入ってくる大量の日光を吸収するので，より多くの栄養分を島の周りの傾斜が急な場所に供給できる。
**3** 海綿動物が出す廃棄物は，サンゴと植物プランクトン両方にとっての重要な食料源になる。
**4** 植物プランクトンをえさとした後，海綿動物は自分をえさとするより大きな海洋動物に，その栄養分を受け渡す。

「海綿動物」について述べられているのは，第3段第6文（Sea creatures known …）以降である。その文を見ると，「サンゴと植物プランクトンの両方から出た老廃物を吸い込み，その老廃物を食物連鎖上位の海洋生命体が消費できる物質に変え，そしてその物質を近隣の地域に排出し，それがえさとなる」とあり，これに合致するのは **1 They supply marine organisms with substances necessary for their survival by changing certain materials into a form that can be eaten.** である。

**(41) 解答 4**

**質問の訳** IMEをよりよく理解することは，どのように役に立つ可能性があるか？

**選択肢の訳**
**1** 地球温暖化が沿岸部で生じる嵐や洪水の傾向にどんな影響を与えるかを，科学者たちがより明確に理解するのに役立ちうる。
**2** 漁業がサンゴ礁の周りの生態系に与えてきた悪影響を，科学者たちが少なくできる可能性がある。
**3** 地球の気温が上がっていても海流が暖かくならないようにする方法を，科学者たちが理解する助けになりうる。
**4** 海流と温度の変化からサンゴ礁を守るための方法を，科学者たちが発見できる可能性がある。

第4段最終文（It will become …）に to better understand the IME とあり，この部分の内容を正しくとらえること。その続きに目的を表す so that があることに注目する。so that S V は「SがVするように」と目的を示すので，「IMEをよりよく理解すること」の目的は「サンゴ礁に対する将来の気象パターンの悪影響を減らせるようにすること」であることがわかる。そして将来の気象パターンとは，同段第2文（As climate change …）で述べられている「地球の気温上昇と地球をめぐる海流の変化」であると考えられるため，**4 It might enable scientists to discover ways to protect coral reefs against shifts in ocean currents and temperatures.** が正解となる。

## 一次試験　筆記　4

**解答例** **In my opinion, more people should become vegetarians in the future. They should do so for reasons such as animal rights and health.**

**Becoming a vegetarian can play a big role in protecting the lives of animals. Factories that produce meat products often have bad conditions, and the animals kept there are treated poorly. If more people choose not to eat meat, then these factories will be forced to close down and fewer animals would be killed for food.**

**A vegetarian lifestyle can also benefit our health. Meat products, especially fast food, contain high amounts of fat, which has been shown to cause heart disease and obesity. On the other hand, by eating more nutritious vegetables, people will get sick less often, resulting in improved health and welfare throughout society.**

**In conclusion, more people should become vegetarians to help protect the rights of animals and to improve their own health. (120～150 語)**

訳　私の意見では，将来より多くの人がベジタリアンになるべきだ。動物の権利や健康といった理由で，そうするべきだ。

ベジタリアンになることは，動物の命を守るという点で大きな役割を果たすかもしれない。肉製品を生産する工場は状態が悪いことが多く，そこで管理されている動物はみじめな扱われ方をされている。もしより多くの人が肉を食べないことを選ぶなら，これらの工場は閉鎖を余儀なくされ，食用に殺される動物は減るだろう。

ベジタリアンの生活様式は，私たちの健康にも恩恵を与えてくれるかもしれない。肉製品，特にファストフードには大量の脂肪分が含まれており，それは心臓病や肥満の原因となることが示されている。一方，より栄養のある野菜を食べることによって，人々はあまり病気にかからなくなり，その結果，社会のいたるところで健康と福祉が改善されるようになるかもしれない。

要するに，動物の権利を守るのに役立ち，かつ自分たち自身の健康を改善するためにも，より多くの人がベジタリアンになるべきだ。

●与えられたトピックについて作文を書きなさい。

●以下のポイントのうち２つを使って自分の解答を補強しなさい。

●構成：序論，本論，結論

●長さの目安：120～150 語

●英文は解答用紙Ｂ面の与えられたスペースに書くこと。スペースの外に書かれたものは採点されません。

**トピックの訳**　賛成か反対か：将来，より多くの人がベジタリアンになるべきである。

**ポイントの訳**　●動物の権利　●コスト　●環境　●健康

▶〔解答例〕の英文の段落構成は，「主張→１つ目の理由→２つ目の理由→結論」である。

▶第１段では，まずトピックにある「ベジタリアンになるべきか」どうかに対して自身のスタンスを明らかにする。〔解答例〕では，①動物の権利と②健康をキーワードにして，より多くの人がベジタリアンになるべきであると述べている。第２段では，①動物の権利について動物の命を守るという観点から言及し，工場の環境の悪さとそこで管理される動物の扱われ方について問題提起し，ベジタリアンになることで，食用に殺される動物が減ると展開している。続く第３段では，②健康について触れ，栄養の多い野菜を食べることで，人々は病気にかかりにくくなり，健康と福祉が改善されると述べている。最終段では，①と②の内容を再度確認し，結論としてまとめている。

▶それ以外のポイントを使う場合，たとえば「コスト」であれば，食用の動物を飼育することにより，えさ代がかかることなどを例に挙げることができるだろう。When we raise animals such as cattle and pigs, they need a lot of food. This costs a lot. などとすればよい。

▶「環境」に関しては，動物や動物の飼育が環境に与える影響などに触れるとよい。例えばえさとなる飼料を作るのにも大量の水などが必要だし，動物自身も二酸化炭素を排出している。これらが環境に悪影響を及ぼす可能性があることを述べるといいだろう。

## 一次試験　リスニング　Part 1

**No. 1　解答　1**

★＝男性　☆＝女性　（以下同）

☆ That was a great movie, Joe. Thanks for bringing me.

★ Glad you enjoyed it. Uh-oh, it's raining hard. You didn't bring an umbrella, did you?

☆ No. So much for walking to the restaurant! Isn't there a subway station two blocks away?

★ Yes, but we'll get soaking wet in this rain. Let's call a cab.

☆ We may have to wait a while for them to send one in this weather.

★ It's better than getting rained on.

☆ That's true.

**Question : What will the couple do next?**

Script

訳

☆とてもいい映画だったわね，ジョー。連れてきてくれてありがとう。

★楽しんでくれてよかったよ。おっと，雨が強いね。傘持ってなかったよね？

☆ええ。レストランまで歩くのはあきらめましょう！　２区画先まで地下鉄の駅はなかったかしら？

★いや，でもこの雨ではずぶ濡れになってしまうよ。タクシーを呼ぼう。

☆この雨だと，タクシーを寄こしてもらうのにしばらく待たないといけないかもしれないわよ。

★雨に濡れるよりはましじゃないかな。

☆それもそうね。

語句・構文

□ so much for ～「～はそれでおしまいである，～はあきらめるしかない」

□ get soaking wet「びしょ濡れになる」　□ cab「タクシー」

□ get rained on「雨に濡れる」

質問の訳　２人は次にどうするか？

選択肢の訳　**1**　電話でタクシーを呼ぶ。

**2**　レストランまで歩く。

**3**　雨が止むのを待つ。

**4**　地下鉄に乗る。

２人の発言から，雨が降っているという状況がわかる。男性の２番目の発言に「タクシーを呼ぼう」とあるのに対して，続く女性の発言には「しばらく待たなければいけないかもしれない」とある。さらに続きを聞くと，男性の３番目の発言で「雨に濡れるよりはいい」と言っており，最終的に女性も最後の発言で納得している。したがって，２人はタクシーで移動することになると考えられるので，**1**「電話でタクシーを呼ぶ」が正解。

**No. 2　解答　4**

★ My tooth is killing me!

☆ When did you last see a dentist, honey?

★ Maybe a few years ago. I never seem to have the time.

☆ And look where that's gotten you! Well, Dr. Prashad opens at 8:30, but she's always busy in the mornings, so you'd have to wait a while. Or you could take the afternoon off.

★ I have an important meeting after lunch, so that's out. I'll just have to go to the office late this morning.

**Question : What will the man probably do?**

Script

訳
★歯が痛くてたまらないんだ！

☆最後に歯医者に行ったのはいつなの？

★たぶん2，3年前かな。全然時間がないからね。

☆そんなの悪くなるに決まっているでしょう！　ええと，プラシャド先生のところが8時半から開いているけど，午前中はいつも忙しいから，しばらく待たないといけないかもしれないわ。それか，午後から休みを取ってもいいかもしれないわね。

★昼食後に重要な会議があるから，それは無理だな。今朝は遅刻して出社するしかないね。

**語句・構文**

□ be killing ～「～を（痛みなどで）参らせる」

□ take *A* off「*A* を休暇として取る」

**質問の訳**　男性はおそらくどうするか？

**選択肢の訳**　**1**　会議をキャンセルする。

**2**　午後から休みを取る。

**3**　痛みが和らぐか確かめるために待つ。

**4**　今日の午前中に歯医者に行く。

2人の会話から，歯が痛む男性の対応についての会話であることがわかる。女性の2番目の発言に「午前中はいつも忙しいから，しばらく待たないといけない」「午後から休みを取ってもいい」とあり，その返答として男性の3番目の発言に「昼食後に会議がある」「今朝は遅れてオフィスに行かないといけない」とある。したがって男性は，午前中に歯医者に行く選択をしたと考えられるので，**4**「今日の午前中に歯医者に行く」が正解となる。

**No. 3　解答　4**

★ I can't believe this heat wave—over 35 degrees for 10 days straight.
☆ I think this must be a record. Global warming is really kicking in.
★ I wouldn't go that far. The world's climate has always gone through cycles.
☆ This is no cycle. Scientists say it's pollution, and it's getting worse.
★ They'll all be proven wrong in another 100 years.
☆ I hope you're right!

**Question：What does the woman think?**

Script

訳
★10日間連続35度以上なんて，この熱波は信じられないね。
☆間違いなく新記録よ。地球温暖化の影響が本当に出始めているのね。
★僕はそこまでいくとは思わないな。世界の気候は常に繰り返されているからね。
☆これは周期の問題じゃないわ。科学者はそれが汚染のせいで，悪化しつつあるって言っているもの。
★あと100年もすれば全部間違ってると証明されるさ。
☆あなたが正しいといいわね！

語句・構文

□ kick in「効果，威力が出始める」　□ go that far「そこまでやる」
□ another「さらに～の」

質問の訳　女性はどう考えているか？

選択肢の訳　**1**　科学者は間違った予測をすることが多い。
**2**　汚染水準が天候に影響を与えることはない。
**3**　気温が高いことは，何も心配することではない。
**4**　熱波は地球温暖化と関係している。

男性の最初の発言に「この熱波は信じられない」とあり，続く女性の発言を見ると「地球温暖化の影響が本当に出始めている」とある。また，男性の2番目の発言には「世界の気候は繰り返されている」とあり，この熱波は地球温暖化と関係ないと示唆する一方，女性は2番目の発言で「汚染のせいで悪化しつつあると科学者が言っている」と反論している。したがって，話題になった熱波は地球温暖化が原因であると女性は考えていることがわかり，**4**「熱波は地球温暖化と関係している」が正解である。

**No. 4** 解答 **2**

☆Peter, some of the parents at the kids' playgroup are talking about having another picnic.
★Sounds like fun. Let me know when you've decided on a date.
☆Actually, we were wondering if you could organize it.
★That depends on when you have in mind. I'm away on business for a week this month.
☆Either Saturday the 14th or the 21st.
★Hmm . . . The 14th should be OK. How does Fairfield Park sound?
☆Perfect. The kids love the jungle gym there.

**Question：What does the woman ask the man to do?**

Script

訳
☆ピーター，子ども達の保育園の保護者の何人かが，またピクニックに行こうって話をしてるのよ。
★楽しそうだね。日程が決まったら知らせてよ。
☆実は，あなたに計画してもらえないかなと思ってたんだけど。
★いつ行くつもりなのかによるね。今月は1週間出張があるし。
☆14日か21日のどちらかの土曜日だけど。
★うーん，14日なら大丈夫なはずだよ。フェアフィールド・パークはどうだろう？
☆ばっちりよ。子ども達はそこのジャングルジムが大好きだもの。

語句・構文
□ playgroup「（私設の）保育園」　□ have *A* in mind「*A* を計画中である」
□ away on business「出張中である」

質問の訳　女性は男性に何をするよう頼んでいるか？

選択肢の訳
**1**　彼の出張の日程を変える。
**2**　保育園のピクニックを準備する。
**3**　ジャングルジムのある公園を見つける。
**4**　彼女にフェアフィールド・パークへの行き方を教える。

保育園のピクニックに関する2人の会話。女性の2番目の発言で，「あなたがそれ（＝ピクニック）を計画してくれないかと思っていた」とあり，それに対して男性の3番目の発言に「14日なら大丈夫」とあることから，男性がピクニックに連れていくための日程を確認していることがわかる。したがって，**2**「保育園のピクニックを準備する」が正解。女性の発言にあったorganizeが，選択肢ではarrangeに言い換えられている。

**No. 5　解答　2**

☆ We have so many things to throw away before we move!
★ Let's have another yard sale.
☆ We only made a little money with the last one. The newspaper ad was expensive, and the sale took up so much time.
★ Well, even a little extra cash would help.
☆ It's not worth it, considering all the other stuff we need to do before we move.
★ Yeah, I guess you're right. Let's just give what we don't need to charity.

**Question : What do we learn about the woman?**

Script

訳
☆引っ越すまでに捨てなきゃいけないものが本当にたくさんあるわね！
★もう１回ヤードセールをしようよ。
☆前にやった時はほんの少ししかお金にならなかったじゃない。新聞広告は高かったし，売るのにもすごく時間がかかったわ。
★うーん，ほんのちょっとでも現金があったら助かるじゃないか。
☆引っ越し前に他にやらなきゃいけないことを全部考えたら，そんな価値はないわ。
★わかった，君が正しいと思うよ。いらないものはチャリティーに出そう。

語句・構文

□ yard sale「ヤードセール（自宅の庭で行う中古品の販売）」
□ ad「広告（advertisement の短縮語）」　□ take up ～「（時間など）を占める」
□ extra「余分の，追加の」　□ charity「慈善事業，チャリティー」

質問の訳　女性について何がわかるか？

選択肢の訳
**1**　彼女は自分たちのものをチャリティーに出したくない。
**2**　彼女はもう一度ヤードセールをしたくない。
**3**　彼女は引っ越しの日程を変えたい。
**4**　彼女は新聞に広告を出したい。

引っ越し準備をしている２人の会話。男性の最初の発言にある「もう一度ヤードセールをしよう」という提案に対して，女性の２番目の発言に「ほんの少しのお金にしかならなかった」「新聞広告が高く，販売に時間がとられた」とある。ここから，ヤードセールに対して彼女が消極的であることがわかり，男性の最後の発言に「君が正しいと思う」とあることからも，**2**「彼女はもう一度ヤードセールをしたくない」が正解となる。

**No. 6　解答　1**

★ Hi, Peggy. What's the matter?
☆ I almost didn't make it to work today. My babysitter cancelled.
★ Again? Gosh, she doesn't sound very reliable.
☆ She's not, but I haven't found a new sitter yet. I had to leave the baby with a friend.
★ Hey, you know my sister Carol? She's great with kids, and she's looking for extra work. Shall I give you her number?
☆ Thanks. Let me just grab a pen and some paper.

**Question : What does the man suggest to Peggy?**

Script

訳
★やあ，ペギー。どうしたんだい？
☆今日は仕事に遅れるところだったわ。ベビーシッターがキャンセルしてきたのよ。
★またかい？　困ったなあ，彼女はあまり頼りにならないみたいだね。
☆そうなんだけど，まだ新しいシッターを見つけられてないのよ。友達に赤ちゃんを預けないといけなかったわ。
★ねえ，妹のキャロルを知ってるよね？　彼女は子どもの扱いがすごく上手なんだけど，いま本業とは別の仕事を探しているところなんだ。電話番号を教えようか？
☆ありがとう。ペンと紙をとらせて。

語句・構文

☐ make it to ～「～に間に合う」　☐ reliable「信頼できる，頼りになる」
☐ leave *A* with *B*「*A* を *B* に託す，預ける」

**質問の訳**　男性はペギーに何を提案しているか？

**選択肢の訳**
**1**　彼女が彼の妹に電話をすること。
**2**　彼女が友人に助けを求めること。
**3**　彼女が遅い時間に仕事を始めること。
**4**　彼女がキャロルの子どもの世話をすること。

ベビーシッターに関する2人の会話。女性の最初の発言に「ベビーシッターがキャンセルした」とあり，続く男性の2番目の発言に「彼女はあまり頼りにならないようだ」とある。その後，男性の3番目の発言で，男性は妹のキャロルについて話をしており，彼女が子どもの扱いが上手であること，仕事を探していることをペギーに伝えている。そして最後に「彼女の電話番号を教えようか」と伝えていることから，**1**「彼女が彼の妹に電話をすること」が正解となる。

## No. 7 解答 2

★ Ms. Hattori, have those textbooks we ordered arrived yet?
☆ No, they haven't. I called Mr. Abe, their sales rep, yesterday and he says his records show that they were shipped last Friday.
★ I see. Then could you please contact the delivery service and have them track the order?
☆ I did that right after I spoke with Mr. Abe. The delivery people said they'd check their records and get back to us ASAP.
★ Alright. Keep me informed. I really need those books.

**Question : What is the status of the order?**

Script

訳
★ハットリさん，私たちが注文した教科書はもう届きました？
☆いや，まだですね。昨日，販売担当のアベさんに電話したら，記録だと先週の金曜日に発送したと言っていますよ。
★わかりました。それなら，配送サービスに連絡を取って，注文の追跡をしてもらえませんか？
☆アベさんと話した後すぐに，そうしましたよ。記録を調べて，できるだけ早く返事をくれると配送の人が言っていました。
★わかりました。また知らせてください。あの本が本当に必要なので。

**語句・構文**

□ rep「担当者，代表者（representative の短縮語）」　□ ship「～を発送する」
□ track「～を追跡する」　□ get back to ～「～に後で返事をする」
□ ASAP「できるだけ早く（As Soon As Possible の略）」

質問の訳　注文の状況はどうなっているか？

選択肢の訳
**1** 遅くとも金曜日までには届く。
**2** 調査中である。
**3** 製造会社に送り返された。
**4** まだ発送されていない。

注文した商品に関する2人の会話。男性と女性のそれぞれ最初の発言から，注文した本はまだ届いていないが，先週の金曜日に発送されていることがわかる。そして，女性の2番目の発言に「記録を調べて，できるだけ早く返事をすると配送の人が言っていた」とある。つまり，注文後に発送された本が，現状どこまで来ているのかはまだわからないことになり，2「調査中である」が正解となる。look into ～「～を調べる」

**No. 8** **解答** **3**

☆ What happened to Ray? I haven't seen him for a while.
★ He quit his teaching job and opened up a restaurant in San Francisco.
☆ You're kidding! What a switch! He's always been into teaching.
★ I know. It was all so sudden that I didn't even get the chance to say good-bye.

**Question : What happened to Ray?**

Script

**訳**
☆レイはどうしたの？　しばらく会ってないんだけど。
★教師の仕事を辞めて，サンフランシスコにレストランを開いたんだよ。
☆冗談でしょ！　すごい路線転換ね！　いつも教えるのに夢中だったのに。
★そうだね。あまりに突然だったから，さよならを言う機会もなかったよ。

**語句・構文**
☐ for a while「しばらくの間」　☐ switch「変更，転換」
☐ be into *doing*「～するのに夢中である」

**質問の訳**　**レイに何があったか？**

**選択肢の訳**
**1**　彼は今教師として働いている。
**2**　彼はレストランの仕事を辞めた。
**3**　彼は新しい仕事を始めた。
**4**　彼は学校に戻った。

レイに関する2人の会話である。男性の最初の発言で「彼は教師の仕事を辞めて，サンフランシスコにレストランを開いた」と述べられていることから，**3**「彼は新しい仕事を始めた」が正解。男性の発言から，辞めたのは教師の仕事で，新しく始めたのがレストランであることを，正しく聞き取れるよう注意すること。

## No. 9 解答 2

★ Hi, Charlene. How's life on the 10th floor? Have you settled into your new office yet?

☆ Getting there. I still have some boxes to unpack, though.

★ Too bad they moved your project team. It was more convenient having you on the 6th floor with us.

☆ True, but the new space is much bigger and brighter. I know we have to meet with you guys regularly, but there are only a few floors between us.

★ I guess it'll be good exercise if we use the stairs!

**Question : What does the woman imply?**

Script

訳

★やあ，シャーリーン。10 階の生活はどうだい？　もう新しいオフィスには慣れた？

☆だいぶ慣れました。まだ開けてない箱がいくつかありますけど。

★彼らが君のプロジェクトチームを移動させたのは残念だよ。私たちのいる 6 階にいてくれた方がもっと便利だったね。

☆そうですね。でも，新しいスペースはずっと広くて明るいんですよ。定期的にみなさんとお会いしないといけないのはわかってますけど，ほんの何階かしか違いませんしね。

★階段を使えば，いい運動になるかもしれないな！

**語句・構文**

□ settle into ～「（新しい仕事・環境など）に慣れる」

□ get there「（進行形で）めどがつきつつある」

□ unpack「（荷物など）を開ける」　□ meet with ～「（人）と約束して会談する」

**質問の訳**　女性は何をほのめかしているか？

**選択肢の訳**

**1**　彼女はすぐに，もっと大きな事業に取り組み始める。

**2**　彼女は新しいオフィススペースの方を気に入っている。

**3**　彼女は自分のスタッフにミーティングを開くのを少なくしてほしいと思っている。

**4**　彼女は新しいオフィスを探している。

男性の最初の発言に「10 階の生活はどうか」「新しいオフィスには慣れたか」という質問があり，それに対する女性の返答に「そこにだいぶ慣れた」「まだ開けてない箱がある」とあることから，女性の職場のフロアが移動したことがわかる。そして女性の 2 番目の発言に「新しいスペースはずっと広くて明るい」と肯定的な意見が述べられていることから，女性はこの移動を前向きにとらえていることがわかるため，**2**「彼女は新しいオフィススペースの方を気に入っている」が正解となる。

## No. 10 解答 4

☆ What's up, Rick? You look frustrated.
★ I'm trying to put together my presentation for Friday's class.
☆ Right, you told me about that. Not going well?
★ Not really. I don't have much experience giving presentations, and the topic the instructor assigned is pretty dull.
☆ He doesn't let you choose your own topic?
★ After the first presentation, he does. I guess I'll just have to suffer through this one.
☆ Let me know if you want some help.

**Question : What is one problem the man has?**

Script

訳
☆どうしたの，リック？　イライラしているみたいだけど。
★金曜日の授業のプレゼンテーションを作ろうとしているんだよ。
☆ああ，そう言ってたわね。うまくいかないの？
★あんまりね。プレゼンテーションをした経験があまりないし，講師が出したテーマが相当つまらないんだ。
☆彼はあなたにテーマを選ばせてくれないの？
★最初のプレゼンテーションの後は，そうしてくれるよ。今回は，我慢してやらなくちゃいけないんだろうね。
☆手伝ってほしかったら言ってね。

**語句・構文**

☐ frustrated「ストレスのたまった，イライラしている」
☐ put together ～「～を組み立てる，作る」　☐ instructor「指導者，講師」
☐ assign「～を割り当てる，与える」　☐ dull「退屈な，つまらない」
☐ suffer through ～「(大変なことなど) を耐え忍ぶ，何とか切り抜ける」

**質問の訳**　**男性が抱えている問題の１つは何か？**

**選択肢の訳**
**1**　授業の講師が彼を不合格にする可能性がある。
**2**　彼は締め切りに間に合わないのではないかと気にしている。
**3**　女性は彼と練習することを拒否した。
**4**　彼はプレゼンテーションを作ることに慣れていない。

女性の最初の発言で「あなたはイライラしているように見える」と言っていることから，その原因が男性の抱える問題につながると考え，続きをよく聞くようにする。男性の最初の発言より，男性はプレゼンテーションの準備をしていることがわかる。次に女性の２番目の発言で「うまくいかないのか」と聞かれた後の男性の返答を聞くと，「プレゼンテーションをした経験があまりない」とあり，これが男性の抱えている問題であることがわかる。したがって，正解は **4**「彼はプレゼンテーションを作ることに慣れていない」である。

## No. 11 解答 4

☆ Romesh, I'd like a word with you about the new file clerk.

★ You mean Brent? He seems to work hard, and he's friendly enough, isn't he?

☆ Well, that may be, but I heard he was fired from his last position. Were his references checked thoroughly?

★ I assume so. It's standard procedure. Anyway, if his performance is adequate, let's leave well enough alone for now. We've got too much on our plates as is.

☆ I suppose you're right.

**Question：What does the man imply?**

Script

訳

☆ロメシュ，新しい文書係のことでちょっと話したいことがあるんですが。

★ブレントのことかい？ 仕事も一生懸命だし，人当たりもいいんじゃないかな？

☆まあ，そうかもしれませんが，彼は前の職場をクビになったそうなんです。人物証明書はちゃんと確認されたんでしょうか？

★当然だろう。標準的な手順だよ。とにかく，彼の仕事ぶりがまずまずであれば，今は現状維持ということにしておこう。今のままでも，私たちはやらなきゃいけないことで手いっぱいだからね。

☆そうですね。

語句・構文

□ I'd like a word with you.「ちょっと話したいことがあります」

□ file clerk「文書係」 □ position「職，勤め口」

□ reference「人物証明書，推薦状」 □ assume「～を当然だと思う」

□ procedure「（正しい）方法，手順」 □ performance「実績，仕事ぶり」

□ adequate「まずまずの」 □ leave well enough alone「現状のままにしておく」

□ too much on *one's* plate「自分がしなければいけないことが多い，自分のことで手いっぱいの」

□ as is「現状のままで，現状では」

質問の訳 男性は何をほのめかしているか？

選択肢の訳

**1** 女性はもっと多くのスタッフを雇うべきである。

**2** 新しい文書係は解雇されるかもしれない。

**3** スタッフを雇う手順は時代遅れである。

**4** 女性はブレントのことを気にしすぎである。

女性の２番目の発言に「彼は前の職場をクビになった」とあり，それに対する男性の２番目の発言に「彼の仕事がまずまずであれば，今は現状のままにしておこう」とある。ブレントのことを気にしている女性に対して，男性は様子を見ようとしており，そのことに女性も納得していることが最後の発言からわかるので，**4**「女性はブレントのことを気にしすぎである」を選ぶのが妥当である。

**No. 12　解答　2**

☆I got some bad news about our car insurance.
★Is the company raising the fee?
☆Yeah, to $200 a month!
★Wow! I knew we'd be penalized after my accident, but that's pretty steep.
☆Yeah. I guess it will go back down eventually, but maybe we should consider switching companies.
★I doubt it's worth it. We'd probably pay the same or even more. I'd get rid of the car if I didn't need it for work.

**Question：What will the couple probably do?**

Script

訳 ☆自動車保険のことで，悪い連絡があったわ。
★保険会社が保険料を上げるって？
☆そう，月 200 ドルによ！
★うそだろ！　事故の後だから上がるとはわかっていたけど，それにしても高いな。
☆そうね。結局は下がると思うけど，保険会社を替えることを考えた方がいいかもしれないわね。
★その価値はないんじゃないかな。きっと，同じかそれ以上払うことになるよ。仕事でいらないなら，車を手放すんだけどなぁ。

語句・構文

□ penalize「～を罰する」　□ doubt「～でないと思う」

質問の訳　夫婦はおそらくどうするつもりか？

選択肢の訳　**1**　車を売ろうと考える。
**2**　現在の保険会社のままでいる。
**3**　男性の事故を報告する。
**4**　保険契約を解約する。

女性の2番目と3番目の発言から，女性は保険料が上がったことを理由に，契約する保険会社を替えた方がいいと考えていることがわかる。それに続く男性の3番目の発言には，「その価値はないと思う」とあり，その続きに「同じかそれ以上払うことになる」と言っている。それに対する女性の反論もないことから，夫婦の判断としては，**2**「現在の保険会社のままでいる」が最も妥当である。doubt は，それに続く内容を疑うという意味になり，not がなくても「～ではないと思う」という意味になるため注意が必要。

# 一次試験　リスニング　Part 2

(A)　**No. 13　解答　3　　No. 14　解答　1**

(A)***Argan Oil***

Argan oil is often considered to be a wonder product, with cosmetics companies promoting its antiaging properties. It comes from the fruit of the argan tree, which grows in the dry landscape of Morocco, and is also used in food and medicine. Harvesting the fruit and producing the oil is a long, labor-intensive process that has traditionally been done by local women. However, trading the oil is often done by local men, with women earning little or no income.

NGOs have therefore helped establish workers' cooperatives that educate the women and help them trade and sell the oil in local markets. The cooperatives also help them negotiate with international customers. It is hoped that expanding production of argan oil will lift local women out of poverty and benefit the environment as more trees will need to be planted to produce the oil.

**Questions**
**No. 13　What is one thing we learn about the production of argan oil?**
**No. 14　What have NGOs done for local women?**

Script

訳

(A)アルガン油

アルガン油は，化粧品会社がアンチエイジングの特性を持っているといって売り込んでおり，奇跡の製品だと考えられることが多い。アルガン油は，モロッコの乾燥地で育ち，食物や薬にも用いられるアルガンツリーの実からとれる。実の収穫と油の製造は，そこに住む女性たちによって伝統的に行われてきた，時間と人手のかかる工程である。しかし，その油の取引はそこに住む男性によって行われることが多く，女性はほとんどあるいはまったく収入が得られない。

それゆえにNGOは，女性を教育し，彼女たちが地元の市場でアルガン油を取引し販売する手助けをする，労働者共同組合を設立する援助をしている。その組合は，彼女たちが海外の取引先と交渉する手助けもしている。アルガン油の製造を拡大することが，その土地の女性を貧困から救い，アルガン油を生産するためにより多くの木を植えることが必要になることから，環境のためになると期待されている。

**語句・構文**

(表題)　□ argan oil「アルガン油」
(第1段)　□ cosmetic「化粧品」　□ antiaging「抗加齢の，アンチエイジングの」
□ property「性質，特性」

□ labor-intensive「たくさんの人手を要する，労働集約型の」
（第2段）□ establish「～を設立する」　□ cooperative「共同組合」
□ negotiate with ～「～と交渉する」

**No. 13** 質問の訳　アルガン油の生産について，私たちがわかることの1つは何か？

選択肢の訳　**1**　それは木が枯れる原因になる。
**2**　それは乾燥地では不可能である。
**3**　それは相当な労力を必要とする。
**4**　それはその土地の環境に被害を与える可能性がある。

第1段第3文（Harvesting the fruit …）で，「実の収穫と油の製造は時間と人手のかかる工程である」と述べられているので，**3**「それは相当な労力を必要とする」が正解。long, labor-intensive を聞き取ったうえで，それが considerable effort に言い換えられていることに気づけるかがカギである。

**No. 14** 質問の訳　NGO はその土地の女性のために何をしてきたか？

選択肢の訳　**1**　彼女たちがビジネスの技術を身につけることを助ける。
**2**　彼女たちに化粧品会社での仕事を見つける。
**3**　彼女たちのために外国人プロデューサーを置く。
**4**　彼女たちの子どものための学校を設立する。

第2段第1文（NGOs have therefore …）で，「女性たちが地元の市場でアルガン油を取引し販売する手助けをする」と述べられており，続く第2文（The cooperatives also …）で「彼女たちが海外の取引先と交渉する手助けもしている」とある。したがって NGO が取り組んでいることは，搾取されている女性に自分たちで仕事をできる術を与えることだと判断できるので，**1**「彼女たちがビジネスの技術を身につけることを助ける」が正解となる。

(B) **No. 15** 解答 2 **No. 16** 解答 4

### (B)*The Woman behind the Brooklyn Bridge*

The Brooklyn Bridge in New York City is one of the great engineering achievements of the nineteenth century. It was designed by John Roebling, whose son Washington took over as the bridge's chief engineer after his father's death. It was built to connect the island of Manhattan with Brooklyn, nearly 2 kilometers away. While it was not the first suspension bridge, no other bridge of this kind had ever crossed such an enormous distance.

Much of the bridge's construction was supervised by a woman, Emily Roebling. This was at a time when women were not allowed to vote. Emily was married to Washington, who became critically ill shortly after construction began. Emily delivered his daily instructions to the construction site, and over the next decade or so became highly knowledgeable about bridge specifications and construction materials. She subsequently oversaw the successful completion of the project.

**Questions**

**No. 15** **What made the Brooklyn Bridge such an achievement at the time?**

**No. 16** **Why did Emily Roebling become involved in the bridge's construction?**

Script

訳

### (B)ブルックリン橋を陰で支えた女性

ニューヨーク市のブルックリン橋は，19世紀工学技術の偉大な業績の1つである。それはジョン・ローブリングによって設計されたが，彼の息子であるワシントンは，父の死後その橋の主任技術者としてその建設を引き継いだ。その橋は，マンハッタン島と，ほぼ2キロメートル離れているブルックリンをつなぐために造られた。それは最初の吊り橋ではなかったが，このように非常に長い距離にわたるこの種の橋は，それまで他になかったのである。

その橋の建設の多くは，エミリー・ローブリングという女性が指揮をした。これは，女性が投票することを許されていなかった時代のことである。エミリーはワシントンと結婚していたが，彼は建設が始まった直後に病気で重体になってしまった。エミリーは，彼が毎日出す指示を建設現場に届けていたが，その10年近くの間に，橋の設計仕様書と建設材についてかなり精通するようになった。彼女はその後も監督を行い，その計画は無事完成するのであった。

**語句・構文**

(第1段) □ engineering「工学技術」 □ take over「引き継ぐ」
□ suspension bridge「吊り橋」

（第２段）□ supervise「～を監督，指揮する」
□ become critically ill「病気で重体になる」 □ instruction「指示」
□ site「現場」
□ knowledgeable about ～「～に精通している，詳しい」
□ specification「設計仕様書」 □ subsequently「その後」
□ oversee「～を監督する」 □ completion「完成，完了」

**No. 15** 質問の訳 なぜブルックリン橋は当時大変な業績となったのか？

選択肢の訳
**1** それが２つの島を結ぶ最初の橋だった。
**2** それが同類の橋の中で最長の橋だった。
**3** それが女性によって設計された。
**4** それが最初の吊り橋だった。

第１段最終文（While it was …）で，「このように非常に長い距離にわたるこの種の橋は，それまで他になかった」と述べられている。したがって，**2**「それが同類の橋の中で最長の橋だった」が正解となる。no other bridge の部分がしっかり聞き取れれば，「～の橋は他にない」ということで，その続きがその橋の持つ業績を示していると予測でき，答えやすくなる。

**No. 16** 質問の訳 なぜエミリー・ローブリングは橋の建設に関わることになったのか？

選択肢の訳
**1** 彼女は橋の建設に精通していた。
**2** 彼女はその仕事に最も適任だった。
**3** 彼女は義理の父によって任命された。
**4** 彼女は夫の代理をしていた。

第２段の内容をしっかり追いかけること。第３文（Emily was married …）で，エミリーはワシントンと結婚していたことと，ワシントンは建設が始まった直後に病気で重体になったことがわかる。次に，第４文（Emily delivered his …）で「彼が毎日出す指示を建設現場に届けていた」と述べられていることから，病気で現場に出られないワシントンに代わって，エミリーが指示を現場に伝えていたことがわかり，**4**「彼女は夫の代理をしていた」が正解となる。**1**が紛らわしいが，第４文後半の内容より，エミリーがもともと橋の建設に精通していたとは言えないため，誤りである。

(C) **No. 17** 解答 3　　**No. 18** 解答 1

(C)***Space Rocks***

One day, a Norwegian man called Jon Larsen noticed a tiny, shiny object on an outdoor table. Because it looked so unusual, he thought it might be a micrometeorite, a small piece of rock from space. After finding more, he asked scientists to analyze them. At the time, most micrometeorites had been found in remote areas such as Antarctica, so many scientists were doubtful about his discovery. One, however, took Larsen seriously. Together, they proved that these micrometeorites are always falling to Earth, and further research has shown that micrometeorites can be found all over the planet.

Larsen's discovery is significant because micrometeorites can help us understand how our solar system was formed. Because of their great age, they provide hints about what materials were common when the sun was young. Larsen has shown that it is not always experts who help scientists learn new things about our universe.

**Questions**

**No. 17　What is one thing we learn about micrometeorites?**

**No. 18　Why is Jon Larsen's discovery important?**

Script

訳

(C)隕石

ある日，ジョン・ラーセンというノルウェー人が，屋外のテーブルの上に小さな光り輝く物体があることに気がついた。それはとても変わったものに見えたので，宇宙から来た小さな石である流星塵かもしれないと彼は考えた。さらに多くの石を見つけた後，彼は科学者にその石を分析してくれるよう依頼した。当時，ほとんどの流星塵は南極大陸のような遠く離れた地域で発見されていたので，多くの科学者は彼の発見について疑っていた。しかし，1人の科学者はラーセンの言うことを真摯に受け止めた。彼らは一緒に，これらの流星塵が常に地球に落ちてきているということを証明し，さらに進んだ調査では，流星塵は地球上のいたるところで発見される可能性があることが示された。

ラーセンの発見は，私たちの太陽系がどのように形成されたのかを理解するのに流星塵が役立つという理由で，重要である。流星塵は非常に長い時を経ているおかげで，太陽が若いときにどんな物質がよく見られたのかに関するヒントを与えてくれる。科学者が宇宙に関する新しいことを学ぶ手助けをするのは，いつも専門家であるとは限らないということを，ラーセンは示したのである。

**語句・構文**

(第1段) □ micrometeorite「流星塵」　□ Antarctica「南極大陸」

□ take *A* seriously「*A* を真摯に受け止める」　□ further「さらに進んだ」

(第2段) □ significant「重要な，意義深い」　□ solar system「太陽系」

**No. 17** 質問の訳　私たちが流星塵についてわかることの１つは何か？

選択肢の訳　**1**　それらはもともと考えられていたよりもありふれたものではない。

**2**　それらは寒冷地でしか発見されない。

**3**　それらは地球上のどこでも発見される可能性がある。

**4**　それらは地球の石よりも硬い。

流星塵に関する内容は，第１段に述べられている。最終文（Together, they proved …）に，「流星塵は地球上のいたるところで発見される可能性があることが示された」とあることから，**3**「それらは地球上のどこでも発見される可能性がある」が正解となる。

**No. 18** 質問の訳　ジョン・ラーセンの発見が重要なのはなぜか？

選択肢の訳　**1**　太陽系に関する有益な情報を与えてくれる。

**2**　新しい物質の発見につながった。

**3**　ほとんどの流星塵が，予測されたものよりも古いことを示している。

**4**　太陽の年齢を証明するのに役立った。

第２段第１文（Larsen's discovery is …）に「ラーセンの発見は重要である」とあるので，質問の important は significant の言い換えであると考え，これ以降に注目して聞きたい。同じ第１文の後半に，「私たちの太陽系がどのように形成されたのかを理解するのに流星塵が役立つ」ことが理由であると述べられているので，**1**「太陽系に関する有益な情報を与えてくれる」が正解となる。

(D) **No. 19** 解答 3 **No. 20** 解答 2

(D) ***Vincenzo Peruggia and the Mona Lisa***

One day in 1911, an Italian man named Vincenzo Peruggia entered the Louvre Museum in Paris and stole the *Mona Lisa*, a painting by the Italian artist Leonardo da Vinci. Later, Peruggia tried to sell the painting to an art dealer in Italy, but the dealer reported him to the police. When Peruggia was arrested, he claimed he wanted to return the painting to its native country. Peruggia mistakenly believed the *Mona Lisa* had once been stolen from Italy.

While police were searching for the *Mona Lisa*, newspapers around the world reported the incident. It was the first time an art piece had received such worldwide media attention. Although it was a well-known painting before being stolen, many people believe it would not be as famous today had it not been for Peruggia.

**Questions**

**No. 19 Why did Vincenzo Peruggia say he took the *Mona Lisa*?**

**No. 20 What do some people now believe about the theft?**

Script

訳

(D)ヴィンセンツォ・ペルージャと『モナ・リザ』

1911 年のある日，ヴィンセンツォ・ペルージャというイタリア人男性が，パリのルーブル美術館に侵入し，イタリア人画家レオナルド・ダ・ヴィンチの描いた『モナ・リザ』を盗んだ。その後，ペルージャはその絵をイタリアの美術商に売ろうとしたが，その業者は彼のことを警察に通報した。逮捕されたとき，ペルージャはその絵をもとの国に返したかったのだと主張した。『モナ・リザ』はかつてイタリアから盗まれたのだと，ペルージャは誤解していたのである。

警察が『モナ・リザ』を捜索している間，世界中の新聞がこの事件を報道した。1つの美術品がそのような世界中のメディアの注目を集めたのは，初めてのことだった。『モナ・リザ』は盗まれる前からよく知られた絵画であったが，ペルージャがいなければ，『モナ・リザ』は今日ほど有名になることはなかっただろうと，多くの人々が信じている。

**語句・構文**

(第 1 段) □ dealer「販売人，業者」 □ arrest「～を逮捕する」
□ claim「～であると主張する，言い張る」

(第 2 段) □ incident「出来事，事件」 □ had it not been for ～「～がなければ」

**No. 19** 質問の訳 ヴィンセンツォ・ペルージャは，なぜ『モナ・リザ』を盗んだと言ったか？

選択肢の訳 **1** 彼はそれを盗むために美術商に雇われた。

**2** 彼はその美術館のセキュリティーが脆弱であることを示したかった。

**3** 彼はそれをイタリアに返すべきだと思っていた。

**4** 彼はそれが模造品だと思っていた。

第１段第３文（When Peruggia was arrested, …）にある he claimed をしっかり聞き取りたい。claim は「～であると主張する」の意なので，その続きがペルージャの言った内容になる。続きには「その絵をもとの国に返したかった」とあり，続く第４文（Peruggia mistakenly believed …）に「『モナ・リザ』はかつてイタリアから盗まれたのだと，ペルージャは誤解していた」とあることから，彼の言う「もとの国」とはイタリアであるとわかる。したがって，**3**「彼はそれをイタリアに返すべきだと思っていた」が正解となる。なお，claim には日本語の「クレームを言う」の意味はないので，注意すること。

**No. 20** 質問の訳 その盗難について，現在の人々が信じているのはどんなことか？

選択肢の訳 **1** それはイタリアの評判を傷つけた。

**2** それは『モナ・リザ』の名声を高めた。

**3** それは『モナ・リザ』の価値を下げた。

**4** それはイタリアの法律の変化につながった。

質問にある the theft「その盗難」とは，ペルージャによる『モナ・リザ』の盗難であると考えられる。第２段最終文（Although it was …）に many people believe とあるので，これ以降に注意して聞き取りたい。「ペルージャがいなければ，『モナ・リザ』は今日ほど有名になることはなかっただろう」とあることから，ペルージャが『モナ・リザ』を盗んだことが，『モナ・リザ』をさらに有名にしたと考えることができ，**2**「それは『モナ・リザ』の名声を高めた」が正解。最後にある had it not been for Peruggia の部分は，if の省略による倒置が起こっており，聞き取りが難しかったかもしれない。その場合も，同段第２文（It was the first time …）にある「１つの美術品が世界中のメディアの注目を集めた」などの内容から，ペルージャによる盗難が『モナ・リザ』を有名にしたことをヒントに，正解にたどり着きたい。

(E) **No. 21　解答　1　　No. 22　解答　4**

**(E)*Helping Farmers***

Modern farmers struggle with long working hours and often live in isolated areas. Though these problems are not unique to farming, it can be more difficult for farmers to take time off. Livestock and crops require daily attention, and even simple things, like forgetting to close a gate, can quickly lead to expensive losses. With so many serious issues to consider, simply asking a friend or neighbor to take over for a week or two is not usually possible.

This is where professional farm-sitters can help. With extensive experience and knowledge, professional farm-sitters can look after an entire operation. They can also enjoy the farming experience without having to own a farm. One big challenge, though, is that every farm operates differently. There are also difficult circumstances, like poor weather or disease outbreaks, that can be hard to handle. That is why good, experienced farm-sitters are in high demand.

**Questions**

**No. 21　What is one thing the speaker says about farming?**

**No. 22　What is one problem that farm-sitters face?**

Script

訳

(E)農家を援助する

現代の農家は長時間労働に苦労しており，孤立した場所に住むことが多い。これらの問題は農業に特有のものではないが，農家の人が休みを取るのはより難しいものになっているかもしれない。家畜や作物は毎日世話をしなければならないし，門を閉めるのを忘れるといった単純なことでさえも，すぐさま手痛い損失につながることがある。考えるべき深刻な問題が非常に多いので，友人や隣人に１週間か２週間交代してほしいと頼むだけでも，たいていの場合は不可能である。

これが，プロのファームシッターが手助けできる点である。豊富な経験と知識を用いて，プロのファームシッターはすべての作業を行うことができる。彼らは農場を所有する必要なく，農体験を楽しむこともできる。しかし，１つの大きな難題は，各農家で作業が異なるということである。天候が悪いとか病気の発生のような，扱いが大変な難しい状況もある。そういうわけで，優れた経験豊かなファームシッターの需要が高まっている。

**語句・構文**

(第１段) □ struggle with ～「～に悪戦苦闘する」　□ isolated「孤立した」
□ take time off「休みを取る，休憩する」　□ livestock「家畜」
□ require「～を必要とする」　□ take over「交代する」
(第２段) □ extensive「大規模な，広い」　□ look after ～「～の世話をする」

☐ challenge「試練，難題」
☐ circumstances「(通例複数形で) 状況，事情」
☐ outbreak「(病気などの) 突発的な発生」 ☐ handle「～を処理する」
☐ That is why「そういう理由で」 ☐ in demand「需要がある」

**No. 21** 質問の訳 話者が農業について話していることの1つは何か？

選択肢の訳 **1** 農家の人が休暇を取ることは難しいかもしれない。
**2** 政府による資金提供が減りつつある。
**3** 耕種農業は儲けが出なくなりつつある。
**4** 動物を飼うことは作物を育てるよりも難しい。

第1段の内容に注目する。第2文（Though these problems …）の後半で，「農家の人が休みを取るのはより難しいものになっているかもしれない」と述べられているので，**1**「農家の人が休暇を取ることは難しいかもしれない」が正解。off をしっかり聞き取ることができれば，「休み」のイメージをつかむことができ，**1**の選択肢にある vacations がその言い換えになっていることに気づくことができる。

**No. 22** 質問の訳 ファームシッターが直面する問題の1つは何か？

選択肢の訳 **1** 農場所有者からの信頼がないこと。
**2** 激しい仕事争奪戦。
**3** 自分たちのやり方を変えるように農家の人を説得すること。
**4** それぞれの農家における作業に精通するようになること。

「ファームシッター」に関する内容は，第2段に述べられている。聞きなれない用語ではあるが，「ベビーシッター」などから連想し，「農業の世話をする人」くらいの推測はできるとよい。第4文（One big challenge, …）の内容が，質問にある one problem であることに気づけば正解を選びやすい。そのためには，challenge が「挑戦」ではなく「試練，難題」の意味であることを知っておく必要がある。続きには「各農家で作業が異なる」と述べられているので，各農家で異なっている作業を把握しなければいけないことが問題であるとわかる。したがって，**4**「それぞれの農家における作業に精通するようになること」が正解となる。

## (F) No. 23 解答 3 No. 24 解答 2

### (F)*Smart Streetlights*

Several cities in the United States are installing "smart" streetlights equipped with sensors and cameras that collect data on pedestrian traffic, automobile traffic, and air quality. This information is shared with smartphone applications so that people can track parking availability, traffic conditions, and air pollution. Companies are also developing streetlights that will be able to communicate with traffic signals to help police, firefighters, and ambulances reach their destinations faster.

Critics, however, worry that the gathering and sharing of all this data will put people's privacy at risk. They also argue that the costly technology is not a good use of limited city funds. In response, the developers say details like license plate numbers and people's faces will be deleted before the data is shared. They also say the streetlights will lower electricity use and, since they can be remotely controlled, will reduce maintenance costs as well.

**Questions**

**No. 23 What is one thing companies hope "smart" streetlights will do?**

**No. 24 What is one concern that critics have?**

Script

訳

(F)スマート街灯

アメリカ合衆国のいくつかの都市では，通行人の流れや自動車の交通量，空気の質に関するデータを集めるセンサーとカメラが装備された，「スマート」街灯を設置している。この情報は，人々が駐車場の空き具合や交通状況，大気汚染を調べることができるように，スマートフォンのアプリで共有される。企業も，警察や消防士，救急車が，目的地により早く到着できるのを助けるために，交通信号と情報交換をすることができる街灯を開発中である。

しかし，こういったデータをすべて集めて共有することは，人々のプライバシーを危険にさらすかもしれないと，反対派の人たちは心配している。彼らは，高価なテクノロジーは限られた都市の資金の良い使い方ではないということも主張する。それに対して，車のナンバープレートや人の顔のような詳しい情報は，データが共有される前に消去されると開発者たちは言う。彼らはまた，その街灯が電力使用量を下げ，遠隔操作することができるので，維持管理費も同様に削減されるだろうと言っている。

**語句・構文**

(第1段) □ install「～を設置する」 □ equip with ～「～を装備する」
□ pedestrian「歩行者」 □ traffic「交通量，流れ」
□ so that S V「S が V するように」 □ availability「空き具合」
□ destination「目的地」

(第2段) □ put *A* at risk「*A* を危険にさらす」　□ costly「高価な，費用のかかる」
□ in response「それに応じて」　□ remotely「遠くで」

**No. 23** 質問の訳　「スマート」街灯が役立つと企業が期待することの1つは何か？

選択肢の訳
**1** 空気の質を改善する。
**2** 交通事故を減らす。
**3** 緊急サービスを助ける。
**4** 歩行者の安心感を高める。

企業とスマート街灯のかかわりは，第1段に述べられている。最終文（Companies are also developing …）に注目すると，企業が開発している街灯として，「警察や消防士，救急車が，目的地により早く到着できるのを助ける」という内容が述べられており，これと合致する **3**「緊急サービスを助ける」が正解となる。

**No. 24** 質問の訳　反対する人が持っている懸念の1つは何か？

選択肢の訳
**1** 必要とされるテクノロジーがまだ不十分である。
**2** 街灯が人々のプライベートな情報を記録する。
**3** 遠隔操作はあまりに多くの電力を必要とする。
**4** 街灯はほとんどの都市には適していない。

反対派の主張は，第2段第1文に Critics, however, worry … とあることから，これ以降に述べられていることがわかる。その続きを聞いていくと，「人々のプライバシーを危険にさらすかもしれない」と述べられているので，**2**「街灯が人々のプライベートな情報を記録する」が正解。

# 一次試験　リスニング　Part 3

(G)　**No. 25　解答　2**

This is John Goddard from the Languages Department of Larkspur University. I'm calling about scheduling a second interview for the Japanese Language Instructor position. We have your résumé and recent publications on file, but we're still waiting for a letter of recommendation from your former employer. Could you ask them about that? When you get it, please e-mail it to us. Once we have that, we can set up a time for your second interview. If you're offered the position, and you don't have resident status in Canada, we'll need copies of your passport and your work permit, too.

Script

訳　こちらはラークスパー大学言語学科のジョン・ゴダードです。日本語教師の職の二次面接の日程についてお電話しています。履歴書と最近の発表は登録されていますが，前の雇用者からの推薦状を待っている状態です。そのことについて，前の雇用者に聞いていただけないでしょうか？　受け取りましたら，メールでお送りください。いただきましたらすぐに，二次面接の日程をご案内できます。仕事が提供されて，カナダの在留資格をお持ちでない場合は，パスポートと就労許可証のコピーも必要となります。

語句・構文

□ department「学科」　□ interview「面接」　□ résumé「履歴書」
□ publication「発表」　□ on file「申請された，登録された」
□ a letter of recommendation「推薦状」　□ former「前の」
□ set up ～「～を準備する」　□ resident status「在留資格」
□ work permit「就労許可証」

**状況の訳**　あなたは，カナダのある大学の教職につくための一次面接後，次の音声メッセージを受け取る。あなたはカナダの合法居住者である。

**質問の訳**　あなたはまず何をするべきか？

**選択肢の訳**　**1**　パスポートのコピーを送る。　**2**　以前の雇用者に連絡する。
**3**　二次面接の予定を立てる。　**4**　最近の発表のコピーを送る。

〈状況〉の内容をしっかりつかむこと。重要な情報は2つで，「カナダの大学で教えるための一次面接を受けたこと」「カナダの合法居住者であること」である。放送内容から，面接における必要書類の話をしていることがわかる。「履歴書と最近の発表は登録されている」「前の雇用者からの推薦状を待っている」とあることから，今揃っていないのは推薦状で，それがあれば「すぐに二次面接の日程を準備できる」と述べられている。したがって，するべきことは**2**「以前の雇用者に連絡する」である。なお，最後に「カナダの在留資格がない場合は，パスポートと就労許可証のコピーも必要」とあるが，〈状況〉で「カナダの合法居住者である」と述べられているため，これらは不要であることがわかる。

(H) **No. 26 解答 1**

SuperBuzz guarantees our prices are the best, in-store and online! Shop from Monday to Wednesday for big discounts on all computers and software. On Thursday and Friday, we're offering special discounts on computer accessories like scanners and printers. Over the weekend, save big on entertainment electronics like surround-sound speakers and high-resolution TVs. Also, be sure to check our advertisements in your local newspaper or our website for coupons with discounts on heaters, air conditioners, and vacuum cleaners. You can also download our smartphone application for huge savings this week on home entertainment systems.

訳　スーパーバズは，店頭，オンラインともに私たちの価格が一番であることを保証します！　月曜日から水曜日は，すべてのコンピュータとソフトが大幅値引き，木曜日と金曜日は，スキャナーやプリンターといったコンピュータ関連商品を特別値引きいたします。週末には，サラウンド音響スピーカーや高解像度テレビなどのエンターテインメント電子機器が非常にお得です。また，暖房器具，エアコン，掃除機の割引クーポンがありますので，地元の新聞広告や当店のウェブサイトを必ずチェックしてください。今週は，ホームエンターテインメント機器を大幅節約できるスマホアプリもダウンロードできます。

**語句・構文**

□ the best deal「最安値」　□ guarantee「～を保証する」　□ in-store「店内で」
□ discount「割引，値引」　□ accessory「関連商品」　□ entertainment「娯楽」
□ electronics「電子機器」　□ surround-sound「サラウンド音響の」
□ high-resolution「高解像度の」　□ be sure to *do*「必ず～する」

**状況の訳**　あなたは，次のようなスーパーバズ電気店のコマーシャルを聞く。あなたは自宅内オフィス用の新しいプリンターが必要で，最安値で買いたいと思っている。

**質問の訳**　あなたは何をするべきか？

**選択肢の訳**
**1**　木曜日か金曜日に購入する。
**2**　週末まで待つ。
**3**　その店のスマホアプリをダウンロードする。
**4**　新聞のクーポンを持って行く。

〈状況〉に「電気店のコマーシャル」とあることから，多くの情報が提供されることを想定し，その中でいかに条件に合う情報をつかむかが重要である。〈状況〉で述べられている内容で重要なのは，「新しいプリンターが必要であること」「最安値で買いたいこと」である。放送内容を聞くと，「月曜日から水曜日はコンピュータとソフトの値引き」，「木曜日と金曜日はコンピュータ関連商品の値引き」，「週末は娯楽機器の値引き」がされることがわかる。コンピュータ関連商品の具体例に「スキャナーとプリンター」が述べられているので，プリンターを最も安く買おうと思えば，木曜日か金曜日に買いに行くのがよい。したがって，**1**「木曜日か金曜日に購入する」が正解である。

(I) **No. 27 解答 2**

Hi, honey. I just heard the forecast. They're predicting heavy snow and wind tonight. Your car's tires aren't suitable for that kind of weather. We should've put snow tires on last weekend. I called our usual shop and they're busy but said they can put on new tires tomorrow. I know canceling the conference isn't an option since you're the main presenter, so please take my four-wheel drive. I can manage without it while you're away. We should also eventually buy chains, since winter will just get worse from here. Take care!

Script

訳 やあ。たった今天気予報を聞いたよ。今夜はひどい雪と風になりそうだと言ってる。君の車のタイヤは，そういう天気には適していないんだ。先週末にスノータイヤにしておけばよかったね。いつもの店に電話してみたら，忙しいけど明日なら新しいタイヤをつけられると言っていた。君はメイン司会者だから，会議を中止するっていう選択肢はないことはわかってる。だから，僕の４輪駆動車に乗って行ってくれないかな。君がいない間，それがなくても僕は何とかなるからね。冬はきっと今よりもひどくなるから，最終的にはチェーンも買っておいた方がいいね。気をつけて！

語句・構文

□ forecast「予報」　□ predict「～だと予測する」
□ suitable for ～「～に適している」　□ presenter「司会者」
□ four-wheel drive「４輪駆動車」　□ manage「何とかする」

状況の訳　今日，あなたは２日間の会議のために近くの街まで運転する必要がある。あなたの夫は，あなたの携帯電話に音声メッセージを残した。あなたは２時間以内に出発しなければならない。

質問の訳　あなたは何をするべきか？

選択肢の訳
1　スノータイヤを取りつけてもらう。
2　夫の車を借りる。
3　今夜チェーンを購入する。
4　出席をキャンセルする。

〈状況〉の内容から，「会議に行くために運転する必要があること」「２時間以内に出発しなければならないこと」が重要な条件になる。放送内容を聞くと，冒頭に天気予報でひどい雪と風になると言っていることがわかる。続きを聞いていくと，「君の車のタイヤはそういう天気に適していない」「僕の４輪駆動車に乗って行くといい」と言っていることから，**2**「夫の車を借りる」が正解となる。

(J) **No.28** **解答** **4**

Script

I've been working on the timeline for establishing the Japan branch office. It needs to be up and running by April. It's October now, so moving there by the start of the year would bc best, which means passing your current clients to coworkers so you can start building connections in Japan. However, that would leave us with nobody in your position here. That being the case, your priority right now should be selecting and training your replacement. Client introductions with your replacement will help ease him or her into taking over.

訳 私は，日本支社を設立するための予定表に沿って働いてきた。それは，4月までに順調に動き出している必要がある。今は10月なので，年の始まりまでに日本に引っ越すのがベストだけど，ということは，あなたが日本で関係を構築し始めることができるように，あなたの今の依頼人を同僚に引き継ぐということになる。しかしそうなると，あなたの今のポジションに誰もいないままになってしまうでしょう。そういう事情なので，あなたが今一番優先すべき事項は，あなたの代わりになる者を選んで鍛えることになるはずよ。あなたの代わりとなる人に依頼人を紹介しておけば，その人物が徐々に引き継ぎに慣れるのに役立つでしょう。

**語句・構文**

☐ branch office「支社」 ☐ timeline「予定表」
☐ be up and running「順調に動いている」 ☐ current「現在の」
☐ client「依頼人，クライアント」 ☐ coworker「同僚」
☐ so (that) S V「SがVするように」
☐ that being the case「そういう事情だから」 ☐ priority「優先事項」
☐ replacement「代わりの人」 ☐ ease *A* into *B*「*A*を*B*に徐々に慣れさせる」
☐ take over「引き継ぐ」

**状況の訳** あなたは，日本で会社の新しい支社長を務めることになる。会社の社長は，あなたに次のように言う。

**質問の訳** あなたはまず何をするべきか？

**選択肢の訳**
**1** 同僚にすぐ自分の仕事を引き継いでくれるよう頼む。
**2** 日本における新しい依頼人を探し始める。
**3** あなたの依頼人に，あなたが担当を離れることを知らせる。
**4** あなたの役職に適した人を特定する。

放送内容はかなり複雑で，1文が長くなっているものもあり，事前に何を聞き取るべきかをしっかり把握しておきたい。質問で聞かれているのが「まず何をするべきか」ということなので，聞き取るべきは，第5文（That being the …）にあるyour priority right now「今すぐの優先事項」である。その続きに「あなたの代わりになる者を選んで鍛えること」とあるため，正解は**4**「あなたの役職に適した人を特定する」である。

(K) **No. 29 解答 3**

Good morning. Here's your ID badge and parking permit. Your boss, Ms. Rodriguez, is away on business and won't be available until tomorrow. So, you can give me the paperwork we asked you to fill out last week. If you have any questions about those forms, I can help with anything regarding your contract or health insurance. You can ask Stephanie in Accounting about anything related to pay, tax deductions, and so on. I need everything before you leave today, so prioritize that. After that, Julia can answer any questions about your office, but it should be ready for you.

Script

訳　おはよう。これが君のIDバッジと駐車許可証だ。君の上司のロドリゲスさんは出張中で，明日まで会うことができない。そこで，先週記入しておいてほしいと頼んだ事務書類を私に出してくれればいい。もしその書類について質問があれば，君の契約と健康保険のことなら何でも私が助けになれる。給与や税控除などに関することなら，経理部のステファニーに聞けばいい。今日，君が退社する前に全部の書類が必要になるので，それを優先してくれ。その後で，ジュリアが仕事部屋に関する質問なら何でも答えてくれるが，それは君のために準備できているはずだ。

語句・構文

- □ parking permit「駐車許可証」　□ be away on business「出張中である」
- □ available「会うことができる」　□ paperwork「事務書類」
- □ fill out ～「～に必要事項を記入する」　□ regarding「～に関して」
- □ contract「契約，契約書」　□ health insurance「健康保険」
- □ accounting「経理，会計」　□ tax deduction「税控除」
- □ prioritize「～を優先させる」

状況の訳　新しい職場での初日である。あなたは自分が記入する必要のある納税申告書について疑問がある。部長はあなたに次のように言う。

質問の訳　あなたはまず何をするべきか？

選択肢の訳
**1**　ロドリゲスさんに連絡する。
**2**　部長にIDをくれるようお願いする。
**3**　ステファニーと話す。
**4**　仕事部屋を得ることについてジュリアに会う。

〈状況〉から，重要になるのは「納税申告書について疑問がある」という点である。この点に注意して聞いていくと，第6文（You can ask …）に，「給与や税控除などに関することは，経理部のステファニーに聞くことができる」と述べられており，**3**「ステファニーと話す」が正解となる。

## 二次試験　面接　問題カードA

解答例　One day, a couple was working on their flower farm. It was a big farm and there was a river nearby. However, the leaves of the flowers had been eaten by bugs. The couple looked shocked, and the husband said that they couldn't sell the damaged flowers. The next day, the couple was looking at their computer. They found an advertisement for ABC Bug Spray that said it could make flowers healthy. There was a picture of a farmer using the bug spray, and the husband looked interested. A month later, the couple was putting flowers onto their small truck. All of the flowers looked very healthy because the couple had bought the bug spray and used it to kill the bugs. The couple looked very happy. Six months later, the woman was at home reading a newspaper. An article said that chemicals were polluting local rivers.

訳　ある日，ある夫婦が花を栽培する農場で作業をしていた。そこは大きな農場で，近くに川があった。しかし，花の葉っぱが虫に食べられていた。夫婦はショックを受けているようで，夫は傷んだ花を売ることはできないと言った。翌日，夫婦はコンピュータを見ていた。彼らは花を元気にすることができるというABCバグスプレーの広告を見つけた。バグスプレーを使っている農家の写真があって，夫は興味を持っているようだった。1カ月後，夫婦は花を小さなトラックに積んでいた。夫婦はバグスプレーを買って，それを使って虫を殺したので，すべての花がとても元気に見えた。夫婦はとてもうれしそうだった。6カ月後，女性は自宅で新聞を読んでいた。ある記事に，化学薬品がその地域の川を汚染していると書いてあった。

▶ナレーションに含めたいポイントは以下の通り。①農場で夫婦が作業をしており，傷んだ植物を見て，売り物にならないことにショックを受けている。②翌日，コンピュータで花を元気に育てる商品を見つけ，興味を持っている。③1カ月後，夫婦はきれいに育った花を収穫し，喜んでいる。④6カ月後，妻は新聞を読んでおり，化学薬品が川を汚染しているという記事を目にしている。以上の流れを考え，夫婦の表情から読み取れる感情を追加していくとよい。たとえば1コマ目の夫婦の表情については，disappointed「がっかりしている」，sad「悲しい」などで表現してもよいだろう。また，2コマ目で妻が見ているコンピュータの画面を見て，夫がうなずいている様子がわかる。したがって，「妻がABCバグスプレーを使うことを提案し，夫も同意していた」などの展開も考えられるだろう。

質問の訳

No. 1　4番目の絵を見てください。もしあなたがその女性ならば，何を考えているでしょうか？

No. 2　あなたは食品に使われる化学物質の量について，人々は心配しすぎだと思いますか？

No. 3　都市開発のために農地を使うことはいい考えだと思いますか？

No. 4　企業は，自分たちの製品がどのように作られているかを示すよう義務付けられるべきでしょうか？

**No. 1**　解答例　**I'd be thinking that we can't be sure it's our farm that has caused the problem. The chemicals could be from factories along the river, but maybe we should think about not using so much spray.**

訳　私ならば，その問題の原因になったのが，自分たちの農場だと確信することはできないと思っているだろう。化学薬品は川沿いの工場から出てきたものかもしれないが，おそらく私たちはスプレーを使いすぎないことについて考えるべきだ。

指定された4コマ目の絵では，女性が川の汚染に関する記事を目にしながら厳しい表情をしていることがわかる。したがって，「私たちは薬品の使用を減らすべきだ」と考えている可能性が高いので，その部分に関してしっかり述べたい。〔解答例〕では，近くに工場があることを想定して，原因は自分たちの農場だと確信はできないとしている。そこまで考えを広げなくても，「自分たちの使った薬品が川を汚染しているかもしれないと心配している」などとしてもいいだろう。

**No. 2**　解答例　**I don't think so. Many people want to eat food that is very easy to prepare, like instant noodles. People know that such foods have many chemicals in them, but they care more about convenience than their health.**

訳　私はそうは思わない。多くの人が，インスタントヌードルのように準備するのがとても簡単な食べ物を食べたいと思っている。人々は，そのような食べ物は多くの化学物質を含んでいると知っているが，健康よりも便利さの方を気にしている。

〔解答例〕では，質問に対して反対の立場に立ち，化学物質が多く含まれていることを知っていても，健康よりも便利さを優先しているという内容で答えている。化学物質が含まれる理由としては，一般的には保存がきくこと，コストが安くなることなどが考えられ，便利さや値段の安さが消費者にとって優先されがちであることを理由にするのが答えやすいだろう。Yes で答えるなら，心配しすぎである理由として，たとえば，「技術の進歩で使用される化学物質の量が減っているので，健康に与える影響は少なくなっているかもしれない」などが考えられるだろう。

**No. 3**　解答例　**No. The population in the country is declining year by year, so construction companies shouldn't build new houses and apartment buildings there. The land should be protected to make sure people have enough to eat.**

訳　いいえ。国の人口は年々減少しているので，建設会社はそこに新しい家やマンションを建てるべきではない。土地は確実に人々が十分食べていけるように保護されるべきだ。

〔解答例〕では，質問に対してNoの立場で答え，人口が減少しており新しい建物は不要であること，食料の生産のために土地を保護するべきであることを理由に述べている。Yes で答える場合は，「農業をしている人が減り，使われていない農地がある」ことを述べ，「そのような土地を都市開発に利用することで，使われていない土地を有効活用することができる」などと展開するのがいいだろう。

**No. 4** 解答例 **Yes. There are many stories in the media about companies that treat their staff badly. For example, forcing them to work overtime. Showing how products are made can help consumers choose good companies.**

訳 はい。従業員に対してひどい扱いをしている企業について，メディアには多くの話がある。たとえば，彼らに残業するよう強制することだ。製品がどのように作られているかを示すことは，消費者がよい企業を選ぶのに役立つかもしれない。

〔解答例〕は Yes の立場から，従業員の扱いが悪い企業についてメディアで多く取り上げられていると述べ，その具体例として，残業の強制を挙げている。また，製品がどのように作られているかを示すことが，消費者がよい企業を選ぶ助けになるとしている。具体例を挙げることで説得力が増すので，for example などを活用して述べるといいだろう。No の立場から答える場合は，企業秘密などを理由に述べることが考えられる。たとえば，「どの企業も，他の企業に知られたくない秘密を持っている」などとし，「製品の作り方はその企業にとって非常に重要な情報なので，それを簡単に見せるべきではない」という意見などが考えられるだろう。

# 二次試験　面接　問題カードD

解答例　**One day, a couple was at their café. Their café looked quite old and was empty except for two customers. The husband was talking to his wife at the counter and said that they should renovate their shop to attract more customers. His wife was thinking about it. That evening, the couple was at home watching TV with their pets. The woman was drinking tea, and while looking at her dog, she got an idea. A few months later, the couple had reopened their café as the ABC Animal Café. There were many customers in the café, including families. The couple was happy that they had attracted so many customers. The next week, somebody left some puppies in a box outside the shop and ran away. The husband found the puppies and looked shocked because it had happened again. His wife was looking at the puppies.**

訳　ある日，ある夫婦が自分たちの経営する喫茶店にいた。彼らの喫茶店はとても古そうで，2人しか客がいなかった。夫はカウンターで妻に話しかけていて，もっと多くの客を引き付けるために店を改装した方がいいと言った。妻はそのことについて考えていた。その晩，夫婦はペットと一緒に家でテレビを見ていた。女性はお茶を飲んでいたが，犬を見ているうちにある考えが浮かんだ。2，3カ月後，夫婦はABCアニマルカフェとして喫茶店を再開していた。喫茶店には，家族連れを含む多くの客がいた。夫婦はとても多くの客を引き付けることができたと喜んでいた。翌週，誰かが店の外に箱に入った数匹の子犬を置いて，逃げて行った。夫は子犬を見つけて，それがまた起こったのでショックを受けているようだった。妻は子犬を見ていた。

▶ナレーションに含めたいポイントは以下の通り。①ある老夫婦が会話をしており，夫が店を改装するべきだと言っている。店内には客が少ない。②その晩，夫婦は家でテレビを見ている。部屋には犬と猫がいる。妻は犬を見て何かを思いつく。③2，3カ月後，夫婦は店をABCアニマルカフェという名前にして，再開する。店内には多くの客がいる。④翌週，夫婦は子犬が捨てられているのを見つける。夫は「またか」と言い，前にも同じことがあったことを思い出している。以上の流れを考え，夫婦の表情などにも注目しながら展開を考えていく。4コマの絵を見て，変化のあったところはしっかり説明するようにしたい。たとえば1コマ目の絵では，店内に客はほとんどいない。それに対して3コマ目の絵では，店内には多くの客が見られ，それを見ている夫婦の表情もうれしそうである。状況の変化は登場人物の心情変化にもつながるので，変化のある部分に注目するという視点を持てば，それにともなう人物の心情もより説明しやすくなるだろう。

質問の訳

No. 1　4番目の絵を見てください。もしあなたがその女性ならば，何を考えているでしょうか？

No. 2　人々はペットを所有することの責任を理解していると思いますか？

No. 3　社会は，人々に子どもを持つよう圧力をかけすぎていると思いますか？
No. 4　動物を狩ることは，今日の社会では認められるでしょうか？

**No. 1　解答例　I'd be thinking, "It's good that changing our café into an animal café has helped our business, but we can't take care of all of these dogs. We have to think of some way to save these poor animals."**

訳　私ならばこう考えているでしょう。「私たちの喫茶店をアニマルカフェに変えたことが商売に役に立ったのはよかったが，この犬をすべて世話することはできない。このかわいそうな動物を助ける方法を何か考えないといけない」

指定された4コマ目の絵では，店の前に子犬が捨てられていることがわかる。夫の Not again!「まただ！」という発言から，前にも同じことが起こっていることが読み取れる。以上のことをヒントに，女性の考えていることを説明したい。〔解答例〕では，捨てられた子犬に対して助ける方法を考えなければならないとしている。他の展開としては，夫の Not again! という発言をヒントに，「同じことが起こらないようにする方法を考えている」などが考えられる。たとえば，We have to think of some ideas so that the same thing won't happen again. などとすることができるだろう。

**No. 2　解答例　No. I think that some people just want to have a pet because they're cute. Maybe people should take courses to learn how much attention pets need, and then they can be allowed to have one.**

訳　いいえ。かわいいからペットを飼いたいというだけの人もいると，私は思う。おそらく，人々はペットがどれだけ多くの世話を必要とするかについて学ぶ研修を受けるべきで，そうすればペットを飼うことを許されてもいいだろう。

〔解答例〕では No の立場から，ペットを所有することの責任を理解していないとし，ペットが単にかわいいから飼いたいだけの人もいると述べている。また，その解決方法として，ペット所有に関する講習を行い，その後でペットを飼うことを許すという意見を述べている。4コマ目の絵で子犬が捨てられていることから，「自分が飼っているペットだけでなく，そのペットが産んだ子どもまで面倒を見なければならない」という点に触れるのもいいだろう。Yes の立場で答えるならば，「多くの人にとってペットは家族のようなものである」「ペットを捨てる人はごく一部であり，大部分の人は責任をもってペットを飼っている」などの意見が考えられるだろう。

**No. 3　解答例　Yes. We often hear that the population in Japan is decreasing very quickly. The government says that it wants to help people start families, but people should be free to choose whether or not they want to do so.**

訳　はい。私たちはよく，日本の人口は急速に減少しているという話を耳にする。人々が子どもをもうける手助けをしたいと政府は言っているが，人々は自分たちがそうしたいかどうかを自由に選べるようにするべきだ。

〔解答例〕では Yes の立場で意見を述べ，日本の人口は急速に減少しており，政府は人々が子どもをもうける手助けをしたいと思っていると説明をしている。その上で，子どもをもうけるかどうかを自分で自由に選べるようにすべきだと意見を述べている。他に可能性のある答えとしては，「若者が結婚したとき，その親から早く子どもをもうけるように言われ，それが夫婦にとってプレッシャーになる」などの意見が考えられるだろう。Noの立場からは，価値観が多様化し，結婚しない，子どもをつくらないという選択肢を取る人も多くなっていること，子どものいない夫婦も珍しいことではないことなどを中心に述べるとよい。

**No. 4　解答例　Yes. Recently, many communities are having safety problems with wild animals. Hunting can help keep pets and farm animals safe from dangerous animals. Also, it can help to stop animals from eating crops.**

訳　はい。最近，多くの地域が野生動物に関する安全の問題を抱えている。狩りは，ペットや家畜を危険な動物から遠ざけて安全な状態にするのに役立つ。また，狩りは動物が作物を食べてしまうのを防ぐのにも役立つかもしれない。

〔解答例〕ではYesの立場に立ち，まず野生動物に関する安全の問題を抱えている地域が多いことをはっきり述べている。その上で，狩りがペットや家畜の安全を守るのに役立つこと，動物が作物を食べてしまうのを防ぐことができることといった，害獣駆除の観点から賛成の理由となる意見を述べている。Noの立場で答えるならば，野生動物，とくに絶滅の危険性がある動物に対する違法な狩りについて述べる方法がある。たとえば，「違法な狩りによって，貴重な野生動物の数が減ってしまうかもしれない」などとすれば，反対派の意見として述べることができるだろう。

別冊問題編

矢印の方向に引くと
本体から取り外せます

教学社

# CONTENTS

英検®赤本シリーズ
2024 年度版
英検®準 1 級 過去問集　**問題編**



（注 1）本書に掲載している問題は，公益財団法人 日本英語検定協会より提供されたものです。一次試験は本会場で実施されたもの，二次試験は試験ごとに，提供された 2 種類を掲載しています。
（注 2）音声は専用サイトにて配信しています。リスニングテストの音声は許諾を得たうえで，公益財団法人 日本英語検定協会提供のものを使用しています。面接の音声は，提供された資料に基づいて小社独自にレコーディングしたものです。

# 2023 年度 第 2 回

# Grade Pre-1

| 試験内容 | | 試験時間 | 掲載ページ |
|---|---|---|---|
| 一次試験 | 筆記（リーディング・ライティング） | 90 分 | 2023-2　P. 2～19 |
| | リスニング | 約 31 分 | 2023-2　P. 20～26 |
| 二次試験 | 面接（スピーキング） | 約 8 分 | 2023-2　P. 27～30 |

## リスニングテスト・面接の音声について

音声は**専用サイト**にて配信しています。

専用サイト トップページ
（イメージ）

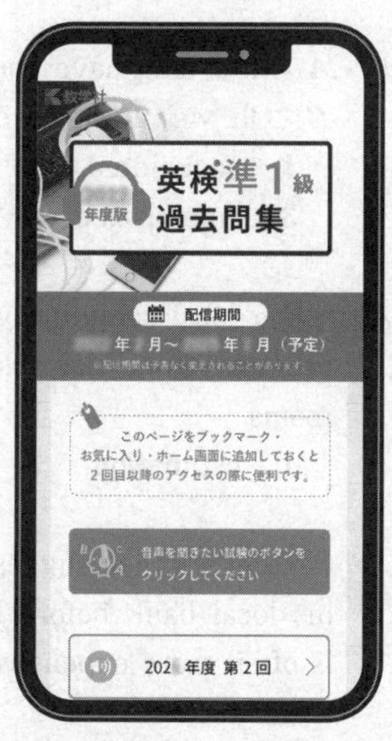


▷ **専用サイトのご利用方法：**

1. 本冊（解答編）の**袋とじ**（音声配信のご案内）をキリトリ線に沿って開封。
2. 袋とじの内側に印刷されている**QR コード**をスマートフォンなどで読み取る。QR コードを読み取れない場合は，**アドレス**を入力。
   ➡専用サイトのトップページに。
3. 音声を聞きたい試験のボタンを押す。
   ➡該当の試験の音声再生ページに。
   ※試験 1 回分を通して聞くことも，1 問ずつ聞くこともできます。
   ※面接の解答時間（無音部分）は実際の試験とは異なります。

▷ **配信内容**：本書に掲載のリスニングテストおよび面接の音声

※面接の音声は，ナレーションの指示と質問英文だけでなく，ナレーション問題の解答例も配信。

# 一次試験

## 1

*To complete each item, choose the best word or phrase from among the four choices. Then, on your answer sheet, find the number of the question and mark your answer.*

---

*(1)* Layla found the workouts in the advanced class too ( ), so she decided to change to an easier class.

**1** subtle **2** contrary **3** strenuous **4** cautious

*(2)* The tax accountant asked the woman to ( ) all her financial records over the past year. He needed to see them before he could begin preparing her tax forms.

**1** punctuate **2** compile **3** bleach **4** obsess

*(3)* Emilio discovered a small leak in one of the water pipes in his house. To be safe, he turned off the ( ) to stop the water until he knew exactly what the problem was.

**1** depot **2** canal **3** valve **4** panel

*(4)* ***A*：**How long have you and Linda been ( ), Bill?

***B*：**Oh, we've known each other for at least 10 years, maybe longer.

**1** acquainted **2** discharged

**3** emphasized **4** subdued

*(5)* Our local community center usually has one main room, but when necessary, we can close the ( ) and create two smaller rooms.

**1** estimation **2** partition **3** assumption **4** notion

*(6)* Tyler's father suggested that he get some foreign ( ) from his local bank before his vacation because changing money abroad is often more expensive.

**1** tactic **2** bait **3** currency **4** menace

(7) Thanks to the country's (  ) natural resources, it is able to earn a great deal of money through exports such as metals, coal, and natural gas.

1 unjust 2 insubstantial
3 elastic 4 abundant

(8) At first, Enzo listed all six of his previous jobs on his résumé. He had to remove two of them, however, in order to (  ) the document into one page.

1 dispute 2 mumble 3 mistrust 4 condense

(9) In most countries, foreigners working without a proper visa are (  ) if they are discovered. However, sending them home can cost a lot of money.

1 mended 2 deported 3 perceived 4 distributed

(10) Tim is worried that he is spending too much time using his smartphone. He feels a strong (  ) to check his e-mail every few minutes.

1 suspension 2 extension
3 seclusion 4 compulsion

(11) ***A*:** Did you make a New Year's (  ) this year, Serena?
***B*:** Yes, I decided to start eating healthy snacks instead of sweets between meals. It's been difficult to keep away from the chocolate and candy, though.

1 astonishment 2 resolution
3 vulnerability 4 repression

(12) Miranda noticed that the amount of money in her savings account was (  ), so she decided to start spending less every month.

1 grazing 2 dwindling
3 browsing 4 rebounding

(13) The girl was scared of high places, so she (　　　) her father's hand. She held it tightly as they looked out the window from the top of the tower.

**1** harassed　**2** breached　**3** drained　**4** gripped

(14) Akiko could not help but be (　　　) when she saw her colleagues having a quiet conversation. She moved closer to them to hear what they were talking about.

**1** obedient　**2** flexible　**3** sinful　**4** nosy

(15) Due to the snowstorm, the climbers were unable to reach the mountain's (　　　). They had to turn around just a few hundred meters from the top.

**1** subsidy　**2** mirage　**3** summit　**4** crutch

(16) When Jonathan started at his company, he was often (　　　) all day. However, after a few months, he took on more tasks and now has little free time.

**1** idle　**2** agile　**3** sane　**4** needy

(17) ***A***: Guess what? I've got an interview for that job as a TV announcer!

***B***: That's great, but don't be too (　　　) just yet. There'll be a lot of competition for that position.

**1** courteous　**2** optimistic　**3** suspicious　**4** flustered

(18) During her commute, Josie found the noise from the earphones of the train passenger next to her so (　　　) that she decided to move to another seat.

**1** bothersome　**2** compelling

**3** flattering　**4** daring

(19) ***A***: I couldn't believe how crowded this year's summer parade was.

***B***: I know! There were so many (　　　) in the streets I could barely move.

**1** patriots　**2** spectators　**3** mimics　**4** executives

(20) Joseph was not sure if he could afford a taxi home from work, but after checking his wallet, he found that he had (　　) money for the ride.

**1** ample　**2** regal　**3** vain　**4** crafty

(21) (　　) involvement has been shown to enhance student performance in school. One example is helping children with schoolwork at home.

**1** Obsolete　**2** Numb　**3** Parental　**4** Infamous

(22) Over the past few decades, many species have nearly been (　　) by pollution. However, recent conservation efforts are helping some of them to recover.

**1** wiped out　**2** broken up
**3** fixed up　**4** turned down

(23) Dave was happy when his neighbor gave him a basket of fresh vegetables, but when he got home, he realized he did not know how to (　　) cooking them.

**1** go about　**2** pull out
**3** take in　**4** bring down

(24) ***A*** : Our company allows employees to wear comfortable clothes, as long as they don't look too unprofessional.
***B*** : That's new for me. Wearing casual clothes was (　　) at my last job.

**1** frowned upon　**2** carried on
**3** entered into　**4** crossed off

(25) The regional manager visited the small branch office last week and (　　) a few meetings to observe how things were going there.

**1** went back on　**2** sat in on
**3** spoke down to　**4** looked up to

**2** *Read each passage and choose the best word or phrase from among the four choices for each blank. Then, on your answer sheet, find the number of the question and mark your answer.*

# The Documentary Boom

In recent years, the growth of TV streaming services has created a huge new market for documentaries. The number of documentaries being made has skyrocketed, providing welcome new opportunities for filmmakers, but there are also negative aspects. One issue is that many filmmakers feel they are ( *26* ). Some documentaries have attracted huge audiences and brought tremendous financial returns, so companies that operate streaming services have become more generous with their production budgets. With so much money involved, the intense pressure often makes filmmakers feel as though they have no choice but to alter the stories they tell to give them greater commercial appeal.

This has led to concerns regarding the ( *27* ) documentaries. While documentaries used to be considered a form of investigative journalism, there has been a noticeable shift in their subject matter. As the popularity of genres such as true crime has increased, the line between factual information and entertainment has become blurred. Documentaries, which were once devoted to informing viewers and raising awareness of problems in society, are too frequently becoming sensationalist entertainment designed primarily to shock or excite viewers.

Another worrying trend for filmmakers is the rise of celebrity documentaries. In the past, filmmakers generally followed the journalistic tradition of not paying ordinary subjects of documentaries for fear that doing so would encourage people to exaggerate or tell outright lies. Famous people, such as musicians, however, are now paid millions of dollars for their stories—often because such stars are guaranteed to attract viewers. ( *28* ), noncelebrities are also starting to demand compensation, which is creating a moral dilemma for filmmakers.

| | | | | |
|---|---|---|---|---|
| *(26)* | **1** | still being ignored | **2** | not being paid enough |
| | **3** | losing control over content | **4** | in need of large budgets |
| *(27)* | **1** | way people interpret | **2** | people who appear in |
| | **3** | growing costs of creating | **4** | decreasing social value of |
| *(28)* | **1** | Above all | **2** | Understandably |
| | **3** | In contrast | **4** | Nevertheless |

# Anting

The field of ethology involves studying animals in their natural habitats to understand their behavior. Drawing conclusions about the reasons behind what animals do, however, is not always easy. Certain birds, for example, display a behavior called "anting." This usually involves a bird picking up some ants with its beak and rubbing them on its feathers. ( *29* ), birds have even been observed sitting on anthills with their wings spread out and allowing ants to crawl all over their bodies. Despite extensive observation, ethologists remain unsure why birds engage in this behavior.

One popular theory is that ( *30* ). Ants naturally produce a substance called formic acid that protects them against bacteria and fungi, and which is also toxic to other insects. If this substance is rubbed onto a bird's feathers, it could help inhibit disease and deter harmful pests. While birds commonly use ants, some have been seen picking up certain beetles and millipedes instead. The fact that these organisms also produce chemicals that keep harmful pests away provides support for this theory.

Another proposed idea is that rubbing ants on a bird's feathers ( *31* ). In an experiment, scientists discovered that some birds were more likely to consume ants that had their formic acid removed by the scientists than ants that retained the chemical. The formic acid is stored in a sac located next to an ant's nutrient-rich abdomen. Anting, some scientists suspect, may cause ants to release their formic acid without birds having to try to remove the sacs with their beaks—a process that could damage the area of ants that makes them such an appealing snack.

(29) 1 In other words 2 For one thing
3 Similarly 4 Consequently

(30) 1 the ants eat organisms that harm the birds
2 the behavior contributes to birds' health
3 the behavior helps control ant populations
4 the birds are trying to attract other insects

(31) 1 helps remove damaged feathers
2 transfers nutrients to the ants
3 increases the bird's appetite
4 prepares the ants to be eaten

## 3

*Read each passage and choose the best answer from among the four choices for each question. Then, on your answer sheet, find the number of the question and mark your answer.*

# The Development of Colleges in the United States

Selling land is a common way to increase wealth, but for rural landowners in the United States during the nineteenth century, this was not always easy. Rural populations at the time were small, so landowners needed ways to attract buyers. One method was to keep prices low, but landowners also turned to another strategy: building colleges. Doing this made the land in their area more desirable, as colleges were centers of culture and learning. Colleges were built at an incredibly rapid pace, and by 1880, there were five times more colleges in the United States than there were in Europe.

With the exception of a few older, elite institutions, most US colleges only had a small number of students and instructors. Rather than being scholars, the faculty members were often religious men representing the different branches of Christianity that existed in the United States at the time. Administrators knew this would help to attract students from those religious organizations. Gaining admission to colleges was generally not difficult as long as students could pay the tuition, which, as a result of fierce competition to recruit students, was kept low. Unfortunately, low student numbers meant that many colleges were forced to close down, and those that survived could only continue operating through constant fundraising.

Demand for higher education, however, continued to increase along with the US population in the twentieth century. As the remaining colleges had well-established infrastructures, including land, buildings, and libraries, they were in a good position to accommodate this demand. Furthermore, they generally offered high-quality education and good sports and leisure facilities because one way they had survived was by being sensitive to students' needs. Another way the colleges ensured their futures was by maintaining close ties with their graduates, from whom they would receive generous donations. All of these factors have helped the US college system to transform itself into one of the most successful in the world.

---

*(32)* Why were so many colleges built in the United States in the nineteenth century?

**1** Increasing levels of wealth in rural areas led to more families wanting their children to receive a college education.

**2** Wealthy landowners built colleges as a way to improve their public image and ensure that they would be remembered after their death.

**3** Europeans living in the United States wanted colleges that would provide the same level of education that was available in their home countries.

**4** Building colleges was a way for people who owned land in rural areas to increase the value of their land and attract more buyers.

*(33)* What is true regarding many faculty members at US colleges in the nineteenth century?

**1** They quit after a short time because of the poor conditions they were forced to work under.

**2** Their salaries were usually paid by religious organizations rather than by the colleges themselves.

**3** There was a high degree of competition among them to gain the best positions at the colleges.

**4** Their religious backgrounds tended to be an effective way to get students to enroll at their colleges.

*(34)* One reason US colleges succeeded in the twentieth century was that they

**1** formed partnerships with local sports teams to increase the quality of their physical education programs.

**2** were able to increase their financial security by creating lasting relationships with their former students.

**3** decreased the competition with other colleges by focusing on recruiting students mostly from their local areas.

**4** kept their costs down by using facilities already available in the community instead of building their own.

# *Machine or Human?*

In 2004, NASA's exploration rover Opportunity landed on Mars. The golf-cart-sized rover, which was nicknamed "Oppy," was sent to survey the planet and capture images of its surface. Oppy's mission was supposed to last 90 days, but the rover continued to beam pictures and data back to Earth for the next 15 years. During that time, it captured the public's imagination. In fact, people became so attached to Oppy that when it ceased to function, they sent messages of condolence over social media similar to those intended for a deceased person.

The act of giving human traits to nonhuman things, which is known as anthropomorphism, is something humans do naturally, even at a young age. It is not unusual, for example, for people of all ages to form emotional attachments to objects such as toys, cars, and homes. Even the engineers, who frequently referred to Oppy as "she" or thought of it as a child, were not immune to this tendency. One effect of projecting human qualities onto a nonliving object seems to be that this makes people feel protective of it and brings out concern for its well-being. NASA appears to have utilized this phenomenon to its advantage by deliberately making Oppy seem more human, designing it with eyelike camera lenses in a headlike structure that extended from its body. Prior to the Opportunity mission, well-publicized failures had weakened public confidence in NASA, and the agency's funding had been reduced. It has been suggested that giving Oppy human characteristics was an effective strategy to win over the public and perhaps even attract additional funding for NASA's mission.

While thinking of Oppy as a human may seem harmless, there can be unfortunate consequences to anthropomorphizing objects. Assuming AI works in the same way as the human brain, for example, may lead to unrealistic expectations of its capabilities, causing it to be used in situations where it is unable to provide significant benefits. Anthropomorphism can also make people apprehensive of nightmare scenarios, such as AI and machines rising up in rebellion against humans. This idea of machines as a threat arises from the misunderstanding that they reason in the same way as humans do. It appears, however, that people cannot help themselves from anthropomorphizing. As journalist Scott Simon writes, "if you spend a lot of time with a mechanism—talk to it, wait to hear from it and worry about it—even scientists begin to see personality in machinery."

---

*(35)* What do we learn about people's reactions to Oppy?

**1** People immediately supported Oppy because they were interested in any new discoveries about Mars.

**2** People found it difficult to relate to Oppy because little effort had been made to inform them about the significance of its mission.

**3** People soon lost interest in Oppy's mission because the information Oppy sent back to Earth was too technical for nonscientists to understand.

**4** People felt such an emotional connection to Oppy that they expressed sympathy for it when it stopped operating.

*(36)* According to the second paragraph, it seems likely that making Oppy appear more human was

**1** a strategy designed to increase overall support for NASA's activities and to help it receive more money.

**2** based on experiments in which children showed an increased interest in robots that looked like humans.

**3** done because psychologists suggested that the strategy would make the engineers work harder to complete it on time.

**4** the result of government pressure on NASA to make its designs more likely to be used in toys.

*(37)* According to the passage, what is a potential problem with anthropomorphism?

**1** It can make people rely on machines to perform tasks that would be cheaper for humans to do themselves.

**2** It can make people mistakenly assume that AI and machines do not need any guidance to perform tasks correctly.

**3** The belief that AI and machines act in a similar way to humans can cause people to misunderstand what they are able to do.

**4** The relationships scientists form with AI can cause them to prioritize its development over the needs of humans.

# The Marian Reforms

Around the end of the second century BC, the Roman Republic faced the threat of an invasion by tribal peoples from Western Europe and experienced a series of humiliating defeats in Africa. Realizing that the Roman army was no longer able to meet the needs of the rapidly expanding republic, the Roman leader Gaius Marius set about implementing sweeping reforms. These became known as the Marian reforms, and they transformed the Roman army into a nearly unstoppable military machine that was arguably the most effective fighting force in ancient times. Traditionally, enlistment of soldiers into the Roman army had been on a temporary basis, which necessitated constant recruitment and inevitably led to new recruits often having no previous fighting experience. Furthermore, property ownership was required for entry into the army, and increasing poverty within the Roman Republic severely reduced the pool of potential recruits who could meet this requirement.

The Marian reforms consisted of several measures, including the removal of both property requirements and the need for recruits to prepare their own weapons and armor. This allowed even the poorest citizens to enlist and led to better-equipped soldiers because the army could standardize and improve the weapons and armor used. Soldiers in the army became known as "legionaries," and they were trained in military strategy. Perhaps most importantly, the reforms provided a crucial incentive for enlistment—any soldier who served for 16 years was compensated with a plot of farmland and full Roman citizenship. The rapid expansion of the Roman Republic meant there were many noncitizen inhabitants who lived in poverty and for whom an opportunity to escape their situation was hugely appealing.

The Roman army's better-trained and more highly motivated soldiers led to it achieving significant military triumphs that contributed to Rome's expansion. The land that former legionaries received was generally in newly conquered provinces, so these veterans were instrumental in spreading Roman culture. Their presence also made it easier to overcome local resistance to Roman rule and facilitated the process of integration into the Roman Republic. The mere presence of the veterans brought greater security to new territories, since they could assist in preventing rebellions and resisting invasions.

While the Marian reforms greatly improved the Roman army, they also had an unexpected impact on Roman society that eventually led to the downfall of the republic. When the army was composed mostly of wealthy citizens enlisted on an as-needed basis, it had little influence on Roman politics. Following the Marian reforms, however, legionaries in the army became highly disciplined and developed an intense loyalty to their generals. In consequence, generals found it difficult to resist the temptation to use the forces under their command to gain political influence for themselves rather than to ensure the protection and expansion of the Roman Republic. This resulted in civil wars, and eventually, Julius Caesar successfully used the army to overthrow the elected government and declare himself the Roman leader. This marked the end of the relatively democratic Roman Republic and paved the way for the creation of a dictatorship ruled by all-powerful emperors.

---

*(38)* What was one reason for the Marian reforms?

**1** Financial problems within the Roman Republic meant a Roman leader had no choice but to reduce funding for the military.

**2** As the number of soldiers in the army increased, it became more difficult to transport them to Western Europe and Africa to defend the Roman Republic.

**3** Complaints arose among soldiers because they were forced to stay in the army for many years and received low pay for their service.

**4** A Roman leader was concerned that the army did not have the manpower or skills required to allow the Roman Republic to achieve its military goals.

(39) What was an important change that occurred because of the Marian reforms?

**1** A rule was introduced stating that only Roman citizens could join the Roman army, leading to more people trying to get Roman citizenship.

**2** Serving in the Roman army became more attractive because it was a way for people living in the Roman Republic to improve their lives.

**3** The Roman army struggled to find enough recruits because it would only accept men who already had military experience.

**4** The number of years that soldiers were required to spend in the Roman army was reduced, which lowered the average age of soldiers.

(40) According to the third paragraph, after the Roman army took over new territories,

**1** the number of soldiers sent to those areas would be greatly increased to allow the army to attack neighboring regions and continue the expansion of the Roman Republic.

**2** local people were invited to Rome's capital to learn the Roman language and culture so that they could quickly become accustomed to Roman society.

**3** ex-soldiers were given land there, which made it much easier to control the local people and ensure that the areas could be defended from various threats.

**4** the areas were often lost again quite quickly because it was impossible for the army to prevent the many rebellions that occurred.

*(41)* What effect did the Marian reforms have on Roman society?

**1** The army was used as a political tool, creating a system in which a Roman leader gained his position by military power rather than by being chosen by the people.

**2** The wealth and social standing of people who refused to serve in the army decreased, while former legionaries often obtained high government positions.

**3** The Roman army became so large that the cost of maintaining it became a major cause of the fall of the Roman Republic.

**4** The lack of discipline among the legionaries led to tension between Roman citizens and the army, which eventually resulted in civil wars.

# English Composition

- Write an essay on the given TOPIC.
- Use TWO of the POINTS below to support your answer.
- Structure : introduction, main body, and conclusion
- Suggested length : 120–150 words
- Write your essay in the space provided on Side B of your answer sheet. Any writing outside the space will not be graded.

TOPIC

*Should companies be required to produce goods that are easy to recycle?*

POINTS

- *Company profits*
- *Customer demand*
- *Pollution*
- *Product quality*

# *Listening Test*

**There are three parts to this listening test.**

| | | |
|---|---|---|
| Part 1 | Dialogues : 1 question each | Multiple-choice |
| Part 2 | Passages : 2 questions each | Multiple-choice |
| Part 3 | Real-Life : 1 question each | Multiple-choice |

※ Listen carefully to the instructions.

## Part 1

*No. 1*
**1** He cannot find his e-reader.
**2** He does not want to buy e-books.
**3** He has broken his e-reader.
**4** He finds it hard to download e-books.

*No. 2*
**1** Take private yoga classes.
**2** Find a different activity.
**3** Continue with his current class.
**4** Join another yoga group.

*No. 3*
**1** She has some new ideas for the division.
**2** She knows little about publishing.
**3** She was an excellent student.
**4** She wants to increase staff salaries.

*No. 4*
**1** She wants to help a family in need.
**2** They no longer fit her well.
**3** There is an event at her school.
**4** She does not have storage space for them.

*No. 5*
**1** It will help reduce his workload.
**2** It will mean more work with independent agents.
**3** It will make his company more successful.
**4** It will lead to many staff being fired.

*No. 6*
**1** They will become less expensive in the future.
**2** They would not save the couple money.
**3** They need to be replaced after a few years.
**4** They do not have many environmental benefits.

*No. 7*
**1** Miki has not completed her translation work.
**2** The deadline is likely to change.
**3** The client has made a number of mistakes.
**4** Miki often does not work carefully enough.

*No. 8*
**1** He found many online complaints.
**2** The cost of the cruise has increased.
**3** He cannot get time off from work.
**4** He is unable to book another cruise.

*No. 9*
**1** It has a lot of unique characters.
**2** The show's writing has improved greatly.
**3** The plot was hard to predict.
**4** It may not be renewed for another season.

*No. 10*
**1** He is busier than Yasuhiro.
**2** He does not get along with Genevieve.
**3** He often makes poor decisions.
**4** He may not have enough experience.

*No. 11*

**1** Her lectures tend to be long.
**2** She gives too much homework.
**3** Her political views are extreme.
**4** She does not grade fairly.

*No. 12*

**1** Search for solutions online.
**2** Get help from a professional.
**3** Ask their neighbors for advice.
**4** Move to a quieter neighborhood.

## Part 2

(A) *No. 13*

**1** To improve the quality of their crops.
**2** To give thanks for the food they grew.
**3** To pray they could leave the desert.
**4** To celebrate their time in Egypt.

*No. 14*

**1** They have desert images on the walls.
**2** They are covered to keep them cool.
**3** Meals must be cooked in them.
**4** People can see the sky from inside them.

---

(B) *No. 15*

**1** Vultures help stop them from affecting humans.
**2** Vultures often spread them to other animals.
**3** They can be deadly to vultures.
**4** They survive in vultures' stomachs.

*No. 16*

**1** Vultures' feeding habits help to reduce its effects.
**2** It has increased vulture populations worldwide.
**3** Vultures' food sources have changed because of it.
**4** It has forced vultures to find new habitats.

---

(C) *No. 17*

**1** Workers often think they do not deserve praise.
**2** Random praise can improve performance.
**3** Too much praise can hurt performance.
**4** Most bosses do not give enough praise.

*No. 18*

**1** They tend to react negatively to praise.
**2** They worry too much about their work.
**3** They may benefit from having a growth mindset.
**4** They affect the mindsets of workers around them.

---

(D) *No. 19*

**1** They believed an invasion would not happen.
**2** They worried that the art would be destroyed.
**3** They thought Canada was likely to be invaded.
**4** They feared Germans would be able to steal the art.

*No. 20*

**1** The importance of art during wartime.
**2** A way to create larger mines.
**3** The effects of low temperatures on paintings.
**4** Ways of keeping art in good condition.

---

(E) *No. 21*

**1** To help warn about an attack.
**2** To check the location of British soldiers.
**3** To gather supplies for American troops.
**4** To lead her father away from danger.

*No. 22*

**1** There is evidence a different woman rode that night.
**2** There are no records of an attack by the British army.
**3** It was not officially documented.
**4** A history book claims it did not happen.

---

(F) *No. 23*

**1** They had to relocate to more-populated areas.
**2** They had to close due to unhappy customers.
**3** They were not receiving enough snow.
**4** They were opposed to using artificial snow.

*No. 24*

**1** The use of artificial snow has hurt its business.
**2** It makes use of the wind to help it operate.
**3** It provides snow to other ski resorts in its local area.
**4** Its slopes are at unusually high altitudes.

## Part 3

(G) *No. 25* ***Situation :*** You are staying at a hotel. It is 6:30 p.m. now, and you want to have dinner at a nearby restaurant around 7:00 p.m. The concierge tells you the following.

***Question :*** Which restaurant should you choose?

**1** Kingsley's.
**2** Shrimp Lover.
**3** Randy's.
**4** Boca.

---

(H) *No. 26* ***Situation :*** You have decided to sell half of your collection of 500 music CDs. You call a shop that buys and sells used CDs and hear the following recorded message.

***Question :*** What should you do?

**1** Start the sales procedure online.
**2** Begin packing your CDs into boxes.
**3** Download a form from the website.
**4** Make an appointment for an assessment.

---

(I) *No. 27* ***Situation :*** You are a college student. You want to learn about ancient Greeks and Romans and do not like group work. You are listening to an academic adviser's explanation.

***Question :*** Which class should you take?

**1** History 103.
**2** Philosophy 105.
**3** History 202.
**4** Latin 102.

---

(J) *No. 28* **Situation :** The tablet computer you bought for your daughter two weeks ago has broken. It has a one-year warranty. You call the product manufacturer and hear the following recorded message.

**Question :** What should you do?

**1** Press 1.
**2** Press 2.
**3** Press 3.
**4** Press 4.

---

(K) *No. 29* **Situation :** You and your seven-year-old son are at a science museum. You want to take a tour. You must leave the museum in 45 minutes. You hear the following announcement.

**Question :** Which tour should you choose?

**1** *Spark of Genius.*
**2** *The Age of Dinos.*
**3** *Deep into the Sea.*
**4** *Museum after Dark.*

# 二次試験

## 受験者用問題カードA

You have **one minute** to prepare.

This is a story about a couple who liked traveling.
You have **two minutes** to narrate the story.

Your story should begin with the following sentence:
**One day, a couple was talking at a café.**

1 2 3 4

# 問題カードA　Questions

No. 1　Please look at the fourth picture. If you were the woman, what would you be thinking?

No. 2　Will Japan continue to be a popular tourist destination in the future?

No. 3　Do you think employees in the service industry are treated well enough by their employers?

No. 4　Is people's quality of life these days better than it was in the past?

編集部注：本ページの質問英文は問題カードには印刷されていません。

## 受験者用問題カードD

You have **one minute** to prepare.

This is a story about a couple whose son liked sports.
You have **two minutes** to narrate the story.

Your story should begin with the following sentence:
**One day, a family was at home.**

# 問題カードD　**Questions**

No. 1　Please look at the fourth picture. If you were the father, what would you be thinking?

No. 2　Should playing video games be considered a sport?

No. 3　Do you think parents should discuss important family issues with their children?

No. 4　Should the government provide more university scholarships for students?

編集部注：本ページの質問英文は問題カードには印刷されていません。

# 2023 年度 第 1 回

# Grade Pre-1

| 試験内容 | | 試験時間 | 掲載ページ |
|---|---|---|---|
| 一次試験 | 筆記（リーディング・ライティング） | 90 分 | 2023-1　P. 2～19 |
| | リスニング | 約 32 分 | 2023-1　P. 20～26 |
| 二次試験 | 面接（スピーキング） | 約 8 分 | 2023-1　P. 27～30 |

## リスニングテスト・面接の音声について

音声は専用サイトにて配信しています。

▷ 専用サイトのご利用方法：

1. 本冊（解答編）の袋とじ（音声配信のご案内）をキリトリ線に沿って開封。
2. 袋とじの内側に印刷されている QR コードをスマートフォンなどで読み取る。QR コードを読み取れない場合は，アドレスを入力。
   ➡専用サイトのトップページに。
3. 音声を聞きたい試験のボタンを押す。
   ➡該当の試験の音声再生ページに。
   ※試験 1 回分を通して聞くことも，1 問ずつ聞くこともできます。
   ※面接の解答時間（無音部分）は実際の試験とは異なります。

▷ 配信内容：本書に掲載のリスニングテストおよび面接の音声

※面接の音声は，ナレーションの指示と質問英文だけでなく，ナレーション問題の解答例も配信。

専用サイト トップページ
（イメージ）

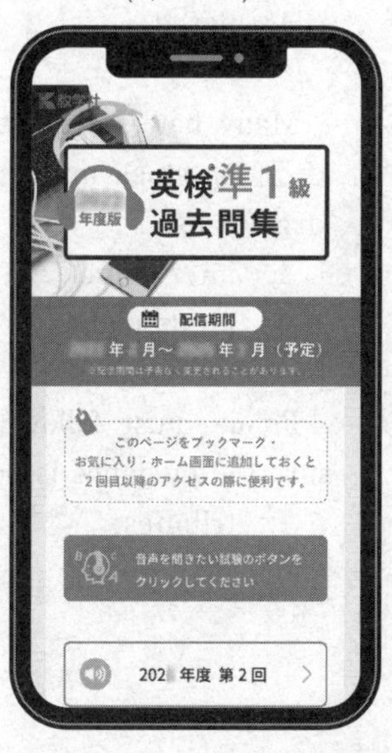

# 一次試験

## 1

*To complete each item, choose the best word or phrase from among the four choices. Then, on your answer sheet, find the number of the question and mark your answer.*

---

*(1)* At first, Mick was (　　　) by the idea of going to live abroad by himself. Once he did it, however, it was less difficult than he had feared.

**1** pacified　**2** restored　**3** daunted　**4** tackled

*(2)* Students are advised to pace their studying throughout the semester instead of (　　　) right before their exams.

**1** cramming　**2** detaining
**3** swelling　**4** embracing

*(3)* The two candidates' tempers (　　　) during the presidential debate. They angrily attacked each other's positions on issues throughout the night.

**1** flared　**2** digested　**3** professed　**4** tumbled

*(4)* Many banks required government (　　　) to stay in business after the stock market crash. The help mostly came in the form of large loans.

**1** intervention　**2** appreciation
**3** accumulation　**4** starvation

*(5)* Police must follow strict (　　　) at a crime scene to make sure the evidence is not damaged or altered in any way.

**1** tributes　**2** protocols　**3** reservoirs　**4** portions

(6) The umpire ( ) the two players for fighting. They were not allowed to play in the rest of the game.

**1** slaughtered **2** administered
**3** ejected **4** conceived

(7) Cats are known to be protective of their ( ). They often attack other animals that they think could be a threat to their kittens.

**1** prey **2** offspring **3** rituals **4** remains

(8) Fans of Greenville United were disappointed when the team's poor performance throughout the season led to its ( ) from the A-League to the B-League.

**1** demotion **2** craving
**3** aggravation **4** hassle

(9) Bibi loves hiking and playing sports, so she needs clothes that do not wear out too quickly. When she goes shopping, she generally buys clothing that is ( ).

**1** swift **2** aloof **3** shallow **4** durable

(10) Consumers should not ( ) any personal information to callers claiming to be from the bank, as such calls are sometimes from criminals.

**1** sway **2** detest
**3** contemplate **4** disclose

(11) Because the tennis champion is unfriendly to other players and claims he is the greatest player who has ever lived, he is often criticized for his ( ).

**1** commodity **2** arrogance
**3** neutrality **4** specimen

*(12)* Many readers found the author's novels ( ). He was known for writing long, confusing sentences that had no clear meaning.

**1** genuine **2** impending
**3** subdued **4** incomprehensible

*(13)* "Class, I want you all to listen very ( )," the teacher said. "Much of what I will say is not in the textbook but will be on the test."

**1** attentively **2** consecutively
**3** wearily **4** eloquently

*(14)* The school is known for being at the ( ) of education. Its teachers use the newest teaching methods and the latest technology in the classroom.

**1** forefront **2** lapse **3** doctrine **4** myth

*(15)* The mayor used ( ) language in his speech because he thought it was extremely important that the citizens support his plan for public transportation.

**1** forceful **2** merciful **3** futile **4** tranquil

*(16)* When the pop singer died, she left her favorite charity a ( ) of over $10 million. "We are so grateful for her generosity," said a charity spokesperson.

**1** rhyme **2** justice **3** legacy **4** majority

*(17)* As they approached the top of the mountain, some of the hikers began to feel sick because of the low oxygen levels at the high ( ).

**1** apparatus **2** equation
**3** altitude **4** mileage

*(18)* Ted lives on a ( ) income. He makes just enough to afford a small apartment, pay his bills, and occasionally go out for dinner.

**1** blissful **2** modest **3** showy **4** sturdy

(19) The carpenter was careful to choose a (　　) piece of wood for the table. There would be problems if it did not have the same thickness throughout.

**1** reckless　**2** gaping　**3** dreary　**4** uniform

(20) Although Pieter was a private, quiet man who rarely showed his (　　) for his children, they knew that he truly loved them.

**1** affection　**2** circulation
**3** oppression　**4** coalition

(21) Anton heard a strange (　　) coming from his speakers, so he checked to make sure all the cables were properly connected.

**1** buzz　**2** peck　**3** thorn　**4** core

(22) Late last night, a man was caught trying to (　　) a convenience store. The police forced him to drop his weapon and arrested him.

**1** shrug off　**2** sit out
**3** run against　**4** hold up

(23) Jill had always loved France, so when there was a chance to work in her company's Paris office, she (　　) it. In fact, she was the first to apply.

**1** plowed through　**2** pulled on
**3** threw off　**4** jumped at

(24) ***A*:** How's the class you signed up for going to (　　) with your work schedule?

***B*:** It's online, and I can study at my own pace. I can read the material when I get home from work, so it should be fine.

**1** get over　**2** fit in　**3** hold onto　**4** take after

(25) Before moving to her new section, Betty will (　　) all of her current projects to the person who will be doing her job from now on.

**1** beef up　**2** bank on　**3** hand over　**4** slip by

**2** *Read each passage and choose the best word or phrase from among the four choices for each blank. Then, on your answer sheet, find the number of the question and mark your answer.*

# Beyond Small Talk

Research indicates that the relationships people have can influence their well-being. Positive relationships not only lead to increased happiness but also have a beneficial effect on physical health. So far, most studies have focused on relationships with people we are close to, such as family members or friends. This makes sense, as when we have a problem or want to share our thoughts and opinions, we are most likely to talk to such people. ( *26* ), some recent studies have explored how we interact with strangers, and the results were rather surprising.

In one study, subjects were paired up with someone they had never met before, and each pair was asked to come up with a light discussion topic, such as the weather, and a more substantial one, such as their personal goals. At the beginning of the study, most subjects thought they would enjoy casual conversations more. After each conversation, the subjects were asked to rate it based on enjoyment and feeling of connection with their partners. The results showed that the ( *27* ). That is, most subjects reported having a more positive experience overall after discussing serious topics.

The study's results suggest that people would benefit from interacting on a deeper level with strangers. In fact, the subjects in the study generally expressed a desire to have meaningful conversations with people they did not know more often in their lives. However, they also thought that ( *28* ). The researchers believe that this assumption is incorrect, and that, for the most part, strangers are also interested in going beyond casual conversation.

*(26)* **1** In exchange **2** For instance
**3** In contrast **4** In short

*(27)* **1** topics had made the subjects nervous
**2** subjects' ratings did not always match
**3** topic choices had been too varied
**4** subjects' expectations had been wrong

*(28)* **1** communicating clearly would be difficult
**2** other people did not share this desire
**3** their family members would not approve
**4** their privacy should come first

# The Thing

After spending nearly a decade on a museum shelf in Chile, a mysterious fossil known as "The Thing" has finally been identified. Researchers now believe it is a 66-million-year-old soft-shelled egg and that it probably contained a mosasaur, a large aquatic reptile that existed around the same time as dinosaurs. Previous fossil evidence had suggested that mosasaurs ( *29* ). The researchers' findings challenge this idea, however, and the researchers say the fossil's size and the fact that it was discovered in an area where mosasaur fossils have been found support their conclusion.

Although the researchers are excited to have identified The Thing, it has opened a new debate. One theory suggests mosasaurs would have laid their eggs in open water, with the young hatching almost immediately. ( *30* ), some scientists believe the mosasaurs would have laid their eggs on the beach and buried them, much like some modern reptiles do. Further research, it is hoped, will reveal which of these is correct.

Another group of researchers from the United States has shed additional light on the eggs of prehistoric creatures after taking a closer look at previously discovered fossils of baby dinosaurs. It was believed that dinosaurs produced hard-shelled eggs, but the fossils on which this assumption was based represent a limited number of dinosaur species. Through their analysis, the US researchers discovered evidence that suggests the eggs of early dinosaurs were, in fact, soft-shelled. If true, this could explain why ( *31* ). Since softer materials break down easily, they are much less likely to be preserved in the fossil record.

(29) **1** were likely hunted by dinosaurs
**2** relied on eggs for food
**3** did not lay eggs
**4** may not have existed with dinosaurs

(30) **1** Likewise **2** On the other hand
**3** As a result **4** For example

(31) **1** few dinosaur eggs have been found
**2** there are not more dinosaur species
**3** some dinosaurs were unable to produce eggs
**4** dinosaur babies often did not survive

## 3

*Read each passage and choose the best answer from among the four choices for each question. Then, on your answer sheet, find the number of the question and mark your answer.*

# *The Chicken of Tomorrow*

Before the 1940s, most chickens in the United States were raised on family farms, and the main emphasis was on egg production rather than obtaining meat. Poverty and food shortages were common at that time, so people wanted to maintain a regular source of protein without sacrificing their chickens. Additionally, there were a tremendous variety of chickens being raised, as farmers generally chose a breed based on how well it was adapted to the local conditions—whether it was suited to a dry or a humid climate, for example.

After World War II, however, the growing availability of meat such as pork and beef meant eggs could not compete as a source of protein. The US Department of Agriculture therefore set up an event called the Chicken of Tomorrow contest to find a type of chicken that could be raised economically and produced more meat. The overall winner, which was a combination of different breeds, grew faster and larger than other types, and it could adapt to various climates. Inspired by the contest, breeding companies began creating complicated mixtures of chicken varieties to guarantee a consistent supply of birds with these same desirable features. Since producing such genetic combinations was difficult, most farmers had no choice but to purchase young chickens from those companies rather than breeding them by themselves—a development that completely changed the industry.

The contest helped popularize the consumption of chicken meat, but this trend also had a dark side. It became more economical to raise massive numbers of chickens in large facilities where they were confined in small cages. Not only did this force numerous small farms out of business, but it also created conditions for the birds that, according to animal rights activists, caused the chickens stress and led to higher levels of sickness. While the contest made chicken a regular food item, some people questioned whether it was worth it.

---

(32) What is one thing that we learn about the US chicken industry before the 1940s?

**1** The type of chicken raised on each farm usually depended on the climate in the area where the farm was located.

**2** Each farm would raise more than one type of chicken in case there was a sudden change in environmental conditions.

**3** Chickens were generally only eaten by very poor people or at times when there were food shortages.

**4** Because there were so many chicken farms across the country, many of the eggs produced ended up being wasted.

(33) The US Department of Agriculture organized the Chicken of Tomorrow contest because

**1** other types of meat, such as pork and beef, were becoming more expensive, so the American people wanted a cheaper alternative.

**2** most chicken farms were focused on egg production, which led to a need to create a chicken that was more suitable for producing meat.

**3** a large number of chicken farms in America went out of business, which severely decreased the availability of chicken meat.

**4** the American people were tired of eating the same type of eggs for so long, so producers wanted a different type of chicken.

*(34)* What is one way that the contest affected the chicken industry?

**1** Farmers learned that it was relatively easy to combine several types of chickens, which encouraged them to breed new varieties.

**2** Although the number of small chicken farms increased across America, many of these were often poorly run and had cheap facilities.

**3** It started a move toward keeping chickens in conditions that increased the birds' suffering and made them less healthy.

**4** Farmers realized that improving their farming methods could help them to raise chickens that produced more and better-tasting meat.

# *Discipline in American Schools*

For decades, methods of discipline used in American schools have been based on the theories of psychologist B. F. Skinner, who believed that systems of reward and punishment were the most effective methods of improving people's behavior. Commonly, students who break rules are given punishments, such as being prohibited from attending classes for a day or more or being made to stay in class after the school day ends. These are designed to teach the students to follow teachers' instructions and respect classmates. Recent psychological studies, however, have determined that as effective as punishment may be in bringing peace to the classroom temporarily, it can intensify the very behavior it is intended to correct when used continually over an extended period of time.

Many experts now believe that in order for children to learn to behave appropriately, it is essential that they develop self-control. When students are punished to make them obey the rules, they are being forced to adopt good behavior through external pressure. Self-control, on the other hand, comes from internal motivation, self-confidence, and the ability to be tolerant of others, and using punishment as a substitute for these things can actually delay or prevent their development. Similarly, the use of rewards such as stickers leads to students merely attempting to please the teacher rather than understanding the importance of gaining knowledge and social skills that will help them throughout their lives.

In recent years, an increasing amount of research has been backing up these ideas. A region of the brain known as the prefrontal cortex helps us to concentrate on tasks and is responsible for self-discipline and allowing us to consider the consequences of our actions. Research suggests that the prefrontal cortex may be less developed in students with behavioral problems. Fortunately, though, there is evidence that repeated experiences can alter the brain's structure, which suggests that it is also possible to influence the development of the prefrontal cortex. Child-behavior expert Ross Greene believes that when educators change their attitudes so that they actually listen to students' feelings about their bad behavior and encourage them to come up with solutions to the issues they face, this can have a physical effect on the prefrontal cortex. Greene has designed a highly successful program that has greatly reduced behavioral problems at many schools, and as a result of the extensive media coverage his ideas have received in recent years, they are being adopted by more and more educators.

---

*(35)* What has psychological research shown about the use of punishment in schools?

**1** It is only likely to be effective when it is used together with rewards in order to reduce its negative effects.

**2** Though it may succeed in producing better behavior in the short term, it can actually be harmful in the long term.

**3** There are various new types of punishment that are far more effective than physical punishment.

**4** Using some form of punishment is necessary for forcing students to obey teachers and respect their classmates.

*(36)* According to the passage, what is one effect the use of rewards has on students?

**1** It can teach them the advantages of hard work and make them better at focusing on their academic goals.

**2** It causes them to want material things and makes them less aware of the need to behave in ways that are pleasing to other people.

**3** It can prevent them from developing important skills that would be beneficial to them later in life.

**4** It helps them to realize the importance of deciding their own goals rather than just doing what their teachers tell them to do.

(37) What does Ross Greene believe about children's brains?

**1** Helping children solve their own problems can promote the development of the part of the brain that controls behavior.

**2** Since the brains of younger children function in a different way to those of older children, different methods of dealing with behavioral issues are necessary.

**3** The region of the brain known as the prefrontal cortex may be less important in controlling children's behavior than some scientists believe it is.

**4** Bad behavior does not only have a negative effect on children's academic performance but also permanently prevents the normal development of their brains.

# Robert the Bruce and the Declaration of Arbroath

In 1286, the sudden death of King Alexander III of Scotland resulted in a power struggle among various nobles that nearly brought the country to civil war. To settle the matter, England's King Edward I was asked to select a new ruler from among the rivals. Edward, who himself had ambitions to ultimately rule Scotland, agreed only on the condition that the new leader pledged loyalty to him. He chose a noble named John Balliol as the new king, but resentment soon grew as England repeatedly exerted its authority over Scotland's affairs. The turning point came when Edward attempted to force Scotland to provide military assistance in England's conflict with France. When Balliol allied his nation with France instead, Edward invaded Scotland, defeated Balliol, and took the throne.

This was the situation faced by the Scottish noble Robert the Bruce as he attempted to free Scotland from English rule. Robert, whose father had been one of Balliol's rivals for the throne, gained political dominance and led a rebellion that drove English forces from Scotland. Robert was crowned king of Scotland in 1306, and although he enjoyed tremendous support domestically, he had angered the Pope, the leader of the Roman Catholic Church. Not only had he ignored the church's requests that he make peace with England, but he had also taken the life of his closest rival to the throne in a place of worship before being crowned king.

Scotland's leadership knew that the country would remain internationally isolated and vulnerable without the church's recognition. International acceptance of Scotland's independence would be especially important if the country were to exist in the shadow of a mighty nation like England, which still failed to officially acknowledge Robert as Scotland's king despite having retreated. In 1320, Scotland's most powerful nobles therefore gathered to create a document known today as the Declaration of Arbroath. It proclaimed Scotland's independence and requested the Pope recognize Robert as the country's ruler. The response the nobles received later in the year, however, indicated that the declaration initially had not been effective. The Pope not only refused Scotland's request but also failed to confirm its self-proclaimed independence, although he did urge England to pursue a peaceful resolution in its dealings with the nation. A few years later, however, the declaration's influence contributed to the Pope recognizing Robert and his kingdom after a peace treaty finally freed Scotland from England's threat.

Today, the Declaration of Arbroath is one of the most celebrated documents in Scottish history. Some historians even argue it inspired the US Declaration of Independence, although proof of this is lacking. Scholars generally agree, however, that what makes the Declaration of Arbroath so historic is the assertion that the king may rule only with the approval of the Scottish people; specifically, the nobles used the document to boldly insist on their right to remove any ruler who betrayed them. In this sense, the document was a pioneering example of a contract between a country's ruler and its people, in which the ruler was responsible for ensuring the people could live in a free society.

---

*(38)* What happened following the death of King Alexander III of Scotland?

**1** Scotland was able to trick King Edward I into choosing John Balliol even though it was not in Edward's interest to do so.

**2** King Edward I began to question the loyalty of the Scottish nobles who had not supported John Balliol's attempt to become king.

**3** King Edward I attempted to use the situation to his advantage in order to increase his power over Scotland.

**4** Scotland felt so threatened by France's military power that diplomatic relations between the countries worsened.

---

*(39)* What problem did Robert the Bruce face after he became king of Scotland?

**1** Although he was a great military leader, his lack of political skills led him to negotiate a poor agreement with England.

**2** The disagreements he had with his rivals about religion caused many Scottish people to stop supporting him.

**3** The religious differences between Scotland and England made it likely that Scotland would be attacked again.

**4** Because of the things he had done to gain power, Scotland could not get the support it needed to be safe from England.

---

*(40)* In the year the Declaration of Arbroath was written,

**1** it became clear that the Pope considered it a priority to recognize Scotland's independence as a nation.

**2** the Pope attempted to encourage peace between England and Scotland despite not acknowledging either Robert or his country.

**3** the promise of peace between England and Scotland was endangered by Scotland's attempt to get help from the Pope.

**4** Scotland was able to achieve enough international recognition to get the Pope to admit that Robert was the country's true king.

---

*(41)* What is one common interpretation of the Declaration of Arbroath?

**1** It demonstrates that Robert was actually a much better leader than people had originally thought him to be.

**2** It brought a new way of looking at the duty that a country's ruler had to the people he or she was governing.

**3** It reveals that there was much more conflict between Scottish rulers and nobles at the time than scholars once believed.

**4** It suggested that a beneficial system of government was not possible with a king or queen ruling a country.

# 4 English Composition

- Write an essay on the given TOPIC.
- Use TWO of the POINTS below to support your answer.
- Structure : introduction, main body, and conclusion
- Suggested length : 120–150 words
- Write your essay in the space provided on Side B of your answer sheet. Any writing outside the space will not be graded.

TOPIC

*Should businesses provide more online services?*

POINTS

- *Convenience*
- *Cost*
- *Jobs*
- *The environment*

# *Listening Test*

**There are three parts to this listening test.**

| Part 1 | Dialogues : 1 question each | Multiple-choice |
|---|---|---|
| Part 2 | Passages : 2 questions each | Multiple-choice |
| Part 3 | Real-Life : 1 question each | Multiple-choice |

※ Listen carefully to the instructions.

## Part 1

*No. 1*

**1** Visit her brother in the hospital.
**2** Submit her assignment.
**3** Ask her brother for help.
**4** Choose a new assignment topic.

*No. 2*

**1** Too much money is spent on education.
**2** The budget is likely to be decreased soon.
**3** The government is wasting money.
**4** The media is unfair to the government.

*No. 3*

**1** The man will become much busier.
**2** The woman will need to attend more meetings.
**3** The woman dislikes the people on the fourth floor.
**4** The man did not want his new position.

*No. 4*

**1** To give her a massage.
**2** To pick up some food.
**3** To give her a gift certificate.
**4** To do some housework.

*No. 5*
1 Ask the shop to replace the printer.
2 Get the old printer fixed.
3 Try to get money back from the shop.
4 Visit the shop to check other models.

*No. 6*
1 His client canceled the deal.
2 The contract needed to be revised.
3 The lawyer made a serious mistake.
4 He arrived late for an important meeting.

*No. 7*
1 His boss does not trust him.
2 He has very tight deadlines.
3 He lacks the skills required.
4 His boss is not well organized.

*No. 8*
1 Get a new sofa right away.
2 Buy a sofa online.
3 Look for a sofa on sale.
4 Repair their current sofa.

*No. 9*
1 Checking the weather news.
2 Taking a trip to their cabin this weekend.
3 Preparing emergency supplies.
4 Going out for ice cream.

*No. 10*
1 She lacks enthusiasm for her job.
2 She is going to be dismissed.
3 She is unpopular with the clients.
4 She needs to improve her computer skills.

*No. 11*
1 The man should try to sell them for a profit.
2 They should be hung in an art gallery.
3 The man should find out what they are worth.
4 They should be displayed properly.

*No. 12*

1 He forgot to fill the water bottles.

2 He did not tell her the water would be turned off.

3 He lost the notices about the water pipe inspection.

4 He damaged the water pipes.

## Part 2

(A) *No. 13*

**1** When each of the crops is planted is important.
**2** They only grow in a small region of North America.
**3** They have difficulty competing with weeds.
**4** There needs to be space between the plants.

*No. 14*

**1** Use more-modern growing techniques.
**2** Find new plants that can be grown in the desert.
**3** Teach others how to grow the Three Sisters.
**4** Recover forgotten growing methods.

---

(B) *No. 15*

**1** They do not give enough thought to their children's safety.
**2** They are often forced to set strict rules for their children.
**3** They should spend more time with their children.
**4** They are giving their children a variety of experiences.

*No. 16*

**1** Set times when streets are closed to cars.
**2** Remove parking lots from playgrounds.
**3** Build new roads outside the center of cities.
**4** Make cars safer by changing their design.

---

(C) *No. 17*

**1** They explain how the rain forest formed.
**2** They show what early humans looked like.
**3** They include creatures that have died out.
**4** They were used in religious ceremonies.

*No. 18*

**1** They do not need to be preserved.
**2** They were probably made by Europeans.
**3** They used to be much more detailed.
**4** They are not thousands of years old.

---

(D) *No. 19*

1 It was based on a popular movie.
2 It gave away many luxury items.
3 It had weekly comedy competitions.
4 It led many people to buy TV sets.

*No. 20*

1 Starting a charity to support Black performers.
2 Fighting racism in the TV industry.
3 The unique advertisements he produced.
4 His amazing dancing ability.

---

(E) *No. 21*

1 It occurs more often when people are younger.
2 Previous research on it had involved mainly male subjects.
3 It became more common after the nineteenth century.
4 People often mistake it for other feelings.

*No. 22*

1 Exploring large public locations.
2 Viewing spaces that had exactly the same furniture.
3 Performing the same activity in different spaces.
4 Entering a space with a familiar layout.

---

(F) *No. 23*

1 They traveled faster than other arrows.
2 They were effective against armor.
3 They were the longest type of arrow.
4 They were commonly made with steel.

*No. 24*

1 He forced men to practice using longbows.
2 He was an expert at shooting a longbow.
3 He was badly injured in a longbow attack.
4 He sold longbows to foreign armies.

## Part 3

*(G)* *No. 25* ***Situation :*** You need a bag to use during your upcoming business trip. You will also go hiking using the bag on your days off. A shop employee tells you the following.

***Question :*** Which bag should you buy?

**1** The Western.
**2** The Dangerfield.
**3** The Spartan.
**4** The Winfield.

---

*(H)* *No. 26* ***Situation :*** You need to park your car near the airport for 16 days. You want the best price but are worried about your car being damaged. A friend tells you about options.

***Question :*** Which parking lot should you use?

**1** SKM Budget Parking.
**2** The Vanier Plaza Hotel.
**3** Nelson Street Skypark.
**4** The Econolodge.

---

*(I)* *No. 27* ***Situation :*** Your air conditioner suddenly stopped working, and its blue light is flashing. You call customer support and hear the following recorded message.

***Question :*** What should you do first?

**1** Remove the air conditioner filter.
**2** Open up the air conditioner panel.
**3** Disconnect the air conditioner.
**4** Arrange a service appointment.

---

(J) *No. 28* **Situation :** You want to order a back issue of a monthly science magazine. You are interested in genetics. You call the magazine publisher and are told the following.

**Question :** Which issue should you order?

**1** The July issue.
**2** The August issue.
**3** The October issue.
**4** The November issue.

---

(K) *No. 29* **Situation :** You bought five cans of Bentham Foods tuna fish at the supermarket on May 30. You hear the following announcement on TV. You have not eaten any of the tuna.

**Question :** What should you do?

**1** Take the cans to the store you bought them at.
**2** Call the Bentham Foods recall hotline.
**3** Arrange to have the cans picked up.
**4** Visit the Bentham Foods website for instructions.

# 二次試験

## 受験者用問題カードA

You have **one minute** to prepare.

This is a story about a university student who lived with his family.
You have **two minutes** to narrate the story.

Your story should begin with the following sentence :
**One day, a university student was watching TV with his mother and grandfather.**

# 問題カードA　Questions

No. 1　Please look at the fourth picture. If you were the university student, what would you be thinking?

No. 2　Do you think parents should be stricter with their children?

No. 3　Can people trust the news that they see on TV these days?

No. 4　Will more people choose to work past retirement age in the future?

編集部注：本ページの質問英文は問題カードには印刷されていません。

## 受験者用問題カードD

You have **one minute** to prepare.

This is a story about a woman who worked at a dentist's office.
You have **two minutes** to narrate the story.

Your story should begin with the following sentence :
**One day, a woman was working at the reception desk of a dentist's office.**

# 問題カードD　Questions

No. 1　Please look at the fourth picture. If you were the woman, what would you be thinking?

No. 2　Do you think it is harder to raise children now than it was in the past?

No. 3　Do you think companies focus too much on making their products cheaper?

No. 4　Will the government be able to meet the needs of Japan's aging society?

編集部注：本ページの質問英文は問題カードには印刷されていません。

# 2022 年度 第 3 回

# Grade Pre-1

| 試験内容 | | 試験時間 | 掲載ページ |
|---|---|---|---|
| 一次試験 | 筆記（リーディング・ライティング） | 90 分 | 2022-3　P. 2〜19 |
| | リスニング | 約 31 分 | 2022-3　P. 20〜26 |
| 二次試験 | 面接（スピーキング） | 約 8 分 | 2022-3　P. 27〜30 |

##  リスニングテスト・面接の音声について

音声は専用サイトにて配信しています。

専用サイト トップページ
（イメージ）

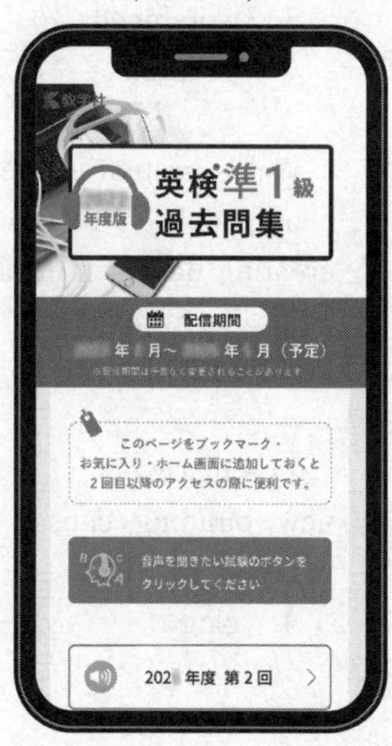


▷ 専用サイトのご利用方法：

1. 本冊（解答編）の袋とじ（音声配信のご案内）をキリトリ線に沿って開封。
2. 袋とじの内側に印刷されている QR コードをスマートフォンなどで読み取る。QR コードを読み取れない場合は，アドレスを入力。
   ➡専用サイトのトップページに。
3. 音声を聞きたい試験のボタンを押す。
   ➡該当の試験の音声再生ページに。
   ※試験 1 回分を通して聞くことも，1 問ずつ聞くこともできます。
   ※面接の解答時間（無音部分）は実際の試験とは異なります。

▷ **配信内容**：本書に掲載のリスニングテストおよび面接の音声

※面接の音声は，ナレーションの指示と質問英文だけでなく，ナレーション問題の解答例も配信。

# 一次試験

## 1

*To complete each item, choose the best word or phrase from among the four choices. Then, on your answer sheet, find the number of the question and mark your answer.*

---

*(1)* Fernando has been (　　　) to the success of the company, so everyone is worried about what will happen after he quits next month.

**1** desperate　　**2** philosophical
**3** inadequate　　**4** instrumental

*(2)* Some people feel the film was (　　　). Although it did not win any awards, there are those who believe it was a great work of art.

**1** overtaken　　**2** overridden
**3** underfed　　**4** underrated

*(3)* More than 50 million people (　　　) during World War II. That is more deaths than in any other war in history.

**1** worshiped　　**2** perished
**3** haunted　　**4** jeered

*(4)* Walt's restaurant serves dishes that were traditionally eaten by poor people in the countryside. He says (　　　) were skilled at creating delicious meals from cheap ingredients.

**1** correspondents　　**2** janitors
**3** captives　　**4** peasants

*(5)* The discovery of a serious (　　　) in the design plans for the new building caused the construction to be delayed by several months.

**1** clog　　**2** boom　　**3** flaw　　**4** dump

(6) When it came time to deliver her presentation, Rachel found herself ( ) with fear. She simply stood in front of everyone, unable to speak.

**1** trimmed **2** teased
**3** paralyzed **4** acquired

(7) Despite the fact that the two countries had once fought each other in a war, they now enjoy an ( ) relationship and are, in fact, allies.

**1** alleged **2** amicable **3** abusive **4** adhesive

(8) Tina's new goal is to get healthy. In addition to including more vegetables in her diet, she has decided to ( ) an exercise program into her daily routine.

**1** commemorate **2** alienate
**3** liberate **4** incorporate

(9) Some historians believe the ( ) of dogs occurred over 10,000 years ago. They have been kept as pets and used to work on farms ever since.

**1** elevation **2** domestication
**3** deception **4** verification

(10) Oscar is well-known for his friendly personality and good manners. Every morning, he ( ) greets everyone in the office as he walks toward his desk.

**1** scarcely **2** courteously
**3** tediously **4** obnoxiously

(11) The plan for a new library was put on hold because of a lack of funds. A few years later, however, the plan was ( ), and construction work started.

**1** deprived **2** revived
**3** obstructed **4** agitated

(12) Maggie's grandmother has recently become very (     ). She now needs help to walk and cannot climb stairs by herself.

**1** poetic **2** savage **3** frail **4** rash

(13) The novelist likes to work in (     ). She says she can only write well when she is in her country house, which is located in an area with no people around.

**1** solitude **2** corruption **3** excess **4** consent

(14) Archaeologists found many (     ), including pieces of jewelry and pottery, while digging at the ancient burial ground. These will be given to the local history museum.

**1** setbacks **2** artifacts **3** pledges **4** salutes

(15) With faster Internet connections and better computers, more information can be (     ) at high speed than ever before.

**1** transmitted **2** rejoiced
**3** nauseated **4** offended

(16) Maria criticized her brother and called him (     ) after she learned that he had lost all of his money gambling.

**1** pathetic **2** analytical **3** dedicated **4** ceaseless

(17) The architect was famous for designing buildings in a (     ) style. He wanted his designs to reflect current social and cultural trends.

**1** preceding **2** simultaneous
**3** plentiful **4** contemporary

(18) A lack of media (     ) left the town uninformed about the chemical leak. The media only started reporting about the incident once the leak was out of control.

**1** enrollment **2** coverage
**3** assortment **4** leverage

(19) After years of spending more money than taxes brought in, the government now has a ( ) of trillions of dollars.

**1** fatigue **2** petition **3** deficit **4** conspiracy

(20) The artist made a living by ( ) detailed figures out of stone. In order to cut such a hard substance, she used a number of special tools.

**1** carving **2** luring **3** soothing **4** ranking

(21) Ruth watched from the bench as her team ran up and down the court. Unfortunately, a shoulder injury had forced her to ( ) from the game.

**1** withdraw **2** bypass **3** upgrade **4** overload

(22) Jocelyn could see the storm ( ) from the west. The skies began to darken, and the wind gradually grew stronger.

**1** rolling in **2** adding up
**3** holding out **4** passing down

(23) The company suffered from five years of decreasing sales until it finally ( ). It closed its doors forever last week.

**1** dialed up **2** went under
**3** came along **4** pulled through

(24) The print on the contract was so small that Gus needed a magnifying glass to ( ) the words.

**1** make out **2** tune up **3** draw up **4** blow out

(25) The cat was ( ) her newborn kittens. She became nervous whenever anyone stepped too close to them.

**1** packing up **2** looking into
**3** watching over **4** showing up

## 2

*Read each passage and choose the best word or phrase from among the four choices for each blank. Then, on your answer sheet, find the number of the question and mark your answer.*

# California Chinatown

In the late nineteenth century, Chinese immigrants to the United States faced significant discrimination from White Americans when looking for employment and accommodation. ( *26* ), they tended to live in neighborhoods known as Chinatowns, where there were better opportunities to find jobs and housing. One of the largest Chinatowns was in the city of San Jose, California, but because it was destroyed in a fire in 1887, little has been known about the lives of its inhabitants.

It was long assumed that the food items supplied to San Jose's Chinatown originated in Hong Kong and China. Recently, however, archaeologists' analysis of fish bones at a former trash pit has provided evidence that ( *27* ). These particular bones stood out because they belonged to a species known as the giant snakehead. Since the fish is native not to China or Hong Kong but rather to Southeast Asian nations, archaeologists believe it was transported to Hong Kong after being caught elsewhere, then shipped to the United States for consumption.

While the discovery offers insight into the complexity of the trade networks that supplied San Jose's Chinatown, other discoveries at the site have revealed information about the lifestyles of the neighborhood's immigrant residents. For example, it seems residents ( *28* ). While the presence of cow remains suggests residents had adopted the Western habit of eating beef, pig bones were the most common type of animal remains archaeologists discovered. As pork was a staple of the diets in their home country, the bones indicate the custom of raising and consuming pigs continued among the immigrants.

(26) 1 Consequently 2 Despite this
3 Similarly 4 In contrast

(27) 1 has led to more mystery
2 many foods were of poor quality
3 this was not always the case
4 not all shipments arrived safely

(28) 1 were more divided than previously thought
2 often sent packages to China
3 struggled to obtain enough food
4 maintained some of their food traditions

# Plant Plan

Most flowering plants rely on insects for pollination. When an insect makes contact with a flower, it gets pollen on its body. Then, when the insect moves around on the plant or visits another plant of the same species, this pollen comes into contact with the female part of that plant. This pollination process allows plant reproduction to occur. ( *29* ), the plants usually provide something the insect needs, such as a meal of nectar.

Flowering plants succeed in attracting pollinating insects in various ways. For example, some plants draw the attention of flies with the use of brightly colored petals. Researchers recently found that one plant, *Aristolochia microstoma*, attracts flies by smelling like the dead beetles that some flies lay eggs in. But the plant does more than simply ( *30* ). It temporarily traps them within its flowers ; as a fly moves around inside, the pollen on its body spreads onto the plant. The plant also ensures its own pollen gets onto the fly's body so that the insect can pollinate another plant after being released.

The researchers found the plant actually releases the same chemical that gives dead beetles their smell. Because this chemical is rarely found in plants, the researchers believe the plant has evolved specifically to target flies that use dead beetles as egg-laying sites. They also say that ( *31* ). This comes from the fact that the plant's flowers are located among dead leaves and rocks on the ground—exactly where the flies usually search for dead beetles.

*(29)* **1** Rather **2** In short
**3** Nonetheless **4** In exchange

*(30)* **1** collect dead insects
**2** hide its smell from insects
**3** trick the flies with its smell
**4** provide a safe place for flies

*(31)* **1** there is further support for this theory
**2** the chemical has another purpose
**3** the plant is an important food source
**4** many insects see the plant as a danger

## 3

*Read each passage and choose the best answer from among the four choices for each question. Then, on your answer sheet, find the number of the question and mark your answer.*

# *Fences and Ecosystems*

Fences help to divide property and provide security, among other things. They can also affect ecosystems. A study in the journal *BioScience* concluded that fences create both "winners" and "losers" among animal species in the regions in which they are placed. According to the study, generalist species—those that can consume a variety of foods and can survive in multiple habitats—have little problem with physical boundaries. On the other hand, specialist species, which require unique conditions to survive, suffer from being cut off from a particular food source or geographical area. Because specialist species outnumber generalist species, the study found that for every winner, there are multiple losers.

The impact of fences is not limited to ecosystems. In the mid-twentieth century, Botswana in Southern Africa erected fences to address international regulations designed to prevent the spread of a disease affecting cattle. While the fences have helped protect cattle, they have prevented the seasonal movements of animals such as wildebeests and blocked their access to water. The resulting decline in wildebeest populations threatens not only the ecosystem but also the region's wildlife tourism. The government's continued reliance on fences has led to concerns that limiting animal migration will hurt wildlife tourism, which is valuable to Botswana's economy.

The negative ecological effects of fences can be limited by making changes to them to allow certain animals through. Nevertheless, the study's authors believe a more fundamental change is necessary. Eliminating all fences, they say, is not a realistic option; instead, fence planning should be carried out with an eye on the big picture. For example, fences are often constructed to obtain short-term results and then removed, but researchers have found that months—or even years—

later, some animals continue to behave as if the fences are still there. Consideration should therefore be given to all aspects of fence design and location to ensure a minimal impact on ecosystems.

---

*(32)* The study introduced in the first paragraph showed that

**1** fences that cross through more than one type of habitat benefit animals more than those built within a single habitat.

**2** although fences create many problems, they have less of an effect on the ability of animal populations to survive than previously thought.

**3** fences are effective at protecting some species from other harmful species that tend to use up the resources many animals need to survive.

**4** although fences are not harmful to some species, they can have serious negative effects on a large number of animals.

*(33)* What is true with regard to the fences that were built in Botswana?

**1** The changes that they caused in the migration patterns of animals resulted in the spread of disease among cattle.

**2** They could be responsible for indirectly affecting an industry that is important to the country's economy.

**3** They are considered necessary in order to increase the safety of tourists who visit the country to see wildlife.

**4** The success they have had in reducing disease-spreading species has benefited ecosystems in unexpected ways.

*(34)* What is one reason that careful planning is necessary when constructing fences?

**1** Changing the design of a fence after it has been built can actually cause more problems than building a new one.

**2** It is possible that fences will continue to have an effect on animals in an area even after the fences have been removed.

**3** Putting up multiple fences in a given area without a clear plan beforehand has not stopped animals from entering dangerous areas.

**4** The number of animal species that make use of fences to protect themselves from predators has increased.

# The Soccer War

In July 1969, there was a short yet intense war between the Central American countries of El Salvador and Honduras following a series of World Cup qualifying soccer matches they played against each other. Although the conflict is often called the "Soccer War," its causes went far beyond sports.

Honduras is much larger than El Salvador but is far less densely populated. Since the late 1800s, land in El Salvador had been controlled primarily by elite families, which meant there was little space for ordinary farmers. By the 1960s, around 300,000 Salvadorans had entered Honduras illegally to obtain cheap land or jobs. The Honduran government blamed the immigrants for its economic stresses and removed them from their lands, forcing them out of the country. Wealthy Salvadorans feared the negative economic effects of so many immigrants returning home and threatened to overthrow the Salvadoran president if military action was not taken against Honduras. This, combined with border disputes that had existed for many years, brought relations between the countries to a low point.

Tensions were raised further by the media of both countries, which made up or exaggerated stories that fueled their bitterness toward one another. The Salvadoran press accused the Honduran government of cruel and illegal treatment of Salvadoran immigrants, while the Honduran press reported that those same immigrants were committing serious crimes. Such reports were made at the request of the countries' governments: in El Salvador, the goal was to convince the public that military force against its neighbor was necessary, while in Honduras, the government wanted to gain public support for its decision to force Salvadoran immigrants out of the country.

The World Cup qualifying matches were happening at the same time as the migrant situation was intensifying. On the day of the last match, El Salvador accused Honduras of violence against Salvadorans and cut off relations, and within weeks, El Salvador's military attacked Honduras, beginning the war. Historians note that the term Soccer War was misleading. At the time, the United States was part of an alliance with

Central American nations, but it chose to stay out of the war. In fact, according to an American diplomat, the inaccurate belief that a sporting event was behind the conflict led the US government to overlook its seriousness. Issues such as land ownership, which were the true origin of the conflict, remained unresolved. This led to continued political and social instability and, ultimately, a civil war in El Salvador in the following decades.

---

*(35)* According to the second paragraph, in what way were Salvadoran immigrants to Honduras a cause of the "Soccer War"?

**1** El Salvador's president believed the removal of the immigrants from their homes in Honduras was a sign that Honduras was going to attack.

**2** The Honduran government began sending poor Hondurans to seek land in El Salvador, causing upset Salvadoran farmers to move to Honduras in response.

**3** Rich Salvadorans pressured their government to make war against Honduras after the immigrants were forced out of their homes.

**4** The immigrants' constant movement back and forth between the countries created trouble for Honduran border officials.

---

*(36)* In the time before the start of the Soccer War, the media in each country

**1** attempted to pressure both governments to ensure that the Salvadoran immigrants received better treatment.

**2** were prevented by their governments from reporting on illegal acts that were being committed against citizens.

**3** put so much emphasis on the soccer rivalry that they failed to report more-important news about illegal acts.

**4** were asked by their governments to make up untrue or misleading news stories that made the other country look bad.

---

*(37)* What does the author of the passage suggest in the final paragraph?

**1** American diplomats still continue to worry that fighting will break out between Honduras and El Salvador again.

**2** The terrible effects of the Soccer War made Honduras and El Salvador realize that their actions leading up to the war were wrong.

**3** A mistaken belief about the Soccer War meant that its real causes were not recognized, resulting in another conflict.

**4** The US government's policies caused many Central American nations to cut off relations, making the conflict in the region worse.

# *Competing against Braille*

Although Braille is the standard writing system for blind people today, this alphabet of raised dots representing letters was not always the only system. Another system, Boston Line Type, was created in the 1830s by Samuel Gridley Howe, a sighted instructor at a US school for blind people. Howe's system utilized the letters in the standard English alphabet used by sighted people, but they were raised so they could be felt by the fingers. Blind students, however, found it more challenging to distinguish one letter from another than they did with Braille. Nevertheless, Howe believed that the fact that reading materials could be shared by both blind and sighted readers outweighed this disadvantage. His system, he argued, would allow blind people to better integrate into society; he thought Braille encouraged isolation because it was unfamiliar to most sighted people.

It gradually became clear that a system using dots was not only easier for most blind people to read but also more practical, as the dots made writing relatively simple. Writing with Boston Line Type required a special printing press, but Braille required only simple, portable tools, and it could also be typed on a typewriter. Still, despite students' overwhelming preference for Braille, Boston Line Type remained in official use in schools for the blind because it allowed sighted instructors to teach without having to learn new sets of symbols. Even when Boston Line Type lost popularity, other systems continued to be introduced, leading to what became known as the "War of the Dots," a situation in which various writing systems competed to become the standard.

One of these, called New York Point, was similar to Braille in that it consisted of raised dots. Its main advantage was that typing it required only one hand. Braille, though, could more efficiently and clearly display capital letters and certain forms of punctuation. There were other candidates as well, and debates about which was superior soon became bitter. Blind people, meanwhile, were severely inconvenienced; books they could read were already in short supply, and the competing systems further limited their options, as learning a new system required great time and effort. At one national convention, a speaker reportedly summed up their frustrations by jokingly suggesting a violent response to the next person who invents a new system of printing for the blind.

The War of the Dots continued into the 1900s, with various groups battling for funding and recognition. In the end, the blind activist Helen Keller was extremely influential in ending the debate. She stated that New York Point's weaknesses in regard to capitalization and punctuation were extremely serious and that reading it was hard on her fingers. Braille won out, and other systems gradually disappeared. Although the War of the Dots interfered with blind people's education for a time, it had a silver lining: the intense battle stimulated the development of various technologies, such as new typewriters, that greatly enhanced blind people's literacy rates and ability to participate in modern society.

---

*(38)* What did Samuel Gridley Howe believe about Boston Line Type?

**1** The time it saved blind people in reading made up for the fact that it took much longer to write than Braille.

**2** The fact that it combined raised dots with other features made it easier for blind people to use it when communicating with one another.

**3** Although it was difficult for students to learn, the fact that it could be read more quickly than Braille was a major advantage.

**4** It was worth adopting because of the role it could play in helping blind people to better fit in with people who are able to see.

(39) In the second paragraph, what does the author of the passage suggest about Boston Line Type?

**1** Its continued use was not in the best interests of blind people, whose opinions about which system should be used were seemingly not taken into account.

**2** Teachers at schools for the blind convinced students not to use it because they thought systems with fewer dots would be easier for students to read.

**3** Despite it causing the "War of the Dots," its popularity among students was a key factor in the development of other tools for blind people.

**4** It was only successfully used in writing by students in schools for the blind after the introduction of the typewriter.

---

(40) The suggestion by the speaker at the national convention implies that blind people

**1** felt that neither Braille nor the New York Point system could possibly meet the needs of blind readers.

**2** were unhappy that the debates over which system to use were indirectly preventing them from accessing reading materials.

**3** did not like that they were being forced to use a writing system that had not been developed by a blind person.

**4** were starting to think that other types of education had become much more important than learning to read books.

---

(41) What conclusion does the author of the passage make about the War of the Dots?

**1** It was so serious that it is still having a negative influence on the research and development of technology for the blind today.

**2** It would have caused fewer bad feelings if Helen Keller had not decided that she should become involved in it.

**3** It had some positive effects in the long term because the competition led to improvements in the lives of blind people.

**4** It could have been avoided if people in those days had been more accepting of technologies like the typewriter.

# 4 English Composition

- Write an essay on the given TOPIC.
- Use TWO of the POINTS below to support your answer.
- Structure : introduction, main body, and conclusion
- Suggested length : 120–150 words
- Write your essay in the space provided on Side B of your answer sheet. Any writing outside the space will not be graded.

TOPIC

***Agree or disagree : The government should do more to promote reusable products***

POINTS

- ***Costs***
- ***Effect on businesses***
- ***Garbage***
- ***Safety***

# *Listening Test*

**There are three parts to this listening test.**

| Part 1 | Dialogues : 1 question each | Multiple-choice |
|---|---|---|
| Part 2 | Passages : 2 questions each | Multiple-choice |
| Part 3 | Real-Life : 1 question each | Multiple-choice |

※ Listen carefully to the instructions.

## Part 1

*No. 1*
**1** Get the man to fill in for the receptionist.
**2** Ask the man to fire the receptionist.
**3** Do the receptionist's job herself.
**4** Warn the receptionist about being late.

*No. 2*
**1** He has to improve his class performance.
**2** He cannot change his work schedule.
**3** He will quit his part-time job.
**4** He does not go to science class.

*No. 3*
**1** He cannot pay his children's college fees.
**2** He lives too far from his company.
**3** He believes he is being underpaid.
**4** He feels unable to leave his current job.

*No. 4*
**1** She is frequently given new goals.
**2** She is not paid enough for overtime work.
**3** Her vacation request was denied.
**4** Her report received negative feedback.

*No. 5*
**1** She should complete her master's degree next year.
**2** She should get some work experience.
**3** She can rely on his help for one year.
**4** She should save some money first.

*No. 6*
**1** Review the website more carefully.
**2** Choose the same plan as the man.
**3** Request a meeting with personnel.
**4** Look for another insurance plan.

*No. 7*
**1** He got stuck in heavy traffic.
**2** He had trouble with his car.
**3** He slept for too long.
**4** He got lost on the highway.

*No. 8*
**1** Jason's teachers should make more effort.
**2** Jason should transfer to a private school.
**3** Jason's homework load has increased.
**4** Jason should be sent to a tutor.

*No. 9*
**1** The man should return to his previous position.
**2** She will change her position soon.
**3** The man should spend more time at home.
**4** She would like to travel for work more.

*No. 10*
**1** The station renovations are behind schedule.
**2** Her train was more crowded than usual.
**3** She had trouble changing trains.
**4** The station she always uses was closed.

*No. 11*
**1** To keep her mind active.
**2** To improve her job skills.
**3** To take her mind off work.
**4** To get ideas for her fiction writing.

*No. 12*

1 He is an experienced mountain climber.
2 He has not gotten much exercise recently.
3 He wants to take a challenging trail.
4 He dislikes riding in cable cars.

## Part 2

(A) *No. 13*
1 To improve her failing health.
2 To show off her cycling technique.
3 To challenge a gender stereotype.
4 To test a new kind of bicycle.

*No. 14*
1 She helped companies to advertise their products.
2 She made and sold women's clothing.
3 She founded a spring water company.
4 She took jobs that were usually done by men.

---

(B) *No. 15*
1 The images reminded them of Germany.
2 The images were made by professional artists.
3 The images were believed to bring good luck.
4 The images were painted on strips of fabric.

*No. 16*
1 More people have begun sewing as a hobby.
2 Tourism has increased in some areas.
3 Competition among farms has increased.
4 More barns have been built on farms.

---

(C) *No. 17*
1 It lasted a little under a century.
2 It led to new discoveries about weather patterns.
3 It had the largest effect on people near volcanoes.
4 It had a global impact on farming.

*No. 18*
1 Europeans in North America started building large cities.
2 Forests expanded across the Americas.
3 The growing global population increased pollution.
4 Disease killed off many trees across Europe.

---

(*D*) *No. 19*

**1** The increase in noise caused by growing cities.

**2** People's attempts to catch them.

**3** The brightness of urban areas.

**4** Growing competition with other insects.

*No. 20*

**1** Locate fireflies that are not producing light.

**2** Help them to get more funding for research.

**3** Use a different type of light around their homes.

**4** Make reports on any fireflies they see.

---

(*E*) *No. 21*

**1** To study dogs' understanding of words.

**2** To study dogs' responses to different voices.

**3** To study various ways of training dogs.

**4** To study how dogs react to their owners' emotions.

*No. 22*

**1** It was consistent with their owners' reports.

**2** It varied depending on the breed of the dog.

**3** It was opposite to that of human brains.

**4** It increased in response to familiar commands.

---

(*F*) *No. 23*

**1** They help people to keep warm in winter.

**2** They are useful for storing some vegetables.

**3** Their name comes from their shape.

**4** They are used to grow vegetables all year round.

*No. 24*

**1** They help to support the local economy.

**2** They provide a model for surrounding villages.

**3** They help the fishing industry to survive.

**4** They were found to contain valuable minerals.

## Part 3

(G) *No. 25* ***Situation :*** You have just landed at the airport. You need to get downtown as soon as possible. You are told the following at the information desk.

***Question :*** How should you go downtown?

**1** By bus.
**2** By subway.
**3** By taxi.
**4** By light-rail.

---

(H) *No. 26* ***Situation :*** You speak some Italian but want to brush up before your vacation in Italy in three months. You are free on Mondays and Thursdays. A language-school representative tells you the following.

***Question :*** Which course should you choose?

**1** Martina's.
**2** Giovanni's.
**3** Teresa's.
**4** Alfredo's.

---

(I) *No. 27* ***Situation :*** You have just arrived at a shopping mall to buy a new business suit. You want to save as much money as you can. You hear the following announcement.

***Question :*** Which floor should you go to first?

**1** The first floor.
**2** The second floor.
**3** The third floor.
**4** The fourth floor.

---

*(J)* *No. 28* ***Situation :*** You and your family are at a theme park. Your children are very interested in animals and nature. You hear the following announcement.

***Question :*** Which attraction should you go to?

**1** Lizard Encounter.
**2** Discovery Drive.
**3** Into the Sky.
**4** Dream Fields.

---

*(K)* *No. 29* ***Situation :*** You want your son to learn a new skill. He already takes swimming lessons after school on Wednesdays. A school administrator makes the following announcement.

***Question :*** Who should you speak to?

**1** Mr. Gilbert.
**2** Ms. DeLuca.
**3** Mr. Roth.
**4** Ms. Santos.

# 二次試験

## 受験者用問題カードA

You have **one minute** to prepare.

This is a story about a president of a small company.
You have **two minutes** to narrate the story.

Your story should begin with the following sentence:
**One day, a company president was walking around the office.**

1 2 3 4

## 問題カードA　Questions

No. 1　Please look at the fourth picture. If you were the company president, what would you be thinking?

No. 2　Do you think that salary is the most important factor when choosing a career?

No. 3　Are people's opinions too easily influenced by the media?

No. 4　Should the government do more to protect workers' rights?

編集部注：本ページの質問英文は問題カードには印刷されていません。

# 受験者用問題カードD

You have **one minute** to prepare.

<u>This is a story about a girl who wanted to learn to skateboard.</u>
You have **two minutes** to narrate the story.

Your story should begin with the following sentence:
**<u>One day, a girl was walking home from school.</u>**

# 問題カードD　Questions

No. 1　Please look at the fourth picture. If you were the girl, what would you be thinking?

No. 2　Is it important for parents to participate in their children's school life?

No. 3　Is playing sports a good way for young people to develop a strong character?

No. 4　Do you think international events such as the Olympics can improve relations between nations?

編集部注：本ページの質問英文は問題カードには印刷されていません。

# 2022 年度 第 2 回

## Grade Pre-1

| 試験内容 | | 試験時間 | 掲載ページ |
| --- | --- | --- | --- |
| 一次試験 | 筆記（リーディング・ライティング） | 90 分 | 2022-2　P. 2～19 |
| | リスニング | 約 31 分 | 2022-2　P. 20～26 |
| 二次試験 | 面接（スピーキング） | 約 8 分 | 2022-2　P. 27～30 |

## リスニングテスト・面接の音声について

音声は専用サイトにて配信しています。

▷ 専用サイトのご利用方法：

1. 本冊（解答編）の袋とじ（音声配信のご案内）をキリトリ線に沿って開封。
2. 袋とじの内側に印刷されている QR コードをスマートフォンなどで読み取る。QR コードを読み取れない場合は，アドレスを入力。
   ➡専用サイトのトップページに。
3. 音声を聞きたい試験のボタンを押す。
   ➡該当の試験の音声再生ページに。
   ※試験 1 回分を通して聞くことも，1 問ずつ聞くこともできます。
   ※面接の解答時間（無音部分）は実際の試験とは異なります。

▷ 配信内容：本書に掲載のリスニングテストおよび面接の音声
※面接の音声は，ナレーションの指示と質問英文だけでなく，ナレーション問題の解答例も配信。

専用サイト トップページ
（イメージ）

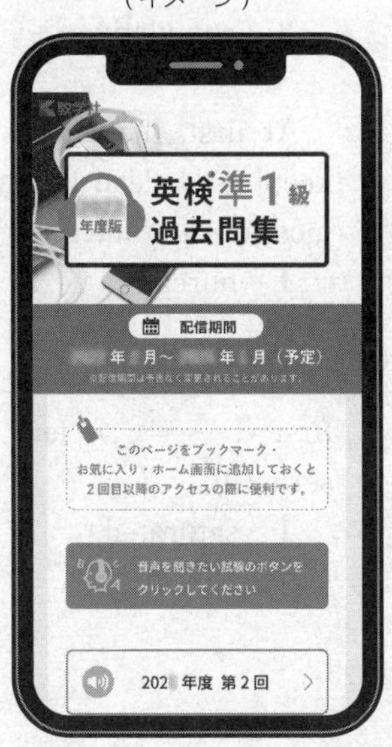

# 一次試験

## 1

*To complete each item, choose the best word or phrase from among the four choices. Then, on your answer sheet, find the number of the question and mark your answer.*

---

(1) ***A*:** Mom, can you make hamburgers for dinner tonight?
***B*:** Yes, but I'll have to take the meat out of the freezer and let it (　　　) first.

**1** reckon　**2** thaw　**3** stray　**4** shatter

(2) Jocelyn always reminded her son not to tell lies. She believed it was important to (　　　) a strong sense of honesty in him.

**1** remodel　**2** stumble　**3** overlap　**4** instill

(3) Zara was very angry with her boyfriend, but she forgave him after hearing his (　　　) apology. She was sure that he really was sorry.

**1** detectable　**2** earnest
**3** cumulative　**4** underlying

(4) At first, the Smiths enjoyed their backyard swimming pool, but keeping it clean became such a (　　　) that they left it covered most of the time.

**1** bureau　**2** nuisance　**3** sequel　**4** metaphor

(5) Throughout the course of history, many great thinkers were at first (　　　) for their ideas before eventually being taken seriously.

**1** saturated　**2** flattered　**3** ingested　**4** ridiculed

(6) At first, the little girl felt ( ) in front of the large audience at the speech contest, but after about a minute she began to feel more confident.

**1** mortal **2** bashful **3** pious **4** concise

(7) Typewriters are a ( ) of the past. They remind us how far technology has advanced since they were common in offices and homes.

**1** jumble **2** relic **3** fraud **4** treaty

(8) When the man approached the tiger's cage, the huge animal ( ) deeply. The man stepped back in fear at the terrifying sound.

**1** sparkled **2** leered **3** disproved **4** growled

(9) Police officers must promise to ( ) the law. This includes, of course, following the law themselves.

**1** gravitate **2** detach **3** uphold **4** eradicate

(10) All employees have a ( ) medical checkup every year. Companies are required by law to make sure all their workers do it.

**1** gloomy **2** compulsory
**3** reminiscent **4** muddled

(11) Biology students must learn how cell ( ) works, as this process of a single cell splitting into two is commonly found in nature.

**1** division **2** appliance **3** imposition **4** longitude

(12) After the two companies ( ), several senior employees became unnecessary and lost their jobs.

**1** merged **2** posed **3** conformed **4** flocked

(13) In order to avoid becoming ( ) while exercising, one should always drink enough water. The longer the workout, the more water is necessary.

**1** dehydrated **2** eternal
**3** punctuated **4** cautious

(14) Ken was always well behaved at home, so his mother was shocked when his teacher said he was one of the most ( ) students in his class.

**1** momentary **2** miniature
**3** disobedient **4** invincible

(15) The police questioned ( ) at the scene of the crime, hoping someone who had been nearby had seen what happened.

**1** bystanders **2** reformers
**3** mourners **4** pioneers

(16) Several generals attempted to ( ) the country's prime minister. However, they were unsuccessful, and he remains in power.

**1** irrigate **2** harmonize **3** outpace **4** overthrow

(17) Caleb finished a draft of his proposal, so he asked his manager to ( ) it. Unfortunately, she thought it still needed a lot of improvement.

**1** scrub **2** enchant **3** prune **4** evaluate

(18) American presidents Thomas Jefferson and John Adams exchanged letters with each other for over 50 years. This ( ) is an important part of American history.

**1** matrimony **2** federation
**3** horizon **4** correspondence

(19) During the riot, the town was in a state of ( ). People were out in the streets fighting and breaking windows, and many stores were robbed.

1 disclosure 2 admittance
3 attainment 4 anarchy

(20) The flowers of some plants are actually ( ) and can be used to make salads both more delicious and more visually attractive.

1 stationary 2 candid 3 edible 4 hideous

(21) No one was surprised when the famous scientist made many mistakes during his speech. He is ( ) for his poor speaking skills.

1 treacherous 2 momentous
3 flirtatious 4 notorious

(22) All of Brad's hard work and long hours ( ) when his boss gave him a promotion last month.

1 paid off 2 wrote back
3 chopped up 4 made over

(23) Since the CEO's speech was so vague, it took Gina a while to ( ) to the fact that the company was in serious financial trouble.

1 fill in 2 duck out 3 catch on 4 give up

(24) Each member of the team has a job to do for the new project, but the responsibility for coordinating all of their efforts ( ) the manager.

1 falls on 2 squares with
3 drops by 4 stacks up

(25) The employee tried to ( ) his theft from the company by destroying files and other evidence that proved his guilt.

1 tuck away 2 latch onto 3 cover up 4 doze off

**2**

*Read each passage and choose the best word or phrase from among the four choices for each blank. Then, on your answer sheet, find the number of the question and mark your answer.*

---

# Nabta Playa's Stone Circle

Many prehistoric societies constructed stone circles. These were created for various reasons, such as tracking the sun's movement. The oldest such circle known to scientists can be found at Nabta Playa in Egypt. At around 7,000 years old, this circle predates England's Stonehenge—probably the world's best-known prehistoric stone circle—by more than 1,000 years. Nabta Playa's climate is extremely dry today, but this was not always the case. ( *26* ), heavy seasonal rainfall during the period when the circle was built led to the formation of temporary lakes, and these attracted cattle-grazing tribes to the area.

Nabta Playa's first settlers arrived around 10,000 years ago. Archaeologists have uncovered evidence that these settlers created a system of deep wells that gave them access to water year-round, and that they arranged their homes in straight rows and equipped them with storage spaces. They also practiced a religion that focused on the worship of cattle, which were central to their lives. These discoveries are evidence that the settlers ( *27* ).

Research findings show that some of the circle's stones would have lined up with the sun on the longest day of the year around 7,000 years ago. This suggests the circle was used as a calendar. One astrophysicist, however, believes the circle ( *28* ). He points out that the positions of other stones match those of stars in the constellation Orion at the time the circle was built. Because of this, he proposes that the circle was an astrological map showing the positions of stars in the night sky.

(26) **1** On the other hand **2** In fact
**3** Despite this **4** Similarly

(27) **1** questioned religious ideas
**2** lost interest in raising cattle
**3** experienced serious internal conflicts
**4** developed a sophisticated society

(28) **1** also had another purpose
**2** was created much earlier
**3** was originally built elsewhere
**4** caused people to avoid the area

# The Good Roads Movement

Beginning in the late nineteenth century, the Good Roads Movement transformed America's landscape, helping to create the nation's system of roads and highways. This movement ( *29* ). While most people today assume that the road system was first developed in response to the needs of automobile drivers, this is a myth. Actually, the demand started mainly with cyclists. The invention of the modern bicycle led to a cycling craze in the 1890s, and millions of Americans wanted better, safer roads to cycle on.

Cyclists began pressuring local governments to improve the quality of roads, which were often poorly maintained and dangerous. At first, the movement was resisted by farmers, who did not want their tax dollars to be spent supporting the leisure activities of cyclists from cities. Gradually, however, farmers ( *30* ). One reason for this was an influential pamphlet called *The Gospel of Good Roads: A Letter to the American Farmer*. It convinced many farmers by emphasizing the benefits of roads, such as making it easier for them to transport their crops to markets.

As automobiles became common, the movement quickly gained momentum. ( *31* ), the invention of the Ford Model T in the early 1900s led to many new drivers, who were also eager for better roads. Millions of these affordable cars were sold, and the increase in drivers put pressure on governments to build more roads and improve the quality of existing ones.

*(29)* **1** was started by car manufacturers
**2** had a surprising origin
**3** created disagreement among drivers
**4** angered many cyclists

*(30)* **1** increased their protests
**2** started using different roads
**3** began to change their minds
**4** turned against cyclists

*(31)* **1** By contrast **2** In particular
**3** Nonetheless **4** Therefore

**3** *Read each passage and choose the best answer from among the four choices for each question. Then, on your answer sheet, find the number of the question and mark your answer.*

---

# *Recognizing Faces*

Humans are generally very good at recognizing faces and quickly interpreting their expressions. This is achieved by having specific areas of the brain that specialize in processing facial features. The development of this ability makes sense in terms of evolution, since early humans would have needed to judge, for example, whether those around them were angry and therefore potentially dangerous. One unintended consequence, however, is that people often think they see faces on objects in their environment. People perceive these so-called false faces on a variety of objects, from clouds and tree trunks to pieces of food and electric sockets.

Researchers in Australia recently performed a study to learn more about how the brain processes false faces. Previous studies have revealed that for real faces, people's judgment of what emotion a face is expressing is affected by the faces they have just seen. Seeing a series of happy faces, for example, tends to make people assess the face they next see as expressing happiness. In the Australian study, the researchers showed participants a series of false faces that expressed a particular emotion. They found that, as with real faces, the participants' judgments of the emotions expressed by the false faces were affected by the ones they had just been shown. Based on this finding, the researchers concluded that the brain processes false faces in a way similar to how it processes real ones.

The researchers also noted that any object with features that even loosely resemble the layout of a human face—two eyes and a nose above a mouth—can trigger the brain to assess those features for emotional expression. In other words, the brain's criteria for recognizing a face are general rather than specific. The researchers say this is one reason the brain can assess facial expressions so quickly.

(32) In the first paragraph, why does the author of the passage mention objects such as clouds?

1 To support the idea that people's surroundings can affect how well they are able to judge the emotions of others.

2 To describe how people who cannot identify faces also have trouble identifying certain other objects.

3 To help explain that our reactions to everyday objects in our environment are controlled by different areas of the brain.

4 To provide examples of everyday things on which people imagine they can see faces.

---

(33) Previous studies have shown that

1 people's judgments about what emotions real faces are expressing are influenced by other real faces they have seen immediately before.

2 people attach emotional meaning to false faces more quickly than they do to real faces.

3 people tend to judge the emotions expressed by false faces as happier and more positive than those expressed by real faces.

4 people take longer to distinguish false faces when the faces are not expressing any emotions.

---

(34) What do the researchers in Australia say about the brain's ability to assess the emotions expressed by faces?

1 The ability will likely disappear over time as it no longer provides an advantage to humans in terms of survival.

2 The fact that the brain uses loose criteria to identify faces allows people to quickly judge the emotions faces express.

3 The brain is only able to accurately identify the emotions faces express if those faces have very specific features.

4 The evolution of this ability occurred even though it created disadvantages as well as benefits for humans in the past.

# *Durians and Giant Fruit Bats*

The football-sized durian fruit is well known for its unpleasant smell and creamy, sweet flesh. Known as the "king of fruits," durians are believed to have originated in Borneo, but they are now cultivated more widely, with over half of all durians consumed worldwide being grown in Thailand. Durians have long been popular throughout Southeast Asia, but their popularity is now spreading to other parts of the world. There are hundreds of kinds of durians, but the Musang King variety, which is grown almost exclusively in Malaysia, is one of the most highly valued. Durians contain high levels of vitamins, so they are often promoted for their health benefits, which has led to rising exports. In fact, experts predict there will be a 50 percent increase in shipments from Malaysia to China alone during the next decade. In order to take advantage of this situation, many Malaysian farmers have stopped producing crops such as palm oil in favor of producing durians.

Durian trees are not easy to grow, however. They require regular watering and feeding with fertilizer, and they are highly sensitive to temperature. Furthermore, they do not naturally grow in groves, but rather thrive when grown among other trees and shrubs, so growing them in an orchard as a single crop presents a challenge. Ensuring sufficient pollination of the flowers for the trees to produce a good harvest of fruit is a further difficulty for farmers. One characteristic of durian trees is that their flowers only release pollen at night, so insects such as honeybees that feed during the day do not pollinate them. Animals that are active at night take over the role of pollination, but only about 25 percent of a durian tree's flowers ever get pollinated naturally. Because of this, many farmers resort to the labor-intensive practice of pollinating by hand.

Studies have shown that giant fruit bats are the main natural pollinators of durian flowers. However, these bats are chased away or killed by many farmers, who simply see them as pests because they cause damage and reduce profits by feeding on the fruit. The bats are also threatened as a result of being hunted and sold as food, since there is a belief in some Southeast Asian cultures that eating the bats' meat helps to cure breathing problems. Without educating people about the benefits of giant fruit bats, the bats' numbers may decline further, which could have serious consequences for durian farming.

---

*(35)* According to the first paragraph, what is true about durian production?

**1** Durians are now mainly grown in Malaysia because there is no longer enough land available to cultivate them in other Southeast Asian countries.

**2** Although durians have been selling well in places where they were traditionally grown, they have yet to gain popularity in other countries.

**3** Premium varieties of durians have been criticized by consumers because they have no more nutritional value than cheaper varieties.

**4** Because of the increasing demand for durians, Malaysian farmers are switching from growing other crops to growing durians.

*(36)* One factor that durian farmers need to consider is that

**1** although durian trees can be grown in almost any warm climate, they do best in areas where there are few other plants growing.

**2** the tendency of durian trees to push out other plants is causing a sharp decline in the number of native plants.

**3** durian trees should be grown in a location where they can be easily found by honeybees and other daytime pollinators.

**4** if durian trees are left alone to be pollinated naturally, the trees are unlikely to produce a large amount of fruit.

(37) What is one thing the author of the passage says regarding giant fruit bats?

**1** Durian production might suffer if awareness is not raised about the important role giant fruit bats play in durian flower pollination.

**2** Many people in Southeast Asia have become ill as a result of eating bat meat that was sold illegally at some markets.

**3** Some durian farmers deliberately attract giant fruit bats to their orchards so that they can catch them and sell their meat.

**4** There has been a significant drop in natural pollinators of durian flowers because many giant fruit bats have died from breathing problems.

# The Long Range Desert Group

During World War II, the British fought against Germany and Italy in the deserts of North Africa. Desert warfare was characterized by small battles between troops that were widely spread out, and there was a need to move quickly and at night to avoid both detection and the dangerous daytime heat. The area's vast size and sandy terrain made transporting supplies difficult, and the lack of water severely limited operations.

However, for one British army officer, Major Ralph Bagnold, these harsh conditions presented a strategic opportunity. Having spent years exploring the North African desert before the war, Bagnold knew the terrain well, and he was convinced that a small, highly mobile motorized unit that could observe and track enemy forces would be invaluable. At first, British commanders rejected his proposal to form such a unit, believing airplanes were better suited for such long-range intelligence gathering. Bagnold insisted, however, that gathering information on the ground would be advantageous, and his persistence led to the formation of the Long Range Desert Group (LRDG), with Bagnold as commander, in June 1940.

The LRDG was an unconventional unit from the outset. Usual distinctions between ranks did not apply; officers and regular soldiers were on first-name terms, and they were all expected to perform the same tasks. Rather than seeking men who would fight bravely on the battlefield, Bagnold wanted individuals with great stamina, resourcefulness, and mental toughness—men who could, for example, remain motivated and alert for extended periods despite limited access to drinking water. With specialized trucks adapted to desert conditions, the LRDG's patrols were equipped to operate independently for around three weeks and over a range of more than 1,600 kilometers. All necessary items, such as fuel, ammunition, and food, were carried by the unit, so careful supply planning was extremely important.

The LRDG's work mainly involved traveling deep behind enemy lines to observe their movements. The unit had access to a range of weaponry, and while the men were primarily trained to gather intelligence, they also planted mines and launched attacks against enemy airfields and fuel depots. When the Special Air Service (SAS)—a British army unit formed in 1941 to conduct raids behind enemy lines—suffered heavy casualties after parachuting into enemy territory on its first mission, the LRDG was tasked with bringing back the survivors. The rescue mission was a success, and because of its men's extensive knowledge of the desert, the LRDG was given the responsibility of bringing the SAS to and from all future targets by land, providing both transportation and navigation. This almost certainly helped the SAS accomplish its raids with greater success and fewer casualties.

The LRDG's greatest achievement came in 1943, when the unit found a route that enabled British forces to get around heavily defended enemy lines without being detected, allowing them to attack at weaker points in the defenses. This was a crucial turning point in the campaign in North Africa and contributed greatly to the British victory there. The LRDG went on to make significant contributions to the war effort in Europe until 1945.

---

*(38)* Major Ralph Bagnold was able to convince British army commanders that

**1** their soldiers were having limited success on missions in the desert because they were not being supplied with the right resources.

**2** the airplanes being used to fly over enemy territory and make observations in the desert were in need of major improvements.

**3** he could lead a unit of men on missions in the desert despite the fact that he had little experience in such an environment.

**4** using a ground-based unit to gather information about enemy activities in the desert would be an effective strategy.

(39) What is true regarding the Long Range Desert Group (LRDG)?

**1** The characteristics of the men chosen for it and the way it operated were different from those of traditional military units.

**2** Because of its limited budget, it had to manage with fewer resources and older weapons than other units.

**3** There were a large number of men in its patrols, so the officers had to have special training in management techniques.

**4** The success of its missions was heavily dependent on the group having supplies sent to it behind enemy lines on a regular basis.

(40) Which of the following best describes the relationship between the LRDG and the Special Air Service (SAS)?

**1** The two units were combined so that land and air raids could be performed at the same time.

**2** The similar nature of their operations led to competition between the two units and their unwillingness to assist each other.

**3** The LRDG used its knowledge of the desert to help the SAS improve both the effectiveness and safety of its missions.

**4** The involvement of the SAS in LRDG missions made it more difficult for the LRDG to stay behind enemy lines for long periods of time.

(41) According to the author of the passage, what happened in 1943?

**1** A mistake made by the LRDG allowed enemy forces to strengthen their hold on territory that the British hoped to gain.

**2** The transfer of the LRDG to Europe meant the SAS had no choice but to attack enemy forces in a heavily defended area without LRDG support.

**3** The activities of the LRDG made it possible for the British army to gain a significant advantage that led to it defeating enemy forces in the area.

**4** British commanders decided the LRDG would be better put to use defending British-held territory than observing enemy activities.

# English Composition

- Write an essay on the given TOPIC.
- Use TWO of the POINTS below to support your answer.
- Structure : introduction, main body, and conclusion
- Suggested length : 120–150 words
- Write your essay in the space provided on Side B of your answer sheet. Any writing outside the space will not be graded.

TOPIC

*Should people trust information on the Internet?*

POINTS

- *Learning*
- *News*
- *Online shopping*
- *Social media*

# *Listening Test*

**There are three parts to this listening test.**

| Part 1 | Dialogues : 1 question each | Multiple-choice |
|---|---|---|
| Part 2 | Passages : 2 questions each | Multiple-choice |
| Part 3 | Real-Life : 1 question each | Multiple-choice |

※ Listen carefully to the instructions.

## Part 1

*No. 1*
**1** Get a blood test today.
**2** Try to eat less for breakfast.
**3** Go to lunch with Noah.
**4** Have a medical checkup next week.

*No. 2*
**1** She needs to take more time off.
**2** She should be less concerned about money.
**3** She is not ready for so much responsibility.
**4** She deserves more pay.

*No. 3*
**1** He needs to undergo further tests.
**2** He will not be able to play in the game.
**3** He needs to find a different form of exercise.
**4** He has to stay at the hospital.

*No. 4*
**1** Contact the new employee.
**2** Speak to the manager.
**3** Work the shift herself.
**4** Change shifts with him.

*No. 5*
1 Contact the hotel about Internet access.
2 Confirm the meeting schedule.
3 Finish preparing the presentation.
4 Buy a ticket for the flight.

*No. 6*
1 Take a taxi home.
2 Order more wine.
3 Catch the last train home.
4 Walk to the closest bus stop.

*No. 7*
1 Pick up the children from school.
2 Cook dinner for his family.
3 Buy the ingredients for tonight's dinner.
4 Order food from a new restaurant.

*No. 8*
1 He has to pay an unexpected fee.
2 He canceled his insurance policy.
3 He is late for a meeting.
4 The company cannot find his policy number.

*No. 9*
1 The man should not change his major.
2 A career in communications might suit the man better.
3 Graphic design is a good choice for the man.
4 The man is not doing well in class.

*No. 10*
1 Find another online chat tool.
2 Prepare a request for a software upgrade.
3 Get more people to join online meetings.
4 Ask to increase the company's budget.

*No. 11*
1 Go to the plant.
2 Study Spanish.
3 Meet with Barbara.
4 Look for an interpreter.

*No. 12*
**1** Radio for an ambulance.
**2** Move the woman's car for her.
**3** Give the woman a parking ticket.
**4** Wait in his police car.

## Part 2

(A) *No. 13*
1 It could not fly high enough.
2 It was too small and light.
3 It could only fly short distances.
4 It used a rare kind of fuel.

*No. 14*
1 It was tougher than other planes.
2 It had a new kind of weapon.
3 It could land very quickly.
4 It could drop bombs accurately.

---

(B) *No. 15*
1 Water supplies decreased.
2 The air became less polluted.
3 Many people had to leave the island.
4 The number of trees increased.

*No. 16*
1 How to classify the new ecosystem.
2 What to use the water supply for.
3 Whether native plants should be protected.
4 Where agriculture should be allowed.

---

(C) *No. 17*
1 She carried her camera everywhere.
2 She made friends with emergency workers.
3 She lent her camera to the children she took care of.
4 She went to many places as a tourist.

*No. 18*
1 She became famous early in her career.
2 She mainly took photos at auctions.
3 She held very large exhibitions.
4 She did not show people her photos.

---

(D) *No. 19*
**1** It does not require the use of fresh water.
**2** It can only be done in certain climates.
**3** It produces a large amount of gas.
**4** It uses less meat than it did in the past.

*No. 20*
**1** The machines it uses are very expensive.
**2** It is damaging to wide areas of land.
**3** It releases chemicals into nearby farmland.
**4** It is frequently dangerous for workers.

---

(E) *No. 21*
**1** Young people's changing interests.
**2** Young people's increasing need for exercise.
**3** Young people's economic situation.
**4** Young people's passion for nature.

*No. 22*
**1** They are unlikely to survive long.
**2** They do not do well outside of cities.
**3** They rarely employ local people.
**4** They take up too much space.

---

(F) *No. 23*
**1** Alligators have efficient jaws.
**2** Alligators are related to dinosaurs.
**3** Alligators have muscles in unusual places.
**4** Alligators evolved at the same time as *T. rex.*

*No. 24*
**1** To help with food digestion.
**2** To sense other animals.
**3** To create new blood vessels.
**4** To control their body temperature.

## Part 3

(G) No. 25 **Situation :** You are on a plane that has just landed, and you need to catch your connecting flight. A flight attendant is making an announcement.

**Question :** What should you do first after getting off the plane?

**1** Collect your luggage.
**2** Take a bus to another terminal.
**3** Find a gate agent.
**4** Get a new boarding pass printed.

---

(H) No. 26 **Situation :** You want to buy some stick-type incense to burn to help you relax. A store clerk tells you the following.

**Question :** Which incense brand should you buy?

**1** Bouquet Himalaya.
**2** Magnolia's Sanctuary.
**3** Akebono.
**4** Shirley's Gift.

---

(I) No. 27 **Situation :** It is Monday, and you receive a voice mail from a representative at your new Internet provider. You have to work this Thursday from noon to 8 p.m.

**Question :** What should you do?

**1** Reschedule for this weekend.
**2** Reschedule for a weekday next week.
**3** Reschedule for this Thursday morning.
**4** Reschedule for this Friday after 6 p.m.

---

*(J)* *No. 28* **Situation :** You are applying to a college to study psychology. An admissions officer is talking to you about your application.

**Question :** What should you do?

**1** Pay your application fee.
**2** Go to a campus event next week.
**3** Get a letter of recommendation.
**4** Submit your high school records.

---

*(K)* *No. 29* **Situation :** You are on a trip abroad and want to take a free local tour. You get carsick easily. You are told the following at your hotel's information desk.

**Question :** Which tour is the best for you?

**1** The one from 1 p.m.
**2** The one from 2:30 p.m.
**3** The one from 3 p.m.
**4** The one from 5 p.m.

# 二次試験

## 受験者用問題カードA

You have **one minute** to prepare.

This is a story about a couple that wanted to save money.
You have **two minutes** to narrate the story.

Your story should begin with the following sentence:
**One day, a woman was talking with her husband.**

# 問題カードA　Questions

No. 1　Please look at the fourth picture. If you were the woman, what would you be thinking?

No. 2　Do you think it is better to buy a home than to rent a place to live?

No. 3　Should Japan increase the amount of green space in its cities?

No. 4　Do people these days maintain a good balance between their private lives and their careers?

編集部注：本ページの質問英文は問題カードには印刷されていません。

# 受験者用問題カードD

You have **one minute** to prepare.

<u>This is a story about a couple who lived near the ocean.</u>
You have **two minutes** to narrate the story.

Your story should begin with the following sentence :
<u>**One day, a couple was taking a walk by the beach.**</u>

# 問題カードD　Questions

No. 1　Please look at the fourth picture. If you were the husband, what would you be thinking?

No. 2　Do you think Japanese people should express their political opinions more?

No. 3　Do you think companies should do more to help society?

No. 4　Is it possible for the actions of individuals to help reduce global warming?

編集部注：本ページの質問英文は問題カードには印刷されていません。

# 2022年度 第1回

# Grade Pre-1

| 試験内容 | | 試験時間 | 掲載ページ |
|---|---|---|---|
| 一次試験 | 筆記（リーディング・ライティング） | 90分 | 2022-1 P. 2～18 |
| | リスニング | 約30分 | 2022-1 P. 19～24 |
| 二次試験 | 面接（スピーキング） | 約8分 | 2022-1 P. 25～28 |

##  リスニングテスト・面接の音声について

音声は専用サイトにて配信しています。

▷ 専用サイトのご利用方法：

1. 本冊（解答編）の袋とじ（音声配信のご案内）をキリトリ線に沿って開封。
2. 袋とじの内側に印刷されているQRコードをスマートフォンなどで読み取る。QRコードを読み取れない場合は，アドレスを入力。
   ➡専用サイトのトップページに。
3. 音声を聞きたい試験のボタンを押す。
   ➡該当の試験の音声再生ページに。
   ※試験1回分を通して聞くことも，1問ずつ聞くこともできます。
   ※面接の解答時間（無音部分）は実際の試験とは異なります。

▷ **配信内容**：本書に掲載のリスニングテストおよび面接の音声

※面接の音声は，ナレーションの指示と質問英文だけでなく，ナレーション問題の解答例も配信。

専用サイト トップページ
（イメージ）

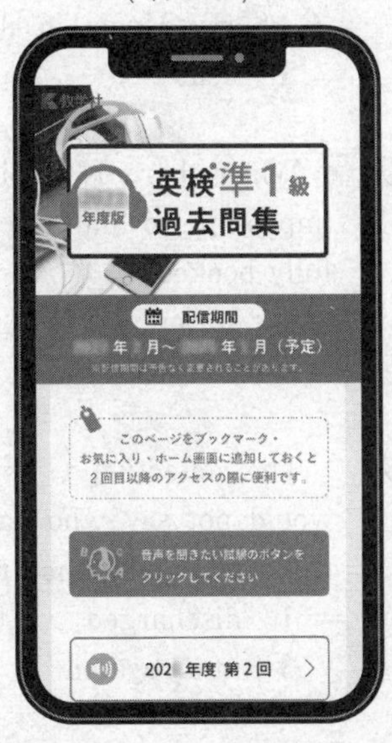

# 一次試験

## 1

*To complete each item, choose the best word or phrase from among the four choices. Then, on your answer sheet, find the number of the question and mark your answer.*

---

*(1)* After considering the case, the judge decided to show (　　　) and only gave the man a warning. She said that he was clearly very sorry for his crime.

**1** disgrace　**2** closure　**3** mercy　**4** seclusion

*(2)* Lisa looks exactly like her twin sister, but she has a completely different (　　　). She is very calm and rarely gets angry, unlike her sister.

**1** temperament　**2** accumulation
**3** veneer　**4** glossary

*(3)* ***A*** : Annabel, don't just (　　　) your shoulders when I ask you if you've finished your homework. Give me a clear answer.
***B*** : Sorry, Mom. I'm almost done with it.

**1** echo　**2** bow　**3** dump　**4** shrug

*(4)* When there is a big business convention in town, it is almost impossible to find a hotel with a (　　　). Most hotels quickly get fully booked.

**1** sprain　**2** segment
**3** transition　**4** vacancy

*(5)* The detective (　　　) the gang member for hours, but he would not say who had helped him commit the crime. Eventually, the detective stopped trying to get information from him.

**1** discharged　**2** converted
**3** interrogated　**4** affiliated

(6) To treat an injured ankle, doctors recommend ( ). This can be done by wrapping a bandage tightly around the injury.

1 depression　　2 progression
3 compression　　4 suspicion

(7) **A** : It suddenly started raining heavily on my way home, and I got completely wet.
**B** : You should have ( ) my advice and taken an umbrella with you.

1 molded　　2 heeded　　3 twisted　　4 yielded

(8) As a way of attracting more ( ) customers, the perfume company began advertising its products in magazines read mainly by wealthy people.

1 theatrical　　2 brutal　　3 frantic　　4 affluent

(9) The teacher said that, apart from a few ( ) errors, the student's essay was perfect. He gave it the highest score possible.

1 trivial　　2 conclusive
3 palatial　　4 offensive

(10) The injured soccer player watched ( ) as his replacement played in the final game. He had really wanted to continue playing.

1 substantially　　2 previously
3 enviously　　4 relevantly

(11) The new hotel in front of Abraham's apartment building is not tall enough to ( ) his view of the mountains beyond the city. He can still see them clearly.

1 obstruct　　2 delegate　　3 entangle　　4 boost

(12) Having spilled red wine on the white carpet, Martha tried to remove the ( ) with soap and water. However, she could not remove it completely.

1 stain　　2 slit　　3 bump　　4 blaze

(13) The war continued for a year, but neither side could ( ). With victory seemingly impossible, the two countries agreed to stop fighting.

| | | | |
|---|---|---|---|
| **1** | devise | **2** | prevail |
| **3** | evolve | **4** | reconstruct |

(14) The leader used the political instability in his country as a ( ) for introducing strict new laws aimed at preventing any opposition to his rule.

**1** trance **2** downfall **3** rampage **4** pretext

(15) The suspect continued to ( ) his innocence to the police. He told them repeatedly he had been nowhere near the place where the crime had occurred.

**1** conceal **2** counter **3** expire **4** assert

(16) Good writers make every effort to ( ) mistakes from their work, but occasionally they miss some errors and have to make corrections later.

**1** eliminate **2** expend **3** stabilize **4** oppress

(17) After the kidnappers returned the child to its parents in exchange for a large ( ), they tried to escape with the money. Police soon caught them, however, and returned the money to the couple.

**1** ransom **2** applause **3** monopoly **4** prank

(18) Gaspar applied to go to a ( ) university. Unfortunately, his grades were not good enough, so he had to go to a lesser-known one.

| | | | |
|---|---|---|---|
| **1** | prestigious | **2** | spontaneous |
| **3** | cordial | **4** | petty |

(19) The spies ( ) themselves as army officers in an attempt to enter the military base without being noticed.

**1** chronicled **2** disguised **3** rendered **4** revitalized

(20) Timothy is a very ( ) employee. He is reliable and eager to help, and he always shows loyalty to his company and coworkers.

**1** grotesque **2** defiant
**3** devoted **4** feeble

(21) To help Paul lose weight, his doctor recommended that he ( ) his diet. Specifically, she suggested that he eat fewer fatty foods and more fiber.

**1** modify **2** pluck **3** exclaim **4** distill

(22) ***A*** : I've been so busy at work, and now I have to ( ) training our newest employee.
***B*** : That's too much. You should ask your boss if someone else can do it instead.

**1** turn over **2** contend with
**3** prop up **4** count off

(23) The young boy tried to blame his dog for the broken vase. However, his mother did not ( ) the lie and sent him to his room.

**1** fall for **2** hang on **3** see out **4** flag down

(24) In his speech, the CEO ( ) his plan for the company's development over the next five years. He hoped this would help guide everyone's work as the company grew.

**1** mapped out **2** leaped in
**3** racked up **4** spaced out

(25) Last year, Harold spent all his money buying shares in various companies. He was ( ) the stock market performing well over the next few years.

**1** casting away **2** putting down
**3** stepping up **4** betting on

**2** *Read each passage and choose the best word or phrase from among the four choices for each blank. Then, on your answer sheet, find the number of the question and mark your answer.*

# The Peter Principle

A theory known as the Peter Principle may explain why there are many people in managerial positions who ( *26* ). According to the theory, employees who perform well in lower-level positions will eventually rise to positions they are not prepared for. The reason for this is that employees generally get promoted based on how well they perform in their current positions. Although this kind of promotion policy may seem logical, failing to fully consider employees' strengths and weaknesses results in them eventually reaching positions for which their abilities are unsuited.

One study examined the careers of salespeople who were promoted to managerial positions. As expected, the study found that the best salespeople were the most likely to receive promotions, but it also found that they performed the worst in managerial roles. The study showed that promoting employees based solely on current performance ( *27* ). Not only do companies end up with poor managers but they also lose their best workers in lower-level positions.

The researchers who carried out the study say that one problem is that companies make the mistake of simply assuming that high-performing employees will naturally be good managers. In most companies, new employees receive specialized training in how to do their jobs. ( *28* ), new managers are often given little or no training. This seems to suggest that one way to lessen the effects of the Peter Principle is to provide proper training for new managers.

(26) 1 earn lower-than-average salaries
2 love their jobs
3 have worked for several companies
4 perform poorly

(27) 1 has two disadvantages
2 cannot be avoided
3 is a gamble worth taking
4 prevents creative thinking

(28) 1 Of course 2 On the other hand
3 What is more 4 For a similar reason

# Nearsightedness

Nearsightedness has been increasing around the world at a rapid rate. People with this condition can see objects that are close to them clearly, but objects that are far away appear blurry. Many people blame this trend on the use of digital screens. They claim that using devices such as computers and smartphones leads to eyestrain, and that blue light, which is produced by digital screens, damages light-sensitive cells in the back of the eye. However, there is no clear evidence that digital screens ( *29* ).

In fact, the rise in nearsightedness began before digital screens became widely used. Some research suggests that the real issue is that people ( *30* ). This results in a lack of exposure to natural light. Nearsightedness is caused by the stretching of the lens in the eye, which reduces its ability to focus light. However, the release of dopamine, a chemical produced by the brain, can prevent this from occurring, and exposure to natural light leads to greater dopamine production.

Some experts say that being outdoors for about three hours a day can help prevent nearsightedness. For many people, however, doing this is impossible due to school and work schedules. ( *31* ), it may be more practical for people to change the kind of lighting they use in their homes. There is already lighting available that provides some of the benefits of natural light, and it is hoped that research will provide more alternatives in the future.

*(29)* **1** have long-term effects on eyesight
**2** can help solve the problem
**3** can be used on all devices
**4** will improve in the future

*(30)* **1** sit too close to their screens
**2** rely too much on vision
**3** spend too much time indoors
**4** fail to do enough physical exercise

*(31)* **1** In the same way
**2** For example
**3** Despite this
**4** Instead

## 3

*Read each passage and choose the best answer from among the four choices for each question. Then, on your answer sheet, find the number of the question and mark your answer.*

---

# *Honey Fungus*

The largest living organism on Earth is not a whale or other large animal. Rather, it belongs to the group of organisms which includes mushrooms and toadstools. It is a type of fungus commonly known as honey fungus, and its rootlike filaments spread underground throughout a huge area of forest in the US state of Oregon. DNA testing has confirmed that all the honey fungus in the area is from the same organism, and, based on its annual rate of growth, scientists estimate it could be over 8,000 years old. They also calculate that it would weigh around 35,000 tons if it were all gathered together.

As impressive as this honey fungus is, it poses a problem for many trees in the forest. The fungus infects the trees and absorbs nutrients from their roots and trunks, often eventually killing them. Unfortunately, affected trees are usually difficult to spot, as the fungus hides under their bark, and its filaments are only visible if the bark is removed. In the late fall, the fruiting bodies of the fungus appear on the outside of the trees, but only for a few weeks before winter. Although the trees attempt to resist the fungus, they usually lose the battle in the end because the fungus damages their roots, preventing water and nutrients from reaching their upper parts.

Full removal of the honey fungus in Oregon has been considered, but it would prove to be too costly and time-consuming. Another solution currently being researched is the planting of tree species that can resist the fungus. Some experts have suggested, however, that a change of perspective may be necessary. Rather than viewing the effects of the honey fungus in a negative light, people should consider it an example of nature taking its course. Dead trees will ultimately be recycled back into the soil, benefiting the area's ecosystem.

(32) According to the passage, what is one thing that is true about the honey fungus in Oregon?

1 It is a combination of different mushroom species that started to grow together over time.

2 It grew slowly at first, but it has been expanding more rapidly in the last thousand years.

3 It shares the nutrients it collects with the trees and other types of plant life that it grows on.

4 It is a single organism that has spread throughout a wide area by growing and feeding on trees.

---

(33) Honey fungus is difficult to find because

1 the mushrooms it produces change color depending on the type of tree that it grows on.

2 it is generally not visible, except when it produces fruiting bodies for a short time each year.

3 not only does it grow underground, but it also has an appearance that is like that of tree roots.

4 it is only able to survive in areas that have the specific weather conditions it needs to grow.

---

(34) What do some experts think?

1 People should regard the honey fungus's effects on trees as a natural and beneficial process.

2 The only practical way to deal with the honey fungus is to invest more time and money in attempts to remove it.

3 Trees that have been infected by the honey fungus can be used to prevent it from spreading further.

4 The honey fungus can be harvested to provide people with an excellent source of nutrients.

# *Intentional Communities*

For hundreds of years, people have formed self-sustaining communities, often referred to as intentional communities, which are characterized by shared ideals, collective ownership, and common use of property. The first known intentional community was established in the sixth century BC by a Greek philosopher. Over the following centuries, a number of such communities were created by religious groups wishing to live outside mainstream society. Some of these, such as Christian monasteries and the collective farms called kibbutzim in Israel, remained successful for generations, while others lasted only a few years.

In the twentieth century, philosophical idealism, as seen in the back-to-the-land movement of the 1960s and 1970s, also motivated people to form intentional communities. By the early 1970s, it has been estimated that there were thousands of such communities in the United States alone, though many of those later disbanded. The Foundation for Intentional Communities now lists fewer than 800 communities in the United States and just under 250 in the rest of the world. Intentional communities that failed generally faced a similar challenge. Some people who came to stay were committed to ideals of shared work, growing their own food, and living collectively, but others were less serious. A cofounder of one community recalled, "We had an impractical but noble vision that was constantly undermined by people who came just to play."

Not all intentional communities are destined to fall apart, however. The ongoing success of Damanhur, a spiritual and artistic collective near Turin, Italy, is attributed to open communication and a practical approach. Damanhur organizes its members into family-like groups of 15 to 20 people. The community has found that creating intimacy becomes difficult if a "family" has more than 25 people. In contrast, when there are too few people in the "family," there is not enough collective knowledge to allow for effective decision-making. Damanhur's ideals, which are outlined in its constitution, are upheld by elected leaders, and tensions in the community are handled by holding playful mock battles where people fight with paint-filled toy guns.

It seems that all successful intentional communities share a common trait: the ability to constantly think ahead. As one Damanhur member put it, "You should change things when they work—not when they don't work." This strategy of making changes before problems occur has worked well for Damanhur and other successful communities, which suggests it is an effective way for intentional communities to fulfill the needs of their members in the long term.

---

(35) A common issue faced by intentional communities that failed was that

**1** a majority of the community was in favor of someone joining, but a small number of individuals opposed it.

**2** people joined the community with genuine interest, but they lacked the skills or knowledge to contribute effectively.

**3** some members worked hard to follow the community's ideals, while others took a more casual approach to communal living.

**4** the community set out to complete an ambitious project, but it could not complete it because of a lack of knowledge and financial resources.

(36) What is true of the social structure at Damanhur?

**1** "Families" are free to create their own rules and do not necessarily have to follow the rules contained in the community's constitution.

**2** The number of people in a "family" is controlled to create the best conditions for resolving group issues and maintaining good relationships.

**3** The mock battles that are intended to solve disagreements sometimes become serious and result in some members leaving their "families."

**4** The community contains "families" of different sizes so that members can choose whether to live in a large or a small group setting.

*(37)* According to the passage, how is Damanhur similar to other successful intentional communities?

**1** Members of the community are allowed to exchange their responsibilities from time to time to prevent them from becoming exhausted.

**2** The type of work the community does to earn income changes periodically so that members can learn new skills.

**3** Members of the community take turns carrying out maintenance on the buildings and equipment that are owned collectively.

**4** The community continually finds ways to satisfy the needs of its members rather than simply reacting to problems when they arise.

# The British in India

Established in 1600, the British-owned East India Company was one of the world's largest corporations for more than two centuries. By trading overseas with various countries, such as India and China, it was able to import luxury items from these countries into Britain. The British government received a portion of the company's vast profits, so it was more than willing to provide political support. Due to its size, power, and resources, which included a private army of hundreds of thousands of Indian soldiers, the company pressured India into accepting trade contracts that, in general, were only of benefit to the company. After winning a battle against a local ruler in the 1750s, the company seized control of one of the wealthiest provinces in India. As a result, the East India Company was no longer solely acting as a business but also as a political institution, and it began forcing Indian citizens to pay it taxes.

The East India Company gained a reputation among the countries it did business with for being untrustworthy. It also started to lose popularity within the British Parliament because the company's dishonest trading habits damaged foreign relations with China. Then, in the 1850s, angered by the way they were being treated, a group of soldiers in the East India Company's army rebelled. They marched to Delhi to restore the Indian emperor to power, and their actions caused rebellion against the British to spread to other parts of India. The rebellion was eventually brought under control after about two years, but it triggered the end of the East India Company. The British government, which blamed the East India Company for allowing the rebellion to happen, took control of India, and an era of direct British rule began. The British closed down the East India Company, removed the Indian emperor from power, and proceeded to rule India for almost a century.

While some claim that India benefited from British rule, typically using the construction of railways as an example, many historians argue that the country was negatively affected. In an effort to reinforce notions that British culture was superior, Indians were educated to have the same opinions, morals, and social preferences as the British. The British also implemented a policy known as "divide and rule," which turned Indians from different religious backgrounds against each other. The British government used this strategy to maintain its control over India, as members of these religions had joined forces during the earlier rebellion. However, nationalist feelings among Indians increased from the early 1900s, and India eventually gained its independence in the late 1940s.

Although the East India Company stopped operating more than a century ago, it has had a lasting influence. Some experts say it pioneered the concept of multinational corporations and ultimately led to the economic system of capitalism that is widespread today. Moreover, the connection between the British government and the East India Company set a precedent for using political power to help achieve business objectives.

---

*(38)* What was one result of India doing business with the East India Company?

**1** India could afford to increase the size of its military because it was able to make trade deals with other countries.

**2** India had little choice but to agree to business agreements that were unfavorable to it.

**3** The Indian government needed to raise taxes in order to pay for losses from failed trade contracts.

**4** The Indian government's relationship with China became worse, which almost resulted in a break in trade between the two countries.

(39) What led to the British government taking control of India?

1 The British government held the East India Company responsible for an uprising that occurred.

2 The Indian people voted for British rule after losing confidence in the Indian emperor's ability to rule the country effectively.

3 The Indian people asked for the help of the British in preventing a war between India and China.

4 The Indian emperor decided to join forces with the British as a political strategy to maintain control of India.

---

(40) One effect that British rule had on India was that

1 Indians were able to take part in the process of building a government that reflected their economic and social needs.

2 schools made an effort to educate their students to have an awareness of both Indian and British cultures.

3 divisions were created between different groups of Indians to prevent them from challenging British rule.

4 many of the railroads and other transportation systems built by the Indian government were destroyed.

---

(41) What does the author of the passage say about the East India Company?

1 The company prevented the British government from achieving its aim of expanding its rule to other countries in Asia.

2 While the company may have been successful during its time, its business model would not be effective in today's economy.

3 Although the company no longer exists, it has had a large impact on the present-day global economic landscape.

4 If the company had never been established, another one would likely have ended up having similar political and economic influence.

# 4 English Composition

● Write an essay on the given TOPIC.
● Use TWO of the POINTS below to support your answer.
● Structure : introduction, main body, and conclusion
● Suggested length : 120–150 words
● Write your essay in the space provided on Side B of your answer sheet. Any writing outside the space will not be graded.

**TOPIC**
***Should people's salaries be based on their job performance?***

**POINTS**
● *Age*
● *Company profits*
● *Motivation*
● *Skills*

# *Listening Test*

**There are three parts to this listening test.**

| Part 1 | Dialogues : 1 question each | Multiple-choice |
|---|---|---|
| Part 2 | Passages : 2 questions each | Multiple-choice |
| Part 3 | Real-Life : 1 question each | Multiple-choice |

※ Listen carefully to the instructions.

## Part 1

*No. 1*

**1** He no longer drives to work.
**2** His car is being repaired.
**3** He cannot afford to buy gas.
**4** His new bicycle was stolen.

*No. 2*

**1** He wants to move out.
**2** He likes to have parties.
**3** He is not very open.
**4** He is very messy.

*No. 3*

**1** The other candidates were more qualified.
**2** He forgot to call the manager yesterday.
**3** The manager did not like him.
**4** He missed the interview.

*No. 4*

**1** The woman needs to pass it to graduate.
**2** It does not match the woman's goals.
**3** It is too advanced for the woman.
**4** Passing it could help the woman find a job.

*No. 5*
1 The woman should take a break from school.
2 Working as a server is physically demanding.
3 Restaurant workers do not make much money.
4 Students should not get part-time jobs.

*No. 6*
1 Buy a gift from the list.
2 Decline the wedding invitation.
3 Speak to Carla and Antonio.
4 Return the silver dining set.

*No. 7*
1 It has large portions.
2 It is a short drive from home.
3 It is cheaper than other places.
4 It has a good reputation.

*No. 8*
1 Spend time hiking. 2 Go fishing at a lake.
3 Take a ski trip. 4 Go sightseeing.

*No. 9*
1 Some customers complained about it.
2 One of the posts needs to be revised.
3 Kenneth should not edit the latest post.
4 It should be updated more frequently.

*No. 10*
1 Her wallet is missing.
2 Her train pass expired.
3 She missed her train.
4 She wasted her money.

*No. 11*
1 She did not like the pianist's playing.
2 She arrived at the concert late.
3 She could not focus on the concert.
4 She was unable to find her ticket.

*No. 12*
1 Call him back in the evening.
2 Give him new delivery instructions.
3 Change her delivery option online.
4 Tell him what time she will be home.

## Part 2

(A) *No. 13*

**1** Water levels have decreased in many of them.
**2** Laws to protect them need to be stricter.
**3** Countries sharing them usually have the same usage rights.
**4** They often make it difficult to protect borders.

*No. 14*

**1** To suggest a solution to a border problem.
**2** To suggest that poor nations need rivers for electricity.
**3** To show that dams are often too costly.
**4** To show how river usage rights can be complicated.

---

(B) *No. 15*

**1** It could be used as a poison.
**2** It was tested on snakes.
**3** It was difficult to make.
**4** It was the first medical drug.

*No. 16*

**1** It took many days to make.
**2** Only small amounts could be made daily.
**3** Production was very loosely regulated.
**4** People there could watch it being made.

---

(C) *No. 17*

**1** They hunted only spirit bears with black fur.
**2** They tried to keep spirit bears a secret.
**3** They thought spirit bears were dangerous.
**4** They believed spirit bears protected them.

*No. 18*

**1** It is easier for them to catch food.
**2** They are less sensitive to the sun.
**3** It is harder for hunters to find them.
**4** Their habitats are all well-protected.

---

(D) *No. 19*
**1** They generate power near where the power is used.
**2** They are preferred by small businesses.
**3** They do not use solar energy.
**4** They are very expensive to maintain.

*No. 20*
**1** Governments generally oppose its development.
**2** Energy companies usually do not profit from it.
**3** It can negatively affect property values.
**4** It often pollutes community water sources.

---

(E) *No. 21*
**1** Caring for them costs too much money.
**2** They are too difficult to capture.
**3** They suffer from serious diseases.
**4** They rarely live long after being caught.

*No. 22*
**1** Zoos need to learn how to breed them.
**2** Governments must make sure laws are followed.
**3** They must be moved to new habitats.
**4** Protecting them in the wild is not possible.

---

(F) *No. 23*
**1** They are more numerous than is typical.
**2** They are similar to those of a distant area.
**3** They are the largest in the region.
**4** They include images of Europeans.

*No. 24*
**1** To indicate certain times of the year.
**2** To warn enemies to stay away.
**3** To show the way to another settlement.
**4** To provide a source of light.

## Part 3

(G) No. 25 ***Situation :*** You want to feed your parrot, Toby, but cannot find his pet food. You check your cell phone and find a voice mail from your wife.

***Question :*** Where should you go to find Toby's food?

**1** To the kitchen.
**2** To the living room.
**3** To the front door.
**4** To the garage.

---

(H) No. 26 ***Situation :*** You want to read a book written by the author Greta Bakken. You want to read her most popular book. A bookstore clerk tells you the following.

***Question :*** Which book should you buy?

**1** *The Moon in Budapest.*
**2** *Along That Tree-Lined Road.*
**3** *Mixed Metaphors.*
**4** *Trishaws.*

---

(I) No. 27 ***Situation :*** Your company's president is making an announcement about a change in office procedures. You want to take time off next week.

***Question :*** What should you do?

**1** Speak to your manager.
**2** Submit a request on the new website.
**3** E-mail the members of your department.
**4** Contact ABC Resource Systems.

---

*(J)* *No. 28* ***Situation :*** Your professor is showing your class a course website. You want to get extra credit to improve your grade.

***Question :*** What should you do?

**1** Submit an extra research paper through the website.

**2** Complete additional reading assignments.

**3** Create an online resource for the class.

**4** Sign up for a lecture via the news section.

---

*(K)* *No. 29* ***Situation :*** You are a writer for a newspaper. You arrive home at 8:30 p.m. and hear the following voice mail from your editor. You need two more days to finish your column.

***Question :*** What should you do?

**1** Send the file to Bill.

**2** Send the file to Paula.

**3** Call Bill's office phone.

**4** Call Bill on his smartphone.

# 二次試験

## 受験者用問題カードA

You have **one minute** to prepare.

This is a story about a mayor who wanted to help her town.
You have **two minutes** to narrate the story.

Your story should begin with the following sentence :
**One day, a mayor was having a meeting.**

1 2 3 4

# 問題カードA　Questions

No. 1　Please look at the fourth picture. If you were the mayor, what would you be thinking?

No. 2　Do you think people should spend more time outdoors to learn about nature?

No. 3　Should companies provide workers with more vacation days?

No. 4　Should the government do more to protect endangered animals?

編集部注：本ページの質問英文は問題カードには印刷されていません。

## 受験者用問題カードD

You have **one minute** to prepare.

This is a story about a woman who wanted to advance her career.
You have **two minutes** to narrate the story.

Your story should begin with the following sentence :
**One day, a woman was talking with her company's CEO in the office.**

1　2　3　4

# 問題カードD　Questions

No. 1　Please look at the fourth picture. If you were the woman, what would you be thinking?

No. 2　Are parents too protective of their children these days?

No. 3　Does the fast pace of modern life have a negative effect on people?

No. 4　Do you think the birth rate in Japan will stop decreasing in the future?

編集部注：本ページの質問英文は問題カードには印刷されていません。

# 2021 年度 第 3 回

# Grade Pre-1

| 試験内容 | | 試験時間 | 掲載ページ |
|---|---|---|---|
| 一次試験 | 筆記（リーディング・ライティング） | 90 分 | 2021-3　P. 2〜19 |
| | リスニング | 約 30 分 | 2021-3　P. 20〜26 |
| 二次試験 | 面接（スピーキング） | 約 8 分 | 2021-3　P. 27〜30 |

##  リスニングテスト・面接の音声について

音声は専用サイトにて配信しています。

▷ 専用サイトのご利用方法：

1. 本冊（解答編）の袋とじ（音声配信のご案内）をキリトリ線に沿って開封。
2. 袋とじの内側に印刷されているQRコードをスマートフォンなどで読み取る。QR コードを読み取れない場合は，アドレスを入力。
   ➡専用サイトのトップページに。
3. 音声を聞きたい試験のボタンを押す。
   ➡該当の試験の音声再生ページに。
   ※試験 1 回分を通して聞くことも，1 問ずつ聞くこともできます。
   ※面接の解答時間（無音部分）は実際の試験とは異なります。

▷ 配信内容：本書に掲載のリスニングテストおよび面接の音声

※面接の音声は，ナレーションの指示と質問英文だけでなく，ナレーション問題の解答例も配信。

専用サイト トップページ
（イメージ）

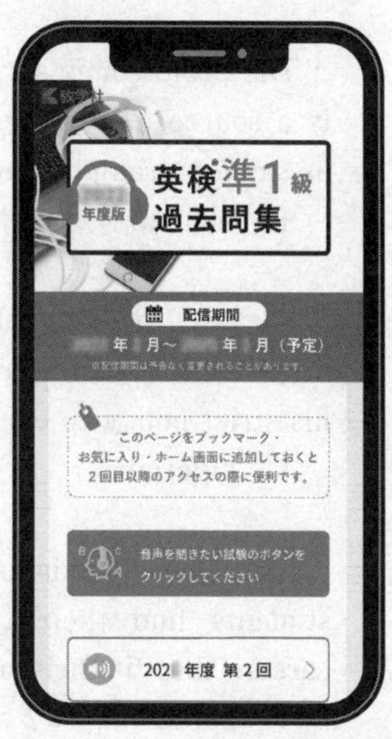

# 一次試験

## 1

*To complete each item, choose the best word or phrase from among the four choices. Then, on your answer sheet, find the number of the question and mark your answer.*

---

*(1)* Roberto was a true ( ), so he immediately volunteered to join the army when his country was attacked by its neighbor.

**1** villain **2** patriot **3** spectator **4** beggar

*(2)* "Let's take a break now," said the chairperson. "We'll ( ) the meeting in about 15 minutes to talk about the next item on the agenda."

**1** parody **2** resume **3** impede **4** erect

*(3)* The first time Dan tried skiing, he found it difficult, but on each ( ) ski trip, he got better. Now he is an expert skier.

**1** sufficient **2** arrogant
**3** subsequent **4** prominent

*(4)* The professor is an expert in his field but his ( ) behavior is a source of embarrassment to his colleagues. "He's always doing or saying strange things," said one.

**1** secular **2** eccentric **3** vigilant **4** apparent

*(5)* Because the vegetable stand was unable to ( ) that the vegetables it sold were organic, Eddie refused to buy them. It was his strict policy to eat only organic foods.

**1** diverge **2** certify **3** evade **4** glorify

*(6)* As a school guidance counselor, Ms. Pereira specializes in helping students find their ( ). She believes people should have careers that fit their personality and skills.

**1** boredom **2** vocation **3** insult **4** publicity

(7) The marathon runner was so thirsty after the race that she drank a large sports drink in just a few ( ) and then quickly asked for another one.

**1** herds **2** lumps **3** gulps **4** sacks

(8) The sleeping baby was ( ) by the loud music coming from her brother's room. She woke up crying, and it took a long time before she fell asleep again.

**1** startled **2** improvised
**3** prolonged **4** tolerated

(9) ***A*** : I've been living in this apartment for a year now, and the ( ) is about to end. I have to decide if I should stay or move.

***B*** : If your rent will be the same, I recommend renewing your contract and staying.

**1** token **2** lease **3** vicinity **4** dialect

(10) The presidential candidate blamed the ( ) economy on the current president. He promised he would improve it if he were elected.

**1** bulky **2** functional
**3** ethnic **4** sluggish

(11) ***A*** : Annie, how have you been? Did you enjoy your trip to Italy last year?

***B*** : I did, Pablo. Actually, I loved it so much that I've been ( ) moving there. I'd have to wait until my son graduates from high school, though.

**1** contemplating **2** emphasizing
**3** vandalizing **4** illustrating

(12) All the senators said they supported the new law, so it was no surprise when they voted for it ( ).

**1** unanimously **2** abnormally
**3** mockingly **4** savagely

(13) **A**: Did you go to Professor Markham's lecture?

**B**: I did, but it was so boring I could only (        ) it for 15 minutes. After that, I left and went to a café.

**1** execute **2** discern **3** endure **4** relay

(14) Houses built in cold regions can be surprisingly (        ) during the winter. Fireplaces, wood furniture, and nice carpets give the homes a warm, comfortable feeling.

**1** rigid **2** rash **3** cozy **4** clumsy

(15) Mrs. Wilson was angry when her son broke the window, but she was more disappointed that he tried to (        ) her by telling her that someone else had done it.

**1** pinpoint **2** suppress **3** reroute **4** deceive

(16) After Wanda was late for the third time in one month, her manager had a long talk with her about the importance of (        ).

**1** congestion **2** drainage
**3** optimism **4** punctuality

(17) The young author decided not to follow (        ) storytelling rules and wrote his novel in a unique style.

**1** vulnerable **2** clueless
**3** conventional **4** phonetic

(18) The items in the box were packaged carefully because they were (        ), but some of them were still damaged when they were being delivered.

**1** coarse **2** fragile **3** immovable **4** glossy

(19) The queen (        ) her adviser to the palace, but she became extremely angry when he took a long time to arrive.

**1** summoned **2** hammered
**3** mingled **4** trembled

(20) The general knew his troops were losing the battle, so he ordered them to ( ). Once they were safely away from the battlefield, he worked on a new plan to defeat the enemy.

**1** entrust **2** discard **3** strangle **4** retreat

(21) After Bill began university, he quickly realized that he did not have the ( ) to study advanced math, so he changed his major to geography.

**1** capacity **2** novelty **3** bait **4** chunk

(22) The police officer was shocked when his partner suggested they ( ) a suspect in order to force him to admit he had stolen money. Using violence in this way was not allowed.

**1** rough up **2** give out **3** break up **4** take over

(23) Julius was lucky to see a rare eagle on his first day of bird-watching. However, 20 years ( ) before he saw another one.

**1** held out **2** went by **3** laid off **4** cut off

(24) ***A*:** Are you going to cancel your weekend beach trip? There's a typhoon coming.

***B*:** We haven't ( ) going yet. It depends on which direction the typhoon moves in.

**1** ruled out **2** stood down
**3** dragged into **4** scooped up

(25) Jun always saved as much money as possible so he would have something to ( ) if he lost his job.

**1** look up to **2** fall back on
**3** come down with **4** do away with

**2** *Read each passage and choose the best word or phrase from among the four choices for each blank. Then, on your answer sheet, find the number of the question and mark your answer.*

---

# Donor Premiums

In recent years, it has become common for charities to give donor premiums—small gifts such as coffee mugs—to people who donate money to them. Many charities offer them, and it is widely believed that people give more when they receive donor premiums. However, researchers say that donor premiums tend to ( *26* ). Most people initially give money because they want to make the world a better place or help those who are less fortunate. When they receive gifts, though, people can start to become motivated by selfishness and desire. In fact, they may become less likely to donate in the future.

There may, however, be ways to avoid this problem. Research has shown that telling people they will receive gifts after making donations is not the best way to ensure they will contribute in the future. In one study, donors responded better to receiving gifts when they did not expect them. ( *27* ), future donations from such people increased by up to 75 percent. On the other hand, donors who knew that they would receive a gift after their donation did not value the gift highly, regardless of what it was.

Donor premiums may also have indirect benefits. Experts say gifts can ( *28* ). Items such as fancy shopping bags with charity logos, for example, signal that a donor is part of an exclusive group. Such gifts not only keep donors satisfied but also increase the general public's awareness of charities.

(26) **1** use up charities' resources
**2** change donors' attitudes
**3** encourage people to donate more
**4** improve the public's image of charities

(27) **1** Instead **2** Nevertheless
**3** In contrast **4** Furthermore

(28) **1** help promote charities
**2** easily be copied
**3** have undesirable effects
**4** cause confusion among donors

# Government Policy and Road Safety

Traffic-related deaths have declined in the United States due to the introduction of safety measures such as seat belts. Many critics of government policy claim, however, that fatalities could be further reduced with stricter government regulation. In fact, some say current government policies regarding speed limits may ( *29* ). This is because speed limits are often set using the "operating speed method." With this method, speed limits are decided based on the speeds at which vehicles that use the road actually travel, and little attention is paid to road features that could increase danger. Unfortunately, this means limits are sometimes set at unsafe levels.

Critics also point out that the United States is behind other nations when it comes to vehicle-safety regulations. In the United States, safety regulations are ( *30* ). Although some vehicles have become larger and their shape has changed, laws have not changed to reflect the increased danger they pose to pedestrians. Critics say that regulating only the safety of vehicle occupants is irresponsible, and that pedestrian deaths have increased even though there are simple measures that could be taken to help prevent them.

One measure for improving road safety is the use of cameras at traffic signals to detect drivers who fail to stop for red lights. Many such cameras were installed in the 1990s and have been shown to save lives. ( *31* ), the number of such cameras has declined in recent years. One reason for this is that there is often public opposition to them due to privacy concerns.

(29) 1 further support this trend
2 reduce seat-belt use
3 encourage dangerous driving
4 provide an alternative solution

(30) 1 designed to protect those inside vehicles
2 opposed by many drivers
3 actually being decreased
4 stricter for large vehicles

(31) 1 For instance 2 Likewise
3 Despite this 4 Consequently

## 3

*Read each passage and choose the best answer from among the four choices for each question. Then, on your answer sheet, find the number of the question and mark your answer.*

---

# *Caligula*

The Roman emperor Caligula, also known as the "mad emperor," became so infamous that it is difficult to separate fact from legend regarding his life. During his reign, Caligula suffered what has been described as a "brain fever." It has often been said that this illness caused him to go insane, a claim that is supported by his seemingly irrational behavior following his illness. Today, however, some historians argue that his actions may have been a deliberate part of a clever, and horribly violent, political strategy.

After his illness, Caligula began torturing and putting to death huge numbers of citizens for even minor offenses. He also claimed to be a living god. These actions may suggest mental instability, but another explanation is that they were intended to secure his position. While Caligula was ill, plans were made to replace him, since he had not been expected to survive, and he likely felt betrayed and threatened as a result. Similarly, while claiming to be a god certainly sounds like a symptom of insanity, many Roman emperors were considered to become gods upon dying, and Caligula may have made the claim to discourage his enemies from assassinating him.

The story of how Caligula supposedly tried to appoint his horse Incitatus to a powerful government position is also sometimes given as evidence of his mental illness. However, Caligula is said to have frequently humiliated members of the Roman Senate, making them do things such as wearing uncomfortable clothing and running in front of his chariot. Elevating his horse to a position higher than theirs would have been another way to make the Senate members feel worthless. Eventually, though, Caligula's behavior went too far, and he was murdered. Efforts were made to erase him from history, leaving few reliable sources for modern historians to study. As a result, it may never be known whether he truly was the mad emperor.

---

*(32)* Some modern historians argue that
**1** Caligula's seemingly crazy actions may actually have been part of a carefully thought-out plan.
**2** the "brain fever" that Caligula suffered was more serious than it was originally believed to be.
**3** Caligula should not be judged based on the period when he was suffering from a mental illness.
**4** many of the violent acts that Caligula is reported to have carried out were performed by other Roman emperors.

*(33)* What may have been one result of Caligula's illness?
**1** The fact that he almost died caused him to stop being interested in anything except gods and religion.
**2** He felt that he could no longer trust anyone, leading him to change the way he governed.
**3** Roman citizens thought he was still likely to die, so he attempted to show them that the gods would protect him.
**4** He began to doubt old beliefs about Roman emperors, which led to serious conflicts with other members of the government.

*(34)* According to the passage, how did Caligula feel about the members of the Roman Senate?
**1** He felt the people should respect them more, since they would do anything to protect him from his enemies.
**2** He wanted to show his power over them, so he often found ways to make them feel they had no value.
**3** He disliked them because he felt that they were physically weak and had poor fashion sense.
**4** He was grateful for their support, so he held events such as chariot races in order to honor them.

# *The Friends of Eddie Coyle*

In 1970, American writer George V. Higgins published his first novel, *The Friends of Eddie Coyle*. This crime novel was inspired by the time Higgins spent working as a lawyer, during which he examined hours of police surveillance tapes and transcripts in connection with the cases he was involved in. What he heard and read was the everyday speech of ordinary criminals, which sounded nothing like the scripted lines of TV crime dramas at the time. Higgins learned how real criminals spoke, and their unique, often messy patterns of language provided the basis for *The Friends of Eddie Coyle*. The novel's gritty realism was far removed from the polished crime stories that dominated the bestseller lists at the time. Higgins neither glamorized the lives of his criminal characters nor portrayed the police or federal agents in a heroic light.

One aspect that distinguishes *The Friends of Eddie Coyle* from other crime novels is that it is written almost entirely in dialogue. Given the crime genre's reliance on carefully plotted stories that build suspense, this was a highly original approach. Important events are not described directly, instead being introduced through conversations between characters in the novel. Thus, readers are given the sense that they are secretly listening in on Eddie Coyle and his criminal associates. Even action scenes are depicted in dialogue, and where narration is necessary, Higgins writes sparingly, providing only as much information as is required for readers to follow the plot. The focus is primarily on the characters, the world they inhabit, and the codes of conduct they follow.

Although Higgins's first novel was an immediate hit, not all readers liked the author's writing style, which he also used in his following books. Many complained that his later novels lacked clear plots and contained too little action. Yet Higgins remained committed to his belief that the most engaging way to tell a story is through the conversations of its characters, as this compels the reader to pay close attention to what is being said. Despite writing many novels, Higgins was never able to replicate the success of his debut work. Toward the end of his life, he became disappointed and frustrated by the lack of attention and appreciation his books received. Nevertheless, *The Friends of Eddie Coyle* is now considered by many to be one of the greatest crime novels ever written.

---

*(35)* According to the passage, George V. Higgins wrote *The Friends of Eddie Coyle*

**1** because he believed that the novel would become a bestseller and enable him to quit the law profession to write full time.

**2** after becoming frustrated about the lack of awareness among ordinary Americans regarding the extent of criminal activity in the United States.

**3** because he wanted to show readers how hard lawyers worked in order to protect the victims of crime.

**4** after being inspired by what he found during the investigations he carried out while he was a lawyer.

*(36)* In the second paragraph, what do we learn about *The Friends of Eddie Coyle*?

**1** Higgins wanted to produce a novel which proved that the traditional rules of crime fiction still held true in modern times.

**2** The novel is unusual because Higgins tells the story through interactions between the characters rather than by describing specific events in detail.

**3** Higgins relied heavily on dialogue throughout the novel because he lacked the confidence to write long passages of narration.

**4** Although the novel provides an authentic description of the criminal world, Higgins did not consider it to be a true crime novel.

*(37)* Which of the following statements would the author of the passage most likely agree with?

**1** Despite the possibility that Higgins could have attracted a wider readership by altering his writing style, he remained true to his creative vision.

**2** The first book Higgins produced was poorly written, but the quality of his work steadily increased in the years that followed.

**3** It is inevitable that writers of crime novels will never gain the same level of prestige and acclaim as writers of other genres.

**4** It is unrealistic for writers of crime novels to expect their work to appeal to readers decades after it was first published.

# *Mummy Brown*

Thousands of years ago, ancient Egyptians began practicing mummification—the process of drying out the bodies of the dead, treating them with various substances, and wrapping them to preserve them. It was believed this helped the dead person's spirit enter the afterlife. Beginning in the twelfth century, however, many ancient mummies met a strange fate, as a market arose in Europe for medicines made using parts of mummies. People assumed the mummies' black color was because they had been treated with bitumen—a black, petroleum-based substance that occurs naturally in the Middle East and was used by ancient societies to treat illnesses. However, while ancient Egyptians did sometimes preserve mummies by coating them with bitumen, this method had not been used on many of the mummies that were taken to Europe. Furthermore, an incorrect translation of Arabic texts resulted in the mistaken belief that the bitumen used to treat mummies actually entered their bodies.

By the eighteenth century, advances in medical knowledge had led Europeans to stop using mummy-based medicines. Nevertheless, the European public's fascination with mummies reached new heights when French leader Napoleon Bonaparte led a military campaign in Egypt, which also included a major scientific expedition that resulted in significant archaeological discoveries and the documentation of ancient artifacts. Wealthy tourists even visited Egypt to obtain ancient artifacts for their private collections. In fact, the unwrapping and displaying of mummies at private parties became a popular activity. Mummies were also used in various other ways, such as being turned into crop fertilizer and fuel for railway engines.

One particularly unusual use of mummies was as a pigment for creating brown paint. Made using ground-up mummies, the pigment, which came to be known as mummy brown, was used as early as the sixteenth century, though demand for it grew around the time of Napoleon's Egyptian campaign. Its color was praised by some European artists, who used it in artworks that can be seen in museums today. Still, the pigment had more critics than fans. Many artists complained about its poor drying ability and other negative qualities. Moreover, painting with a pigment made from deceased people increasingly came to be thought of as disrespectful—one well-known British painter who used mummy brown immediately buried his tube of the paint in the ground when he learned that real mummies had been used to produce it.

Even artists who had no objection to mummy brown could not always be certain its origin was genuine, as parts of dead animals were sometimes sold as mummy parts. Also, the fact that different manufacturers used different parts of mummies to produce the pigment meant there was little consistency among the various versions on the market. Additionally, the mummification process itself, including the substances used to preserve the bodies, underwent changes over time. These same factors make it almost impossible for researchers today to detect the presence of mummy brown in specific paintings. Given the pigment's controversial origins, however, perhaps art lovers would be shocked if they discovered that it was used in any of the paintings they admire.

---

*(38)* According to the author of the passage, why were ancient Egyptian mummies used to make medicines in Europe?

**1** Disease was widespread in Europe at the time, so Europeans were willing to try anything to create effective medicines.

**2** Because the mummies had not turned black in spite of their age, Europeans assumed they could provide health benefits.

**3** Europeans mistakenly believed that a substance which was thought to have medical benefits was present in all mummies.

**4** The fact that the mummies had religious significance to ancient Egyptians caused Europeans to believe they had special powers.

(39) What is one thing we learn about Napoleon Bonaparte's military campaign in Egypt?

**1** A number of leaders saw it as a reason to also invade Egypt, which led to the destruction of many ancient artifacts.

**2** It revealed information about ancient Egyptian culture that led Europeans to change their opinion of medicines made from mummies.

**3** It was opposed by wealthy Europeans, who thought it would result in their collections of ancient artifacts being destroyed.

**4** It led to an increased interest in mummies and inspired Europeans to use them for a number of purposes.

---

(40) The author of the passage mentions the British painter in order to

**1** provide an example of how the use of mummy brown was opposed by some people because it showed a lack of respect for the dead.

**2** explain why mummy brown remained popular among well-known artists in spite of its poor technical performance.

**3** give support for the theory that mummy brown was superior to other paint pigments because of its unique ingredients.

**4** describe one reason why some artists developed a positive view of mummy brown after initially refusing to use it.

---

(41) What is one thing that makes it difficult to determine whether a painting contains mummy brown?

**1** The substances that were added to the pigment to improve its color destroyed any biological evidence that tests could have detected.

**2** The way that ancient Egyptians prepared mummies changed, so the contents of the pigment were not consistent.

**3** Artists mixed the pigment with other types of paint before applying it to paintings, so it would only be present in very small amounts.

**4** The art industry has tried to prevent researchers from conducting tests on paintings because of concerns that the results could affect their value.

# 4 English Composition

- Write an essay on the given TOPIC.
- Use TWO of the POINTS below to support your answer.
- Structure : introduction, main body, and conclusion
- Suggested length : 120-150 words
- Write your essay in the space provided on Side B of your answer sheet. Any writing outside the space will not be graded.

**TOPIC**

***Should people stop using goods that are made from animals?***

**POINTS**

- ***Animal rights***
- ***Endangered species***
- ***Product quality***
- ***Tradition***

# *Listening Test*

**There are three parts to this listening test.**

| Part 1 | Dialogues : 1 question each | Multiple-choice |
|---|---|---|
| Part 2 | Passages : 2 questions each | Multiple-choice |
| Part 3 | Real-Life : 1 question each | Multiple-choice |

※ Listen carefully to the instructions.

## Part 1

*No. 1*

**1** His recent test scores.
**2** Having to drop the class.
**3** Finding a job.
**4** Staying awake in class.

*No. 2*

**1** The man could lose his job.
**2** The man forgot his mother's birthday.
**3** The man did not reply to her e-mail.
**4** The man is not liked by the CEO.

*No. 3*

**1** They take turns driving.
**2** They were in a serious accident.
**3** They work in a car repair shop.
**4** Neither of them can drive next week.

*No. 4*

**1** He cannot use his credit card.
**2** He forgot to contact his card issuer.
**3** He is short of cash today.
**4** He lost his debit card.

*No. 5*
**1** He is not suited to the call-center job.
**2** He is learning the wrong interview techniques.
**3** He should go to the interview he has been offered.
**4** He should prioritize finding his dream job.

*No. 6*
**1** Have the man take some tests.
**2** Encourage the man to exercise more.
**3** Give the man advice about work-related stress.
**4** Recommend the man to a specialist.

*No. 7*
**1** He will take his vacation later in the year.
**2** He will meet with the personnel manager.
**3** He will do what his manager asks him to do.
**4** He will ask the woman to help him.

*No. 8*
**1** It needs brighter colors.
**2** It fits the company's image.
**3** It is too similar to the current one.
**4** It needs to be redesigned.

*No. 9*
**1** He has not read Alice's book yet.
**2** He cannot attend Alice's party.
**3** He is no longer friends with Alice.
**4** He was disappointed with Alice's book.

*No. 10*
**1** Make sure she catches an earlier train.
**2** Use a different train line.
**3** Ride her bicycle to the office.
**4** Go into the office on weekends.

*No. 11*
**1** Garbage collection has become less frequent.
**2** Garbage bags will become more expensive.
**3** Local taxes are likely to rise soon.
**4** The newspaper delivery schedule has changed.

*No. 12*

**1** Try using some earplugs.
**2** Have Ranjit talk to her neighbors.
**3** Complain about her landlord.
**4** Write a message to her neighbors.

## Part 2

(A) *No. 13*
1 There are too many food choices available.
2 Schools often prepare uninteresting food.
3 They copy their parents' eating habits.
4 They have a desire to lose weight.

*No. 14*
1 Getting children to help make their own meals.
2 Encouraging children to play more sports.
3 Sometimes letting children eat unhealthy foods.
4 Rewarding children for eating vegetables.

---

(B) *No. 15*
1 Ching Shih's pirates gained a number of ships.
2 Many pirate commanders were captured.
3 Most of the pirates were killed.
4 Ching Shih agreed to help the Chinese navy.

*No. 16*
1 She left China to escape punishment.
2 She gave away her wealth.
3 She formed a new pirate organization.
4 She agreed to stop her pirate operations.

---

(C) *No. 17*
1 Their numbers increase at certain times.
2 They are being hunted by humans.
3 Their habitats have become smaller recently.
4 They have been eating fewer snowshoe hares.

*No. 18*
1 They only travel when looking for food.
2 They sometimes travel long distances.
3 They live much longer than other wildcats.
4 They always return to their original territories.

---

(D) *No. 19*

**1** Modern burial places are based on their design.
**2** They were used for religious purposes.
**3** They were only used by non-Christians.
**4** The entrances were only found recently.

*No. 20*

**1** Women used to be priests long ago.
**2** The tunnels were not used as churches.
**3** Few early Christians were women.
**4** Priests used to create paintings.

---

(E) *No. 21*

**1** They often have successful family members.
**2** They often have low levels of stress.
**3** They may miss chances to enjoy simple pleasures.
**4** They may make people around them happy.

*No. 22*

**1** They do not need family support to stay happy.
**2** Their incomes are not likely to be high.
**3** Their positive moods make them more active.
**4** They are more intelligent than unhappy people.

---

(F) *No. 23*

**1** They are becoming better at fighting disease.
**2** Their numbers are lower than they once were.
**3** Many of them are not harvested for food.
**4** The waters they live in are becoming cleaner.

*No. 24*

**1** Native American harvesting practices helped oysters grow.
**2** Native American harvesting methods included dredging.
**3** Native Americans still harvest oysters.
**4** Native Americans only harvested young oysters.

## Part 3

*(G)* *No. 25* ***Situation :*** You are about to take a tour bus around a town in Italy. You want to join the guided walking tour. You hear the following announcement.

***Question :*** Which bus stop should you get off at?

**1** Stop 4.
**2** Stop 7.
**3** Stop 9.
**4** Stop 13.

---

*(H)* *No. 26* ***Situation :*** You are abroad on a working-holiday program. You call the immigration office about renewing your visa and are told the following.

***Question :*** What should you do first?

**1** Fill out an application online.
**2** Request salary statements from your employer.
**3** Show evidence of your savings.
**4** Obtain a medical examination certificate.

---

*(I)* *No. 27* ***Situation :*** You are a supermarket manager. You want to reduce losses caused by theft. A security analyst tells you the following.

***Question :*** What should you do first?

**1** Give some staff members more training.
**2** Install more security cameras.
**3** Review customer receipts at the exit.
**4** Clearly mark prices for fruit.

---

(J) No. 28 **Situation :** You want a new washing machine. You currently own a Duplanne washing machine. You visit an electronics store in July and hear the following announcement.

**Question :** What should you do to save the most money?

**1** Download the store's smartphone app.

**2** Apply for the cash-back deal.

**3** Exchange your washing machine this month.

**4** Buy a new Duplanne washing machine in August.

---

(K) No. 29 **Situation :** You see a suit you want in a local store, but it does not have one in your size. You do not want to travel out of town. A clerk tells you the following.

**Question :** What should you do?

**1** Wait until the store gets some new stock.

**2** Have the clerk check the other store.

**3** Order the suit from the online store.

**4** Have the suit delivered to your home.

# 二次試験

## 受験者用問題カードA

You have **one minute** to prepare.

This is a story about a couple that wanted to be involved with their community.
You have **two minutes** to narrate the story.

Your story should begin with the following sentence :
**One day, a husband and wife were going on a walk together.**

1 2 3 4

# 問題カードA　Questions

No. 1　Please look at the fourth picture. If you were the wife, what would you be thinking?

No. 2　Do you think parents should participate in school events such as sports festivals?

No. 3　Do public libraries still play an important role in communities?

No. 4　Should more companies offer their employees flexible work schedules?

編集部注：本ページの質問英文は問題カードには印刷されていません。

# 受験者用問題カードD

You have **one minute** to prepare.

This is a story about a woman who wanted to go on a trip.
You have **two minutes** to narrate the story.

Your story should begin with the following sentence:
**One day, a woman was talking with her friend.**

1 2 3 4

# 問題カードD　Questions

No. 1　Please look at the fourth picture. If you were the woman, what would you be thinking?

No. 2　Do you think it is good for university students to have part-time jobs?

No. 3　Do you think it is safe to give personal information to online businesses?

No. 4　Should the government do more to increase the employment rate in Japan?

編集部注：本ページの質問英文は問題カードには印刷されていません。

# 2021年度 第2回

# Grade Pre-1

| 試験内容 | | 試験時間 | 掲載ページ |
|---|---|---|---|
| 一次試験 | 筆記（リーディング・ライティング） | 90分 | 2021-2　P. 2〜18 |
| | リスニング | 約30分 | 2021-2　P. 19〜26 |
| 二次試験 | 面接（スピーキング） | 約8分 | 2021-2　P. 27〜30 |

## リスニングテスト・面接の音声について

音声は**専用サイト**にて配信しています。

▷ **専用サイトのご利用方法：**

1. 本冊（解答編）の**袋とじ**（音声配信のご案内）をキリトリ線に沿って開封。
2. 袋とじの内側に印刷されている**QRコード**をスマートフォンなどで読み取る。QRコードを読み取れない場合は，**アドレス**を入力。
   ➡専用サイトのトップページに。
3. 音声を聞きたい試験のボタンを押す。
   ➡該当の試験の音声再生ページに。
   ※試験1回分を通して聞くことも，1問ずつ聞くこともできます。
   ※面接の解答時間（無音部分）は実際の試験とは異なります。

▷ **配信内容**：本書に掲載のリスニングテストおよび面接の音声
※面接の音声は，ナレーションの指示と質問英文だけでなく，ナレーション問題の解答例も配信。

専用サイト トップページ
（イメージ）

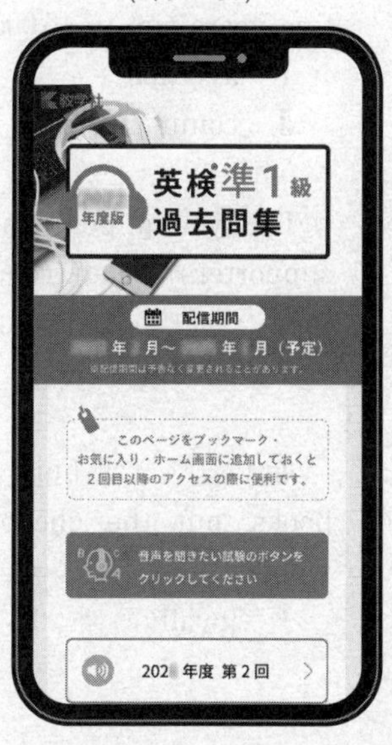

# 一次試験

## 1

*To complete each item, choose the best word or phrase from among the four choices. Then, on your answer sheet, find the number of the question and mark your answer.*

---

*(1)* Kevin's boss believes the need for safety (　　　) the time savings that come with taking risks. He would rather deal with delays in construction projects than with careless accidents.

**1** grasps　　**2** outweighs
**3** declares　　**4** captivates

*(2)* ***A*** : Why do you want to move? Your apartment is so nice.
***B*** : I need somewhere more (　　　). This place is too small for all my possessions.

**1** tragic　　**2** legible　　**3** tentative　　**4** spacious

*(3)* The publishers of *Nature Lover* magazine are worried about its (　　　). The number of readers has declined from over 40,000 five years ago to 15,000 today.

**1** aviation　　**2** circulation
**3** commencement　　**4** imprisonment

*(4)* The young politician has a small but (　　　) following. His supporters are extremely enthusiastic at his campaign events, and they travel long distances just to hear him speak.

**1** holistic　　**2** fanatical　　**3** mellow　　**4** illogical

*(5)* A (　　　) built shelf would have supported Salma's heavy books, but the cheap one she decided to use broke under the weight.

**1** loyally　　**2** fondly　　**3** sturdily　　**4** vastly

*(6)* The ambassador worked hard to ( ) a close relationship between the two countries so that they would never go to war again.

**1** tickle **2** swallow **3** litter **4** nurture

*(7)* The climate expert said that vehicle ( ) were a major cause of global warming. He presented data showing how much $CO_2$ cars released into the environment each year.

**1** withdrawals **2** collisions
**3** settlements **4** emissions

*(8)* Robert lives in a log cabin in a very ( ) area. The nearest village is more than 90 minutes away by car.

**1** remote **2** virtual **3** blunt **4** swift

*(9)* Yesterday, Rhett ( ) while working in the garden. When he woke up, his wife and children were standing around him with worried faces.

**1** diluted **2** fainted **3** persisted **4** corrected

*(10)* The writer edited his essay for ( ), making an extra effort to improve the parts where his writing was difficult to understand.

**1** clarity **2** appetite **3** shelter **4** preference

*(11)* The company had a ( ) in sales last year, so it has launched a more aggressive advertising campaign to regain customers.

**1** suite **2** coma **3** dip **4** ramp

*(12)* Randy was known for his ( ) lying, so no one believed his stories about his incredible trip even though they were true.

**1** miserly **2** sacred **3** habitual **4** stale

(13) As a young man, Stephano was extremely ( ). He was so concerned about his appearance that he spent nearly all his salary on clothes, shoes, and skin products.

**1** crafty **2** inopportune
**3** unsound **4** vain

(14) Although Suzanne was puzzled by the bright blue lights in the night sky, as a scientist, she knew there had to be a ( ) explanation for them.

**1** steep **2** lawless **3** rational **4** downcast

(15) The ( ) members at the college have a great reputation, and young people come from across the country to be taught by them.

**1** custody **2** faculty **3** retainer **4** seizure

(16) When Bert and Eva were asked how they have been able to ( ) their relationship for 40 years, they said the key is to always communicate honestly with each other.

**1** dispatch **2** mistrust **3** impair **4** sustain

(17) At the newspaper, the editors work on ( ) shifts. For one month, some of them work early shifts and some work late shifts. The following month, they switch.

**1** rotating **2** dissolving
**3** devoting **4** exerting

(18) Nora did not enjoy watching the horror movie. Every time something frightening happened, she had to resist the ( ) to scream.

**1** pessimism **2** pitch
**3** impulse **4** vacuum

(19) The man's hike through the forest was cut short when he was arrested for ( ). He had no idea that he had accidentally entered land owned by the government.

**1** trespassing **2** endorsing
**3** swaying **4** convening

(20) Leo played well in the final game of the chess tournament, but he was unable to ( ) his opponent. She was just too good.

**1** outsmart **2** inflame **3** update **4** shepherd

(21) Martin had spent four hours cleaning up his yard. When he realized that he was only half finished, he suddenly felt very ( ).

**1** steady **2** hasty **3** weary **4** sly

(22) When the man saw a young girl fall off the boat, he immediately ( ) the sea and swam to rescue her.

**1** wheeled out **2** whipped up
**3** plunged into **4** tucked in

(23) ***A*** : This wind is perfect for flying our kite.
***B*** : Yeah, you're right. We should head to the park before it ( ).

**1** dies down **2** acts up
**3** falls apart **4** peels away

(24) ***A*** : Honey, we may have to ( ) the family picnic this week. The weather forecast is predicting rain.
***B*** : In that case, we can just have a pizza party at home instead.

**1** get by **2** opt for **3** call off **4** play up

(25) Greg enjoyed his part-time job at the café, but he found he could not ( ) the salary he was getting, so he started looking for a full-time job.

**1** roll around **2** rip up
**3** wash down **4** live on

**2** *Read each passage and choose the best word or phrase from among the four choices for each blank. Then, on your answer sheet, find the number of the question and mark your answer.*

---

# The Hanging Gardens of Babylon

In the fifth century BC, lists of the world's most impressive works of art and architecture began appearing in Greek texts. The most famous such list describes seven particularly amazing sites. Only one of these "Seven Wonders of the Ancient World"—the Pyramids of Giza, in Egypt—survives today. ( *26* ), historians and archaeologists have discovered sufficient evidence to confirm that five more actually existed. The seventh, however, remains a mystery: the Hanging Gardens of Babylon.

The gardens were long thought to have been constructed by King Nebuchadnezzar II in the city of Babylon, in present-day Iraq. Written records from the time of Nebuchadnezzar's rule, however, ( *27* ). The gardens have been mentioned in various ancient texts, which describe a tall, multileveled structure lined with vegetation, but these were all produced centuries after the gardens were said to have been built. Without any firsthand records of the gardens' construction, archaeologists have been unable to locate any ruins in the area that prove they ever existed.

Research by scholar Stephanie Dalley suggests that efforts to find the gardens ( *28* ). Dalley translated texts written by a king named Sennacherib, who lived a century before Nebuchadnezzar. The texts describe impressive raised gardens at Sennacherib's palace. Sennacherib, however, ruled in the city of Nineveh, 300 miles from Babylon. Dalley notes that Sennacherib also constructed complex systems for transporting water into Nineveh, and she believes these could have been used to maintain the gardens there. If Dalley is correct, ancient descriptions of the Hanging Gardens of Babylon may actually refer to the gardens at Sennacherib's palace.

(26) **1** For example **2** Because of this
**3** Nonetheless **4** In short

(27) **1** make no mention of the gardens
**2** disagree about the size of the gardens
**3** suggest the gardens did not last long
**4** describe the gardens very differently

(28) **1** have already been successful
**2** should ignore written sources
**3** may be focusing on the wrong location
**4** could be destroying their remains

# Aquaculture and Wild Fish Stocks

For decades, the world's wild fish populations have been declining, mainly due to overfishing. As the situation has become increasingly serious, it has often been suggested that aquaculture, also known as fish farming, should be promoted as an alternative to commercial fishing. It appears, however, that the aquaculture industry has ( *29* ). In a recent study, researchers analyzed historical data on both aquaculture and traditional fishing over a 44-year period. In eight out of nine cases, aquaculture did nothing to relieve the pressure on wild fish populations, despite having greatly increased the production of farmed fish.

The idea that a resource can be conserved by using another, more easily replaceable one seems logical. However, cases in various industries suggest that the opposite is true. For example, it was once assumed that replacing traditional energy sources with renewable ones would lower demand for fossil fuels, but the increased supply has actually led to greater overall energy consumption. ( *30* ), it is now believed that the availability of farmed fish has merely encouraged people to consume fish in greater quantities.

There is also another problem related to aquaculture. For years, many aquaculture companies have focused on farming species such as salmon and tuna, which unfortunately have to be fed smaller fish that are caught in the wild. Experts say this problem ( *31* ), however. By focusing on farming types of fish that eat algae or other common plantlike organisms, fish farms can become more ecologically friendly instead of making the situation worse.

(29) **1** not developed as quickly as expected
**2** provided a solution to the problem
**3** not had the effect that was intended
**4** benefited from lessons learned by fishermen

(30) **1** Similarly **2** Regardless
**3** In contrast **4** For one thing

(31) **1** is difficult to measure
**2** has helped wild fish populations
**3** was not caused by aquaculture
**4** can easily be fixed

## 3

*Read each passage and choose the best answer from among the four choices for each question. Then, on your answer sheet, find the number of the question and mark your answer.*

---

# *The Rebirth of the Scottish Whiskey Industry*

During the 1980s, the Scottish whiskey industry was in a slump. Falling sales led to the closure of a number of long-established whiskey makers, and many experts believed the decline to be irreversible. At that time, rival beverages, such as vodka and rum, were aggressively marketed, so they became fashionable among younger people. Prior to the 1980s, the custom of consuming whiskey had been passed down from generation to generation. This had led the whiskey industry to assume its consumer base was guaranteed, but the younger generation became less likely to follow family traditions, and the industry paid a heavy price in the form of falling sales.

A further problem was that the Scottish whiskey industry had greatly increased production in the 1970s. This was risky because whiskey requires aging, a process that can take several decades. The aging process made adjusting production to meet demand a near impossibility. By the 1980s, the falling demand for whiskey, which was made worse by an economic downturn, had created a massive surplus. Fierce competition between whiskey manufacturers led to severe price cuts and the manufacturing of new, lower-quality products that harmed the industry's overall reputation. Even famous manufacturers with long-established reputations for excellence went out of business.

Fortunately, the situation was not permanent. Scottish whiskey producers started focusing on promoting high-quality products known as single-malt whiskeys. Also important were their efforts to inform consumers about the merits of these whiskeys, why they commanded a higher price, and how they could be paired with food or cigars. This strategy was highly successful and encouraged consumers abroad to open their wallets for premium Scottish whiskeys. This, in turn, led to whiskey makers in other nations imitating the strategy and creating their own luxury brands. Today, interest in and demand for whiskey has never been stronger.

---

*(32)* In the years before the 1980s, the Scottish whiskey industry

**1** realized it needed to focus its marketing on various age groups, rather than trying to appeal mainly to younger people.

**2** mistakenly believed younger people would always consume whiskey without makers having to promote it.

**3** was charging extremely high prices for its products despite the fact that many people could not afford them.

**4** had cooperated with makers of other types of alcoholic beverages to prevent a decline in overall alcohol consumption and sales.

---

*(33)* What was one problem that was faced by the Scottish whiskey industry?

**1** Lack of expertise made it impossible for companies to offer the level of quality that their customers expected.

**2** An inability to supply the market with large quantities of whiskey caused consumers to lose interest in the product.

**3** Consumers made it clear they were no longer interested in cheaper brands that were only aged for a short time.

**4** Difficulties in predicting what quantity could be sold in the future caused manufacturers to produce too much.

---

*(34)* What conclusion can be made about the changes to whiskey production that have taken place since the 1980s?

**1** The foreign market has shrunk because most whiskey drinkers in other countries prefer single-malt whiskeys over other types.

**2** Whiskey consumers have become more aware of the value of single-malt whiskeys and are willing to pay higher prices for them.

**3** Although the popularity of Scottish whiskey has been reestablished, makers in other countries have yet to experience similar growth.

**4** Competition between whiskey makers has led to lower prices, which has caused overall whiskey sales to rise again.

# *Richard III*

In 2012, the body of Richard III, king of England from 1483 to 1485, was found beneath a parking lot in the English city of Leicester. Richard was the subject of one of William Shakespeare's most well-known plays and was one of England's most infamous rulers. He is commonly remembered as a physically disabled man who was desperate to become king and murdered his brother and two nephews in order to achieve his goal. Richard's reputation does not originate in Shakespeare's play, but further back, in Thomas More's *History of King Richard III*. Modern-day experts view many of the details in More's book as highly questionable, since they were written in support of the family that won the throne from Richard, but the book's portrayal of Richard as evil became the basis for the negative reputation of him that remains to this day.

The Richard III Society, formed in 1924 with the aim of researching the king's life, strongly disputes the common image of Richard. In the hope of restoring his reputation, the society helped sponsor the research that led to the discovery of his body, and some of the findings of the society and other researchers have been particularly eye-opening. According to analysis of the skeleton, it turns out that Richard's reported physical disabilities were largely a myth. In fact, some of the injuries observed on the bones suggest that Richard likely fought in battle, which supports historical reports that suggest he was a skilled soldier.

Debate continues, however, about how Richard became king and the things he did during his two years in power. The Richard III Society points to his notable social and political reforms and claims that he is innocent of the murders that were the source of his unfortunate reputation. However, while acknowledging that some of Richard's policies were beneficial, many historians believe he was far from a generous or caring king and may very well have committed cruel acts. In the end, it is probably wisest to see Richard as a ruler who operated in a manner typical of the time in which he lived, and to realize that exactly how he came to power may not really matter that much. As Cardinal Vincent Nichols, archbishop of Westminster, explains, "In his day, political power was invariably won or maintained on the battlefield and only by ruthless determination, strong alliances and a willingness to employ the use of force."

---

*(35)* What is one thing the passage says about Thomas More's *History of King Richard III*?

**1** It is not reliable because it was influenced by the play that was written about Richard III by William Shakespeare.

**2** It provided many important clues that helped researchers involved in the recent discovery of the body of Richard in Leicester.

**3** It strongly influenced people's image and opinion of Richard despite some of the information in it likely being inaccurate.

**4** It contains evidence that proves that Richard did not actually murder his brother and other family members.

*(36)* As a result of analysis of Richard's body, it was learned that

**1** he died in a way that was very different from that which people in the past believed to be the case.

**2** not only was he mostly free from physical disabilities, but he may also have been a capable fighter.

**3** the injuries he suffered in his final battle were serious, but they were probably not the cause of his death.

**4** his physical appearance likely had a greater influence on people's impression of him than his ability as king.

*(37)* Which of the following statements would the author of the passage most likely agree with?

**1** It is a mistake to judge Richard's ability based only on the losses he suffered on the battlefield and not on the reforms he introduced.

**2** The historians who claim that Richard knowingly carried out terrible acts are likely to be incorrect in their assessment of him.

**3** The crimes that Richard committed while he was king greatly exceed the positive things he did for the country.

**4** Richard was likely no better or worse as a ruler than other kings who ruled England in the distant past.

# *The Temples of Jayavarman VII*

At the height of King Jayavarman VII's rule, his Khmer empire covered most of Southeast Asia, with its center at Angkor, in present-day Cambodia. Prior to Jayavarman's rule, the political situation in the region had been unstable as a result of ongoing military struggles between shifting alliances of powerful local warlords, as well as battles between these alliances and the neighboring Cham people. After a Cham invasion defeated the Khmer empire's previous ruler, however, Jayavarman and his allies not only drove out the invaders but also managed to crush other warlords who hoped to rule the empire themselves. Jayavarman gained the throne in 1181.

Jayavarman's rule, which lasted for more than 30 years, brought peace and prosperity to the region, but he also seems to have been obsessed with constructing as many Buddhist temples as possible during his reign. Though promotion of religion had long been a fundamental part of Khmer culture, Jayavarman took it to a whole new level, building temples faster and in greater numbers than any previous king. Some researchers suggest he did this because he felt his time may be limited—he became king relatively late in life, at the age of 61, and he suffered from a long-term medical condition.

Jayavarman was a passionate follower of Buddhism, which was reflected in his concern for the well-being of his people. In addition to the many temples he built, he also built over a hundred hospitals, each employing doctors, pharmacists, and other healthcare professionals. The quality of care was advanced for the time: pulse readings were used to aid diagnoses, and butter and honey were prescribed as medicines. Supplies from the government arrived at these hospitals frequently, and it appears that any citizen in the empire, regardless of income or social standing, was eligible for treatment at no cost. Such a visible demonstration of generosity likely helped convert people to Buddhism as well as solidify Jayavarman's reputation as a king who had genuine compassion for his people.

While Jayavarman's time as king is considered by many to be the Khmer empire's golden age, it may also have paved the way for the empire's downfall. According to some researchers, Jayavarman's temple construction was evidence of his policy of centralizing power. As the king himself took ownership of the temples' lands, a unified, government-controlled system emerged, depriving local landowners of power. Meanwhile, construction of the temples required that tens of thousands of people relocate to cities, which meant there were far fewer people in rural areas to farm the land and produce food for the empire. Furthermore, the building projects used up a significant amount of the empire's wealth. These factors combined became a huge problem for later Khmer kings when the empire suffered because of droughts and monsoons. The highly centralized system lacked the wealth, agricultural labor force, and flexibility to overcome the effects of these natural disasters, leading to the empire's eventual collapse.

---

*(38)* What is one thing that we learn about Jayavarman VII?

**1** By successfully making the Cham people allies rather than enemies, he was able to take control of the Khmer empire.

**2** He was able to become the king of the Khmer empire by cooperating with other leaders in the region.

**3** After tricking the previous king into attacking an enemy kingdom, he was able to take over that region as well as his own.

**4** He gradually strengthened the Khmer empire in order to make it powerful enough to invade and defeat the neighboring kingdom.

(39) The passage suggests that one reason Jayavarman built so many temples was that

**1** people demanded that the Khmer empire open itself up to Buddhism to stop the spread of a deadly disease.

**2** he hoped to use the temples as a way to keep other Khmer rulers satisfied and prevent them from rebelling against his government.

**3** he wanted to show his people that he was different from the previous ruler, who they felt had not been as religious as he should have been.

**4** he likely believed that he did not have very long to live and wished to achieve as much as possible during his time as king.

---

(40) What is true of the hospitals built by Jayavarman?

**1** They were well staffed but lacked adequate medical supplies for the large numbers of people who required treatment.

**2** They provided medical treatment at the government's expense to all Khmer people who were in need of it.

**3** They demonstrated that Jayavarman only had compassion for Khmer people who had accepted Buddhism.

**4** They were seen by leaders in the region as an inappropriate use of funds that were supposed to be solely for the purpose of promoting Buddhism.

---

(41) What was one result of Jayavarman's temple building?

**1** Local landowners felt betrayed by Jayavarman, causing many to refuse to support him when the Khmer empire was attacked.

**2** It angered rural people who were forced to move to cities, so they attempted to remove Jayavarman from power.

**3** It required the use of so many resources that it left the Khmer empire unable to deal with problems it faced in the future.

**4** It proved valuable in diverting the attention of Khmer citizens away from the effects of frequent natural disasters in the region.

# 4 English Composition

- **Write an essay on the given TOPIC.**
- **Use TWO of the POINTS below to support your answer.**
- **Structure : introduction, main body, and conclusion**
- **Suggested length : 120–150 words**
- **Write your essay in the space provided on Side B of your answer sheet. Any writing outside the space will not be graded.**

TOPIC

***Is it beneficial for workers to change jobs often?***

POINTS

- ***Career goals***
- ***Motivation***
- ***The economy***
- ***Working conditions***

# Listening Test

**There are three parts to this listening test.**

| Part 1 | Dialogues : 1 question each | Multiple-choice |
|---|---|---|
| Part 2 | Passages : 2 questions each | Multiple-choice |
| Part 3 | Real-Life :   1 question each | Multiple-choice |

※ Listen carefully to the instructions.



## Part 1

*No. 1*
**1** She will find it hard to get the money.
**2** She barely knows the bride.
**3** She can no longer attend the wedding.
**4** She already bought a gift.

*No. 2*
**1** Take the 6:30 flight.
**2** Change his flight.
**3** Pay extra for an upgrade.
**4** Give up his window seat.

*No. 3*
**1** She has a high fever.
**2** She requested a different room.
**3** The air conditioner is not working properly.
**4** Room service has not arrived yet.

*No. 4*
**1** Sharing the responsibilities.
**2** Shortening Patty's visit.
**3** Making the decision later.
**4** Postponing the visit.

*No. 5*

1 The class is not challenging enough.
2 The professor is too busy to help them.
3 The study guide is not helpful.
4 The book is difficult to understand.

*No. 6*

1 Susan invited her coworkers to lunch.
2 Susan's farewell party is tomorrow.
3 The man does not know Susan's e-mail address.
4 The man could not organize a farewell party.

*No. 7*

1 She is not used to being married yet.
2 She does not like being busy at work.
3 She needs to adjust to her new job.
4 She is ready for another vacation.

*No. 8*

1 Reschedule the appointment.
2 Come back tomorrow.
3 Speak with his secretary.
4 Call Mr. Phelps another time.

*No. 9*

1 The man should not complain about the noise.
2 The man should not have taken the train.
3 The other passengers should be more polite.
4 The baby's parents should be more careful.

*No. 10*

1 The school he graduated from is not well known.
2 He has never cooked French food before.
3 He did not have a job over the summer.
4 His résumé contained too many mistakes.

*No. 11*
1 The woman should prepare more for the audition.
2 The woman's career plan is unrealistic.
3 He chose the wrong major in college.
4 He should have pursued a career in music.

*No. 12*
1 Purchase more blankets.
2 Replace their heating unit.
3 Call the electric company.
4 Use the heating less at night.

## Part 2

*(A)* *No. 13*

**1** They do not share genetic similarities.
**2** They met and had children centuries ago.
**3** They shared knowledge about building rafts.
**4** They had little experience as sailors.

*No. 14*

**1** A raft could be used to cross the Pacific Ocean.
**2** It is unlikely Native Americans crossed the Pacific Ocean.
**3** Polynesians' rafts were superior to their canoes.
**4** Some Pacific islands could not be reached by boat.

---

*(B)* *No. 15*

**1** It has little effect on people's productivity.
**2** It helps students perform better on tests.
**3** It might make certain tasks more difficult to do.
**4** It improves people's mental health.

*No. 16*

**1** It can be effective during breaks.
**2** It can actually make work less enjoyable.
**3** It improves communication between workers.
**4** It only has a small effect on concentration.

---

(C) *No. 17*

**1** They make more sounds than dolphins.
**2** The sounds they make have meaning.
**3** Their sounds are not very complex.
**4** Their communication system has changed.

*No. 18*

**1** They recorded the sounds that sleeping bats made.
**2** They matched bat sounds to those of other animals.
**3** They monitored bats in their natural environment.
**4** They used a computer program to categorize bat sounds.

---

(D) *No. 19*

**1** The rivers and lakes there are polluted.
**2** It is home to a number of rare species.
**3** Important products are developed there.
**4** It is no longer open to tourists.

*No. 20*

**1** It would not affect local residents.
**2** It could bring long-term benefits.
**3** It would boost the tourist industry.
**4** It could do more harm than good.

---

(E) *No. 21*

**1** It was discovered by chance.
**2** It was smaller than archaeologists expected.
**3** It is the oldest tomb in Egypt.
**4** It has never been photographed.

*No. 22*

**1** The writings in the tomb could not be translated.
**2** The body of Hetepheres was not in the tomb.
**3** All of the tomb's treasures had disappeared.
**4** They were not allowed to study the jewelry.

---

*(F)* *No. 23*

**1** It causes more problems for wealthy families.
**2** It has been occurring less frequently.
**3** It may especially affect teenagers.
**4** It has a significant impact on adults' health.

*No. 24*

**1** Moving increases the rate of divorce.
**2** Moving helps solve problems at school.
**3** Moving can damage parent-child relationships.
**4** Moving can lead to behavior problems.

## Part 3

*(G)* *No. 25* ***Situation :*** You are an international student at a US university. You want to apply for a graduate program but are worried about funding. An academic adviser tells you the following.

***Question :*** What should you do first?

**1** Apply for a scholarship.
**2** Renew your visa.
**3** Apply for financial aid.
**4** Choose a supervisor.

---

*(H)* *No. 26* ***Situation :*** You are at an airport. Your flight to London has been canceled, but you need to get there as soon as possible. You hear the following announcement.

***Question :*** What should you do?

**1** Take the charter flight.
**2** Pay for a seat upgrade.
**3** Go to the airport hotel.
**4** Take the flight to Amsterdam.

---

*(I)* *No. 27* ***Situation :*** You are attending an academic conference on teaching English to university students. Your main interest is student motivation. You hear the following announcement.

***Question :*** Which room should you go to?

**1** Room 210.
**2** Room 212.
**3** Room 214.
**4** Room 216.

---

(J) *No. 28* ***Situation :*** You are a teacher. You teach classes every weekday and supervise basketball practice after school on Tuesdays. You receive the following voice mail from a colleague on Monday morning.

***Question :*** When should you meet with your colleague?

**1** During lunchtime on Tuesday.
**2** On Wednesday evening.
**3** On Thursday evening.
**4** Next Monday.

---

(K) *No. 29* ***Situation :*** You want to become a volunteer language interpreter. You do not have experience volunteering. The director of a local volunteer center tells you the following.

***Question :*** Which option should you choose?

**1** Helping at hospitals.
**2** The school program.
**3** Helping at police stations.
**4** The youth mentorship program.

# 二次試験

## 受験者用問題カードA

You have **one minute** to prepare.

This is a story about a restaurant owner who wanted to make her customers happy.
You have **two minutes** to narrate the story.

Your story should begin with the following sentence:
**One day, a restaurant owner was working at her restaurant.**

# 問題カードA　Questions

No. 1　Please look at the fourth picture. If you were the restaurant owner, what would you be thinking?

No. 2　Do young people today tend to waste money?

No. 3　Should countries do more to lower their reliance on imported food?

No. 4　Can the development of new technology help to save the natural environment?

編集部注：本ページの質問英文は問題カードには印刷されていません。

# 受験者用問題カードD

You have **one minute** to prepare.

This is a story about a young woman who wanted to improve her career.
You have **two minutes** to narrate the story.

Your story should begin with the following sentence:
**One day, a young woman was in her office.**

1 2 3 4

# 問題カードD　Questions

No. 1　Please look at the fourth picture. If you were the young woman, what would you be thinking?

No. 2　Do you think more elderly people will choose to study at universities after retiring in the future?

No. 3　Do you think the media places too much emphasis on earning money?

No. 4　Are companies doing enough to reduce pollution in Japan?

編集部注：本ページの質問英文は問題カードには印刷されていません。

# 2021 年度 第 1 回

# Grade Pre-1

| 試験内容 | | 試験時間 | 掲載ページ |
|---|---|---|---|
| 一次試験 | 筆記（リーディング・ライティング） | 90 分 | 2021-1　P. 2～19 |
| | リスニング | 約 30 分 | 2021-1　P. 20～26 |
| 二次試験 | 面接（スピーキング） | 約 8 分 | 2021-1　P. 27～30 |

## リスニングテスト・面接の音声について

音声は専用サイトにて配信しています。

▷ **専用サイトのご利用方法：**

1. 本冊（解答編）の袋とじ（音声配信のご案内）をキリトリ線に沿って開封。
2. 袋とじの内側に印刷されている QR コードをスマートフォンなどで読み取る。QR コードを読み取れない場合は，アドレスを入力。
   ➡専用サイトのトップページに。
3. 音声を聞きたい試験のボタンを押す。
   ➡該当の試験の音声再生ページに。
   ※試験 1 回分を通して聞くことも，1 問ずつ聞くこともできます。
   ※面接の解答時間（無音部分）は実際の試験とは異なります。

▷ **配信内容**：本書に掲載のリスニングテストおよび面接の音声

※面接の音声は，ナレーションの指示と質問英文だけでなく，ナレーション問題の解答例も配信。

専用サイト トップページ
（イメージ）

# 一次試験

## 1

*To complete each item, choose the best word or phrase from among the four choices. Then, on your answer sheet, find the number of the question and mark your answer.*

---

*(1)* ***A*** : Thanks for showing me the outline of your sales presentation. It's good, but it's a bit (　　　) in some places.

***B*** : I guess I do repeat some information too much. I'll try to take some of it out.

**1** decisive　　**2** subjective
**3** redundant　　**4** distinct

*(2)* Lisa went to the interview even though she thought there was a low (　　　) of her getting the job. As she expected, she was not hired.

**1** restoration　　**2** credibility
**3** contention　　**4** probability

*(3)* It is sadly (　　　) that, in developing countries, many of the farmers who grow nutritious crops for export do not have enough food to feed their own families.

**1** indefinite　　**2** ironic　　**3** restless　　**4** superficial

*(4)* The explosion at the chemical factory (　　　) great damage on the local environment. It will take years for wildlife to fully recover in the region.

**1** inflicted　　**2** enhanced
**3** vanished　　**4** perceived

(5) Some say the best way to overcome a ( ) is to expose oneself to what one fears. For example, people who are afraid of mice should try holding one.

**1** temptation **2** barricade
**3** phobia **4** famine

(6) English classes at the university were required, but students were ( ) from them if they could prove they had advanced ability in the language.

**1** exempted **2** prosecuted
**3** commanded **4** quantified

(7) E-mail and text messaging have ( ) the way people write. Many people shorten words and ignore traditional rules of grammar.

**1** transformed **2** officiated
**3** synthesized **4** disarmed

(8) Some analysts think the new treaty on $CO_2$ emissions is a ( ) in the fight against global warming. "This is the most important environmental treaty ever signed," said one.

**1** milestone **2** vigor
**3** backlog **4** confession

(9) Lying on the sunny beach with her husband on their vacation, Roberta felt ( ) happy. She had never been so content.

**1** barely **2** profoundly
**3** improperly **4** harshly

(10) Nadine spends an hour thoroughly cleaning her apartment every day, so the entire place is ( ).

**1** spotless **2** minute **3** rugged **4** impartial

(11) After many poor performances, the rugby player was ( ) from his club's first team to its second team.

**1** inclined **2** clinched **3** demoted **4** adapted

(12) With no clear winner in the election, the new government consists of a (　　　) that includes socialist, liberal, and green parties.

**1** gradation　　**2** casualty
**3** coalition　　**4** warranty

(13) Mark spent more than a month in the hospital after becoming the victim of a (　　　) bear attack.

**1** dazed　**2** vicious　**3** heartfelt　**4** superior

(14) People have been growing a variety of plants for thousands of years, but wheat was one of the first food crops to be (　　　) by humans.

**1** omitted　**2** thawed　**3** cultivated　**4** harassed

(15) ***A*** : Jan, how much of a tip do you think I should leave the waiter?
***B*** : The (　　　) has already been added to the bill, so you don't have to leave anything.

**1** gratuity　**2** module　**3** arsenal　**4** allotment

(16) Glenn had no choice but to borrow money from his father to pay his rent. He had (　　　) all his other options.

**1** delighted　　**2** retraced
**3** revolted　　**4** exhausted

(17) Although a smile generally (　　　) happiness, some people also smile to cover up negative emotions, such as anger.

**1** monitors　**2** signifies　**3** vomits　**4** regulates

(18) The supermarket chain's expansion plans are based on the (　　　) that consumer spending will continue to increase for the next five years at least.

**1** malfunction　　**2** institution
**3** assumption　　**4** transcription

(19) Some of the people living on the tropical island are the (　　　) of French sailors who arrived there 200 years ago.

**1** garments　　**2** descendants
**3** inhabitants　　**4** compartments

(20) In the past, many people believed the sun (　　　) around the earth. Advances in science and math eventually proved that, in fact, the earth moves around the sun.

**1** revolved　**2** renewed　**3** relieved　**4** restrained

(21) ***A***: Why are you so (　　　) to accept the job offer at DTP?
***B***: Well, I'm concerned that I'd be even busier than I am now, so I'd really like something that'd give me a better work-life balance.

**1** frank　**2** reluctant　**3** spiteful　**4** righteous

(22) ***A***: If you don't come to the party tomorrow night, you'll (　　　) on all the fun.
***B***: Sorry, I really have to finish my presentation. You can tell me about the party later.

**1** miss out　**2** add up　**3** get over　**4** join in

(23) Marty spent many hours (　　　) the problem before he realized that the solution was much simpler than he thought.

**1** living down　　**2** clearing out
**3** snapping off　　**4** wrestling with

(24) As the suspect was being arrested by the police, he (　　　) an officer's gun. Luckily, he was stopped before he could get it.

**1** went for　　**2** let up
**3** picked over　　**4** set off

(25) After living in a remote jungle for three months, the researcher was glad when he could finally access the Internet and (　　　) the news in his home country.

**1** catch up on　　**2** change out of
**3** open up to　　**4** put up with

**2** *Read each passage and choose the best word or phrase from among the four choices for each blank. Then, on your answer sheet, find the number of the question and mark your answer.*

---

# Herbal Medicine

For thousands of years, people have taken plants and plant-based substances as medicines. Such cures are still used more commonly than modern drugs in many regions, with some 80 percent of the population in certain developing countries relying on herbal medicines. ( *26* ), their effectiveness is largely unsupported by science-based evidence. Many Western doctors therefore discourage their use, especially for seriously ill people. For such patients, using scientifically proven drugs can mean the difference between life and death.

Research has highlighted other problems, too. Scientists reviewed over 50 studies on herbal medicines and found that the chemicals they contain can cause organ damage, and that these medicines can be harmful when used in combination with other drugs. The scientists say such effects are generally not reported in the societies where the medicines are commonly used. This leads patients to ( *27* ). In fact, the majority of these people see no reason to even tell their doctors they are using the medicines, putting them at risk of dangerous side effects when the medicines interact with doctor-prescribed drugs.

Supporters of herbal medicines say the amount of data from clinical studies is increasing, and this can help people understand which medicines are safe. They also feel that herbal medicines and modern, doctor-prescribed drugs ( *28* ). Instead of viewing herbal medicines as an alternative to standard drugs, which are often necessary in emergencies or to fight serious infections, people should instead use them to maintain overall health and wellness. If taken properly, supporters say, both traditional and modern medicines can be safely used in combination with each other.

| | | | | |
|---|---|---|---|---|
| *(26)* | **1** | In exchange | **2** | Similarly |
| | **3** | In other words | **4** | Nevertheless |

*(27)*
**1** do their own research
**2** suddenly stop using them
**3** believe the medicines are safe
**4** more closely follow doctors' advice

*(28)*
**1** are both overused
**2** are essentially the same
**3** should have different roles
**4** both lack evidence that they work

# Memory and Language

The outcomes of court cases often depend on evidence given by people who witnessed crimes or accidents. But can their memories always be trusted? In one famous psychology experiment, students were divided into groups and shown a video of a car accident. One group was asked, "About how fast were the cars going when they smashed into each other?" For another group, the words "smashed into" were replaced with "hit." The results showed that those who were asked the question with the words "smashed into" estimated an average speed of 65.2 kmh, compared with 54.7 kmh for those asked with "hit." This demonstrates that the descriptions witnesses give can depend on ( *29* ).

In a follow-up experiment, students were shown another video of an accident and asked similar questions using the words "smashed" and "hit." This time they were also asked if they had noticed any broken glass. The windows were undamaged in the video, but the students who had been asked the question using "smashed" were far more likely to report having seen broken glass. This tendency is even more disturbing because the students had ( *30* ).

Watching a video of a car crash, however, is not the same as being present at the scene of one, critics argue. They say that the students' memories were more easily influenced because they did not have the emotional experience of seeing the accident in person. ( *31* ), the students were likely less motivated to give accurate answers. Other studies have also shown that manipulative questions have less effect on people who have witnessed real crimes, suggesting that the experiments' conditions may have played a role in shaping the results.

*(29)* **1** who is asking the question
**2** when they see an accident
**3** why they are being questioned
**4** how they are being asked

*(30)* **1** expected to be asked something different
**2** been told that the accident was fake
**3** remembered something that never happened
**4** described the wrong part of the video

*(31)* **1** As a result **2** On the contrary
**3** Surprisingly **4** Otherwise

**3** *Read each passage and choose the best answer from among the four choices for each question. Then, on your answer sheet, find the number of the question and mark your answer.*

# *Impostor Syndrome*

Many people will experience "impostor syndrome" at some point in their lives. Those who are affected by this condition have trouble accepting or believing in their own success, no matter how capable or experienced they may be. Often, they think their achievements are due to good fortune or outside circumstances rather than their actual ability. Impostor syndrome affects people of various backgrounds working in many fields, and it can have different consequences for each person. Some feel they must prove their worth by working far harder than they need to. Others fear they will lose their job when their supposed lack of skill is discovered, so they distance themselves from colleagues as much as possible.

The cause of impostor syndrome has been debated by experts. It may have something to do with people's basic personality traits, such as a tendency to worry, or it could possibly have its roots in an individual's upbringing. For instance, when children are constantly praised, even for minor achievements, it can cause them to lose faith in their real abilities. Impostor syndrome can also arise in adulthood due to factors out of a person's control. One such factor is institutional discrimination, where the atmosphere in a work or academic environment makes people who are not of a certain race, gender, or other characteristic stand out.

Several studies have shown that individuals in minority groups who report feelings of "impostorism" also experience higher levels of anxiety and depression. This may be due not only to discrimination but also to a lack of representation among professors, managers, and other authority figures. According to psychology professor Thema Bryant-Davis, when people in the working world do not see others of their gender or race in positions of power, there is no "signal of the possibility of advancement."

Without this, it is often difficult to have self-confidence and maintain a positive attitude in life.

---

(32) What is one effect that "impostor syndrome" may have on workers affected by it?

**1** They feel that they have no choice but to do extra work in order to compensate for their coworkers' weaknesses.

**2** They become afraid they will be fired and attempt to isolate themselves from their coworkers.

**3** It becomes easier for them to dishonestly take credit for the achievements of their coworkers.

**4** It can cause them to exaggerate their experience and abilities when communicating with their coworkers.

(33) One possible cause of impostor syndrome is when

**1** people have difficulty finding a job, mainly due to companies discriminating against them.

**2** adults tend to worry more than they should about criticism they received when they were young.

**3** companies refuse to seriously consider workers' claims that they are feeling anxious or worried.

**4** children are given praise too frequently, even for things that are not actually difficult to do.

(34) According to Thema Bryant-Davis, which of the following is true?

**1** Individuals who avoid discrimination at school are less likely to have impostor syndrome when they start working.

**2** Minorities are more likely to suffer from impostor syndrome if they are treated in the same way as those in the majority.

**3** People who do not see others like themselves in higher positions are more likely to lose hope that they will be promoted.

**4** Minorities are less likely to experience discrimination in schools with a greater amount of diversity.

# *Climate Change and the Sámi*

The Sámi people, who are native to the Arctic regions of Europe, have historically made a living through fur trading and reindeer farming. However, the reindeer herds they rely on are under severe pressure due to climate change and the resulting habitat loss. Unstable temperatures in winter cause snow to melt and then freeze into ice, which prevents reindeer from accessing the plants they need for food. Though this has also occurred in the past, rapid climate change has caused it to happen more frequently. Due to this, reindeer herds are losing more animals to starvation, and lack of nutrition has reduced birthrates. Furthermore, as global warming makes northern areas more accessible, companies are moving into traditional Sámi territory to pursue mining, carry out oil and gas exploration, and promote tourism. This has further restricted the food available to the Sámi's reindeer herds, and many Sámi worry that increased activity in their traditional lands could end their way of life altogether.

The decline of reindeer herds has caused many Sámi to experience financial and emotional difficulties. Some teenagers and young adults have fled to cities for work, and these urban Sámi have found themselves alienated and the target of discrimination due to their heritage. With their lives uprooted and their cultural traditions being lost without access to vibrant Sámi social groups, many suffer from significant mental health problems. The problem extends to traditional Sámi communities, with higher-than-average suicide rates reported, especially among young males. Few seek help, though, as mental health is a taboo topic for the Sámi. Although exact numbers are unknown, surveys suggest that most Sámi have a relative or friend who has committed suicide.

Efforts are under way to tackle some of these problems, however. Social programs, for example, are being introduced to offer emotional support to young Sámi and encourage discussion about the discrimination they experience. Mental health issues in traditional Sámi communities, though, are often said to be based on economic uncertainty and worries related to the impact of climate change. To address these fears, politicians have been listening to the Sámi and taking greater care to consider the potential consequences that government decisions may have on their communities. By giving the Sámi a way to influence decisions that affect them directly, the stress and hardship associated with environmental or economic decline can be reduced. More importantly, it is hoped that the Sámi themselves can have greater control over maintaining their traditional way of life.

---

*(35)* Climate change has affected the Sámi lifestyle by

**1** reducing many plant species that the Sámi rely on as a source of food when reindeer are not available.

**2** impacting both the living areas and food sources of the animals that the Sámi depend on economically.

**3** forcing the Sámi to adopt farming methods that are financially less rewarding than their traditional ones.

**4** attracting corporations that have put pressure on the Sámi to give up their land for oil and gas exploration.

*(36)* According to the passage, what difficulties are the Sámi facing?

**1** The organizations that provide financial support in their communities have been negatively affected by changes to their society.

**2** Sámi who have been forced to move from rural regions to urban areas are choosing to reject their culture in order to be accepted.

**3** The conflict between younger Sámi and the older generation regarding reindeer farming is leading many to suffer from mental health issues.

**4** Younger Sámi are struggling with mental health issues caused by isolation from their families and the loss of their cultural traditions.

(37) What is being done to help the Sámi?

**1** Concerns expressed by the Sámi are being used to shape government policies and actions as a way to avoid causing them further harm.

**2** Volunteer groups are being established to promote wider understanding of Sámi culture throughout countries with large Sámi populations.

**3** Greater efforts are being made to encourage younger Sámi to enter politics and represent their communities in local governments.

**4** Financial support is being offered to Sámi suffering from mental health issues that arise due to the stress of living in urban areas.

# *Lemons and the Mafia*

The organized-crime group known as the Mafia first appeared on the island of Sicily in the 1800s. In the years since its emergence, its illegal activities, which include bribery and fraud, have become well known, but its origins were unclear. Recent research by a group of economic historians has, however, uncovered an unexpected connection between the Mafia and a common fruit.

In the 1700s, it was discovered that lemon juice prevented a deadly disease called scurvy, leading to greatly increased demand for lemons, which caused revenues from the fruit to skyrocket. Sicily was one of the few places where lemons could grow, but lemon farming was limited to certain locations on the island due to the fruit's sensitivity to frost. In addition, the shift to large-scale lemon growing required huge financial investments to build facilities and develop irrigation systems. High walls were also constructed to protect lemon trees from thieves, as without such safeguards, an entire year's harvest could go missing overnight.

Rising demand for the fruit saw profits continue to increase in the 1800s, but the situation was complicated by the fact that Sicily was ruled by kings with ancestral ties to the Spanish royal family. The rulers were regarded as outsiders, and unpopular policies like forced military service caused dissatisfaction and unrest among the population. Local poverty and a lack of public funding, particularly in rural areas, led to an increase in crime. This forced farmers to find their own way to deal with the threat of lemon theft. They began employing local strongmen, who eventually became the Mafia, to protect their orchards, offering lemons as payment.

While the Mafia may have originally provided a legitimate service that kept lemon crops safe from thieves, that did not stay true for long. It began forcing farmers to accept its services against their will, using violence and intimidation when it encountered resistance. Mafia members then began acting as middlemen between sellers and exporters, manipulating the market to ensure substantial profits. They soon forced their way into other areas of the industry, such as transportation and wholesaling, and eventually their power grew to cover all aspects of lemon production. Some politicians attempted to address these activities, but widespread government corruption allowed the Mafia to extend its influence to many areas of politics and law enforcement.

According to researcher Arcangelo Dimico, one of the historians who researched the connection between lemons and the Mafia, the group's rise is an example of the "resource curse." He explains that the combination of a source of extreme wealth together with weak social and political systems can lead to the rise of conflicts or illegal activities, which can leave a country worse off economically than if it had not possessed the valuable resource in the first place. Examples can be seen in modern times, such as wealth from diamonds funding the growth of private armies in some African nations. Like Sicily's Mafia, these groups often employ criminal methods to gain control over resources and local populations. Using Dimico's study, economists, sociologists, and political scientists can better understand this phenomenon and help governments fight against it.

---

*(38)* What is one difficulty Sicilian farmers faced in the 1700s?

**1** While lemons had once been believed to cure a serious disease, profits from growing the fruit declined when this was discovered not to be true.

**2** Although large amounts of money could be earned from growing lemons, setting up a lemon farm could only be done at great expense.

**3** Because of Sicily's unpredictable climate, farmers new to growing lemons regularly had to throw away large amounts of bad lemon crops.

**4** Due to rules about where lemons could be grown, purchasing enough land to make the business profitable was a serious issue.

(39) Which of the following statements best describes the situation that led to the rise of the Mafia?

**1** The government was unable to provide Sicilians with suitable public services, causing some private citizens to find ways to protect their crops.

**2** Owners of lemon farms refused to trade with those who supported Sicily's foreign rulers, causing the economy to worsen and crime to rise.

**3** People were unhappy about profits from Sicilian lemons going to the Spanish royal family and did not mind when thieves stole from wealthy farmers.

**4** The government's desire to profit from lemon farming caused it to accept illegal payments from farmers who were connected with criminals.

(40) The Mafia used its involvement with lemon farmers to

**1** control both the people who grew lemons and those who sold them overseas as part of its way to make more money and increase its power.

**2** successfully generate greater profits from the lemon industry by demanding that farmers grow larger amounts of lemons.

**3** persuade a few politicians to ignore its criminal activities, despite overwhelming opposition from the government.

**4** gain control over the entire lemon industry, despite being unable to obtain the cooperation of key members of the police.

*(41)* Arcangelo Dimico would likely say that the "resource curse"

**1** is more closely related to the poor economic performance of a nation than to the level of support its government provides for social issues.

**2** occurs when governments are willing to overlook criminal activities as long as they help boost the country's supply of resources.

**3** is caused by a country's resources being overvalued by its leaders and then failing to generate the amount of profit that was expected.

**4** can happen due to unethical groups taking advantage of a lack of governance to profit from valuable national assets.

# 4 English Composition

- **Write an essay on the given TOPIC.**
- **Use TWO of the POINTS below to support your answer.**
- **Structure: introduction, main body, and conclusion**
- **Suggested length: 120–150 words**
- **Write your essay in the space provided on Side B of your answer sheet. Any writing outside the space will not be graded.**

**TOPIC**

***Agree or disagree: Big companies have a positive effect on society***

**POINTS**

- ***Products***
- ***The economy***
- ***The environment***
- ***Work-life balance***

# *Listening Test*

**There are three parts to this listening test.**

| Part 1 | Dialogues : 1 question each | Multiple-choice |
|---|---|---|
| Part 2 | Passages : 2 questions each | Multiple-choice |
| Part 3 | Real-Life : 1 question each | Multiple-choice |

※ Listen carefully to the instructions.

## Part 1

*No. 1*

**1** The man should be more apologetic.
**2** The man should have bought a present.
**3** The man worries too much.
**4** The man is not very reliable.

*No. 2*

**1** She is confident.
**2** She is cautious.
**3** She is worried.
**4** She is disappointed.

*No. 3*

**1** She is looking for a new job.
**2** She is keeping her current job.
**3** She failed her job interview.
**4** She started a new job.

*No. 4*

**1** The noise is disturbing his work.
**2** The air conditioner is broken.
**3** The heat is making him uncomfortable.
**4** The window cannot be opened.

*No. 5*
1 Purchase a new computer.
2 Renew their security program.
3 Help the woman with her report.
4 Take the computer in for repairs.

*No. 6*
1 Take out a loan for university expenses.
2 Attend a community college.
3 Work full time for two years.
4 Go to a university out of town.

*No. 7*
1 Getting a new prescription from his doctor.
2 Starting to eat more healthily.
3 Going to see the woman's doctor.
4 Stopping his prescription medicine.

*No. 8*
1 Go fishing with Ronan.
2 Attend a teaching conference.
3 Take his wife to a movie.
4 Look after the children.

*No. 9*
1 Paying to have the driveway cleared.
2 Looking for a new snow shovel.
3 Starting to exercise more regularly.
4 Having his back checked by a doctor.

*No. 10*
1 Increase the number of channels.
2 Stop paying for the movie channels.
3 Keep their current cable plan.
4 Let their children watch only educational TV.

*No. 11*
1 The band did not play many hits.
2 The band's performance lacked energy.
3 The band's tour schedule changed.
4 The band was rude to the audience.

*No. 12*

**1** The woman should train her dog.

**2** The woman should buy a dog-training book.

**3** The woman's dog may have a medical problem.

**4** The woman's dog is too old to train.

## Part 2

*(A)* *No. 13*

1 It gives food a bitter taste.
2 It is produced by drying plants.
3 It gives some plants their color.
4 It is found in a type of insect.

*No. 14*

1 It should be replaced with other options.
2 It can be harmful to plants.
3 It should be used as a medicine.
4 It is too valuable to use in cosmetics.

---

*(B)* *No. 15*

1 They lasted longer than wooden houses.
2 They were easier to rebuild than stone houses.
3 They were well suited to the environment.
4 They could be constructed very quickly.

*No. 16*

1 They no longer exist today.
2 They were often connected to each other.
3 They could only be built on hilltops.
4 They were also popular in other countries.

---

*(C)* *No. 17*

1 They combine with grease to block sewer tunnels.
2 They endanger people working in sewer tunnels.
3 They block household pipes when flushed.
4 They cannot be recycled cheaply.

*No. 18*

1 They were not created using laboratory tests.
2 They are not based on actual sewer-tunnel conditions.
3 The damage to sewer tunnels was not addressed.
4 The blockage issue cannot be solved with guidelines.

---

(D) No. 19
1 Farmers are more interested in larger ones.
2 Caring for their wool requires much effort.
3 Raising them is no longer profitable.
4 The quality of their wool can vary.

No. 20
1 The rabbits often spoil it by chewing it.
2 It has to be cut at least once a month.
3 It can cause harm to the rabbits.
4 The rabbits do not like having it removed.

---

(E) No. 21
1 To raise money to help hungry people.
2 To share his concerns about the government.
3 To encourage citizens to work harder.
4 To address public worries about the economy.

No. 22
1 Roosevelt used casual language.
2 Roosevelt interviewed famous people.
3 Roosevelt performed patriotic music.
4 Roosevelt visited people's homes.

---

(F) No. 23
1 They no longer use traditional fishing equipment.
2 They often have their spleens removed.
3 They have a physical advantage when under the water.
4 They practice holding their breath on land.

No. 24
1 Help Bajau people adapt to new lifestyles.
2 Study Bajau people in more detail.
3 Help protect the local environment.
4 Study divers from around the world.

## Part 3

*(G)* *No. 25*

***Situation :*** You want an apartment that is just a short walk from a train station. You need at least two bedrooms. A real estate agent tells you the following.

***Question :*** Which apartment should you look at?

**1** The one in Wilson Heights.
**2** The one in Downtown Hills.
**3** The one in Bronte Towers.
**4** The one in Norton Villas.

---

*(H)* *No. 26*

***Situation :*** You have had stomach pain for a few days. You are busy for the next two days. You call your doctor, and he tells you the following.

***Question :*** What should you do first?

**1** Get some additional pain medication.
**2** Take the medicine you received earlier.
**3** Call your doctor again at a later date.
**4** Book an appointment with a specialist.

---

*(I)* *No. 27*

***Situation :*** You are checking in at a resort hotel. You made a reservation online through ExTravel because they offered a 20 percent discount on a spa treatment. A receptionist tells you the following.

***Question :*** What should you do first?

**1** Make a reservation at the spa.
**2** Contact ExTravel for confirmation.
**3** Ask the manager for a room upgrade.
**4** Print the e-mail containing the offer.

---

(J) *No. 28* **Situation :** You are enrolling your daughter in a new school. She is allergic to dairy products. The school principal tells you the following.

**Question :** What should you do?

**1** Get a letter from a doctor.
**2** List your daughter's requirements.
**3** Pay for school lunch.
**4** Sign up for special meals.

---

(K) *No. 29* **Situation :** It is winter, and you want to visit Alexandra Park by car this weekend. You do not own tires that can be used in the snow. You call Park Information and hear the following.

**Question :** What should you do?

**1** Purchase snow chains for your tires.
**2** Take Grand Point Road.
**3** Change your tires to studded tires.
**4** Rent chains in Alexandra Park.

# 二次試験

## 受験者用問題カードA

You have **one minute** to prepare.

This is a story about a man who was about to retire from his job.
You have **two minutes** to narrate the story.

Your story should begin with the following sentence:
**One day, a man was arriving home after work.**

# 問題カードA　Questions

No. 1　Please look at the fourth picture. If you were the man, what would you be thinking?

No. 2　Have people nowadays forgotten the importance of eating a balanced diet?

No. 3　Will more people choose to retire early in the future?

No. 4　Is cybercrime becoming a bigger problem in today's society?

編集部注：本ページの質問英文は問題カードには印刷されていません。

## 受験者用問題カードD

You have **one minute** to prepare.

This is a story about a young woman who started working for a restaurant chain.
You have **two minutes** to narrate the story.

Your story should begin with the following sentence:
**One day, a young woman was at an orientation for new employees.**

1 2 3 4

# 問題カードD　Questions

No. 1　Please look at the fourth picture. If you were the young woman, what would you be thinking?

No. 2　Do you think schools are responsible for preparing students for their future career?

No. 3　Are people in modern society better at dealing with stress than people were in the past?

No. 4　Should the government do more to promote Japanese products overseas?

編集部注：本ページの質問英文は問題カードには印刷されていません。

# 2020年度 第3回

# Grade Pre-1

| 試験内容 | | 試験時間 | 掲載ページ |
|---|---|---|---|
| 一次試験 | 筆記（リーディング・ライティング） | 90分 | 2020-3 P. 2～18 |
| | リスニング | 約30分 | 2020-3 P. 19～26 |
| 二次試験 | 面接（スピーキング） | 約8分 | 2020-3 P. 27～30 |

## リスニングテスト・面接の音声について

音声は専用サイトにて配信しています。

▷ **専用サイトのご利用方法：**

1. 本冊（解答編）の**袋とじ**（音声配信のご案内）をキリトリ線に沿って開封。
2. 袋とじの内側に印刷されている**QRコード**をスマートフォンなどで読み取る。QRコードを読み取れない場合は，**アドレス**を入力。
   ➡専用サイトのトップページに。
3. 音声を聞きたい試験のボタンを押す。
   ➡該当の試験の音声再生ページに。
   ※試験1回分を通して聞くことも，1問ずつ聞くこともできます。
   ※面接の解答時間（無音部分）は実際の試験とは異なります。

▷ **配信内容**：本書に掲載のリスニングテストおよび面接の音声

※面接の音声は，ナレーションの指示と質問英文だけでなく，ナレーション問題の解答例も配信。

専用サイト トップページ
（イメージ）

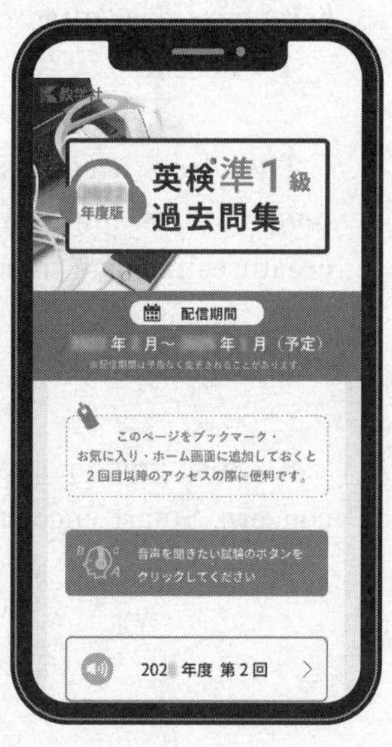

# 一次試験

## 1

*To complete each item, choose the best word or phrase from among the four choices. Then, on your answer sheet, find the number of the question and mark your answer.*

---

(1) Miriam tries to use healthy (        ) when preparing food. For example, instead of using butter to make cookies, she uses olive oil.

**1** ingredients **2** attributes
**3** perimeters **4** surroundings

(2) The board members failed to reach a (        ) on how much to pay the new CEO. Some felt the initial figure suggested was too high.

**1** ratio **2** preview
**3** consensus **4** simulation

(3) Ellen's apartment was cheap, but living there quickly became (        ). There was no air conditioning, the roof leaked, and the baby next door often cried.

**1** decent **2** crucial **3** gracious **4** intolerable

(4) The deep ocean is a very (        ) environment with cold temperatures, high pressure, and no sunlight. In spite of this, many creatures manage to survive there.

**1** quaint **2** inhospitable
**3** dignified **4** confidential

(5) As his grandmother's physical (        ) became more of a concern, Stuart encouraged her to move into a nursing home.

**1** haze **2** canal **3** frailty **4** statistic

*(6)* In order to study various organisms, scientists have (　　　) them according to differences and similarities. Each species is placed into a specific group.

**1** saluted **2** classified
**3** personified **4** extinguished

*(7)* ***A***: James, our supplier said they didn't receive a payment this month.

***B***: Yes, I know. There was an (　　　) by the accounting department. I'll call the supplier and apologize.

**1** underdog **2** overhead **3** upheaval **4** oversight

*(8)* The man and his friend (　　　) to rob a local bank. However, someone else found out and told the police, so they were caught before they could do anything.

**1** conspired **2** inhaled **3** diminished **4** identified

*(9)* Domingo's boss told him his plan for a new factory was not (　　　). It would cost too much and take too long to finish.

**1** feasible **2** fierce **3** inventive **4** eventful

*(10)* The new mayor said he was looking forward to his first day in office, when he could begin (　　　) some of the problems that faced the city.

**1** inserting **2** tackling **3** triggering **4** generating

*(11)* When a person has major surgery, (　　　) such as infection and nerve damage are possible, so operations are usually performed only when there are no other treatment options.

**1** denials **2** domains
**3** comparisons **4** complications

*(12)* Henrietta is a very (　　　) reader. She loves books, and it is not unusual for her to finish several in a week.

**1** passionate **2** obscure
**3** uncomfortable **4** feeble

(13) On the trail, hikers may occasionally (　　　) wild animals. However, it is important not to get too close to them or to offer them food.

**1** scrap　**2** propel　**3** encounter　**4** seal

(14) Following his (　　　) from the company, Todd collected unemployment insurance for a few months until he found a new job.

**1** testimony　**2** tremor　**3** dismissal　**4** glossary

(15) After most of the votes were counted, it was clear the candidate could not win. He decided to (　　　) the election to his opponent.

**1** concede　**2** consolidate　**3** foster　**4** plaster

(16) Kelly (　　　) upset her host family by taking long showers. She did not realize until her host father told her they were unhappy about her using so much water.

**1** sympathetically　**2** typically
**3** unwittingly　**4** diagonally

(17) One side effect of the medicine is the occurrence of (　　　) dreams. About 5 percent of people who take it report having intense, realistic experiences during their sleep.

**1** allied　**2** vivid　**3** stout　**4** fluent

(18) Before a match, the boy always asks famous soccer players for their (　　　). He waits near the locker room entrance hoping they will sign their names in his notebook.

**1** telegraphs　**2** autographs
**3** editorials　**4** exhibits

(19) Many airlines require young children to have the permission of a parent or (　　　) if the child is going to travel alone on an airplane.

**1** guardian　**2** defendant
**3** servant　**4** commuter

(20) Many visitors to the theater complained that the stage was so low they could not see the performers. The management decided to have the stage (　　) by a meter.

**1** snatched　　**2** appreciated
**3** elevated　　**4** donated

(21) In ancient times, some people thought earthquakes were a (　　) warning. They believed God was telling them to change their behavior.

**1** divine　　**2** dutiful　　**3** sparse　　**4** lively

(22) The runner (　　) early from the other runners to lead the race. When she crossed the finish line to win, there was a large distance between her and the next runner.

**1** broke away　　**2** held down
**3** bottomed out　　**4** turned back

(23) The web developer hired to update the company's website did a terrible job. It took months to (　　) all the problems he had caused.

**1** stumble on　　**2** trade in
**3** rip off　　**4** straighten out

(24) Marcia went upstairs to (　　) her son, and she was very angry to find him playing video games instead of doing his homework.

**1** check up on　　**2** go through with
**3** get away with　　**4** fall back on

(25) After the two friends had a terrible argument, they did not speak to each other for a month. Eventually, though, they (　　), and now they spend even more time together.

**1** kept away　　**2** made up
**3** worked up　　**4** played out

**2** *Read each passage and choose the best word or phrase from among the four choices for each blank. Then, on your answer sheet, find the number of the question and mark your answer.*

# The Wallet Experiment

Psychologists have developed various theories about honesty. Among the most well-known is that it ( *26* ). Recently, however, this idea has been questioned. While it does seem logical that people are more likely to lie, steal, or cheat if they believe they will gain something they desire by doing so, an interesting experiment has shown that this may not be true.

A team of researchers theorized that people would be more likely to keep something valuable when found rather than return it, and to test this they brought wallets to a number of public places, pretending they had found them on the street. Some contained money and some did not, but all contained a key and an e-mail address. The researchers then waited to see if they would get an e-mail informing them that the lost wallet had been found. Surprisingly, they got the most responses when there was a large amount of money in the wallet. ( *27* ), an even higher number of wallets were returned when the amount of money was further increased. The researchers believe this is evidence to indicate that many people value honesty over money.

Later, the researchers conducted a follow-up experiment in which the wallets all had the same amount of money. This time, though, some of the wallets contained a key—something that would only be important to the person who lost it—while others did not. Return rates for wallets containing a key were significantly higher. The researchers suggest the most likely reason for this result is that people's honesty was strongly affected by ( *28* ).

(26) **1** is related to temptation
**2** relies on many connected factors
**3** changes over long periods
**4** depends on people's intelligence

(27) **1** Alternatively **2** In contrast
**3** What is more **4** Nevertheless

(28) **1** how hard it was to return the wallet
**2** whether they knew the wallet owner
**3** how much they care about others
**4** whether they would receive a reward

# An Unusual Relationship

The black rhinoceros once roamed across much of the African continent. Today, however, it has become an endangered species due to illegal hunting. The rhinos are particularly vulnerable because, although their noses are highly sensitive, they have extremely poor vision. ( *29* ), hunters are able to approach them without being detected, as long as the wind is not blowing their scent in the animals' direction.

Behavioral science researchers investigating how rhinos avoid such situations noticed an unusual relationship with birds called red-billed oxpeckers. The birds have sharp vision and make hissing sounds if they feel threatened by approaching animals. They are drawn to rhinos due to the tiny organisms known as ticks that live on the rhinos' skin, and the oxpeckers often sit atop the animals' backs and peck at them while searching for the organisms. Rhinos with the birds perched on them were observed to be far more likely to detect the presence of approaching threats. The researchers therefore believe the ( *30* ). This may also explain why the rhinos tolerate the oxpeckers' presence.

In recent years, ( *31* ), which has been bad news for the rhinos. The ticks that oxpeckers feed on also live on cows, but farmers have been using pesticides to kill the organisms. Many oxpeckers have been killed by eating these poisoned ticks, and as a result, there are fewer and fewer of them, including in areas where the rhinos live. However, ecologists believe that reintroducing oxpeckers may be vital in helping to preserve the populations of the rhinos.

(29) **1** Otherwise **2** Instead
**3** Consequently **4** Similarly

(30) **1** rhinos are frightened of the birds
**2** birds provide warnings to the rhinos
**3** rhinos' survival is threatened by the birds
**4** birds are attracting ticks to the rhinos

(31) **1** animal protection laws have become weaker
**2** hunting oxpeckers has become legal
**3** the ticks have proved useful for crops
**4** oxpeckers have been disappearing

**3** *Read each passage and choose the best answer from among the four choices for each question. Then, on your answer sheet, find the number of the question and mark your answer.*

---

# *Bike Sharing in Seattle*

Seattle is an environmentally friendly city whose residents are known for their active lifestyles and love of the outdoors. It was therefore surprising to many when Pronto Cycle Share, Seattle's first bike-sharing service, ended in failure. Designed around docking stations that allowed bikes to be stored when not in use, Pronto was initially provided by a nonprofit company with help from a corporate sponsor. The public's underwhelming response, however, led to the city stepping in to purchase the service. After continued unsatisfactory results, the city announced an enlargement of the service's network to encourage usage but failed to expand it significantly. Finally, following years of criticism and financial issues, Pronto was abandoned in 2017.

The successful introduction of a new bike-sharing service called Spin some months later only raised additional questions about Pronto's demise. The proven success of bike-sharing companies in other US cities known for rainy weather and steep hills meant that Seattle's climate and terrain were not to blame; instead, Pronto's critics pointed the finger at serious issues with the locations of its docking stations. Spin's bikes could be unlocked using a smartphone and left anywhere within an authorized area, and Spin enrolled many users in areas that had lacked access to Pronto when it started operating. Furthermore, Pronto's network had failed to adequately provide service in areas ignored by Seattle's existing public transportation system.

When Spin became successful, similar services started up in Seattle, leading the city to introduce a permanent bike-sharing program in 2018. While this was a positive move for riders, it received a negative response from the companies that were forced to join the program if they wanted to continue doing business. The mandatory costs for the companies, such as permit fees and individual bike fees, proved to be too much. Two of the firms, including Spin, withdrew their services and left the city immediately following the program's introduction, putting the city's decision-making under the spotlight once again.

---

*(32)* According to the passage, what is true of Seattle's first bike-sharing service?

**1** The city's continuing refusal to provide additional funding for the company made it impossible for it to survive.

**2** The city finally decided to allow a nonprofit company to manage it after the service failed to gain popularity.

**3** While the service was popular with the public, low profits forced the city to look for funding elsewhere.

**4** When the company that operated it was unable to make it successful, the city bought and attempted to expand the service.

*(33)* What is one reason given for Pronto Cycle Share's failure?

**1** Improvements to the city's public transportation system made it less necessary for people to use bikes to get around.

**2** Gaps in its network meant that it was difficult for some residents to travel around the city easily.

**3** Riders stopped using the service when many accidents were blamed on the city's hills and poor weather.

**4** Problems with the smartphone software used to track the location of its bikes caused many riders to quit the service.

(34) What do we learn about the service provided by Spin?

**1** The style of the service's bikes was not popular with the public, despite it being far better than that of the previous bike-sharing service.

**2** The service was unable to compete with better-known companies that decided to introduce their own bike-sharing services in the city.

**3** A new program introduced by the city caused the service to become too expensive to keep running for the company that was operating it.

**4** While the public was positive about the service, the company that ran it was criticized by the city for the environmental damage it caused.

# *Antarctica's Wildlife*

Antarctica is a vast, nearly empty continent that is mostly covered in ice. In fact, less than 1 percent of its land is permanently ice-free. This tiny area is indispensable to much of the region's wildlife, including birds such as snow petrels, because it provides the most accessible environment for species that have their young on land. Although Antarctica lacks a permanent human population, features of human presence, such as research stations, tourist camps, and waste dumps, have increasingly been threatening Antarctica's natural environment in recent years. Overall, human activity has had a negative impact on 80 percent of the ice-free area.

Among the harmful consequences of human activities are disturbances to native wildlife and pollution from waste and vehicle emissions. A major ecological concern is the unplanned introduction of foreign plant and insect species that can harm their native counterparts. Furthermore, Antarctica has relatively few species types, so local varieties are highly vulnerable to replacement by nonnative species. Another threat to the environment is oil exploration. While it is currently forbidden under the Antarctic Treaty System, the ban appears likely to be challenged in the future. Technological advances in the oil industry have made it more economical to drill in harsh environments, and oil companies are pushing to expand their operations. For example, drilling is currently under way in Alaska's North Slope, an area of sub-zero temperatures where obtaining oil was once economically impractical.

The Antarctic Treaty System has designated 55 places on the continent as protected areas, but these amount to only a tiny fraction of the ice-free land. And the designation may not mean much either: research by biologist Justine Shaw of the University of Queensland and her colleagues showed that the protections implemented in Antarctica were in the bottom 25 percent in a best-to-worst ranking of the programs designed to safeguard vulnerable areas around the world. The same study also found that all 55 protected zones are located close to areas of human activity, and 7 are considered as being at high risk for biological invasion. According to Shaw, since conserving the continent's biodiversity is essential, areas with the greatest number of species should be prioritized when establishing protected zones. It is time, Shaw warns, to realize that just because Antarctica is an isolated region, that does not mean the continent does not suffer from serious threats to its biodiversity.

---

*(35)* What is said about the significance of Antarctica's ice-free land?

**1** It has not suffered as much environmental damage as other areas of the continent that are a lot colder have.

**2** It offers more potential than other areas as a place for humans to introduce new species to the region.

**3** It is home to animals from other areas of the continent that are escaping from rising human activity.

**4** It is the easiest place to get to for certain species that need to be on land to give birth to their young.

---

*(36)* The example of the North Slope of Alaska illustrates how

**1** a protected area designation can easily be removed to allow environmentally damaging activities to occur.

**2** agreements such as the Antarctic Treaty System are necessary in resource-rich areas of the world.

**3** innovations in drilling operations have made it more cost-effective to extract oil in areas with severe climates.

**4** the introduction of outside species can fundamentally change local ecosystems over a short period of time.

---

*(37)* What does Justine Shaw recommend be done to protect nature in Antarctica?

**1** Areas with the most variety of plants and animals should be given priority when establishing protected areas.

**2** The emphasis should be changed from areas threatened by invading species to those that are lacking in diversity.

**3** The animals that live in areas near where there is human activity should be moved to areas covered in ice.

**4** A larger number of protected areas should be designated in locations that lie outside Antarctica's ice-free zone.

# *Darwin's Paradox*

About two centuries ago, Charles Darwin sailed aboard a ship called the *Beagle* through the Indian Ocean. Although the warm, blue waters seemed like a highly suitable environment for supporting life, Darwin observed that sea creatures were scarce, seeing only the occasional fish in the clear ocean. Yet upon reaching a group of coral islands known as the Keeling Islands, he found an abundance of marine species around them. What was it, he wondered, that caused a coral island to become a fertile oasis amid the nearly lifeless desert of the ocean around it?

This mystery, which became known as "Darwin's Paradox," has long fascinated scientists. Since Darwin's time, they have determined that the very clarity of tropical seas is the reason for their lack of life, as they are not clouded by the tiny organisms known as phytoplankton, which are the main source of nutrition for marine ecosystems. In the Keelings, however, corals and other sea creatures, such as shrimp, have access to phytoplankton. Nitrogen and phosphorus—nutrients required by phytoplankton—are also present in the waters of the Keelings at levels high enough to sustain the reefs and various marine creatures. The factors supporting the growth of phytoplankton are known as the Island Mass Effect, or IME. What puzzled scientists at the time, though, was how nutrients could be maintained within the reef ecosystem rather than being washed out to the waters around them.

Researchers have finally put together all the pieces to show how the IME works. It begins with the formation of a coral reef on a high spot on the ocean floor. Corals need sunlight, so they do well in shallow water, and reef biodiversity is higher when they are located on gradual slopes rather than very steep areas. This is because gradual slopes are important for another key IME factor: upwelling, which is the movement of nutrient-rich cold water from the deep ocean to the nutrient-poor but brighter areas above. This provides food for the phytoplankton that feed corals. Sea creatures known as sponges are another key part of the process, as they suck in the waste products of both coral and phytoplankton, convert the products into substances that marine life higher up in the food chain can consume, and then expel the substances into nearby areas, where they are eaten. This keeps energy and nutrients in the closed loop of the reef ecosystem. Nutrient concentrations in the reef ecosystem are further enhanced by organic matter from the creatures that live and die both onshore and on the reef.

Tropical coral reefs are an important resource for the fishing industry, but they also protect coastal areas, buffering shorelines from the effects of storms and floods. As climate change raises global temperatures and alters the movement of ocean currents around the planet, reef ecosystems will be affected significantly. It will become increasingly vital to better understand the IME and take appropriate action to preserve it so that the harmful effects of future weather patterns on coral reefs can be reduced.

---

*(38)* Which of the following statements best summarizes "Darwin's Paradox"?

**1** Coral reefs that do not support much life are generally found in areas of the ocean that are home to a wide variety of marine species.

**2** In spite of the lack of life in the open water around them, coral reefs are able to support large populations of sea creatures.

**3** Coral reefs that form in cold water are better able to support life than those that develop where temperatures are higher.

**4** Sea creatures that live alone prefer to live near coral reefs, while those found in groups prefer parts of the ocean with warmer water.

(39) Scientists were puzzled by the Island Mass Effect because

1 although sea creatures do not eat the phytoplankton found in the open ocean, they consume huge amounts of it in areas near coral islands.

2 smaller coral islands seem to be much better able to prevent the loss of phytoplankton than larger coral islands are.

3 although smaller organisms obtain enough nitrogen and phosphorus, larger organisms are unable to get sufficient quantities of them.

4 coral islands appear to be able to sustain levels of nitrogen and phosphorus that are higher than those found in the open ocean.

---

(40) What role do sponges play in the IME?

1 They supply marine organisms with substances necessary for their survival by changing certain materials into a form that can be eaten.

2 Because they absorb a lot of sunlight that enters the water, they are able to provide more nutrients to steep areas around the islands.

3 The waste substances that the sponges produce are an important source of food for both corals and phytoplankton.

4 After feeding on phytoplankton, the sponges pass the nutrients on to the larger marine animals that feed on them.

---

(41) How might a better understanding of the IME be useful?

1 It could help scientists understand more clearly how global warming affects the patterns of storms and floods that form in coastal areas.

2 It might enable scientists to lessen the harmful effects that the fishing industry has had on the ecosystems around coral reefs.

3 It could help scientists to understand how ocean currents can be prevented from warming even though global temperatures are increasing.

4 It might enable scientists to discover ways to protect coral reefs against shifts in ocean currents and temperatures.

# 4 English Composition

- **Write an essay on the given TOPIC.**
- **Use TWO of the POINTS below to support your answer.**
- **Structure : introduction, main body, and conclusion**
- **Suggested length : 120–150 words**
- **Write your essay in the space provided on Side B of your answer sheet. Any writing outside the space will not be graded.**

**TOPIC**

***Agree or disagree: More people should become vegetarians in the future***

**POINTS**

- ***Animal rights***
- ***Cost***
- ***Environment***
- ***Health***

# *Listening Test*

**There are three parts to this listening test.**

| Part 1 | Dialogues : 1 question each | Multiple-choice |
|---|---|---|
| Part 2 | Passages : 2 questions each | Multiple-choice |
| Part 3 | Real-Life : 1 question each | Multiple-choice |

※ Listen carefully to the instructions.

## Part 1

*No. 1*
**1** Phone for a taxi.
**2** Walk to the restaurant.
**3** Wait for the rain to stop.
**4** Take the subway.

*No. 2*
**1** Cancel his meeting.
**2** Take the afternoon off.
**3** Wait to see if the pain decreases.
**4** Go to the dentist this morning.

*No. 3*
**1** Scientists often make wrong predictions.
**2** Pollution levels do not affect the weather.
**3** The high temperatures are nothing to worry about.
**4** The heat wave is related to global warming.

*No. 4*
**1** Change the dates of his business trip.
**2** Arrange a picnic for the playgroup.
**3** Find a park with a jungle gym.
**4** Give her directions to Fairfield Park.

*No. 5*

**1** She does not want to give their things to charity.
**2** She does not want to have another yard sale.
**3** She wants to change the moving date.
**4** She wants to advertise in the newspaper.

*No. 6*

**1** That she call his sister.
**2** That she ask a friend for help.
**3** That she start work later.
**4** That she take care of Carol's kids.

*No. 7*

**1** It will arrive no later than Friday.
**2** It is being looked into.
**3** It was sent back to the manufacturer.
**4** It has not yet been shipped.

*No. 8*

**1** He is now working as a teacher.
**2** He quit his restaurant job.
**3** He started a new career.
**4** He went back to school.

*No. 9*

**1** She will soon start work on a bigger project.
**2** She prefers her new office space.
**3** She wants her staff to hold fewer meetings.
**4** She is looking for a new office.

*No. 10*

**1** The class instructor is likely to fail him.
**2** He is concerned he will not meet the deadline.
**3** The woman refused to practice with him.
**4** He is not used to making presentations.

*No. 11*

**1** The woman should hire more staff.
**2** The new file clerk might be dismissed.
**3** The procedure for hiring staff is outdated.
**4** The woman is too concerned about Brent.

*No. 12*
**1** Attempt to sell the car.
**2** Stay with their current insurance company.
**3** Report the man's accident.
**4** Cancel their insurance policy.

## Part 2

*(A)* *No. 13*

**1** It causes the trees to die.
**2** It is impossible in dry areas.
**3** It requires considerable effort.
**4** It can damage the local environment.

*No. 14*

**1** Helped them gain business skills.
**2** Found them jobs in cosmetics companies.
**3** Located foreign producers for them.
**4** Established schools for their children.

---

*(B)* *No. 15*

**1** It was the first bridge to connect two islands.
**2** It was the longest bridge of its kind.
**3** It was designed by a woman.
**4** It was the first suspension bridge.

*No. 16*

**1** She was familiar with bridge construction.
**2** She was best qualified for the job.
**3** She was appointed by her father-in-law.
**4** She was representing her husband.

---

*(C)* *No. 17*

**1** They are less common than originally thought.
**2** They are only found in cold places.
**3** They can be found anywhere on Earth.
**4** They can be harder than rocks from Earth.

*No. 18*

**1** It provides useful information about our solar system.
**2** It led to the discovery of a new material.
**3** It shows that most micrometeorites are older than predicted.
**4** It helped to prove the age of the sun.

---

(D) *No. 19*

**1** He was hired to steal it by an art dealer.
**2** He wanted to show that the museum had poor security.
**3** He thought it should be returned to Italy.
**4** He believed it was a forgery.

*No. 20*

**1** It harmed Italy's reputation.
**2** It increased the *Mona Lisa*'s level of fame.
**3** It lowered the value of the *Mona Lisa*.
**4** It led to changes in Italian laws.

---

(E) *No. 21*

**1** It can be hard for farmers to take vacations.
**2** Government funding is being reduced.
**3** Crop farming is becoming less profitable.
**4** Keeping animals is more difficult than growing crops.

*No. 22*

**1** A lack of trust from farm owners.
**2** Intense competition for jobs.
**3** Convincing farmers to change their procedures.
**4** Becoming familiar with operations on each farm.

---

*(F)* *No. 23*

1 Improve air quality.
2 Reduce traffic accidents.
3 Help emergency services.
4 Increase security for pedestrians.

*No. 24*

1 The technology needed is not yet good enough.
2 The streetlights record people's private information.
3 The remote controls require too much electricity.
4 The streetlights are unsuitable for most cities.

## Part 3

(G) No. 25

***Situation :*** You receive the following voice mail after your first interview for a university teaching position in Canada. You are a legal resident of Canada.

***Question :*** What should you do first?

**1** Send a copy of your passport.
**2** Contact your previous employer.
**3** Schedule your second interview.
**4** Send copies of your recent publications.

---

(H) No. 26

***Situation :*** You hear the following commercial from SuperBuzz electronics store. You need a new printer for your home office and want the best deal.

***Question :*** What should you do?

**1** Make your purchase on Thursday or Friday.
**2** Wait until the weekend.
**3** Download the store's smartphone app.
**4** Bring in a coupon from a newspaper.

---

(I) No. 27

***Situation :*** Today, you need to drive to a nearby city for a two-day conference. Your husband has left a voice mail on your cell phone. You must depart within two hours.

***Question :*** What should you do?

**1** Have the snow tires put on.
**2** Borrow your husband's vehicle.
**3** Purchase chains tonight.
**4** Cancel your attendance.

---

(J) No. 28 ***Situation :*** You will head your company's new branch office in Japan. The company president tells you the following.

***Question :*** What should you do first?

**1** Ask coworkers to take over your work now.
**2** Begin searching for new clients in Japan.
**3** Let your clients know you are leaving.
**4** Identify a suitable person for your position.

---

(K) No. 29 ***Situation :*** It is your first day at a new job. You have questions about the tax forms you need to complete. The office manager tells you the following.

***Question :*** What should you do first?

**1** Contact Ms. Rodriguez.
**2** Ask the office manager for an ID.
**3** Speak with Stephanie.
**4** Meet Julia about getting an office.

# 二次試験

## 受験者用問題カードA

You have **one minute** to prepare.

This is a story about a couple who owned a flower farm.
You have **two minutes** to narrate the story.

Your story should begin with the following sentence :
**One day, a couple was working on their flower farm.**

# 問題カードA　Questions

No. 1　Please look at the fourth picture. If you were the woman, what would you be thinking?

No. 2　Do you think people are too concerned about the amount of chemicals used in food?

No. 3　Is it a good idea to use agricultural land for city developments?

No. 4　Should companies be required to show how their products are made?

編集部注：本ページの質問英文は問題カードには印刷されていません。

## 受験者用問題カードD

You have **one minute** to prepare.

This is a story about an elderly couple who owned a café.
You have **two minutes** to narrate the story.

Your story should begin with the following sentence:
**One day, a couple was at their café.**

# 問題カードD　Questions

No. 1　Please look at the fourth picture. If you were the woman, what would you be thinking?

No. 2　Do you think that people understand the responsibilities of owning a pet?

No. 3　Does society put too much pressure on people to have children?

No. 4　Is hunting animals acceptable in today's society?

編集部注：本ページの質問英文は問題カードには印刷されていません。

A面

# 準1級　一次試験解答用紙

【注意事項】

① 解答にはHBの黒鉛筆（シャープペンシルも可）を使用し，解答を訂正する場合には消しゴムで完全に消してください。

② 解答用紙は絶対に汚したり折り曲げたり，所定以外のところへの記入はしないでください。

③ マーク例

| 良い例 | 悪い例 |
|---|---|
| ● | ⊙ ⊗ ◓ |

これ以下の濃さのマークは読めません。

| 解答欄 | | | | | |
|---|---|---|---|---|---|
| 問題番号 | | 1 | 2 | 3 | 4 |
| 1 | (1) | ① | ② | ③ | ④ |
| | (2) | ① | ② | ③ | ④ |
| | (3) | ① | ② | ③ | ④ |
| | (4) | ① | ② | ③ | ④ |
| | (5) | ① | ② | ③ | ④ |
| | (6) | ① | ② | ③ | ④ |
| | (7) | ① | ② | ③ | ④ |
| | (8) | ① | ② | ③ | ④ |
| | (9) | ① | ② | ③ | ④ |
| | (10) | ① | ② | ③ | ④ |
| | (11) | ① | ② | ③ | ④ |
| | (12) | ① | ② | ③ | ④ |
| | (13) | ① | ② | ③ | ④ |
| | (14) | ① | ② | ③ | ④ |
| | (15) | ① | ② | ③ | ④ |
| | (16) | ① | ② | ③ | ④ |
| | (17) | ① | ② | ③ | ④ |
| | (18) | ① | ② | ③ | ④ |
| | (19) | ① | ② | ③ | ④ |
| | (20) | ① | ② | ③ | ④ |
| | (21) | ① | ② | ③ | ④ |
| | (22) | ① | ② | ③ | ④ |
| | (23) | ① | ② | ③ | ④ |
| | (24) | ① | ② | ③ | ④ |
| | (25) | ① | ② | ③ | ④ |

| 解答欄 | | | | | |
|---|---|---|---|---|---|
| 問題番号 | | 1 | 2 | 3 | 4 |
| 2 | (26) | ① | ② | ③ | ④ |
| | (27) | ① | ② | ③ | ④ |
| | (28) | ① | ② | ③ | ④ |
| | (29) | ① | ② | ③ | ④ |
| | (30) | ① | ② | ③ | ④ |
| | (31) | ① | ② | ③ | ④ |
| 3 | (32) | ① | ② | ③ | ④ |
| | (33) | ① | ② | ③ | ④ |
| | (34) | ① | ② | ③ | ④ |
| | (35) | ① | ② | ③ | ④ |
| | (36) | ① | ② | ③ | ④ |
| | (37) | ① | ② | ③ | ④ |
| | (38) | ① | ② | ③ | ④ |
| | (39) | ① | ② | ③ | ④ |
| | (40) | ① | ② | ③ | ④ |
| | (41) | ① | ② | ③ | ④ |

4の解答欄はB面（裏面）にあります。

| リスニング解答欄 | | | | | | |
|---|---|---|---|---|---|---|
| 問題番号 | | | 1 | 2 | 3 | 4 |
| Part 1 | | No. 1 | ① | ② | ③ | ④ |
| | | No. 2 | ① | ② | ③ | ④ |
| | | No. 3 | ① | ② | ③ | ④ |
| | | No. 4 | ① | ② | ③ | ④ |
| | | No. 5 | ① | ② | ③ | ④ |
| | | No. 6 | ① | ② | ③ | ④ |
| | | No. 7 | ① | ② | ③ | ④ |
| | | No. 8 | ① | ② | ③ | ④ |
| | | No. 9 | ① | ② | ③ | ④ |
| | | No. 10 | ① | ② | ③ | ④ |
| | | No. 11 | ① | ② | ③ | ④ |
| | | No. 12 | ① | ② | ③ | ④ |
| Part 2 | A | No. 13 | ① | ② | ③ | ④ |
| | | No. 14 | ① | ② | ③ | ④ |
| | B | No. 15 | ① | ② | ③ | ④ |
| | | No. 16 | ① | ② | ③ | ④ |
| | C | No. 17 | ① | ② | ③ | ④ |
| | | No. 18 | ① | ② | ③ | ④ |
| | D | No. 19 | ① | ② | ③ | ④ |
| | | No. 20 | ① | ② | ③ | ④ |
| | E | No. 21 | ① | ② | ③ | ④ |
| | | No. 22 | ① | ② | ③ | ④ |
| | F | No. 23 | ① | ② | ③ | ④ |
| | | No. 24 | ① | ② | ③ | ④ |
| Part 3 | G | No. 25 | ① | ② | ③ | ④ |
| | H | No. 26 | ① | ② | ③ | ④ |
| | I | No. 27 | ① | ② | ③ | ④ |
| | J | No. 28 | ① | ② | ③ | ④ |
| | K | No. 29 | ① | ② | ③ | ④ |

編集部注：実際の解答用紙とは，デザイン・サイズが異なります。

B面

・指示事項を守り，文字は，はっきりと分かりやすく書いてください。
・太枠に囲まれた部分のみが採点の対象です。

## 4 English Composition

Write your English Composition in the space below.

編集部注：実際の解答用紙とは，デザイン・サイズが異なります。

A面

# 準1級　一次試験解答用紙

【注意事項】

① 解答にはHBの黒鉛筆（シャープペンシルも可）を使用し，解答を訂正する場合には消しゴムで完全に消してください。

② 解答用紙は絶対に汚したり折り曲げたり，所定以外のところへの記入はしないでください。

③ マーク例

| 良い例 | 悪い例 |
|---|---|
| ● | ⊙ ⊠ ◓ |

これ以下の濃さのマークは読めません。

| 解答欄 | | | | | |
|---|---|---|---|---|---|
| 問題番号 | | 1 | 2 | 3 | 4 |
| 1 | (1) | ① | ② | ③ | ④ |
| | (2) | ① | ② | ③ | ④ |
| | (3) | ① | ② | ③ | ④ |
| | (4) | ① | ② | ③ | ④ |
| | (5) | ① | ② | ③ | ④ |
| | (6) | ① | ② | ③ | ④ |
| | (7) | ① | ② | ③ | ④ |
| | (8) | ① | ② | ③ | ④ |
| | (9) | ① | ② | ③ | ④ |
| | (10) | ① | ② | ③ | ④ |
| | (11) | ① | ② | ③ | ④ |
| | (12) | ① | ② | ③ | ④ |
| | (13) | ① | ② | ③ | ④ |
| | (14) | ① | ② | ③ | ④ |
| | (15) | ① | ② | ③ | ④ |
| | (16) | ① | ② | ③ | ④ |
| | (17) | ① | ② | ③ | ④ |
| | (18) | ① | ② | ③ | ④ |
| | (19) | ① | ② | ③ | ④ |
| | (20) | ① | ② | ③ | ④ |
| | (21) | ① | ② | ③ | ④ |
| | (22) | ① | ② | ③ | ④ |
| | (23) | ① | ② | ③ | ④ |
| | (24) | ① | ② | ③ | ④ |
| | (25) | ① | ② | ③ | ④ |

| 解答欄 | | | | | |
|---|---|---|---|---|---|
| 問題番号 | | 1 | 2 | 3 | 4 |
| 2 | (26) | ① | ② | ③ | ④ |
| | (27) | ① | ② | ③ | ④ |
| | (28) | ① | ② | ③ | ④ |
| | (29) | ① | ② | ③ | ④ |
| | (30) | ① | ② | ③ | ④ |
| | (31) | ① | ② | ③ | ④ |
| 3 | (32) | ① | ② | ③ | ④ |
| | (33) | ① | ② | ③ | ④ |
| | (34) | ① | ② | ③ | ④ |
| | (35) | ① | ② | ③ | ④ |
| | (36) | ① | ② | ③ | ④ |
| | (37) | ① | ② | ③ | ④ |
| | (38) | ① | ② | ③ | ④ |
| | (39) | ① | ② | ③ | ④ |
| | (40) | ① | ② | ③ | ④ |
| | (41) | ① | ② | ③ | ④ |

4の解答欄はB面（裏面）にあります。

| リスニング解答欄 | | | | | | |
|---|---|---|---|---|---|---|
| 問題番号 | | | 1 | 2 | 3 | 4 |
| Part 1 | | No. 1 | ① | ② | ③ | ④ |
| | | No. 2 | ① | ② | ③ | ④ |
| | | No. 3 | ① | ② | ③ | ④ |
| | | No. 4 | ① | ② | ③ | ④ |
| | | No. 5 | ① | ② | ③ | ④ |
| | | No. 6 | ① | ② | ③ | ④ |
| | | No. 7 | ① | ② | ③ | ④ |
| | | No. 8 | ① | ② | ③ | ④ |
| | | No. 9 | ① | ② | ③ | ④ |
| | | No. 10 | ① | ② | ③ | ④ |
| | | No. 11 | ① | ② | ③ | ④ |
| | | No. 12 | ① | ② | ③ | ④ |
| Part 2 | A | No. 13 | ① | ② | ③ | ④ |
| | | No. 14 | ① | ② | ③ | ④ |
| | B | No. 15 | ① | ② | ③ | ④ |
| | | No. 16 | ① | ② | ③ | ④ |
| | C | No. 17 | ① | ② | ③ | ④ |
| | | No. 18 | ① | ② | ③ | ④ |
| | D | No. 19 | ① | ② | ③ | ④ |
| | | No. 20 | ① | ② | ③ | ④ |
| | E | No. 21 | ① | ② | ③ | ④ |
| | | No. 22 | ① | ② | ③ | ④ |
| | F | No. 23 | ① | ② | ③ | ④ |
| | | No. 24 | ① | ② | ③ | ④ |
| Part 3 | G | No. 25 | ① | ② | ③ | ④ |
| | H | No. 26 | ① | ② | ③ | ④ |
| | I | No. 27 | ① | ② | ③ | ④ |
| | J | No. 28 | ① | ② | ③ | ④ |
| | K | No. 29 | ① | ② | ③ | ④ |

編集部注：実際の解答用紙とは，デザイン・サイズが異なります。

・指示事項を守り，文字は，はっきりと分かりやすく書いてください。
・太枠に囲まれた部分のみが採点の対象です。

## 4 English Composition

Write your English Composition in the space below.

編集部注：実際の解答用紙とは，デザイン・サイズが異なります。

A面

# 準1級　一次試験解答用紙

【注意事項】

① 解答には HB の黒鉛筆（シャープペンシルも可）を使用し，解答を訂正する場合には消しゴムで完全に消してください。

② 解答用紙は絶対に汚したり折り曲げたり，所定以外のところへの記入はしないでください。

③ マーク例

| 良い例 | 悪い例 |
|---|---|
| ● | ⊙ ⊠ ◓ |

これ以下の濃さのマークは読めません。

| 解答欄 | | | | | |
|---|---|---|---|---|---|
| 問題番号 | | 1 | 2 | 3 | 4 |
| 1 | (1) | ① | ② | ③ | ④ |
| | (2) | ① | ② | ③ | ④ |
| | (3) | ① | ② | ③ | ④ |
| | (4) | ① | ② | ③ | ④ |
| | (5) | ① | ② | ③ | ④ |
| | (6) | ① | ② | ③ | ④ |
| | (7) | ① | ② | ③ | ④ |
| | (8) | ① | ② | ③ | ④ |
| | (9) | ① | ② | ③ | ④ |
| | (10) | ① | ② | ③ | ④ |
| | (11) | ① | ② | ③ | ④ |
| | (12) | ① | ② | ③ | ④ |
| | (13) | ① | ② | ③ | ④ |
| | (14) | ① | ② | ③ | ④ |
| | (15) | ① | ② | ③ | ④ |
| | (16) | ① | ② | ③ | ④ |
| | (17) | ① | ② | ③ | ④ |
| | (18) | ① | ② | ③ | ④ |
| | (19) | ① | ② | ③ | ④ |
| | (20) | ① | ② | ③ | ④ |
| | (21) | ① | ② | ③ | ④ |
| | (22) | ① | ② | ③ | ④ |
| | (23) | ① | ② | ③ | ④ |
| | (24) | ① | ② | ③ | ④ |
| | (25) | ① | ② | ③ | ④ |

| 解答欄 | | | | | |
|---|---|---|---|---|---|
| 問題番号 | | 1 | 2 | 3 | 4 |
| 2 | (26) | ① | ② | ③ | ④ |
| | (27) | ① | ② | ③ | ④ |
| | (28) | ① | ② | ③ | ④ |
| | (29) | ① | ② | ③ | ④ |
| | (30) | ① | ② | ③ | ④ |
| | (31) | ① | ② | ③ | ④ |
| 3 | (32) | ① | ② | ③ | ④ |
| | (33) | ① | ② | ③ | ④ |
| | (34) | ① | ② | ③ | ④ |
| | (35) | ① | ② | ③ | ④ |
| | (36) | ① | ② | ③ | ④ |
| | (37) | ① | ② | ③ | ④ |
| | (38) | ① | ② | ③ | ④ |
| | (39) | ① | ② | ③ | ④ |
| | (40) | ① | ② | ③ | ④ |
| | (41) | ① | ② | ③ | ④ |

4の解答欄はB面（裏面）にあります。

| リスニング解答欄 | | | | | | |
|---|---|---|---|---|---|---|
| 問題番号 | | | 1 | 2 | 3 | 4 |
| Part 1 | | No. 1 | ① | ② | ③ | ④ |
| | | No. 2 | ① | ② | ③ | ④ |
| | | No. 3 | ① | ② | ③ | ④ |
| | | No. 4 | ① | ② | ③ | ④ |
| | | No. 5 | ① | ② | ③ | ④ |
| | | No. 6 | ① | ② | ③ | ④ |
| | | No. 7 | ① | ② | ③ | ④ |
| | | No. 8 | ① | ② | ③ | ④ |
| | | No. 9 | ① | ② | ③ | ④ |
| | | No. 10 | ① | ② | ③ | ④ |
| | | No. 11 | ① | ② | ③ | ④ |
| | | No. 12 | ① | ② | ③ | ④ |
| Part 2 | A | No. 13 | ① | ② | ③ | ④ |
| | | No. 14 | ① | ② | ③ | ④ |
| | B | No. 15 | ① | ② | ③ | ④ |
| | | No. 16 | ① | ② | ③ | ④ |
| | C | No. 17 | ① | ② | ③ | ④ |
| | | No. 18 | ① | ② | ③ | ④ |
| | D | No. 19 | ① | ② | ③ | ④ |
| | | No. 20 | ① | ② | ③ | ④ |
| | E | No. 21 | ① | ② | ③ | ④ |
| | | No. 22 | ① | ② | ③ | ④ |
| | F | No. 23 | ① | ② | ③ | ④ |
| | | No. 24 | ① | ② | ③ | ④ |
| Part 3 | G | No. 25 | ① | ② | ③ | ④ |
| | H | No. 26 | ① | ② | ③ | ④ |
| | I | No. 27 | ① | ② | ③ | ④ |
| | J | No. 28 | ① | ② | ③ | ④ |
| | K | No. 29 | ① | ② | ③ | ④ |

編集部注：実際の解答用紙とは，デザイン・サイズが異なります。

B面

・指示事項を守り，文字は，はっきりと分かりやすく書いてください。
・太枠に囲まれた部分のみが採点の対象です。

## 4 English Composition

Write your English Composition in the space below.

編集部注：実際の解答用紙とは，デザイン・サイズが異なります。

A面

# 準1級　一次試験解答用紙

**【注意事項】**

① 解答にはHBの黒鉛筆（シャープペンシルも可）を使用し，解答を訂正する場合には消しゴムで完全に消してください。

② 解答用紙は絶対に汚したり折り曲げたり，所定以外のところへの記入はしないでください。

③ マーク例

| 良い例 | 悪い例 |
|---|---|
| ● | ⊙ ⊗ ◓ |

⓪ これ以下の濃さのマークは読めません。

**解答欄**

| 問題番号 | | 1 | 2 | 3 | 4 |
|---|---|---|---|---|---|
| 1 | (1) | ① | ② | ③ | ④ |
| | (2) | ① | ② | ③ | ④ |
| | (3) | ① | ② | ③ | ④ |
| | (4) | ① | ② | ③ | ④ |
| | (5) | ① | ② | ③ | ④ |
| | (6) | ① | ② | ③ | ④ |
| | (7) | ① | ② | ③ | ④ |
| | (8) | ① | ② | ③ | ④ |
| | (9) | ① | ② | ③ | ④ |
| | (10) | ① | ② | ③ | ④ |
| | (11) | ① | ② | ③ | ④ |
| | (12) | ① | ② | ③ | ④ |
| | (13) | ① | ② | ③ | ④ |
| | (14) | ① | ② | ③ | ④ |
| | (15) | ① | ② | ③ | ④ |
| | (16) | ① | ② | ③ | ④ |
| | (17) | ① | ② | ③ | ④ |
| | (18) | ① | ② | ③ | ④ |
| | (19) | ① | ② | ③ | ④ |
| | (20) | ① | ② | ③ | ④ |
| | (21) | ① | ② | ③ | ④ |
| | (22) | ① | ② | ③ | ④ |
| | (23) | ① | ② | ③ | ④ |
| | (24) | ① | ② | ③ | ④ |
| | (25) | ① | ② | ③ | ④ |

**解答欄**

| 問題番号 | | 1 | 2 | 3 | 4 |
|---|---|---|---|---|---|
| 2 | (26) | ① | ② | ③ | ④ |
| | (27) | ① | ② | ③ | ④ |
| | (28) | ① | ② | ③ | ④ |
| | (29) | ① | ② | ③ | ④ |
| | (30) | ① | ② | ③ | ④ |
| | (31) | ① | ② | ③ | ④ |
| 3 | (32) | ① | ② | ③ | ④ |
| | (33) | ① | ② | ③ | ④ |
| | (34) | ① | ② | ③ | ④ |
| | (35) | ① | ② | ③ | ④ |
| | (36) | ① | ② | ③ | ④ |
| | (37) | ① | ② | ③ | ④ |
| | (38) | ① | ② | ③ | ④ |
| | (39) | ① | ② | ③ | ④ |
| | (40) | ① | ② | ③ | ④ |
| | (41) | ① | ② | ③ | ④ |

4の解答欄はB面（裏面）にあります。

**リスニング解答欄**

| 問題番号 | | | 1 | 2 | 3 | 4 |
|---|---|---|---|---|---|---|
| Part 1 | | No. 1 | ① | ② | ③ | ④ |
| | | No. 2 | ① | ② | ③ | ④ |
| | | No. 3 | ① | ② | ③ | ④ |
| | | No. 4 | ① | ② | ③ | ④ |
| | | No. 5 | ① | ② | ③ | ④ |
| | | No. 6 | ① | ② | ③ | ④ |
| | | No. 7 | ① | ② | ③ | ④ |
| | | No. 8 | ① | ② | ③ | ④ |
| | | No. 9 | ① | ② | ③ | ④ |
| | | No. 10 | ① | ② | ③ | ④ |
| | | No. 11 | ① | ② | ③ | ④ |
| | | No. 12 | ① | ② | ③ | ④ |
| Part 2 | A | No. 13 | ① | ② | ③ | ④ |
| | | No. 14 | ① | ② | ③ | ④ |
| | B | No. 15 | ① | ② | ③ | ④ |
| | | No. 16 | ① | ② | ③ | ④ |
| | C | No. 17 | ① | ② | ③ | ④ |
| | | No. 18 | ① | ② | ③ | ④ |
| | D | No. 19 | ① | ② | ③ | ④ |
| | | No. 20 | ① | ② | ③ | ④ |
| | E | No. 21 | ① | ② | ③ | ④ |
| | | No. 22 | ① | ② | ③ | ④ |
| | F | No. 23 | ① | ② | ③ | ④ |
| | | No. 24 | ① | ② | ③ | ④ |
| Part 3 | G | No. 25 | ① | ② | ③ | ④ |
| | H | No. 26 | ① | ② | ③ | ④ |
| | I | No. 27 | ① | ② | ③ | ④ |
| | J | No. 28 | ① | ② | ③ | ④ |
| | K | No. 29 | ① | ② | ③ | ④ |

編集部注：実際の解答用紙とは，デザイン・サイズが異なります。

B面

・指示事項を守り，文字は，はっきりと分かりやすく書いてください。
・太枠に囲まれた部分のみが採点の対象です。

## 4 English Composition

Write your English Composition in the space below.

編集部注：実際の解答用紙とは，デザイン・サイズが異なります。

A面

# 準1級　一次試験解答用紙

【注意事項】

① 解答にはHBの黒鉛筆（シャープペンシルも可）を使用し，解答を訂正する場合には消しゴムで完全に消してください。

② 解答用紙は絶対に汚したり折り曲げたり，所定以外のところへの記入はしないでください。

③ マーク例

| 良い例 | 悪い例 |
|---|---|
| ● | ⊙ ⊗ ◓ |

これ以下の濃さのマークは読めません。

| 解答欄 | | | | | |
|---|---|---|---|---|---|
| 問題番号 | | 1 | 2 | 3 | 4 |
| 1 | (1) | ① | ② | ③ | ④ |
| | (2) | ① | ② | ③ | ④ |
| | (3) | ① | ② | ③ | ④ |
| | (4) | ① | ② | ③ | ④ |
| | (5) | ① | ② | ③ | ④ |
| | (6) | ① | ② | ③ | ④ |
| | (7) | ① | ② | ③ | ④ |
| | (8) | ① | ② | ③ | ④ |
| | (9) | ① | ② | ③ | ④ |
| | (10) | ① | ② | ③ | ④ |
| | (11) | ① | ② | ③ | ④ |
| | (12) | ① | ② | ③ | ④ |
| | (13) | ① | ② | ③ | ④ |
| | (14) | ① | ② | ③ | ④ |
| | (15) | ① | ② | ③ | ④ |
| | (16) | ① | ② | ③ | ④ |
| | (17) | ① | ② | ③ | ④ |
| | (18) | ① | ② | ③ | ④ |
| | (19) | ① | ② | ③ | ④ |
| | (20) | ① | ② | ③ | ④ |
| | (21) | ① | ② | ③ | ④ |
| | (22) | ① | ② | ③ | ④ |
| | (23) | ① | ② | ③ | ④ |
| | (24) | ① | ② | ③ | ④ |
| | (25) | ① | ② | ③ | ④ |

| 解答欄 | | | | | |
|---|---|---|---|---|---|
| 問題番号 | | 1 | 2 | 3 | 4 |
| 2 | (26) | ① | ② | ③ | ④ |
| | (27) | ① | ② | ③ | ④ |
| | (28) | ① | ② | ③ | ④ |
| | (29) | ① | ② | ③ | ④ |
| | (30) | ① | ② | ③ | ④ |
| | (31) | ① | ② | ③ | ④ |
| 3 | (32) | ① | ② | ③ | ④ |
| | (33) | ① | ② | ③ | ④ |
| | (34) | ① | ② | ③ | ④ |
| | (35) | ① | ② | ③ | ④ |
| | (36) | ① | ② | ③ | ④ |
| | (37) | ① | ② | ③ | ④ |
| | (38) | ① | ② | ③ | ④ |
| | (39) | ① | ② | ③ | ④ |
| | (40) | ① | ② | ③ | ④ |
| | (41) | ① | ② | ③ | ④ |

4の解答欄はB面（裏面）にあります。

| リスニング解答欄 | | | | | | |
|---|---|---|---|---|---|---|
| 問題番号 | | | 1 | 2 | 3 | 4 |
| Part 1 | | No. 1 | ① | ② | ③ | ④ |
| | | No. 2 | ① | ② | ③ | ④ |
| | | No. 3 | ① | ② | ③ | ④ |
| | | No. 4 | ① | ② | ③ | ④ |
| | | No. 5 | ① | ② | ③ | ④ |
| | | No. 6 | ① | ② | ③ | ④ |
| | | No. 7 | ① | ② | ③ | ④ |
| | | No. 8 | ① | ② | ③ | ④ |
| | | No. 9 | ① | ② | ③ | ④ |
| | | No. 10 | ① | ② | ③ | ④ |
| | | No. 11 | ① | ② | ③ | ④ |
| | | No. 12 | ① | ② | ③ | ④ |
| Part 2 | A | No. 13 | ① | ② | ③ | ④ |
| | | No. 14 | ① | ② | ③ | ④ |
| | B | No. 15 | ① | ② | ③ | ④ |
| | | No. 16 | ① | ② | ③ | ④ |
| | C | No. 17 | ① | ② | ③ | ④ |
| | | No. 18 | ① | ② | ③ | ④ |
| | D | No. 19 | ① | ② | ③ | ④ |
| | | No. 20 | ① | ② | ③ | ④ |
| | E | No. 21 | ① | ② | ③ | ④ |
| | | No. 22 | ① | ② | ③ | ④ |
| | F | No. 23 | ① | ② | ③ | ④ |
| | | No. 24 | ① | ② | ③ | ④ |
| Part 3 | G | No. 25 | ① | ② | ③ | ④ |
| | H | No. 26 | ① | ② | ③ | ④ |
| | I | No. 27 | ① | ② | ③ | ④ |
| | J | No. 28 | ① | ② | ③ | ④ |
| | K | No. 29 | ① | ② | ③ | ④ |

編集部注：実際の解答用紙とは，デザイン・サイズが異なります。

B面

・指示事項を守り，文字は，はっきりと分かりやすく書いてください。
・太枠に囲まれた部分のみが採点の対象です。

## 4 English Composition

Write your English Composition in the space below.

編集部注：実際の解答用紙とは，デザイン・サイズが異なります。

A面

# 準1級　一次試験解答用紙

【注意事項】

① 解答にはHBの黒鉛筆（シャープペンシルも可）を使用し，解答を訂正する場合には消しゴムで完全に消してください。

② 解答用紙は絶対に汚したり折り曲げたり，所定以外のところへの記入はしないでください。

③ マーク例

| 良い例 | 悪い例 |
|---|---|
| ● | ⊙ ⊗ ◓ |

これ以下の濃さのマークは読めません。

| 解答欄 | | | | | |
|---|---|---|---|---|---|
| 問題番号 | | 1 | 2 | 3 | 4 |
| 1 | (1) | ① | ② | ③ | ④ |
| | (2) | ① | ② | ③ | ④ |
| | (3) | ① | ② | ③ | ④ |
| | (4) | ① | ② | ③ | ④ |
| | (5) | ① | ② | ③ | ④ |
| | (6) | ① | ② | ③ | ④ |
| | (7) | ① | ② | ③ | ④ |
| | (8) | ① | ② | ③ | ④ |
| | (9) | ① | ② | ③ | ④ |
| | (10) | ① | ② | ③ | ④ |
| | (11) | ① | ② | ③ | ④ |
| | (12) | ① | ② | ③ | ④ |
| | (13) | ① | ② | ③ | ④ |
| | (14) | ① | ② | ③ | ④ |
| | (15) | ① | ② | ③ | ④ |
| | (16) | ① | ② | ③ | ④ |
| | (17) | ① | ② | ③ | ④ |
| | (18) | ① | ② | ③ | ④ |
| | (19) | ① | ② | ③ | ④ |
| | (20) | ① | ② | ③ | ④ |
| | (21) | ① | ② | ③ | ④ |
| | (22) | ① | ② | ③ | ④ |
| | (23) | ① | ② | ③ | ④ |
| | (24) | ① | ② | ③ | ④ |
| | (25) | ① | ② | ③ | ④ |

| 解答欄 | | | | | |
|---|---|---|---|---|---|
| 問題番号 | | 1 | 2 | 3 | 4 |
| 2 | (26) | ① | ② | ③ | ④ |
| | (27) | ① | ② | ③ | ④ |
| | (28) | ① | ② | ③ | ④ |
| | (29) | ① | ② | ③ | ④ |
| | (30) | ① | ② | ③ | ④ |
| | (31) | ① | ② | ③ | ④ |
| 3 | (32) | ① | ② | ③ | ④ |
| | (33) | ① | ② | ③ | ④ |
| | (34) | ① | ② | ③ | ④ |
| | (35) | ① | ② | ③ | ④ |
| | (36) | ① | ② | ③ | ④ |
| | (37) | ① | ② | ③ | ④ |
| | (38) | ① | ② | ③ | ④ |
| | (39) | ① | ② | ③ | ④ |
| | (40) | ① | ② | ③ | ④ |
| | (41) | ① | ② | ③ | ④ |

4 の解答欄はB面（裏面）にあります。

| リスニング解答欄 | | | | | | |
|---|---|---|---|---|---|---|
| 問題番号 | | | 1 | 2 | 3 | 4 |
| Part 1 | | No. 1 | ① | ② | ③ | ④ |
| | | No. 2 | ① | ② | ③ | ④ |
| | | No. 3 | ① | ② | ③ | ④ |
| | | No. 4 | ① | ② | ③ | ④ |
| | | No. 5 | ① | ② | ③ | ④ |
| | | No. 6 | ① | ② | ③ | ④ |
| | | No. 7 | ① | ② | ③ | ④ |
| | | No. 8 | ① | ② | ③ | ④ |
| | | No. 9 | ① | ② | ③ | ④ |
| | | No. 10 | ① | ② | ③ | ④ |
| | | No. 11 | ① | ② | ③ | ④ |
| | | No. 12 | ① | ② | ③ | ④ |
| Part 2 | A | No. 13 | ① | ② | ③ | ④ |
| | | No. 14 | ① | ② | ③ | ④ |
| | B | No. 15 | ① | ② | ③ | ④ |
| | | No. 16 | ① | ② | ③ | ④ |
| | C | No. 17 | ① | ② | ③ | ④ |
| | | No. 18 | ① | ② | ③ | ④ |
| | D | No. 19 | ① | ② | ③ | ④ |
| | | No. 20 | ① | ② | ③ | ④ |
| | E | No. 21 | ① | ② | ③ | ④ |
| | | No. 22 | ① | ② | ③ | ④ |
| | F | No. 23 | ① | ② | ③ | ④ |
| | | No. 24 | ① | ② | ③ | ④ |
| Part 3 | G | No. 25 | ① | ② | ③ | ④ |
| | H | No. 26 | ① | ② | ③ | ④ |
| | I | No. 27 | ① | ② | ③ | ④ |
| | J | No. 28 | ① | ② | ③ | ④ |
| | K | No. 29 | ① | ② | ③ | ④ |

編集部注：実際の解答用紙とは，デザイン・サイズが異なります。

B面

・指示事項を守り，文字は，はっきりと分かりやすく書いてください。
・太枠に囲まれた部分のみが採点の対象です。

## 4 English Composition

Write your English Composition in the space below.

編集部注：実際の解答用紙とは，デザイン・サイズが異なります。

A面

# 準1級　一次試験解答用紙

【注意事項】

① 解答にはHBの黒鉛筆（シャープペンシルも可）を使用し，解答を訂正する場合には消しゴムで完全に消してください。

② 解答用紙は絶対に汚したり折り曲げたり，所定以外のところへの記入はしないでください。

③ マーク例

| 良い例 | 悪い例 |
|---|---|
| ● | ⊙ ⊗ ◓ |

⓪ これ以下の濃さのマークは読めません。

| 解答欄 | | | | | |
|---|---|---|---|---|---|
| 問題番号 | | 1 | 2 | 3 | 4 |
| 1 | (1) | ① | ② | ③ | ④ |
| | (2) | ① | ② | ③ | ④ |
| | (3) | ① | ② | ③ | ④ |
| | (4) | ① | ② | ③ | ④ |
| | (5) | ① | ② | ③ | ④ |
| | (6) | ① | ② | ③ | ④ |
| | (7) | ① | ② | ③ | ④ |
| | (8) | ① | ② | ③ | ④ |
| | (9) | ① | ② | ③ | ④ |
| | (10) | ① | ② | ③ | ④ |
| | (11) | ① | ② | ③ | ④ |
| | (12) | ① | ② | ③ | ④ |
| | (13) | ① | ② | ③ | ④ |
| | (14) | ① | ② | ③ | ④ |
| | (15) | ① | ② | ③ | ④ |
| | (16) | ① | ② | ③ | ④ |
| | (17) | ① | ② | ③ | ④ |
| | (18) | ① | ② | ③ | ④ |
| | (19) | ① | ② | ③ | ④ |
| | (20) | ① | ② | ③ | ④ |
| | (21) | ① | ② | ③ | ④ |
| | (22) | ① | ② | ③ | ④ |
| | (23) | ① | ② | ③ | ④ |
| | (24) | ① | ② | ③ | ④ |
| | (25) | ① | ② | ③ | ④ |

| 解答欄 | | | | | |
|---|---|---|---|---|---|
| 問題番号 | | 1 | 2 | 3 | 4 |
| 2 | (26) | ① | ② | ③ | ④ |
| | (27) | ① | ② | ③ | ④ |
| | (28) | ① | ② | ③ | ④ |
| | (29) | ① | ② | ③ | ④ |
| | (30) | ① | ② | ③ | ④ |
| | (31) | ① | ② | ③ | ④ |
| 3 | (32) | ① | ② | ③ | ④ |
| | (33) | ① | ② | ③ | ④ |
| | (34) | ① | ② | ③ | ④ |
| | (35) | ① | ② | ③ | ④ |
| | (36) | ① | ② | ③ | ④ |
| | (37) | ① | ② | ③ | ④ |
| | (38) | ① | ② | ③ | ④ |
| | (39) | ① | ② | ③ | ④ |
| | (40) | ① | ② | ③ | ④ |
| | (41) | ① | ② | ③ | ④ |

4の解答欄はB面（裏面）にあります。

| リスニング解答欄 | | | | | | |
|---|---|---|---|---|---|---|
| 問題番号 | | | 1 | 2 | 3 | 4 |
| Part 1 | | No. 1 | ① | ② | ③ | ④ |
| | | No. 2 | ① | ② | ③ | ④ |
| | | No. 3 | ① | ② | ③ | ④ |
| | | No. 4 | ① | ② | ③ | ④ |
| | | No. 5 | ① | ② | ③ | ④ |
| | | No. 6 | ① | ② | ③ | ④ |
| | | No. 7 | ① | ② | ③ | ④ |
| | | No. 8 | ① | ② | ③ | ④ |
| | | No. 9 | ① | ② | ③ | ④ |
| | | No. 10 | ① | ② | ③ | ④ |
| | | No. 11 | ① | ② | ③ | ④ |
| | | No. 12 | ① | ② | ③ | ④ |
| Part 2 | A | No. 13 | ① | ② | ③ | ④ |
| | | No. 14 | ① | ② | ③ | ④ |
| | B | No. 15 | ① | ② | ③ | ④ |
| | | No. 16 | ① | ② | ③ | ④ |
| | C | No. 17 | ① | ② | ③ | ④ |
| | | No. 18 | ① | ② | ③ | ④ |
| | D | No. 19 | ① | ② | ③ | ④ |
| | | No. 20 | ① | ② | ③ | ④ |
| | E | No. 21 | ① | ② | ③ | ④ |
| | | No. 22 | ① | ② | ③ | ④ |
| | F | No. 23 | ① | ② | ③ | ④ |
| | | No. 24 | ① | ② | ③ | ④ |
| Part 3 | G | No. 25 | ① | ② | ③ | ④ |
| | H | No. 26 | ① | ② | ③ | ④ |
| | I | No. 27 | ① | ② | ③ | ④ |
| | J | No. 28 | ① | ② | ③ | ④ |
| | K | No. 29 | ① | ② | ③ | ④ |

編集部注：実際の解答用紙とは，デザイン・サイズが異なります。

B面

・指示事項を守り，文字は，はっきりと分かりやすく書いてください。
・太枠に囲まれた部分のみが採点の対象です。

## 4 English Composition

Write your English Composition in the space below.

編集部注：実際の解答用紙とは，デザイン・サイズが異なります。

A面

# 準1級　一次試験解答用紙

**【注意事項】**

① 解答にはHBの黒鉛筆（シャープペンシルも可）を使用し，解答を訂正する場合には消しゴムで完全に消してください。

② 解答用紙は絶対に汚したり折り曲げたり，所定以外のところへの記入はしないでください。

③ マーク例

| 良い例 | 悪い例 |
|---|---|
| ● | ⊙ ⊠ ◓ |

これ以下の濃さのマークは読めません。

| 解答欄 | | | | | |
|---|---|---|---|---|---|
| 問題番号 | | 1 | 2 | 3 | 4 |
| 1 | (1) | ① | ② | ③ | ④ |
| | (2) | ① | ② | ③ | ④ |
| | (3) | ① | ② | ③ | ④ |
| | (4) | ① | ② | ③ | ④ |
| | (5) | ① | ② | ③ | ④ |
| | (6) | ① | ② | ③ | ④ |
| | (7) | ① | ② | ③ | ④ |
| | (8) | ① | ② | ③ | ④ |
| | (9) | ① | ② | ③ | ④ |
| | (10) | ① | ② | ③ | ④ |
| | (11) | ① | ② | ③ | ④ |
| | (12) | ① | ② | ③ | ④ |
| | (13) | ① | ② | ③ | ④ |
| | (14) | ① | ② | ③ | ④ |
| | (15) | ① | ② | ③ | ④ |
| | (16) | ① | ② | ③ | ④ |
| | (17) | ① | ② | ③ | ④ |
| | (18) | ① | ② | ③ | ④ |
| | (19) | ① | ② | ③ | ④ |
| | (20) | ① | ② | ③ | ④ |
| | (21) | ① | ② | ③ | ④ |
| | (22) | ① | ② | ③ | ④ |
| | (23) | ① | ② | ③ | ④ |
| | (24) | ① | ② | ③ | ④ |
| | (25) | ① | ② | ③ | ④ |

| 解答欄 | | | | | |
|---|---|---|---|---|---|
| 問題番号 | | 1 | 2 | 3 | 4 |
| 2 | (26) | ① | ② | ③ | ④ |
| | (27) | ① | ② | ③ | ④ |
| | (28) | ① | ② | ③ | ④ |
| | (29) | ① | ② | ③ | ④ |
| | (30) | ① | ② | ③ | ④ |
| | (31) | ① | ② | ③ | ④ |
| 3 | (32) | ① | ② | ③ | ④ |
| | (33) | ① | ② | ③ | ④ |
| | (34) | ① | ② | ③ | ④ |
| | (35) | ① | ② | ③ | ④ |
| | (36) | ① | ② | ③ | ④ |
| | (37) | ① | ② | ③ | ④ |
| | (38) | ① | ② | ③ | ④ |
| | (39) | ① | ② | ③ | ④ |
| | (40) | ① | ② | ③ | ④ |
| | (41) | ① | ② | ③ | ④ |

4の解答欄はB面（裏面）にあります。

| リスニング解答欄 | | | | | | |
|---|---|---|---|---|---|---|
| 問題番号 | | | 1 | 2 | 3 | 4 |
| Part 1 | | No. 1 | ① | ② | ③ | ④ |
| | | No. 2 | ① | ② | ③ | ④ |
| | | No. 3 | ① | ② | ③ | ④ |
| | | No. 4 | ① | ② | ③ | ④ |
| | | No. 5 | ① | ② | ③ | ④ |
| | | No. 6 | ① | ② | ③ | ④ |
| | | No. 7 | ① | ② | ③ | ④ |
| | | No. 8 | ① | ② | ③ | ④ |
| | | No. 9 | ① | ② | ③ | ④ |
| | | No. 10 | ① | ② | ③ | ④ |
| | | No. 11 | ① | ② | ③ | ④ |
| | | No. 12 | ① | ② | ③ | ④ |
| Part 2 | A | No. 13 | ① | ② | ③ | ④ |
| | | No. 14 | ① | ② | ③ | ④ |
| | B | No. 15 | ① | ② | ③ | ④ |
| | | No. 16 | ① | ② | ③ | ④ |
| | C | No. 17 | ① | ② | ③ | ④ |
| | | No. 18 | ① | ② | ③ | ④ |
| | D | No. 19 | ① | ② | ③ | ④ |
| | | No. 20 | ① | ② | ③ | ④ |
| | E | No. 21 | ① | ② | ③ | ④ |
| | | No. 22 | ① | ② | ③ | ④ |
| | F | No. 23 | ① | ② | ③ | ④ |
| | | No. 24 | ① | ② | ③ | ④ |
| Part 3 | G | No. 25 | ① | ② | ③ | ④ |
| | H | No. 26 | ① | ② | ③ | ④ |
| | I | No. 27 | ① | ② | ③ | ④ |
| | J | No. 28 | ① | ② | ③ | ④ |
| | K | No. 29 | ① | ② | ③ | ④ |

編集部注：実際の解答用紙とは，デザイン・サイズが異なります。

B面

・指示事項を守り，文字は，はっきりと分かりやすく書いてください。
・太枠に囲まれた部分のみが採点の対象です。

## 4 English Composition

Write your English Composition in the space below.

編集部注：実際の解答用紙とは，デザイン・サイズが異なります。

A面

# 準1級　一次試験解答用紙

**【注意事項】**

① 解答にはHBの黒鉛筆（シャープペンシルも可）を使用し，解答を訂正する場合には消しゴムで完全に消してください。

② 解答用紙は絶対に汚したり折り曲げたり，所定以外のところへの記入はしないでください。

③ マーク例

| 良い例 | 悪い例 |
|---|---|
| ● | ⊙ ⊠ ◓ |

これ以下の濃さのマークは読めません。

| 解答欄 | | | | | |
|---|---|---|---|---|---|
| 問題番号 | | 1 | 2 | 3 | 4 |
| 1 | (1) | ① | ② | ③ | ④ |
| | (2) | ① | ② | ③ | ④ |
| | (3) | ① | ② | ③ | ④ |
| | (4) | ① | ② | ③ | ④ |
| | (5) | ① | ② | ③ | ④ |
| | (6) | ① | ② | ③ | ④ |
| | (7) | ① | ② | ③ | ④ |
| | (8) | ① | ② | ③ | ④ |
| | (9) | ① | ② | ③ | ④ |
| | (10) | ① | ② | ③ | ④ |
| | (11) | ① | ② | ③ | ④ |
| | (12) | ① | ② | ③ | ④ |
| | (13) | ① | ② | ③ | ④ |
| | (14) | ① | ② | ③ | ④ |
| | (15) | ① | ② | ③ | ④ |
| | (16) | ① | ② | ③ | ④ |
| | (17) | ① | ② | ③ | ④ |
| | (18) | ① | ② | ③ | ④ |
| | (19) | ① | ② | ③ | ④ |
| | (20) | ① | ② | ③ | ④ |
| | (21) | ① | ② | ③ | ④ |
| | (22) | ① | ② | ③ | ④ |
| | (23) | ① | ② | ③ | ④ |
| | (24) | ① | ② | ③ | ④ |
| | (25) | ① | ② | ③ | ④ |

| 解答欄 | | | | | |
|---|---|---|---|---|---|
| 問題番号 | | 1 | 2 | 3 | 4 |
| 2 | (26) | ① | ② | ③ | ④ |
| | (27) | ① | ② | ③ | ④ |
| | (28) | ① | ② | ③ | ④ |
| | (29) | ① | ② | ③ | ④ |
| | (30) | ① | ② | ③ | ④ |
| | (31) | ① | ② | ③ | ④ |
| 3 | (32) | ① | ② | ③ | ④ |
| | (33) | ① | ② | ③ | ④ |
| | (34) | ① | ② | ③ | ④ |
| | (35) | ① | ② | ③ | ④ |
| | (36) | ① | ② | ③ | ④ |
| | (37) | ① | ② | ③ | ④ |
| | (38) | ① | ② | ③ | ④ |
| | (39) | ① | ② | ③ | ④ |
| | (40) | ① | ② | ③ | ④ |
| | (41) | ① | ② | ③ | ④ |

4の解答欄はB面（裏面）にあります。

| リスニング解答欄 | | | | | | |
|---|---|---|---|---|---|---|
| 問題番号 | | | 1 | 2 | 3 | 4 |
| Part 1 | | No. 1 | ① | ② | ③ | ④ |
| | | No. 2 | ① | ② | ③ | ④ |
| | | No. 3 | ① | ② | ③ | ④ |
| | | No. 4 | ① | ② | ③ | ④ |
| | | No. 5 | ① | ② | ③ | ④ |
| | | No. 6 | ① | ② | ③ | ④ |
| | | No. 7 | ① | ② | ③ | ④ |
| | | No. 8 | ① | ② | ③ | ④ |
| | | No. 9 | ① | ② | ③ | ④ |
| | | No. 10 | ① | ② | ③ | ④ |
| | | No. 11 | ① | ② | ③ | ④ |
| | | No. 12 | ① | ② | ③ | ④ |
| Part 2 | A | No. 13 | ① | ② | ③ | ④ |
| | | No. 14 | ① | ② | ③ | ④ |
| | B | No. 15 | ① | ② | ③ | ④ |
| | | No. 16 | ① | ② | ③ | ④ |
| | C | No. 17 | ① | ② | ③ | ④ |
| | | No. 18 | ① | ② | ③ | ④ |
| | D | No. 19 | ① | ② | ③ | ④ |
| | | No. 20 | ① | ② | ③ | ④ |
| | E | No. 21 | ① | ② | ③ | ④ |
| | | No. 22 | ① | ② | ③ | ④ |
| | F | No. 23 | ① | ② | ③ | ④ |
| | | No. 24 | ① | ② | ③ | ④ |
| Part 3 | G | No. 25 | ① | ② | ③ | ④ |
| | H | No. 26 | ① | ② | ③ | ④ |
| | I | No. 27 | ① | ② | ③ | ④ |
| | J | No. 28 | ① | ② | ③ | ④ |
| | K | No. 29 | ① | ② | ③ | ④ |

編集部注：実際の解答用紙とは，デザイン・サイズが異なります。

B面

・指示事項を守り，文字は，はっきりと分かりやすく書いてください。
・太枠に囲まれた部分のみが採点の対象です。

## 4 English Composition

Write your English Composition in the space below.

編集部注：実際の解答用紙とは，デザイン・サイズが異なります。

2024年度版
英検®準1級
過去問集